呂思勉的

秦漢史·政治卷

呂思勉 著

時勢之動盪，英雄之崛起

——大江東去，且寄蜉蝣於天地間！

明仇暗鬥的官場政治 ✕ 陰謀陽謀的生死對抗

就讓我們跟著呂思勉的步伐，一起看這天下究竟鹿死誰手！

目錄

目錄

第五章　漢中葉事蹟

第六章　漢末事蹟

第七章　新室始末

第八章　後漢之興

第九章　後漢盛世

目 錄

第十章　後漢衰亂

第十一章　後漢亂亡

第十二章　三國始末

目錄

第一章　總論

自來治史學者，莫不以周、秦之間為史事之一大界，此特就政治言之耳。若就社會組織言，[001] 實當以新、漢之間為大界。蓋人非役物無以自養，非能群無以役物。邃古之世，人有協力以對物，而無因物以相爭，此實人性之本然，亦為治世之大道。然人道之推行，不能不為外物所格。人之相人偶，本可以至於無窮也，而所處之境限之，則爭奪相殺之禍，有不能免者矣。爭奪相殺之局，不外兩端：一恃強力奪人之所有以自奉，或役人勞作以自養。其群之組織，既皆取與戰鬥相應；見侵奪之群，亦不得不以戰鬥應之；率天下而唯戰鬥之務，於是和親康樂之風，渺焉無存；誅求抑壓之事，扇而彌甚；始僅行於群與群之間者，繼遂推衍而及於群之內，而小康之世所謂倫紀者立，而人與人相處之道苦矣。又其一為財力。人之役物也，利於分工，而其所以能分工，則由其能協力，此自邃古已然。然協力以役物，僅限於部族之內，至兩部族相遇，則非爭奪，亦必以交易之道行之，而交易之道，則各求自利。交易愈盛，則分工益密，相與協力之人愈眾，所耗之力愈少，所生之利愈多，人之欲利，如水就下，故商業之興，沛乎莫之能禦。然部族之中，各有分職，無所謂為己，亦無所謂為人，有協力以對物，而無因物以相爭之風，則自此泯矣。蓋商業之興也，使山陬海澨，不知誰何之人，咸能通功易事，分工協力之途愈廣，所生之利愈饒，其利也；而其相交易也，人人以損人利己之道行之，於是損人利己之風，亦遍於山陬海澨，人人之利害若相反，此則其害也。語曰：「作始也簡，將畢也巨。」至於人自私其所有，而恃其多財，或善自封殖以相陵轢而其禍有不忍言者矣。由前之說，今人所謂封建勢力。由後之說，則今人所謂資本勢力也。封建之暴，尤甚於資本，故人必先求去之。晚周以

[001]　社會組織當以新、漢之間為大界，民族關係兩漢、魏、晉間為一大界。

來，蓋封建勢力日微，而資本勢力方興之會。封建勢力，如死灰之不可復然矣，而或不知其不可然而欲然之；資本勢力，如洪水之不可遽湮也，而或不知其不可湮而欲湮之；此為晚周至先漢擾攘之由，至新室亡，人咸知其局之不易變，或且以為不可變，言治者但務去泰去甚，以求苟安，不敢作根本變革之想矣。故曰：以社會組織論，實當以新、漢之間為大界也。

《漢書・貨殖傳》曰:「昔先王之制，自天子公侯卿大夫士，至於皂隸、抱關擊柝者，其爵祿、奉養、宮室、車服、棺槨、祭祀、死生之制，各有差品，小不得僭大，賤不得逾貴。夫然，故上下序而民志定。於是辯其土地川澤、丘陵、衍沃、原隰之宜，教民樹種、畜養五穀、六畜，及至魚鱉、鳥獸、雚蒲、材幹器械之資，所以養生、送終之具，靡不皆育。育之以時，而用之有節。草木未落，斧斤不入於山林；豺獺未祭，罝網不布於埜澤；鷹隼未擊，矰弋不施於徯隧。既順時而取物，然猶山不槎蘖，澤不伐夭，蝝魚麛卵，咸有常禁。所以順時宣氣，蕃阜庶物，稸足功用，如此之備也：然後四民因其土宜，各任智力，夙興夜寐，以治其業，相與通功易事，交利而俱贍，非有徵發期會，而遠近咸足。故《易》曰：後以財成輔相天地之宜，以左右民；備物致用，立成器以為天下利，莫大乎聖人。及周室衰，禮法墮。諸侯刻桷、丹楹，大夫山節、藻棁，八佾舞於庭，雍徹於堂，其流至於士庶人，莫不離制而棄本。稼穡之民少，商旅之民多，穀不足而貨有餘。陵夷至乎桓、文之後，禮誼大壞，上下相冒；國異政家殊俗；耆欲不制，僭差亡極。於是商通難得之貨，工作亡用之器，士設反道之行，以追時好而取世資。偽民背實而要名，姦夫犯害而求利。篡弒取國者為王公，圉奪成家者為雄傑。禮誼不足以拘君子，刑戮不足以威小人。富者木土被文錦，犬馬餘肉，而貧者裋褐不完，唅菽飲水。其為編戶齊民同列，而以財力相君，雖為僕虜，猶亡慍色。故未飾變詐為姦宄者，自足乎一世之間，守道循理者，不免於饑寒之患。其教自上興，繇法度之無限也。」此文最能道出東周以後社會之變遷，及其時之人之見解。蓋其所稱古代之美，一在役物之有其方，一則人與人相處之得其道，此實大同之世所留詒，而非小康之世，世及為禮之大人所能為，《先秦史》已言之。然世運既降為小康，治理之權，既操於所謂大人者之手，人遂誤以此等治法，為此大人之所為，撥亂世，反之正，亦唯得位乘時者是望。其實世無不自利之黨類（class），望王公大人及所謂士君子者，以行太平大同之道，正如與虎謀皮。然治不至於太平大同，則終潛伏擾亂之因；其所謂治者，終不過苟安一時，而其決裂亦終不可免；此孔子所以僅許為小康也。先秦諸子，亦非不知此義，然如農家、道家等，徒陳高義，而不知所以致之之方。墨家、法家等，則取救一時之弊，而於根本之計，有所不暇及。儒家、陰陽家等，知治化之當分等級，且知其當以漸而升矣，然又不知世無不自利之黨類，即欲進於昇平，亦非人民自為謀不可，而欲使在上者為之代謀，遂不免與虎謀皮之誚。此其所以陳義雖高，用心雖苦，而卒不得其當也。參看《先秦史》第十五章第五節。秦、漢之世，先秦諸子之言，流風未沫，士蓋無不欲以其所學，移易天下者。新室之所為，非王巨君等一二人之私見，而其時有志於治平者之公言也。一擊不中，大亂隨之，根本之計，自此乃無人敢言，言之亦莫或見聽矣。此則資本勢力，正當如日方升之時，有非人力之所能為者在也。

以民族關係論，兩漢、魏、晉之間，亦當劃為一大界。自漢以前，為我族征服異族之世，自晉以後，則轉為異族所征服矣。蓋文明之範圍，恆漸擴而大，而社會之病狀，亦漸漬益深。孟子曰：「仁之勝不仁也，猶水勝火。」以社會組織論，淺演之群，本較文明之國為安和，所以不相敵者，則因其役物之力大薄之故。然役物之方，傳播最易。野蠻之群，與文明之群遇，恆慕效如恐不及焉。及其文明程度，劣足與所謂文明之族相抗衡，則所用之器，利鈍之別已微，而群體之中，安和與乖離迴判，而小可以勝大，寡可以敵眾，弱可以為強矣。自五胡亂華以後，而沙陀突厥，而契丹，而女真，而蒙古，而滿洲，相繼入據中原，以少數治多數，皆是道也。侵掠之力，唯騎寇為強。春秋以前，我所遇者皆山戎，至戰國始與騎寇遇，《先秦史》亦已言之。戰國之世，我與騎寇爭，尚不甚烈，秦以後則不然矣。秦、漢之世，蓋我恃役物之力之優，以戰勝異族，自晉以後，則因社會之病狀日深，而轉為異族所征服者也。故日：以民族關係論，漢、晉之間，亦為史事一大界也。

第二章　秦代事蹟

第一節　始皇治法

秦王政二十六年（前 221），民國紀元前二千一百三十二年，而西曆紀元前二百二十一年也。初併天下。令丞相御史曰：「天下大定，今名號不更，無以稱成功，傳後世。其議帝號。」丞相綰、御史大夫劫、廷尉斯等皆曰：「昔者五帝，地方千里。其外侯服、夷服，諸侯或朝或否，天子不能制。今陛下興義兵，誅殘賊，平定天下，海內為郡縣，法令由一統，自上古以來未嘗有，五帝所不及。臣等謹與博士議曰：『古有天皇，有地皇，有泰皇[002]，泰皇最貴。』臣等昧死上尊號：王為『泰皇』，命為『制』令為『詔』，天子自稱曰『朕』。」王曰：「去『泰』著『皇』，采上古『帝』位號，號曰『皇帝』。他如議。」制曰：「可。」追尊莊襄王為太上皇，制曰：「朕聞太古有號毋謚。中古有號，死而以行為謚。如此，則子議父，臣議君也，甚無謂，朕弗取焉。自今已來，除謚法，朕為始皇帝，後世以計數，二世、三世，至千萬世，傳之無窮。」史公謂：「始皇自以為功過五帝，地廣三王，而羞與之侔。」《秦始皇本紀贊》。案琅邪刻石云：「古之帝者，地不過千里，諸侯各守其封域，或朝或否，相侵暴亂，殘伐不止，猶刻金石，以自為紀。古之五帝三王，知教不同，法度不明，假威鬼神，以欺遠方。實不稱名，故不久長。其身未歿，諸侯背叛，法令不行。今皇帝併一海內，以為郡縣，天下和平。昭明宗廟，體道行德，尊號大成。」合群臣議帝號之言觀之，秦之所以自負者可知，史公之言，誠不繆也。盡廢封建而行郡縣，其事確為前此所未有，固無怪秦人之以此自負。君為一群之

[002]　政體：泰皇，人皇之誤？秦所益者戰國來習稱之帝耳。《呂刑》皇帝漢人之辭。

長，王為一區域中所歸往，其稱皆由來已舊，戰國時又有陵駕諸王之上者，則稱為帝，已見《先秦史》第十章第一節。秦人之稱帝，蓋所以順時俗，又益之以皇，則取更名號耳。皇帝連稱，古之所無，而《書・呂刑》有皇帝清問下民之辭，蓋漢人之所為也。漢人傳古書，尚不斤斤於辭句，說雖傳之自古，辭則可以自為。

郡縣之制，由來已久，亦見《先秦史》第十四章第一節，唯皆與封建並行，盡廢封建而行郡縣，實自始皇始耳。二十六年（前221），丞相綰等言：「諸侯初破，燕、齊、荊地遠，不為置王，毋以填之。請立諸子，唯上幸許。」始皇下其議於群臣。群臣皆以為便。廷尉李斯議曰：「周文、武所封子弟同姓甚眾，然後屬疏遠，相攻擊如仇讎。諸侯更相誅伐，周天子弗能禁止。今海內賴陛下神靈，一統皆為郡縣，諸子功臣，以公賦稅重賞賜之，甚足，易制，天下無異意，則安寧之術也。置諸侯不便。」始皇曰：「天下共苦戰鬥不休，以有侯王，賴宗廟，天下初定，又復立國，是樹兵也。而求其寧息，豈不難哉？廷尉議是。」分天下以為三十六郡。郡置守、尉、監。秦、漢時之縣，即古之所謂國，為當時施政之基，郡則有軍備，為控制守禦而設，亦見《先秦史》第十四章第一節。故決廢封建之後，遂舉分天下以為郡也。三十四年（前213），淳于越非廢封建，仍為李斯所駁，且以此招焚書之禍，見下。李斯持廢封建之議，可謂甚堅，而始皇亦可謂能終用其謀矣。

是歲，又收天下兵，聚之咸陽。銷以為鐘鐻，金人十二，重各千石，置廷宮中。此猶今之禁藏軍火。當時民間兵器本少也。參看第十八章第六節。《始皇本紀》但言銷兵，《李斯傳》則云「夷郡縣城，銷其兵刃，示不復用」；賈生言秦「墮名城」；《始皇本紀贊》。《秦楚之際月表》曰「墮壞名城，銷鋒鏑」；《叔孫通傳》：通對二世問曰「天下合為一家，毀郡縣城，鑠其兵，示天下不復用」；嚴安上書：言秦「壞諸侯之城，銷其兵，鑄以為鐘虡，示不復用」；《漢書》本傳。則夷城郭實與銷鋒鏑並重。《張耳陳餘傳》：

章邯引兵至邯鄲，皆徙其民河內，夷其城郭，則名城亦有未盡毀者，然所毀必不少矣。《宋史．王禹偁傳》：禹偁上書，言「太祖、太宗，削平僭偽。當時議者，乃令江、淮諸郡，毀城隍，收兵甲，徹武備者二十餘年。書生領州，大郡給二十人，小郡減五人，以充常從。號曰長吏，實同旅人；名為郡城，蕩若平地」。則宋時猶以此為制馭之方，無怪秦人視此為長治久安之計矣。三十年碣石門刻曰「皇帝奮威德，併諸侯，初一泰平，墮壞城郭，決通川防，夷去險阻，地勢既定」，則當時並有利交通之意，不徒為鎮壓計也。後人舉而笑之，亦過矣。

銷兵之後，《史記》又稱其一法度衡石丈尺，車同軌，書同文字。此自一統後應有之義，然此等事收效蓋微，世或以為推行盡利，則誤矣。參看第十九章第二節。

又徙天下豪富於咸陽十二萬戶，[003] 此所以為強幹弱枝計也。《劉敬傳》：敬使匈奴結和親。還言：「匈奴河南白羊、樓煩王，去長安近者七百里，輕騎一日一夜，可以至秦中。秦中新破，少民，地肥饒，可益實。夫諸侯初起時，非齊諸田，楚昭、屈、景莫能興。今陛下雖都關中，實少人，北近胡寇；東有六國之族，宗強；一日有變，陛下亦未得高枕而臥也。臣願陛下徙齊諸田，楚昭、屈、景，燕，趙，韓，魏後及豪傑、名家居關中。無事可以備胡；諸侯有變，亦足率以東伐；此強本弱末之術也。」上曰：「善。」乃使敬徙所言關中十餘萬口。此策全與始皇同。《漢書．地理志》言：「秦既滅韓，徙天下不軌之徒於南陽。」蓋豪傑宗強者，使之去其故居，則其勢力減，而又可以實空虛之處。當宗法盛行時，治理之策，固不得不然也。

以上所言始皇之政，皆有大一統之規模，亦不能謂其不切於時務，論者舉而笑之，皆史公所謂耳食者流也。見《六國表》。始皇之誤，則在其任法為治。《史記》言：「始皇推終始五德之傳，以為周得火德，秦代周，

---

[003]　移民：秦漢移民強幹弱枝（之計）。

德從所不勝，方今水德之始。改年始，朝賀皆自十月朔。衣服、旄、旌、節、旗皆上黑。數以六為紀。符、法冠皆六寸，而輿六尺。六尺為步。乘六馬。更命河日德水。以為水德之始，剛毅戾深，事皆決於法，刻削毋仁恩和義，然後合五德之數。於是急法，久之不赦。」案陰陽家之學，實謂治法當隨世變而更，非徒斤斤於服飾械器之末。見《先秦史》第十五章第五節。呂不韋作《春秋》，著十二紀，其學蓋久行於秦。一統之後，考學術以定治法，宜也。然果能深觀世變，則必知法隨時變之義，一統之治，與列國分立不同，正當改弦易轍。始皇即不及此，當時道術之士，豈有不知此義者？博士七十人，必有能言之者矣。而竟生心害政，終致滅亡，則其資刻深而士遂莫敢正言為之也。善夫賈生之言之也，日：「秦併海內，兼諸侯，南面稱帝，以養四海，天下之士，斐然鄉風。若是者何也？日：近古之無王者久矣。周室卑微，五霸既歿，令不行於天下。是以諸侯力政，強侵弱，眾暴寡，兵革不休，士民罷敝。今秦南面而王天下，是上有天子也。[004] 既元元之民，冀得安其性命，莫不虛心而仰上。當此之時，守威定功，安危之本，在於此矣。秦王懷貪鄙之心，行自奮之智；不信功臣，不親士民；廢王道，立私權；禁文書而酷刑法，先詐力而後仁義；以暴虐為天下始。夫并兼者高詐力，安定者貴順權，此言取與守不同術也。秦離戰國而王天下，其道不易，其政不改，是其所以取之守之者異也。孤獨而有之，故其亡可立而待。借使秦王計上世之事，並殷、周之跡，以制御其政，後雖有淫驕之主，而未有傾危之患也。故三王之建天下，名號顯美，功業長久。今秦二世立，天下莫不引領而觀其政。夫寒者利裋褐，而饑者甘糟糠，天下之嗷嗷，新主之資也，此言勞民之易為仁也。鄉使二世有庸主之行，而任忠賢。臣主一心，縞素而正先帝之過。裂地分民，以封功臣之後，建國立君，以禮天下。此所以安失職之貴族，當時此等人固亂

---

[004] 政體：賈生言始皇之立是上有天子。二世宜復封建，嚴安言壞城銷兵為善政賈生言子嬰去帝可保關中，案趙高豈以此說二世？

階也。秦並天下之後，若眾建小侯，而又輔之以漢關內侯之法，一再傳後，天下既安，乃徐圖盡廢之而行郡縣，秦末之亂，或不至若是其易。當時揭竿首起者，雖萌隸之徒，繼之而起者，實多六國豪族，劉敬所謂非齊諸田，楚昭、屈、景莫能興者也。政治不能純論是非，有時利害即是非。蓋是非雖為究竟義，然所以底於是而去其非者，其途恆不得不迂曲也。廢封建，行郡縣，事最明白無疑，然猶不宜行之大驟如此。此以見天下事之必以漸進，而躁急者之不足以語於治也。虛囹圄而免刑戮。除去收帑汙穢之罪，使各反其鄉里。發倉廩，散財幣，以振孤獨窮困之士。輕賦少事，以佐百姓之急。約法省刑，以持其後。使天下之人，皆得自新，更節修行，各慎其身，塞萬民之望，而以威德與天下。天下集矣，即四海之內，皆讙然各自安樂其處，唯恐有變。雖有狡猾之民，無離上之心，則不軌之臣，無以飾其智，而暴亂之姦止矣。二世不行此術，而重之以無道。壞宗廟，與民更始，作阿房宮。繁刑嚴誅，吏治刻深。賞罰不當，賦斂無度。天下多事，吏弗能紀。百姓困窮，而主弗收恤。然後姦偽並起，而上下相遁。蒙罪者眾，刑戮相望於道，而天下苦之。自君卿以下，至於眾庶，人懷自危之心，親處窮苦之實，咸不安其位，故易動也。是以陳涉不用湯、武之賢，不藉公侯之尊，奮臂於大澤，而天下響應者，其民危也。故先王見始終之變，知存亡之機，是以牧民之道，務在安之而已。天下雖有逆行之臣，必無響應之助矣。故曰：安民可與行義，而危民易與為非，此之謂也。」《史記・秦始皇本紀》。嚴安亦曰：「秦王蠶食天下，併吞戰國，稱號皇帝。一海內之政。壞諸侯之城。銷其兵，鑄以為鐘虡，示不復用。元元黎民，得免於戰國，逢明天子，人人自以為更生。鄉使秦緩刑罰，薄賦斂，省徭役；貴仁義，賤權利；上篤厚，下佞巧；變風易俗，化於海內；則世世必安矣。」《漢書》本傳。蓋雖有良法美意，必眾不思亂而後可行，而秦初苟能改弦更張，又確可使眾不思亂，故始皇之因循舊法，實為召亂速亡之原。漢人之言，率多如此。當時去秦近，其言自有所見，未可以為老生常談而笑之也。

既以專制為治，乃欲一天下之心思。三十四年（前 213），始皇置酒咸陽宮。[005] 博士七十人前為壽，僕射周青臣進頌曰：「他時秦地不過千里。賴陛下神靈明聖，平定海內，放逐蠻夷。日月所照，莫不賓服。以諸侯為郡縣。人人自安樂，無戰爭之患。傳之萬世。自上古不及陛下威德。」始皇說。博士齊人淳于越進曰：「臣聞殷、周之王千餘歲。封子弟功臣，自為枝輔。今陛下有海內，而子弟為匹夫。卒有田常六卿之臣，無輔拂，何以相救哉？事不師古，而能長久者，非所聞也。今青臣又面諛以重陛下之過，非忠臣。」始皇下其議。丞相李斯曰：「五帝不相復，三代不相襲，各以治，非其相反，時變異也。今陛下創大業，建萬世之功，固非愚儒所知。且越言乃三代之事，何足法也？異時諸侯並爭，厚招遊學。今天下已定，法令出一，百姓當家則力農工，士則學習法令辟禁。今諸生不師今而學古，以非當世，惑亂黔首。丞相臣斯昧死言：古者天下散亂，莫之能一。是以諸侯並作：語皆道古以害今，飾虛言以亂實；人善其所私學，以非上之所建立。今皇帝并有天下，別黑白而定一。[006]《李斯傳》作『今陛下並黑白而定一尊，而私學乃相與非法教之制』，似以尊字斷句者，乃妄人改竄。尊私學而相與非法教。人聞令下，則各以其學議之。入則心非，出則巷議。誇主以為名，異取以為高，率群下以造謗。如此弗禁，則主勢降乎上，黨與成乎下。禁之便。臣請史官非秦紀皆燒之。非博士官所職，天下有敢藏詩書百家語者，悉詣守尉雜燒之。有敢偶語詩書棄市。以古非今者族。吏見知不舉與同罪。令下三十日不燒，黥為城旦。所不去者，醫藥、卜筮、種樹之書，若有欲學法令，以吏為師。」制曰：「可。」[007]《李斯傳》略同。而曰：「始皇下其議丞相，丞相謬其說，絀其辭，乃上書曰」

---

[005] 政體：《始皇本紀》贊，始皇自以為功過五帝，地廣三王，而羞與之侔，案此當時實事，周青臣所言，亦此之謂也。

[006] 史事：別黑白而定一句。

[007] 史事：駁淳于越請焚書各一奏。

云云，蓋駁淳于越是一奏，請焚書又是一奏，本紀以其事相因，遂連敘之，未加分別。若有欲學法令，[008]《集解》引徐廣曰：「一無法令二字。」案《李斯傳》無之。傳云：「臣請諸有文學詩書百家語者，蠲除去之。」又云：「始皇可其議。收去詩書百家之語，以愚百姓，使天下無以古非今。明法度，定律令，皆以始皇起，同文書。」所謂文學，[009]蓋指自古相傳之書文辭有異於俗語者言之。文學與當時俗語之異，猶今文言與白話之異。此即漢人之所謂爾雅。漢人尊古，則以古為正。秦人賤古，則拉雜摧燒之而已。所存法度律令，既皆以始皇起，自不更以古字書之，古語出之，故又言同文書與二十六年（前221）之書同文字，事若同而意實異也。法令二字蓋注語，或混入本文，或傳寫奪漏，要不失李斯之意。或謂以吏為師，吏即博士，秦禁私學而不禁民受學於博士，則又繆矣。阬儒之事，世每與焚書並言，然其事實因方士誹謗始皇而起，所阬者非盡儒生也，見第三節。

第二節　始皇拓土

秦始皇之拓土，事始於其三十二年（前215），是年，始皇之碣石。《漢書・地理志》：右北平驪城縣，大碣石山在西南。漢驪城，今河北樂亭縣。使燕人盧生求羨門、高誓。巡北邊，從上郡入。盧生使入海還，以鬼神事，因奏錄圖書曰：「亡秦者胡也。」始皇乃使將軍蒙恬發兵三十萬人北擊胡，略取河南地。三十三年（前214），發諸嘗逋亡人、贅婿、賈人略取陸梁地，為桂林（《集解》：韋昭曰：今鬱林是也。漢鬱林郡，治今廣西貴縣。）、象郡（《集解》：韋昭曰：今日南。漢日南郡，在今越南中部。）、南海（《正義》：即廣州南海縣。今廣東南海縣。），以適遣戍。西北斥逐

[008] 史事：若有欲學法令，法令注語。

[009] 文學：《李斯傳》云：「臣請諸有文學詩書百家語者，蠲除去之。」所謂文學蓋即《爾雅》，故下云同文書。

匈奴。自榆中（《集解》：徐廣曰：在金城。案金城郡，晉初治榆中，今甘肅榆中縣。）并河以東，屬之陰山，以為三十四縣。城河上為塞。又使蒙恬渡河，取高闕（《匈奴列傳集解》：「徐廣曰：在朔方。」《正義》：「《地理志》云：朔方臨戎縣北有連山，險於長城。其山中斷，兩峰俱峻，土俗名為高闕也。」案臨戎，漢縣，後漢為朔方郡治，故城在今綏遠鄂爾多斯右翼境內。）、陶山、北假中（《正義》：「酈道元注《水經》云：黃河逕河目縣故城西縣在北假中。案河目，漢縣，屬五原，在今綏遠烏剌特旗界內。），築亭障，以逐戎人。徙謫實之初縣。三十四年（前 213），適治獄吏不直者築長城及南越地。（《東越傳》云：閩越王無諸、越東海王搖，皆勾踐後。秦已并天下，皆廢為君長，以其地為閩中郡。《集解》：徐廣曰：今建安侯官是，今福建閩侯縣。《西南夷列傳》敘莊蹻王滇後，又云：秦時嘗略通五尺道，《正義》引《括地志》云：在郎州。案郎州，後改為播州，今貴州遵義縣。諸此國頗置吏焉。）其事未知在何年，要未嘗甚煩兵力。自三十二年（前 215）至三十四（前 213）三年中，則秦之大舉開拓也。南越文化，雖後北方，然據《漢書．地理志》，其戶口甚庶，可見其開闢已久，楚既經營於前，秦又竟其全功於後，自為統一後應有之義。騎寇為中國患較深，攘而斥之，尤為當務之急矣。始皇之開拓，蓋因北巡而起，謂因盧生奏錄圖書者妄也。《蒙恬傳》云：秦已并天下，乃使蒙恬將三十萬眾，北逐戎狄，收河南，築長城，因地形，用制險塞，起臨洮（《集解》：徐廣曰：屬隴西。今甘肅岷縣。），至遼東，延袤萬餘里。於是渡河據陽山（《集解》：徐廣曰：五原西安陽縣北有陰山。陰山在河南，陽山在河北。西安陽，在今綏遠烏剌特旗界內。），逶蛇而北，暴師於外十餘年，居上郡（今陝西綏德縣）。《匈奴傳》云：始皇帝使蒙恬將十萬之眾北擊胡，悉收河南地。因河為塞。築四十四縣，城臨河，徙適戍以充之。而通直道，自九原（秦九原，漢五原郡，今綏遠五原縣。）至雲陽（漢縣，今陝西淳化縣。）。《始皇本紀》事在三十五年（前 212）。因邊山險，塹溪谷，可繕者治之。起臨洮，至遼東，萬餘里。又渡河據陽山北假中。綜諸文觀之，河南築縣移民，河北則僅遣兵戍守。《主父偃傳》：偃上書諫伐匈奴云：「秦皇帝欲攻匈奴，李斯諫不聽。遂使蒙恬將兵攻胡，闢地千里，以河為境。地固澤咸鹵，不生五穀。然後發天下丁男，以守北河。暴兵露師，十有餘年，死者不可勝數，終不能逾河而北。」蓋謂殖民僅及河南。此乃開拓需時，初非秦之威力遂限於此。漢時北假有田官，使假以時日，秦亦未嘗不能逾河而北也。當時皆以謫戍，而偃謂發天下丁男；自始皇三十二年（前215），至秦之亡僅九年，而偃雲暴師於外十餘年；皆失實。偃又言秦「使天下飛芻輓粟，起於黃腄（見第三節）、琅邪（秦郡，漢因之，治東武，今山東諸城縣。）負海之郡，轉輸北河，率三十鐘而致一石」。伍被亦言秦轉海濱之粟，致於西河。及後議立朔方，則又云：「朔方地肥饒，外阻河，蒙恬城之，以逐匈奴。內省轉輸戍漕，廣中國，滅胡之本也。」其言正相反，知漢人輕事重言，述古事多不審諦，未可概據為信史也。傳又載公孫弘之言，謂秦時嘗發三十萬眾築北河，終不可就，已而棄之。據《匈奴傳》，則秦末，天下亂，諸所徙適戍邊者皆去，匈奴乃復渡河南，非秦棄之；未亂時築縣至數十，亭障且及河北，不能謂其功之不就；亦不審之談也。《匈奴傳》言秦有隴西（治狄道，今甘肅臨洮縣。）、北地（治義渠，今甘肅寧縣。）、上郡，築長城以拒胡。趙築長城，自代漢代郡，治桑乾，今察哈爾蔚縣。并陰山至高闕為塞。燕亦築長城，自造陽《集解》：韋昭曰：在上谷。至襄平（今遼寧遼陽縣。），置上谷（漢治沮陽，今察哈爾懷來縣。）、漁陽（治漁陽，今河北密雲縣。）、右北平（治平剛，今熱河平泉縣。）、遼西（治且慮，今河北盧龍縣。）、遼東郡（治襄平。）以拒胡。《史記．夏本紀索隱》引《太康地志》云：樂浪遂城縣有碣石山，長城所起，地在今朝鮮境內。則始皇所修者，全係六國時遺跡，唯河南一帶為新拓之地。《始皇本紀》二十六年（前221）述秦地云：「東至海，暨朝鮮；西至臨洮羌中；南至北鄉戶；北據河為塞，并陰山，至遼東。」所述蓋即此時事，非初並天下時已然也。淮南王安諫伐閩越云：「臣聞長老言：秦之時，嘗使尉屠睢擊越。又使監祿鑿渠通道。越人逃入深山林叢，不可得攻。留軍屯守空地，曠日持久，士卒勞倦，越乃出擊之，秦兵大破。乃發適戍以備之。」見《漢書・嚴助傳》。《嚴安傳》載安上書之言略同，而云使尉佗將卒以戍越，則大繆矣。可見漢人述古事，多不審諦。案《張耳陳餘傳》，耳、餘說趙地豪傑云：「秦北有長城之役，南有五嶺之戍。」《集解》引《漢書音義》，謂五嶺在交阯界中。漢交阯郡，今越南東京。《漢書注》引服虔，亦謂交阯合浦界有此嶺。漢合浦郡，治徐聞，今廣東海康縣，後漢治合浦，今廣東合浦縣。其地當在今廣東、越南界上。師古引裴氏《廣州記》、鄧德明《南康記》以駁之，二說皆謂在今粵、湘、贛界上，則繆矣。《漢書・高帝紀》：十一年（前 196），立趙佗為南粵王。詔日：「粵人之俗，好相攻擊。前時秦徙中縣之民南方三郡，使與百粵雜處。會天下誅秦，南海尉佗居南方長治之，甚有文理。中縣人以故不耗減。粵人相攻擊之俗益止。」則屠睢之敗，僅一小挫，於大體實無傷，知凡過秦者皆不免失之大甚也。然秦開拓雖雲成功，而其勞民亦特甚。伍被言「秦收泰半之賦，發閭左之戍」，《漢書》本傳。《漢書・食貨志》亦云志載董仲舒之言，謂秦民「月為更卒，已復為正，一歲屯戍，一歲力役，三十倍於古」，此所謂收泰半之賦。晁錯言秦時「北攻胡貉，築塞河上，南攻揚粵，置戍卒焉。夫胡貉之地，積陰之處也。木皮三寸，冰厚六尺，食肉而飲酪。其人密理，鳥獸毳毛，其性能寒。揚粵之地，少陰多陽。其人疏理，鳥獸希毛，其性能暑。秦之戍卒，不能其水土，戍者死於邊，輸者僨於道。秦民見行，如往棄市。因以讁發之，名日讁戍。先發吏有讁及贅婿、賈人，後以嘗有市籍者，又後以大父母、父母嘗有市籍者，後入閭取其左。發之不順，行者深怨，有背畔之心。凡民守戰至死而不降北者，以計為之也。故戰勝守固，則有拜爵之賞；攻城屠邑，則得其財鹵，以富家室。故能使其眾蒙矢石，赴湯火，視死如生。今秦之發卒也，有萬死之害，而亡銖兩之報；死事之後，不得一算之復。天下明知禍烈及己也，陳勝行戍，至於大澤，為天下先倡，天下從之如流水者，秦以威劫而行之之敝也」。《漢書》本傳。蓋遣行至於閭左，而其酷甚矣。開邊拓土，固立國之宏規，然亦宜內度其力，行之大驟，未有不反招他禍者，《易》所謂亢龍之悔也。

第三節　秦之失政

秦人致敗之由，在嚴酷，尤在其淫侈。用法刻深，拓土不量民力，皆可諉為施政之誤，淫侈則不可恕矣。《始皇本紀》：二十六年（前221），諸廟及章臺、上林，皆在渭南。秦每破諸侯，寫放其宮室，作之咸陽北阪上，臨渭。自雍門（《正義》：今岐州雍縣東。雍，今陝西鳳翔縣。）以東至涇、渭，殿屋、複道、周閣相屬，所得諸侯美人、鐘鼓，以充入之。二十七年（前220），始皇巡隴西、北地，出雞頭山（《正義》:《括地志》云：雞頭山，在成州上祿縣東北二十里。原州高平縣西百里，亦有笄頭山。案上祿，今甘肅成縣。高平，今甘肅固原縣。），過回中焉（《集解》：應劭曰：回中在安定高平。孟康曰：回中在北地。《正義》:《括地志》云：回中宮，在雍州西四十里。唐雍州，今陝西長安縣。）。作信宮渭南，已更命信宮為極廟，象天極。自極廟道通酈山。作甘泉前殿。築甬道，自咸陽屬之。是歲，賜爵一級，治馳道。二十八年（前219），始皇東行郡縣。上鄒嶧山（《集解》：韋昭曰：鄒，魯縣，山在其北。案鄒，今山東鄒縣。），立石，與魯諸儒生議刻石頌秦德。議封禪望祭山川之事。乃遂上泰山，立石，封，祠祀。下，風雨暴至，休於樹下，因封其樹為五大夫。禪梁父。刻所立石。於是乃并渤海以東，過黃、腄（《集解》：案《地理志》：東萊有黃縣、腄縣。《正義》:《十三州志》云：牟平縣，古腄縣也。案黃、牟平，皆山東今縣。），窮成山，登之罘，立石頌秦德焉而去。南登琅邪，大樂之，留三月。乃徙黔首三萬戶琅邪臺下，復十二歲。作琅邪臺，立石刻頌秦德，明得意。既已，齊人徐市等上書，言海中有三神山，名曰蓬萊、方丈、瀛洲，仙人居之，請得齋戒，與童男女求之。於是遣徐市發童男女數千人入海求仙人。始皇還過彭城，齋戒禱祠，欲出周鼎泗水。使千人沒水求之，弗得。乃西南渡淮之衡山。（此當係今之霍山，以湖南衡山當之者非。）浮江之湘山祠。逢大風，幾不得渡。上問博士曰：「湘君何神？」對曰：「聞之：堯女，舜之妻，而葬此。」於是始皇大怒，使刑徒三千人皆伐湘山樹，赭其山。上自南郡由武關歸。二十九年（前 218），始皇東遊。至陽武博浪沙中，（陽武，今河南縣。）為盜所驚。求弗得。乃令天下大索十日。參看第三章第二節。登之罘，刻石。旋，遂之琅邪。道上黨入。三十一年（前 216），始皇始為微行咸陽，與武士四人俱。夜出，逢盜蘭池，見窘，武士擊殺盜。關中大索二十日。三十二年（前 215），始皇之碣石，使燕人盧生求羨門、高誓。刻碣石門，因使韓終、侯公、石生求仙人不死之藥。始皇巡北邊，從上郡入。三十五年（前 212），除道。道九原抵雲陽。塹山湮谷，直通之。見上節。（《蒙恬傳》：乃使蒙恬通道，自九原抵甘泉，塹山堙谷千八百里。）於是始皇以為咸陽人多，先王之宮廷小。吾聞周文王都豐，武王都鎬，豐、鎬之間，帝王之都也。乃營作朝宮渭南上林苑中。先作前殿阿房，東西五百步，南北五十丈。上可以坐萬人，下可以建五丈旗。周馳為閣道，自殿下直抵南山。表南山之顛以為闕。為複道，自阿房渡渭，屬之咸陽，以象天極閣道，絕漢抵營室也。阿房宮未成，成欲更擇令名名之，作宮阿房，故天下謂之阿房宮。或作酈山，發北山石槨。乃寫蜀、荊地材皆至關中計宮三百關外四百餘。於是立石東海上朐界中，以為秦東門。（秦朐縣，今江蘇東海縣。）因徙三萬家酈邑，五萬家雲陽，皆復不事十歲。盧生說始皇曰：「臣等求芝、奇藥、仙者，常弗遇，類物有害之者。方中，人主時為微行，以辟惡鬼。惡鬼辟，真人至。人主所居，而人臣知之，則害於神。真人者，入水不濡，入火不爇，陵雲氣，與天地久長。今上治天下，未能恬淡。願上所居宮毋令人知，然後不死之藥殆可得也。」於是始皇曰：「吾慕真人。」自謂真人，不稱朕。乃令咸陽之旁二百里內宮觀二百七十，複道、甬道相連，帷帳、鐘鼓、美人充之，各案署不移徙。行所幸，有言其處者罪死。始皇帝幸梁山宮（《集解》：徐廣曰：在好畤。今陝西乾縣。）。從山上見丞相車騎眾，弗善也。中人或告丞相，丞相後損車騎。始皇怒曰：「此中人泄吾語。」案問，莫服。當是時，詔捕諸時在旁者皆殺之。自是莫知行之所在。聽事，群臣受決事，悉於咸陽宮。案觀此，知二世之常居禁中，公卿希得朝見，非必盡由趙高之矇蔽也。侯生、盧生相與謀曰：「始皇為人，天性剛戾，自用。起諸侯，并天下，意得欲從，以為自古莫及己。專任獄吏。獄吏得親幸，博士雖七十人，[010] 特備員，弗用。丞相諸大臣皆受成，事倚辦於上。上樂以刑殺為威。天下畏罪持祿，莫敢盡忠。上不聞過而日驕，下懾服，謾欺以取容。秦法不得兼方，不驗輒死。然候星氣三百人，皆良士，畏忌諱諛，不敢端言其過。天下之事，無大小，皆決於上，上至以衡石量書，日夜有呈，不中呈，不得休息。貪於權勢至如此，未可為求仙藥。」於是乃亡去。始皇聞亡，乃大怒曰：「吾前收天下書不中用者盡去之。悉召文學方術士甚眾。欲以興太平。方士欲練以求奇藥。今聞韓眾去不報，徐市等費以巨萬計，終不得藥，徒姦利相告日聞。盧生等吾尊賜之甚厚，今乃誹謗我，以重吾不德也。諸生在咸陽者，吾使人廉問，或為訞言，以亂黔首。」於是使御史悉案問諸生。諸生傳相告引，乃自除犯禁者四百六十餘人，皆阬之咸陽使天下知之以懲後。益發謫徙邊。始皇長子扶蘇諫曰：「天下初定，遠方黔首未集。諸生皆誦法孔子，今上皆重法繩之，臣恐天下不安。唯上察之。」始皇怒，使扶蘇北監蒙恬於上郡。案阬儒之事，既因方士誹謗而起，則所誅者未必盡儒生，當時治百家之學者，皆可為博士，如《漢書．藝文志》，名家有《黃公》四篇，《注》云：「名疵，為秦博士」是，所謂諸生，亦不必誦法孔子。扶蘇諫辭，蓋後人所附會，非當時語實

[010] 學術：博士七十人不必盡儒生。占夢博士。

如是也。三十六年（前211），有墜星下東郡，今河北濮陽縣。黔首或刻其石曰：「始皇帝死而地分。」始皇聞之，使御史逐問。莫服。盡取石旁居人誅之。因燔銷其石。三十七年（前210），十月，始皇出遊。左丞相斯從，右丞相去疾守。少子胡亥愛慕請從，上許之。十一月，行至雲夢。望祀虞舜手九疑山。此九疑山尚非如漢人說，在今湖南寧遠縣，說見《先秦史》第七章第四節。浮江下，觀籍柯，渡海渚（《正義》引《括地志》云：在舒州，疑海字誤。案唐舒州治懷寧，在今安徽灊山縣境。），過丹陽（今安徽當塗縣。），至錢唐（今浙江杭縣）。臨浙江，水波惡，乃西百二十里從狹中渡。（《集解》：徐廣曰：蓋在餘杭也。案餘杭，今為浙江縣。）上會稽，祭大禹。望於南海，而立石刻頌秦德。還過吳，從江乘渡。（江乘，秦縣，今江蘇句容縣。）并海，北至琅邪。方士徐市等入海求神藥，數歲不得，費多，恐譴，乃詐曰：「蓬萊藥可得，然常為大鮫魚所苦，故不得至。願請善射與俱，見則以連弩射之。」始皇夢與海神戰，如人狀。問占夢博士，曰：「水神不可見，以大魚蛟龍為候。今上禱祠備謹，而有此惡神，當除去，而善神可致。」乃令入海者齎捕巨魚具，而自以連弩候大魚出射之。自琅邪北至榮成山，弗見。至之罘，見巨魚，射殺一魚。遂并海西。至平原津而病。（《正義》：今德州平原縣南六十里，有張公故城，城東有水津焉，後名張公渡，恐此平原郡古津也。案唐平原，今為縣，屬山東。）七月，丙寅，始皇崩於沙丘平臺。《集解》：徐廣曰：年五十。趙有沙丘宮，在鉅鹿。案鉅鹿，秦郡，今河北平鄉縣。於是廢立之事作，而諸侯之兵，亦旋起矣。太史公曰：「吾適北邊，自直道歸行觀蒙恬所為秦築長城亭障，塹山湮谷，通直道，固輕百姓力矣。」《蒙恬列傳》。賈山言：「秦起咸陽而西至雍，離宮三百，鐘鼓帷帳，不移而具。又為阿房之殿。殿高數十仞。東西五里，南北千步。從車羅騎，四馬騖馳，旌旗不橈。為馳道於天下，東窮燕、齊，南極吳、楚，江湖之上，瀕海之觀畢至。道廣五十步，三丈而樹，厚築其外，隱以金椎，樹以青松。死葬乎驪山，吏徒數十萬人，曠日十年。下徹三泉，合採金石冶。銅錮其內，桼塗其外。被以珠玉，飾以翡翠。中成觀游，上成山林。」《漢書》本傳。劉向言：「秦始皇帝葬於驪山之阿。下錮三泉，上崇山墳。其高五十餘丈，周回五里有餘。石槨為游館，人膏為燈燭，水銀為江海，黃金為鳧雁。珍寶之臧，機械之變，棺槨之麗，宮館之盛，不可勝原。又多殺宮人，生薶工匠，計以萬數。」《漢書・楚元王傳》。蓋其為宮室、葬埋之侈如此。當時天下初定，始皇之巡行，初亦或有鎮厭之意，然後亦為遊觀之樂所奪矣。奇藥何與於治，而與致太平並言？尊方士侔於道術之士，謂非自私得乎？語曰：「作法於涼，其弊猶貪，作法於貪，弊將若之何？」身死而地分，亦不得盡咎後人之不克負荷矣。

第四節　二世之立

《秦始皇本紀》曰：始皇病益甚，乃為璽書賜公子扶蘇曰：「與喪會咸陽而葬。」（《李斯列傳》上多以兵屬蒙恬五字。）書已封，在中車府令趙高行符璽事所，未授使者。始皇崩，丞相斯為上崩在外，恐諸公子及天下有變，乃祕之。棺載轀涼車中，故幸宦者參乘，所至上食，百官奏事如故。宦者輒從轀涼車中可其奏事。獨子胡亥、趙高及所幸宦者五六人知上死。趙高故嘗教胡亥書及獄律令法事，胡亥私幸之。高乃與公子胡亥、丞相斯陰謀，破去始皇所封書賜公子扶蘇者。而更詐為丞相斯受始皇遺詔沙丘，立子胡亥為太子。更為書賜公子扶蘇、蒙恬，數以罪，俱賜死。語俱在《李斯傳》中。行，遂從井陘抵九原。會暑，上轀車臭，乃詔從官，令車載一石鮑魚，以亂其臭。行從直道至咸陽，發喪，太子胡亥襲位，為二世皇帝。《李斯傳》載高說斯，斯曰：「安得亡國之言？此非人臣所當議也。」高曰：「君侯自料：能孰與蒙恬？功高孰與蒙恬？謀遠不失，孰與蒙恬？無怨於天下，孰與蒙恬？長子舊而信之，孰與蒙恬？」斯曰：「此五者皆不及蒙恬，而君責之何深也？」高曰：「高固內官之廝役也。幸得以刀筆之文，進入秦宮，管事二十餘年，未嘗見秦罷免丞相、功臣，有封及二世者也，卒皆以誅亡。皇帝二十餘子，皆君之所知。長子剛毅而武勇，信人而奮士。即位，必用蒙恬為丞相，君侯終不懷通侯之印，歸於鄉里明矣。」斯乃仰天而嘆，垂淚大息曰：「嗟乎！獨遭亂世，既以不能死，安托命哉？」於是斯乃聽高。乃相與謀，詐為受始皇詔丞相，立子胡亥為太子。更為書，賜長子扶蘇，賜劍以自裁。將軍恬賜死。以兵屬裨將王離。封其書以皇帝璽。遣胡亥客奉書賜扶蘇於上郡。使者至，發書。扶蘇泣。入內舍，欲自殺。蒙恬止扶蘇曰：「陛下居外，未立太子，使臣將三十萬眾守邊，公子為監，此天下重任也。今一使者來，即自殺，安知其非詐？請復請。復請而後死，未暮也。」使者數促之。扶蘇為人仁，謂蒙恬曰：「父而賜子死，尚安復請？」即自殺。蒙恬不肯死。使者即以屬吏，繫於陽周。（《集解》：徐廣曰：屬上郡。案今陝西安定縣。）使者還報。胡亥、斯、高大喜。至咸陽，發喪，太子立，為二世皇帝。《蒙恬傳》曰：恬弟毅。始皇甚尊寵蒙氏，信任賢之。而親近蒙毅，位至上卿。出則參乘，入則御前。恬任外事，而毅常為內謀，名為忠信，故雖諸將相，莫敢與之爭焉。趙高者，諸趙疏遠屬也。趙高昆弟數人，皆生隱官。其母被刑僇。世世卑賤。秦王聞高強力，通於獄法，舉以為中車府令。高即私事公子胡亥，喻之決獄。高有大罪，秦王令蒙毅法治之。毅不敢阿法，當高罪死，除其官籍。帝以高之敦於事也，赦之，復其官爵。始皇道病，使蒙毅還禱山川。未反，始皇至沙丘崩，祕之，群臣莫知。高雅得幸於胡亥，欲立之，又怨蒙毅法治之而不為己也，因有賊心。乃與丞相李斯、少子胡亥陰謀，立胡亥為太子。太子已立，遣使者以罪賜公子扶蘇、蒙恬死。扶蘇已死，蒙恬疑而復請之。使者以蒙恬屬吏。還報，胡亥已聞扶蘇死，即欲釋蒙恬。趙高恐蒙氏復貴而用事怨之，毅還至，趙高因為胡亥忠計，欲以滅蒙氏，乃言曰：「臣聞先帝欲舉賢立太子久矣，而毅諫曰：不可。以臣愚意，不若誅之。」胡亥聽，而繫蒙毅於代。喪至咸陽，已葬，太子立，為二世皇帝，而趙高親近，日夜毀惡蒙氏，求其罪過，舉劾之。子嬰講諫，胡亥不聽，而遣御史曲宮乘傳之代。令蒙毅曰：「先王欲立太子，而卿難之。今丞相以卿為不忠，罪及其宗。朕不忍，乃賜卿死，亦甚幸矣，卿其圖之。」毅對曰：「以臣不能得先王之意，則臣少宦，順幸沒世，可謂知意矣。以臣不知太子之能，則太子獨從，周旋天下，去諸公子絕遠，臣無所疑矣。夫先王之舉用太子，數年之積也，臣乃何言之敢諫？何慮之敢謀？願大夫為慮焉，使臣得死情實。」使者知胡亥之意，不聽蒙毅之言，遂殺之。二世又遣使者之陽周，令蒙恬曰：「君之過多矣，而君弟毅有大罪，法及內史。」恬曰：「自吾先人及至子孫，積功信於秦三世矣。恬大父蒙驁，驁子武，武子恬。今臣將兵三十餘萬，身雖囚繫，其勢足以倍畔，自知必死而守義者，不敢辱先人之教，以不忘先王也。」乃吞藥自殺。案古太子皆不將兵。使將兵，即為有意廢立，晉獻公之於申生是也。扶蘇之不立，蓋決於監軍上郡之時。二十餘子，而胡亥獨幸從，則蒙毅謂先王之舉用太子，乃數年之積，其說不誣。始皇在位，不為不久，而迄未建儲，蓋正因欲立少子之故。扶蘇與蒙氏，非有深交，而李斯為秦相，積功勞日久，安知扶蘇立必廢斯而任蒙恬？斯能豫燭蒙恬用，己必不懷通侯印歸鄉里，豈不能逆料趙高用而己將被禍乎？故知史所傳李斯、趙高廢立之事，必非其實也。

始皇崩之歲九月，葬始皇酈山。始皇初即位，穿治酈山。及并天下，天下徒送詣七十餘萬人。穿三泉，下銅而致槨。宮觀百官，奇器珍怪徙藏滿之。令匠作機弩矢，有穿近者，輒射之。以水銀為百川江河大海，機相灌輸，上具天文，下具地理。以人魚膏為燭，度不滅者久之。二世曰：「先帝後宮非有子者，出焉不宜。皆令從死。」死者甚眾。葬既已下，或言工匠為機藏，皆知之，藏重即泄。大事畢，已藏，閉中羨，下外羨，門盡閉，工匠藏者無復出者。樹草木以象山。二世皇帝元年（前 209），年二十一。趙高為郎中令，任用事。二世與趙高謀曰：「朕年少，初即位，黔首未集附。先帝巡行郡縣以示強，威服海內。今晏然不巡行，即見弱，無以臣畜天下。」春，二世東行郡縣。李斯從。到碣石，并海南。至會稽，而盡刻始皇所立刻石，石旁著大臣從者名，以章先帝成功盛德焉。遂至遼東而還。於是二世乃遵用趙高，申法令。乃陰與趙高謀曰：「大臣不服，官吏尚強，及諸公子必與我爭，為之奈何？」高勸以因此時，案郡縣守尉有罪者誅之。收舉餘民，賤者貴之，貧者富之，遠者近之。二世曰：「善。」乃行誅大臣及諸公子。以罪過連逮少近官。三郎無得立者。而六公子戮死於杜（今陝西長安縣南）。公子將閭昆弟三人，囚於內宮，議其罪獨後。二世使使令將閭曰：「公子不臣，罪當死，吏致法焉。」皆流涕拔劍自殺。將閭兄弟三人，蓋公子中之貴者。宗室振恐。群臣諫者以為誹謗，大吏持祿取容，黔首振恐。四月，二世還至咸陽。曰：「先帝為咸陽朝廷小，故營阿房宮，未就，會上崩，罷其作者，復土酈山。酈山事大畢，今釋阿房宮弗就，則是章先帝舉事過也。」復作阿房宮，外撫四夷，如始皇計。盡徵其材士五萬以為屯衛咸陽令教射。狗馬禽獸當食者多，度不足，下調。郡縣轉輸菽粟芻藁，皆令自齎糧食。咸陽三百里內，不得食其穀。用法益刻深。以上據《秦始皇本紀》。《李斯列傳》云：以趙高為郎中令，常侍中，用事。二世燕居，乃召高與謀事，謂曰：「夫人生居世間也，譬猶騁六驥過決隙也。吾既已臨天下矣，欲悉耳目之所好，窮心志之所樂，以安宗廟而極萬姓，長有天下，終吾年壽，其道可乎？」高曰：「此賢主之所能行也，而昏亂主之所禁也。臣請言之，不敢避斧鉞之誅，願陛下少留意焉。夫沙丘之謀，諸公子及大臣皆疑焉，而諸公子盡帝兄，大臣又先帝之所置也；今陛下初立，此其屬意怏怏，皆不服，恐為變。且蒙恬已死，蒙毅將兵居外。臣戰顫慄栗，唯恐不終，且陛下安得為此樂乎？」二世曰：「為之奈何？」趙高曰：「嚴法而刻刑。令有罪者相坐誅，至收族。滅大臣而遠骨肉。貧者富之，賤者貴之。盡除去先帝之故臣，更置陛下之所親信者近之，此則陰德歸陛下，害除而姦謀塞，群臣莫不被潤澤，蒙厚德，陛下則高枕肆志寵樂矣。計莫出於此。」二世然高之言，乃更為法律。於是群臣、諸公子有罪，輒下高令鞫治之。殺大臣蒙毅等。公子十二人僇死咸陽市，十公主矺死於杜。財物入於縣官。相連坐者不可勝數。公子高欲奔，恐收族，乃上書請從死。胡亥可其書，賜錢十萬以葬。法令誅罰，日益刻深。群臣人人自危，欲畔者眾。又作阿房之宮，治直馳道，賦斂愈重，戍傜無已。案二世趙高之所為，一言蔽之曰：一切因循始皇，而又加以殺戮大臣、諸公子而已。內不安者，必謹守不敢出，而二世即位未幾，即東行郡縣，知其憂大臣公子之叛，不如其憂黔首不集之深。亦可見謂蒙恬將三十萬眾，勢足背叛者之誣也。三十萬眾，疑亦虛號，非實數。秦、漢時防邊者，兵數從未聞如此其多也。漢時，簡策之用尚少，行事率由口耳相傳，易致訛繆；漢人又多輕事重言，率意改易；故其所傳多不足信，秦與漢初事尤甚。且如《李斯列傳》：二世問趙高責李斯，及斯上書，皆以行督責恣睢廣意為言。此乃法家之論之流失。世有立功而必師古者矣，有圖行樂而必依據師說者乎？故知《李斯列傳》所載趙高之謀，二世之詔，李斯之書，皆非當時實錄也。而趙高說李斯立二世之說視此矣。此說或將為人所駭，然深知古書義例者，必不以為河、漢也。

第三章　秦漢興亡

第一節　陳涉首事

秦二世元年（前 209），七月，陳勝吳廣起蘄。今安徽宿縣。勝，陽城人，今河南登封縣。字涉。廣，陽夏人，今河南太康縣。字叔。時發閭左戍漁陽，九百人，屯大澤鄉。徐廣曰：在蘄縣。勝、廣皆為屯長。會天大雨，道不通，度已失期。失期法皆斬。勝、廣乃謀曰：「今亡亦死，舉大計亦死，等死，死國可乎？」勝曰：「天下苦秦久矣！吾聞二世少子也，不當立，當立者乃公子扶蘇。扶蘇以數諫故，上使外將兵。今或聞無罪，二世殺之。百姓多聞其賢，未知其死也。項燕為楚將，數有功，愛士卒，楚人憐之，或以為死，或以為亡。今誠以吾眾詐自稱公子扶蘇、項燕，為天下唱，宜多應者。」吳廣以為然。殺兩尉，召令徒屬。徒屬皆曰：「敬受命。」乃詐稱公子扶蘇、項燕。袒右，稱大楚。勝自立為將軍，廣為都尉。攻大澤鄉收而攻蘄，蘄下。乃令符離人葛嬰將兵徇蘄以東。符離，今安徽宿縣。葛嬰至東城，立襄強為楚王。後聞陳王已立，殺襄強還報，陳王誅殺葛嬰。東城，今安徽定遠縣。行收兵，北至陳，車六七百乘，騎千餘，卒數萬人。入據陳。召三老、豪傑皆來會計事。三老、豪傑皆曰：「將軍身披堅執銳，伐無道，誅暴秦，復立楚之社稷，功宜為王。」涉乃立為王，號張楚。當此時，諸郡縣苦秦吏者，皆刑其長吏，殺之，以應陳涉。乃以吳叔為假王，監諸將，以西擊滎陽。今河南滎澤縣。令陳人武臣、張耳、陳餘徇趙，汝陰人鄧宗徇九江郡，汝陰，今安徽阜陽縣。九江郡，治壽春，今安徽壽縣。魏人周市北徇魏地。李由為三川守，守滎陽，吳叔弗能下。陳王徵國之豪傑與計，以上蔡人房君蔡賜為上柱國。（上蔡，今河南上蔡縣。房君，房邑君。）周文，陳之賢人也。嘗為項燕軍視日，事春申君。自言習兵。陳王與之將軍印，西擊秦。行收兵，至關，車千乘，卒數十萬。至戲，軍焉。戲，顏師古曰：水名，在新豐東。新豐，今陝西臨潼縣。二世大驚，與群臣謀。少府章邯曰：「盜已至，眾強。今發近縣，不及矣。酈山徒多，請赦之，授兵以擊之。」二世乃大赦天下，免酈山徒，人奴產子悉發，令章邯將以擊楚大軍，盡敗之。周文敗，走出關，止曹陽。（師古曰：曹水之陽也。其水出陝縣西南。西北流入河，今謂之好陽澗。在陝縣西。唐陝縣，即今河南陝縣。）二三月，章邯追敗之。復走，次澠池（今河南澠池縣。），十餘日，章邯擊，大破之。周文自剄，軍遂不戰。二世益遣長史司馬欣、董翳佐章邯擊盜。張耳，大梁人。（今河南開封縣。）少時及魏公子無忌為客。後娶外黃富人女，外黃，今河南杞縣。女家厚奉給耳。耳以故致千里客，宦魏，為外黃令。陳餘，亦大梁人。好儒術。數遊趙苦陘（今河北無極縣），富人公乘氏以其女妻之。餘年少，父事耳，相與為刎頸交。秦滅魏數歲，聞此兩人，魏之名士也，購求耳千金，餘五百金。耳、餘乃變名姓，俱之陳，為裡監門。陳涉入陳，耳、餘上謁。餘說陳王，請奇兵北略趙地。陳王以故所善陳人武臣為將軍，邵騷為護軍，耳、餘為左右校尉，予卒三千人，北略趙地。行收兵，得數萬人。號武臣為武信君至邯鄲，今河北邯鄲縣。耳、餘聞周章軍至戲卻又聞諸將為陳王徇地，多以讒毀得罪誅；怨陳王不以為將，而以為校尉；乃說武臣，立為趙王。餘為大將軍，耳為右丞相，邵騷為左丞相。陳王怒，欲族武臣等家，而發兵擊趙。房君諫。陳王用其計，徙繫武臣等家宮中，封耳子敖為成都君，使使者賀趙，令趣發兵西入關。耳、餘說武臣曰：「王王趙非楚意，願王毋西兵，北徇燕、代，南收河內以自廣。」趙王以為然，因不西兵，而使韓廣略燕，李良略常山（今河北正定縣），張黶略上黨（今山西長子縣）。韓廣至燕，燕人因立廣為燕王。李良已定常山，還報，趙王復使良略太原。（今山西太原縣。）至石邑（今河北獲鹿縣），秦兵塞井陘（井陘、獲鹿兩縣間之隘道），未能前。秦將詐稱二世使人遺李良書曰：「良誠能反趙為秦，赦良罪，貴良。」良得書，疑不信，乃還之邯鄲請益兵。道逢趙王姊，以為王，伏謁。王姊醉，不知其將，使騎謝良，良怒，遣人追殺王姊。因將其兵襲邯鄲。邯鄲不知，竟殺武臣。卲騷、耳、餘得脫，出收其兵，得數萬人，求得趙歇，立為趙王，居信都。後項羽改曰襄國，今河北邢臺縣。李良擊陳餘，餘敗良，良走歸章邯。周市北至狄。狄人田儋，故齊王田氏族也。儋從弟榮，榮弟橫，皆豪傑宗強，能得人。儋殺令，自立為齊王。發兵擊周市。市軍散。還至魏地，欲立魏後故寧陵君咎為魏王。時咎在陳王所，不得之魏。魏地已定，欲相與立市為魏王。市不肯。使者五反，陳王乃立咎為魏王，遣之國。周市為相。將軍田臧等相與謀曰：「周章軍已破矣，秦兵旦暮至。我圍滎陽城弗能下，秦軍至，必大敗。不如少遺兵，足以守滎陽，悉精兵迎秦軍。今假王驕，不知兵權，不可與計，非誅之，事恐敗。」因相與矯王令以誅吳叔，獻其首於陳王。陳王賜田臧楚令尹印，使為上將。臧使諸將李歸等守滎陽，自以精兵西迎秦軍於敖倉。（在今河南河陰縣。）與戰，臧死，軍破。邯進擊歸等滎陽下，破之。歸等死。邯擊陳，柱國房君死。進擊陳西張賀軍，陳王出監戰，軍破，張賀死。臘月，陳王之汝陰。還至下城父（今安徽蒙城縣西北），其御莊賈殺以降秦。陳王故涓人將軍呂臣為倉頭軍，起新陽（今安徽太和縣）。攻陳，下之，殺莊賈，復以陳為楚。初，陳王至陳，令銍人宋留將兵定南陽，入武關。（銍，縣名，今安徽宿縣。南陽郡，治宛，今河南南陽縣。武關，在今陝西商縣東。）留已徇南陽。聞陳王死，南陽復為秦。留不能入武關，乃東至新蔡（今河南新蔡縣）。遇秦軍，以軍降秦。秦傳留至咸陽，車裂以徇。陳王初立時，陵人秦嘉等特起，圍東海守慶於郯。（陵，縣名，今江蘇宿遷縣。東海郡，治郯，今山東郯城縣。）陳王聞，使武平君畔為將軍，監郯下軍。秦嘉矯以王命殺武平君。聞陳王軍破出走，乃立景駒為楚王。引兵之方與（今山東魚臺縣），欲擊秦軍定陶下（今山東定陶縣）。使公孫慶使齊王，欲與并力俱進。齊王曰：「聞陳王戰敗，不知其死生，楚安得不請而立王？」公孫慶曰：「齊不請楚而立王，楚何故請齊而立王？且楚首事，當令於天下。」田儋誅殺公孫慶。秦左右校復攻陳，下之。呂將軍走，收兵復聚。鄱盜當陽君黥布之兵相收。黥布，六人，坐法黥。居江中為群盜。陳勝起，布見番君，番君以女妻之。後屬項梁。梁以為當陽君。六，今安徽六安縣。番，今江西鄱陽縣。擊秦左右校，破之青波，《集解》:《漢書音義》日：地名。復以陳為楚。會項梁立懷王孫心為楚王。案陳涉首事，詐稱公子扶蘇，此已可怪；又稱楚項燕，項燕以立昌平君而死，安得輔扶蘇？又袒右稱大楚；自立為王則號張楚；似舉棋不定，徒為賢者驅除難者。然觀其所遣兵，北攻滎陽，西入函谷，西南叩武關，非畏懦無方略者比。《史記》言涉少時，嘗與人傭耕。已為王，王陳，其故人嘗與傭耕者聞之，之陳，扣宮門日：「吾欲見涉。」宮門令欲縛之。自辨數乃置，不肯為通。陳王出，遮道而呼涉。陳王聞之，乃召見，載與俱歸。客出入愈益發舒，言陳王故情。或說陳王日：「客愚無知，顓妄言，輕威。」陳王斬之。諸陳王故人，皆自引去。由是無親陳王者。此等傳說，雖不足信，然可見陳王不任所私暱。[011] 唯不任私暱，乃能廣用賢才，漢高實以此成大功，安知陳王非其人？豈得以成敗論英雄乎？《史記》又謂陳勝雖已死，其所遣置侯王將相竟亡秦，由涉首事也，此蓋當時公論，時代近者，必有真知灼見也。陳王所以敗者，諸侯各自為，莫肯盡力。趙叛楚，燕又叛趙，齊至陳王死時，猶不肯與楚并力，賈生所謂名為亡秦，其實利之也。《秦本紀贊》。其交未親，又非素有臣主之分，發縱指示，自然不易為功。然陳王之才，要當不減於楚懷王耳。

第二節　劉項亡秦

項籍者，下相人也（今江蘇宿遷縣），字羽。其季父梁，梁父即燕。項氏世世為楚將，封於項（今河南項城縣），故姓項氏。項籍少時，學書不成，去學劍，又不成。項梁怒之。籍日：「書足以記名姓而已。劍一人

[011]　史事：陳王不任私暱。

敵，不足學。學萬人敵。」於是項梁乃教籍兵法。籍大喜，略知其意，又不肯竟學。項梁殺人，與籍避仇於吳中，吳中賢士大夫皆出項梁下。每吳中有大傜役及喪，項梁嘗為主辦，陰以兵法部勒賓客及子弟，以是知其能。籍長八尺餘，力能扛鼎，才氣過人，雖吳中子弟，皆已憚籍矣。秦二世元年九月，會稽守通秦會稽郡治吳。謂梁曰：「江西皆反，此亦天亡秦之時也。吾聞先即制人，後即為人所制。吾欲發兵，使公及桓楚將。」是時桓楚亡，在澤中。梁請召籍，使受命召桓楚。守曰：「諾。」梁召籍入，籍遂拔劍斬守頭。項梁持守頭，佩其印綬。門下大驚，擾亂。籍所擊殺數十百人。一府中皆慴伏，莫敢起。梁乃召故所知豪吏，諭以所為，起大事。遂舉吳中兵。使人收下縣，得精兵八千人。梁為會稽守，籍為裨將，徇下縣。籍時年二十四。

漢高祖，沛豐邑中陽里人。（沛，今江蘇沛縣。豐，後為縣，今江蘇豐縣。）姓劉氏，字季。（《索隱》：「《漢書》名邦，字季，此單云字，亦又可疑。按《漢書》高祖長兄名伯，次名仲，不見別名，則季亦是名也。故項岱云：高祖小字季，即位易名。」案伯仲季乃次第，並不得云字。人不得皆無名字，蓋《史記》文略耳。）仁而愛人，喜施，意豁如也。常有大度，不事家人生產作業。及壯，試為吏。為泗水亭長。（《正義》：《括地志》云：泗水亭，在沛縣東。）廷中吏無所不狎侮。好酒及色。以亭長為縣送酈山徒，多道亡。自度比至皆亡之，到豐西澤中，止飲，夜，乃解縱所送徒，曰：「公等皆去，吾亦從此逝矣。」高祖亡匿芒、碭山澤岩石之間。芒、碭皆縣名，今江蘇碭山縣地。秦二世元年（前 209）秋，諸郡縣皆多殺其長吏，以應陳涉。沛令恐，欲以沛應涉，掾主吏蕭何、曹參請召諸亡在外者以劫眾。乃令樊噲召劉季。（樊噲，沛人。以屠狗為事。以呂后女弟呂嬃為婦。與高祖俱隱。）劉季之眾，已數十百人矣。於是樊噲從劉季來。沛令後悔，恐其有變，乃閉城城守，欲誅蕭、曹。蕭、曹恐，逾城保劉季。劉季書帛射城上。父老乃率子弟共殺沛令，開城門迎劉季。立季為沛公。時二世元年九月，於是少年豪吏，如蕭、曹、樊噲等，皆為收沛子弟，二三千人，攻胡陵（縣名，今山東魚臺縣）、方與，還守豐。

廣陵人召平（廣陵，今江蘇江都縣），為陳王徇廣陵，未能下。聞陳王敗走，秦兵又且至，乃渡江，矯陳王命，拜梁為楚王上柱國，曰：「江東已定，急引兵西擊秦。」梁乃以八千人渡江而西。陳嬰者，故東陽令史。（東陽，今安徽天長縣。）東陽少年殺其令，強立為長，以兵屬項梁。項梁渡淮，黥布、蒲將軍亦以兵屬焉。凡六七萬人。軍下邳。（今江蘇邳縣。）當是時，秦嘉已立景駒為楚王，軍彭城東（彭城，今江蘇銅山縣），欲距項梁。梁擊嘉，嘉死，軍降，景駒走死梁地。項梁已並秦嘉軍，軍胡陵，引兵入薛（今山東滕縣東南）。聞陳王定死，召諸別將會薛計事。時秦二世二年四月，居鄛人范增（居鄛，今安徽巢縣），年七十。素居家，好奇計。往說項梁曰：「陳勝敗固當。夫秦滅六國，楚最無罪。自懷王入秦不反，楚人憐之至今。故楚南公曰『楚雖三戶，亡秦必楚』也。今陳勝首事，不立楚後而自立，其勢不長。今君起江東，楚蜂起之將皆爭附君者，以君世世楚將，為能復立楚之後也。」項梁然其言。乃求楚懷王孫心民間，為人牧羊。立以為楚懷王，從民所望也。都盱臺。（今安徽盱眙縣。）項梁自號武信君。時二世二年六月。

先是，秦泗川監平（《集解》：泗川，高祖更名沛。）將兵圍豐。高祖出與戰，破之。令雍齒守豐。引兵之薛。泗川守壯敗於薛，走之戚。（今濮陽縣北。）得，殺之。還軍亢父（今山東濟寧縣）。雍齒反為魏。沛公攻豐，不能取，聞東陽寧君、秦嘉立景駒為假王，在留（在沛縣東南），往從之。欲請兵以攻豐。時章邯從陳，別將司馬尼將兵北定楚地，屠相，至碭。東陽寧君、沛公西與戰。還軍豐。聞項梁在薛，從騎百餘往見之。項梁益沛公卒五千人還攻豐，拔之，雍齒奔魏。

章邯已破陳王，進兵擊魏王於臨濟。（《續漢書．郡國志》：陳留郡平丘縣有臨濟亭，魏咎都。平丘，今河北長垣縣。）魏王使周市出，請救於齊、楚。齊、楚遣項它、田巴將兵隨市救魏。章邯擊破，殺周市等。圍臨濟。咎為其民約降，自燒殺。章邯殺齊王田儋於臨菑。今山東臨淄縣。案此語見《漢書．項籍傳》。《史記．田儋列傳》曰：儋將兵救魏，章邯夜銜枚擊，大破魏軍，殺田儋於臨濟下。（《漢書》作大破齊、楚軍，《高帝紀》亦云：章邯破殺魏王咎，齊王田儋於臨濟，疑誤。）儋弟榮，收儋餘兵走東阿（今山東陽谷縣東北阿城鎮）。齊人聞儋死，立故王建弟假為王。田角為相，田間為將，以距諸侯。田榮之走東阿，章邯追圍之。項梁聞田榮急，引兵擊破邯軍東阿下。邯走而西，項梁因追之。田榮引兵歸，擊逐齊王假。假亡走楚，角走趙。角弟間前求救趙，因留不敢歸。榮立儋子市為齊王，相之。橫為將。章邯兵益盛。項梁使告趙、齊共擊邯，田榮曰：「楚殺田假，趙殺田角、田間，乃發兵。」梁曰：此據《項羽本紀》，《田儋傳》作楚懷王曰。「田假與國之王，窮來歸我，不忍殺。」趙亦不殺田角、田間，以市於齊。齊遂不肯發兵。梁使沛公及項羽別攻城陽（今山東濮縣），屠之。西破秦軍濮陽東（今河北濮陽縣）。秦兵收，入濮陽。沛公、項羽攻定陶，定陶未下。去，西略地，至雍丘（今河南杞縣）。大破秦軍，斬李由。還攻外黃，外黃未下。項梁起東阿，西北至定陶，再破秦軍；項羽等又斬李由；益輕秦，有驕色。宋義諫，弗聽。乃使宋義使於齊。道遇齊使者高陵君顯，曰：「公將見武信君乎？」曰：「然。」曰：「臣論武信君軍必敗。公徐行，即免死，疾行，則及禍。」秦果悉起兵益章邯。擊楚軍，大破之定陶。項梁死。時二世二年九月。沛公、項羽去外黃，攻陳留（今河南陳留縣）。陳留未下。沛公、項羽相與謀曰：「今項梁軍破，士卒恐。」乃與呂臣俱引而東。呂臣軍彭城東，項羽軍彭城西，沛公軍碭。章邯已破項梁軍，則以為楚地兵不足憂，乃渡河擊趙，大破之。張耳與趙王歇走入鉅鹿城（今河北平鄉縣）。章邯令王離、涉間圍鉅鹿。章邯軍其南，築甬道而輸之粟。陳餘北收常山兵，得數萬人，軍鉅鹿北。楚兵已破於定陶，懷王恐，從盱臺之彭城，并項羽、呂臣軍，自將之。以呂臣為司徒，其父呂青為令尹。以沛公為碭郡長，封武安侯，將碭郡兵。高陵君顯見楚王曰：「宋義論武信君之軍必敗，居數日，軍果敗。兵未戰而先見敗徵，此可謂知兵矣。」王召宋義與計事而大說之。因置以為上將軍，項羽為魯公，為次將，范增為末將，救趙。諸別將皆屬宋義，號為卿子冠軍。懷王是時，蓋收項氏之權。項梁與齊不合，而舉宋義者適出齊使，蛛絲馬跡，不無可尋。然則謂項梁以驕至敗，亦誣辭也。時又令沛公西略地入關。《高祖本紀》曰：與諸將約，先入定關中者王之。當是時，秦兵強，常乘勝逐北，諸將莫利先入關。獨項羽怨秦破項梁軍，奮，願與沛公西入關。懷王諸老將皆曰：「項羽為人，僄悍猾賊。嘗攻襄城（今河南襄城縣），襄城無遺類。諸所過無不殘滅。且楚數進取，前陳王、項梁皆敗。不如更遣長者，扶義而西，告諭秦父兄。秦父兄苦其主久矣，今誠得長者往，毋侵暴，宜可下，今項羽僄悍，不可遣。獨沛公寬大長者，可遣。」卒不許項羽，而遣沛公西。此亦事後附會之辭。陳平曰：「項王為人，恭敬愛人。」《陳丞相世家》。韓信曰：「項王見人，恭敬慈愛，言語嘔嘔。人有疾病，涕泣分食飲。」《淮陰侯列傳》。此豈恣意殘殺者？項王之暴，在阬秦降卒新安，此自兵權不得不然。其入關、破齊後之殘虐，則是時之為兵者，類多僄悍無賴之徒，非主將所能約束，恐不獨項羽之兵為然。[012]史於項羽未免故甚其辭，於漢則又諱而不言耳。周市以百萬之眾入關而敗，安得云告諭天下？是時所急者河北，入關尚為緩圖，劉、項安得俱入關？故知史之不可信久矣。

宋義至安陽（今山東曹縣東），留四十六日不進。項羽曰：「吾聞秦軍圍趙王鉅鹿，疾引兵渡河，楚擊其外，趙應其內，破秦軍必矣。」宋義曰：「不然，夫搏牛之虻，不可以破蟣蝨。今秦攻趙，戰勝則兵罷，我承其敝；不勝，則我引兵鼓行而西，必舉秦矣；故不如先鬥秦、趙。夫披堅執銳，義不如公，坐而運策，公不如義。」因下令軍中曰：「猛如虎，狠

[012]　史事：項王非特別殘虐。

如羊，貪如狼，強不可使者，皆斬之。」乃遣其子宋襄相齊，身送之至無鹽。（今山東東平縣。）飲酒高會。天寒大雨，士卒凍饑。項羽曰：「將戮力而攻秦，久留不行。今歲饑民貧，士卒食芋菽，軍無見糧，乃飲酒高會；不引兵渡河，因趙食，與趙并力攻秦，乃曰承其敝。夫以秦之彊，攻新造之趙，其勢必舉趙，趙舉而秦強，何敝之承？且國兵新破，王坐不安席，埽境內而專屬於將軍，國家安危，在此一舉。今不恤士卒而徇其私，非社稷之臣。」項羽晨朝上將軍宋義，即其帳中斬宋義頭。出令軍中曰：「宋義與齊謀反楚，楚王陰令羽誅之。」當是時，諸將皆慴伏，莫敢枝梧。皆曰：「首立楚者，將軍家也。今將軍誅亂。」乃相與共立羽為假上將軍。使人追宋義子，及之齊，殺之。使桓楚報命於懷王。懷王因使項羽為上將軍。當陽君、蒲將軍皆屬項羽。宋義之久留，蓋實與項氏相持。義之進既由齊使，是時又使子相齊，云與齊謀反楚，誣，云楚結齊共謀項氏，則頗有似矣。《史記》此節記事，蓋項氏之辭，亦非情實也。

項羽已殺卿子冠軍，威震楚國，名聞諸侯。乃遣當陽君、蒲將軍將卒二萬渡河救鉅鹿，戰少利。陳餘復請兵，項羽乃悉引兵渡河，皆沉船，破釜甑，燒廬舍，持三日糧，以示士卒必死，無一還心。於是至則圍王離，與秦軍遇，九戰，絕其甬道，大破之。殺蘇角，虜王離，涉間不降楚，自燒殺。當是時，楚兵冠諸侯。諸侯軍救鉅鹿下者十餘壁，（《張耳陳餘列傳》：燕齊楚聞趙急，皆來救。張敖亦北收代，得萬餘人來，皆壁餘旁。）莫敢縱兵。及楚擊秦，諸將皆從壁上觀。楚戰士無不一以當十，楚兵呼聲動天，諸侯軍無不人人惴恐。於是已破秦軍，項羽召見諸侯將，入轅門，無不膝行而前，莫敢仰視。項羽由是始為諸侯上將軍，諸侯皆屬焉。時秦二世三年十二月。古荊楚眾本僄悍，江、淮尤甚，特其文化程度大低，無用之者，則莫能自振。項氏世世楚將，起江東，渡江西，行收兵而北，其形勢，正與吳闔廬、越勾踐同，而章邯之兵，久戰罷敝；此蓋項羽之所以制勝。先是秦軍強，常乘勝逐北，至是大敗；秦又內亂，後援絕；關以東遂無能與楚抗者矣。

《秦始皇本紀》曰：趙高說二世曰：「先帝臨制天下久，故群臣不敢為非，進邪說。今陛下富於春秋，初即位，奈何與公卿廷決事？事即有誤，示群臣短也。天子稱朕，固不聞聲。」於是二世常居禁中，與高決諸事。其後公卿希得朝見。盜賊益多，而關中卒發東擊盜者無已。右丞相去疾、左丞相斯、將軍馮劫進諫，請且止阿房宮作者，減省四邊戍轉。二世曰：「吾聞之韓子曰：堯、舜采椽不刮，茅茨不翦；飯土增，啜土形；雖監門之養，不觳於此。禹鑿龍門，通大夏，決河亭水，放之海，身自持築臿，脛毋毛，臣虜之勞，不烈於此矣。凡所為貴有天下者，得肆意極欲，主重明法，下不敢為非，以制御海內矣。夫虞、夏之主，貴為天子，親處窮苦之實，以徇百姓，尚何於法？朕尊萬乘，毋其實。吾欲造千乘之駕，萬乘之屬，充吾號名。且先帝起諸侯，兼天下，天下已定，外攘四夷，以安邊境；作宮室以章得意。而君觀先帝功業有緒；今朕即位，二年之間，群盜并起，君不能禁；又欲罷先帝之所為；是上無以報先帝，次不為朕盡忠力何以在位？」[013] 下去疾、斯、劫吏，案責他罪。去疾、劫自殺。斯卒囚。三年（前 207），冬，趙高為丞相，竟案李斯殺之。《李斯傳》：二世責問斯，亦引韓子語。又云斯欲求容，以書對，云行督責之術，則能犖然行恣睢之心，而獨擅天下之利。意皆與《秦本紀》略同。又云：趙高為郎中令，所殺及報私怨眾多，恐大臣入朝奏事毀惡之，乃說二世居禁中。高乃見丞相曰：「君何不見？」斯曰：「今時上不坐朝廷，欲見無間。」高曰：「君誠能諫，請為君候上間。」於是趙高待二世方燕樂，使人告丞相：「上方間，可奏事。」丞相至宮門上謁，如此者三。二世怒曰：「吾嘗多間日，丞相不來，吾方燕私，丞相輒來請事，丞相豈少我哉？且固我哉？」趙高因曰：「如此，殆矣。夫沙丘之謀，丞相與焉。今陛下已立為帝，而

---

[013]　史籍：二世責去疾、斯、劫。斯對書，皆偽，蓋疾惡法學者所為。公文可偽如唐書云諫武后淫矣。婁敬勸都關中真，其言乃如治儒學者偽也。凡辭令皆可由執筆者為之。

丞相位不益，此其意，亦望裂地而王矣。且陛下不問臣，臣不敢言。丞相長男李由為三川守，楚盜陳勝等，皆丞相旁縣之子（斯，上蔡人），以故楚盜公行過三川，城守不肯擊。高聞其文書相往來，未得其審，故未敢以聞。且丞相居外，權重於陛下。」二世以為然，使人案驗三川守與盜通狀。李斯不得見，因上書言趙高之短。二世私告趙高。高曰：「丞相所患者獨高。高已死，丞相即欲為田常所為。」於是二世使高案丞相獄，治罪，責斯與子由謀反狀，皆收捕宗族、賓客。趙高治斯，榜掠千餘。不勝痛，自誣服。斯從獄中上書，高使吏棄去不奏。高使其客十餘輩，詐為御史、謁者、侍中，更覆訊斯。斯更以其實對，輒使人復榜之。後二世使人驗斯，斯以為如前，終不敢更言。辭服，奏當上，二世喜曰：「微趙君，幾為丞相所賣。」及二世所使案三川之守至，則項梁已擊殺之。使者來，會丞相下吏，趙高皆妄為反辭。二世二年，七月，具斯五刑論，腰斬咸陽市。《秦本紀》與《李斯傳》言斯罪狀及死時皆不同，足見其不可信。二世之辭，李斯之奏，蓋皆儒家毀法學者之所為，餘語則尤類平話矣。李斯之見殺，真相已不可知，然必出於猜忌之心，與其殺蒙恬兄弟同，則無足疑也。斯之死，實為秦事一大變。朝廷無復重臣。於是內亂起，而沛公安行入關矣。

章邯軍棘原，（晉灼曰：地名，在鉅鹿南。）項羽軍漳南，相持未戰。秦軍數卻。二世使人讓章邯。章邯恐，使長史欣請事，至咸陽，留司馬門三日，趙高不見，有不信之心。長史欣恐，還走其軍，不敢出故道。趙高果使人追之，不及。欣至軍，報曰：「趙高用事於中，下無可為者。今戰能勝，高必疾妒吾功；不能勝，不免於死。願將軍孰計之。」陳餘亦遺章邯書。邯狐疑，陰使侯始成使項羽，欲約。約未成，羽使蒲將軍日夜引兵渡三戶。（津名，孟康云：在鄴西。鄴，今河南臨漳縣。）軍漳南。與秦戰，再破之。項羽悉引兵擊秦軍汙水上，（《集解》：徐廣曰：在鄴西。）大破之。章邯使人見項羽，欲約。項羽召軍吏謀曰：「糧少，欲聽其約。」

軍吏皆曰：「善。」項羽乃與期洹水南殷虛上。（在今河南安陽縣北。）已盟，章邯見項羽，而流涕為言趙高。項羽乃立章邯為雍王，置楚軍中。使長史欣為上將軍，將秦軍為前行。時秦二世三年七月。據《項羽本紀》，邯之叛，實由趙高迫之使然，而賈生過秦，言邯以三軍之眾要市於外。案邯為秦將二歲，失亡多，又大敗於鉅鹿，秦法嚴，迄不易將，安知其無要市之事？然非李斯死，趙高立，意僅保關中，見下。接濟不絕，似亦不至遽叛。然則秦之亡，二世、趙高專意於去逼，而遂無意於天下事，實其大原因也。

沛公之西入秦也，道碭。秦三年，二月，北攻昌邑。（今山東金鄉縣。）未下，西過高陽。文穎曰：聚邑名，屬陳留。臣瓚曰：《陳留傳》曰：在雍丘西南。酈食其說沛公襲陳留，沛公以為廣野君，以其弟商為將，將陳留兵。三月，攻開封，（今河南開封縣。）未拔，西與秦將楊熊會戰白馬。（縣名，在今河南滑縣東。）又戰曲遇東，（地名，在今河南中牟縣東。）大破之。楊熊走之滎陽，二世使使斬之以徇。四月，南攻潁川。（郡名，治陽翟，今河南禹縣。）屠之，因張良遂略韓地。張良者，其先韓人。大父開地，父平，五世相韓。韓破，良悉以家財求客刺秦王，為韓報仇。得力士，為鐵椎，重百二十斤。秦皇帝東遊，良與客狙擊秦皇帝博浪沙中，見第二章第三節。誤中副車。陳涉等起兵，良亦聚少年百餘人。遇沛公，屬焉。及沛公之薛見項梁，項梁立楚懷王，良乃說項梁，立韓諸公子橫陽君成為韓王，以良為韓申徒。《集解》：徐廣曰：即司徒。與韓王將千餘人西略韓地，得數城。往來為遊兵潁川。時趙別將司馬印方欲渡河入關，沛公乃北攻平陰，（縣名，今河南孟津縣東。）絕河津，南戰洛陽東，軍不利。從轘轅至陽城，收軍中馬騎。轘轅，險道名，在今河南偃師縣東南，接鞏縣登封界。令韓王成留守陽翟，與良俱南。六月，與南陽守齮戰犨東，（犨縣名，今河南魯山縣東南。）大破之，略南陽郡。南陽守走保城，守宛。沛公引兵過宛西，張良諫，沛公乃夜引軍從他道還，圍宛。南陽守欲自剄，其舍人陳恢逾城見沛公，曰：「為足下計，莫若約降，封其守，因使止守，引其甲卒與之西。」沛公曰：「善。」七月，南陽守齮降，引而西，無不下者。八月，沛公攻武關，入秦。趙高陰與其婿咸陽令閻樂、弟趙成謀，使郎中令為內應，（《集解》：徐廣曰：一云郎中令趙成。）詐為有大賊，令樂召吏發卒，追劫樂母置高舍，遣樂將吏卒千餘人至望夷宮斬衛令。郎中令與樂俱入，射上幄。二世自殺。趙高乃悉召諸大臣、公子，告以誅二世之狀，曰：「秦故王國，始皇君天下，故稱帝。今六國復自立，秦地益小，乃以空名為帝，不可。宜為王如故便。」立二世兄子公子嬰為王，令子嬰齊，當廟見，受玉璽。齋五日，子嬰與其子二人謀曰：「我聞趙高乃與楚約，滅秦宗室而王關中，今使我齋見廟，此欲因廟中殺我。我稱病不行，丞相必自來，來則殺之。」高使人請子嬰數輩，子嬰不行。高果自往。子嬰遂刺高於齋宮，三族高家，以徇咸陽。以上據《秦始皇本紀》。《李斯列傳》云：「子嬰即位，稱疾不聽事，與宦者韓談及其子謀殺高。高上謁請病，因召入，令韓談刺殺之，夷其三族。」《高祖本紀》云：「趙高已殺二世，使人來，欲約分王關中，沛公以為詐。」案趙高雖用事，位素卑，安有取秦而代之之望？且高之殺蒙恬，害李斯，戮諸公子，雖竟危秦，究不可謂不忠於二世；而二世亦素任高；此時忽生簒弒之謀，亦殊可怪。賈生《過秦》之論曰：「秦小邑並大城，守險塞而軍。高壘毋戰，閉關據扼，荷戟而守之。諸侯起於匹夫，以利合，非有素王之行也，其交未親；其下未附；名為亡秦，其實利之也。彼見秦阻之難犯也，必退師，安土息民，以待其敝；收弱扶罷，以令大國之君；不患不得意於海內。藉使子嬰有庸主之材，僅得中佐，山東雖亂，秦之地可全而有；宗廟之祀，未當絕也。」可見保守關中，實為此時之至計。然唯大勇者乃能豫有所割棄，此豈二世所及？抑卑逾尊、疏逾戚之不易久矣。李斯且死，何有於趙高？二世所患，特諸公子，宗室疏屬，勢非相逼，危急時安知不相仗？而秦立國數百年，當危急時，宗室中亦應有奮起自效者。疑章邯軍敗後，趙高或以去帝號保關中進說，二世不說，且舉前事悉以責之，宗室遂有乘間圖之者，釁由是生，遂至弒二世而並欲盡滅秦之宗室，藉敵人之力以分王關中，亦所謂騎虎之勢不得下也，然其不能為沛公所信，則勢固然矣。武關既失，秦遣將將兵距嶢關。（在今陝西藍田縣東南。）沛公欲擊之。張良曰：「秦兵尚強，未可輕，（此亦見秦不內潰，關中未嘗不可保。）願先遣人益張旗幟於山上為疑兵，使酈食其、陸賈往說秦將，啖以利。」秦將果欲連和，俱西襲咸陽。沛公欲許之。張良曰：「此獨其將欲叛，恐其士卒不從，不如因其怠懈擊之。」沛公引兵繞嶢關，逾蕢山，擊秦軍，大破之藍田南，遂至藍田，（今陝西藍田縣。）又戰其北，秦兵大敗。明年，漢元年（前 206），冬十月，沛公至霸上。在今陝西長安縣東，接藍田縣界。秦王子嬰降。沛公以屬吏，遂西入咸陽。秦亡。

第三節　諸侯相王

沛公入咸陽，欲止宮休舍，樊噲、張良諫。乃封秦重寶財物府庫，還之霸上。十一月，召諸縣豪傑曰：「父老苦秦苛法久矣，誹謗者族，偶語者棄市。吾與諸侯約：先入關者王之，吾當王關中。與父老約：法三章耳；殺人者死，傷人及盜抵罪，餘悉除去秦法，吏民皆案堵如故。凡吾所以來，為父兄除害，非有所侵暴，毋恐。且吾所以軍霸上，待諸侯至而定要束耳。」乃使人與秦吏行至縣、鄉、邑，告諭之，秦民大喜。爭持牛羊酒食，獻享軍士。沛公讓不受，曰：「倉粟多，不欲費民」，民又益喜，唯恐沛公不為秦王。或說沛公曰：「秦富十倍天下，地形彊。今聞章邯降項羽，羽號曰雍王，王關中，即來，沛公恐不得有此。可急使守函谷關，毋內諸侯軍，稍徵關中兵以自益，距之。」沛公然其計，從之。是時為沛公計，擇地而王，關中自是上選。既求王關中，自不肯殘暴其民，約法三章，不受獻享，雖有溢美之辭，當不至全非實錄也。

項羽將諸侯兵三十餘萬，行略地，至河南，遂西到新安。（今河南澠池縣東。）諸侯吏卒，異時繇使、屯戍過秦中，秦中吏卒遇之多無狀。及秦軍降諸侯，諸侯吏卒乘勝，多奴虜使之，輕折辱秦吏卒。秦吏卒多竊言曰：「章將軍等詐吾屬降諸侯。今能入關破秦，大善。即不能，諸侯虜吾屬而東，秦必盡誅吾父母妻子。」諸將微聞其計，以告項羽。項羽乃召黥布、蒲將軍計曰：「秦吏卒尚眾，其心不服，至關中，不聽，事必危，不如擊殺之，而獨與章邯、長史欣、都尉翳入秦。」於是楚軍夜擊阬秦卒二十餘萬人新安城南。行，略定秦地。至函谷關，不得入。使當陽君等擊關。項羽遂入，至於戲西。沛公左司馬曹無傷使人言於項羽曰：「沛公欲王關中，使子嬰為相，珍寶盡有之。」項羽大怒，曰：「旦日饗士卒，為擊破沛公軍。」當是時，項羽兵四十萬，在新豐鴻門，（孟康曰：在新豐東十七里。案漢新豐，在今陝西臨潼縣東。）沛公兵十萬，在霸上，力不敵。楚左尹項伯者，項羽季父也。素善張良，夜馳至沛公軍，具告以事，欲與俱去。良入，具告沛公。沛公要項伯入，約為婚姻，曰：「吾入關，秋豪不敢有所近，籍吏民、封府庫而待將軍。所以遣將守關者，備他盜之出入與非常也。日夜望將軍至，豈敢反乎？願伯具言臣之不敢背德也。」項伯許諾。謂沛公曰：「旦日，不可不蚤自來謝項王。」沛公曰：「諾。」於是項伯復夜去。至軍中，具以沛公言報項王。因言曰：「沛公不先破關中，公豈敢入乎？今人有大功而擊之，不義也，不如因善遇之。」項王許諾。沛公旦日，從百餘騎見項王。項王因留與飲。范增數目項王，舉所佩玉玦以示之者三。項王默然不應。范增起出，召項莊入，前為壽，壽畢，請以劍舞，因擊沛公於坐，殺之。項莊拔劍起舞，項伯亦拔劍起舞，常以身翼蔽沛公，莊不得擊。於是張良至軍門見樊噲。樊噲入，譙讓羽。有頃，沛公起如廁，招樊噲出，令張良留謝羽，置車騎，脫身獨騎，樊噲等四人持劍盾步走，間至軍。以上事詳見《項羽本紀》，詼詭幾類平話。[014]

[014]　史事：鴻門會如平話，指鹿為馬。

秦亡後五年，天下復定於一，此乃事勢推移使然。當時方以秦滅六國為暴無道，詆秦曰強虎狼，安有一人，敢繼秦而欲帝天下？而史載范增說項羽曰：「沛公居山東時，貪於財貨，好美姬。今入關，財物無所取，婦女無所幸，此其志不在小，吾令人望其氣，皆為龍虎，成五采，此天子氣也，急擊勿失。」又稱張良入謝，獻玉鬥亞父，亞父受，置之地，拔劍撞而破之，曰：「唉！豎子不足與謀，奪項王天下者，必沛公也，吾屬今為之虜矣。」七十老翁，有如是其魯莽者乎？其非實錄，不待言矣。

居數日，項羽引兵西屠咸陽，殺秦降王子嬰。燒秦宮室，火三月不滅。收其貨寶婦女而東。人或說項王曰：「關中阻山河，四塞；地肥饒；可都以霸。」項王見秦宮室皆以燒殘破；又心懷思欲東歸；曰：「富貴不歸故鄉，如衣繡夜行，誰知之者？」說者曰：「人言楚人沐猴而冠耳，果然。」項王聞之，烹說者。此亦事後附會之辭。漢高兵力弱，不足以控制中原，則思王關中。項羽世楚將，起江東，安有不用楚人之理？且漢高就封後，以士懷思欲東歸，因用其鋒以爭天下。項羽是時，不復欲有所爭，都關中，何以處楚士之思歸者乎？抑盡棄楚士，獨與秦人孤居邪？燒秦宮室，收其貨寶婦女，則當時之士卒固如是，約束非易。漢高欲王關中，乃約束其眾，不敢為殘暴，抑亦分封未定，士猶有所冀望耳。使入漢中以後，士謳歌思東歸，而不用其鋒，東鄉以爭天下，安知其不怨叛？怨叛之眾，又安保其不所過殘滅乎？入彭城後，何為收貨寶美人，日置酒高會哉？豈不知項羽之眾尚在齊，將兼程還救乎？故知史所稱漢之仁，項羽之暴，諱飾誣詆之辭多矣。

既以秦滅六國為無道而亡之，自無一人可專有天下者，當分王者誰乎？一六國之後，一亡秦有功之人；其如何分剖，則決之以公議；此不易之理也。《項羽本紀》曰：項羽使人致命懷王，懷王曰：「如約。」乃尊懷王為義帝。項王欲自王，先王諸將相，謂曰：「天下初發難時，假立諸侯後以伐秦，然身被堅執銳，首事，暴露於野三年，滅秦定天下者，皆將相諸君與籍之力也。義帝雖無功，此語，苞諸侯後言，乃古人言語以偏概全之例，非專指義帝一人。故當分其地而王之。」諸將皆曰：「善。」乃分天下，立諸將為侯王。項王、范增疑沛公之有天下，業已講解；又惡負約，恐諸侯叛之；乃陰謀曰：「巴、蜀道險，秦之遷人多居蜀。」乃曰：「巴、蜀亦關中地也。」故立沛公為漢王，王巴、蜀、漢中，都南鄭。（今陝西南鄭縣。）而三分關中，王秦降將，以距塞漢王。項王乃立章邯為雍王，王咸陽以西，都廢丘。（今陝西興平縣。）長史欣者，故為櫟陽獄掾，嘗有德於項梁，（上文云：項梁嘗為櫟陽逮捕，乃請蘄獄椽曹咎書抵櫟陽獄掾司馬欣，以故事得已。）都尉董翳者，本勸章邯降楚。故立司馬欣為塞王，王咸陽以東，至河，都櫟陽，（今陝西臨潼縣。）立董翳為翟王，王上郡，都高奴。（今陝西膚施縣。）徙魏王豹（魏王咎弟）為西魏王，（《豹傳》云：咎自殺，豹亡走楚。楚懷王與豹數千人，復徇魏地。項羽已破秦，降章邯，豹下魏二十餘城，立豹為魏王。豹引精兵從項羽入關。羽封諸侯，欲有梁地，乃徙豹於河東。）王河東，都平陽。（今山西臨汾縣。）瑕丘申陽者，張耳嬖臣也，先下河南，迎楚河上。故立申陽為河南王，都洛陽。（今河南洛陽縣。）韓王成因故都，都陽翟。趙將司馬卬，定河內，數有功，故立卬為殷王，王河內，都朝歌。（今河南淇縣。）徙趙王歇為代王。趙相張耳，素賢，又從入關，故立為常山王，王趙地，都襄國。當陽君黥布，為楚將，常冠軍，故立布為九江王，都六。見第一節。鄱君吳芮，率百越佐諸侯，又從入關，故立芮為衡山王，都邾。（今湖北黃岡縣。）義帝柱國共敖將兵擊南郡，功多，因立敖為臨江王，都江陵。（今湖北江陵縣。）徙燕王韓廣為遼東王。（《集解》：徐廣曰：都無終，今河北薊縣。）燕將臧荼從楚救趙，因從入關，故立荼為燕王，都薊。（今河北北平市。）徙齊王田市為膠東王。（《集解》：徐廣曰：都即墨。今山東即墨縣。）齊將田都，從共救趙，因從入關，故立都為齊王，都臨菑。故秦所滅齊王建孫田安，項羽方渡河救趙，田安下濟北數城，引其兵降項羽，故立安為濟北王，都博陽。（今山東泰安縣。）田榮者，數負項梁，又不肯將兵從楚擊秦，以故不封。成安君陳餘，棄將印去，不從入關，（《張耳陳餘列傳》：王離急攻鉅鹿。鉅鹿城中食盡，兵少，張耳數使人召陳餘。餘自度兵少，不敵秦，不敢前。數月，張耳大怒，怨陳餘，使張黶、陳澤往讓餘，要以俱死。餘使五千人令張黶、陳澤先嘗秦軍，至，皆沒。張耳出鉅鹿，與餘相見，問張黶、陳澤所在。陳餘曰：「臣使將五千人先嘗秦軍，皆歿不出。」耳不信，以為殺之，數問餘。餘怒曰：「不意君之望臣深也？豈以臣為重去將哉？」乃脫解印綬，推與張耳。耳亦愕，不受。陳餘起如廁，客有說張耳曰：「天與不取，反受其咎。」耳乃佩其印，收其麾下。餘還，亦望耳不讓，遂趨出。張耳遂收其兵。餘獨與麾下所善數百人之河上漁獵。）然素聞其賢，有功於趙，聞其在南皮，（今河北南皮縣。）故因環封三縣。（《集解》：《漢書音義》曰：繞南皮三縣以封之。）番君將梅鋗，功多，故封十萬戶侯。項王自立為西楚霸王，王九郡，都彭城。漢之元年，四月，諸侯罷戲下，各就國。當時分封，就《史記》所言功狀，所以遷徙或不封之故觀之，實頗公平。封定而後各罷兵，則其事實非出項羽一人，《自序》所以稱為「諸侯之相王」也。[015]《高祖本紀》曰：項羽使人還報懷王。懷王曰：「如約。」項羽怨懷王不肯令與沛公俱西入關而北救趙，後天下約，乃曰：「懷王者，吾家項梁所立耳，非有功伐，何以得主約？本定天下，諸將及籍也。」此實極公平之言。且懷王特楚王，即謂項王、沛公當聽其命，諸侯何緣聽之？此理所不可，亦勢所不行，其不得不出於相王者勢也。漢高之為義帝發喪也，告諸侯曰：「天下共立義帝，北面事之。」此乃誣罔之辭。南面而政諸侯，當有實力，義帝豈足以堪之？三代之王，固嘗號令天下矣，及其後，政由五霸。然則義帝擁帝名，而政由羽出，亦可云前有所承。既不襲秦郡縣之制，不得謂稱帝者實權皆當如秦之皇帝也。立章邯在羽入關前，當時形勢，安知沛公能先入

[015]　史事：諸侯之相王，當時無一人有之之理。

關？且秦吏卒尚眾，非此無以鎮之，此亦事勢使然也。敗軍之將，不可以言勇，亡國之大夫，不足與圖存，韓信之說漢王曰：「三秦王為秦將，將秦子弟數歲矣，所殺亡不可勝計。又欺其眾降諸侯，至新安，項王詐阬秦降卒二十餘萬，唯獨邯、欣、翳得脫。秦父兄怨此三人，痛入骨髓。今楚強以威王此三人，秦民莫服也。」此豈項羽所不知，而謂王此三人，可距塞漢路乎？此時漢王之可畏，豈能甚於田榮而距之也？長史欣首告章邯：「趙高用事於中，事無可為者」，豈不與董翳同功，而曰：以其有德於項梁而立之乎？

第四節　楚漢興亡

《項羽本紀》曰：「項王出之國，使人徙義帝，曰：『古之帝者，地方千里，必居上游。』乃使使徙義帝長沙郴縣，（今湖南郴縣。）趣義帝行。其群臣稍稍背叛之。乃陰令衡山、臨江王擊殺之江中。」《高祖本紀》云：殺義帝江南。《黥布列傳》曰：「項氏立懷王為義帝，徙都長沙，（今湖南長沙縣。）乃陰令九江王布等行擊之。其八月，布使將擊義帝，追殺之郴縣。」《漢書・高帝紀》則云：「二年（前 205），冬，十月，項羽使九江王布殺義帝於郴。」郴在楚極南，項羽即欲放逐義帝，亦不得至此，然則《黥布傳》云都長沙者是也。《項羽本紀》之郴縣二字，蓋後人側注，誤入本文。義帝殆見追逐，自長沙南走至郴而死也。義帝在當時，既無足忌，項羽殺之何為？衡山、臨江、九江，主名尚無一定，則義帝死事，實已不傳，史之所書，皆傳聞誣妄之說耳。[016]

《項羽本紀》又曰：「韓王成無軍功，項王不使之國，與俱至彭城，廢以為侯，已又殺之。」案既封之，不得無故復廢殺之，此亦必有其由，特今不可知耳。又云：「臧荼之國，因逐韓廣之遼東。廣弗聽，荼擊殺廣無

[016]　史事：義帝之死，韓王成之死亦必有其由。

終，」并王其地，此則行諸侯之約，非壞諸侯之約也。其壞諸侯之約者，則為田榮與漢王。

「田榮聞項羽徙齊王市膠東而立田都，大怒。不肯遣齊王之膠東，因以齊反，迎擊田都。田都走楚。市畏項王，乃亡之膠東就國。」案項王遠，田榮近，項王雖強，其可畏必不如田榮，此可見榮與市實不合，其叛非為市也。「田榮怒，追擊，殺之即墨。[017] 榮因自立為齊王，而西擊殺濟北王田安，并王三齊。」彭越者，昌邑人。嘗漁巨野澤中為群盜。（巨野，今山東巨野縣。）陳勝、項梁起歲餘，澤間少年相聚百餘人，以為長。收諸侯散卒，居巨野澤中，眾萬餘人，毋所屬。「榮與越將軍印，令反梁地。陳餘使張同、夏說說齊王。齊王許之。遣兵之趙。餘悉發三縣兵，與齊并力擊常山，大破之。張耳走歸漢，餘迎故趙王歇於代，反之趙。趙王因立餘為代王。」餘留傅趙王，而使夏說以相國守代。

諸侯之相王也，漢王欲攻項羽，灌嬰、樊噲皆勸之，蕭何諫，乃止。以何為丞相。項羽使卒三萬人從漢王，楚子諸侯人之慕從者數萬人。張良辭歸韓，漢王送至褒中，因說漢王燒絕棧道，[018] 以備諸侯盜兵，亦視項羽無東意。漢王果欲東兵；未必肯自絕棧道，可見是時尚無叛意也。既至南鄭，諸將及士卒皆歌謳思東歸，多道亡還者。韓信為治粟都尉，亦亡去。蕭何追還之，因薦於漢王。漢王拜信為大將軍，問以計策。信對曰：「吏卒皆山東之人，日夜企而望歸，及其鋒而用之，可以有大功。天下已定，民皆自寧，不可復用，不如決策東鄉。」因陳羽可圖，三秦易並之計。漢王大說，遂聽信策，部署諸將，留蕭何收巴、蜀租，給軍糧食。五月，漢王出襲雍，定雍地。八月，塞王欣、翟王翳皆降。項羽以故吳令鄭昌為韓王，距漢。令蕭公角擊彭越，越敗角兵。時張良徇韓地，遺羽書曰：「漢欲得關中，如約，即止。」又以齊反書遺羽，曰：「齊與趙欲並滅楚。」史

[017]　史事：田榮叛非以田市之徙。

[018]　史事：漢燒棧道時無叛意，蓋以防士卒之亡。漢王都櫟陽，三月乃再出。

云羽以故無西意而北擊齊。然漢入關，未能遽搖動大局，齊摟梁、趙以叛則不然，釋漢而擊齊，亦用兵形勢當爾，未必由聽張良也。漢二年，十月，漢王如陝。（今河南陝縣。）河南王申陽降。使韓太尉韓信（故韓襄王孽孫）。擊韓。韓王鄭昌降。十一月，立信為韓王。漢王還歸，都櫟陽。春，正月，項羽擊田榮城陽，榮敗，走平原。（今山東平原縣。）平原民殺之，齊皆降楚。楚遂北燒夷齊城郭室屋，皆阬降卒，繫虜其老弱婦女，徇齊至北海，多所殘滅。齊人相聚而叛之。三月，漢王自臨晉渡河。（臨晉，今陝西大荔縣。）魏王豹降，將兵從下河內，虜殷王卬，至洛陽，新城三老董公（新城，漢縣，在今河南洛陽縣南。）遮說漢王，於是漢王為義帝發喪，發使告諸侯曰：「天下共立義帝，北面而事之。今項羽放殺義帝江南，大逆無道，寡人悉發關中兵，收三河士，南浮江、漢以下，願從諸侯王擊楚之殺義帝者。」義帝之死，既繫疑案，此云浮江、漢而下，蓋以告南方諸侯，云天下共立義帝，北面而事之，乃後人附會之語，必非當時情實也。四月，田榮弟橫收得數萬人，反城陽，立榮子廣為齊王。羽雖聞漢東，既擊齊，欲遂破之，而後擊漢。漢王以故得劫五諸侯兵，徐廣曰：塞、翟、魏、殷、河南。應劭曰：雍、塞、翟、殷、韓。韋昭曰：塞、翟、殷、韓、魏。顏師古曰：常山、河南、韓、魏、殷。案《淮陰侯列傳》：漢二年，出關，收魏、河南，韓、殷王皆降，合齊、趙共擊楚。時張耳已走歸漢，齊兵則自距項羽，但與漢合勢耳，顏說是也。凡五十六萬人，東伐楚。到外黃，彭越將三萬人歸漢。漢王拜越為魏相國，令定梁地。漢王遂入彭城。收羽美人、貨賂，置酒高會。羽聞之，令其將擊齊，自以精兵三萬人南。從魯出胡陵，而從蕭（今江蘇蕭縣。）晨擊漢軍，而東至彭城。日中，大破漢軍。漢軍皆走，相隨入穀、泗水。殺漢卒十餘萬人。漢卒皆南走山，楚又追擊，至靈壁東睢水上，（靈壁，在今安徽宿縣西北。）漢軍卻，為楚所擠，多殺漢卒十餘萬人，皆入睢水，睢水為之不流。漢王與數十騎遁去。諸侯見漢敗，皆亡去。塞王欣、翟王翳降楚，殷王印死。呂后兄周呂侯澤，將兵居下邑，（縣名，在今江蘇碭山縣東。）漢王往從之。稍收士卒，軍碭。漢王之至下邑，問曰：「吾欲捐關以東棄之，誰可與共功者？」張良曰：「九江王布，楚梟將，與項王有隙，彭越與田榮反梁地，此兩人可急使；而漢王之將，獨韓信可屬大事，當一面；即欲捐之，捐之此三人，則楚可破也。」漢王乃遣隨何說九江王布，而使人連彭越。初，項王擊齊，徵兵九江。九江王布稱病不往，遣將將數千人行。漢之敗楚彭城，布又稱病不佐楚。項王由此怨布，數使使者誚讓，召布。布愈恐，不敢往。隨何往說，布果叛楚。五月，漢王屯滎陽，蕭何發關中老弱未傅者悉詣軍，韓信亦收兵與漢王會，兵復大振。與楚戰滎陽南京、索間，破之。築甬道屬河，以取敖倉粟。

魏王豹謁告視親疾，至則絕河津，反為楚。六月，漢王還櫟陽，立太子。引水灌廢丘，廢丘降，章邯自殺。八月，漢王如滎陽。使酈食其往說魏王豹，豹不聽。漢以韓信為左丞相，與曹參、灌嬰俱擊魏。九月，信等虜豹，傳詣滎陽，定魏地。使請兵三萬人，願以北舉燕、趙，東擊齊，南絕楚糧道。漢王與之。初，漢擊楚，使告趙，欲與俱。陳餘曰：「漢殺張耳乃從。」於是漢王求人類張耳者斬之，持其頭遺陳餘。餘乃遣兵助漢。漢之敗於彭城，餘亦復覺張耳不死，即背漢。漢遣張耳與韓信俱，破代，禽夏說閼與。今山西和順縣。三年，冬，十月，以兵數萬，欲東下井陘。趙王、陳餘聚兵井陘口，號稱二十萬。廣武君李左車說成安君：「深溝高壘勿與戰。假臣奇兵三萬人，從間路絕其輜重。」不聽。韓信遂下，破趙軍，斬成安君，禽趙王歇。《張耳陳餘列傳》云：追殺趙王歇襄國。生得廣武君。從其策，發使使燕。燕從風而靡。乃遣使報漢，因請立張耳為趙王，以鎮撫其國。漢王許之。信之下魏、代，漢輒使人收其精兵詣滎陽以距楚。楚數使奇兵渡河擊趙，趙王耳、韓信往來救趙，因行定趙城邑，發兵詣漢。隨何既說黥布，布起攻楚。楚使項聲、龍且攻布，布戰，不勝。十二月，布與隨何間行歸漢。漢王分之兵。與俱收兵，至成皋。今河南汜水縣。項羽數侵奪漢甬道，漢軍乏食。夏，四月，項羽圍漢滎陽，漢王請和。割滎陽以西者為漢。亞父勸項羽急攻滎陽。五月，將軍紀信詐為漢王降楚。漢王與數十騎遁。令御史大夫周苛、魏豹、樅公守滎陽，周苛、樅公殺魏豹。漢王出滎陽，至成皋。自成皋入關收兵，欲復東。轅生說漢王：「出武關，項王必引兵南走。王深壁，令滎陽、成皋間且得休息。使韓信等得輯河北趙地，連燕、齊。君王乃復走滎陽。如此，則楚所備多，力分，漢得休息，復與之戰，破之必矣。」漢王從其計，出軍宛、葉間。（葉，今河南葉縣。）與黥布行收兵。羽聞漢王走宛，果引兵南。漢王堅壁不與戰。是月，彭越渡睢，與項聲、薛公戰下邳，破殺薛公。羽使終公守成皋，而自東擊彭越。漢王引兵北擊破終公，復軍成皋。六月，羽已破走彭越，聞漢復軍成皋，乃引兵西。拔滎陽城，烹周苛，殺樅公，而虜韓王信。遂圍成皋。漢王跳。北渡河，宿小修武。（今河南獲嘉縣。）自稱使者，晨馳入張耳、韓信壁，奪之軍。令張耳備守趙地，拜韓信為相國，收趙兵未發者擊齊。漢王得韓信軍，復大振。八月，臨河南鄉，軍小修武。欲復戰。郎中令鄭忠說止漢王，漢王聽其計。使盧綰、劉賈將卒二萬人，騎數百渡白馬津，在河南滑縣。佐彭越燒楚積聚，復擊破楚軍燕郭西。（燕縣，古南燕國，今河南延津縣。）攻下睢陽、外黃十七城。（睢陽，今河南商丘縣。）九月，羽謂海春侯大司馬曹咎曰：「謹守成皋。即漢王欲挑戰，慎勿與戰，勿令得東而已。我十五日，必定梁地，復從將軍。」羽引兵東擊彭越。初，項羽釋齊歸擊漢，因連與漢戰，以故田橫復得收齊城邑，立榮子廣為齊王，而橫相之，專國政。政無巨細，皆斷於相。聞韓信且東，使華毋傷、田解軍於歷下，（今山東歷城縣。）以距漢。漢使酈生說下齊王廣及其相橫，橫以為然；解其歷下軍。四年，十月，韓信用蒯通計，襲破齊。齊烹酈生。王廣東走高密，（今山東高密縣。）相橫走博陽（今山東泰安縣）。羽使從兄子項它為大將，龍且為裨將，救齊，此從《漢書．項籍傳》。《史記．項羽本紀》、《淮陰侯》、《田儋列傳》，皆僅云龍且，《高祖本紀》作龍且、周蘭。漢果數挑成皋戰，楚軍不出，使人辱之，數日，大司馬咎怒，渡兵汜水。士卒半渡，漢擊之，大破楚軍，大司馬咎、長史欣皆自剄汜水上。漢王引兵渡河，復取成皋，軍廣武，（孟康曰：於滎陽築兩城相對，名為廣武，在敖倉西山上。）就敖倉食。羽下梁地十餘城，聞海春侯破，乃引兵還。軍廣武，與漢相守。十一月，韓信與灌嬰擊破楚軍，殺龍且，追至城陽，虜齊王廣。齊相田橫自立為齊王，奔彭越。關中兵益出，而彭越、田橫居梁地，往來苦楚兵，絕其糧食。韓信已破齊，使人言曰：「齊邊楚，不為假王，恐不能安齊。」漢王怒，欲攻之。張良曰：「不如因而立之，使自為守。」二月，遣良操印立信為齊王。項王使盱眙人武涉往說齊王信反漢，與楚連和，三分天下而王之。武涉已去，蒯通知天下權在韓信，深說以三分天下之計。信猶豫，遂不聽。七月，立黥布為淮南王。八月，項羽自知少助，食盡；韓信又進兵擊楚，羽患之。漢使侯公說羽。羽乃與漢約：中分天下。割鴻溝以西為漢，以東為楚。九月，歸大公、呂后。彭城之敗，審食其從大公、呂后間行，反遇楚軍，羽常置軍中以為質。羽解而東歸。漢王欲西歸，張良、陳平諫曰：「今漢有天下大半，而諸侯皆附，楚兵罷食盡，此天亡之時，不因其幾而遂取之，所謂養虎自遺患也。」漢王從之。五年，十月，漢王追項羽。至陽夏南，止軍，與齊王信、魏相國越期會擊楚。至固陵，（今河南淮陽縣西北。）不會。楚擊漢軍，大破之。漢王復入壁，深塹而守。謂張良曰：「諸侯不從，奈何？」良對曰：「楚兵且破，未有分地，其不至固宜。君王能與共天下，可立致也。齊王信之立非君王意，信亦不自堅。彭越本定梁地，始君王以魏豹故，拜越為相國，今豹死，越亦望王，而君王不早定。今能取睢陽以北至穀城，（今山東東阿縣。）皆以王彭越，從陳以東傅海與齊王信。信家在楚，其意欲復得故邑。能出捐此地，以許兩人，使各自為戰，則楚易敗也。」於是漢王發使使韓信、彭越。（此實平敵相約分地，非漢王能封之也。）至，皆引兵來。十一月，劉賈入楚地，圍壽春。（今安徽壽縣。）漢亦遣人誘楚大司馬周殷。殷畔楚，以舒屠六。（舒，今安徽廬江縣。）舉九江兵，迎黥布，並行屠城父。（今安徽靈壁縣。）隨劉賈皆會。十二月，圍羽垓下。（李奇曰：沛洨縣聚邑名，在今安徽靈壁縣東南。）羽夜聞漢軍四面皆楚歌，知盡得楚地，從八百餘人，直夜潰圍南出馳走。平明，漢軍乃覺之。令騎將灌嬰以五千騎追之。項王渡淮，騎能屬者百餘人耳。至陰陵，（縣名，在今安徽定遠縣西北。）迷失道。問一田父，田父紿曰：「左。」左，乃陷大澤中。以故漢追及之。項王乃復引兵而東。至東城，見第一節。乃有二十八騎。漢騎追者數千人。項王自度不得脫，謂其騎曰：「吾起兵至今八歲矣，身七十餘戰，所當者破，所擊者服，未嘗敗北，遂霸有天下。然今卒困於此，此天之亡我，非戰之罪也。今日固決死，願為諸君決戰，必三勝之；為諸君潰圍斬將刈旗；令諸君知天亡我，非戰之罪也。」乃分其騎以為四隊，四鄉。漢軍圍之數重。項王謂其騎曰：「吾為公取彼一將。」令四面騎馳下，期山東為三處。於是項王大呼馳下，漢軍皆披靡。遂斬漢一將與其騎會為三處，漢軍不知項王所在，乃分軍為三，復圍之。項王乃馳，復斬漢一都尉，殺數十百人。復聚其騎，亡其兩騎耳。乃謂其騎曰：「何如？」騎皆伏曰：「如大王言。」於是項王乃欲東渡烏江。（今安徽和縣。）烏江亭長檥船待，謂項王曰：「江東雖小，地方千里，眾數十萬人，亦足王也，願大王急渡。今獨臣有船，漢軍至，無以渡。」項王笑曰：「天之亡我，我何渡為？且籍與江東子弟八千人渡江而西，今無一人還，縱江東父兄憐而王我，我何面目見之？縱彼不言，籍獨不愧於心乎？」乃令騎皆下馬步行，持短兵接戰。獨籍所殺漢軍數百人。項王身亦被十餘創，顧見漢騎司馬呂馬童，曰：「若非吾故人乎？」乃曰：「吾聞漢購我頭千金，邑萬戶，吾為若德。」乃自刎而死。楚地皆降漢，獨魯不下，乃持項王頭示魯，魯父兄乃降。初，懷王封項籍為魯公；及其死，魯最後下；故以魯公禮葬項王穀城。項羽所立臨江王共敖前死，子尉嗣為王，不降，遣盧綰、劉賈擊虜尉。田橫懼誅，與其徒屬五百餘人入海，居島中。高帝恐後為亂，使使赦橫罪，召之。未至，自剄。

劉、項成敗，漢得蕭何以守關中，韓信以下趙、代、燕、齊，而楚後路為彭越所擾，兵少食盡，固為其大原因。然漢何以得蕭何、信、越等，而楚親信如英布、周殷等，且紛紛以叛乎？高祖置酒洛陽宮，曰：「列侯諸將，無敢隱朕，皆言其情。吾所以有天下者何？項氏之所以失天下者何？」高起、王陵對曰：「陛下慢而侮人，項羽仁而愛人，然陛下使人攻城略地，所降下者，因以予之，與天下同利也。項羽妒賢疾能，有功者害之，賢者疑之，戰勝而不予人功，得地而不與人利，此所以失天下也。」高祖曰：「公知其一，未知其二：夫運籌帷帳之中，決勝於千里之外，吾不如子房，填國家，撫百姓，給饋餉，不絕糧道，吾不如蕭何，連百萬之軍，戰必勝，攻必取，吾不如韓信。此三人皆人傑也：吾能用之，此吾所以取天下也。項羽有一范增而不能用，此其所以為我禽也。」高祖所言，與高起、王陵所說，其實是一。韓信曰：「項王使人，有功當封爵者，印刓弊，忍不能予。」陳平言：「項王不能信人，其所任愛，非諸項，即妻之昆弟，雖有奇士不能用。」酈食其說齊王，亦言項羽非項氏莫得用事。蓋項氏故楚世家，其用人猶沿封建之世卑不逾尊、疏不逾戚之舊，漢高起於氓庶，則不然也。然是時知勇之士，固不出於世祿之家，此其所以一多助、一寡助乎？然則劉、項之興亡，實社會之變遷為之矣。

第四章　漢初事蹟

第一節　高祖初政

漢五年（前 202），既滅項籍。二月，楚王韓信、淮南王英布、梁王彭越、故衡山王吳芮、王芮詔曰：諸侯立以為王，項羽侵奪之地，謂之番君，故是時稱故。趙王張敖、耳子，見下。燕王臧荼上尊號，漢王即皇帝位於汜水之陽。自義帝亡，唯項羽稱霸王，為諸侯長，然諸侯多叛之，至此，天下始復有共主矣。

夏，五月，兵皆罷歸家。詔曰：「諸侯子在關中者，復之十二歲，其歸者半之。民前或相聚保山澤，[019]不書名數。今天下已定，令各歸其縣，復故爵田宅。吏以文法教訓辨告，勿笞辱。民以饑餓自賣為人奴婢者，皆免為庶人。軍吏、卒會赦，其亡罪會赦得免罪及本無罪。而亡爵及不滿大夫者，皆賜爵為大夫。故大夫以上，賜爵各一級，其七大夫以上，皆令食邑，非七大夫以下皆復其身及戶，勿事。」又曰：「七大夫、公乘以上，皆高爵也。諸侯子及從軍歸者，甚多高爵。吾數詔吏：先與田宅，及所當求於吏者亟與。爵或人君，上所尊禮，久立吏前，曾不為決，甚亡謂也。異日秦民爵公大夫以上，令、丞與亢禮，今吾於爵非輕也，吏獨安取此？且法以有功勞行田宅，今小吏未嘗從軍者多滿，而有功者顧不得，背公立私，守、尉、長吏教訓甚不善，其令諸吏善遇高爵，稱吾意。且廉問，有不如吾詔者，以重論之。」此皆所以撫慰為兵及失職者也。變亂之際，此輩往往蕩無家室可歸，又或習於戰鬥盧掠，不肯事生產，實為致亂之原。有以撫慰之，則俱欲休息乎無為，而亂原塞矣。韓信言天下已定，民皆自

[019] 兵：民保山澤。彭越居巨野澤。樊崇初起入山。新市初入澤後藏綠林。營堡堡壁。董卓郿塢。李傕北塢。

寧，不可復用，高帝時，諸侯叛者，迄不能有成，以此。

齊人婁敬戍隴西，過洛陽，見齊人虞將軍曰：「臣願見上言便事。」虞將軍言上，上召問。敬說曰：「秦地被山帶河，四塞以為固。卒然有急，百萬之眾可具也。因秦之故，資甚美膏腴之地，此所謂天府者也。陛下入關而都之，山東雖亂，秦之故地，可全而有也。」上疑之。左右大臣皆山東人，多勸上都洛陽。「雒陽東有成皋，西有殽、黽，倍河，鄉伊、雒，其固亦足恃。」留侯曰：「雒陽雖有此固，其中小，不過數百里。田地薄，四面受敵，此非用武之國也。夫關中，左殽、函，右隴、蜀，沃野千里，南有巴、蜀之饒，北有胡苑之利。阻三面而守，獨以一面專制諸侯。諸侯安定，河、渭漕輓天下，西給京師；諸侯有變，順流而下，足以委輸。此所謂金城千里，天府之國也。敬說是也。」於是高帝駕，即日西都關中。賜敬姓劉氏。觀劉敬及留侯之說，知是時漢尚未敢欲全有天下，[020] 其後數年之間，異姓諸侯叛者，無不敗亡，復成郡縣之局，尚非是時所及料也。漢高於東方非有根柢，關中則用之已數年，自欲因循舊業，亦非盡因地理形勢。以此而議項羽之背關懷楚，語見《史記．項羽本紀》：背關，謂不都關中也。顏師古曰「謂背約不王高祖於關中」，繆矣。為致亡之由，繆矣。

後九月，徙諸侯子關中，此蓋其不能歸者。後九年十一月，又徙齊、楚大族昭氏、屈氏、景氏、懷氏、田氏五姓關中，與利田宅，其事亦由劉敬之說。已見第二章第一節。

六年，十月，令天下縣、邑城。此與秦之夷郡縣城適相反，蓋時承揭竿斬木之後，欲防人民之叛，與秦之專猜忌豪族者異勢也。十二月，詔曰：「天下既安，豪傑有功者封侯，新立，未能盡圖其功。身居軍九年，或未習法令，或以其故犯法，大者死、刑，吾甚憐之，其赦天下。」此亦所以撫慰曾從軍者也。

七年，二月，自櫟陽徙都長安。蕭丞相營作未央宮，立東闕、北闕、前

---

[020] 政體：婁敬留侯說漢高之辭時，尚未敢欲全有天下。

殿、武庫、太倉。八年（前 199），高祖東擊韓王信餘寇於東垣，今河北正定縣。還，見宮闕壯甚，怒，謂蕭何曰：「天下匈匈，苦戰數歲，成敗未可知，是何治宮室過度也？」何曰：「天下方未定，故可因遂就宮室。且夫天子以四海為家，非壯麗無以重威，且亡令後世有以加也。」高祖乃說。何之言，實文過免罪之辭。聞安民可與行義，勞民易與為非矣，未聞天下匈匈，可因之以興勞役。昧旦丕顯，後世猶怠，豈有先為過度之事，而冀後世之無所加者乎？論史者多稱何能鎮撫關中，實則其為繭絲殊甚。[021] 彭城之敗，何發關中老弱未傅者悉詣軍，是時楚、漢戰爭方始，則其後此所發，皆本無役籍者可知也。是歲，關中大饑，米斛萬錢，人相食，令民就食蜀、漢。《食貨志》言秦錢文曰半兩，重如其文，漢興，以為秦錢重難用，更令民鑄莢錢，[022] 不軌逐利之民，蓄積餘贏，以稽市物，痛騰躍，米至石萬錢，馬至匹百金，即此時事也。廢重作輕，而又放民私鑄，物之騰踴宜矣。顧歸咎於民之逐利，可乎？然則漢之刻剝其民，而為史所不詳者多矣。

第二節　高祖翦除功臣

封建之制，至秦滅六國，業已不可復行。然當時之人，不知其不可行也。乃以秦滅六國，為反常之事。陳涉一呼，舊邦悉復；戲下之會，益以新封；幾謂帶礪河山，可傳苗裔，然不可行者，終於不可行也。五年擾攘，所建侯王，幾無不隕命亡國，秏矣。然人仍不知其不可行也，於是有漢初之封建。

漢初之封建，先以異姓諸侯王。高祖與功臣戮力共定天下，其勞亦相等耳，一人貴為天子，而其餘則無尺土之封，必非情理之所安，觀高祖成敗未可知之言；劉敬山東雖亂，秦地可全之說；則數年之間，翦滅殆盡，不獨非諸侯王所及料，抑亦非漢之君臣始願所及也。劉季之不可信，韓信

[021]　史事：蕭何治關內為繭絲。

[022]　錢幣：漢初物價騰貴由鑄莢錢。此藉惡幣籌款見記載最早者。

豈不知之？而終距蒯徹三分之計，其以此與？

漢五年，十二月，漢王還至定陶，馳入齊王信壁，奪其軍。正月，立信為楚王，王淮北，都下邳。彭越為梁王，王魏故地，都定陶。二月，以長沙、豫章、象郡、桂林、南海立吳芮為長沙王，都臨湘（今湖南長沙縣）。故粵王無諸為閩粵王，王閩地。張耳先已立為趙王。韓王信剖符王潁川。黥布亦剖符為淮南王，都六，九江、廬江、衡山、豫章郡皆屬焉。《史記·黥布列傳》，《漢書》同。《漢書》本紀言豫章以封吳芮，而此又云屬黥布者，政令改變，史文容或不具，且或有錯誤也。時戲下舊封，仍有臧荼。七月，荼反。上自將征之。九月，虜荼。立長安侯盧綰為燕王。六年，十月，人告楚王信謀反。上問左右，左右爭欲擊之。問陳平。平曰：「陛下兵精孰與楚？」上曰：「不能過。」平曰：「陛下將用兵，有能過韓信者乎？」上曰：「莫及也。」平曰：「今兵不如楚精，而將不能及，而舉兵攻之，是趣之戰也。竊為陛下危之。」上曰：「為之奈何？」平曰：「古者天子巡守，會諸侯。陛下第出，偽遊雲夢，會諸侯於陳。陳，楚之西界，信聞天子以好出遊，其勢必無事而郊迎謁，謁而陛下因禽之，此一力士之事耳。」高帝以為然。發使告諸侯，因隨以行。信欲發兵反，自度無罪。欲謁上，恐見禽。項王亡將鍾離眛，素與信善，亡歸信，漢詔楚捕眛，人或說信曰「斬眛謁上，上必喜，無患」。眛自剄。信持其首謁高祖於陳。上令武士縛信。田肯說上曰：「甚善。陛下得韓信，又治秦中。秦形勝之國也，帶河阻山，縣隔千里，持戟百萬，秦得百二焉。地勢便利，其以下兵於諸侯，譬猶居高屋之上建瓴水也。夫齊，東有琅邪、即墨之饒，南有泰山之固，西有濁河之限，北有勃海之利，地方二千里。持戟百萬。縣隔千里之外，齊得十二焉。此東西秦也。非親子弟莫可使王齊者。」上曰：「善。」還至洛陽，赦韓信，封為淮陰侯。始剖符，封功臣曹參等為通侯。正月，以故東陽郡、鄣郡、吳郡五十三縣立劉賈為荊王。高帝從父兄。劉攽曰：按《地理志》：東陽、鄣、吳，皆非秦郡，後漢順帝始分會稽為吳，此文殊不可曉。案史據後來封域言之，而誤加故字耳，古人於此等處不甚審諦也。以碭郡、薛郡、郯郡三十六縣立弟交為楚王。以雲中、雁門、代郡五十三縣立兄宜信侯喜為代王。以膠東、膠西、臨淄、濟北、博陽、城陽郡七十三縣立子肥為齊王。《齊悼惠王世家》：食七十餘城，諸民能齊言者皆予齊王。以太原郡三十一縣為韓國，徙韓王信都晉陽。（今山西太原縣。）上已封大功臣三十餘人，其餘爭功，未得行封。上居南宮，從複道上，見諸將往往偶語。以問張良。良曰：「陛下與此屬共取天下。今已為天子，而所封皆故人、所愛，所誅皆平生仇怨。今軍吏計功，以天下為不足用遍封，而恐以過失及誅，故相聚謀反耳。」上曰：「為之奈何？」良曰：「取上素所不快，計群臣所共知最甚者一人，先封以示群臣。」三月，上置酒封雍齒。因趣丞相：急定功行封。罷酒，群臣皆喜曰：「雍齒且侯，吾屬亡患矣。」案高帝之擊陳豨，封趙壯士四人各千戶，左右諫曰：「從入蜀、漢，伐楚，賞未遍行」，則其時功臣尚未盡封，可見酬功之不易，此大兵之後皆然也。韓王信之徙也，《史記》本傳云：「上以信材武，所王北近鞏、洛，南迫宛、葉，東有淮陽，皆天下勁兵處，乃詔徙王太原，以北備禦胡」，蓋本有猜忌之意。信上書曰：「國被邊，匈奴數入，晉陽去塞遠，請治馬邑（今山西朔縣）。」上許之。九月，匈奴圍信馬邑。信數使使胡求和解。漢發兵救之。疑信數間使，有二心，使人責讓信。信恐誅，因與匈奴約共攻漢。反，以馬邑降胡，擊太原。七年十月，上自將擊信於銅鞮，（今山西沁縣西南。）斬其將。信亡走匈奴，與其將曼丘臣、王黃共立故趙將趙利為王。收信散兵，與匈奴共距漢。上從晉陽連戰，乘勝逐北，至樓煩。（今雁門關北。）高祖用兵亦甚速，會大寒，士卒墮指者什二三，遂至平城。（今山西大同縣。）為匈奴所圍，七日，用陳平祕計得出。參看第三節。使樊噲留定代地。十二月，上還過趙。先是張耳薨，子敖嗣。五年（前 202）秋。高祖長女魯元公主為后。高祖過趙，趙王禮甚卑，高祖箕踞詈，甚慢易之。趙相貫高、趙午等，年六十餘，故張耳客也。生平為氣，怒，請為王殺之。敖不可。是月，匈奴攻代，代王喜棄國，自歸洛陽，赦為合陽侯，立子如意為代王。八年（前 199），冬，上東擊韓信餘寇於東垣，還過趙，貫高等乃壁人柏人，（今河北唐山縣。）要之置。上過，不宿去。九年（前 198），貫高怨家知其謀，上變告之，於是并逮捕趙王。趙午等十餘人爭自剄。貫高隨王詣長安。高對獄曰：「獨吾屬為之，王實不知。」吏治，榜笞數千，刺剟，身無可擊者，《漢書》作刺爇，身無完膚。終不復言。使中大夫泄公以私問之。高具道本指。正月，廢趙王敖為宣平侯。徙代王如意為趙王。十年，九月，代相國陳豨反。豨者，宛句人。（今山東菏澤縣。）不知始所以得從。韓王信反入匈奴，上至平城還，豨以郎中封為列侯，以趙相國將，監趙、代邊，邊兵皆屬焉。豨少時嘗稱慕魏公子，及將守邊，招致賓客。嘗告過趙，賓客隨之者，千餘乘，邯鄲官舍皆滿。趙相周昌乃求入見上，具言豨賓客盛，擅兵於外，恐有變。上令人覆案豨客居代者諸為不法事，多連引豨。豨恐，陰令客通使王黃、曼丘臣所。是年，秋，太上皇崩。上因是召豨。豨稱病，遂與王黃等反，自立為代王，劫略趙、代。上自東至邯鄲。十一年（前 196），冬，破之。太尉周勃道太原入，定代地。正月，淮陰侯韓信謀反長安，夷三族。《淮陰侯列傳》云：陳豨拜為鉅鹿守。《集解》：徐廣曰：表云為趙相國，將兵守代也。辭於淮陰侯。淮陰侯挈其手，辟左右，與之步於庭。仰天嘆曰：「子可與言乎？欲與子有言也。」豨曰：「唯將軍令之。」淮陰侯曰：「公所居，天下精兵處也。而公，陛下之信幸臣也。人言公之畔，陛下必不信。再至，陛下乃疑矣。三至，必怒而自將。吾為公從中起，天下可圖也。」陳豨素知其能也，信之，曰：「謹奉教。」陳豨反，上自將而往，信病不從。陰使人至豨所，曰：「第舉兵，吾從此助公。」信乃謀與家臣夜詐詔諸官徒奴，欲發以襲呂后、太子。部署已定，待豨報。其舍人得罪於信，信囚欲殺之，舍人弟上變告信欲反狀於呂后。呂后欲召，恐其黨不就，乃與蕭相國謀，詐令人從上所來，言豨已得，死。列侯群臣皆賀。

相國給信曰：「雖疾，強入賀。」信入，呂后使武士縛信，斬之長樂鐘室。案陳豨當初受命時，未必有反心，信安得與之深言？呂氏以失南北軍而敗，信是時，與長安將相大臣，一無要結，豈有但恃家臣徒奴，可以集事之理？趙、代、長安，相去數千里，聲援不相及，信苟決發，何待豨報？部署既定矣，豨報不至，又可已乎？其誣不待言矣。將軍柴武斬韓王信於參合。（縣名，今山西陽高縣。）立子恆為代王，都晉陽。如淳曰：《文紀》言都中都。又文帝過太原，復晉陽、中都二歲，似遷都於中都也。（中都，今山西平遙縣。）三月，梁王彭越謀反，夷三族。《越傳》云：陳豨反代地，高帝自往擊，至邯鄲，徵兵梁王，梁王稱病，使將將兵詣邯鄲。高帝怒，使人讓梁王。梁王恐，欲自往謝。其將扈輒曰：「王始不往，見讓而往，往則為禽矣，不如遂發兵反。」梁王不聽，稱病。梁王怒其太僕，欲斬之，太僕亡走漢，告梁王與扈輒謀反。於是上使使掩梁王。梁王不覺。捕梁王，囚之洛陽。有司治反形已具，請論如法。上赦以為庶人，傳處蜀青衣。（縣名，今四川雅安縣。）西至鄭，（今陜西華縣。）逢呂后從長安來，欲之洛陽。道見彭王，彭王為呂后泣涕，自言無罪，願處故昌邑，呂后許諾。與俱東至洛陽，呂后白上曰：「彭王壯士，今徙之蜀，此自遺患，不如遂誅之，妾謹與俱來。」於是呂后乃令其舍人告彭越復謀反。廷尉王恬開奏請族之。上乃可。案高帝之猜忌甚矣，越果反形已具，安得赦之？其誣又不待言也。立子恢為梁王，子友為淮陽王。（今河南淮陰縣。）五月，立南海尉佗為南越王。參看第五章第七節。七月，淮南王布反，高后誅淮陰侯，布因心恐。漢誅彭越，醢之，盛其醢遍賜諸侯。淮南王大恐。陰令人部聚兵，候伺旁郡警急。布所幸姬疾，請就醫。醫家與中大夫賁赫對門，姬數如醫家。賁赫自以為侍中，乃厚饋遺，從姬飲醫家。姬侍王，從容，語次譽赫長者也。王怒曰：「女安從知之？」具說狀。王疑其與亂。赫恐，稱病。王愈怒，欲捕赫。赫言變事，乘傳詣長安。布使人追，不及。赫至，上變，言布謀反有端，可先未發誅也。上語蕭相國，相國曰：「布不宜有此，恐仇怨妄誣之，請繫赫，使人微驗淮南王。」淮南王遂族赫家，發兵反。東擊殺荊王劉賈。劫其兵，度淮擊楚，楚王交走入薛。上立子長為王。赦天下死罪以下，皆令從軍。徵諸侯兵。上自將以擊布。十二年，十月，上破布軍於會甀。在蘄西。布走，命別將追之。布故與番君昏，長沙王吳芮子成王臣。使人紿布，與亡，信而隨之番陽，番陽人殺布。周勃定代，斬陳豨於當城。縣名，今察哈爾蔚縣。立沛侯濞為吳王，帝兄仲之子也。盧綰者，豐人也。與高祖同里。綰親與太上皇相愛。高祖、綰同日生，里中持羊酒賀兩家。及高祖、綰壯，俱學書，又相愛也。里中嘉兩家親相愛，生子同日，壯又相愛，復賀兩家羊酒。高祖為布衣時，有吏事辟匿，綰常隨，出入上下。起沛，綰以客從。入漢中，為將軍，常侍中。東擊項籍，以太尉從，出入臥內。衣被、飲食、賞賜，群臣莫敢望。雖蕭、曹等特以事見禮，至親幸，莫及綰。陳豨反，高祖如邯鄲擊豨兵，綰亦擊其東北。豨使王黃求救匈奴，綰亦使其臣張勝於匈奴，言豨等軍破。故燕王臧荼子衍亡在胡，見勝曰：「公所以重於燕者，以習胡事也。燕所以久存者，以諸侯數反，兵連不決也。今公為燕，欲急滅豨等。已盡，次亦至燕；公等亦且為虜矣。公何不令燕且緩陳豨而與胡和？事寬，得長王燕，即有漢急，可以安國。」張勝以為然。乃私令匈奴助豨等擊燕。綰疑勝與胡反，上書請族勝。勝還具道所以為者，燕王寤，乃詐論他人，脫勝家屬，使得為匈奴間，而陰使范齊之陳豨所，欲令久亡，連兵勿決。豨裨將降，言范齊。高祖使使召綰，綰稱病。上又使辟陽侯審食其、御史大夫趙堯往迎燕王，因驗問左右。綰愈恐，閉匿。謂其幸臣曰：「非劉氏而王，獨我與長沙耳。往年春漢族淮陰，夏誅彭越，皆呂后計。今上病，屬任呂后。呂后婦人，專欲以事誅異姓王者及大功臣。」乃遂稱病不行。其左右皆亡匿。語頗泄，辟陽侯聞之，歸，具報上。上益怒，又得匈奴降者，言張勝亡在匈奴，為燕使。於是上曰：「綰果反矣。」三月，使樊噲將兵擊燕，立子建為燕王。人有惡噲：「黨於呂氏，即一日宮車晏駕，噲欲以兵盡誅滅戚氏、趙王如意之屬。」高帝聞之，大怒。用陳平謀，召絳侯周勃受詔床下，曰：「平亟馳傳載勃代噲將。平至軍中，即斬噲頭。」二人既受詔，行計之曰：「樊噲帝之故人也，功多，且又呂后女弟呂嬃之夫，有親且貴。帝以忿怒故欲斬之，恐後悔，寧囚而致上，上自誅之。」未至軍，為壇，以節召噲。噲受詔，即反接載檻車，使詣長安，而令勃代將。燕王綰悉將其宮人、家屬、騎數千，居長城下候伺，幸上病癒，自入謝。四月，高祖崩，綰遂將其眾亡入匈奴。匈奴以為東胡盧王，居歲餘死。樊噲至長安，高祖已崩，呂后釋噲，使復爵邑。韓信、彭越罪狀之誣，少深思之即可見，即黥布亦非有反謀，迫於不得不然耳，況盧綰乎？因循數年，身死，嗣子文弱，必不能復有反謀，漢朝亦不之忌，豈不可以久存？然終不免於賁赫、張勝之交構，則其時各種情勢，固皆與封建之制不相容。事至與各種情勢皆不相容，此等枝節，自然錯出不已，防不勝防，正不能就一枝一節，論其得失也。漢初異姓王，唯長沙傳五世，文王芮、成王臣、哀王回、共王右、靖王差，差《表》作產。至孝文後七年，乃以無子國除，歷四十六年，則以其地最偏僻，無與大局故也。

第三節　高祖和匈奴

自戰國以前，中國所遇者多山戎，至秦、漢之世，乃與騎寇遇，《先秦史》已言之。第十章第一節。騎寇之強大者，則匈奴也。《史記．匈奴列傳》，舉古來北狄，悉羅而致之一篇之中。一若其皆與匈奴同族者，固為非是。然匈奴漸漬中國之文化確頗深。《史記》曰：「匈奴，其先祖夏後氏之苗裔也。曰淳維。」固無確據，然係世所傳，多非虛罔，讀《先秦史》可見。文化恆自一中心傳播於其四面；文明民族中人，入野蠻部落，為之大長者，尤僂指難悉數；則《史記》此語，雖不能斷其必確，亦無由斷其必誣，此固無足深論，然匈奴文化，受諸中國者甚多，則彰彰矣。其最大者，當為與中國同文。《元史譯文證補》曰：「羅馬史謂匈奴西徙後，有文字，有詩詞歌詠。當時羅馬有通匈奴文者，匈奴亦有通拉丁文者，惜後世無傳焉。」案《匈奴列傳》言漢遺單于書，牘以尺一寸，中行說令單于遺漢書以尺二寸牘，及印封，皆令廣長大。則其作，書之具，實與中國同。從來北狄書疏，辭意類中國者，莫匈奴若，初未聞其出於譯人之潤飾。《漢書·西域傳》曰：「自且末以往，有異乃記。」記其與中國異，而略其與中國同者，當時史法則然，然則史於安息明著其畫革旁行為書記，而於匈奴文字，獨不之及，正可證匈奴與中國同文也。攘斥騎寇者，始於趙武靈王，林胡樓煩等，皆為所滅，而匈奴以地遠獲自存。秦始皇使蒙恬斥逐匈奴時，匈奴單于曰頭曼。匈奴稱其君曰撐犁孤塗單于。撐犁，天也，孤塗，子也，單于者，廣大之貌也。北族無稱其君為天子者，而匈奴獨有是稱，蓋亦受諸中國者也。頭曼不勝秦，北徙十餘年，而蒙恬死，諸侯畔秦，中國擾亂，諸秦所徙適戍邊者皆復去，於是匈奴得寬，復稍度河南，與中國界於故塞。《史記·匈奴列傳》文。自蒙恬取河南至其死，實不及十餘年，蓋古書辭不審諦，亦或頭曼北徙，實在蒙恬收河南地之前也。《漢書·高帝紀》：二年，六月，興關中卒乘邊塞。匈奴之復度河南，當在此時。單于有太子名冒頓，後有所愛閼氏，生少子。單于欲廢冒頓，立少子。冒頓殺單于，破滅東胡王，西擊走月氏，南并樓煩、白羊河南王。如淳曰：白羊王居河南。侵燕、代，悉復收蒙恬所奪地，與漢關故河南塞，至朝那（今甘肅平涼縣）、膚施，遂侵燕、代。是時漢兵與項羽相距，中國罷於兵革，以故冒頓得自強。控弦之士三十餘萬。《史記》云：「自淳維以至頭曼，千有餘歲，時大時小，別散分離，尚矣，其世傳不可得而次云。然至冒頓而匈奴最強大，盡服從北夷，而南與中國為敵國。」《史記》此語，蓋謂匈奴先世之事，雖不可盡記，然其皆不如冒頓時之強大，則猶有可知，此亦可見匈奴史事，非盡無徵也。[023] 匈奴中當自有傳說，漢人亦

[023]　四裔：匈奴史事非盡無徵。

或知其略，特未嘗筆之於書。盡服從北夷，蓋指漠南近塞之國，後又北服渾窳、屈射、丁靈、鬲昆、薪犁之國，則漠北亦為所懾服。丁靈，亦作丁令、丁零，即後世之鐵勒，其所占之地甚廣。匈奴此時所服，蓋在蒙古、西伯利亞之間，鬲昆，即堅昆，當在其西北，見第五章第十三節。薪犁《漢書》作龍新犁，龍字為誤衍，抑《史記》奪佚，難考。薪犁蓋民族名，《李斯列傳》斯諫逐客書曰「乘纖離之馬」，纖離似即薪犁。[024] 疑亦近塞之族，奔迸而北者也。蒙古高原與中國內地相抗之局，成於此矣。

漢與匈奴構兵，始於平城之役。時匈奴援韓王信之兵皆敗，高帝乘勝北逐之，多步兵。高帝先至平城，上白登。平城旁高地。為匈奴所圍，七日，用陳平計得出。《陳丞相世家》云「用平奇計，使單于閼氏」；《韓王信傳》云「上使人厚遺閼氏，閼氏說冒頓」；《匈奴列傳》云「冒頓與王黃、趙利期不來，疑其與漢有謀，亦取閼氏之言」；此非情實。[025]《陳丞相世家》又云「其計祕，世莫得聞」；《漢書・匈奴列傳》載揚雄諫距單于朝書亦曰「卒其所以得脫者，世莫得而言也」；又載武帝太初四年（前 101）詔曰「高皇帝遺朕平城之憂，昔襄公復九世之仇，《春秋》大之」；則必有如顏師古所言，其事醜惡者。案《史記》言匈奴「自左右賢王以下至當戶，大者萬騎，小者數千，凡二十四長，立號曰萬騎」，所謂控弦之士三十餘萬，蓋合單于之眾計之。匈奴士力能彎弓，盡為甲騎，則其丁壯之數，即其控弦之數。南單于降漢後，戶口勝兵，數皆可考，勝兵之數，約當口數四之一強。然則匈奴人口，不過百餘萬。故賈生謂其不過漢一大縣。以中國之力制之，實綽乎有餘。然漢是時，方務休養生息，亦且命將則懲韓王信之事，自將則不能專力於匈奴，故遂用劉敬之策，[026] 與之和親，事見《史記・敬傳》，曰：上問敬，敬曰：「天下初定，士卒罷於兵，未可以武服也。冒頓殺父代立，妻群母，以力為威，未可以仁義說也。獨可以計久遠，子

[024]　四裔：薪犁疑即纖離，亦近塞族奔迸而北。

[025]　史事：平城何以免。

[026]　史事：劉敬主與匈奴和親。云必適長公主疑附會。

孫為臣耳，然恐陛下不能為。」上曰：「誠可，何謂不能？顧為奈何？」對曰：「陛下誠能以適長公主妻之，厚奉遺之，彼知漢適女，送厚，蠻夷必慕，以為閼氏，生子必為太子，代單于，何者？貪漢重幣。陛下以歲時漢所餘彼所鮮數問遺，因使辯士風諭以禮節。冒頓在固為子婿，死則外孫為單于，豈嘗聞外孫敢與大父抗禮者哉？兵可無戰，以漸臣也。若陛下不能遣長公主，而令宗室及後宮詐稱公主，彼亦知，不肯貴近，無益也。」高帝曰：「善。」欲遣長公主。呂后日夜泣曰：「妾唯太子一女，奈何棄之匈奴？」上竟不能遣長公主，而取家人子名為長公主妻單于。使敬往結和親約。《匈奴列傳》曰：歲奉匈奴絮、繒、酒、米、食物各有數，約為昆弟《漢書》作兄弟，案古稱結婚姻為兄弟，見《禮記．曾子問》。以和親。蓋薦女贈遺，實當時議和之兩條件也。以結婚姻羈縻目前，隱為漸臣之計，古列國間固多此事，劉敬乃戰國策士之流，其畫此計，固無足怪。至是時匈奴之形勢，與前此之蠻夷不同，非復此策所能臣屬，則曠古未開之局，往往非當時之人所能知，亦不足為敬咎。必遣適長公主，乃傳者附會之辭，不足信。要之以薦女贈遺為和戎之計，以和戎息民而免反側者之乘釁，則當為敬所畫而高帝用之耳。然以薦女贈遺結和親，遂為漢家故事，並為後世所沿襲矣。賈生曰：「夷狄征令，是主上之操也。天子共貢，是臣下之禮也。足反居上，首顧居下，倒縣如此，莫之能解，猶為國有人乎？」雖曰一時之計，究可羞也，況遂沿為故事乎？始作俑者，不得辭其責矣。然百姓新困於兵，又內多反側者，固不得不如此，故內爭未有不召外侮者也。

第四節　漢初功臣外戚相誅

內任外戚，[027] 外封建宗室，此漢初之治法也。知此，則可與言呂氏之事矣。

[027]　史事：劉敬主與匈奴和親。云必適長公主疑附會。

《史記‧呂后本紀》曰：呂太后者，高祖微時妃也。生孝惠帝，女魯元太后。及高祖為漢王，得定陶戚姬，愛幸，生趙隱王如意。孝惠為人仁弱，高祖以為不類我，常欲廢太子，立戚姬子如意，如意類我。戚姬幸，常從上之關東，日夜啼泣，欲立其子。呂后年長，常留守，希見上，益疏。如意立為趙王后，幾代太子者數矣。賴大臣爭之，及留侯策，太子得毋廢。呂后為人剛毅，佐高祖定天下，所誅大臣，多呂后力。呂后兄二人，皆為將。長兄周呂侯，名澤。死事，封其子呂台為酈侯，子產為交侯，次兄呂釋之為建成侯。高祖崩，太子襲號為帝。呂后令永巷囚戚夫人，而召趙王。孝惠元年，十二月，鴆之。徙淮陽王友為趙王。遂斷戚夫人手足，去眼，煇耳，飲瘖藥，使居廁中，命曰人彘。[028] 居數日，乃召孝惠帝觀人彘。孝惠大哭，因病，歲餘不能起，使人請太后曰：「此非人所為，臣為太后子，終不能治天下。」孝惠以此日飲為淫樂，不聽政，故有病也。二年（前 193），齊悼惠王來朝。十月，孝惠與齊王燕飲太后前。孝惠以為齊王兄，置上坐，如家人之禮。太后怒，乃令酌兩卮置前，令齊王起為壽。齊王起，孝惠亦起取卮，欲俱為壽。太后乃恐，自起泛孝惠卮。案孝惠即尊齊王，齊王是時，是否敢居上坐，已有可疑。太后欲鴆齊王，何時不可，豈必行之燕飲之間？鴆酒豈不可獨酌一卮，而必並酌兩卮，致待自起泛之乎？故知漢初事傳者，多類平話，人彘等說，亦不足盡信矣。齊王怪之，因不敢飲，詳醉去。問，知其鴆，齊王恐，自以不得脫長安。齊內史士說王，上城陽之郡，治莒，今山東莒縣。尊魯元公主為皇太后，呂后喜，許之。乃置酒齊邸，樂飲，罷歸齊王。七年，八月，孝惠帝崩。發喪，太后哭，泣不下。留侯子張辟強為侍中，年十五，謂丞相曰：「太后獨有孝惠，今崩，哭不悲，君知其解乎？」丞相曰：「何解？」辟強曰：「帝毋壯子，太后畏君等。君今請拜呂后、呂產、呂祿為將，將兵居南北軍；及諸呂皆入宮，居中用事，如此，則太后心安，君等幸得脫

[028]　史事：劉敬主與匈奴和親。云必適長公主疑附會。

禍矣。」丞相如辟強計。太后說，其哭乃哀，呂氏權由此起。太子即位為帝。元年 (前 187)，號令一出太后，太后稱制，議欲立諸呂為王，問右丞相王陵。王陵曰：「高帝刑白馬盟曰：非劉氏而王，天下共擊之，今王呂氏，非約也。」太后不說，問左丞相陳平，絳侯周勃，勃等對曰：「高帝定天下，王子弟，今太后稱制，王昆弟諸呂，無所不可。」太后喜。十一月，太后欲廢王陵，乃拜為帝太傅，奪之相權，王陵遂病免歸。乃以左丞相平為右丞相，以辟陽侯審食其為左丞相。左丞相不治事，監宮中，如郎中令。食其故得幸太后，楚取太上皇、呂后為質，食其以舍人侍呂后。常用事，公卿皆因而決事。四月，魯元公主薨，賜謚為魯元太后。子偃為魯王。封齊悼惠王肥子章為朱虛侯，以呂祿女妻之。乃封呂種為沛侯，徐廣曰：釋之子。呂平為扶柳侯。徐廣曰：太后姊子。立孝惠後宮子強為淮陽王，不疑為常山王，山為襄城侯，朝為軹侯，武為壺關侯。太后風大臣，大臣請立酈侯呂台為呂王。割齊之濟南郡。建成康侯釋之卒，嗣子有罪廢，立其弟呂祿為胡陵侯，續康侯後。二年 (前 186)，常山王薨，以其弟襄城侯山為常山王，更名義。十一月，呂王呂台薨，謚為肅王，太子嘉代立。四年 (前 185)，封呂嬃為臨光侯，呂他為俞侯，呂更始為贅其侯，徐廣曰：表云：呂后弟子淮陽丞相呂勝為贅其侯。呂忿為呂城侯，及諸侯丞相五人。徐廣曰：中邑侯朱通、山都侯王恬開、松滋侯徐厲、滕侯呂更始、醴陵侯越。宣平侯女為孝惠皇后，無子，詳為有身，取美人子名之，殺其母，立所名子為太子。孝惠崩，太子立為帝。帝壯，或聞其母死，非真皇后子，乃出言曰：「后安能殺吾母而名我？我未壯，壯即為變。」太后聞而患之，恐其為亂，乃幽殺之。立常山王義為帝，更名曰弘。不稱元年，以太后制天下事也以軹侯朝為常山王。置太尉官，絳侯勃為太尉。五年，八月，淮陽王薨，以弟壺關侯武為淮陽王。六年，十月，太后曰：「呂王嘉居處驕恣」，廢之。以肅王台弟呂產為呂王。夏，封齊悼惠王子興居為東牟侯。七年，正月，太后召趙王友。友以諸呂女為后，弗愛，愛他姬。諸呂女妒，怒，去，讒之於太后，誣以罪過，曰：「呂氏安得王？太后百歲後，吾必擊之。」太后怒，以故召趙王。趙王至，置邸，不見，令衛圍守之，弗與食，餓死。二月，徙梁王恢為趙王。呂王產徙為梁王。梁王不之國，為帝太傅。立皇子平昌侯太為呂王。更名梁曰呂，呂曰濟川。太后女弟呂嬃有女，為營陵侯劉澤妻，澤為大將軍。太后王諸呂，恐即崩後，劉將軍為害，乃以劉澤為琅邪王，割齊之琅邪郡。以慰其心。梁王恢之徙王趙，心懷不樂。太后以呂產女為趙王后。王后從官皆諸呂，微伺趙王，趙王不得自恣。王有所愛姬，王后使人鴆殺之，王悲。六月，即自殺。太后聞之，以為王用婦人棄宗廟禮，廢其嗣。宣平侯張敖卒，以子偃為魯王。秋，太后使使告代王，欲徙王趙。代王謝，願守代邊。呂祿立為趙王。九月，燕靈王建薨，有美人子，太后使人殺之，無後，國除。八年，十月，立呂肅王子東平侯通為燕王，弟莊為東平侯。三月，高后病，後為魯元王偃年少，蚤失父母，乃封張敖前姬兩子，侈為新都侯，壽為樂昌侯，以輔魯元王。及封中大謁者張釋為建陵侯，呂榮為祝茲侯。徐廣曰：呂后昆弟子。諸中宦者令丞皆為關內侯，食邑五百戶。七月，高后病甚，乃令趙王呂祿為上將軍，居北軍；呂王產居南軍。太后誡產、祿曰：「高帝已定天下，與大臣約曰：非劉氏王者，天下共擊之。今呂氏王，大臣弗平。我即崩，帝年少，大臣恐為變。必據兵衛宮，慎毋送喪，毋為人所制。」高后崩，呂王產為相國。呂祿女為帝后。高后已葬，以左丞相審食其為帝太傅。朱虛侯劉章有氣力，東牟侯興居其弟也，皆齊哀王弟，名襄，悼惠王肥子，悼惠王卒於惠帝六年十月。居長安。當是時，諸呂用事擅權，欲為亂，畏高帝故大臣絳、灌等，未敢發。朱虛侯婦呂祿女，陰知其謀，恐見誅，乃陰令人告其兄齊王，欲令發兵西，誅諸呂而立。朱虛侯欲從中與大臣為應。齊王欲發兵，[029]其相弗聽。八月，齊王欲使人誅相，

---

[029]　史事：能起兵者獨一齊，相反之而敗，諸呂無能起兵者，見封建無益，然亦以諸呂皆在內地。七國反時濟北郎中令劫守其王，不得發兵。

相召平乃反，興兵欲圍王。王因殺其相，遂發兵東。詐奪琅邪王兵，並將之而西。相國呂產等遣潁陰侯灌嬰將兵擊之。嬰至滎陽，使使諭齊王及諸侯，與連和，以待呂氏變，共誅之。齊王聞之，乃還兵西界待約。呂祿、呂產欲發亂關中，內憚絳侯、朱虛等，外畏齊、楚兵，又恐灌嬰畔之，欲待灌嬰兵與齊合而發，猶豫未決。當是時，濟川王大、淮陽王武、常山王朝，名為少帝弟，及魯元王，呂后外孫，皆年少，未之國，居長安。趙王祿、梁王產各將兵居南北軍，皆呂氏之人。列侯、群臣，莫自堅其命。太尉絳侯勃不得入軍中主兵。曲周侯酈商老病，其子寄，與呂祿善。絳侯乃與丞相陳平謀，使人劫酈商，令其子寄往紿說呂祿，曰：「高帝與呂后共定天下，劉氏所立九王，呂氏立三王，皆大臣之議，事已布告諸侯，諸侯皆以為宜。今太后崩，帝少，而足下佩趙王印，不急之國守藩，乃為上將，將兵留此，為大臣諸侯所疑。足下何不歸將印，以兵屬太尉，請梁王歸相國印，與大臣盟而之國？齊兵必罷，大臣得安，足下高枕而王千里，此萬世之利也。」呂祿信然其計，使人報呂產及呂氏老人，或以為便，或曰不便，計猶豫，未有所決。左丞相食其免。八月，庚申，旦，平陽侯窋(曹參子)。行御史大夫事，見相國產計事。郎中令賈壽使從齊來，因數產曰：「王不蚤之國，今雖欲行，尚可得邪？」具以灌嬰與齊、楚合從，欲誅諸呂告產。乃趣產急入宮。平陽侯頗聞其語，乃馳告丞相、太尉。太尉欲入北軍，不得入。襄平侯通《功臣表》襄平侯紀通，父成，以將軍定三秦，死事，子侯。尚符節，乃令持節矯內太尉北軍。太尉復令酈寄與典客劉揭先說呂祿曰：「帝使太尉守北軍，欲足下之國。急歸將印辭去。不然，禍且起。」呂祿以為酈兄徐廣曰：音況，字也。不欺己，遂解印屬典客，而以兵授太尉。太尉將之，入軍門，行令軍中曰：「為呂氏右襢，為劉氏左襢。」軍中皆左襢，為劉氏。太尉行至，呂祿亦已解上將印去，太尉遂將北軍，然尚有南軍。平陽侯聞之，以呂產謀告丞相平。丞相平乃召朱虛侯佐太尉。太尉令朱虛侯監軍門，令平陽侯告衛尉：「毋入相國產殿門。」

呂產不知呂祿已去北軍，乃入未央宮，欲為亂。殿門弗得入，徘徊往來。平陽侯恐弗勝，馳語太尉。太尉尚恐不勝諸呂，未敢訟言誅之，乃遣朱虛侯，謂曰：「急入宮衛帝。」朱虛侯請卒，太尉予卒千餘人。入未央宮門，遂見產廷中。日餔時，遂擊產。產走，逐殺之。帝命謁者持節勞朱虛侯，朱虛侯欲奪節信，謁者不肯，朱虛侯則從與載，因節信馳走，斬長樂衛尉呂更始。還馳入北軍報太尉。遂遣人分部悉捕諸呂男女，無少長皆斬之。辛酉，捕斬呂祿，而笞殺呂嬃，使人誅燕王呂通，而廢魯王偃。壬戌，以帝太傅食其復為左丞相。戊辰，徙濟川王王梁，而立趙幽王子遂為趙王。遣朱虛侯章以誅諸呂事告齊王，令罷兵。灌嬰兵亦罷滎陽而歸。諸大臣相與陰謀曰：「少帝及梁、淮陽、常山王，皆非真孝惠子也。呂后以計詐名他人子，殺其母，養後宮，令孝惠子之，立以為後及諸王，以強呂氏。今皆已夷滅諸呂，而置所立，即長用事，吾屬無類矣。不如視諸王最賢者立之。」或言「齊悼惠王，高帝長子，今其適子為齊王，推本言之，高帝適長孫，可立也」。大臣皆曰：「呂氏以外家惡，而幾危宗廟，亂功臣。今齊王母家駟鈞，駟鈞惡人也。即立齊王，則復為呂氏。」欲立淮南王，以為少，母家又惡，乃曰：「代王方今高帝見子最長，仁孝寬厚。太后家薄氏，謹良。且立長故順，以仁孝聞於天下，便。」乃相與共陰使人召代王。代王使人辭謝。再反。然後乘六乘傳，後九月晦日己酉，至長安，舍代邸。大臣共尊立為天子。東牟侯興居請除宮，載少帝出舍少府。代王即夕入未央宮。夜，有司分部誅滅梁、淮陽、常山王及少帝於邸。呂后之事，見於《史記》本紀者如此。案《高祖本紀》言：呂后父呂公，為沛令重客。《紀》云：單父人呂公，善沛令，避仇，從之客，因家沛焉。沛中豪傑吏聞令有重客，皆往賀。單父，今山東單縣。呂后二兄皆為將。其妹夫樊噲，則始與高祖俱隱，起兵時又從之來。知呂氏親黨，皆一時豪傑，高祖創業，深得其後先奔走之力。田生謂「呂氏雅故，本推轂高帝就天下」，見《史記·荊燕世家》。信不誣也。史稱太子得毋廢者，以大臣爭之，及留侯策。大臣爭廢太子者，有叔孫通及周昌，此豈高祖所憚？留侯策尤類兒戲。《留侯世家》：上欲廢太子。呂后使建成侯呂澤劫留侯畫計。留侯曰：「此難以口舌爭也。顧上有不能致者，天下有四人，今公誠能無愛金玉璧帛，令太子為書，卑辭安車，因使辯士固請，宜來。來以為客，時時從入朝，令上見之，則一助也。」於是迎此四人。四人至，客建成侯所。十一年（前197），黥布反，上病，欲使太子將往擊之，四人說建成侯曰：「太子將兵，有功，則位不益，無功還，則從此受禍矣。君何不急請呂后，承間為上泣言：黥布天下猛將也，善用兵。今諸將皆陛下故等夷，乃令太子將此屬，無異使羊將狼，莫肯為用。且使布聞之，則鼓行而西耳。」呂澤立夜見呂后。呂后承間為上泣涕而言。於是上自將兵而東。留侯病，自強起至曲郵見上。因說上：令太子為將，監關中兵。上曰：「子房雖病，強臥而傅太子。」是時叔孫通為太傅，留侯行少傅事。十二年（前 195），上從擊破布軍歸，疾益甚，愈欲易太子。留侯諫，不聽，因疾不視事。叔孫大傳稱說，引古今，以死爭。上詳許之，猶欲易之。及燕，置酒，太子侍，四人從，年皆八十有餘，鬚眉皓白，衣冠甚偉。上怪之。問曰：「彼何為者？」四人前對，各言名姓，曰東園公、角里先生、綺里季夏、黃公。上乃大驚曰：「吾求公數歲，公辟逃我，今公何自從吾兒遊乎？」四人皆曰：「陛下輕士善罵，臣等義不受辱，故恐而亡匿。竊聞太子為人，仁孝，恭敬，愛士，天下莫不延頸欲為太子死者，故臣等來耳。」上曰：「煩公，幸卒調護太子。」四人為壽，已畢，趨去，上目送之。召戚夫人，指示四人者曰：「我欲易之，彼四人輔之，羽翼已成，難動矣。呂后真而主矣。」此說一望而知為東野人之言。四人之名，見《漢書．王貢兩龔鮑傳》。東園公作園公，師古曰「四皓稱號，本起於此」，則《史記》不應有其名，蓋後人所竄。角乃俗字，恐並非《漢書》元本，小顏無識，不知辨也。戚姬乃高祖為漢王后所得，高祖自為漢王至崩，不過十年，如意生即蚤，高祖末年，不過十歲，安知其類己？知漢世所謂《呂后語》者，悉誕謾不中情實。倚任外戚，乃當時風氣。高祖為皇帝後，東征西討，不恆厥居。留守可信任者，宜莫如蕭相國，然被械繫如徒隸，知其並無重權。《蕭相國世家》：漢十一年（前 196），陳豨反，高祖自將至邯鄲，未罷，聞淮陰侯誅，使使拜丞相何為相國，益封五千戶，令卒五百人一都尉為相國衛。諸君皆賀，召平獨弔，曰：「禍自此始矣。上暴露於外，而君守於中，非被矢石之事，而益君封置衛者，以今者淮陰侯新反於中，疑君心矣。夫置衛衛君，非以寵君也。願君讓封勿受，悉傢俬財佐軍，則上心說。」相國從其計，高帝乃大喜。十二年（前 195），秋，黥布反，上自將擊之。數使使問相國何為？相國為上在軍，乃拊循勉力百姓，悉以所有佐軍，如陳豨時。客有說相國日：「君滅族不久矣夫！君位為相國，功第一，可復加哉？然君初入關中，得百姓心，十餘年矣，皆附君，常復孜孜得民和。上所為數問君者，畏君傾動關中。今君胡不多買田地，賤貰貸以自汙，上心乃安。」於是相國從其計。上乃大說。上罷布軍歸，民道遮行上書，言相國賤強買民田宅數千萬。上至，相國謁，上笑日：「夫相國，乃利民？」民所上書，皆以與相國，曰：「君自謝民。」相國因為民請日：「長安地狹，上林中多空地，棄，願令民得入田，毋收稿為禽獸食。」上大怒日：「相國多受賈人財物，乃為請吾苑？」乃下相國廷尉，械繫之。數日，乃以王衛尉言赦出。忽悉家財佐軍，忽賤買田地，事貰貸；方予以民所上書，又為民請上林苑空地；舉動如此，豈不益令人疑？果賤買民田宅至數千萬，高帝即不知治，豈能縱之不問？蕭何為文臣，其不見疑於漢高，猶劉穆之之不見疑於宋武。論功時以何為第一，正所以風示武臣耳。何慮其傾動關中？蓋因何被械繫，策士等造作此說耳。何因何事被繫，已不可知，然此語不能造作，此固資侮人者之所輕也。權之所寄，非呂后而誰哉？留侯招四皓事，固同兒戲，即史所傳張辟強說丞相，令呂氏掌南北軍，亦不足信。然留侯黨於呂氏，則無疑矣。革易之際，佐命之臣，起於草澤者，多傾危好亂，本為貴族者，則恆樂安定，嚴天澤之分，蓋其所習使然。平、勃等卒行廢弒，而張良扶翼太子，即由於此。武有周呂、建成、舞陽之倫，文有留侯、叔孫、周昌之輩，以為之輔，然則太子蓋本不易動搖，無待於口舌之爭矣。不然，高祖之敗彭城，則推墮孝惠、魯元，見《樊酈滕灌列傳》。及軍廣武，項王為高俎，置太公其上，曰：「今不急下，吾烹太公。」高祖則曰：「吾與項羽約為兄弟，吾翁即若翁，必欲烹而翁，則幸分我一杯羹。」《項羽本紀》。其忍如此，而豈有所念於呂后之攻苦食啖，叔孫通語，見本傳。而不忍背者哉？高后一崩，惠帝之後無遺種，立如意，豈可一日居乎？高帝之世，異姓王者八國。盧綰之廢，乃在高祖崩年，長沙則始終安存，白馬之盟，不知竟在何時？果有其事，史安得絕無記載，而僅出諸王陵之口乎？平、勃等謂「高帝定天下，王子弟，今太后稱制，王昆弟諸呂，無所不可」，此實持平之言。酈寄說呂祿曰：「劉氏所立九王，呂氏立三王，皆大臣之議，事已布告諸侯，諸侯皆以為宜」，此當時實在情形也。張皇后之立，據《漢書》本紀，事在孝惠四年十月，至少帝四年僅七年，其所名子，安知欲為變？齊王之起兵也，遺諸侯書曰：「今高后崩，而帝春秋富，未能治天下，固恃大臣諸侯。」即絳侯、朱虛誅諸呂后，仍徙濟川王王梁，可知謂少帝、梁、淮陽、常山皆非孝惠子，必為臨時造作之語。《高祖本紀》言：高祖病甚，呂后問曰：「陛下百歲後，蕭相國即死，令誰代之？」上曰：「曹參可。」問其次。上曰：「王陵可。然陵少戇，陳平可以助之。陳平智有餘，然難以獨任。周勃重厚少文，然安劉氏者必勃也，可令為太尉。」其說尤傅會可笑，高祖果有此言，則倒持干戈，授人以柄，以自絕其冢嗣耳。平、勃等之攻呂氏，乃適逢其會，謂其固有是謀者，事後增飾之辭也。《爰盎傳》：盎告文帝曰：「方呂后時，諸呂用事，擅相王，劉氏不絕如帶，是時絳侯為太尉，本兵柄，弗能正，呂后崩，大臣相與共誅諸呂，太尉主兵，適會其成功」，此當時情實也。《陸賈傳》言賈說陳平交歡太尉，兩人深相結，呂氏謀益衰，尤矯誣之說。呂氏之敗，蓋全出於諸功臣之陰謀，觀平陽侯、酈寄、紀通，無不合為一黨，即審食其亦為之用可知。《高祖本紀》又言：高祖以甲辰崩，四日不發喪，呂后與審食其謀曰：「諸將與帝為編戶氓，今北面為臣，此常怏怏。今乃事少主。非盡族是，天下不安。」人或聞之，語酈將軍。酈商。酈將軍往見審食其曰：「誠如此，天下危矣。陳平、灌嬰將十萬守滎陽，樊噲、周勃將二十萬定燕、代，此聞帝崩，諸將皆誅，必連兵還鄉，以攻關中。大臣內叛，諸侯外反，亡可翹足而待也。」審食其入言之，乃以丁未發喪。此豈似強毅佐高祖定天下者之所為乎？《陳丞相世家》曰：平既執樊噲，行，聞高帝崩，平恐呂太后及呂嬃讒怒，乃馳傳先去。逢使者，詔平與灌嬰屯於滎陽。平受詔，立復馳至宮，哭甚哀。因奏事喪前。呂太后哀之。曰：「君勞，出休矣。」平畏讒之就，因固請，得宿衛中，太后乃以為郎中令，曰：「傅教孝惠。」此叔孫先、留侯之任也。又曰：呂嬃常以前陳平為高帝謀執樊噲，數讒曰：「陳平為相，非治事，日飲醇酒，戲婦女。」陳平聞，日益甚。呂太后聞之，私獨喜。面質呂嬃於陳平，曰：「鄙語曰：兒婦人口不可用，顧君與我何如耳，無畏呂嬃之讒也。」此說又為策士之倫所造。然蕭何死，相曹參；曹參死，相陳平；又以周勃為太尉；既非高祖顧命，則皆呂后之謀，然則呂后實唯功臣之任。《呂后本紀》言：孝惠帝崩，張辟強說丞相拜呂台、呂產、呂祿為將，將兵居南北軍，呂氏權由此起。果如所言，少帝廢后，安得又以周勃為太尉？然則產、祿之居南北軍，實在高后臨命之際，即其封王呂氏，亦在稱制之年，蓋誠以少帝年少，欲藉外戚以為夾輔，亦特使與劉氏相參。呂后初意，固唯漢宗室、功臣之任也。呂氏之敗，正由其本無翦滅宗室、功臣之計，臨事徒思據軍以為固；既無心腹爪牙之任；齊兵卒起又無腹心可使，而仍任灌嬰；遂至內外交困，不得已，欲聽酈寄之計。使其早有危劉氏之計，何至是乎？乃誣以產、祿欲為亂關中。產、祿果有反謀，安得呂祿去軍，而不以報呂產？呂產又徒手入未央宮，欲何為乎？故知漢世所傳呂后事，悉非實錄也。然其明言諸大臣之廢立為陰謀，已非後世之史所及矣。

《齊悼惠王世家》曰：朱虛侯嘗入侍高后燕飲，高后令為酒吏。章自請曰：「臣將種也，請得以軍法行酒。」高后曰：「可。」酒酣，章進飲，歌舞。已而曰：「請為太后言耕田歌。」高后兒子畜之，笑曰：「顧而父知田耳，若生而為王子，安知田乎？」章曰：「臣知之。」太后曰：「試為我言田。」章曰：「深耕溉種，立苗欲疏，非其種者，鉏而去之。」呂后默然。頃之，諸呂有一人醉，亡酒。章追，拔劍斬之。而還報曰：「有亡酒一人，臣謹行法斬之。」太后左右皆大驚，業已許其軍法，無以罪也。因罷。自是之後，諸呂憚朱虛侯，雖大臣皆依朱虛侯，劉氏為益強。此又東野人之言。朱虛侯在當時，安敢觸犯太后如此？燕飲而行軍法，古未之聞，果許之遂無以罪，太后安得老悖至此乎？朱虛侯之意，蓋徒欲謀立其兄，本非有所惡於呂氏，即齊王亦然。其後之不得立，則以齊在當時，聲勢可畏，抑朱虛、東牟之椎埋，未始非招忌之一端也。《悼惠王世家》言：王既殺召平，發兵，使祝午東詐琅邪王曰：「齊王自以兒子，年少不習兵革之事，願舉國委大王。大王自高帝將也，習戰事。齊王不敢離兵，使臣請大王：幸之臨菑，見齊王計事，並將齊兵以西。」琅邪王信之，西馳見齊王。齊王因留琅邪王，而使祝午盡發琅邪國，而並將其兵。琅邪王既見欺，乃說齊王曰：「悼惠王，高帝長子，推本言之，大王高皇帝適長孫也，當立。今諸大臣狐疑未有所定，而澤於劉氏，最為長年，大臣固待澤決計。今大王留臣，無為也，不如使我入關計事。」齊王以為然。乃益具車送琅邪王。琅邪王至長安，遂與於立文帝之謀。蓋琅邪王始以齊王為兒子而為所欺，齊王卒又以急於乾位，而為琅邪王所賣矣。齊雖強，然欲西攻長安，力固有所不逮，而名亦弗正，乃不得不俯首罷兵，雖朱虛侯，亦不料其徒為漢大臣驅除難也。此又以見年少椎埋者，卒非老而習事者敵也。然齊王兄弟，既存覬覦之心，其謀終不能以此而遂已。孝文帝元年（前 179），盡以高后時所割齊之城陽、琅邪、濟南郡復與齊，而徙琅邪王王燕。是歲，齊哀王卒，太子則立，是為文王。明年，漢以齊之城陽郡立朱虛侯為城陽王，濟北郡立東牟侯為濟北王，即割齊地以酬朱虛、東牟之功，其計可謂甚巧。[030]《漢書．高五王傳》云：始誅諸呂時，朱虛侯章功尤大，大臣許以趙地王章，以梁地王興居。及文帝即位，聞朱虛、東牟初欲立齊王，故黜其功，此言亦非實錄。朱虛、東牟之欲立其兄，事甚明白，文帝豈待即位後知之邪？文帝竟違漢大臣故約，則可謂有決矣。又明年，四月，城陽王薨。五月，匈奴入居北地、河南為寇，上幸甘泉，遣丞相灌嬰擊匈奴。匈奴去，上自甘泉幸太原。濟北王聞帝之代，欲自擊匈奴，乃反，欲襲滎陽。於是詔罷丞相兵，以棘蒲侯柴武為大將軍，將四將軍十萬擊之。八月，虜濟北王，自殺。是時文帝之位久定，即有匈奴之釁，大位亦豈可妄干？東牟之寡慮輕動如此，況朱虛乎？苟為後義而先利，不奪不饜，然則即立齊王，又豈可一日安也？封建之為自樹兵，信矣。然當時劉氏之不亡，又不可謂非同姓諸侯之力。平、勃等之迎代王也，代王問左右。郎中令張武等議曰：「漢大臣皆故高帝時大將，習兵，多謀詐。此其屬意非止此也，特畏高帝、呂太后威耳。今已誅諸呂，新喋血京師。此以迎大王為名，實不可信。願大王稱疾毋往，以觀其變。」獨中尉宋昌勸王行，曰：「高帝封王子弟，地犬牙相錯，此所謂盤石之宗也，天下服其強。」其言可謂深得事情，不徒漢大臣之不敢有異意以此，即呂氏，始終不敢萌取劉氏而代之之心，亦未必不以此也。《漢書．諸侯王表》曰「高祖創業，日不暇給，孝惠享國又淺，高后女主攝位，而海內晏如，亡狂狡之憂，卒折諸呂之難，成太宗之業者，亦賴之於諸侯也」，自是平情之論。然則漢初之封建，固不可謂無夾輔之效矣。蘧廬可一宿而不可久處也，雖不可久處，而又不能謂無一宿之用，此言治之所以難也。呂氏之敗，張皇后廢處北宮，孝文後元年薨。張偃，孝文元年（前 179）復廢為侯。信都、樂昌二侯以非正免。樊噲卒於孝惠六年（前 189），子伉，嗣為舞陽侯，坐呂氏誅。孝文元年（前 179），紹封其子市人為侯。

[030]　封建：漢割齊地，封朱虛、東牟。分王齊、淮南。文、景、武三世之分，劉氏不亡以封建。

第五節　漢初休養生息之治

《史記·平準書》述漢武帝初年情形云:「漢興七十餘年之間,國家無事。非遇水旱之災,民則人給家足,都鄙廩庾皆滿,而府庫餘貨財。京師之錢累巨萬,貫朽而不可校。太倉之粟,陳陳相因,充溢露積於外,至腐敗不可食。眾庶街巷有馬,阡陌之間成群,而乘字牝者,擯而不得聚會。守閭閻者食粱肉,為吏者長子孫,居官者以為姓號。故人人自愛而重犯法,先行義而後絀恥辱焉。」世皆以是為文、景二帝休養生息之功,其實亦不盡然。《高后本紀贊》曰:「孝惠皇帝、高后之時,黎民得離戰國之苦,君臣俱欲休息乎無為,故惠帝垂拱;高后女主稱制,政不出房戶;天下晏然,刑罰罕用,罪人是希,民務稼穡,衣食滋殖。」《曹相國世家》言:參之相齊,盡召長老諸生,問所以安集百姓。諸儒以百數,言人人殊,參未知所定。聞膠西有蓋公,善治黃、老言,使人厚幣請之。既見蓋公,蓋公為言治道貴清靜而民自定,推此類具言之。參於是避正堂舍蓋公焉。其治要用黃、老術。故相齊九年,齊國安集,大稱賢相。蕭何卒,召參。參去,屬其後相曰:「以齊獄市為寄,慎勿擾也。」後相曰:「治無大於此者乎?」參曰:「不然。夫獄市者,所以並容也。今君擾之,姦人安所容也?[031]吾是以先之。」參為漢相國,舉事無所變更,一遵蕭何約束。擇郡國吏木詘於文辭,重厚長者,即召除為丞相史。吏之言文刻深,欲務聲名者,輒斥去之。百姓歌之曰:「蕭何為法,顜若畫一。曹參代之,守而勿失。載其清淨,民以寧一。」則漢以無為為治,由來久矣。有為之治求有功,無為之治,則但求無過,雖不能改惡者而致諸善,亦不使善者由我而入於惡。一統之世,疆域既廣,政理彌殷。督察者之耳目,既有所不周,奉行者之情弊,遂難於究詰。與其多所興作,使姦吏豪強,得所憑藉,以刻剝下民,尚不如束手一事不辦者,譬諸服藥,猶得中醫矣。故歷代清靜

[031] 政治:勿擾獄市。案此客姦斥吏之刻深者,則大善矣,孝景紀贊此意也。

之治，苟遇社會安定之際，恆能偷一日之安也。

文帝頗多仁政。《漢書．食貨志》言：賈生說上以積貯，上感其言，始開藉田，躬耕以勸百姓。《紀》在二年（前 178）。晁錯復說上務農貴粟，帝從其言，令民入粟邊拜爵。錯復奏言：「邊食足以支五歲，可令入粟郡縣。足支一歲以上，可時赦，勿收農民租。」上復從其言，乃下詔賜民十二年租稅之半。案據《本紀》，二年（前 178）已嘗賜天下田租之半。明年，遂除民田之租稅。後十三歲，孝景二年（前 155），令民半出田租，三十而稅一。終兩漢之世皆沿焉。其於農民，可謂寬厚矣。初即位，即下詔議振貸及存問長老之法，令郡國毋來獻。《本紀》元年（前 179）。以列侯多居長安，邑遠，吏卒給輸費苦，令之國。二年（前 178）。又令列侯、太夫人、夫人、諸侯王子及吏二千石無得擅徵捕。[032] 七年（前 173）。亦皆恤民之政。又除關，無用傳十二年（前 168）。夫貨物流通，則價貴而生之者益勸，此尤於人民生計有益，故論者亟稱之。除肉刑之舉，為千古仁政。十三年（前 167）。然前此已除收孥相坐之法，元年（前 156）。誹謗妖言之罪矣。二年（前 155）。其於刑獄，亦不可謂不留意也。景帝雖令民半出租，復置諸關，用傳出入，三年（前 154）。寬仁似不逮文帝，然盡除田租，本難為繼。符傳之用，特以七國新反，備非常，注引應劭說。此亦勢不容已，後遂沿而弗改，實非帝之初意也。景帝嘗令郡國務勸農桑。吏發民若取庸采黃金珠玉者，坐臧為盜。後三年（前 141）。改磔為棄市，勿復磔。中二年（前 148）。諸獄疑，若雖文致於法，而於人心不厭者，輒讞之。中元年（前 149）。又詔獄疑者讞有司，有司所不能決移廷尉，有令讞而後不當，讞者不為失。後元年（前 143）。又減笞法，定箠令。中六年（前 144）。其寬仁，固無異於文帝也。

然漢人之稱文、景，亦有頗過其實者，《漢書．文帝紀贊》曰：「孝文皇帝即位二十三年（前 157），宮室苑囿，車騎服御，無所增益。有不便，

---

[032] 徭役：列侯居長安，吏卒給輸費古。列侯不願就國。呂后勿白淮南厲王母，然厲王無害。

輒弛以利民。嘗欲作露臺，召匠計之，直百金。上曰：百金，中人十家之產也。吾奉先帝宮室，常恐羞之，何以臺為？身衣弋綈。所幸慎夫人，衣不曳地。以示敦樸，為天下先。治霸陵，皆瓦器，不得以金、銀、銅、錫為飾。因其山，不起墳。南越尉佗自立為帝，召貴佗兄弟，以德懷之，佗遂稱臣。與匈奴結和親，後而背約入盜，令邊備守，不發兵深入，恐煩百姓。吳王詐病不朝，賜以幾杖。群臣袁盎等諫說雖切，常假借納用焉。張武等受賂金錢覺，更加賞賜，以愧其心。專務以德化民。是以海內殷富，興於禮義，斷獄數百，幾致刑措。烏乎！仁哉！」《景帝紀贊》曰：「周、秦之敝，罔密文峻，而姦宄不勝。漢興，掃除煩苛，與民休息。至於孝文，加之以恭儉。孝景遵業，五六十載之間，至於移風易俗，黎民醇厚。周云成、康，漢言文、景，美矣！」其稱頌之可謂至矣。然應劭《風俗通義》言：成帝嘗問劉向以世俗傳道文帝之事，而向皆以為不然。其說云：「文帝雖節儉，未央前殿至奢，雕文五采畫，華榱璧璫，軒檻皆飾以黃金，其勢不可以囊為帷。即位十餘年時，五穀豐熟，百姓足，倉廩實，稸積有餘。然文帝本修黃、老之言，不甚好儒術，其治尚清靜無為，以故禮樂、庠序未修，民俗未能大化，苟溫飽完給而已。其後匈奴數犯塞，深入寇掠，北邊置屯待戰，轉輸絡繹；因以年歲不登；百姓饑乏，穀糴常至石五百，不升一錢。前待詔賈捐之為孝元皇帝言：太宗時民賦四十，斷獄四百餘。案太宗時民重犯法，治理不能過中宗之世，地節元年（前 69），天下斷獄四萬七千餘人，捐之言復不類。又文帝時政頗遺失。太中大夫鄧通，以佞幸吮癰瘍膿汁，見愛擬於至親，賜以蜀郡銅山，令得鑄錢。通私家之富，侔於王者、封君。又為微行，數幸通家。文帝代服，衣罽，襲氈帽，騎駿馬，從侍中、近臣、常侍、期門武騎獵漸臺下，馳射狐兔，畢雉刺彘。是時待詔賈山諫，以為不宜數從郡國賢良出游獵。太中大夫賈誼，亦數陳上游獵。案二賈之言，皆見《漢書》本傳。又《袁盎傳》言上從霸陵上，欲西馳下峻阪，盎諫乃止，知文帝確不免輕俊自喜。誼與鄧通俱侍中，同位，誼又惡通為人，數廷譏之，由是疏遠，遷為長沙太傅。既之官，內不自得。及渡湘水，投弔書曰：闒茸尊顯，佞諛得意，以哀屈原離讒邪之咎，亦因自傷為鄧通等所愬也。」案《史》、《漢》皆但云賈生為絳、灌之屬所毀而已，不云為鄧通所愬也，豈所謂為賢者諱邪？成帝曰：「其治天下，孰與孝宣皇帝？」向曰：「中宗之世，政教明，法令行；邊竟安，四夷親；單于款塞；天下殷富，百姓康樂；其治過於太宗之時，亦以遭遇匈奴賓服，四夷和親也。」上曰：「後世皆言文帝治天下幾至太平，其德比周成王，此語何從生？」向對曰：「生於言事。文帝禮言事者，不傷其意。群臣無小大，至即從容言，上止輦聽之。其言可者稱善，不可者喜笑而已。言事多褒之，後人見遺文，則以為然。世之毀譽，莫能得實。審形者少，隨聲者多，或至以無為有。然文帝節儉約身，以率先天下，忍容言者，含咽臣子之短，此亦通人難及，似出於孝宣皇帝。如其聰明遠識，不忘數十年事，制持萬幾，天資治理之材，恐不及孝宣。」然則文帝乃中主，雖有恭儉之德，人君優為之者亦多。即以西漢諸帝論：元帝之寬仁，殊不後於文帝，其任石顯，亦未甚於文帝之寵鄧通也。文、景之致治，蓋時會為之，王仲任治期之論，見《論衡》。信不誣矣。《漢書．東方朔傳》：朔對武帝，言文帝身衣弋綈，足履革舄，以韋帶劍，莞蒲為席，兵木無刃，衣緼無文，集上書囊，以為殿帷，即劉向所辨世俗不審之辭也。《漢書》於朔事雖明為好事者所附著，然《文景紀》中所舉亦此等說也。信審形者之少，隨聲者之多矣。

第六節　封建制度變遷

封建者，過時之制也。漢初用之，雖一收夾輔之效，然其勢終不可以復行，故至文、景之世，功臣外戚之患皆除，而同姓諸王，轉為治安之梗焉。

漢列二等之爵。所謂侯者，其地小不足數，而其所謂王者，則誇州兼郡，連城數十，勢足以抗拒中央。高帝所封異姓王國，存者唯一長沙。同姓：兄伯之子，僅得為羹頡侯。見《史記．楚元王世家》。仲王代，為匈奴所攻，棄國。子濞，封於吳。弟交，封於楚。高帝八子：孝惠帝、文帝，皆繼嗣為帝。趙隱王如意、幽王友、共王恢，皆死孝惠、呂后時；燕靈王建，子為呂后所殺無後；及齊悼惠王肥，子哀王襄，孫文王則，悼惠王子城陽、濟北二王，事皆見前。淮南厲王長者，高祖少子。母故趙王張敖美人。高祖八年（前 199），過趙，趙王獻之，得幸有身。及貫高等謀反，事發，并逮治王，盡收捕王母兄弟美人，繫之河內。厲王母亦繫，告吏曰：「得幸上，有身。」吏以聞。上方怒，未理。厲王母弟趙兼，因辟陽侯言呂后。呂后妒，弗肯白。辟陽侯不強爭。厲王母已生厲王，恚，即自殺。吏奉厲王詣上。上悔，令呂后母之。厲王蚤失母，常附呂后，孝惠、呂后時，得幸無患害。文帝元年（前 179），立趙幽王子遂為趙王。二年（前 178），又立幽王子辟強為河間王，是為文王，立十三年薨。傳子哀王福，一年薨，無後。三年（前 177），淮南王入朝。自袖鐵椎，椎殺辟陽侯。文帝赦弗治，王益驕恣。六年（前 174），謀使人反谷口。縣名，在今陝西醴泉縣東北。事覺，廢處蜀嚴道。今四川滎經縣。王不食，道死雍。十五年（前 165），齊文王薨，無子。明年，文帝分齊地為六：封悼惠王子將閭為齊王，志為濟北王，賢為菑川王，都劇，今山東壽光縣。雄渠為膠東王，都即墨。卬為膠西王，都高苑，今山東桓臺縣。辟光為濟南王。又分淮南地，立厲王子安為淮南王，勃為衡山王，賜為廬江王。《漢書．賈誼傳》謂帝思誼眾建諸侯而少其力之言，故有此舉，則已稍為削弱諸侯之謀矣。然吳、楚尚未及削，而當時江、淮之俗尤票輕，故卒釀七國之亂。

吳王濞，初封沛侯。英布之反，高帝自將往誅，濞年二十，以騎將從。荊王劉賈為布所殺，無後。上患吳、會稽輕悍，無壯王以填之，諸子少，乃立濞於沛，為吳王。後徙江都。孝惠、高后時，天下初定，郡國諸侯，各務自拊循其民。吳有豫章郡銅山，(《漢書》注：韋昭曰：此有豫字誤也，但當言章郡，今故章也。案故鄣，在今浙江長興縣西南。《史記正義》云：銅山，今宣州及潤州句容縣有。案宣州，今安徽宣城縣。句容，今江蘇句容縣。) 濞則招致天下亡命者。益鑄錢，煮海水為鹽。以故無賦，[033] 國用富饒。孝文時，吳太子入見，得侍皇太子飲博，爭道不恭，皇太子引博局提殺之。吳王由此稱病不朝。京師知其以子故，諸吳使來，輒繫治責之。吳王恐，為謀滋甚。後吳使者說上與更始，天子乃賜吳王幾杖，老不朝。吳得釋，謀亦益解。然其居國以銅鹽故，百姓無賦，卒踐更，輒與平賈。歲時存問茂材，賞賜閭里。佗郡國吏欲來捕亡人者，訟共禁弗與。如此者四十餘年，以故能使其眾。晁錯為太子家令，得幸太子，數從容言吳過可削，又上書說孝文帝。文帝寬，不忍罰。以此吳日益橫。及孝景帝即位，[034] 錯為御史大夫。說上，謂削之亦反，不削亦反。削之，其反亟，禍小，不削，反遲，禍大。時楚元王傳子夷王郢，《漢書》作郢客。至孫王戊，淫虐，景帝三年 (前 154)，朝。晁錯言其往年為薄太后服，私姦服舍，請誅之。詔赦，罰削東海郡。因削吳之豫章郡、會稽郡。及前二年，趙王有罪，削其河間郡。膠西王卬，以賣爵有姦，削其六縣。吳王恐削地無已，欲舉事。聞膠西王勇，好氣，喜兵，使中大夫應高誂膠西王。歸報，又身自為使，使於膠西，面結之。遂發使約齊、菑川、膠東、濟南、濟北，皆許諾。及削吳會稽、豫章郡書至，則吳王先起兵。膠西、膠東、菑川、濟南、楚、趙皆反。齊王後悔，背約城守。濟北王城壞未完，其郎中令劫守其王，不得發兵。膠西為渠帥，與膠東、菑川、濟南共攻圍臨菑。趙王陰使匈奴，與連兵。吳王悉其士卒，下令國中曰：「寡人年六十二，身自將。少子年十四，亦為士卒先。諸年上與寡人比，下與少子等者皆發。」發二十餘萬人。南使閩越、東越，東越亦發兵從。孝景

---

[033] 賦：吳無賦。踐更與平賈。

[034] 官制：景帝即位，晁錯以御史大夫用事，丞相權輕，皇帝私人權重矣。又張湯。

帝三年，正月，初起兵於廣陵。西涉淮，因並楚兵。發使遺諸侯書曰:「敝國雖貧，寡人節衣食之用，積金錢，修兵革，聚穀食，夜以繼日，三十餘年矣，願諸王勉用之。能捕斬大將者，賜金五千斤，封萬戶；列將三千斤，封五千戶；裨將二千斤，封二千戶；二千石千斤，封千戶；千石五百斤，封五百戶；皆為列侯。其以軍若城邑降者：卒萬人，邑萬戶，如得大將；人戶五千，如得列將；人戶三千，如得裨將；人戶千，如得二千石。其小吏皆以差次受爵、金。佗封賜皆倍常法。其有故爵邑者，更益勿因。寡人金錢在天下者，往往而有，非必取於吳，諸王日夜用之弗能盡，有當賜者，告寡人，寡人且往遺之。」反書聞，天子遣太尉條侯周亞夫將三十六將軍往擊吳、楚，曲周侯酈寄擊趙，將軍欒布擊齊。大將軍竇嬰屯滎陽，監齊趙兵。初，袁盎為吳相，盎素不好晁錯，孝景即位，錯為御史大夫，使吏案盎受吳王財物，抵罪。詔赦以為庶人。吳、楚反聞，錯謂丞史曰:「袁盎多受吳王金錢，專為蔽匿言不反，今果反，欲請治盎，宜知其計謀。」人有告盎。盎恐，夜見竇嬰，為言吳所以反，願至前口對狀。錯之請諸侯罪過，削其支郡，上令公卿列侯宗室雜議，莫敢難，獨竇嬰爭之，由此與錯有隙。嬰入言，上乃召盎。盎入見，言吳、楚以誅錯復故地為名。方今計獨斬錯，發使赦七國，復其故地，則兵可毋血刃而俱罷。於是上默然良久，曰:「顧誠何如，吾不愛一人以謝天下。」乃拜盎為太常，吳王弟子德侯為宗正。(《集解》:徐廣曰：名通，其父名廣。駰案《漢書》曰:吳王弟子德侯廣為宗正也。)盎裝治行。後十餘日，丞相青翟劾奏錯當要斬。錯殊不知，乃使中尉召錯，紿載行東市，錯衣朝衣斬東市。則遣袁盎奉宗廟，宗正輔親戚使吳如盎策。至吳，吳、楚兵已攻梁壁矣。吳王不肯見盎，而留之軍中，欲劫使將。盎亡走梁軍。條侯乘六乘傳會兵滎陽，至洛陽，問故父絳侯客鄧尉，從其策，堅壁昌邑南，使輕兵絕淮、泗口，塞吳餉道。吳王之初發也，吳臣田祿伯為大將軍。田祿伯曰：「兵屯聚而西，無佗奇道，難以就功。臣願得五萬人，別循江、淮而上，收淮南、長沙，入武關，與大王會，此亦一奇也。」吳王太子諫曰：「王以反為名，此兵難以藉人，藉人，亦且反王，奈何？且擅兵而別，多佗利害，未可知也，徒自損耳。」吳王即不許田祿伯。吳少將桓將軍說王曰：「吳多步兵，步兵利險。漢多車騎，車騎利平地。願大王所過城邑不下，直棄去，疾西據洛陽武庫，食敖倉粟，阻山河之險，以令諸侯。雖毋入關，天下固已定矣。即大王徐行，留下城邑，漢軍車騎至，馳入梁、楚之郊，事敗矣。」吳王問諸老將，老將曰：「此少年椎鋒之計可耳，安知大慮乎？」於是王不用桓將軍計。吳王專并將其兵，度淮，與楚王西敗棘壁，（在今河南柘城縣東北。）乘勝前，銳甚。梁數使使報條侯求救，條侯不許。又使使惡條侯於上，上使人告條侯救梁，復守便宜不行。梁使韓安國及楚死事相弟張羽為將軍。楚相張尚，諫王而死。乃得頗敗吳兵。吳兵欲西，梁城守堅，不敢西，即走條侯軍，會下邑，（縣名，今江蘇碭山縣東。）欲戰，條侯堅壁不肯戰。吳兵既餓，乃引而去。太尉出精兵追擊，大破之。吳王棄其軍，與壯士數千人走丹徒，（今江蘇丹徒縣。）保東越。漢使人以利啖東越。東越鏦殺吳王，盛其頭，馳傳以聞。吳王之未度淮，諸賓客皆得為將、校尉、侯、司馬，獨周丘不得用。[035] 周丘者，下邳人，亡命吳，酤酒無行，吳王薄之，弗任。丘上謁，願得王一漢節，必有以報王。王予之。丘夜馳入下邳，以罪斬令，召告昆弟所善豪吏，一夜得三萬人，使人報吳王。遂將其兵北略地。比至城陽，眾十餘萬，破城陽中尉軍。聞吳王敗走，自度無與共成功，即引兵歸下邳。未至，疽發背死。吳王之棄其軍亡也，軍遂潰，往往稍降太尉、梁軍。楚王戊軍敗自殺。凡相攻守三月，而吳、楚破平。三王之圍齊也，齊使告於天子。天子復令還告齊王：善堅守。齊初圍急，與三國有謀，其大臣乃復勸王毋下三國。三月，漢兵至，膠西、膠東、菑川王各引兵歸，膠西王太子德曰：「漢兵還，臣觀之，已罷，可襲。願收大王餘兵擊之，不勝，乃逃入海，未晚也。」王曰：「吾士

---

[035] 風俗：周丘一夜得三萬，旋得十餘萬。淮南王以江淮間感激。

卒皆已壞，不可用。」弗聽，王自殺。膠東、菑川、濟南王皆死。國除。趙城守邯鄲，相距七月。匈奴聞吳、楚敗，不肯入邊。欒布并兵引水灌趙城，城壞，王遂自殺。濟北王以劫故得不誅，徙王菑川。齊圍之解，欒布等聞齊王初與三國有謀，欲移兵伐齊，齊王懼，飲藥自殺。景帝以為齊首善，以迫劫有謀，非其罪，召立其子。案《史記．絳侯世家》言：孝文且崩，誡太子曰：「即有緩急，周亞夫真可任將兵。」論者因謂文帝雖優容吳，實有備之之策。此乃為文帝虛譽所惑，抑亦成敗論人之言。文帝此言，特因其前一年，後六年（前 158）。匈奴入邊，使劉禮軍霸上，徐厲軍棘門，在今陝西咸陽縣南。亞夫軍細柳在咸陽東北。以備之，上自勞軍，至霸上、棘門，皆直馳入，至細柳不得入耳。然紀律特將兵之一端，非恃此遂可必勝。吳王蓋本無遠略，亦且不能用兵，觀其違田祿伯、桓將軍，棄周丘可知。果能廣羅奇譎之士，率其輕果之眾，分途並進，正軍則乘銳深入，一亞夫果足以御之乎？然則文帝之不聽晁錯，特因循憚發難而已，非真有深謀奇計也。至景帝之舉動，則更為錯亂，不足論矣。然則七國之亂。漢殆幸而獲濟也。然文、景固不失為中主，策治安者，必植遺腹朝委裘而天下不亂，安所得英武之主繼世以持之？宜乎文、景時之局勢，[036]賈、晁觀之，蹙然若不可終日也。

吳、楚既平，而梁仍為大國，梁孝王武，景帝同母弟也。少子，母竇太后愛之。景帝七年（前 150），入朝，因留，入則侍帝同輦，出則同車游獵，射禽獸上林中。梁侍中、郎、謁者，著籍出入殿門，與漢宦官無異。十一月，上廢栗太子，臨江閔王榮，栗姬子。太后欲以王為嗣，大臣及袁盎等有所關說於帝，太后議格。事祕，世莫知，孝王乃辭歸國。怨，與其臣羊勝、公孫詭之屬謀，陰使人刺殺袁盎及他議臣十餘人。然則上之日與同車輦，許其人出入殿門者，亦危矣。史言梁大國，居天下膏腴地，列

[036] 封建：文景時情勢危？梁如何，淮南、恆山、江都，吳破後，徙王江都者易王非驕。子建淫虐，雖列侯亦無兢兢，後入庸保。

四十餘城，多大縣，府庫金錢，且百巨萬，珠玉寶器，多於京師。孝王死，藏府餘黃金四十餘萬斤，他財物稱是。招延四方豪傑，自山以東，莫不畢至。公孫詭多奇邪計，初見，王賜千金，官至中尉，號之曰公孫將軍。多作兵器，弓、弩、矛數千萬。苟非七國新破，漢聲威方震，其為謀又寧止於是也？且王築東苑，方三百餘里，廣睢陽城七十里。大治宮室，為複道，自宮連屬於平臺，三十餘里。與其府藏之厚，何莫非取之於民？雖微暗干天位之謀，又焉得不為民除此猵獺也？信乎封建之不可行矣。袁盎等死，天子意梁王。逐賊，果梁使之。乃遣使冠蓋相望於道，覆按梁，捕公孫詭、羊勝。詭、勝匿王後宮。梁相軒丘豹、內史韓安國諫。王乃令勝、詭自殺，出之，因長公主謝罪，然後得釋中元六年（前 144），卒，分其地，立其子五人為王。

《漢書．諸侯王表》曰：「文帝采賈生之議，分齊、趙景帝用晁錯之計，削吳、楚，武帝施主父偃之策，下推恩之令，使諸侯王得分戶邑以封子弟。《景十三王傳》云：漢為制定封號，輒別屬漢郡。自此以來，齊分為七，趙分為六。徐廣曰：河間、廣川、中山、常山、清河。案河間，景帝二年（前 155），立子獻王德。廣川立子彭祖。七國反後徙王趙，是為趙敬肅王。中山，三年封子靖王勝。常山，中四年封子憲王舜。清河，中三年封子哀王乘。梁分為五，淮南分為三。皇子始立者，大國不過十餘城。長沙、燕、代，雖有舊名，皆無南北邊矣。」制馭諸侯之策，固不外眾建而少其力一語也。然當推行之初，猶未能遽收其效。七國之反也，吳使者至淮南，淮南王欲發兵應之，以其相不聽，未果。至廬江，廬江王弗應，而往來使越。至衡山，衡山王堅守無二心。則淮南、廬江之有反謀舊矣。吳、楚已破，衡山王徙王濟北，史云：南方卑溼，所以褒之。廬江王邊越，數使使相交，故徙為衡山王，王江北。唯淮南王如故。濟北王既徙，明年薨，賜謚為貞王，至武帝元狩元年（前 122），而淮南、衡山二國，皆以反誅。史稱淮南王以武帝建元二年（前 139）入朝。素善武安侯，武安侯時為太尉，乃逆王霸上，與王語曰：「方今上無太子，大王親高皇帝孫，行仁義，天下莫不聞，即宮車一日晏駕，非大王當誰立者？」淮南王大喜，厚遺武安侯財物，陰結賓客，拊循百姓，為畔逆事。又言淮南、衡山，初不相能，衡山以淮南有反謀，恐為所并，故亦治兵，欲倂淮南已西，發兵定江、淮間有之。至元朔六年（前123），衡山王過淮南，乃除前郄，約束為反具。此皆非其真。淮南之謀反也，王有女陵，慧有口辯，常多與金錢，為中詗長安，約結上左右。後荼，王愛幸之，生太子遷。取王皇太后外孫脩成君女為妃。皇太后，武帝母，先適金氏，生三女。王謀為反具，畏太子妃知而內泄事，乃與太子謀，令詐弗愛，三月不同席。王詳為怒太子，閉太子，使與妃同內，三月，太子終不近妃。妃求去，王乃上書謝，歸去之。元朔五年（前124），太子學用劍，聞郎中雷被巧，召與戲。誤中太子。被恐，此時有欲從軍者，輒詣京師。被即願奮擊匈奴。王使郎中令斥免，被遂亡至長安，上書自明。詔下其事廷尉、河南，河南逮治淮南太子。王、王后計，欲毋遣太子，遂發兵反。計猶豫未定，會有詔即訊太子。當是時，淮南相怒壽春丞留太子逮不遣，劾不敬。王以請相，相弗聽，王使人上書告相。事下廷尉治，蹤跡連王。王使人候伺漢公卿，公卿請逮捕治王，王恐，欲發。太子遷謀曰：「漢使即逮王，王令人衣衛士衣，持戟居庭中王旁，有非是，則刺殺之，臣亦使人刺殺淮南中尉，乃舉兵，未晚。」漢中尉宏至，訊王以斥雷被事耳。王自度無何，不發，中尉還以聞。公卿治者曰：「淮南王安擁閼奮擊匈奴者，廢格明詔，當棄市。」詔弗許。請廢弗王，弗許。請削五縣，詔削二縣。使中尉宏赦王罪。王初聞漢公卿請誅之，未知得削地，聞漢使來，恐其捕之，乃與太子謀刺之，如前計。及中尉至，即賀王，王以故不發。然其為反謀益甚，日夜與伍被、左吳等案輿地圖，部署兵所從入。王有孽子不害，最長，弗愛。不害子建，材高有氣，常怨望太子不省其父。又怨時諸侯皆得分子弟為侯，而淮南獨二子，一為太子，建父獨不得為侯。建具知太子謀欲殺漢中尉，即使所善壽春莊芷，《漢書》作嚴正。以元朔六年（前 123），上書天子，言建具知淮南陰事，可徵問。上以其事下廷尉，廷尉下河南治，建辭引淮南太子及黨與。王患之，欲發。問伍被，被請「偽為丞相御史請書：徙郡國豪傑任使，及有耐罪以上，赦令除其罪，家產五十萬以上者，皆徙其家屬朔方。益發甲卒，急其期日，又偽為左右都司空、上林、中都官詔獄逮書，以逮諸侯太子、幸臣。如此，則民怨，諸侯懼，即使辯武《集解》：徐廣曰：淮南人名士曰武。隨而說之」。王欲如被計，使人偽得罪而西，事大將軍、丞相，一日發兵，即刺殺大將軍，而說丞相下之。王欲發國中兵，恐相、二千石不聽，乃與伍被謀，先殺相、二千石。又欲令人衣求盜衣，持羽檄從東方來，呼曰「南越兵入界」，因以發兵。未發，上遣廷尉監，因拜淮南中尉，逮捕太子。淮南王聞，與太子謀，召相、二千石，欲殺而發兵。相至，內史以出為解。中尉曰：「臣受詔使，不得見王。」王念獨殺相，無益也，即罷相。王猶豫，計未決。太子念所坐者謀刺漢中尉，所與謀者已死，以為口絕，乃謂王曰：「群臣可用者皆前系，今無足與舉事者。王以非時發，恐無功。臣願會逮。」王亦偷欲休，即許太子。太子即自剄不殊。伍被自詣吏，因告與淮南王謀反，反蹤跡具如此。吏因捕太子、王后。圍王宮。盡求捕王所與謀反賓客在國中者。索得反具以聞。上下公卿治。所連引與淮南王謀反，列侯、二千石、豪傑數千人，皆以罪輕重受誅。有司請逮捕衡山王。天子曰：「諸侯各以其國為本，不當相坐。」使宗正以符節治淮南王。未至，王自剄殺。王后荼、太子遷、諸所與謀反者皆族。天子以伍被雅辭，多引漢之美，欲勿誅。廷尉湯曰：「被首為王畫反謀，被罪無赦。」遂誅被。國除，為九江郡。衡山王賜後乘舒，生子三人：長男爽為太子。次男孝。次女無采。姬徐來，生子男女四人。美人厥姬，生子二人。乘舒死，徐來為後。厥姬惡徐來於太子曰：「徐來使婢蠱道殺太子母。」太子心怨徐來。無采及孝早失母，附王后，王后計愛之，與共毀太子。王欲廢太子，立其弟孝。王后又欲并廢孝，立其子廣。王后有侍者，善舞，王幸之，王后欲令侍者與孝亂以汙之。王奇孝材能，佩之王印，號曰將軍。令居外宅。多給金錢，招致賓客。使孝客江都人救赫、救，《漢書》作枚。陳喜作輣、鏃矢，刻天子璽，將、相、軍吏印。王日夜求壯士如周丘等。元朔六年（前123）中，王使人上書，請廢太子，立孝。爽聞，即使所善白嬴之長安上書，言孝作輣車鏃矢，與王御者姦。王聞爽使白嬴上書，恐言國陰事，即上書告爽所為不道棄市罪。事下沛郡治。元狩元年（前122），冬，有司公卿下沛郡求捕所與淮南謀反者，未得，得陳喜於孝家，劾孝首匿喜。孝以為陳喜雅數與王計謀反，恐其發之，聞律先自告除其罪，又疑太子使白嬴上書發其事，即先自告，告所與謀反者救赫、陳喜等。天子遣即問王，王具以情實對。吏皆圍王宮而守之。公卿請遣宗正、大行與沛郡雜治王。王聞，即自剄殺。孝先自告反，除其罪，坐與王御婢姦，棄市。王后徐來，亦坐蠱殺前王后；及太子爽，坐告王不孝；皆棄市。諸與衡山王謀反者皆族。國除，為衡山郡。史稱淮南王好讀書，不喜弋獵狗馬。行陰德，拊循百姓。招致賓客方術之士數千人，作為內書二十一篇，外書甚眾。外書今無傳，內書則今所謂《淮南子》也。王蓋有道術之君，必非暗干天位者。武帝即位年十六，建元二年（前139），年十八耳，而王與田蚡，以上無儲嗣，宮車晏駕起異意，有是理乎？謂衡山慮為淮南所并，乃有反謀，亦非其實，此蓋漢遣使即問時之對辭也。伍被烈士，必無臨難苟免之理，其自首亦必有故，特今不可知耳。漢人甚重複仇，《史記》云「淮南王時時怨望厲王死，欲叛逆」；《漢書》云「江、淮間多輕薄，以厲王遷死感激安」；明其叛逆之由，在彼而不在此。淮南王后荼、太子遷、女陵、衡山王子孝，蓋皆與王同心者，其他妻妾子女，則不然也。女為中詗，子割恩愛；慮非時而舉之無成，則寧自剄以為後圖；亦烈矣。吳王之用兵，以魯莽而敗，淮南王則以過審慎而敗。觀其審慎之過，知其計慮之深。使其發舉，其必不如吳之易平審矣。樹國固必相疑之勢也。

景帝子江都易王非，前三年立為汝南王。吳、楚反時，非年十五，有材氣，上書自請擊吳。景帝賜非將軍印，擊吳。吳已破，徙王江都，治故吳國，以軍功賜天子旗。非好氣力，治宮館，招四方豪傑，驕奢甚，二十七年（前 128）薨。元朔元年。子建嗣，專為淫虐，自知罪多。國中多欲告言者，心不安。亦頗聞淮南、衡山陰謀。遂作兵器；具天下輿地及軍陳圖；使人通越繇王、閩侯，約有急相助。此則真欲乘機以弋利者也。淮南事發，治黨與，頗連及建，建使人多推金錢，絕其獄，後復謂近臣曰：「我為王，詔獄歲至，生又無驩怡日，壯士不坐死，欲為人所不能為耳。」時佩其父所賜將軍印，載天子旗出。積數歲，事發覺。案得反具，建自殺，國除。案史言建淫虐事幾無人理，建為太子時，邯鄲人梁蚡，持女欲獻之易王。建聞其美，私呼之，因留不出。蚡宣言曰：「子乃與其公爭妻？」建使人殺蚡。易王薨，未葬，建居服舍，召易王所愛美人淖姬等凡十人與姦。建女弟徵臣，為蓋侯子婦，以易王喪來歸，建復與姦。建游章臺宮，令四女子乘小船，建以足蹈覆其船，四人皆溺，二人死。後游雷波，天大風，建使郎二人乘小船入波中，船覆，兩郎溺。攀船，乍見乍沒。建臨觀大笑，令皆死。宮人姬八子有過者，輒令贏立擊鼓，或置樹上，久者三十日乃得衣。或髡鉗，以鉛杵舂，不中程，輒掠。或縱狼令嚙殺之，建觀而大笑。或閉不食令餓死。凡殺不辜三十五人。建欲令人與禽獸交而生子，強令宮人贏而四據，與羝羊及狗交。然漢諸侯王如此者實不止一人，人民何辜，徒以有天下者欲廣強庶孽，而遭此荼毒乎？此亦見封建之制之必不可行也。

《漢書·諸侯王表》又云：「景遭七國之難，抑損諸侯，減黜其官。武有衡山、淮南之謀，作左官之律，（服虔曰：仕於諸侯為左官，絕不得使仕於王侯也。）設附益之法。（師古曰：蓋取孔子云：求也為之聚斂而附益之之義。）諸侯唯得衣食稅租，不與政事。至於哀、平之際，皆繼體苗裔，親屬疏遠。生於帷牆之中，不為士民所尊，勢與富室無異。」《高五王傳贊》曰：「時諸侯得自除御史大夫，群卿以下眾官如漢朝。漢獨為置丞相，自吳、楚誅後，稍奪諸侯權，左官、附益、阿黨之法設。其後諸侯唯得衣食租稅，貧者或乘牛車。」王莽「分遣五威之吏，馳傳天下，班行符命。漢諸侯王厥角稽首，奉上璽紱，唯恐在後。或乃稱美頌德，以求容媚，豈不哀哉？」此漢同姓諸侯王盛衰之大略也。《史記．高祖功臣侯表》云：「漢興，功臣受封者百有餘人。天下初定，故大城名都散亡，戶口可得而數者十二三。是以大侯不過萬家，小者五六百戶。後數世，民咸歸鄉里，戶益息。蕭、曹、絳、灌之屬，或至四萬，小侯自倍，富厚如之。子孫驕溢，忘其先，淫嬖。至太初，百年之間，見侯五，餘皆坐法隕命亡國，秏矣。罔亦少密焉。然皆身無兢兢於當世之禁云。」則雖列侯之國，亦多不克自保矣。《漢書．高惠高后文功臣表》云：「孝宣皇帝愍而錄之，詔令有司，求其子孫。咸出庸保之中。並受復除，或加以金帛。降及孝成，復加恤問。稍益衰微，不絕如線。杜業納說，謂雖難盡繼，宜從尤功。於是成帝復紹蕭何。哀、平之世，增修曹參、周勃之屬而已。」天之所廢，固莫能興之哉！

第五章　漢中葉事蹟

第一節　漢代社會情形

撫循失職之民，翦滅功臣，輯和外國，削弱同姓諸王，皆所以使秩序不亂，民遂其生者也。然僅能維持見狀而已，自晚周以來，眾共謂當改正之事，未之能改也。此乃天下初定，有所未皇雲爾，固非謂其不當改。治安既久，不復樂以故步自封，終必有起而正之者，則漢武帝其人矣。

自晚周以來，眾共謂當改正者何事乎？人民之生計其首也。當封建全盛之世，井田之制猶存；工業之大者，皆屬官營；商人則公家管理之甚嚴；除有土之君，食租衣稅，富厚與民懸絕外，其餘固無大不均。至東周以後，小康之世之遺規，亦且廢墜，則大不然矣。董仲舒說武帝曰：「富者田連阡陌，貧者無立錐之地。又顓川澤之利，管山林之饒。荒淫越制，逾侈以相高。邑有人君之尊，裡有公侯之富，小民安得不困？」晁錯說文帝曰：「今農夫五口之家，其服役者不下二人，其能耕者不過百畝。百畝之收，不過百石。春耕，夏耘，秋獲，冬藏。伐薪樵，治官府，給傜役。春不得避風塵，夏不得避暑熱，秋不得避陰雨，冬不得避寒凍。四時之間，無日休息。又私自送往迎來，弔死問疾，養孤長幼在其中，勤苦如此，尚復被水旱之災；急政暴虐，賦斂不時，朝令而暮改。當其有者，半賈而賣，無者取倍稱之息。於是有賣田宅、鬻子孫以償責者矣。而商賈：大者積貯倍息，小者坐列販賣，操其奇贏，日遊都市。乘上之急，所賣必倍。故其男不耕耘，女不蠶織，衣必文采，食必粱肉。亡農夫之苦，有阡陌之得。因其富厚，交通王侯，力過吏勢，以利相傾，千里遊敖，冠蓋相望，乘堅策肥，履絲曳縞。此商人所以兼併農人，農人所以流亡者也。」皆見《漢書．食貨志》。蓋自地狹人稠，耕地不給以來，阡陌開而井田之制，稍以破壞，於是私租起而田可賣買。有財勢者乘機兼併，乃生所謂田連阡陌之家。至於山林川澤，則初由人君加以封禁，後遂或以賞賜，或取貢稅，畀之能事經營之人，於是田以外之土地，亦變公為私矣。文明程度愈高，則分工愈密。《貨殖列傳》列舉末業，微至販脂、賣醬，猶可以財雄一方，況其大焉者乎？董仲舒對策曰：「已受大，又取小，天不能足，而況人乎？」緬懷「古之所予祿者，不食於力，不動於末」，引「公儀子相魯，之其家，見織帛，怒而出其妻，食於舍而茹葵，慍而拔其葵」以明之。深訾當時「身寵而載高位，家溫而食厚祿」之徒，「因乘富貴之資，力以與民爭利於下」。《漢書》本傳。案《漢書．張安世傳》，載其「貴為公侯，食邑萬戶，身衣弋綈，夫人自紡績，家童七百人，皆有手技作事，內治產業，累積纖微」，即仲舒之所指斥者也。然則封君、地主苞田連阡陌及顓川澤之利、管山林之饒者。工商，漢世所謂商人，實兼苞農工業家，如煮鹽、開礦、種樹皆農業，冶鑄實工業是也。以皆自行販賣，當時通稱為商人。競肆攘奪，平民復何以自存哉？《史記．平準書》述武帝初年富庶情形，見第四章第三節。而繼之曰：「當是之時，網疏而民富，役財驕溢，或至兼併。豪暴之徒，以武斷於鄉曲。宗室有土公卿大夫以下，爭於奢侈。」夫果人給家足，誰肯為人所兼併？又誰能兼併人？奢儉以相形而見，果其養生送死之奉，無大差殊，論者又何至疾首蹙頞，群以奢侈為患哉？然則《平準書》之所云，特通計全國之富，有加於前，實非真人給家足。分財不均，富者雖有餘於前，貧者之蹙然不可終日如故也。制民之產之規，制節謹度之道，蕩然無存，闕焉不講者，固已久矣。

次於生計者為教化。賈誼上疏陳政事曰：「商君遺禮義，棄仁恩，並心於進取，行之二歲，秦俗日敗。故秦人家富子壯則出分，家貧子壯則出贅。借父耰鉏，慮有德色。母取箕帚，立而誶語。抱哺其子，與公併倨。婦姑不相說，則反唇而相稽。其慈子耆利，不同禽獸者亡幾耳。然並心而赴時，猶曰蹶六國，兼天下。功成求得矣，終不知反廉愧之節，仁義之厚；信并兼之法，遂進取之業。天下大敗，眾掩寡，智欺愚，勇威怯，壯陵衰，其亂至矣。是以大賢起之，威震海內，德從天下。曩之為秦者，今轉而為漢矣。然其遺風餘俗，猶尚未改。今世以侈靡相競，而上亡制度。棄禮誼、捐廉恥日甚，可謂月異而歲不同矣。逐利不耳，慮非顧行也。今其甚者殺父兄矣。盜者剟寢戶之簾，白晝大都之中，剽吏而奪之金。矯偽者出幾十萬石粟，賦六百餘萬錢，乘傳而行郡國。此其亡行義之尤至者也。而大臣特以簿書不報期會之間，以為大故。至於俗流失，世敗壞，因恬而不知怪，慮不動於耳目，以為是適然耳。夫移風易俗，使天下回心而鄉道，類非俗吏之所能為也。俗吏之所務，在於刀筆筐篋，而不知大體，陛下又不自憂，竊為陛下惜之。」董仲舒對策曰：「自古以來，未嘗有以亂濟亂，大敗天下之民如秦者也。其遺毒餘烈，至今未滅，使習俗薄惡，人民嚚頑、抵冒、殊扞、孰爛如此之甚者也。孔子曰：腐朽之木，不可雕也。糞土之牆，不可杇也。今漢繼秦之後，如朽木糞牆矣。雖欲善治之，亡可奈何。法出而姦生，令下而詐起。如以湯止沸，抱薪救火，愈甚，亡益也。竊譬之：琴瑟不調，甚者必解而更張之，乃可鼓也。為政而不行，甚者必變而更化之，乃可理也。當更張而不更張，雖有良工，不能善調也。當更化而不更化，雖有大賢，不能善治也。故漢得天下以來，常欲善治，而至今不可善治者，失之於當更化而不更化也。」此特舉其兩端，漢人議論，類此者不可悉數。以一切之失，悉歸諸秦，固為非是，然當時風氣，自有志者觀之，蹙然不可終日，則無疑矣。

要而言之，社會有兩種：有能以人力控制者，有不然者。立乎今日以觀往古，能以人力控制者，蓋唯孔子所謂大同之世為然。小康之世，則承其遺緒者也。自小康之治云遙，凡事一任其遷流之所至，遂成為各自為謀，弱肉強食之世界矣。欲正其本，非劃除黨類（class）不可，此固非漢人所知。而既有黨類，即利害相反，而終無以幾於郅治，又非漢人之所知也。其爭欲以吾欲云云之策，謀改革之方也，亦宜矣。

以上就國內言之也。若言國外，則異民族林立，上焉者宜有以教化之，使之偕進於禮義，下焉者亦宜有以懾服之，使不為我患，此亦當時之人，以為當務之急者也。《史記·律書》曰：「高祖有天下，三邊外叛，大國之王，雖稱蕃輔，臣節未盡。會高祖厭苦軍事，亦有蕭、張之謀，故偃武一休息，羈縻不備。歷至孝文即位，將軍陳武等議曰：南越、朝鮮，自全秦時內屬為臣子，後且擁兵阻厄，選蠕觀望。高祖時，天下新定，人民小安，未可復興兵。今陛下仁惠撫百姓，恩澤加海內，宜及士民樂用，征討逆黨，以一封疆。孝文曰：朕能任衣冠，念不到此。會呂氏之亂，功臣宗室，共不羞恥，誤居正位，常戰顫慄栗，恐事之不終。且兵凶器，雖克所願，動亦耗病。謂百姓遠方何？又先帝知勞民不可煩，故不以為意，朕豈自謂能？今匈奴內侵，軍吏無功，邊民父子，荷兵日久，朕常為動心傷痛，無日忘之。[037]今未能銷巨願，且堅邊設候，結和通使，休寧北陲，為功多矣，且無議邊。」此可見秦皇、漢武之開邊，亦非其一人所為也。語曰：英雄造時勢，時勢亦造英雄。時勢造英雄，屢見之矣，英雄造時勢，則未之聞。所謂英雄，皆不過為一時風氣之所鼓動而已矣。

第二節　儒術之興

中國自漢以後，儒術盛行，其事實始於武帝，此人人能言之。然武帝非真知儒術之人也。武帝之侈宮室，樂巡遊，事四夷，無一不與儒家之道相背。其封禪及起明堂，則惑於神仙家言耳，非行儒家之學也。然儒術卒以武帝之提倡而盛行，何哉？則所謂風氣既成，受其鼓動而不自知也。

《漢書·武帝本紀》：建元元年，冬，十二月，詔丞相、列侯、中二千石、二千石、諸侯相舉賢良方正直言極諫之士。丞相綰衛綰。奏所舉賢良，或治申、商、韓非、蘇秦、張儀之言，亂國政，請皆罷，奏可。此

[037]　史事：漢文初群臣開邊之議，此可見武帝開邊亦因時勢。

與後來之立《五經》博士，建元五年（前 136）。為置弟子元朔五年（前 124）。同其功。利祿之途，一開一塞，實儒術興盛之大原因也。[038] 而武帝於其元年行之，《贊》所由美其初立卓然罷黜百家，表章《六經》也。《董仲舒傳》云：「自武帝初立，魏其、武安侯為相而隆儒矣。及仲舒對策，推明孔氏，抑黜百家。立學校之官，州郡舉茂材、孝廉，皆自仲舒發之。」案本紀：元光元年（前 134），冬，十一月，初令郡國舉孝、廉各一人。五月，詔賢良，於是董仲舒、公孫弘等出焉。仲舒對策，事在五月，而十一月已舉孝廉，則不得云仲舒發之。《通鑑》乃繫其事於建元元年（前 140），云不知在何時，唯建元元年（前 140）舉賢良著於紀，故繫之。又疑紀言是年十一月初舉孝廉為誤。見《考異》。後人並有謂仲舒對策，實在建元元年者。然《封禪書》謂建元六年（前 135）竇太后崩，其明年，徵文學之士公孫弘等，[039]《漢書．郊祀志》無此四字，蓋為鈔胥所刪，昔人鈔書，隨手刪節處甚多。自唐以前，《漢書》之傳習，較《史記》為廣，故其見刪節亦較甚。《史》、《漢》相同處，《漢書》辭句，率較《史記》為簡由此。後人謂孟堅有意為之，據之以言文字，則大繆矣。古人著書，襲前人處，率皆直錄，事有異同，亦不刪定，如《漢書．陳勝傳》襲《史記》至今血食之文是也。何暇刪節虛字邪？則弘之見擢，確在元光元年（前 134）。紀言弘事不誤，其言仲舒事不誤可知。云舉孝廉自仲舒發之者？蓋初特偶行，得仲舒之言，遂為經制，抑本傳辭不審諦，要未可據以疑本紀也。武帝即位，年僅十六，踰年改元，則十七耳。雖非昏愚之主，亦未聞其天縱夙成，成童未久，安知隆儒？即衛綰亦未聞其以儒學顯，然則罷黜百家、表章《六經》之事，其為風氣使然，無足疑矣。

魏其、武安之事，見於《史記》本傳。曰：建元元年（前 140），丞相綰病免。以魏其侯為丞相，武安侯為太尉。魏其、武安俱好儒術，推轂趙

---

[038]　史事：儒術之興，非由武帝。武帝徒竊其表。

[039]　文例：鈔胥之刪節。

綰為御史大夫，王臧為郎中令，迎魯申公，欲設明堂，令列侯就國，除關，以禮為服制，以興太平。舉適諸竇宗室毋節行者，除其屬籍。時諸外家為列侯，列侯多尚宗室，皆不願就國，以故毀日至竇太后。太后好黃、老之言，而魏其、武安、趙綰、王臧等務隆推儒術，貶道家言，是以竇太后滋不說魏其等。及建元二年（前 139），趙綰請毋奏事東宮，竇太后大怒，乃罷逐趙綰、王臧等，而免丞相、太尉。《儒林傳》：王臧、趙綰嘗受《詩》申公，綰、臧請天子，欲立明堂以朝諸侯，不能就其事，乃言師申公，於是天子使使束帛加璧駟馬迎申公，以為太中大夫，舍魯邸，議明堂事。太皇竇太后好老子言，不說儒術，得趙綰、王臧過，以讓上。上因廢明堂事。盡下趙綰、王臧吏，後皆自殺。申公亦疾免以歸。二年請毋奏事東宮，則元年常奏事東宮可知。然則罷黜百家之事，雖謂太后可其奏可也。《儒林傳》言太后召轅固生問《老子》書。固曰：「此是家人言耳。」太后怒，使入圈擊豕。果為五千言之文，固即不說道家，豈得詆為家人言？疑太后所好者實非今《老子》書也。要之太后實無所知，其賊趙綰、王臧，非欲隆道而抑儒，特惑於外家之毀言耳。《五經》博士之立，事在建元五年（前 136），太后亦尚未崩，未聞其爭不立老子，此太后不疾儒術之證。以本無所知之人，而亦能可罷黜百家之奏，益知儒術之興，由於時會也。《禮書》曰：「秦有天下，悉內六國禮儀，采擇其善。至於高祖，光有四海。叔孫通頗有所增益減損，大抵皆襲秦故。自天子稱號，下至佐僚及宮室、官名，少所變改。孝文即位，有司議欲定儀禮。孝文好道家之學，以為繁禮飾貌，無益於治，躬化謂何耳。故罷去之。孝景時，御史大夫鼂錯，明於世務刑名，數干諫孝景曰：諸侯藩輔，臣子一例，古今之制也。今大國專治異政，不稟京師，恐不可傳後。孝景用其計，而六國畔逆，以錯首名，天子誅錯以解難。是後官者，養交安祿而已，莫敢復議。今上即位，招致儒術之士，令共定儀。十餘年不就，或言古者太平，萬民和喜，瑞應辨至，乃采風俗，定制作。上聞之，制詔御史曰：蓋受命而王，各有所由興，殊路而同歸，謂因民而作，追俗為制也。議者咸稱太古，百姓何望？漢亦一家之事，典法不傳，謂子孫何？化隆者閎博，治淺者褊狹，可不勉與？乃以太初元年（前104），改正朔，易服色；封泰山；定宗廟百官之儀，以為典常，垂之於後云。」案《屈原賈生列傳》，言賈生以為漢興至孝文二十餘年，天下和洽，當改正朔，易服色，法制度，定官名，興禮樂。乃悉草具其事儀法：色上黃，數用五，為官名，悉更秦之故。絳、灌之屬害之。乃不用。然則其初亦有意於用之矣。賈山亦勸文帝定明堂，造太學，見《漢書》本傳。《孝文本紀》言：魯人公孫臣上書陳《終始傳》五德事。言方今土德時，土德應，黃龍見，當改正朔、服色、制度。天子下其事。丞相張蒼。推以為今水德始，罷之。十五年（前165），黃龍見成紀。天子乃復召公孫臣，以為博士，申明土德事。《封禪書》曰：與諸生草改曆、服色事。是歲，《封禪書》作明年。新垣平見。《封禪書》云：帝使博士諸生刺《六經》中作《王制》，謀議巡狩封禪。十七年（前163），平以詐誅，帝乃怠於改正朔、服色之事。然則文帝且嘗頗行之矣。謂其好道家之學，而謝有司之議，實不審之談也。不特此也，秦始皇之怒侯生、盧生也，曰：「吾前收天下書不中用者盡去之。悉召文學方術士甚眾，欲以興太平，方士欲練以求奇藥。」興太平指文學士言。《叔孫通傳》云：秦時以文學徵，待詔博士。伏生亦故秦博士，《儒林傳》。然則始皇雖焚書，所用未嘗無儒生。蓋亦有意於改制度、興教化之事矣。其任法為治，特因天下初定，欲以立威，使其在位歲久，自以晏然無復可虞，亦未必不能為漢武之所為也。然則法制度，興教化，乃晚周以來，言治者之公言，自秦始皇至漢文、景，非有所未皇，則謙讓而不能就其事耳。至於武帝，則有所不讓矣。夫欲法制度，定教化，固非儒家莫能為。故儒術之興，實時勢使然，不特非武帝若魏其、武安之屬所能為，並非董仲舒、公孫弘輩所能扶翼也。然武帝終非能知儒術之人也。叔孫通之為漢立朝儀也，徵魯諸生三十餘人。有兩生不肯行。曰：「禮樂，積德百年而後可興也，今死者未葬，傷者未起。」兩生蓋謂通將大有所為，不知其僅以折夫拔劍擊柱者之氣也。《禮書》訾通多襲秦故，於官名少所變改；其言孝景，則並鼂錯之削弱諸侯，亦以為議禮之事；賈生為官名，悉更秦之故；趙綰、王臧亦欲令列侯就國，除關；然則漢儒之言改制者，其所苞蓋甚廣，非徒改正朔、易服色，無與實際之事而已。今《史記》、《禮書》已亡，武帝之所定者，已不可見，度不過儀文之末。何則？苟有大於此者，節文度數，雖不可得而詳，後人必有能言其略者也。《漢書・武帝紀》言太初元年（前104），改曆，用夏正，色上黃，數用五，定官名，協音律。今觀《百官公卿表》，武帝於秦官實少所變改，則其所定者皆瑣細不足道可知。當時議者，或欲俟諸太平之後，乃采風俗，定制作；此六字最精。采風俗而後定制作，所謂因人情而為之節文，其所定者，必皆切於民生實用，非如後世之制禮者徒以粉飾視聽，民莫之知，而其意亦本不欲民之知之也。或則高談皇古；蓋皆不肯苟焉而已。而武帝則徒欲其速成，雖褊狹有所不恤。其曰漢亦一家之事，非知五帝不襲禮，三皇不沿樂之義，特惡夫高議難成而已。自是以後，所謂禮樂者，遂徒以飾觀聽，為粉飾昇平之具，而於民生日用無與焉，豈不哀哉？

第三節　武帝事四夷一

自劉敬使匈奴，結和親之約，冒頓浸驕。孝惠、高后時，為書遺高后，妄言。高后欲擊之，以季布諫而止。孝文三年（前177），匈奴右賢王入居河南為寇。遣丞相灌嬰擊之。右賢王走出塞。明年，單于遺漢書。六年（前174），漢亦報以書。頃之，冒頓死，子稽粥立，號曰老上單于。文帝復遣宗室女為單于閼氏。使宦者燕人中行說傅之。說不欲行，漢強使之，說因降單于，教之猾夏。十四年（前166），單于十四萬騎入朝那蕭關。（在今甘肅固原縣南。）候騎至雍甘泉。（雍，漢縣，在今陝西鳳翔縣南。甘泉，宮名。）漢發車千乘，騎十萬，軍長安旁。又發車騎，使五將軍往擊之。單于留塞內月餘。漢逐出塞即還，不能有所殺。匈奴日以驕。歲入邊，殺掠人民畜產甚眾。漢患之。使使遺之書。單于亦使報謝。後二年（前162），復和親。明年，老上單于死，子軍臣單于立。中行說復事之。後六年（前158），絕和親，大入上郡、雲中。漢發三將軍屯北地，（郡名。治馬領，今甘肅環縣。）代屯句注，（即雁門山，在今山西代縣西北。）趙屯飛狐口，（在今察哈爾蔚縣南。）緣邊堅守以備之。又置三將軍屯長安西，數月乃罷。文帝崩，景帝立，趙王遂陰使匈奴。漢圍破趙，匈奴亦止。景帝復與匈奴和親。通關市，給遺單于，遣公主如故約。終景帝世，時時小入盜邊，無大寇。武帝即位，明和親約束，厚遇，通關市以饒給之。匈奴自單于以下皆親漢，往來長城下。元光二年（前133），雁門豪聶一因大行王恢言：「匈奴初和親，親信邊，可誘以利，致之，伏兵襲擊，必破之道也。」上召問公卿。恢請擊之。御史大夫韓安國不可。上從恢議。使一亡入匈奴，陽為賣馬邑城，以誘單于。漢伏兵三十餘萬馬邑旁。單于以十萬騎入武州塞。（武州，漢縣，今山西左雲縣。）未至馬邑，覺漢謀，引還。自是之後，匈奴絕和親，攻當路塞，往往入盜於邊。不可勝數，然尚樂關市，耆漢財物。漢亦關市不絕以中之。元光六年（前129），漢始出兵擊匈奴。自此至征和三年（前90），凡四十年，漢與匈奴屢構兵，而其中大有關係者凡三役：（一）元朔二年（前127），衛青取河南地，築朔方，（漢郡，今鄂爾多斯左翼後旗。）復繕蒙恬所為塞，因河而為固。四年（前125），軍臣單于死，弟左谷蠡王伊稚斜自立。軍臣太子於單亡降漢，漢封為陟安侯，數月死。時右賢王怨漢，數寇邊，及入河南，侵擾朔方。五年（前124），衛青出朔方，夜圍右賢王，右賢王脫身走。於是河南之勢固，秦中之患息，而廓清幕南之基，且於是立矣。（二）元狩二年（前121），昆邪王殺休屠王降漢。《地理志》：武威郡，故匈奴休屠王地。張掖郡，故匈奴昆邪王地。漢減北地以西戍卒半，以其地為武威（今甘肅武威縣）、酒泉郡（今甘肅高臺縣）。後又置張掖（今甘肅張掖縣）、敦煌郡（今甘肅敦煌縣），徙民以實之。據《本紀》，張掖、敦煌之分，事在元鼎六年（前 111）。《地理志》則武威，太初四年（前 101）開。張掖、酒泉，太初元年（前 104）開。敦煌，後元年分酒泉置。而漢通西域之道開，羌、胡之交關絕矣。（三）為元狩四年（前 119）衛、霍之大舉。先是胡小王趙信降漢，漢封為翕侯。後復為匈奴所得，單于以為自次王，以其姊妻之，與謀漢。信教單于：益北絕幕，以誘疲漢兵，徼極而取之。單于從其計。是年，漢謀，以為信為單于計，居幕北，以為漢兵不能至。乃粟馬，發十萬騎，負私從馬凡十四萬匹，糧重不與焉。令衛青、霍去病中分軍。青出定襄，（漢郡，治成樂，今綏遠和林格爾縣。）去病出代，咸約絕幕擊匈奴。單于聞之，遠其輜重，以精兵待幕北。與青接戰，一日，弗能與，遁走。青北至闐顏山趙信城。去病出代二千餘里，封於狼居胥山，禪姑衍，臨瀚海而還。是後匈奴遠遁，而幕南無王庭。漢度河。自朔方以西至令居，（漢縣，今甘肅永登縣。）往往通渠，置田官，吏卒五六萬人，稍蠶食，地接匈奴以北。言抵匈奴舊竟更北進。然是役也，漢士卒物故亦萬數，馬死者十餘萬，匈奴雖病遠去，而漢馬亦少，無以復往矣。是武帝時兵威之極也。元鼎三年（前 114），伊稚斜單于死，子烏維立。漢方南誅兩越，不擊匈奴，匈奴亦不入邊。元封元年（前 110），武帝親巡朔方，勒兵十八萬騎。使郭吉風告單于曰：「南越王頭已縣於漢北闕。單于能，即前與漢戰，天子自將待邊。不能，即南面而臣於漢。何徒遠走亡匿於幕北苦寒無水草之地？毋為也。」單于怒，留吉，而終不肯為寇於漢邊，數使使好辭甘言求和親。然漢使楊信說單于曰：「即欲和親，以單于太子為質於漢。」而單于曰：「非故約。故約：漢嘗遣公主，給繒絮、食物有品以和親。今乃欲反古，令吾太子為質，無幾矣。」則尚崛強，未肯臣服也。元封六年（前 105），烏維單于死，子詹師廬立。年少，號為兒單于。《史記》云：「自此之後，單于益西北，左方兵直雲中，右方直酒泉、敦煌。」案《史記》

前言，匈奴「諸左方王將居東方，直上谷，以東接穢貉、朝鮮，右方王將居西方，直上郡，以西接月氏、氐、羌，而單于庭直代、雲中」。元帝時侯應議罷邊備塞吏卒曰：「北邊塞至遼東，外有陰山，東西千餘里，草木茂盛，多禽獸，本冒頓單于依阻其中，治作弓矢，來出為寇，是其苑囿也。」則《史記》初所述者，蓋冒頓時疆域，自武帝出兵討伐，乃漸徙而西北也。兒單于年少，好殺伐，國中不安。左大都尉欲殺單于降，求援應。太初元年（前 104），漢為築受降城。（在今烏喇特旗北界。）猶以為遠。二年（前 103），使趙破奴出朔方，西北二千餘里。左大都尉欲發而覺，單于誅之。破奴軍亦沒。三年（前 102），單于死，子少，匈奴立烏維單于弟右賢王呴犁湖。漢使光祿徐自為出五原塞五原，漢郡，見第二章第二節。數百里，遠者千餘里，築城障，列亭至盧朐。又使強弩都尉路博德築居延澤上。秋，匈奴大入定襄、雲中。行壞光祿所築。又入酒泉、張掖。冬，單于死，弟左大都尉且鞮侯立。四年（前 101），漢既誅大宛，威震外國，天子意欲遂困胡，乃下詔曰：「高皇帝遺朕平城之憂。高后時，單于書絕悖逆。昔齊襄公復百世之仇，《春秋》大之。」然天漢二年（前 99）、四年（前 97），數道出兵，均不甚利。大始元年（前 96），且鞮侯單于死，長子左賢王立，為狐鹿姑單于。征和三年（前 90），李廣利等復大出。會廣利妻子坐巫蠱收，欲深入要功，其下謀共執廣利，廣利乃還。為單于所遮，軍敗，廣利降。是役也，漢失大將，士卒數萬人，不復出兵。後三歲而武帝崩。

第四節　武帝事四夷二

西域二字，義有廣狹。《漢書》云：「南北有大山，中央有河，今塔里木河。東則接漢，厄以玉門、陽關，（兩關俱屬漢龍勒縣，在今甘肅敦煌縣西。）西則限以蔥嶺」，此為西域之初疆，實指今之天山南路言之。其後使譯所及益廣，而亦概稱為西域，則西域之版圖式廓矣。歷代所謂西域，率隨其交通所至而名之，其境界初無一定也。《漢書》云：「自玉門、陽關出西域有兩道：從鄯善，傍南山北，波河西行，至莎車，為南道。南道西逾蔥嶺，則出大月氏、安息。自車師前王庭隨北山，波河西行，至疏勒，為北道。北道西逾蔥嶺，則出大宛、康居、奄蔡。」以孝武時始通。本三十六國，後稍分至五十餘。師古曰：司馬彪《續漢書》曰：至於哀、平，有五十五國也。今表其境界、道里及戶口、勝兵之數如下。[040] 除大月氏、康居、大宛、烏孫為蔥嶺西之大國外，口數逾萬者，僅鄯善、拘彌、于闐、西夜、難兜、莎車、疏勒、姑墨、龜茲、焉耆十國，小者乃不盈千。蓋多處山谷之間，或在沙漠中之泉地，故其形勢如此云。

[040]　四裔：漢西域諸國戶口。

國名	都城名	境界道里	戶數	口數	勝兵數	今地
婼羌		辟在西南，不當孔道，西與且末接。	四百五十	千七百五十	五百	柴達木區域
鄯善本名樓蘭。	扜泥城	至山國千三百六十五里。西北至車師千八百九十里。西通且末七百二十里。	千五百七十	萬四千一百	二千九百十二	羅布泊南
且末《三國志注》引《魏略》作且志，誤。	且末城	北接尉犁。南至小苑可三日行。西通精絕二千里。	二百三十	千六百一十	三百二十	在車爾成河上
小苑	扜零城	東與婼羌接。辟南，不當道。	百五十	千五十	二百	戈壁
精艷	精絕城	南至戎盧國四日行。西通扜彌四百六十里。	四百八十	三千三百六十	五百	戈壁
戎盧	卑品城	東與小苑，南與婼羌，西與渠勒接。辟南，不當道。	二百四十	千六百一十	三百	戈壁
扜彌《史記》，大苑列傳》作扜探。《漢書》云，今名寧彌。蓋據班氏作傳時旨之也。《後漢書》作拘彌。	扜彌城	南與渠勒，東北與龜茲，西北與姑墨接。西通於闐三百九十里。	三千三百四十《後書》二千一百七時三	二萬四十《後書》七千二百五十一	三千五百四十《後書》一千七百六十	戈壁
渠勒	鞬都城	東與戎盧，西與婼羌，北與扜彌接。	三百一十	二千一百七十	三百	戈壁
于闐	西城	南與婼羌，北與姑墨接。西通皮山三百八十里。	三千三百《後書》三萬二千	萬九千三百《後書》八萬三千	兩千四百《後書》三萬餘	和闐縣南
皮山《魏略》作皮穴	皮山城	西南至烏秅國千三百四十里。南與天篤接。北至姑墨千四百五十里。西南當罽賓、烏戈山離道。西北通莎車三百八十里。	五百	三千五百	五百	皮山縣

國名	都城名	境界道里	戶數	口數	勝兵數	今地
烏秅	烏秅城	北與子合、莆犁，西與難兜接。	四百九十	二千七百三十三	七百四十	巴達克山
西夜《漢書》云:王號子合王。《後書:西夜國一名漂沙。《漢書》中誤云:西夜、子合是一國，今各自有王。	呼鍵谷《後書》子合國居呼鍵谷		三百五十《後書》二千五百。子合產三百五十。	四千《後書》萬餘。子合四千。	千《後書》三千，子合戶千。	葉城縣南
蒲犁《魏略》作滿犁。	蒲犁谷	冬至莎車五百四十里。北至疏勒五百五十里。西至吳雷五百四十里。	六百五十	五千	二千	蒲犁縣
依耐		至莎車五百四十里，至無雷五百四十里，北至疏勒六百五十里。南與子合接。	百二十五	六百七十	三千五十	英吉沙縣
無雷	盧城	南至蒲犁五百四十里。南與烏秅，北與捐毒，西與大月氏接。	千	七千	三千	在蘇俄境內
難兜		西至無雷三百四十里。西南至罽賓三百三十里。南與婼羌，北與休循，西與大月氏接。	五千	三千一百	八千	巴達克山西鏡
罽賓不屬都護。		東至烏秅二千二百五十里。東北至難兜九日行。西北與大月氏，西南與烏戈山離接。	戶口勝兵多，大國也。			喀什米爾
烏戈山離不屬都護，《後書》云:時改名排特。《魏略》作烏戈，云一名排持。持，北宋本作特。		東與嚴賓，北與撲桃，西南犁軒、條支接。行可百餘日至。自喻門、陽關出南道，暦部善而南行，至烏戈山離，南道極矣，轉北而東得安息。	戶口勝兵大國也。案兵下疑奪多字。			洼地(Zalan)
安息不屬都護。	番兜城《後書》作和櫝城。	北與康居，東與烏戈山離，西與條支接。	《後書》云:戶口、勝兵，最為殷盛。			波斯

國名	都城名	境界道里	戶數	口數	勝兵數	今地
大月氏不屬都護。	監氏城《史記》作藍氏城，《後書》同。	西至安息四十九日行。南與罽賓接。	十萬《後書》同。	四十萬《後書》同。	十萬《後書》十餘萬。	今索格口亞(Sogdiana)。藍氏城，今班勒紇(Balkn)
康居不屬都護。	冬治樂越匿地到卑闐城。案樂越匿地即越匿地，不知上文衍抑下文枆。到卑闐城，《大宛傳》中但作卑闐城，疑到字衍。	至越匿地馬行七日。至王夏所居藩內九千一百四里。案距離當據到卑闐城言之。				
大宛	貴山城	北至康居卑闐城千五百十里。西南至大月氏六百九十里。北與康居，南與大月氏接。	六萬	三十萬	六萬	貴山城，今霍闌。
桃槐			七百	五千	千	當在蔥嶺西。
休循《魏略》作休修。	鳥飛谷	至捐毒衍敦谷二百六十里。西北至大宛九百二十里。西至大月氏千六百一十里。	三百五十八	千三十	四百八十	Irkcshcam
捐毒		東至疏勒。南與蔥嶺屬。西上蔥嶺，則休循也。西北至大宛千三十里。北與烏孫接。	三百八十	千一百	五百	Kalaicgin
莎車	莎車城	西至疏勒五百六十里。西南至蒲犁七百四十里。	二千三百三十九	萬六千三百七十三	三千四十九	莎車縣
疏勒《魏略》作竭石。	疏勒城	南至莎車五百六十里。西當大月氏、大宛、康居道。	千五百一十《後書》二萬一千。	萬八千六百四十七	二千《後書》三萬餘。	疏勒縣

按樂越匿地即越匿地，不知上文衍抑下文脫。到卑闐城，《大宛傳》中但作卑闐城，疑到字衍。

此段原文在左欄「樂越匿地到卑闐城」後，據文意移至此處。——編者注

國名	都城名	境界道里	戶數	口數	勝兵數	今地
尉頭	尉頭谷	南與疏勒接，山道不通。西至捐毒千三百一十四里，徑道馬行二日。	三百	二千三百	八百	烏什縣
烏孫	赤谷城	西至康居蕃內地五千里。東與匈奴，西北雨康居，西嶼大宛，南與城郭諸國相接。	十二萬	六十三萬	北與子合、莆犁，西與難兜接。	北與子合、莆犁，西與難兜接。
姑墨	南城	南至千闐馬行十五日。北與烏孫接。東通龜茲六百七十里。	三千五百	二萬四千五百	四千五百	阿克蘇縣
溫宿	溫宿城	西至尉頭三百里。北至烏孫赤谷六百一十里。東通姑墨二百七十里。	二千二百	八千四百	千五百	烏什縣
龜茲	延城	南與精艷，東南與且末，西南與抒彌，北與烏孫，西與姑墨接。東至都護治所烏參城三百五十里。	六千九百七十	八萬一千三百一十七	二萬一千七十六	庫車縣
烏參	與都護同治	其南三百三十里治渠犁	百一十	千二百	三百	庫車東南
渠犁		東北與尉犁。東南與且末，南與精艷接。西至龜茲五百八十里。東通尉犁六百五十里。	百三十	千四百八十	百五十	庫車至焉耆間。
尉犁《魏略》作尉梨	尉犁城	西至都護治所三百里。南與鄯善，且末接。	千二百	九千六百	二千	尉犁縣
危須	危須城	西至都護治所五百里，至焉耆百里。	七百	四千九百	二千	焉耆東北
焉耆	員渠城《後書》作南科城。	西南至都護治所四百里。南至尉犁百里。北與烏孫接。	四千《後書》萬五千。	三萬二千一百《後書》五萬二千。	六千《後書》二萬餘。	焉耆縣
烏貪訾離《魏略》作烏貪。	於婁谷	東與單桓，南與且彌，西與烏孫接。	四十一	二百三十一	五十七	瑪納斯河至額畢湖間。

國名	都城名	境界道里	戶數	口數	勝兵數	今地
卑陸《魏略》作畢陸。	天山東幹當國	西南至都護治所千二百八十七里。	二百二十七	千三百八十七	四百二十	阜康縣
卑陸後國	蕃渠類谷	東與郁立師，北與匈奴，西與劫國，南與車師接。	四百六十二	千一百三十七	三百五十	阜康縣東北
郁立師	內咄谷	東與車師後城長，西與卑陸，北與匈奴接。	百九十	千四百四十五	三百三十一	古城西北
單桓	單桓城		二十七	百九十四	四十五	迪化縣境
蒲類《魏略》作蒲陸。	天山西疏榆谷。	西南至都護治所千三百八十七里。	三百二十五《後書》八百餘。	二千三十二《後書》二千餘。	七百九十九《後書》七百餘。	吐魯蕃縣北
蒲類後園			百	千七十	三百三十四	巴里坤湖北
西且彌	天山東於大谷	西南至都護治所千四百八十七里。	三百三十三	千九百二十六	七百三十八	呼圖壁河至瑪納斯河間。
東且彌	天山東兌虛谷	西南至都護治所千五百八十七里。	百九十一《後書》三千餘。	千九百四十八《後書》五千餘。	五百七十二《後書》二千餘。	
劫國	天山東丹渠谷	西南至都護治所千四百八十四里。	九十九	五百	百十五	昌吉縣北
狐胡	車師柳谷	西至都護治所千一百四十七里，至焉耆七百七十里。	五十五	二百六十四	四十五	辟展西
山國		西至尉犁二百四十里。西北至焉耆百六十里。西至危須二百六十里，東南與鄯善、且末接。	四百五十	五千	千	巴格喇赤湖至羅布泊間。
車師前國	東河城	西南至都護治所千八百七里。至焉耆八百三十五里。	七百《後書》千五百餘。	六千五十《後書》四千餘。	千八日六十五《後書》兩千。	廣安城西二十里
車師後國	務塗谷	西南至都護治所千二百三十七里。	五百九十五《後書》四千餘。	四千七百七十四《後書》萬五千餘。	千八百九十《後書》三千餘。	濟木薩南
車師都尉國			四十	三百三十三	八十四	廣安城東七十里喀喇和卓
車師後城長			白五十四	五白六十	二白六十	奇台縣北

諸國民族，可分數派。《漢書》云：「西夜與胡異，其種類氐、羌，行國。」又云：「蒲犁及依耐、無雷，皆西夜類也。」又云：「無雷俗與子合約。」《後書》又有德若，云：「與子合相類，其俗皆同。」又有移支，「居蒲類地，被髮，隨畜逐水草」。蓋皆氐、羌之類，緣南山而西出者也。《漢書》云：烏孫本塞地。「昔匈奴破大月氏，月氏西君大夏，而塞王南君罽賓。塞種往往分散為數國。自疏勒以西，休循、捐毒之屬，皆故塞種也。」《穆天子傳》為魏、晉後偽書，所述皆漢以後情形，已見《先秦史》第八章第八節。此書於地名、器物，皆著之曰西膜之所謂某某，足見西膜為西方一大族。西膜與塞疑即一語，或白種中之塞米族（Semites）耶？又烏孫，顏師古《注》云：「於西域諸戎，其形最異。今之胡人，青眼赤鬚，狀類獼猴者，本其種也。」近日史家，皆謂烏孫與堅昆同種。堅昆即唐時之黠戛斯，元時之吉利吉思，今之哈薩克。黠戛斯，《唐書》固明言其「赤髮、晳面、綠瞳」也。近年英、俄、法、德諸考古家，在新疆發現古書，有與印度歐羅巴語類者，以其得之之地名之曰焉耆語、龜茲語。焉耆語行於天山之北，龜茲語行於天山之南。頗疑龜茲語為塞種語，焉耆語為烏孫等游牧民語也。西史家謂西域人稱希臘為伊耶安（Yavanas），為耶而宛（Ionian）轉音，故大宛實為希臘人東方殖民地。安息即西史之泊提亞（Parthia），大夏則巴克特利亞（Bactria），皆亞歷山大死後東方分裂所生之新國。安息猶率其游牧之俗，大夏文化，則酷類希臘焉。故漢通西域，實為東西洋文化交通之始也。《史記．大宛列傳》云：「自宛以西至安息，雖頗異言，然大同俗，相知言；（《漢書．西域傳》作『然大同，自相曉知也』。）其人皆深眼，多鬚髯」，可以知其種族矣。然玉門、陽關以西，亦非遂無華人。《漢書》曰：「自且末以往，皆種五穀。土地，畜產，作兵，略與漢同。有異乃記云。」今觀其書，記者少，不記者多，則諸國之俗，實與漢大同。案《管子揆度》，「北用禺氏之玉，南貴江、漢之珠」，何秋濤謂禺氏即月氏。日本桑原騭藏言：月氏據甘肅，故天山南路之玉，經其地而入中國，玉門之名，或亦因此而得，見所著《張騫西征考》，楊煉譯，商務印書館本。說頗有理。人民移殖，率在國家開拓之先。漢朝未知西域及西南夷，[041]而枸醬、竹杖，即已遠屆其地，此其明證。然則謂漢世天山南路多有華人，必非附會之談也。至於後世，胡人益盛，漢族稍微，則因道裡有遠近之殊，移居有多少之異。猶之朝鮮之地，自漢以降，貉族轉多，然不能謂《方言》所載，北燕、朝鮮之間，言語皆同，及《後書》辰韓言語，有似秦人為虛語也。《魏書．西域于闐傳》云：「自高昌以西，諸國人等，皆深目高鼻。唯此一國，貌不甚胡，頗類華夏。」《大唐西域記》亦謂于闐之語，與他國不同。今考古學家謂于闐東之克里雅人，體格多似黃人。掘地所得陶像及雕刻、壁畫，面貌亦與黃人相似，古書非印度、伊蘭、突厥語，而與西藏語相類，斷其人來自藏地，此則不知漢時已然否耳。

漢通西域，起於武帝之欲攻匈奴，而成於武帝之侈心。初，敦煌、祁連間有行國曰月氏。匈奴西邊，又有小國曰烏孫，《史記．大宛列傳》。《漢書．張騫傳》曰：「烏孫與大月氏，俱在祁連、敦煌間。」《西域傳》同，而奪祁連二字。月氏為冒頓所破。老上單于又破月氏王，以其頭為飲器。《史記．大宛列傳》：建元中，天子問匈奴降者，皆言匈奴破月氏王，以其頭為飲器。《匈奴列傳》：孝文帝三年（前 177），老上單于遺漢書曰：「今以小吏之敗約，故罰右賢王，使之西方求月氏擊之。以天之福，吏卒良，馬強力，以夷滅月氏，盡斬殺降下之。定樓蘭、烏孫、呼揭，及其旁二十六國，皆以為匈奴。」匈奴之破月氏、烏孫，定西域，當在此時。[042]竊疑烏孫難兜靡，亦實為匈奴所殺，《漢書》云為大月氏所殺，乃因烏孫攻逐月氏而附會也。月氏西破走塞王。塞王南越縣度。在烏秅西。大月氏居其地。烏孫昆莫難兜靡，或云為匈奴所殺，《史記．大宛列傳》。

[041]　四裔：漢時西域亦有華族。

[042]　四夷：匈奴定西域。

或云為大月氏所殺，《漢書·張騫傳》。其子獵驕靡，仍屬匈奴。自請於單于，西攻破月氏。月氏乃遠去。過大宛，西擊大夏而臣之。都嬀水北為王庭。嬀水，今阿母河。而烏孫稍強，亦不復肯朝事匈奴，取羈屬而已。建元中，匈奴降者言月氏怨匈奴，無與共擊之。漢因欲通使，而時匈奴右方居鹽澤，（今羅布泊。）以東至隴西長城，南接羌，隔漢道。漢欲通使，道必更匈奴中。乃募能使者。張騫以郎應募。為匈奴所得。留十餘年，與其屬亡鄉月氏。西走數十日，至大宛。大宛為發道譯抵康居，傳致大月氏。時月氏地肥饒，少寇，志安樂；又自以遠漢；殊無報胡之心。騫留歲餘還。並南山，欲從羌中歸。復為匈奴所得留歲餘，單于死，元朔三年（前 126）軍臣單于。左谷蠡王攻其太子自立，國內亂，騫乃得亡歸。騫身所至者，大宛、大月氏、大夏、康居，而傳聞其旁大國五六。具為天子言之。騫曰：「臣在大夏時，見邛竹杖、蜀布。問曰：安得此？大夏國人曰：吾國人往市之身毒。身毒在大夏東南，可數千里。其俗土著，大與大夏同，而卑溼暑熱云。其人民乘象以戰，其國臨大水焉。以騫度之：大夏去漢萬二千里，居漢西南，今身毒國又居大夏東南數千里，有蜀物，此其去蜀不遠矣。今使大夏，從羌中，險，羌人惡之。少北，則為匈奴所得。從蜀，宜徑，又無寇。」天子既聞大宛及大夏、安息之屬皆大國，多奇物，[043] 土著頗與中國同業，而兵弱，貴漢財物；其北有大月氏、康居之屬，兵強，可以賂遺設利朝也。且誠得而以義屬之，則廣地萬里，重九譯，致殊俗，威德遍於四海。天子欣然，以騫言為然。乃令騫因蜀、犍為發間使，四道並出。出駹，出冉，出徙，出邛僰，皆各行一二千里。其北方閉氐、筰，南方閉巂、昆明，終莫得通。參看第七節。然傳聞其西可千餘里，有乘象國，名曰滇越，而蜀賈姦出物者或至焉。武帝是時，蓋動於侈心，絕非攻胡之初志矣。及渾邪王降，金城、河西西並南山至鹽澤，空無匈奴。其後二年，漢又擊走單于於幕北。是後天子數問騫大夏之屬。騫請厚幣賂烏孫，招以

[043] 四夷：武帝通西域之動機，雲以騫言為然，則說出騫。使者之劣。

益東，居故渾邪之地。既連烏孫，自其西大夏之屬，皆可招來而為外臣。天子以為然。拜騫為中郎將。齎金幣帛，直數千巨萬，多持節副使，道可使，使遺之他旁國。騫既至烏孫，諭指。烏孫昆莫獵驕靡。有十餘子，中子大祿強，善將。大祿兄為太子，有子曰岑娶。《漢書》作岑諏，官名：名軍須靡。太子蚤死，謂昆莫曰：「必以岑娶為太子。」昆莫哀而許之。大祿怒，畔，謀攻岑娶及昆莫。昆莫予岑娶萬餘騎，令別居。國分為三，不能專制。又遠漢，未知其大小，素服屬匈奴，又近之。其大臣皆不欲徙。但發通譯送騫還。而騫所分遣使通大宛、康居、大月氏、大夏、安息、身毒、于闐、扜罙及諸旁國者，後頗與其人俱來，西北國始通於漢矣。匈奴聞漢通烏孫，怒，欲擊之。烏孫乃恐，使使獻馬，願得尚漢女。元封中，乃遣江都王建見第四章第六節。女細君為公主，妻昆莫。昆莫年老，又使岑娶尚公主云。時漢築令居以西，置酒泉郡，以通西北國。一歲中使多者十餘，少者五六輩。樓蘭、姑師當道，苦之。攻劫漢使王恢等。又數為匈奴耳目，令其兵遮漢使。元封三年（前 108），武帝遣恢佐趙破奴虜樓蘭王，遂破姑師。於是酒泉列亭障至玉門矣。天子好宛馬，使從者言宛有善馬，在貳師城，匿不肯與漢使。天子使壯士車令等持千金及金馬以請，宛不肯與。漢使怒，妄言，椎金馬而去。宛貴人怒，令其東邊郁成遮攻殺漢使。太初元年（前 104），漢拜李廣利為貳師將軍。發屬國六千騎及郡國惡少年數萬以往，伐宛。當道諸國，各堅城守，不肯給食。比至郁成，士不過數千，皆饑疲。攻郁成，郁成大破之，所殺傷甚眾。引還，往來二歲。至敦煌，士不過什一二。天子使使遮玉門，曰：「軍有敢入者，輒斬之。」貳師恐懼，因留敦煌。天子案言伐宛尤不便者。赦囚徒材官，益發惡少年及邊騎。歲餘而出敦煌者六萬人。負私從者不與。所至小國，莫不迎，出食給軍。兵到者三萬人。圍其城，攻之四十餘日。宛貴人殺其王毋寡。漢立貴人善漢者昧蔡為王。別將破郁成。郁成王亡走康居。康居出以與漢。貳師之東，諸所過小國聞宛破，皆使其子弟從軍入獻見天子，因以為質焉。時為太初四年（前 101）。歲餘，宛貴人以為昧蔡善諛，使我國遇屠，相與殺昧蔡，立毋寡昆弟蟬封為宛王，而遣其子入質於漢。漢因使使賂遺以填撫之。自伐大宛後，西域震懼，多遣使來貢獻。漢使西域者益得職。於是自敦煌西至鹽澤，往往起亭，而輪臺（《李廣利傳》注：輪臺，國名。今新疆輪臺縣）、渠犁，皆有田卒數百人，置使者校尉領護，以給外國使者焉。天漢二年（前 99），以匈奴降者介和王為開陵侯，將樓蘭國兵擊車師。匈奴遣右賢王將數萬騎救之。漢兵不利，引去。征和四年（前 89），遣重合侯馬通將四萬騎擊匈奴，道過車師北，復遣開陵侯將樓蘭、尉犁、危須凡六國兵別擊車師，勿令得遮重合侯道。諸國共圍車師。車師王降。於是搜粟都尉桑弘羊，與丞相、御史奏遣卒田輪臺以東。募民壯健有累重敢徙者詣田所。稍築列亭，連城而西，以威諸國，輔烏孫。時李廣利以軍降匈奴，上既悔遠征伐，乃下詔，深陳既往之悔，由是不復出軍，而封丞相田千秋為富民侯，以明休息，思富養民云。

第五節　武帝事四夷三

羌為亞洲中央一大族。在漢世可考見者，凡分三支：一在西域，已見上節。一在今甘肅、四川、雲南等省，見第七節。其為患最深者，則居河、湟間之一支也。河、湟間之羌，緣起見《後漢書．西羌傳》，曰：「羌無弋爰劍者，秦厲公時，為秦所拘執，以為奴隸。後得亡歸。而秦人追之急，藏於岩穴中得免。羌人云：爰劍初藏穴中，秦人焚之，有景象如虎，為其蔽火，得以不死。既出，又與劓女遇於野，遂成夫婦。女恥其狀，被髮覆面，羌人因以為俗。遂俱亡入三河間。（《注》：「《續漢書》曰：遂俱亡入河、湟間。今此言三河，即黃河、賜支河、湟河也。」丁謙《考證》云：賜支河，即《水經注》浩亹河，今名大通河，湟河在大通河南。）諸羌見爰劍被焚不死，怪其神，共畏事之，推以為豪。河、湟間少五穀，多禽獸，以射獵為事。爰劍教之田畜，遂見敬信。廬落種人依之者日益眾。羌人謂奴為無弋，以爰劍嘗為奴隸，故因名之。其後世世為豪。至爰劍曾孫忍時，秦獻公初立，欲復穆公之跡，兵臨渭首，滅狄豲戎，忍季父卬，畏秦之威，將其種人附落而南，出賜支河曲西數千里，與眾羌絕遠，不復交通。其後子孫分別，各自為種，任隨所之。或為氂牛種，越巂羌是也。或為白馬種，廣漢羌是也。或為參狼種，武都羌是也。（廣漢，郡名。前漢治梓潼，今四川梓潼縣。後漢治雒，今四川廣漢縣。餘見第七節。）忍及弟舞，獨留湟中。並多娶妻婦。忍生九子，為九種，舞生十七子，為十七種。羌之興盛，從此始矣。」又云：「自爰劍後，子孫支分，凡百五十種。其九種在賜支河首以西，及在蜀漢徼北，前史不載口數，唯參狼在武都，勝兵數千人。其五十二種，衰少不能自立，分散為附落，或絕滅無後，或引而遠去。其八十九種，唯鍾最強，勝兵十餘萬，其餘大者萬餘人，小者數千人，更相鈔盜，盛衰無常，無慮順帝時勝兵合可二十萬人。發羌、唐旄等絕遠，未嘗往來，氂牛、白馬羌在蜀漢，其種別名號，皆不可紀知也。」所言爰劍之事，雖不足信，然今青海、甘肅、四川、雲南之羌，共為一族，則較然可知矣。《後書》又云：忍子研豪健，羌中號其後為研種，武帝度河湟，築令居塞，初開河西，列置四郡，通道玉門，隔絕羌、胡，使南北不得交關，於是障塞亭燧，出長城外數千里。時先零羌與封養、牢姐種解仇結盟，與匈奴通。合兵十餘萬，共攻令居、安故，（今甘肅臨洮縣。）遂圍枹罕。（今甘肅臨夏縣。）漢遣將軍李息、郎中令徐自為將兵十萬擊平之。始置護羌校尉，持節統領焉。《漢書・武帝紀》，事在元鼎五年（前 112），安故作故安，誤。羌乃去湟中，依西海、鹽池左右。漢遂因山為塞。河西地空，稍徙人以實之。案羌之為患，皆因據有河、湟，武帝時逐出之，而徙民以實河西，規模頗遠，惜乎後世之不克負荷也。

第六節　武帝事四夷四

中國文化，傳播於四方者，以東方為最盛。東方諸國，漸染中國文化最深者，莫如朝鮮。其所由然，實以其久隸中國為郡縣故，而首郡縣朝鮮者，[044] 則漢武帝也。《史記·朝鮮列傳》云：朝鮮王滿者，故燕人也。自始全燕時，嘗略屬真番、朝鮮，為置吏，築鄣塞。秦滅燕，屬遼東外徼。漢興，為其遠，難守，復修遼東故塞，至浿水為界。（浿水，今大同江。）屬燕。燕王盧綰反，入匈奴，滿亡命，聚黨千餘人，魋結，蠻夷服，而東走出塞。渡浿水，居秦空地上下鄣。稍役屬真番、朝鮮蠻夷，及故燕、齊亡命者，王之。都王險。當在漢江流域。會孝惠、高后時，天下初定，遼東太守即約滿為外臣。保塞外蠻夷，無使盜邊。諸蠻夷君長欲入見天子，勿得禁止。以聞。上許之。以故滿得以兵威財物，侵降其旁小邑。真番、臨屯，皆來服屬。傳子至孫右渠。所誘漢亡人滋多，又未嘗入見。真番旁眾國欲上書見天子，又擁閼不通。元封二年（前 109），漢使涉何誘諭。右渠終不肯奉詔。何去，至界上，臨浿水，使御刺殺送何者。歸報天子曰：「殺朝鮮將。」上為其名美，不詰。拜何為遼東東部都尉。朝鮮襲攻殺何。天子募罪人擊朝鮮。楊僕從齊浮渤海，荀彘出遼東。兩將乖異。使濟南太守公孫遂往政之。遂使彘執僕，並其軍。三年（前 108），夏，朝鮮尼谿相參殺右渠降，遂定朝鮮，以其地為真番、臨屯、樂浪、玄菟四郡。案《後漢書·東夷傳》云：武王封箕子於朝鮮，其後四十餘世，至朝鮮侯準，自稱王。《三國志·東夷傳注》引《魏略》云：周衰，燕自稱為王，欲東略地。朝鮮侯亦自稱為王，欲興兵逆擊燕。其大夫禮諫之，乃止。使禮西說燕，燕止之此之字疑衍。不攻。後子孫稍驕虐。燕乃遣將秦開攻其西方，取地二千餘里，至滿潘汗為界。漢遼東郡有番汗縣，沛水所出，疑即故滿潘汗地。沛水今清川江。朝鮮遂弱。及秦並天下，使蒙恬築長城，到遼東。時

---

[044] 四夷：古朝鮮三韓。

朝鮮王否，畏秦襲之，略服屬秦，不肯朝會。案此當謂不肯詣遼東，非謂不入朝咸陽也。否死，子準立，二十餘年，案自秦並天下至陳、項起，尚不及二十餘年，自蒙恬築長城起計，更無論矣。疑此四字係準在位年數，自其立至為衛滿所滅，二十餘年也。而陳、項起，天下亂。燕、齊、趙民愁苦，稍亡往準，準乃置之於西方。及漢以盧綰為燕王，朝鮮與燕界於浿水。浿，浿之誤。及綰反，入匈奴，燕人衛滿亡命，為胡服，東渡浿水，詣準降。說準求居西界。準信寵之，封之百里，令守西邊。滿誘亡，黨眾稍多。乃詐遣人告準，言漢兵十道至，求入宿衛。遂還攻準。準與滿戰，不敵也。《志》云：侯淮既僭號稱王，為燕亡人衛滿所攻奪，將其左右宮人去，入海居韓地，自號韓王。其後絕滅，今韓人猶有奉其祭祀者。淮即準，蓋《國志》字誤也。《志》又云：韓有三種：一曰馬韓，二曰辰韓，三曰弁韓。辰韓者，古之辰國。《後書》云：馬韓五十四國，辰韓十有二國，弁辰亦十有二國，凡七十八國，皆古之辰國也。《史記》之真番旁眾國，《漢書》作真番辰國，疑當作真番旁辰國，《漢書》奪旁字，《史記》則淺人億改也。三韓分立以前，辰為一統之國。準所攻破者即此。是時辰國之王，當為馬韓人，故《後書》言「馬韓最大，共立其種為辰王」，又云：「準後滅絕，馬韓人復自立為辰王」也。然則欲入見天子者，正箕子之後矣。此衛氏所由忌而阻閼之與？樂浪，今朝鮮平安南道及黃海、京畿二道地。臨屯為江原道地。玄菟為咸鏡南道。真番跨鴨綠江上流。《後書》云：昭帝始元五年（前 82），罷臨屯、真番，以並樂浪、玄菟，玄菟復徙居高句驪。縣名。自單單大嶺以東，沃沮、濊貉，悉屬樂浪。後以境土廣遠，復分嶺東七縣置樂浪東部都尉。《沃沮傳》云：武帝滅朝鮮，以沃沮地為玄菟郡，後為夷貉所侵，徙郡高句驪西北，更以沃沮為縣，屬樂浪東部都尉，則沃沮初係玄菟郡治。單單大嶺，當係縱貫半島之山。《漢書．武帝紀》：元朔元年（前 128），東夷薉君南閭等口二十八萬人降，為蒼海郡，至三年乃罷，當即嶺東之濊貉也。《史記．平準書》：彭吳賈滅朝鮮，置滄海之郡。《漢書．食貨志》作彭吳穿濊貉、朝鮮，置滄海郡。當係《史記》誤。元朔時，朝鮮尚未滅也。

第七節　武帝事四夷五

川、滇、粵、桂之開闢，戰國時啟其端，秦始皇繼其後，漢武帝成其功。今日內地十八省之規模，實略定於武帝時也。

趙佗，真定人。今河北正定縣。秦時為南海龍川令。今廣東龍川縣。二世時，南海尉任囂病且死，被佗書行尉事。佗即絕道，據兵自守，稍以法誅秦所置長吏，以其黨為假守。秦已破滅，佗即擊並桂林、象郡，自立為南越武王。《史記》云：自尉佗初王，後五世九十三歲而國亡，則其初王當在高帝五年（前 202）。高帝十一年（前 196），遣陸賈立佗為南越王。與剖符通使。和集百越，毋為南邊患害。高后時，有司請禁南越關市鐵器。佗曰：「此必長沙王計，欲倚中國，擊滅南越而並王之。」乃自尊號為南越武帝，[045] 發兵攻長沙邊邑，敗數縣而去。高后遣將軍隆慮侯灶擊之。會暑溼，士卒大疫，兵不能逾嶺。歲餘，高后崩，即罷兵。佗因此以兵威財物賂遺閩越、西甌駱，役屬焉。文帝使陸賈賜佗書。佗為書謝，去帝制。至孝景時，稱臣，使人朝請。然其居國中竊如故號。至武帝建元四年（前 137），《史記》此處有卒字，《漢書》無，無之者是也。《史記》言南越王五世，則佗之子亦當為王，蓋佗卒子繼，失其年代故不記。《史記》之卒字，乃後人妄補也。佗孫胡為南越王，三年（前 204），而閩越王郢興兵擊南越。

閩越王無諸、越東海王搖，皆勾踐後。秦并天下，廢為君長，以其地為閩中郡。諸侯叛秦，無諸、搖率越歸吳芮。漢擊項籍，佐漢。漢五年（前 202），復立無諸為閩越王，王閩中故地，都東冶。（今福建閩侯縣。）孝惠三年，立搖為東海王，都東甌。（今浙江永嘉縣。）世俗號曰東甌王。

---

[045] 政體：趙佗自尊為南越武帝。

吳王濞太子駒亡走閩越，怨東甌殺其父，常勸閩越擊東甌。建元三年（前138），閩越發兵圍東甌。東甌使人告急。天子遣莊助發會稽郡兵浮海救之。未至，閩越引兵去。東甌請舉國徙中國。乃悉舉眾來處江、淮間。《集解》：徐廣曰：《年表》曰：東甌王廣武侯望，率其眾四萬餘人來降，家廬江郡。漢廬江，今安徽廬江縣。六年（前135），閩越擊南越。南越以聞。上遣王恢出豫章，韓安國出會稽。兵未逾嶺，閩越王弟余善殺王以降。乃立無諸孫繇君醜為越繇王。南越遣太子嬰齊入宿衛。余善威行國中，國民多屬，竊自立為王。繇王不能矯其眾，持正。天子聞之，為余善不足復興師，因立為東越王，與繇王並處。後十餘歲，南越王胡薨。謚為文王。嬰齊嗣立。嬰齊在長安時，娶邯鄲摎氏女，生子興。及即位，上書請立摎氏女為後，興為嗣，遣子次公入宿衛。嬰齊薨。謚為明王。興代立，其母為太后。太后自未為嬰齊姬時，與霸陵人安國少季通。元鼎四年（前113），漢使少季往諭王、皇太后入朝。太后復私焉。國人頗知之，多不附太后。太后恐亂作，亦欲倚漢威，數勸王及群臣求內屬。即因使者上書：請比內諸侯，三歲一朝，除邊關。天子許之。其相呂嘉，年長矣。相三王。宗族官仕為長吏者七十餘人，男盡尚王女，女盡嫁王子兄弟宗室，及蒼梧秦王有連。其居國中甚重，得眾心愈於王。王之上書，數諫止王。王弗聽，有畔心。王、皇太后置酒，介漢使者權，謀誅嘉等。使者狐疑，莫敢發。天子遣韓千秋與皇太后弟摎樂將二千人往。入越境，嘉遂反。攻殺王、皇太后及漢使者。立明王長男越妻子建德。擊千秋等，滅之。天子令罪人及江、淮以南樓船十萬師往討之。元鼎五年（前112），秋，路博德出桂陽，（今湖南郴縣。）下匯水。《漢書》作湟水。楊僕出豫章，下橫浦。《漢書．武帝本紀》作下湞水。故歸義越侯二人出零陵，（今湖南零陵縣。）或下灕水，或抵蒼梧。馳義侯因巴、蜀罪人發夜郎兵下牂牁江。咸會番禺。六年（前111）冬，僕、博德先後至，番禺降。嘉、建德亡入海，得之。以其地為儋耳（今廣東儋縣）、珠崖（今廣東瓊山縣）、南海（今廣東南海縣）、蒼梧（今廣西蒼梧縣）、鬱林（今廣西貴縣）、合浦（今廣東合浦縣）、交阯（今越南河內）、九真（今越南清華）、日南（今越南乂安）九郡。

南越之反也，余善上書，請以卒八千人從楊僕擊呂嘉等。兵至揭陽，今廣東揭陽縣。以海風波為解，不行。持兩端，陰使南越。及漢破番禺，僕上書，願便引兵擊東越。上以士卒勞倦，罷兵，令諸校留屯豫章、梅嶺待命。《集解》：徐廣曰：在會稽界。《正義》引《括地志》云在虔化縣東北百二十里。虔化，今江西寧都縣。余善聞之，遂反。入白沙、武林（《集解》：徐廣曰：在豫章界。《索隱》：今豫章北二百里接鄱陽界，地名白沙。有小水入湖，名曰白沙。沙東南八十里有武陽亭，亭東南三十里，地名武林。案白沙，地在今江西鄱陽縣西。武林，在今江西餘干縣東北。）、梅嶺，殺漢三都尉。天子遣韓說出句章，（漢縣，今浙江慈谿縣。）浮海從東方往。楊僕出武林。王溫舒出梅嶺。越侯出若邪（《漢書》作如邪，《索隱》：案姚氏云：若邪，地名，今闕。《正義》云：越州有若耶山、若耶溪。越州，今浙江紹興縣。）、白沙。元封元年（前 110），冬，咸入東越。故越衍侯吳陽前在漢，漢使歸諭余善。反攻越軍，及故越建成侯敖與繇王居股謀，俱殺余善降。詔軍吏皆將其民徙處江、淮間，東越地遂虛。

《史記・西南夷列傳》云：「西南夷君長以十數，夜郎最大。（今貴州桐梓縣。）其西靡莫之屬以十數，滇最大。（今雲南昆明縣。）自滇以北，君長以十數，邛都最大。（今西康西昌縣。）此皆椎結，耕田，有邑聚。其外，西自桐師未詳。以東，北至葉榆，（澤名，今洱海。）名為巂、昆明。皆編髮，隨畜移徙。亡常處，亡君長。地方數千里。自巂以東北，君長以十數，徙（今西康天全縣）、筰都（今西康漢源縣），最大。自筰以東北，君長以十數，冉駹最大。（今四川茂縣。）其俗或土著，或移徙。自駹以東北，君長以十數，白馬最大。（今甘肅成縣。）皆氐類也。」夜郎、滇、邛都之屬為濮，在黔江、金沙江流域。巂、昆明為羌，參看第五節。在今瀾滄江流域。徙、筰都、冉駹之屬雜氐、羌，在今岷江大渡河流域。白馬則嘉陵江上游之氐也。莊蹻王滇，秦時略通五尺道，已見第二章第二節及《先秦史》第十章第一節。《史記．司馬相如列傳》：相如言邛、筰、冉駹近蜀，[046] 道易通，秦時嘗通為郡縣。此事《史記．西南夷列傳》不載。然云「及漢興，皆棄此國，而開蜀故徼，巴、蜀民或竊出商賈，取其筰馬、僰僮、髦牛，以此巴、蜀殷富」，則秦時置郡縣與否，雖無確據，而巴、蜀與邛、筰、冉駹之有交往則審矣。武帝建元六年（前 135），王恢擊東越，因兵威，使番陽令唐蒙風曉南越。南越食蒙蜀枸醬。蒙問所從來，曰：「道西北牂牁江。」蒙歸至長安，問蜀賈人。賈人曰：「獨蜀出枸醬，多竊出市夜郎。夜郎者，臨牂牁江。江廣百餘步，足以行船。南越以財物役屬夜郎，西至桐師，然亦不能臣使也。」蒙乃上書說上，以浮船牂牁江出不意，為制越一奇。乃拜蒙為中郎將，從巴屬窄關入，見夜郎侯多同，厚賜，諭以威德，約為置吏，使其子為令。夜郎旁小邑，皆貪漢繒帛，以為漢道險，終不能有也，乃且聽蒙約。還報，乃以為犍為郡。發巴、蜀卒治道，自僰道指牂牁江。蜀人司馬相如亦言邛、筰可置郡，使以中郎將往諭，皆如南夷，為置一都尉，十餘縣，屬蜀。《司馬相如列傳》：西夷邛、筰、冉駹、斯榆之君，皆請為內臣。除邊關。關益斥，西至沫、若水，南至牂牁為徼。通零關道，橋孫水，以通邛都、斯榆。《索隱》云：「《益部耆舊傳》謂之斯叟。《華陽國志》云邛都縣有四部，斯叟是也。」沫水，今大渡河。若水，今雅礱江。零關道，《漢書》作靈山道，蓋關以山名。《地理志》：越嶲有靈關道。孫水，今安寧河。當是時巴、蜀四郡通西南夷道，戍轉相餉。數歲道不通。士罷餓，離溼，死者甚眾。西南夷又數反，發兵興擊，耗費無功。上患之。使公孫弘往視問焉。還對，言其不便。及弘為御史大夫，是時方築朔方，弘因數言西南夷害可且罷，專力事匈奴。上罷西夷，獨置南夷、夜郎兩縣一都尉，稍令犍為自保就。及元狩元年（前 122），張騫使大夏來，言居大夏時，見蜀布、邛竹杖。使問所從來。曰：從東南身毒國，

[046] 四夷：秦通邛、筰、冉駹。

可數千里，得蜀賈人市。或聞邛西可二千里有身毒國。騫因盛言大夏在漢西南，慕中國，患匈奴隔其道。誠通蜀、身毒道，便近，又無害。於是使間出西夷，西指求身毒國。至滇，滇王嘗羌《漢書》作當羌。乃留，為求道西，十餘輩。歲餘，皆閉昆明，莫能通。參看第四節。及南越反，上使馳義侯因犍為發南夷兵。且蘭君反。（今貴州平越縣。）發巴、蜀罪人嘗擊南越者八校尉擊破之。會越已破，八校尉不下，即引兵還。行誅頭蘭。（《索隱》即且蘭也。案《漢書》作且蘭。）頭蘭，嘗隔滇道者也。已平頭蘭，遂平南夷為牂牁郡。夜郎遂入朝。上以為夜郎王。又以邛都為越巂郡，筰都為沈黎郡，天漢四年（前 97），並蜀為西部，置兩都尉，一居旄牛，主徼外夷；一居青衣，主漢人。旄牛在今西康漢源縣南。青衣在今西康雅安縣北。冉駹為汶山郡，宣帝地節三年（前 67），并蜀，為北部都尉。白馬為武都郡。使風諭滇王入朝。未肯聽。而其旁東北勞浸（《漢書》作勞深）、靡莫數侵犯使者吏卒。元封二年（前 109），發巴、蜀兵擊滅勞浸、靡莫。滇舉國降。以為益州郡。賜滇王王印，復長其民。

第八節　論武帝用兵得失

漢武帝東征西討，所開拓者頗廣，後世盛時之疆域，於此已略具規模，讀史者或稱道之。[047] 然漢人之議論，則於武帝多致譏評。宣帝初即位，欲褒先帝，令列侯、二千石、博士議，夏侯勝即言武帝無功德於民，不宜為立廟樂，見《漢書》本傳。《史記·大宛列傳》之敘事，《漢書·西域傳贊》之議論，於武帝皆深致譏焉。而《漢書·武五子傳贊》，言之尤痛。何哉？予謂是時之開拓，乃中國之國力為之，即微武帝，亦必有起而收其功者，而武帝輕舉寡慮，喜怒任情，用人以私，使中國之國力，為之大耗，實功不掩其罪也。漢世大敵，莫如匈奴。匈奴之眾，不過漢一大

[047]　史事：漢武帝用兵得失。

縣，已見第四章第三節。又是時匈奴，殊無民族意識。試觀軍臣單于以嗜漢物，幾墮馬邑之權，然仍樂關市可知。中行說教單于曰：「匈奴人眾，不過當漢之一郡，所以強之者，以衣食異，無仰於漢也。今單于變俗，好漢物，漢物不過十二，則匈奴盡歸於漢矣。其得漢繒絮，以馳草棘中，衣袴皆裂敝，以示不如旃裘之完善也。得漢食物皆去之，以示不如湩酪之便美也。」此真忠於為匈奴謀者也。與賈生三表、五餌之策，可謂若合符節。賈生五餌之策，欲以車服壞其目，飲食壞其口，音聲壞其耳，宮室壞其腹，榮寵壞其心，《見新書》。非處士之大言，其效誠有可期者也。使武帝而有深謀遠慮，當時之匈奴，實可不大煩兵力而服。即謂不然，而征伐之際，能多用信臣宿將，其所耗費，必可大減，而所成就，反將遠勝，此無可疑者也。《史記》言衛青僅以和柔自媚於上。《史記》中稱衛青之美者，僅《淮南王傳》中伍被之辭，此乃被求免之供辭，抑真出於被與否，猶未可知也。而世竟有據之以稱衛青而詆公孫弘者，真瞽矇之不若矣。霍去病則少而侍中，貴不省士，其從軍，天子為遣大官齎數十乘，既還，重車餘棄粱肉，而士有饑者；其在塞外，卒乏糧，或不能自振，而去病尚穿域蹋鞠，事多類此。此等人可以為將乎？較之李廣將兵，乏絕之處，見水，士卒不盡飲，廣不近水，士卒不盡食，廣不嘗食者何如？李廣利之再征大宛也，出敦煌六萬人，負私從者不與，馬三萬匹，軍還，入玉門萬餘人，馬千餘匹而已。史言後行非乏食，戰死不甚多，而將吏貪，不愛卒，侵牟之，以此物故者眾，其不恤士卒，亦去病之類也。天子嘗欲教去病孫吳兵法。對曰：「顧方略何如耳，不至學古兵法。」此去病不學無術之明徵，亦漢武以三軍之眾，輕授諸不知兵法之將之鐵證。世顧或以是為美談，此真勢利小人之見。世多以成敗論人，其弊遂中於讀史，皆由勢利之見，先有以累其心也。彼衛、霍之所以制勝者，乃由其所將常選，而諸宿將所將，常不逮之耳，史又稱去病敢深入，常與壯騎先其大軍，軍亦有天幸，未嘗乏絕也。不敗由天幸，信然。敢深入，適見其不知兵法也。非其能也。漢去封建之世近，士好冒險以立功名；不知義理，徒為愚忠；皆與後世絕異。[048] 即以李廣之事論之。廣與程不識，俱為邊郡名將，匈奴畏之久矣。又嘗俱為衛尉，天子知其能亦久矣。征胡而擇大將，非廣、不識輩而誰？乃漢武之所任者，始則衛、霍，後則李廣利也。以淑房之親，加諸功臣宿將之上，不亦令戰士短氣矣乎？衛青父鄭季，給事平陽侯家，與侯妾衛媼通，生青，冒衛氏。衛媼長女君孺，為太僕公孫賀妻。次女少兒，先與霍仲孺通，生去病。後為詹事陳掌妻。次女子夫，自平陽公主家得幸武帝，元朔元年（前 128），有男，立為皇后。先是武帝陳皇后，大長公主女也。大長公主聞子夫幸有身，使人捕青，欲殺之。公孫敖時為騎郎，與壯士往篡之，得不死。其後青之徙李廣部，亦以敖新失侯，欲與俱當單于也。公孫賀從青將，有功，封侯，後遂為相。陳掌，武帝亦召貴之。廣利，李夫人兄。元狩四年（前 119）之役，武帝本令去病當單于，故敢力戰深入之士皆屬焉。至於衛青，任之本不甚重。《史記．李將軍列傳》云：「廣數自請行，天子以為老，弗許，良久，乃許之，以為前將軍。」此非實錄。既以為老弗許矣，豈又以為前部乎？「及出塞，青捕虜，知單于所在，乃自以精兵走之，而令廣并於右將軍軍」，此實顯違上令。其云「陰受上誡，以為李廣老，數奇，毋令當單于，恐不得所欲」，乃誣罔之辭。上既不令青當單于，又自以廣為前將軍，安得有此言乎？廣既失道，青又逼迫令自殺，違旨而賊重臣，其罪大矣，天子弗能正。廣子敢，怨青之恨其父，擊傷之，青匿諱之，蓋其事實有不堪宣露者，而去病又射殺敢。上乃為諱，云鹿觸殺之。尚不如鄭莊公之於潁考叔，能令卒出豭，行出犬、雞，以詛賊之者也，可以持刑政乎？李氏之於衛、霍，蓋有不共戴天之仇二焉。縱不敢以此怨懟其君，亦不足為之盡力矣，而陵廣子當戶之子。猶願以步卒五千，為涉單于庭，既敗，司馬遷推言陵之功，則以為欲沮貳師，為陵遊說，下之腐刑。所終始右護者，瑣瑣姻婭而已，而又收族陵家，此真所謂

[048] 風俗：漢武時風氣 —— 李陵效忠武帝。

淫刑以逞，視臣如草芥者。無為戎首，不亦宜乎？而司馬遷猶惜陵生降隤其家聲；隴西士大夫，猶以李氏為愧。專制之世，士大夫之見解，固非吾儕小人所能忖度矣。李陵之降，為欲得當以報於漢，此百世之下所可共信者也。收族其家，君臣之義絕矣，雖欲為漢，惡可得乎？然其在匈奴，尊寵不如衛律，則陵終未肯為匈奴謀漢也。其於武帝，優於子胥之於平王遠矣。真為匈奴謀漢者衛律，李延年所薦也，延年，李夫人之兄也。得此等將帥而用之，所費士馬如此，而匈奴猶終武帝之世不能平，可謂能用兵乎？以上所引，見《史記·李將軍》、《衛將軍》、《驃騎將軍》、《漢書·李廣》、《蘇建》、《司馬遷》傳。

《史記·大宛列傳》曰：「自博望侯開外國道以尊貴，其後從吏卒皆爭上書，言外國奇怪利害，求使。天子為其絕遠，非人所樂往，聽其言，予節，募吏民，毋問所從來，為具備人眾遣之，以廣其道。來還，不能毋侵盜幣物，及使失指，天子為其習之，輒覆案，致重罪，以激怒，令贖，復求使。使端無窮，而輕犯法。其吏卒，亦輒復盛推外國所有，言大者予以節，言小者為副。故妄言無行之徒，皆爭效之。其使皆貧人子，私縣官齎物，欲賤市，以私其利外國。外國亦厭漢使人人有言，輕重。度漢兵遠，不能至，而禁其食物，以苦漢使。漢使乏絕，積怨，至相攻擊。」漢之求善馬於宛，宛私計曰：「漢使數百人為輩來，而常乏食，死者過半。」可見被禍者之眾。蓋其所遣者皆無賴之徒，樓蘭、車師、大宛之釁，未必非此輩啟之。《大宛列傳》又云：「自烏孫以西，至安息，以近匈奴，匈奴困月氏也，匈奴使持單于一信，則國國傳送，食，不敢留苦及至漢使，非出幣帛不得食，不市畜不得騎用。所以然者，遠漢而漢多財物，故必市乃得所欲，然以畏匈奴於漢使焉。」《漢書·西域傳》云：「及呼韓邪單于朝漢後，咸尊漢矣。」其實初苦漢而後不然者，事久則習而安之；亦或漢使屢見苦，後稍斂跡；非必畏漢兵威也。不然，匈奴之兵威，亦曷嘗能真及西域？自烏孫尚中立不肯朝會，況於西至安息哉？

「張騫之再使西域也，所齎金幣帛，直數千巨萬。其後諸使外國，一輩大者數百，少者百餘人，人所齎持，大放博望侯時，其後益習而衰少焉。」此可見事積久，則必漸近常軌，漢使之稍益斂跡，亦此理也。然「漢率一歲中使多者十餘，少者五六輩，遠者八九歲，近者數歲而反」，其所耗費，已不貲矣。西域之來也，漢武「方數巡狩海上，乃悉從外國客，大都多人則過之。散財帛以賞賜，厚具以饒給之，以覽示漢富厚焉。於是大觳抵，出奇戲諸怪物，多聚觀者，行賞賜，酒池肉林。令外國客遍觀各倉庫府藏之積，見漢之廣大，傾駭之。及加其幻者之工，而觳抵奇戲，歲增變甚盛，益興自此始」。此其所為，與隋煬帝亦何以異？獲保首領，沒於五柞，豈不幸哉？此段所引，亦見《大宛列傳》。

第九節　武帝求神仙

漢武帝之舉事也，好大喜功，而不顧其後。在位時，除事四夷為一大耗費外，又遭河決之患，元光三年（前 132）至元封二年（前 109）乃塞。開漕渠，《平準書》：番系欲省砥柱之漕，穿汾河渠，以為溉田，作者數萬人。鄭當時為渭漕渠回遠，鑿直渠，自長安至華陰，作者數萬人。朔方亦穿渠，作者數萬人。各歷二三期，功未就，費亦各巨萬十數。事移民，《平準書》：山東被水災，民饑乏，天子遣使者虛郡國倉廥以振貧民，猶不足。又募豪富人相假貸。乃徙貧民於關以西，及充朔方以南新秦中，七十餘萬口。衣食皆仰給縣官，數歲，假與產業。使者分部護之，冠蓋相望。費以億計。《集解》：臣瓚曰：秦逐匈奴，以收河南地，徙民以實之，謂之新秦。皆所費無藝，而其尤亡謂者，則事祠祭，求神仙也。古代迷信本深。秦、漢統一，各地方之迷信，皆集於京都，故其為害尤甚。參看第二十章第一節。武帝初所惑者為神君。神君者，長陵女子，（長陵，漢縣，在今陝西咸陽縣東北。）以乳死，見神於先後宛若，宛若祠之其室，民多往祠。帝求，舍之上林中蹏氏觀。是時李少君亦以祠灶、穀道、卻老方見上，曰：「祠灶則致物，致物而丹沙可化為黃金，黃金成，以為飲食器則益壽，益壽而海中蓬萊仙者乃可見，見之以封禪則不死，黃帝是也。臣常遊海上，見安期生。安期生仙者，通蓬萊中，合則見人，不合則隱。」於是天子始親祠灶，遣方士入海求蓬萊安期生之屬，而事化丹沙諸藥齊為黃金矣。居久之，少君病死。天子以為化去不死，而使黃錘史寬舒受其方，求蓬萊安期生莫能得，而海上燕、齊怪迂之方士，多更來言神事矣。亳人謬忌奏祠太一方。天神貴者太一，太一佐曰五帝。天子令大祝立其祠長安東南郊。其後人有上書，言古者天子三年一用大牢祠三一，天一，地一，泰一，天子令大祝領，祠之於忌泰一壇上，後人復有上書，言祠黃帝、冥羊、馬行、太一、澤山君、地長、武夷君、陰陽使者，令祠官領之，而祠太一於其太一壇旁。此據《封禪書》。澤山君，徐廣曰：澤一作皋。《孝武帝本紀》作皋山山君，《漢書．郊祀志》作皋山山君，無地長二字。元狩二年（前 121），齊人少翁，以鬼神方見上，拜為文成將軍。賞賜甚多，以客禮禮之。文成言曰：「上即欲與神通，宮室被服非像神，神物不至。」乃作畫雲氣車及各以勝日駕車辟惡鬼。又作甘泉宮，中為臺室，畫天、地、太一諸鬼神，而致祭具，以致天神。居歲餘，其方益衰，神不至。乃為帛書以飯牛，詳不知，言曰：「此牛腹中有奇。」殺視，得書。書言甚怪。天子識其手書，於是誅文成，隱之。其後則又作柏梁、臺名，據《漢書．武帝本紀》，事在元鼎二年（前 115）。銅柱、承露仙人掌之屬矣。明年，天子病鼎湖甚。《索隱》：《三輔黃圖》云：鼎湖宮名，在藍田。游水髮根言上郡有巫，病而鬼神下之。上召置，祠之甘泉。及病，使人問神君。（《集解》：韋昭曰：即病巫之神。）神君言曰：「天子無憂病，病少愈，強與我會甘泉。」於是病癒，遂起幸甘泉。病良已。大赦，置壽宮神君。蓋置壽宮以奉神君也。《封禪書》置下有酒字，似非。《孝武本紀》、《漢書．郊祀志》皆無，神君最貴者曰太一，其佐曰大禁、司命之屬。元鼎四年（前 113），立后土祠汾陰脽上。（汾陰，漢縣，今山西榮河縣。）上親望拜，如上帝禮。禮畢，遂至滎陽而還。是歲，天子始巡郡縣，侵尋於泰山矣。其春，樂成侯上書言欒大。欒大者，膠東宮人，故嘗與文成將軍同師。拜為五利將軍。又佩天士將軍、地士將軍、大通將軍印，封樂通侯，以衛長公主妻之。衛太子姊。又刻玉印曰天道將軍。言為天子道天神。使使衣羽衣，夜立白茅上，五利將軍亦衣羽衣立白茅上受，以示不臣。於是五利常夜祠其家，欲以下神。其後裝治行東入海求其師云。大見數月，佩六印，貴震天下，而海上燕、齊之間，莫不搤腕而自言有禁方、能神仙矣。其夏六月中，汾陰巫錦為民祠魏脽后土營旁，掊地得鼎。言吏。吏告河東太守勝，勝以聞。使迎至甘泉。其秋，上幸雍，且郊。或曰：「五帝，太一之佐也，宜立太一而上親郊之。」上疑未定。齊人公孫卿曰：「今年得寶鼎，其冬辛巳朔旦冬至，與黃帝時等。」卿有札書曰：「黃帝得寶鼎宛朐，（即冤句，漢縣，今山東菏澤縣。）問於鬼臾區。鬼臾區對曰：『黃帝得寶鼎神策。是歲己酉朔旦冬至，得天之紀，終而復始。』於是黃帝迎日推策。後率二十歲復朔旦冬至。凡二十推，三百八十年，黃帝仙登於天。」因嬖人奏之。上大說，召問卿，對曰：「受此書申公。（《孝武本紀》作申功。）申公，齊人也，與安期生通受黃帝言，無書，獨有此鼎。書曰：漢興，復當黃帝之時。漢之聖者，在高祖之孫且曾孫也。寶鼎出而與神通，封禪。封禪七十二王，唯黃帝得上泰山封。申公曰：漢主亦當上封，上封則能仙登天矣。」於是拜卿為郎，東使候神於太室。上遂郊雍。至隴西，登空桐，（在今甘肅岷縣。）幸甘泉。令祠官寬舒等具太一祠壇。十一月甲子朔旦昧爽，天子始郊拜太一。朝朝日，夕夕月，則揖而見太一，如雍禮。元鼎五年（前 112）。五利將軍使不敢入海，之泰山祠。上使人隨驗，實無所見。五利妄言見其師。其方盡，多不仇。上乃誅五利。其冬，元鼎六年（前 111）。公孫卿候神河南，見仙人跡緱氏城上，云有物若雉，往來城上。（緱氏，漢縣，在今河南偃師縣南。）天子親幸緱氏城視跡。於是郡國各除道，繕治宮館、名山神祠，所以望幸也。元封元年（前110），冬，上議曰：「古者先振兵澤旅，（《集解》：徐廣曰：古釋字作澤。）然後封禪。乃遂北巡朔方，勒兵十餘萬。還祭黃帝塚，澤兵須如。」《集解》：徐廣曰：須一作涼，案《漢書‧郊祀志》作涼。李奇曰：地名。三月，東幸緱氏。禮登中嶽太室。東巡海上。行，禮祠八神。一曰天主，祠天齊。天齊淵水，居臨菑南郊山下。二曰地主，祠大山梁父。三曰兵主，祠蚩尤。蚩尤在東平陸監鄉。四曰陰主，祠三山。五曰陽主，祠之罘。六曰月主，祠之萊山。七曰日主，祠成山。八曰四時主，祠琅邪。八神莫知起時，秦始皇東遊即祠之，見《封禪書》。東平陸，漢縣，今山東汶上縣，地接壽張，壽張，蚩尤塚所在也。齊人之上疏言神怪、奇方者以萬數。乃益發船，令言海中神山者數千人求蓬萊神人。公孫卿持節，嘗先行候名山。至東萊，（漢郡，治掖，今山東掖縣。）言「夜見大人長數丈，就之則不見，見其跡甚大，類禽獸云」。群臣有言「見一老父，牽狗，言吾欲見巨公，已忽不見」。上即見大跡，未信，及群臣有言老父，則大以為仙人也。宿留海上。予方士傳車，及間使求仙人以千數。四月，還至奉高。（漢縣，今山東泰安縣。）封泰山，禪肅然。泰山下趾東北。既無風雨菑，而方士更言蓬萊諸神，若將可得。於是上欣然，庶幾遇之。乃復東至海上望，冀遇蓬萊焉。并海上，北至碣石，巡自遼西，歷北邊至九原。五月，返甘泉。《郊祀志》云：周萬八千里。二年（前109）春，公孫卿言見神人東萊山，若云見天子。天子於是幸緱氏城，拜卿為中大夫。遂之東萊，宿留之，數日毋所見，見大人跡。復遣方士求神怪，采芝藥以千數。是時，既滅南越，越人勇之乃言：「越人俗信鬼，而其祠皆見鬼數有效。昔東甌王敬鬼，壽至百六十歲。後世謾怠，故衰耗。」乃令越巫立越祝祠。公孫卿曰：「仙人可見，而上往常遽，以故不見。今陛下可為觀，如緱氏城，置脯棗，神人宜可致。且仙人好樓居。」於是上令長安則作蜚廉、桂觀，甘泉則作益延壽觀。使卿持節而候神人。乃作通天臺，置祠具其下，將招來神仙之屬。於是甘泉更置前殿，始廣諸宮室。四年（前 107），上郊雍，通回中道。（徐廣曰：在扶風汧縣。案汧，今陝西隴縣。）巡之。春，至鳴澤。（服虔曰：在琢郡遒縣界。案遒，今河北淶水縣。）從西河歸。其明年，冬，上巡南郡，至江陵而東，登禮灊之天柱山，號曰南嶽。（漢灊縣，今安徽霍山縣。）浮江，自尋陽出樅陽。（漢尋陽縣，在今湖北黃梅縣界。樅陽縣，今安徽桐城縣。）過彭蠡，祀其名山川。北至琅邪，并海上。四月中，至奉高，修封焉。初，上令奉高作明堂汶上。元封二年（前 109）。及五年修封，則祠太一五帝於明堂，以高祖配。太初元年十一月甲子朔旦冬至，推曆者以本統。天子親至泰山，以十一月甲子朔旦冬至日祠上帝明堂。東至海上，考入海及方士求神者，莫驗，然益遣，冀遇之。十一月，柏梁烖。十二月，甲午朔，上親禪高里。（山名，在泰山下。）祠后土，臨渤海，將以望祠蓬萊之屬，冀至殊庭焉。公孫卿曰：「黃帝就青靈臺，十二日燒，黃帝乃治明庭。」勇之曰：「越俗有火烖，復起屋，必以大，用勝服之。」於是作建章宮。夏，漢改曆。[049] 以正月為歲首，而色尚黃，官名更印章以五字。三年（前 102），東巡海上，考神仙之屬，未有驗者。方士有言：「黃帝時為五城十二樓以候神人於執期，命曰迎年。」上許作之如方。夏，遂還泰山，修五年之禮，如前，而加禪，祠石閭。在泰山下阯南方，方士多言此仙人之閭也，故上親禪焉。天漢三年（前 98），復至泰山修封。還過祭常山。後五年，復至泰山修封。東幸琅邪，禮日成山，登之罘，浮大海，用事八神，延年。又祠神人於交門烖宮。在琅邪，大始三年（前 94）、四年（前 93）。後五年，復修封於泰山。東遊東萊，臨大海。征和四年（前 89）。方士之候祠神人，入海求蓬萊，終無有驗，而公孫卿之候神者，猶以大人跡為解，無其效。天子益怠厭方士之怪迂語矣。然終羈縻不絕，冀遇其真。自此以後，方士言祠神者彌眾，然其效可睹矣。案武帝之崇儒，在其即位之初，而封泰山乃在其後三十年，改正

[049] 宗教：武帝改曆，色尚黃，印章五字。

朔，易服色，則又在其後，其非用儒家言可知。武帝蓋全惑於方士之言，其封泰山，亦欲以求不死而已。終武帝世，方士之所費，蓋十倍於秦始皇，況又益之以事巡遊、修宮室邪？武帝當建元三年（前 138），即為微行，因此起上林苑，見《漢書．東方朔傳》。然在近畿之地，非如後來巡遊所至之廣也。元狩三年（前 120），因習水戰，修昆明池，又增甘泉宮館，見《漢書》本紀、《食貨志》及《揚雄傳》。又《鹽鐵論．散不足篇》，言秦始皇覽怪迂，信禨祥，當此之時，燕、齊之士，釋鋤耒爭言神仙。方士趣咸陽者以千數。言仙人食金飲珠，然後壽與天地相保。於是數巡狩五嶽濱海之館，以求神仙蓬萊之屬。數幸之郡縣。富人以貲佐，貧者築道旁。其後小者亡逃，大者藏匿。吏捕索掔頓，不以道理。名宮之旁，廬舍丘落，無生苗立樹。百姓離心，怨思者十有半。此托之始皇，實議武帝也。亦可見求神仙與事巡遊之關係矣。

第十節　武帝刻剝之政

武帝所事既廣，其費用，自非經常歲入所能供，故其時言利之事甚多。雖其初意，抑或在摧抑豪強，然終誅求刻剝之意多，裒多益寡之意少，故終弊餘於利，至於民愁盜起也。今略述其事如下：

一管鹽鐵　以東郭咸陽、孔僅為大農丞，領鹽鐵事。僅、咸陽言：願募民自給費，因官器作煮鹽。官與牢盆。蘇林曰：牢，價值也。如淳曰：牢，廩食也，古者名廩為牢。盆，煮鹽器也。敢私鑄鐵器、煮鹽者，釱左趾，沒入其器物。郡不出鐵者，置小鐵官，使屬所在縣。使僅、咸陽乘傳舉行天下鹽鐵。此事在元狩五年（前 118）。至元封元年（前 110），桑弘羊為治粟都尉，領大農，盡代僅管天下鹽鐵。案鹽鐵為用至廣，故所稅之數雖微，而國家已得巨款；又可防豪民之專擅；收歸官營，實為良法，故輕重之家，久提唱之。僅、咸陽之管鹽鐵，亦未嘗不以是為言。僅、咸陽言：

浮食奇民，欲擅管山海之貨，以致富羨，役利細民，其沮事之議，不可勝聽。然卜式已謂縣官作鹽鐵，鐵器苦惡，賈貴，或強民買之；而昭帝時賢良文學之對，言其弊尤痛切；見《鹽鐵論．水旱篇》。綜其弊：則苦惡，一也。縣官鼓鑄，多為大器，務應員程，不給民用，二也。善惡無所擇，三也。吏數不在，器難得，四也。鐵官賣器不仇，或頗賦於民，五也。卒徒作不中程，時命助之，發徵無限，更繇以劇，六也。賢良文學言：故民得占租鼓鑄煮鹽之時，鹽與五穀同賈，器和利而中用，農事急，挽運，衍之阡陌之間，民得以財貨五穀新弊易貨，或貰。縣官得以徒復作修治道橋。今貧民或木耕、手耨、土耰、淡食。官私營業，優劣相縣如此，此社會革命，所由不易以國家之力行之也。則管鹽鐵雖有裨國計，而民之受其弊實深矣。

二算緡　公卿言異時算軺車、賈人緡錢各有差，請算如故。諸賈人、末作、貰貸、賣買、居邑、稽諸物及商以取利者，雖無市籍，各以其物自占，率緡錢二千而一算。諸作有租及鑄，率緡錢四千一算。非吏比者，三老、北邊騎士軺車一算。商賈人軺車二算。船五丈以上者一算。匿不自占，占不悉，戍邊一歲，沒入緡錢。有能告者，以其半畀之。《漢書．武帝本紀》：元光六年（前 129），冬，初算商車。元狩四年（前 119），初算緡錢。元鼎三年十一月，令民告緡，以其半與之。楊可告緡遍天下。中家以上，大抵皆遇告。杜周治之，獄少反者。乃分遣御史、廷尉正、監往往即治郡國緡錢。得民財物以億計，奴婢以千萬數。田，大縣數百頃，小縣百餘頃，宅亦如之。乃分緡錢諸官。而水衡、少府、大農、太僕各置農官，往往即郡縣比沒入田田之。其沒入奴婢，分諸苑養狗馬禽獸，及與諸官。諸官新置多，徒奴婢眾，而下河漕，度四百萬石，及官自糴乃足。案公卿言異時嘗算，則此稅舊有之，當必沿自戰國之世。然其所及不必如是之廣。舊法雖惡，民既習之，且有成法可循，新稅則異是，而更行之以操切，則其害有不可勝言者矣。史言商賈中家以上大率破，民偷，甘食好衣，不事蓄藏之業，其禍可謂極烈。卜式言船有算，商者少，物貴，猶其小焉者矣。《後漢書．西域傳》：陳忠言武帝算至舟車，貲及六畜。[050]《注》：六畜無文。案此謂數畜以定其資力，猶後世計物力以定戶等，非謂稅之也。告緡之法，至桑弘羊領大農後始罷。

三均輸　元封元年（前 110），桑弘羊領大農。弘羊以諸官各自市，相與爭，物故騰躍，而天下賦輸，或不償其僦費。乃請置大農部丞數十人，分部主郡國。各往往縣置均輸、鹽鐵官。令遠方各以其物，異時商賈所轉販者為賦，而相灌輸。置平準於京師，都受天下委輸。召工官治車。諸器皆仰給大農。大農之諸官，盡籠天下之貨物，貴即賣之，賤則買之。如此，富商大賈，無所牟大利，則反本，而萬物不得騰踴。故抑天下物，名曰平準。天子以為然，許之。案古代稅收，多取實物。當國小民寡，生事簡陋之世，自無所謂利與不利。及夫疆理既恢，所取之物亦雜，則某物取之某處最宜，某物致之某處最便，其中實大有計度。計度得宜，可使民便輸將，國饒利益，抑且省漕轉之勞，《鹽鐵論．本議篇》：大夫曰：「往者郡國諸侯，各以其物貢輸，往來煩雜，物多苦惡，或不償其費。故郡置輸官，以相給運，而便遠方之貢，故曰均輸。」案弘羊使郡國各以異時商賈所販者為賦，其策實極巧妙。商賈所販，必協事宜，如此，則不待考察，而已知某處之物，致之某處為最便矣。後世理財之家如劉晏等，所長實在於此，此弘羊所謂「均輸則民齊勞逸」。又稅收之物，官用之不盡者，自可轉賣於民，苟其策劃得宜，亦可藉以平抑物價，使齊民不受商賈之剝削，此弘羊所謂「均輸則民不失職」也。弘羊語，亦見《鹽鐵論．本議篇》。弘羊之說，皆出古之輕重家言，誠有所本。《漢書．食貨志》曰：「管仲相桓公，通輕重之權，曰：歲有凶穰，故穀有貴賤。令有緩急，故物有輕重。人君不理，則畜賈游於市，乘民之不給，百倍其本矣。民有餘則輕之，故人君斂之以輕，民不足則重之，故人君散之以重，凡輕重、斂散之以時則準平。」此可見平準為舊有之說，非弘羊所杜撰也。《贊》曰：「弘

[050]　賦稅：貲及六畜。

羊均輸，壽昌常平，亦有從徠。顧古為之有數，吏良而令行，故民賴其利，萬國作乂。及孝武時，國用饒給，而民不益賦，其次也。至於王莽，制度失中，姦宄弄權，官民俱竭，亡次矣。」自是平情之論。然戰國時，大國不過千里，制馭較易，究之輕重家言，亦未有能起而行之者，與儒家井田之說等耳。貨不必藏於己、力不必為己之風既渺，而人又非通功易事，無以為生，商人本不易制馭，況弘羊欲行之於一統之世乎？不能抑商賈以利齊民，而徒與商賈爭利，蓋勢所必至矣。然能省漕轉之勞，且使國用充裕，則亦不可誣也。弘羊行均輸後，史言天子北至朔方，東到泰山，巡海上，並北邊以歸，所過賞賜用帛百餘萬匹，錢金以巨萬計，皆取足大農，其款不必盡出均輸，然均輸之所裨益者必多也。

四酒酤　《漢書·武帝本紀》：天漢三年（前 98），初榷酒酤。《鹽鐵論·輕重篇》：文學言：大夫以心計策國用，參以酒榷，則酒榷亦弘羊所建也。酒榷在當時，蓋為利最薄，故昭帝六年（前 81），賢良文學願罷鹽鐵、酒榷、均輸官，弘羊即與丞相共奏罷酒酤。《鹽鐵論·取下篇》云：並罷關內鐵官。

五賣爵贖罪　漢沿秦制，爵二十級。初級僅為虛名，必至第九級得免役，乃有實利。故當生計寬裕，民樂榮寵時，賜爵足以歆動人民，而爵亦可以買賣。至政令嚴急時，則不然矣。武帝令入財若買爵者得試吏補官，及買複者多，則又濫施役使，且令入財者得以贖罪，其壞選法及刑法，實非淺鮮也。《平準書》言：武帝募民能入奴婢，得以終身復，為郎增秩。又令民得買爵及贖禁錮，免臧罪。置賞官，命曰武功爵。級十七萬，凡直三十餘萬金。臣瓚引《茂陵中書》武功爵十一級，則級十七萬之萬為衍字，十七當作十一。諸買武功爵官首者，試補吏，先除，千夫如五大夫。師古曰：五大夫，舊二十等爵之第九級也。至此以上始免徭役。故每先選以為吏。千夫者，武功十一等爵之第七也，亦得免役，今則先除為吏比於五大夫也。其有罪，又減二等。爵得至樂卿。師古曰：樂卿者武功爵第八等也。言買爵唯得至第八也。以顯軍功。此事當在元朔六年（前 123）。法既益嚴，吏多廢免，兵革數動，民多買復，及五大夫、千夫、徵發之士益鮮。於是除千夫、五大夫為吏，不欲者出馬。故吏皆適令伐棘上林，作昆明池。《漢書》本紀：元狩三年（前 120），發讁吏穿昆明池。令吏得入穀補官，郎至六百石。所忠言：世家子弟富人，或鬥雞走狗馬，弋獵博戲，亂齊民。乃徵諸犯令，相引數千人，名日株送徒。入財者得補郎。如淳曰：諸坐博戲事決為徒者，能入錢得補郎。桑弘羊領大農，又請令吏得入粟補官，及罪人贖罪。令民入粟甘泉各有差，以復終身。天漢二年（前 99），令死罪入贖錢五十萬，減死一等。大始二年（前 95）又行之。《漢書》本紀。

以上皆苛取於民者，其未嘗逕取於民，而實則害民尤甚者，則為錢法。秦錢文曰半兩，重如其文。漢興，更令民鑄莢錢，已見第四章第一節。高后二年（前 186），行八銖錢。應劭曰：即半兩也。六年（前 182），行五分錢。應劭曰：即莢錢也。孝文五年（前 175），除盜鑄令，更造四銖錢，文亦曰半兩。見《漢書．食貨志》。當時放鑄之弊甚大，賈誼極言之，而文帝不能聽。見《食貨志》。武帝建元二年二月，行三銖錢。五年（前 136），罷三銖錢，行半兩錢。見《漢書》本紀。從建元以來，用少，縣官往往即多銅山而鑄錢。民亦間盜鑄錢，不可勝數。錢益多而輕，物益少而貴。有司言曰：「古者皮幣，諸侯以聘享。金有三等：黃金為上，白金為中，赤金為下。今半兩錢法重四銖，而姦或盜摩錢質而取鋊，此從《漢書》。《平準書》作盜摩錢裡取鎔，非也。如淳曰：「錢一面有文，一面幕，幕為質。民盜摩漫面，而取其鋊，以更鑄作錢也。」臣瓚曰：「許慎云：鋊，銅屑也。」鎔冶器法，非其義。《史記》蓋亦本作鋊，傳寫誤為鎔，徐廣音容，非也。錢益輕薄而物貴，則遠方用幣，煩費不省。」乃以白鹿皮方尺，緣以藻繢，為皮幣，直四十萬。王侯宗室朝覲聘享，必以皮幣薦璧，然後得行。又造銀錫為白金。以為天用莫如龍，地用莫如馬，人用莫如龜，故白金三品：其一曰重八兩，圜之，其文龍，名曰白選，直三千。二曰重差小，方之，其文馬，直五百。三曰復小，橢之，其文龜，直三百。《漢書》本紀，事在元狩四年（前 119）。[051] 令縣官銷半兩錢，更鑄三銖錢，重如其文。《漢書》本紀《注》，謂《食貨志》此文，與建元元年（前 140）行三銖錢是一事。然《志》此文在造皮幣白金後，《志》文本於《平準書》，《平準書》敘事，固不甚拘年代，然元狩四年（前 119），上距建元元年（前 140）二十有一年，顛倒不應如此之甚。況紀建元五年（前 136），已罷三銖行半兩矣，而《平準書》下文云：「有司言三銖錢輕，易姦詐，乃請更造五銖」，是造五銖時三銖猶可行使也，亦與紀文不合。疑此事自在元狩四年（前 119）造皮幣白金之後，與本紀建元元年（前 140）之行三銖錢，實非一事也。或曰：《漢書．武紀》：元狩五年（前 118），又云罷半兩錢，行五銖錢，明鑄五銖時方行半兩，三銖已罷於建元五年（前 136）也。然則請鑄五銖時，有司何以不言半兩之弊，顧咎久罷之三銖乎？予謂元狩四年（前 119），雖有銷半兩鑄三銖之議，實未曾行，半兩自亦未罷，至明年，乃以有司之請，罷半兩而鑄五銖也。盜鑄諸金錢者罪皆死，而吏民之盜鑄白金者不可勝數。有司言三銖錢輕，易姦詐，乃更請諸郡國鑄五銖錢，周郭其質，令不可得摩取鋊。從《漢書》，《史記》作周郭其下，令不可磨取鎔。自造白金五銖錢後五歲而赦，吏民之坐盜鑄金錢死者，數十萬人。其不發覺相殺者，不可勝計。赦自出者百餘萬人，然不能半自出。天下無慮皆鑄金錢矣。郡國多姦鑄錢，錢多輕，而公卿請令京師鑄鐘官赤側，《漢書》作官赤仄，蓋奪鐘字。一當五。賦官用，非赤側不得行。白金稍賤，民不寶用。縣官以令禁之，無益。歲餘，白金終廢不行。史雲是歲張湯死，則事在元鼎二年（前 115）。其後二歲，赤側錢賤，民巧法用之，不便，又廢。於是悉禁郡國無鑄錢，專令上林三官鑄。《集解》：駰案《漢書．百官表》：水衡都尉，武帝元鼎二年（前 115）初置，掌上林苑，屬官有上林、均輸、辨銅令，然則上林三官，其是此三令乎？錢既多，而令天下非三官錢不得行。諸郡國

[051]　錢幣：鑄三銖之年。孔僅、東郭咸陽、桑弘羊倫。

前所鑄錢，皆廢銷之，輸其銅三官。而民之鑄錢益少，計其費不能相當，唯真工大姦，乃盜為之。以上據《平準書》。案漢是時所行，與生計學理頗合，故錢法自此漸定。然民之受其害者，則既不可勝言矣。

武帝所用言利之臣，為孔僅、東郭咸陽、桑弘羊《平準書》謂三人言利事析秋豪者也。咸陽，齊之大煮鹽，僅，南陽大冶，鄭當時言進之。當時以任俠自喜，而好交遊，僅、咸陽，蓋亦晁錯所謂「交通王侯，力過吏勢」者。其行事他無可考。弘羊，洛陽賈人子。以心計，年十三，侍中。見《史記·平準書》。《鹽鐵論·貧富篇》：大夫曰：「予結髮束脩，年十三，幸得宿衛，給事輦轂下。」其議論，具見《鹽鐵論》中。《鹽鐵論》為桓寬所撰。弘羊治法家之學，稱引管、商、申、韓。賢良文學則儒家者流，誦法孔、孟。桓寬亦儒生，必無左袒弘羊之理。然就《鹽鐵論》所載往復之辭觀之，弘羊持理殊勝，知非俗吏徒知搜括者。然其行之終不能無弊，何哉？蓋法家之言輕重，意在抑強扶弱。強者誰與？商人是也。弱者誰與？農民是也。當時社會組織，商人實居形勢之地，豈如弘羊者所能裁抑？況弘羊所引用者，亦多商人，用商人以裁抑商人，是與虎謀皮也。《張湯傳》言：「縣官所興，未獲其利，姦吏並侵漁。」又載武帝問湯曰：「吾所為，賈人輒知，益居其物，類有以吾謀告之者。」當時官吏商人，狼狽為姦，可以想見。何怪民受其害，而國亦不蒙其利乎？然加賦之所最忌者，為盡取之於農民。鹽鐵、均輸等，究皆取之農民以外。史稱其民不益賦而用饒，固不能謂非桑、孔、東郭等之功也。又武帝之事四夷，雖多失策，然攘斥夷狄之計，在當時固不容已。賢良文學欲罷鹽鐵、酒酤、均輸，弘羊難，以為「此國家大業，所以制四夷，安邊足用之本，不可廢」，亦不能謂其無理也。

《史記·酷吏傳》言：張湯承上指，請造白金及五銖錢，籠天下鹽鐵，排富商大賈，出告緡令，鉏豪強并兼之家，舞文巧詆以輔法；湯每朝奏事，語國家用，日晏，天子忘食，丞相取充位；湯時為御史大夫。則湯亦頗與計政。時又有趙禹，為御史，至中大夫，與湯論定諸律令。作《見知》，吏得傳相監司。義縱以鷹擊毛摯為治。五銖錢白金起，民為姦，京師尤甚。乃以縱為右內史，王溫舒為中尉。又有杜周為廷尉，其治大放張湯。皆見《酷吏傳》。當時刻剝之政之所以能行，亦藉法吏左右之也。漢世酷吏，誠多摧抑豪強之意，然一切以武斷出之，禍豈能無及於齊民哉？

《酷吏傳》又言：自王溫舒等以惡為治，而郡守、都尉、諸侯、二千石欲為治者，大抵盡放溫舒。而吏民益輕犯法，盜賊滋起。南陽有梅免、白政。白，《漢書》作百。楚有殷中、杜少。齊有徐勃。燕、趙之間有堅盧、范生之屬。范生，《漢書》作范主。大群至數千人，擅自號，攻城邑，取庫兵，釋死罪，縛辱郡太守、都尉，殺二千石。為檄告縣趣具食。小群盜以百數，掠鹵鄉里者，不可勝數。天子使御史中丞、丞相、長史督之，猶弗能禁，乃使光祿大夫范昆，諸輔都尉及故九卿張德等，衣繡衣，持節、虎符發兵以興擊。斬首，大部或至萬餘級，及以法誅通飲食，坐連諸郡，甚者數千人。《漢書》作坐相連，郡甚者數千人。數歲，乃頗得其渠率。散卒失亡，復聚黨阻山川者，往往而群居，無可奈何。於是作《沈命法》，《集解》：《漢書音義》曰：沈，藏匿也，命，亡逃也。曰：群盜起不發覺，發覺而捕弗滿品者，二千石以下至小吏主者皆死。其後小吏畏誅，雖有盜不敢發，恐不能得，坐課累府，府亦使其不言，故盜賊寖多，上下相為匿，以文辭避法焉。《漢書．武帝紀》：天漢二年（前 99），泰山群盜徐勃等阻山攻城，道路不通。遣直指使者暴勝之等衣繡衣，杖斧，分部逐捕，刺史郡守以下皆伏誅，即《酷吏傳》所云也。其不至於土崩者亦僅矣。宜乎宣帝欲立武帝廟樂，而夏侯勝訟言距之也。

第十一節　巫蠱之禍

語曰：種瓜得瓜，種豆得豆，因果之理，不可誣也。漢世迷信本深，武帝縱恣尤甚。事祠祭，求神仙，民脂民膏，為所浪費者，蓋不知凡幾。

而又喜怒任情，刑殺不忌，惑於女謁，而不能守法。惡之既稔，安得不變生骨肉之間，禍起宮廷之內哉？

《左氏》曰：「於文，皿蟲為蠱。」昭公元年（前 541）。又蠱之義為惑。蓋物之敗壞曰蠱，人之惑亂亦曰蠱。物之敗壞，蟲實使之，人之惑亂，甚至喪亡，亦必有使之然者，故巫以術賊害人亦曰蠱。蠱之道多端，武帝時所謂巫蠱者，則為祝詛及埋偶人。案《封禪書》言：秦祝官有祕祝，即有災祥，輒祝祠移過於下，文帝十三年（前 163）始除之。《孝文本紀》：二年（前 178），上曰：「民或祝詛上，以相約結，而後相謾，吏以為大逆。自今以來，有犯此者，勿聽治。」《漢書．武帝本紀》：天漢二年（前 99），秋，止禁巫祠道中者。[052] 文穎曰：「始漢家於道中祠，排禍咎，移之於行人百姓。以其不經，今止之。」師古曰：「文說非也。祕祝移過，文帝久已除之，今此總禁百姓巫覡於道中祠祭者耳。」案師古說是也。《王嘉傳》：嘉奏封事，言董賢母病，長安廚給祠具，道中過者皆飲食，蓋即所謂祠道中者。然漢家果無祠道中之事，文穎豈得妄說？則以此釋《武紀》天漢二年（前 99）之事非，其言自有所據也。又漢世貴人，以祝詛獲罪者甚多，如江都王建後成光，以祝詛棄市，見《漢書．景十三王傳》。鄗侯周坐咒詛上要斬，安檀侯福坐祝詛訊未竟病死，平曲節侯曾坐父祝詛上免，皆見《漢書．王子侯表》。可見其時視祝詛之重。至以木偶像人，加害於木偶，謂可禍及所象之人，其由來亦甚古，貍首之射是也。[053] 亦見《史記．封禪書》。然漢世此事不多，而《史記．酷吏傳》，言匈奴為偶人像郅都，令騎馳射；江充之掘偶人，實與胡巫俱；疑時又來自外國。觀秦、晉、梁、荊之巫，立於高祖之世，而武帝又立越巫，則漢代之京師，固華夷迷信之所萃也。

武帝陳皇后，長公主嫖女，父陳晏曾孫午。元光五年（前 130）廢，其廢也即以巫蠱，受誅者三百人。衛皇后，字子夫，衛青同母兄也。自平

[052] 宗教：祠道中。
[053] 宗教：漢京師多巫。江充為胡巫。

陽公主家得幸。《史記．曹相國世家》：參曾孫時，尚武帝姊陽信長公主，時襲平陽侯，亦稱平陽公主。時，《漢書．衛青傳》作壽。元朔元年（前128），生男據，立為皇后。元狩元年（前122），據立為太子，年七歲。至征和二年（前91）三十九歲。征和中，武帝春秋高，意多所惡，以為左右皆為蠱道祝詛，有與無莫敢訟其冤者。時丞相公孫賀夫人君孺，衛皇后姊也。賀相，子敬聲代為太僕。驕奢不奉法。擅用北軍錢千九百萬。發覺，下獄。是時詔捕陽陵朱安世不得，（陽陵，漢縣，在今陝西咸陽縣東。）上求之急，賀自請逐捕安世，以贖敬聲罪。上許之。後果得安世。安世，京師大俠也。聞賀欲以贖子罪，笑曰：「丞相禍及宗矣。」從獄中上書，告敬聲與陽石公主武帝女。私通，及使人巫祭祠詛。上且上甘泉，馳道埋偶人。祝詛有惡言。下有司案驗。賀父子死獄中，家族。巫蠱由此起。江充者，本名齊，有女弟，嫁趙敬肅王彭祖景帝子。太子丹，齊得幸於敬肅王，為上客。史言彭祖為人，巧佞足恭，而心刻深，好法律。每相二千石至，多設疑事，以詐動之，得二千石失言，中忌諱，輒書之。二千石欲治者，則以此迫劫。不聽，乃上書告之，及汙以姦利事。立六十餘年，相二千石無能滿二歲，輒以罪去，大者死，小者刑，以故二千石莫敢治。齊得幸於彭祖，其非端人可知矣。久之，太子疑齊以己陰私告王，與齊忤，使吏逐捕齊，不得，收繫其父兄。按驗，皆棄市。齊亡，西入關，更名充，詣闕告太子與同產姊及王後宮姦亂，交通郡國豪猾，攻剽為姦。天子遣使者捕治，罪至死。久之乃赦出。然竟坐廢。充拜為直指繡衣使者，督三輔盜賊。後從上甘泉，逢太子家使乘車馬行馳道中，充以屬吏。太子使人謝。充不聽，遂白奏。上曰：「人臣當如是矣。」大見信用。遷為水衡都尉。久之，坐法免。後上幸甘泉，疾病。充見上年老，恐晏駕後為太子所誅，奏言上疾祟在巫蠱。上以充為使者治。充將胡巫掘地求偶人，捕蠱及夜祠視鬼，染汙令有處，輒收捕驗治，燒鐵鉗灼強服之。民轉相誣以巫蠱。吏輒劾以大逆無道。坐而死者，前後數萬人。充因言宮中有蠱氣。先治後宮希幸夫人，以次及皇后。遂掘蠱於太子宮，得桐木人。太子召問少傅石德。德懼為師傅並誅，勸太子矯節收捕充等繫獄，窮治其姦詐。征和二年，七月，太子使客為使者，收捕充等。髮長樂宮衛士。告令百官曰：「江充反。」乃斬充以徇。炙胡巫上林中。詔發三輔近縣兵，使丞相劉屈氂將。太子亦矯制赦長安中都官囚徒，驅四市人與丞相戰。五日，死者數萬人。丞相附兵浸多。太子軍敗，亡走湖。（縣名，今河南閿鄉縣東。）皇后自殺。太子匿湖泉鳩里。發覺，吏圍捕太子。太子自度不得脫，入室距戶自經。太子之亡也，司直田仁部閉城門，坐令太子得出，丞相欲斬仁。御史大夫暴勝之謂丞相，丞相釋仁。上聞而大怒，下吏責問勝之，勝之自殺。北軍使者任安坐受太子節，懷二心，及田仁皆要斬。有功者皆封侯，諸太子賓客出入宮門者皆坐誅。其隨太子發兵者，以反法族。已而壺關三老茂壺關。漢縣，在今山西長治縣東南。上書訟太子：特子盜父兵，以救難自免耳。請亟罷甲兵，毋令太子久亡。上感悟，而太子已死矣。乃封泉鳩里足蹋開戶及趨抱解太子者為侯。久之，巫蠱事多不信。高寢郎田千秋，即車千秋。為相後年老，上優之，朝見，得乘小車入宮中，因號曰車丞相，蓋其後以此改氏車。復訟太子冤。上遂擢千秋為丞相，而族滅江充家。上初使助充者蘇文焚於橫橋上。泉鳩里加兵刃於太子者，初為北地太守，後族滅。其賞罰無章如此。初，侍中僕射莽何羅與江充相善。何羅弟通，用誅太子時力戰封重合侯。及充宗族夷滅，何羅兄弟懼及，遂謀為逆。上幸林光宮，何羅袖白刃從東廂上。金日磾捽胡投何羅殿下，得禽縛之。窮治，皆伏辜。變起蕭牆，亦危矣。而武帝遺詔，日磾及霍光、上官桀，皆以捕反者功封侯。

武帝六子：衛王后生戾太子據。王夫人生齊懷王閎。李姬生燕刺王旦、廣陵厲王胥。李夫人生昌邑哀王髆。[054] 而趙倢伃以大始三年（前 94）生子弗陵，即昭帝也。貳師將軍李廣利，李夫人兄也。女為劉屈氂子妻。

[054]　史事：武昭繼嗣之不可信。昌邑非早死。句弋死事難信。

征和三年（前 90），廣利出擊匈奴。屈氂為祖道。廣利曰：「願君侯早請立昌邑王為太子。」屈氂許諾。內者令郭穰告丞相夫人，以丞相數有譴，使巫祠社祝詛主上，有惡言；及與貳師共禱，欲令昌邑王為帝。有司奏請按驗，罪至大逆不道。詔載屈氂廚車以徇，要斬東市。妻子梟首華陽街。貳師妻子亦收。貳師聞之，降匈奴，宗族遂滅。時齊懷王已前死。元封元年（前 110）。燕剌王自以次第當立，上書求入宿衛。上怒，下其使獄。後坐臧匿亡命，削三縣。武帝由是惡旦。廣陵厲王好倡樂逸游，力扛鼎，空手搏熊羆猛獸，動作無法度，故終不得為漢嗣。以上見《漢書．武五子傳》。《外戚傳》言燕王、廣陵王多過失，齊懷王、昌邑哀王蚤薨，故武帝疾病，立昭帝為太子。然昌邑哀王以天漢四年（前 97）立，十一年薨，實與武帝之崩同年，不得云蚤死。而趙倢伃亦蚤以譴死，則昭帝之立，亦非牽於母愛。蓋武帝末年，繼嗣之際，事有不可知者矣。《漢書．外戚傳》言欲立昭帝，以其年稚，母少，恐女主顓恣亂國家，猶與者久之。褚先生補《史記．外戚世家》言：倢伃死後，帝閒居，問左右曰：「人言云何？」左右對曰：「人言且立其子，何去其母乎？」帝曰：「是非兒曹愚人所知也。往古國家所以亂也，由主少母壯也。女主獨居驕蹇，淫亂自恣，莫能禁也。女不聞呂后邪？」讀史者因頌武帝能防患未然，或則議其酷，實皆不察情實之談。遠慮豈武帝所有？褚先生曰：「故諸為武帝生子者，無男女，其母無不譴死。」便見造作趙倢伃事者，並衛皇后之事，亦不能知，真可發一大噱。褚先生又言：「上居甘泉宮，召畫工，圖畫周公負成王也。於是左右群臣知武帝意欲立少子也。」《漢書．霍光傳》曰：「上察群臣唯光任大重，可屬社稷。上乃使黃門畫者畫周公負成王朝諸侯以賜光。後元二年（前 87）春，上遊五柞宮，病篤。光涕泣問曰：『如有不諱，誰當嗣者？』上曰：『君未諭前畫意邪？立少子，君行周公之事。』」夫光疏賤，武帝即欲托以後事，豈得擬之周公？光與金日磾、上官桀之以遺詔封侯也，侍衛王莽子男忽侍中，揚語曰：「帝病，忽常在左右，安得遺詔封三子事？群兒自相貴耳。」先聞之，切讓王莽，莽酖殺忽。晝周公負成王朝諸侯以賜光之語，又安知非光等為之邪？然則昭帝之立，果武帝意與否，信不可知矣。

有大臣焉，有小臣焉。大臣者，以安社稷為說者也。小臣則從君之令而已。武帝冢嗣絕，眾子疏，以幼子主神器，而臨終顧命，僅得一不學無術之人，則其生平予智自雄，言莫予違之習，有以致之也。武帝之疾病也，立昭帝為太子。年八歲。以霍光為大司馬大將軍，金日磾為車騎將軍，上官桀為左將軍，桑弘羊為御史大夫，皆拜臥內床下，受遺詔輔少主。光，仲孺子。仲孺通衛媼生去病，吏畢歸家，取婦生光。因絕不相聞。去病既壯大，乃自知父為霍仲孺，將光至長安，任為郎。稍遷諸曹侍中。去病死後，光為奉車都尉光祿大夫。出則奉車，入侍左右。出入禁闥，十有餘年，小心謹慎，未嘗有過。甚見親信。金日磾者，匈奴休屠王太子。以父不降見殺，沒入官，輸黃門養馬。久之，武帝遊宴見馬，後宮滿側。日磾等數十人牽馬過殿下，莫不竊視。至日磾，獨不敢。拜為馬監。遷侍中駙馬都尉，光祿大夫。既親近，未嘗有過失，上益信愛之。日磾子二人，皆愛，為帝弄兒。弄兒壯大，不謹，自殿下與宮人戲。日磾適見，遂殺弄兒，弄兒則日磾長子也。日磾在左右，目不忤視者數十年。賜出宮女不敢近。上欲納其女後宮，不敢。上官桀者，少為羽林期門郎。遷未央廄令。上嘗體不安，及愈，見馬，馬多瘦。上大怒：「令以我不復見馬邪？」欲下吏。桀頓首曰：「臣聞聖體不安，日夜憂懼，誠念不在馬。」言未卒，泣數行下。上以為忠，由是親近。為侍中，稍遷至太僕。皆小廉曲謹之徒，便辟側媚之士也。此豈可以托六尺之孤邪？然以武帝之賞罰任情，又好逆詐億不信，其所得人，固不過如此矣，亦所謂種瓜得瓜、種豆得豆者也。昭帝立，姊鄂邑公主益湯沐邑為長主，供養省中。光領尚書事。政事一決於光。

燕王旦，與中山哀王昌景帝孫，中山靖王勝子。之子長、齊孝王孫澤結謀。[055] 詐言以武帝時受遺詔，得職吏事，修武備。為姦書，言少帝非

[055] 史事：燕王、蓋主、上官桀、桑弘羊之事。

武帝子，褚先生《補史記》：旦言今立者乃大將軍子也。天下宜共伐之。使人傳行郡國。澤謀歸發兵臨菑，與燕王俱起。事覺，澤等伏誅。辭連燕王。有詔勿治。而光長女為桀子安妻，有女，年與帝相妃，桀因蓋主即鄂邑長公主，為蓋侯所尚，故又稱蓋主。納安女後宮為倢伃。數月，立為皇后。始元四年（前 83），時後年六歲。安為票騎將軍。光時休沐，輒入代光決事。蓋主幸河間丁外人，桀、安為外人求封，光不許。為求光祿大夫，欲令得召見，又不許。蓋主大以是怨光。桀、安亦慚。自武帝時，桀已為九卿，位在光右。及父子並為將軍，有椒房中宮之重，皇后親安女，光乃其外祖，而欲專制朝事。由是與光爭權，及桑弘羊建造酒榷、鹽鐵，為國興利，伐其功，欲為子弟求官，亦怨恨光。於是蓋主、桀、安、弘羊皆與燕王通謀。詐令人為燕王上書，言光專權自恣，疑有非常，願入宿衛。候司光出沐日奏之。桀欲從中下其事，弘羊當與諸大臣共執退光。書奏，上不肯下。此據《漢書・霍光傳》。傳言燕王上書，言光出都肄，郎羽林道上稱蹕，上言調校尉以來，未能十日，燕王何以知之？因覺其詐，此非實錄。果如所言，詐為燕王書者皆狂痴邪？《光傳》言蓋主等詐令人為燕王上書，《武五子傳》又言王自上書，其說已不仇矣。奏何以不獲下，其事不可知也。桀等乃謀令蓋主置酒請光，伏兵共格殺之，因廢帝，迎立燕王為天子。稻田使者燕蒼知其謀，以告大司農楊敞。敞素謹，畏事，移病臥，以告諫大夫杜延年。延年以聞。光盡誅桀、安、弘羊、外人宗族。蓋主、燕王皆自殺。時元鳳元年九月也。光威震海內。昭帝既冠，遂委任光。案昭帝初，丞相為車千秋。史稱光謂千秋曰：「始與君侯俱受遺詔。今光治內，君侯治外。宜有以教督之，使光毋負天下。」千秋曰：「唯將軍留意，即天下幸甚。」終不肯有所言。蓋時丞相之權，已移於尚書矣。金日磾，昭帝元年（前 86）即薨。桀、安、弘羊既死，光引尚書令張安世為右將軍、光祿勳以自副。是歲，車千秋卒，王訢代為丞相。明年死，楊敞代之。元平元年（前 74）死，蔡義代之。敞與義皆故給事大將軍幕府者也。義年八十餘，行步俛僂，嘗兩吏扶掖，乃能行。議者譏光置宰相不選賢，苟用可顓制者焉。案《外戚傳》言上官安罪惡辭多誣。云欲誘征燕王，至，殺之而立桀，尤不近情。然《胡建傳》言丁外人驕恣，怨故京兆尹樊福，使人射殺之。客臧公主廬，吏不敢捕。建為渭城令，（漢縣，即秦咸陽。）將吏卒圍捕。蓋主聞之，與外人、上官將軍多從奴客往，奔射追吏。吏散走。主使僕射主家之僕射。劾渭城令游徼傷主家奴。建報無他坐。蓋主怒，使人上書告建。光寢其奏。後光病，上官氏代聽事，下吏捕建。建自殺。則上官氏之持政，更不如光，此其所以卒敗與？然上官桀亦武帝所信愛以為忠者也，又安知霍光之不為上官桀哉？用小廉曲謹便辟側媚之士者亦危矣。

昭帝在位十三年，以元平元年四月崩。亡嗣。《外戚傳》言桀、安宗族既滅，皇后以年少不與謀，亦光外孫，故得不廢。光欲皇后擅寵有子。帝時體不安，左右及醫，皆阿意言宜禁內。雖宮人使令，皆為窮袴，多其帶。後宮莫有進者。皇后立十歲而昭帝崩，後年十四五云。然則昭帝之亡嗣，霍氏為之也。時武帝男獨廣陵王胥在。群臣議所立，咸持廣陵王。[056]郎有上書，言周大王廢大伯立王季，文王廢伯邑考立武王，唯在所宜。廣陵王不可以承宗廟。光以視丞相敞等，擢郎為九江太守。承皇太后詔，迎立昌邑哀王子賀。六月丙寅，受皇帝璽綬。七月癸酉，又奏皇太后廢之。時光徙張安世為車騎將軍，與共謀。將廢昌邑王，又引故吏大司農田延年為給事中。議既定，乃使延年報丞相敞。敞驚恐，不知所言，汗出浹背。延年起更衣，敞夫人謂敞曰：「君侯不疾應，先事誅矣。」乃與延年參語許諾，及召丞相、御史、將軍、列侯、中二千石、大夫、博士會議。群臣皆驚愕失色，莫敢發言。延年前離席按劍曰：「今日之議，不得旋踵。有後應者，臣請劍斬之。」乃皆叩頭曰：「唯大將軍令。」然後延年以沒入商賈所豫收方上不祥器物，為富人亡財者所怨，出錢求其罪。御史大夫田廣明謂太

[056]　史事：不立廣陵昌邑廢。

僕杜延年：「《春秋》之義，以功覆過，當廢昌邑王時，非田子賓之言，大事不成。願以愚言白大將軍。」延年言之大將軍。而大將軍日：「曉大司農，通往就獄，得公議之。」延年遂自刎死。光之忌刻亦甚矣。史所言昌邑王罪狀，皆不足信。《王吉傳》：吉為昌邑中尉，王見徵，奏書戒王：政事一聽大將軍。垂拱南面而已。《張敞傳》：為太僕丞，上書諫，以國輔大臣未褒，而昌邑小輦先遷，為過之大者。《光傳》：昌邑群臣二百餘人悉見殺。出死，號呼市中日：「當斷不斷，反受其亂。」昌邑之所以廢可知矣。宣帝立，光稽首歸政，而帝謙讓不受，諸事皆先關白光，此其所以獲安與？

戾太子三男一女：長男史良娣子，號史皇孫。納王夫人。女，平輿侯嗣子尚焉。太子敗，皆遇害。二幼子死於湖。宣帝，王夫人子，號皇曾孫。時生數月，繫郡邸獄。丙吉為廷尉監，治巫蠱獄郡邸，哀曾孫之無辜，使女徒復作乳養，私給衣食，視遇甚有恩。巫蠱事連歲不解。至後元二年（前 87），武帝疾，望氣者言長安獄中有天子氣。上遣使者分條中都官獄繫者，輕重皆殺之。吉拒閉使者，不得入。因遭大赦。吉乃載曾孫送史良娣家。後有詔掖庭養視，上屬籍宗正。掖庭令張賀，安世兄也。幸於衛太子。太子敗，賓客皆誅。安世為賀上書，得下蠶室。賀思顧舊恩，視養甚謹。曾孫壯大，賀欲以女孫妻之。安世怒日：「曾孫乃衛太子後也。幸得以庶人衣食縣官，足矣，勿復言予女事。」賀於是止。《外戚傳》。為取暴室嗇夫許廣漢女，日平君。曾孫因依倚廣漢兄弟及祖母家史氏。案後元二年（前 87），為武帝崩之歲。武帝久悔殺太子，為歸來望思之臺於湖矣。皇曾孫繫郡邸獄，[057] 安得久不釋？雖寢疾之際，亦安得遂忘之？武帝雖殘暴，亦未聞以術士一言，盡殺繫囚，況曾孫在其中乎？然則武帝果自知尚有曾孫與否？盡殺中都官獄繫囚之命，是否出於武帝？又可疑也。《外戚傳》言曾孫數有徵怪，賀聞之，為安世道之，稱其材美，安世輒絕止，以為少主在上，不宜稱述曾孫，光之忌曾孫可知。然昌邑王廢，光卒

[057]　史事：宣帝，武帝曾孫。

言太后，徵立曾孫者？奏記光出於丙吉，吉嘗為光長史。《安世傳》言天子甚尊憚大將軍，內親安世，心密於光。《光傳》言宣帝始立，謁見高廟，光從驂乘，上內嚴憚之，若有芒刺在背。後安世代光驂乘，天子從容肆體，甚安近焉。則安世之不敢稱曾孫，特畏慎為求全計，其於曾孫實親。又《杜延年傳》：宣帝與延年中子佗相友善，延年勸光、安世立焉。則為曾孫道地者，皆光心腹也。抑昌邑以親藩邸舊臣敗，光未嘗不懲其事，宣帝起匹夫，則無輔之者矣，此其所以始忌之而後卒立之與？

宣帝既立，楚王延壽王戊之死，景帝立元王子平陸侯禮為楚王，是為文王。傳安王道、襄王經、節王純至延壽。為其後母弟取廣陵王女為妻，有反謀。事覺，誅。辭連及廣陵王。有詔勿治。後復以祝詛事發自殺。賀廢處昌邑，宣帝心忌之。詔山陽太守張敞密警察。敞奏王清狂不惠。上知其不足忌，乃封為海昏侯。（海昏，漢縣，今江西永修縣。）後薨，國除。宣帝立六年（前 68），地節二年（前 68），霍光薨。自昭帝時，光子禹及兄孫雲，皆中郎將。雲弟山，奉車都尉，侍中，領胡、越兵。雲、山皆去病孫。光兩女婿，為東西宮衛尉。范明友未央，鄧廣漢長樂。昆弟、諸婿、外孫，皆奉朝請，為諸曹大夫、騎都尉、給事中。黨親連體，根據於朝廷。光病篤，拜禹為右將軍。光薨，既葬，封山為樂平侯，以奉車都尉領尚書事。宣帝之立也，許平君為倢伃。時霍將軍有小女，公卿議更立皇后，皆心儀霍將軍女。上乃詔求微時故劍。大臣知旨，白立許倢伃為皇后。明年，後當娠病。女醫淳于衍，霍氏所愛，嘗入宮侍皇后疾。霍光夫人顯謂衍：「今皇后當免身，可因投毒藥去也。」衍即擣附子齎入宮。皇后免身後，衍取附子，併合大醫大丸，以飲皇后。有頃，曰：「我頭岑岑也，藥中得毋有毒？」對曰：「無有。」遂加煩懣崩。後人有上書告諸醫侍疾無狀者，皆收繫詔獄。顯恐事急，即以狀具語光。奏上，光署衍勿論。光女立為后。立三歲而光薨。後一歲，上立許后男為太子。地節三年四月。顯怒恚曰：「此乃民間時子，安得立？即后有子，反為王邪？」教皇后令毒太子。皇后數召太子賜食。阿保輒先嘗之。後挾毒不得行。初，車千秋子為洛陽武庫令。千秋死，其子自見失父，而河南太守魏相治郡嚴，恐久獲罪，乃自免去。相使掾追呼之。遂不肯反。相獨恨日：「大將軍聞此令去官，必以為我用丞相死，不能遇其子，殆矣。」武庫令至長安，光果以是責過相。後人有上書告相。大將軍用武庫令事，下相廷尉獄。久繫逾冬，會赦。後復起。相與丙吉善。宣帝即位，徵為大司農。遷御史大夫。光薨數月，相因平恩侯許伯許廣漢。上封事，言「光死，子復為大將軍，大當作右。兄子秉樞機，謂山為禹兄子。昆弟諸婿據權勢，在兵官。光夫人顯及諸女，皆通籍長信宮，或夜詔門出入。驕奢放縱，恐浸不制，宜有以損奪其權。」又故事：諸上書者皆為二封，署其一日副。領尚書者先發副封，所言不善，屏去不奏。相復因許伯白「去副封，以防雍蔽」。宣帝善之。詔相給事中。皆從其議。霍氏殺許后之謀，始得上聞。韋賢以老病去，本始三年（前 71），蔡義薨，賢代為丞相。遂代為丞相。徙光女婿鄧廣漢、范明友、任勝。中郎將羽林監。復出光姊婿、群孫婿。以禹為大司馬，罷其右將軍屯兵。張安世亦拜大司馬車騎將軍，領尚書事。數月，更為衛將軍，兩宮衛尉、城門北軍兵皆屬焉。諸領胡、越兵騎、羽林，及兩宮衛將屯兵，悉易以所親信許、史子弟。禹、山、雲自見日侵削。顯具告以毒殺許皇后，始有邪謀。謀令太后為博平君宣帝外祖母。置酒，召丞相以下，使范明友、鄧廣漢承太后制引斬之，因廢天子而立禹。事發覺，雲、山、明友自殺。顯、禹、廣漢等捕得。禹要斬。顯及女昆弟皆棄市。霍後廢處昭陽宮。與霍氏相連坐滅者數千家。史言光死後顯及禹、雲、山等驕侈殊甚，然實非自光死後始。禹故吏任宣謂禹日：「大將軍持國權柄，殺生在手中。廷尉李種、王平，左馮翊賈勝胡及車丞相女婿少府徐仁，皆坐逆將軍意下獄死。使或作史樂成小家子，得幸將軍，至九卿，封侯。百官以下，但事馮子都、王子方等，服虔日：皆光奴。視丞相蔑如也。」山亦言：「今丞相用事，盡變易大將軍時法令。以公田賦與貧民，暴揚大將軍過失。又諸儒生多窶人子，遠客饑寒，喜妄說狂言，不避忌諱，大將軍常仇之。」光之專權自恣，侵削平民，杜絕言路可見矣。宣帝之除霍氏，匕鬯不驚，蓋由禹、雲、山等皆庸才，兵權先去之故。其所以能漸去其權，張安世似甚有力，非徒魏相之功也。霍氏誠有取禍之道，然謂禹謀自立，則與謂上官桀欲殺燕王而自立，同一無稽。[058] 即弒許后亦莫須有之事。附子非能殺人，尤不能殺人於俄頃間。宣帝非愚騃者，即視後死不能救，又寧待魏相、許伯而後知之乎？

第十二節　昭宣時政治情形

昭、宣之世，可謂君如贅旒，而劉氏之統緒，亦幾於不絕如縷矣。然猶克稱為西漢之治世，而四夷賓服，聲威且盛於武帝時者？則是時之權臣，雖擅權於上，顧未嘗擾及人民；不唯不擾，且頗能與民休息；及至宣帝親政，又以其舊勞於外，知民生之疾苦，與吏治之得失，頗能綜核名實之故也。四夷賓服，乃以其時適直匈奴內亂，此可謂之天幸。國家之盛衰，固亦半由人事，半由運會也。

《漢書·昭帝紀贊》云:「孝昭承孝武奢侈餘敝，師旅之後，海內虛耗，戶口減半。霍光知時務之要，輕繇薄賦，與民休息。至始元、元鳳之間，匈奴和親，百姓充實」焉。今案昭帝之世，寬政之見於本紀者：則罷民共出馬。始元四年（前 83）。又罷天下亭母馬及馬弩關。五年（前 82）。《食貨志》：車騎馬乏，縣官錢少，買馬難得，乃著令：令封君以下至三百石吏以上，差出牡馬天下亭，亭有畜字馬，歲課息。《景帝紀》：中四年（前 146），御史大夫綰奏禁馬高五尺九寸以上，齒未平，不得出關。孟康曰：舊馬高五尺六寸，齒未平，弩十石以上，皆不得出關，今不禁也。令郡國毋斂當年馬口錢。元鳳二年（前 79），令郡國毋斂今年馬口錢。減漕。元鳳二年（前 79）詔云:「前年減漕三百萬石。」三年（前 78），詔止四年毋漕。減免口賦、更賦。元鳳四年（前 77），詔毋收四年、五年口賦。三年

---

[058] 史事：霍氏罪狀卻又不可信。蕭望之、魏相皆反對霍氏之人。

以前，逋更賦未入者皆勿收。元平元年（前74），減口賦錢什三。三輔、太常，得以菽粟當賦。元鳳二年（前79）、六年（前75）。詔有司問賢良文學民所疾苦，因罷榷酤官。始元六年（前61）。皆是也：自上官桀等誅，光以刑罰繩下，繇是吏尚嚴酷，《循吏．黃霸傳》。然亦有杜延年，輔之以寬。延年數為光言：年歲比不登，流民未盡還，宜修孝文時政，示以儉約寬和，光亦納焉。則頗能用善言矣。然光究為不學無術之人。《貢禹傳》：元帝時，為諫大夫，奏言：「武帝時多取好女數千人，以填後宮。及棄天下，昭帝幼弱，霍光專事，不知禮正，妄多臧金錢財物、鳥獸、魚鱉、牛馬、虎豹等生禽凡百九十物，盡瘞藏之。又皆以後宮女置於園陵。昭帝晏駕，光復行之。至孝宣皇帝時，陛下惡有所言，群臣亦隨故事。」[059] 案文帝霸陵，頗遵節儉。又遺詔歸夫人以下至少使。景帝詔所由美其重絕人之世者也。景帝遺詔，亦出宮人歸其家，蓋猶能守文帝遺法。而光遽違之。作法於貪，害延三世。宦官宮妾之為忠，詒禍可謂烈矣。豈足當總己之任哉？然以大體言之，則固能矯武帝之失矣。

宣帝亦多寬政。見於紀者：如屢免租賦。事振貸。以公田池籞假與貧民。減天下口錢五鳳三年（前55）。又甘露二年（前52），減口算三十。及鹽賈。地節四年（前66）。置常平倉以給北邊。五鳳四年（前54）。有大父母、父母喪者勿繇事。地節四年（前66）。皆是也：本紀贊曰：「孝宣之治，信賞必罰，綜核名實。政事、文學、法理之士，咸精其能。至於技巧工匠器械，自元、成間鮮能及之。亦足以知吏稱其職，民安其業也。」《循吏傳》曰：「孝宣興於閭閻，知民事之艱難。自霍光薨後，始躬萬機。勵精為治。五日一聽事。自丞相以下，各奉職而進。及拜刺史、守、相，輒親見問，觀其所繇。退而考察所行，以質其言。有名實不相應，必知其所以然。常稱曰：庶民所以安其田里而亡嘆息愁恨之心者，政平訟理也。與我共此者，其唯良二千石乎？以為太守者，吏民之本也。數變易則下不安。

[059] 葬埋：霍光厚葬武帝。陵邑。

民知其將久，不可欺罔，乃服從其教化。故二千石有治理效，輒以璽書勉厲，增秩賜金，或爵至關內侯。公卿缺，則選諸所表，以次用之。是故漢世良吏，於是為盛，稱中興焉。」案紀載元康二年（前 64）詔：戒擅興繇役，飾廚傳，稱過使客，以取名譽。[060] 三年（前 63），以小吏皆勤事而奉祿薄，益吏百石以下奉十五。黃龍元年（前 49），以上計簿具文而已，令御史察，疑非實者按之。則帝於吏治，信可謂盡心焉矣。《刑法志》言：「孝武招進張湯、趙禹之屬，條定法令。作《見知》、《故縱》、《監臨》、《部主》之法。緩深故之罪，急縱出之誅。其後姦猾巧法，轉相比況，禁罔浸密。郡國承用者駁，或罪同而論異。姦吏因緣為市，所欲活則傅生議，所欲陷則予死比。議者咸冤傷之。宣帝自在閭閻，而知其若此。及即尊位，置廷平。秩六百石，員四人。事在地節三年（前 67）。選於定國為廷尉，求明察寬恕黃霸等以為廷平。季秋後請讞，上常幸宣室，齊居而決事，獄刑號為平矣。」紀載地節四年（前 66）詔令郡國歲上繫囚以掠笞若庾死者所坐縣名爵里，丞相、御史課殿最以聞。元康二年（前 64）詔：以吏用法或持巧心，析律貳端，深淺不平。增辭飾非，以成其罪。奏不如實，上亦無繇知。二千石各察官屬，勿用此人。其於刑獄，亦可謂盡心焉矣。人之昏明，視其所習，所習由其所處。歷代帝王，多生於深宮之中，長於阿保之手，民之情偽，一物不知，焉得智？故凡開創之君，興於草澤；嗣世之主，爰曁小人者；其政事必較清平，事理固然，無足怪也。紀稱宣帝「好遊俠，鬥雞走馬，具知閭里姦邪，吏治得失，數上下諸陵，周遍三輔」，此其所以能勤於察吏，寬以馭民與？然帝雖有閱歷，而無學問。故能理當時之務，而不能創遠大之規。王吉勸其述舊禮，明王制，則見為迂闊。鄭昌勸其刪定律令，以開後嗣，則不暇修正。見《刑法志》。又其天資近於刻薄，故喜柔媚之人，而不能容骨鯁之士。其所任者，若魏相、丙吉，實皆規模狹隘，謹飭自守之人；黃霸傷於巧偽；陳萬年則姦佞之流耳。宣帝初

[060] 政治：宣帝戒稱過使客，以取名譽。

以魏相為丞相，丙吉為御史大夫。神爵三年（前 59），相薨，吉代為丞相，蕭望之為御史大夫。望之後貶，代以黃霸。五鳳三年（前 55），吉薨，霸為相，杜延年為御史大夫。後於定國代之。甘露三年（前 51），霸薨，定國代相，陳萬年為御史大夫。魏相頗有才能，然史稱其好觀漢故事及便宜章奏。[061] 以為古今異制，方今務在奉行故事而已，數條漢興以來國家便宜行事，及賢臣所言，奏請施行之，則僅能彌縫匡救，較之欲大事改革之家，氣力已薄。杜延年徒習於事。丙吉則失之寬弛。公府自吉後始不案吏，即其一端。蓋其性然也。黃霸為張敞所劾，則《漢書》本傳。宣帝所賞治行尤異，見於紀者，一為霸，[062] 一為膠東相王成。成之見褒，以流民自占八萬餘口。史言：「後詔使丞相御史問郡國上計長吏、守、丞以政令得失。或對言前膠東相成，偽自增加，以蒙顯賞，是後俗吏多為虛名云。」則成亦巧偽之徒也。蕭望之陳義較高，帝疑其意輕丙吉罷，此乃以私意進退人。陳萬年善事人。賂遺外戚許、史，傾家自盡。尤事樂陵侯史高。子咸，以萬年任為郎，數言事，譏刺近臣。萬年嘗病，命咸教戒於床下。語至夜半，咸睡，頭觸屏風。萬年大怒，欲杖之。咸叩頭謝，曰：「具曉翁言，大要教咸諂也。」佞媚如此，無等矣。忠直之臣，如楊惲、蓋寬饒等，則多不得其死。[063] 史言惲刻害，好發人陰伏，又以其能高人，故敗，此乃莫須有之辭。凡剛直者固易被此誣。惲，敞子，敞乃霍氏私人，而惲首發霍氏反謀，即可知其忠正。其敗也，以與戴長樂相失。長樂，宣帝在民間時所善，此亦以私意誅賞也。寬饒陳高誼以劘切其君。且譏其以刑餘為周、召，法律為《詩》、《書》，其識力尤非惲所及，乃以在位及貴戚人與為怨敗。鄭昌訟之曰「上無許、史之屬，下無金、張之托，職在司察，直道而行，多仇少與」，豈不衰哉？宣帝可謂真能任法乎？宮室車服，盛於昭帝

[061]　政治：魏相觀漢故事及便宜章奏，與大改革者各為一派。

[062]　政治：黃霸取名譽為王成。

[063]　史事：楊惲、蓋寬饒之誅。宣帝始任弘恭、石顯。

時。外戚許、史、王氏貴寵，《王吉傳》。信任中尚書宦官，《蓋寬饒傳》。弘恭、石顯，亂政雖在元帝時，任用實自帝始也。先漢之衰亂，不得不歸咎於帝之詒謀不臧矣。孟子曰「徒善不足以為政」，況不能善乎？

第十三節　昭宣元成時兵事一

漢自昭帝以後，用兵於四夷，遠不如武帝時之烈，然其成功，轉較武帝為大，則時會為之也。《史記》言匈奴之法，常以太子為左賢王，其繼承似有定法。然冒頓、伊稚斜、句黎湖、且鞮侯四世，即已不遵成憲矣。且鞮侯兩子：長為左賢王，次為左大將。病且死，言立左賢王。左賢王未至，貴人以為有病，更立左大將。左賢王聞之，不敢進。左大將使人召而讓位焉。左賢王辭以病。左大將不聽，謂曰：「即不幸死，傳之於我。」左賢王許之，遂立，為狐鹿姑單于。以左大將為左賢王。數年，病死。其子先賢撣不得代，更以為日逐王，而自以其子為左賢王。狐鹿姑有異母弟為左大都尉，賢，國人鄉之。母閼氏恐單于不立子而立左大都尉也，私使殺之。左大都尉同母兄怨，不肯復會單于庭。始元二年（前 85），單于病且死，謂諸貴人：「我子少，不能治國，立弟右谷蠡王。」單于死，衛律與所幸顓渠閼氏謀，更立其子左谷蠡王為壺衍鞮單于。左賢王、右谷蠡王去居其所，未嘗肯會龍城，分裂之機肇矣。昭帝末，匈奴擊烏孫，取車延惡師地。烏孫公主上書。下公卿議救，未決而昭帝崩。宣帝即位，烏孫昆莫復上書。本始二年（前 72），漢發五將軍十五萬騎，出塞各二千餘里擊匈奴。匈奴老弱奔走，驅畜產遠遁，是以五將少所得。然匈奴民眾死傷，及遠移死亡者，亦不可勝數。校尉常惠護烏孫兵，昆彌自將翕侯以下五萬餘騎從西方入，虜馬、牛、羊、驢、騾、橐馳七十餘萬。[064] 此據《匈奴列傳》。《烏孫傳》同，少一騾字。《常惠傳》云：馬、牛、驢、騾、橐

[064] 兵：常惠取馬牛等七十萬之誣。

駝五萬餘匹，羊六十餘萬頭，其數相合。然又云：烏孫皆自取所虜獲，則無可覆校，可知不免誇張也。匈奴遂衰耗。怨烏孫。其冬，單于自將萬騎擊烏孫。頗得老弱。欲還，會天大雨雪，一日深丈餘。人民畜產凍死。還者不能什一。於是丁令乘弱攻其北，烏桓入其東，烏孫擊其西，凡三國所殺數萬級，馬數萬匹，牛羊甚眾。重以餓死。人民死者什三，畜產什五。諸國羈屬者皆瓦解，攻盜不能理。滋欲鄉和親，而邊竟少事矣。地節二年 (前 68)，壺衍鞮單于死，弟左賢王立，是為虛閭權渠單于。黜先單于所幸顓渠閼氏。顓渠、閼氏與烏維單于耳孫右賢王屠耆堂私通。神爵二年 (前 60)，虛閭權渠死。顓渠閼氏與其弟左大且渠都隆奇謀立屠耆堂，是為握衍朐鞮單于。盡殺虛閭權渠時用事貴人，免其子弟近親。虛閭權渠子稽侯狦，亡歸妻父烏禪幕。本烏孫、康居間小國，數見侵暴，率其眾數千人降匈取。狐鹿姑以其弟子日逐王姊妻之。使長其眾，居右地。先賢撣素與握衍朐韃有隙，率其眾歸漢。漢封為歸德侯。單于更立其從兄薄胥堂為日逐王。神爵四年 (前 58)，東邊姑夕王與烏禪幕及左地貴人共立稽侯狦，為呼韓邪單于。握衍朐鞮兵敗自殺。其弟右賢王，與都隆奇共立薄胥堂為屠耆單于。東襲呼韓邪。呼韓邪敗走。屠耆聽西方呼揭王及唯犂當戶讒，殺右賢王父子。後知其冤，又殺唯犂當戶。呼揭王恐，自立為呼揭單于。屠耆先使先賢撣之兄右奧韃王與烏藉都尉屯兵東方，以防呼韓邪。至是，右奧韃王自立為車犂單于。烏藉都尉亦自立為烏藉單于：凡五單于並立。時為五鳳元年 (前 57)。屠耆自將東擊車犂，使都隆奇擊烏藉。烏藉、車犂皆敗，西北走。烏藉、烏揭去單于號，并力尊輔車犂。又為屠耆所敗，西北走。明年，屠耆復為呼韓邪所敗，自殺。都隆奇與其少子亡歸漢。車犂降呼韓邪。呼韓邪復都單于庭。然眾裁數萬人。而屠耆從弟休旬王，又自立為閏振單于，在西邊。呼韓邪兄左賢王呼屠吾斯亦自立為郅支骨都侯單于，在東邊。五鳳四年 (前 54)。閏振東擊郅支。郅支與戰，殺之。並其兵。進攻呼韓邪。呼韓邪走。郅支都單于庭。呼韓邪左伊秩訾王勸令稱臣入朝，從漢求助。呼韓邪問諸大臣，皆曰：「不可。匈奴之俗，本上氣力而下服役，以馬上戰鬥為國，故有威名於百蠻。戰死，壯士所有也。今兄弟爭國，不在兄，則在弟，雖死猶有威名，子孫常長諸國；漢雖強，猶不能兼併匈奴；奈何亂先古之制，臣事於漢，卑辱先單于，為諸國所笑？雖如是而安，何以復長百蠻？」諸大人相難久之，呼韓邪卒從左伊秩訾計。引眾南近塞，遣子入侍。是歲甘露元年（前 53）也。明年，呼韓邪款五原塞，願朝三年正月。先是匈奴亂，議者多曰：「匈奴為害日久，可因其壞亂，舉兵滅之。」獨御史大夫蕭望之以為《春秋》不伐喪，[065] 宜遣使者弔問，輔其微弱，救其災患。及是，詔公卿議其儀。丞相霸、御史大夫定國謂禮儀宜如諸侯王，位次在下。望之以為「單于非正朔所加，故稱敵國。宜待以不臣之禮，位在諸侯王上。後嗣卒有鳥竄獸伏，闕於朝享，不為畔臣」。天子采之，令單于位在諸侯王上，贊謁稱臣而不名。案敵不可盡，因亂侮人，徒招怨恨，伏報復之根。力不能及，自大何益？世唯足於己者，不騖虛名，亦唯中有所慊者，乃欲自炫於外耳。《尚書大傳》載越裳氏重譯獻白雉，周公曰：「德不加焉，則君子不饗其質；政不加焉，則君子不臣其人。吾何以獲此賜也？」望之之說，蓋本於此。使近世之人而知此義，則不致以朝見禮節等，與西人多費唇舌矣。知守舊之徒，實多不知古義也。呼韓邪既來，漢遣兵送出塞，因留衛單于，助誅不服。又轉邊穀、米、糒給贍其食。黃龍元年（前 49），又來朝。其後人眾漸盛，遂歸北庭。郅支亦遣子入侍，貢獻。以為呼韓邪兵弱，不能自還，引其眾而西，欲攻定右地。屠耆單于小弟，收兩兄餘兵數千，自立為伊利目單于。道逢郅支，合戰。郅支殺之。並其兵，五萬餘人。聞漢出兵、穀助呼韓邪，遂留居右地。自度力不能定匈奴，乃益西近烏孫。遣使見小昆彌烏就屠。烏就屠見呼韓邪為漢所擁，郅支亡虜，欲攻之以稱漢。乃殺郅

[065] 儒術：蕭望之不欲乘匈奴亂伐其喪。待以不臣。周公不欲受越裳。賈捐之棄珠崖。淮南王諫伐閩越，王莽更匈奴章。

支使，持頭送都護在所。發八千騎迎郅支。郅支逢擊，破之。因北擊烏揭，烏揭降。發其兵，西破堅昆，北降丁令。因留都堅昆。《三國志注》引《魏略》，謂此三國，俱去匈奴單于庭安習水七千里。安習水者，今額爾齊斯河。額爾齊斯河在當時蓋亦堅昆地，而郅支居之也。郅支自以道遠，又怨漢擁護呼韓邪。元帝初元四年（前 45），遣使上書求侍子。漢遣谷吉送之。郅支殺吉。自知負漢，又聞呼韓邪益強恐見襲擊，欲遠去。會康居王為烏孫所困，欲迎郅支置東邊，使合兵取烏孫以立之。郅支大說，引兵而西。人眾中寒道死。餘財三千人到康居。康居王甚尊敬郅支，妻之以女。郅支亦以女與康居王。數借兵擊烏孫。深入至赤谷城。烏孫西邊空虛不居者且千里。郅支乘勝驕，殺康居王女及貴人、人民數百，或支解投都賴水中。今塔拉斯河。發民築城水上，日五百人，二歲乃已。建昭三年（前 36），西域副都護陳湯與都護甘延壽謀，矯制發諸國兵、車師戊己校尉屯田吏士，合四萬餘人，分兩道襲郅支。南道逾蔥嶺，出大宛，北道入赤谷，過烏孫，涉康居界。郅支被創死。傳首京師。匈奴自漢初與中國相抗，至此凡百七十年，而為漢所摧破。案歷代北狄敗亡，無不由於內亂，而其內亂，無不由於繼嗣之爭者。[066] 知不徒選君非易，即家天下之制，至於嚴天澤之分，懍儲貳之位而不敢幹，亦非一朝一夕之故也。

第十四節　昭宣元成時兵事二

漢通西域，雖始武帝，然其成功，亦在宣、元時。桑弘羊議遣卒田輪臺，武帝不許，已見第四節。昭帝時，用弘羊前議，以扜彌太子賴丹為校尉，將軍田輪臺。賴丹本為質龜茲，李廣利擊大宛還，將與俱至京師者也。廣利責龜茲：「外國皆臣屬於漢，龜茲何以得受扜彌質？」龜茲貴人姑翼謂其王曰：「賴丹本臣屬吾國，今佩漢印綬來，迫吾國而田，必為害。」

[066] 政體：四夷以繼嗣之爭敗。

王即殺賴丹。宣帝時，常惠使烏孫還，以便宜發諸國兵討之。龜茲後王執姑翼詣惠。惠斬之。時烏孫公主遣女來至京師學鼓琴。漢遣送主女，過龜茲。龜茲王前遣人至烏孫求公主女，未還。會女過龜茲，龜茲王留不遣。復使使報公主。公主許之。後公主上書，願令女比宗室入朝。而龜茲王絳賓，亦愛其夫人，上書言得尚漢外孫，為昆弟，願與公主女俱入朝。元康元年（前 65），遂來朝賀。王及夫人皆賜印綬。夫人號稱公主。賜以車騎旗鼓，歌吹數十人，綺繡雜繒琦珍凡數千萬。留且一年，厚贈送之。後數來朝賀。樂漢衣服制度。歸其國，治宮室，作徼道周衛，出入傳呼，撞鐘鼓，如漢家儀。外國胡人皆曰：「驢非驢，馬非馬，若龜茲王所謂驟也。」絳賓死，其子丞德，自謂漢外孫，成、哀帝時，往來尤數，漢遇之亦甚親。

樓蘭降漢後，匈奴發兵擊之。樓蘭遣一子質匈奴，一子質漢。樓蘭最在東垂，近漢，當白龍堆，乏水草。常主發導，負水、儋糧，送迎漢使，又數為吏卒所寇盜，懲艾，不便與漢通。復為匈奴反間，數遮殺漢使。王弟尉屠耆降，具言狀。昭帝元鳳四年（前 77），霍光使傅介子往刺其王嘗歸，立尉屠耆。更名其國為鄯善。因尉屠耆請，遣司馬一人，吏士四十人田伊循，（城名，《馮奉世傳》作伊脩，在其國西界。）以填撫之。

車師自征和四年（前 89）降漢後，見第四節。昭帝時，匈奴復使四千騎往田。宣帝遣五將軍擊匈奴，田者驚去。車師復通於漢。匈奴怒，召其太子軍宿，欲以為質。軍宿，焉耆外孫，亡走焉耆。車師王更立子烏貴為太子。烏貴為王，與匈奴結婚姻，教匈奴遮漢道通烏孫者。地節二年（前 68），漢使鄭吉以侍郎將免刑罪人田渠犁，積穀，欲以攻車師。車師降。其王恐匈奴兵復至，奔烏孫。吉使吏卒三百人別屯車師。匈奴遣騎來擊。吉盡將渠犁田士千五百人往田。匈奴益遣騎來。漢召軍宿，立為王，徙其民居渠犁，以車師故地與匈奴。元康元年（前 65），莎車王弟呼屠徵與旁國共殺其王萬年，并殺漢使，自立。萬年，烏孫公主小子，莎車王愛之。王死，無子，萬年在漢，國人欲自託於漢，又欲得烏孫心，請以為王。既為呼屠徵所弒，適匈奴又攻車師，莎車遣使揚言：「北道諸國，已屬匈奴矣。」攻劫南道，與歃盟叛漢。從鄯善以西，皆絕不通。馮奉世使送大宛客，以便宜發諸國兵討之。攻拔其城。呼屠徵自殺。更立它昆弟子為王。明年，漢遷鄭吉為衛司馬，護鄯善以西南道。神爵三年（前 58），匈奴日逐王來降，乃使吉並護車師以西北道，號曰都護。西域諸國，故皆役屬匈奴。日逐王置僮僕都尉，使領西域。常居焉耆、危須間，賦稅諸國，取富給焉。及是，僮僕都尉罷。匈奴益弱，不得近西域。於是徙屯田，田於北胥鞬。徐松曰：「下言披莎車，是地近莎車，故《水經注》以為自輪臺徙莎車。第通檢《漢書》，絕不見莎車屯田之事；且遠於烏壘千餘里，非都護與田官相近之意。疑莎車為車師之訛。特《水經注》已然，是酈氏所見《漢書》，已同今本。」案徙田與披莎車地或繫兩事，而酈氏誤合之。披莎車之地。屯田校尉始屬都護。都護督察烏孫、康居諸外國動靜。有變，以聞。可安輯，安輯之，可擊，擊之。都護治烏壘城，與渠犁田官相近。土地肥饒，於西域為中，故都護治焉。元帝初元元年（前 48），復置戊己校尉，屯田車師前王庭。是時，匈奴東蒲類王移力支將人眾千百餘人降都護。都護分車師後王之西為烏貪訾離地以處之。

烏孫獵驕靡死，軍須靡立。江都公主死，漢復以楚王戊孫解憂為公主妻之。軍須靡且死，胡婦子泥靡尚小，以國與大祿子翁歸靡，曰：「泥靡大，以國歸之。」翁歸靡既立，號肥王。復尚楚主，生三男兩女。其中男曰萬年，為莎車王。長女弟史，為龜茲王絳賓妻。長男曰元貴靡。元康二年（前 64），翁歸靡因常惠上書，願以元貴靡為嗣，令復尚漢公主。漢以解憂弟子宋祁曰：《越本》無子字。相夫為公主，送至敦煌。未出塞，聞翁歸靡死，烏孫貴人共從本約立泥靡，乃徵還少主。泥靡立，號狂王。復尚楚主，生一男鴟靡。不與主和，又暴惡失眾。主與漢使謀，置酒，使士拔劍擊狂王。狂王傷，上馬馳去。其子細沈瘦，會兵圍漢使者及公主於赤谷城。都護鄭吉發諸國兵救之，乃解去。翁歸靡胡婦子烏就屠，襲殺狂王自立。漢遣辛武賢將兵萬五千人至敦煌，欲討之。初，楚主侍者馮嫽，能史書，習事。嘗持漢節，為公主使，行賞賜於城郭諸國。諸國敬信之，號日馮夫人。為烏孫右大將妻。右大將與烏就屠相愛。鄭吉使馮夫人說烏就屠，以漢兵方出，必見滅，不如降。烏就屠恐，日：「願得小號。」乃立元貴靡為大昆彌，烏就屠為小昆彌。常惠將三校屯赤谷，為分別其人民地界。然眾心皆附小昆彌。元貴靡子星靡弱，都護段會宗安定之。死，子雌栗靡代。小昆彌烏就屠死，子拊離代。為弟日貳所殺。漢使立拊離子安日。日貳亡阻康居。安日為降民所殺。段會宗立其弟末振將。大昆彌雌栗靡健，末振將恐為所並，使貴人詐降，刺殺雌栗靡。漢立其季父公主之孫伊秩靡。久之，大昆彌翕侯難棲殺末振將，安日子安犁靡代為小昆彌。漢恨不自責誅末振將，成帝元延二年（前 11），復使段會宗即斬其太子番丘。末振將弟卑爰疐，本共謀殺雌栗靡，將眾八萬，北附康居，謀籍兵兼併兩昆彌。元始中，都護孫建襲殺之。

第十五節　昭宣元成時兵事三

羌人以武帝時去湟中，已見第五節。宣帝時，光祿大夫義渠安國使行諸羌。先零種豪言願時渡湟水北，逐民所不田處，畜牧。安國以聞。後將軍趙充國劾安國奉使不敬。是後羌人旁緣前言，抵冒渡湟水，郡縣不能禁。元康三年（前 63），先零遂與諸羌種豪二百餘人解仇，交質盟詛。上聞之，以問充國。充國言：「匈奴欲與羌合，非一世也。間者匈奴困於西方，數使使尉黎、危須諸國。疑更遣使至羌中。宜及未然為之備。」後月餘，羌侯狼何果遣使至匈奴藉兵，欲擊鄯善、敦煌，以絕漢道。兩府復白遣安國行視諸羌，分別善惡。安國至，召先零諸豪三十餘人，此據《漢書．趙充國傳》，《後漢書．西羌傳》作四十餘人。以尤桀黠皆斬之。縱兵擊其種人，斬首千餘級。於是諸降羌及歸義羌侯楊玉等，遂劫掠小種背叛。犯塞，攻城邑，殺長吏。安國以騎都尉將騎三千屯備羌。至浩亹，（師古曰：水名，今大通河。）為虜所擊，失亡車重兵器甚眾，引還。神爵元年（前 61）春也。時充國年七十餘，上老之，使問誰可將者？充國對曰：「無逾於老臣者矣。」四月，遣充國往。充國欲以威信招降罕、開及劫略者，解散虜謀，徼極乃擊之。時上已發三輔、太常徒、弛刑、諸郡材官、騎士、羌騎與武威、張掖、酒泉太守各屯其郡者，合六萬人矣。酒泉太守辛武賢，請以七月上旬，並出張掖、酒泉，合擊罕、開在鮮水上者，鮮水，今青海。奪其畜產，虜其妻子，冬復擊之。大兵仍出，虜必震壞。充國言：「如是，虜必逐水草，入山林。隨而深入，即據前險，守後厄，以絕糧道。且恐匈奴與羌有謀，張掖、酒泉兵不可發。請先行先零之誅，罕、開之屬，可不煩兵而服。」上納武賢策，拜為破羌將軍。侍中許延壽為強弩將軍。以書敕讓充國，令引兵並進。充國上書陳利害。上乃報從充國計。充國引兵驅先零度湟水。罕竟不煩兵而下。充國請罷騎兵，留弛刑、步兵、吏士、私從者萬二百八十一人屯田。排折羌虜，令不得歸肥饒之地。治湟陿以西道橋七十所，令可至鮮水，從枕席上過師。上兩從充國、武賢計。令武賢、延壽、充國子右曹中郎將卬出擊，皆有降斬。乃罷兵，獨留充國屯田。明年，五月，充國奏：「羌本可五萬人。凡斬首七千六百級。降者三萬一千二百人。溺河、湟，饑餓死者五六千人。遺脫與亡者，不過四千人。請罷屯兵。」奏可。充國振旅而還。其秋，羌斬先零大豪猶非、楊玉首，及諸豪率四千餘人降。《紀》在五月，云羌虜降伏，斬其首惡大豪楊玉、酋非首，（酋猶古字通，事當在秋，《紀》蓋誤繫於充國奏請罷屯之月也。）初置金城屬國，以處降羌。元帝永光二年（前 42），秋，隴西彡姐等七種反。右將軍馮奉世言：「反虜無慮三萬人，法當倍用六萬人。然羌戎弓矛之兵耳，器不犀利，可用四萬人，一月足以決。」丞相韋玄成等謂民方收斂，未可多發，遣奉世將萬二千人擊之，不利。奉世具上地形部眾多少之計。天子為大發兵六萬餘人，乃擊破之。餘皆走出塞。案《後漢書・西羌傳》言：「景帝時，研種留何率種人求守隴西塞，於是徙留何等於狄道（今甘肅臨洮縣西南）、安故（見第五節）、氐道（今甘肅清水縣西南）、羌道縣（今甘肅西固縣西北）。」彡姐等蓋其後，此為羌人附塞之始。其時種眾尚未甚多，故未足為大患也。

第十六節　昭宣元成時兵事四

以上所述，皆昭帝以後用兵四夷，關係較大者。其較小者，則昭帝始元元年（前 86），益州廉頭、姑繒、牂牁談指、同並二十四邑皆反。遣水衡都尉呂破胡此據本紀，《西南夷列傳》作呂辟胡，《百官公卿表》同。擊破之。《紀》云擊益州，《西南夷列傳》云擊牂牁，蓋二郡皆破胡所定。談指、同並，（並縣名。談指，在今貴州桐梓縣東南。同並，在今雲南沾益縣北。）廉頭、姑繒，《地理志》不載。四年（前 83），姑繒、葉榆復反。（葉榆縣，屬益州，在今雲南大理縣北。）破胡擊之，不利。六年（前 81），大鴻臚田廣明、軍正王平擊破之。六年（前 81），以鉤町侯毋波擊反者有功，立為鉤町王（鉤町縣，屬牂牁，在今雲南通海縣東北）。元鳳元年（前 80），武都氐人反。遣執金吾馬適建、龍洛侯韓增、大鴻臚廣明擊之。四年（前 77），冬，遼東烏桓反。以中郎將范明友為度遼將軍，將北邊七郡郡二千騎擊之。案《匈奴傳》云：漢得匈奴降者，言烏桓嘗發先單于塚，單于怨之，方發二萬騎擊烏桓。霍光欲發兵邀擊之，以問護軍都尉趙充國。充國以為烏桓間數犯塞，今匈奴擊之，於漢便。又匈奴希寇盜，北邊幸無事。蠻夷自相攻擊，而發兵要之，招寇生事，非計也。光更問中郎將范明友，明友言可擊。於是拜明友為度遼將軍，將二萬騎出遼東。匈奴聞漢兵至，引去。初，光誡明友：「兵不空出，即後匈奴，遂擊烏桓。」烏桓時新中匈奴兵，明友既後匈奴，因乘烏桓敝擊之，斬首六千級，獲三王首。還封為平陵侯。然則謂烏桓反而擊之者誣也。明友，光婿，光蓋欲生事以侯之耳。[067]紀載五年六月，發三輔及郡國惡少年，吏有告劾亡者屯遼東。六年正月，募郡國徒築遼東玄菟城。烏桓復犯塞，遣明友擊之。蓋東北邊因此擾攘不寧者累歲。光以私意勞民，亦可謂甚矣。《後漢書．烏桓傳》言明友擊烏桓，烏桓由是復寇幽州，至宣帝時，乃保塞無事。元帝初元三年(前 46)，棄珠崖，事見《賈捐之傳》。傳云：武帝立珠崖、儋耳郡，其民暴惡，自以阻絕，數犯吏禁，吏亦酷之，率數年一反，殺吏。漢輒發兵擊定之。自初為郡，至昭帝始元元年 (前 86)，二十餘年，凡六反叛。至其五年(前 82)，罷儋耳郡，并屬珠崖。宣帝神爵三年 (前 59)，珠崖三縣復反。反後七年，甘露元年 (前 53)，九縣反。輒發兵擊定之。元帝初元元年 (前 48)，珠崖又反。發兵擊之。諸縣更叛，連年不定。上與有司議大發軍。捐之建議以為不當擊。上以問丞相、御史，御史大夫陳萬年以為當擊。丞相於定國以為前日興兵擊之，連年，護軍、都尉、校尉及丞凡十一人，還者二人，卒士及轉輸死者萬人以上，費用三萬萬餘，尚未能盡降。今關東困乏，民難搖動，捐之議是。上乃從之。下詔罷珠崖郡。民有慕義欲內屬，便處之，不欲勿強。案境土開闢，實皆人民拓殖之功。拓殖之力未及，而強以兵力據之，則徒勞民而其地終不可保。元帝之棄珠崖，以視武、昭、宣之勤民，倜乎遠矣。成帝河平中，夜郎王興與鉤町王禹、漏臥侯俞 (漏臥縣，屬牂牁，在今雲南羅平縣南。) 更舉兵相攻，王鳳以杜欽說，薦陳立為牂牁太守誅興。興妻父翁指，與興子邪務收餘兵，脅旁二十二邑反，立又平之。未嘗調發郡國，其廟算亦較昭、宣時為勝也。

[067] 史事：霍光擊烏桓，蓋以俟其婿范明友。

第六章　漢末事蹟

第一節　元帝寬弛

漢室盛衰，當以宣、元為界。自宣帝以前，一切根本之計，實未嘗行，讀第四章第五節，第五章第二、第十二節可見。自元帝以後，則頗行之矣。然漢轉以衰亂者，則宣帝以前，朝綱較為整飭，元帝以後，則較廢弛也。漢世儒家，常懷根本改革之計，其意非不甚善。然根本改革之計，欲藉政治之力以行之，則其道適相反。蓋黨類（class）既異，利害必不相容。操治理之權者，其利正在於剝削人民。不能輔翼平民，使起與厲己者爭，而望厲民者行保民之政，則與虎謀皮矣，有是理乎？元帝以後，所行仁政甚多，然民獲其利者，未知幾何，而權臣貴戚，競肆貪殘，民之受其害者，則不知凡幾矣。此其所以日趨衰亂，終至不可收拾歟？

《漢書．元帝紀》云：帝柔仁好儒。見宣帝所用多文法吏，以刑名繩下。嘗侍燕，從容言：「陛下持刑大深，宜用儒生。」宣帝作色曰：「漢家自有制度，本以霸王道雜之，[068]奈何純任德教，用周政乎？且俗儒不達時宜，好是古非今，使人眩於名實，不知所守，何足委任？」乃嘆曰：「亂我家者太子也。」繇是疏太子而愛淮陽王。曰：「淮陽王明察好法，宜為吾子。」而王母張倢伃尤幸。上有意欲用淮陽王代太子，然以少依許氏，俱從微起，故終不背焉。所謂以霸王道雜之者，王指儒，霸指法。以儒家寬仁之政待民，法家督責之術繩吏，確為秦、漢以降，汔可小康之道。所謂是古非今，使人眩於名實者，謂不察實在情形，徒執古事，欲施之今世，

---

[068] 學術：漢以五霸雜。案宣帝獎王成，誅楊惲、蓋寬饒等，非能任法者，此言蓋造作也，其所謂法者，任弘恭、石顯反周堪、劉更生等耳，京房，又儒生或不能辦事，然用督責之術以辦事則可，並反其事不可，俗吏則多如此也。石顯之敗，中書罷。

漢世儒家，亦確有此病也。崔寔《政論》:「孝宣皇帝明於君人之道，審於為政之理，嚴刑峻法，破姦宄之膽。海內清肅，天下密如。算計見效，優於孝文。元帝即位，多行寬政，卒以墮損。威權始奪，遂為漢室基禍之主。」《後漢書》本傳。寔法家，其言庸有過當，然去先漢之世近，所言二帝之事，必有為後世所不知者，知宣、元確為先漢盛衰之界也。

漢世儒家所懷根本改革之計，雖迄未嘗行，然奮起而主張之者，亦迄未嘗絕。觀眭弘、王吉、貢禹等事可知。《弘傳》云：孝昭元鳳三年（前78)，泰山萊蕪山南有大石自立。是時昌邑有枯社木臥復生。又上林苑中大柳樹，斷枯臥地，亦自立生。有蟲食樹葉成字，曰公孫病已立。此當係事後附會之談。孟弘字。推《春秋》之意，以為當有匹夫為天子者，即說漢帝宜誰差天下，求索賢人，禪以帝位，而退自封百里。[069] 使友人內官長賜上此書。時霍光秉政，惡之，下其書。廷尉奏賜、孟妄設妖言惑眾，大逆不道，皆伏誅。以後世眼光觀之，甚似教霍光以篡奪者。[070] 然宣帝忌刻殊甚，蓋寬饒奏封事，引韓氏《易傳》「五帝官天下，三王家天下，家以傳子，官以傳賢，四時之運，功成者退，不得其人，則不居其位」，竟以是誅。且其所用，無一非齮齕霍氏之人。魏相無論矣，即蕭望之亦然。望之當光秉政時，為長史丙吉所薦，與同薦者數人皆召見。光自誅上官桀後，出入自備，吏民當見者，露索，去刀兵，兩吏挾持。望之獨不肯，自引出閤。於是光獨不除用望之。魏相為御史大夫，除望之為屬，察廉，為大行治水丞。地節三年（前67)，夏，京師雨雹，望之以為大臣任政，一姓擅勢所致，由是拜謁者，累遷諫大夫。孟果有逢迎霍氏之心，安得獨邀寬宥？而帝顧徵其子為郎，即可知其非霍氏之黨矣。徒取諸彼以與此，仁者不為，知孟必更有經綸待展布也。宣帝之世，抗高議者莫如王吉，帝見為迂闊不用，已見上節。吉所非者：世俗嫁娶太蚤，聘妻送女無節，貧人

[069]　政體：西漢易姓者論。
[070]　政治：漢根本改革之論。

不及，故不舉子。衣服、車馬，上下僭差，人人自制，是以貪財誅利，不畏死亡，欲上除任子之令。外家及故人，可厚以財，不宜居位。又欲去角牴，減樂府，省尚方，明示天下以儉。皆輔世長民之術，且能毅然責難於君者也。吉與貢禹為友，世稱「王陽吉字。在位，貢公彈冠」，言其取捨同也。元帝即位，使徵禹、吉。吉年老，道病卒。禹至，為諫大夫。遷光祿大夫。初元五年（前 44），陳萬年卒，遂代為御史大夫。數月卒。用其言：令太僕減食穀馬。水衡減肉食獸。省宜春下苑，以與貧民。罷角牴諸戲及齊三服官。事在初元二年（前 47）、五年（前 44）。令民產子七歲乃出口錢。武帝令民產子三歲出口錢。罷上林宮館希御幸者。省建章、甘泉宮衛卒。初元三年（前 46）。減諸侯王廟衛卒，省其半。蓋宣帝所難行者，元帝無不行之矣。禹所言：尚有罷採珠玉金銀鑄錢之官，毋復以為幣。諸官奴婢十餘萬，宜免為庶人，令代關東戍卒乘北邊亭塞候望。近臣自諸曹侍中以上，家亡得私販賣，與民爭利，犯者輒免官削爵，不得仕宦。除贖罪之法。相、守選舉不以實及有臧罪者，輒行其誅，毋但免官。蓋未能悉行。時又有翼奉。徵待詔，以災異見問。奉以為祭天地於雲陽、汾陰，及諸寢廟不以親疏迭毀，皆煩費違古制。又宮室苑囿，奢泰難共。以故民困國虛，亡累年之蓄。不改其本，難以末正。乃上疏，請徙都成周，定製，與天下更始。此則較諸貢禹，謂唯「宮室已定，亡可奈何，其餘盡可減損」者，尤為卓絕矣。遷都正本，元帝雖未能行，然宗廟迭毀及徙南北郊之議，實發自奉，至韋玄成為相遂行之。在當時，亦不能謂非卓然不惑之舉也。見第二十章第一節。此外元帝仁政，見於史者：又有罷鹽鐵官、常平倉，令博士弟子毋置員，《本紀》初元五年（前 44）。輕殊死之刑，《後漢書．梁統傳》：統上疏，言元、哀二帝，輕殊死之刑一百二十三事。手殺人者減死一等。《注》引《東觀記》曰：元帝初元五年（前 44），輕殊死刑三十四事，哀帝建平元年（前 61），輕殊死刑八十一事，其四十二事，手殺人者減死一等。及罷珠崖、見第五章第十六節。北假田官等。初元五年（前 44）。北假，見第二章第二節。雖以用度不足，民多復除，無以給中外繇役，復鹽鐵官、博士弟子員，《本紀》永光三年（前 41）。然已可謂難矣。竟寧中，召信臣徵為少府，奏請上林諸離遠宮館希御幸者，勿復繕治共張。又奏省樂府黃門倡優諸戲，及宮館、兵弩、什器，減過泰半。大官園種冬生蔥韭菜茹，覆以屋廡，晝夜爇蘊火，待溫氣乃生。信臣以為此皆不時之物，有傷於人，不宜以奉供養。及它非法食物悉奏罷。省費歲數千萬，《循吏傳》。此亦元帝節儉之一端。王嘉稱其溫恭少欲，本傳。信不誣矣。以視武、宣之奢泰何如哉？

然元帝雖躬行恭儉，而於姦以事君者，不能決然斥去，遂致下陵上替，威柄倒持，此則深堪浩嘆者也。宣帝之寢疾也，以樂陵侯史高，史良娣兄恭之子。為大司馬車騎將軍，太子太傅蕭望之為前將軍光祿動，少傅周堪為光祿大夫，皆受遺詔輔政，領尚書事。望之、堪本以師傅見尊重。上即位，數宴見，言治亂，陳王事。望之選白宗室散騎諫大夫劉更生給事中，與侍中金敞並拾遺左右。四人同心謀議，勸道上以古制，多所欲匡正。上甚鄉納之。初，宣帝不甚從儒術，任用法律，而中書宦官用事。中書令弘恭、石顯，（《佞幸傳》：恭為令，顯為僕射。元帝即位數年，恭死，顯代為尚書令。）久典樞機，明習文法，亦與高為表裡，論議常獨持故事，不從望之等。望之以為中書政本，宜以賢明之選。自武帝遊宴後庭，故用宦者，非國舊制，且違不近刑人之義，白欲更置士人。繇是大與高、恭、顯忤。上初即位，謙讓重改作，議久不定。出劉更生為宗正。望之、堪數薦名儒茂材，以備諫官。會稽鄭朋，陰欲附望之，上疏言高遣客為姦利郡國，及言許、史子弟罪過。章視周堪。堪白令待詔金馬門。朋奏記望之。望之見納朋，接待以意。後朋行傾邪，望之絕不與通。朋與大司農李宮俱待詔，堪獨白宮為黃門郎。朋怨恨，更求人許、史。華龍者，宣帝時待詔，以行汙穢不進。欲入堪等，堪等不納。恭、顯令二人告望之等謀欲罷車騎將軍，疏退許、史狀。事下弘恭問狀，恭、顯奏望之、堪、更生朋黨，更相稱舉。數譖訴大臣，毀離親戚，欲以專擅權勢。為臣不忠，誣上不道。請謁者召致廷尉。時上初即位，不省謁者召致廷尉為下獄也，可其奏。後上召堪、更生。曰：「繫獄。」上大驚，曰：「非但廷尉召問邪？」以責恭、顯，皆叩頭謝。上曰：「令出視事。」恭、顯因使高言：「上新即位，未以德化聞於天下，而先驗師傅。既下九卿大夫獄，宜因決免。」於是赦望之罪，及堪、更生皆免為庶人。其春，地震。夏，客星見昴、捲舌間。上感悟。下詔賜望之爵關內侯，食邑六百戶。奉朝請。秋，徵堪、更生，欲以為諫大夫。恭、顯皆白為中郎。冬，地復震。時恭顯、許史子弟、侍中、諸曹，皆側目於望之等。更生懼焉。乃使其外親上變事，言宜退恭、顯，進望之等。書奏，恭、顯疑其更生所為。白請考姦詐。辭果伏。遂逮更生繫獄。下太傅韋玄成、諫大夫貢禹與廷尉雜考。更生坐免為庶人。會望之子散騎中郎伋上書訟望之前事。詔下有司。復奏望之教子上書，失大臣體，不敬，請逮捕。恭、顯建白：「望之前欲排退許、史，非頗詘望之於牢獄，聖朝亡以施恩厚。」上曰：「蕭太傅素剛，安肯就吏？」顯等曰：「人命至重，望之所坐，語言薄罪，必無所憂。」上乃可其奏。望之自殺。初元二年十二月。天子聞之，驚，推手曰：「曩固疑其不就獄，果然。殺吾賢傅。」召顯等，責問以議不詳。皆免冠謝。良久然後已。望之有罪死，有司請絕其爵邑。有詔加恩，長子伋，嗣為關內侯。天子追念望之不忘。每歲時，遣使者祠祭望之塚，終元帝世。望之之死，天子甚悼恨之，乃擢周堪為光祿勳，堪弟子張猛光祿大夫，給事中，大見信任。恭、顯憚之，數譖毀焉。更生見堪、猛在位，幾已得復進，懼其傾危，乃上封事，言佞邪與賢良，並在交戟之內。宜決斷狐疑，分別猶豫。恭、顯見其書，愈與許、史比而怨更生等。是歲，夏寒，日青無光，恭、顯及許、史皆言堪、猛用事之咎。上內重堪，又患眾口之寖潤，無所取信。長安令楊興，常稱譽堪，上欲以為助，乃見問興。興者，傾巧士，謂上疑堪，因順指言可賜爵關內侯，勿令與事。會城門校尉諸葛豐亦上書言堪、猛短。上發怒，免豐。然仍左遷堪為河東太守，猛槐里令。顯等專權日甚。後三歲餘，孝宣廟闕災。其晦，日有食之。於是上召諸前言日變在堪、猛者責問。皆稽首謝。徵堪詣行在所。拜為光祿大夫，秩中二千石。領尚書事。猛復為太中大夫給事中。顯幹尚書事，尚書五人，皆其黨也。堪希得見，常因顯白事。事決顯口。會堪疾，瘖不能言而卒。顯誣譖猛，令自殺於公車。永光四年（前 40）。更生遂廢。十餘年，成帝即位，顯等伏辜，乃復進用，更名向。以上略據《望之》、《向傳》，其事可疑者甚多。元帝不省召致廷尉為下獄，知蕭太傅不肯就吏，而又可恭、顯之奏，其事皆不近情理。即更生使外親上變事亦然。更生前後數直諫，堪、猛再用時，亦自上封事，何以身為中郎，乃忽使外親上變邪？要之，望之、堪、猛、更生等與史高、恭、顯等相持凡九年，屢僕屢起，可知元帝非真信恭、顯者。《顯傳》云：「帝被疾不親政事，方隆好於音樂，以顯久典事，中人無外黨，精專可信任，遂委以政事，事無大小，因顯白決。」以中人為精專無黨而信之，或因般樂怠敖而委政於下，歷代人主，如是者誠甚多，然元帝尚非其倫，觀其屢起望之、堪、猛、更生等可知。其終於見排，實以恭、顯依附許、史，而元帝不能決斷故也。自來居高位者，恆不樂於更新。史言望之等多所欲匡正，史高、恭、顯等常持故事，蓋其齟齬之由。觀此，知宣帝以前，外戚宦官之未甚跋扈，未嘗不以政事因循，無所改革，非必盡由在上者之明察也。堪、猛敗後二年，建昭元年（前 38）。又有京房見賊之事。

京房者，[071] 治《易》，事梁人焦延壽。其說長於災變。分六十四卦，更直日用事，以風雨寒溫為候，各有占驗。房用之尤精。初元四年（前 45），以孝廉為郎。永光、建昭間，西羌反，日食，又久青無光，陰霧不精。房數上疏先言其將然，近數月，遠一歲，所言屢中。天子說之，數召見問。房對曰：「古帝王以功舉賢，則萬化成，瑞應著。末世以毀譽取人，

[071] 選舉：京房。

故功業廢而致災異。宜令百官各試其功，災異可息。」詔使房作其事。房奏考功課吏法。上令公卿朝臣與房會議。皆以房言煩碎，令上下相司，不可許。上意鄉之。時部刺史奏事京師，上召見諸刺史，令房曉以課事。刺史復以為不可行。唯御史大夫鄭弘、光祿大夫周堪初言不可行，後善之。上令房上弟子曉知考功課吏事者，欲試用之。房上中郎任良、姚平，願以為刺史，試考功法。臣得通籍殿中，為奏事，以防壅塞。時中書令石顯專權，顯友人五鹿充宗為尚書令，疾房，欲遠之。建言宜試以房為郡守。元帝於是以房為魏郡太守。得以考功法治郡。房自請：願無屬刺史。得除用他郡人。自第吏千石以下。歲竟乘傳奏事。天子許焉。未發，上令陽平侯鳳承制詔房，止無乘傳奏事。去月餘，竟徵下獄。初，淮陽憲王名欽，即張倢伃子，宣帝欲以代元帝為太子者。舅張博，從房受學，以女妻房。房與相親。每朝見，輒為博道其語。以為上意欲用房議，而群臣惡其害己，故為眾所排。博欲令王上書求入朝，得佐助房。房曰：「中書令石顯，尚書令五鹿君，及丞相韋侯，皆久無補於民，此尤不欲行考功者也。淮陽王即朝見，勸上行考功事，善。不然，但言丞相、中書令任事久而不治，可休丞相，以御史大夫鄭弘代之；遷中書令置他官，以鉤盾令徐立代之。如此，房考功事得施行矣。」博因令房為淮陽王作求朝奏草，皆持柬與淮陽王。石顯微司，具知之，以房親近，未敢言。及房出守郡，顯告房與張博通謀，誹謗政治，歸惡天子，詿誤諸侯王。房博皆棄市。此據《房傳》。《淮陽憲王傳》則謂博為王求朝，實有覬覦天位之心。其說皆非實錄。覬覦天位無論矣，即僅欲使入朝佐助房，亦已處嫌疑之際，何至以房親近而不敢言？房去至陝，嘗上封事，言「臣願出任良試考功，臣得居內，議者知如此於身不利，故云使弟子不若試師；臣為刺史，又當奏事，故復云：為刺史，恐太守不與同心，不若以為太守，此其所以隔絕臣也」。蓋其初意，僅欲隔絕房使不得奏事，房既去，乃又造淮陽之獄以陷之也。若當房未去之際，已微司得其與張博之謀，則房之不及歲竟，已可豫知，又何必止其乘傳奏事乎？成帝即位後，淮陽憲王上書陳張博時事，頗為石顯等所侵，因為博家屬徙者求還。上加恩許之。據此，即知張博之獄之誣。不然，王未必敢上書，成帝亦無緣許之也。史但言房從焦延壽學《易》，然王符《潛夫論．考績篇》，稱「先師京君，科察考功，以遺賢俊，太平之基，必自此始」，而元帝亦使房上弟子知考功課吏事者，則考功課吏之法，亦代有師承。史言焦延壽補小黃令，以候司先知姦邪，盜賊不得發。又言得我道以亡身者京生，蓋皆非指《易》學言。疑別有督責之術，而房從而受之也。督責之術，實君主專制之世致治之基，為石顯、王鳳等所害而不能行，較之蕭望之等之見廢，實尤可惜也。不然，元帝何至蒙威權墮損，為漢基禍之誚哉？

蕭望之、周堪、京房而外，直臣見厄者，又有御史中丞陳咸、待詔賈捐之，皆以奏封事言顯短；鄭令蘇建，得顯私書奏之；後皆以他事論死。史言「自是公卿以下，重足一跡」焉。顯見左將軍馮奉世父子為公卿著名，女又為昭儀，在內，心欲附之。薦言昭儀兄謁者逡，修敕，宜侍帷幄。天子召見，欲以為侍中。逡請間，言顯專權，罷歸郎官。後御史大夫缺，群臣皆舉逡兄大鴻臚野王。天子以問顯。顯曰：「恐後世必以陛下私後宮親。」遂廢不用。其巧於擠排如此。韋玄成、匡衡為相，玄成永元元年 (89) 為相，三年 (91) 薨，衡代之。皆名儒。史言其畏顯不敢失其意。案毀廟之事，實成於玄成手。衡持之亦甚堅。見第二十章第一節。衡初為郎中博士給事中，上疏言：「今天下俗貪財賤義；好聲色，上侈靡；廉恥之節薄，淫辟之意縱；不改其原，雖歲赦之，刑猶難使錯而不用也。臣愚以為宜一曠然大變其俗。」又言「長安天子之都，親承聖化，然其習俗無以異於遠方。郡國來者，無所法則，或見侈靡而放效之。此教化之原本，風俗之樞機，宜先正者也」。「宜減宮室之度，省靡麗之飾」。其議論，實與王、貢、翼奉等同。後遷光祿大夫太子少傅。時上好儒術文辭，頗改宣帝之政，言事者多進見，人人自以為得上意。衡上疏言：「論議者爭言制度不可用也，務變更之，所更或不可行，而復復之，是以群下更相是非，吏民無所信。臣竊恨釋樂成之業，而虛為此紛紛也。」則頗類乎獨持故事者矣。豈衡本史高所薦，稍依附之邪？成帝即位後，衡與御史張譚奏廢顯。司隸校尉王尊劾衡、譚居大臣位，不以時白，而阿諛曲從，附下罔上，衡固百喙無以自解矣。顯訾至一萬萬。長安豪俠萬章，與顯相善。得顯權力，門車常接轂。顯當去，留床蓆器物，欲以與章，其直亦數百萬。顯之交私，可謂甚矣。《後漢書．侯霸傳》：族父淵，以宦者，有才辯任職，元帝時佐石顯等領中書，號日太常侍。成帝時，任霸為太子舍人。霸家累千金，疑亦淵之所遺，或倚淵勢以致者也。所謂精專可信任者安在？中書政本，更置士人，實為當時急務，而元帝卒不能斷，其不足與有為可知，宣帝之嘆，有以夫！

第二節　成帝荒淫

漢治陵夷，始於元帝，而其大壞則自成帝。帝之荒淫奢侈，與武帝同，其優柔寡斷，則又過於元帝。朝政自此亂，外戚之勢自此成，漢事遂不可為矣。

元帝三男：王皇后生成帝。傅昭儀生定陶共王康。馮昭儀生中山孝王興。成帝以宣帝甘露三年（前 51）生，為世適皇孫。宣帝愛之。自名曰驁，字太孫。皇后自有子後，希復進見。太子壯大，幸酒，樂燕樂，元帝不以為能。而傅昭儀有寵，定陶共王多材藝，上愛之，常有意欲廢太子而立共王。賴侍中史丹高子。擁右太子；上亦以皇后素謹慎，而太子先帝所常留意；故得不廢。咸寧元年（前 33），元帝崩，成帝即位。遷石顯為長信中太僕。顯失意離權。數月，丞相、御史條奏顯舊惡。及其黨牢梁、陳順皆免官。顯與妻子徙歸故郡。憂懣不食，道病死。諸所交結，以顯為官皆廢罷。至建始四年（前 29），遂罷中書宦官。此為元帝所不能行者。然宦官去而外戚愈張，亦無補於治也。

皇太后兄弟八人：曰鳳、曼、譚、崇、商、立、根、逢時。唯曼早死。而鳳及崇與後同母。成帝后許氏，父嘉，廣漢弟延壽之子也。自元帝時為大司馬車騎將軍，輔政，已八九年矣。成帝立，復以鳳為大司馬大將軍，與嘉並。久之，策免嘉。鳳故襲父禁為陽平侯。崇以後同母弟封安成侯。譚、商、立、根、逢時皆賜爵關內侯。河平二年 (前 27)，又悉封五人為侯。譚，平陽侯；商，成都侯；立，紅陽侯；根，曲陽侯；逢時，高平侯。王氏子弟，皆卿、大夫、侍中、諸曹，分據勢官，滿於朝廷。上遂謙讓無所顓。宣帝舅子王商，帝即位為左將軍，與鳳議論不平。建始四年 (前 29)，代匡衡為丞相。河平四年 (前 25)，鳳使人上書言商閨門內事，免相。三日，發病嘔血薨。子弟親屬，皆出補吏，莫得留給事宿衛者。定陶共王來朝，天子留不遣。會日食，鳳言宜遣王之國。上不得已，許之。京兆尹王章言災異之發，為大臣顓政。並訟王商。又言鳳知其小婦弟張美人已嘗適人，託以為宜子，內之後宮。鳳不可久令典事。宜退使就第，選忠賢以代之。天子謂章：「試為朕求可以自輔者。」章薦中山孝王舅琅邪太守馮野王。初，章每召見，上輒辟左右。太后從弟長樂衛尉弘子侍中音獨側聽，具知章言，以語鳳。鳳稱病出就第。上書乞骸骨，辭指甚哀。太后聞之，為垂涕不御食。上少而親倚鳳，弗忍廢。使尚書劾奏章，下廷尉；死獄中。妻子徙合浦。自是公卿見鳳，側目而視。郡國守、相、刺史，皆出其門。又以音為御史大夫，列於三公。五侯群弟，爭為奢侈。賂遺珍寶，四面而至。後庭姬妾，各數十人。僮奴以千百數。羅鐘磬，舞鄭女，作倡優。狗馬馳逐。大治第室，起土山、漸臺，洞門、高廊、閣道，連屬彌望。然皆通敏人事。好士養賢，傾財施予，以相高尚。鳳輔政凡十一歲，陽朔三年 (前 22) 薨，薦音自代。音為大司馬車騎將軍。譚位特進，領城門兵。時崇已前死。音既以從舅越親用事，小心親職。歲餘，封為安陽侯，食邑與五侯等。初，商嘗病，欲避暑，從上借明光宮。後又穿長安城，引內灃水，注第中大陂以行船。上幸商第，見，內銜之，未言。後微行出，過曲陽侯第，又見園中土山、漸臺，似類白虎殿。怒，以讓音。商、根兄弟欲自黥劓謝太后。上聞之，大怒。乃使尚書責問司隸校尉、京兆尹：知成都侯擅穿帝城，決引灃水；曲陽侯根驕奢僭上，赤墀青瑣；紅陽侯立父子臧匿姦猾亡命，賓客為群盜；阿縱不舉奏。賜音策書曰：「外家何甘樂禍敗，而欲自黥劓相戮辱於太后前，傷慈母之心？外家宗族強，上一身寖弱，日久，今將一施之，君其召諸侯，令待府舍。」是日，詔尚書奏文帝時誅將軍薄昭故事。文帝舅。音藉稿待罪。商、立、根皆負斧質謝。上不忍誅，然後得已。久之，譚薨。太后憐弟曼早死，獨不封。永始元年（前 16），上追封曼，為新都哀侯。子莽嗣爵為新都侯。後又封太后姊子淳于長為定陵侯。王氏親屬侯者凡十人。上悔廢譚不輔政而薨也，乃復進商以特進領城門兵。置幕府，得舉吏，如將軍。音以永始二年（前 15）薨。商為大司馬衛將軍。立位特進，領城門兵。商輔政四歲，元延元年（前 12），病，乞骸骨。天子閔之，更以為大將軍。商薨，立次當輔政，有罪過，立使客因南郡太守李尚占墾草田數百頃，頗有民所假少府陂澤，略皆開發。上書願以入縣官。有詔郡平田予直。丞相司直孫寶發其姦，尚下獄死。上乃廢立而用根為大司馬票騎將軍。輔政五歲，綏和元年（前 8），乞骸骨。逢時前死。先是淳于長以外屬能謀議為衛尉，侍中，在輔政之次。是歲，莽告長伏罪，與立相連。長下獄死，立就國。見下。故根薦莽自代。莽遂為大司馬。歲餘而成帝崩。帝之世，王氏迄專權。外戚許嘉、王商，皆為所排。王章欲推轂馮野王而未果。宰相則自王商死後，張禹、河平四年（前 25）。薛宣、鴻嘉元年（前 20）。翟方進、永始二年（前 15）。孔光，綏和二年（前 7）。相繼居職。禹為帝師，奢淫好殖貨財。光久領尚書，徒以周密謹慎見稱。宣、方進皆明習文法，方進尤號通明，為上所倚。然史言其內求人主微指，以固其位，皆非骨鯁之臣。蓋威權之去王室久矣。《敘傳》言成帝性寬，進入直言，是以王音、翟方進等，繩法舉過，而劉向、杜鄴、王章、朱雲之徒，肆意犯上。自帝師安昌侯、張禹。諸舅大將軍兄弟及公卿大夫、後宮、外屬許、史之家，有貴寵者，莫不被文傷詆。雖谷永駁譏趙、李亦無間。所謂寬仁，乃班氏為漢臣子，故其言如是，實則暗昧不明，優柔寡斷而已。從來朋黨之成，每由在上者之漫無別白，而其別白之當否尚次之。史言劉向以帝時復進用，上疏言王氏之盛，為歷古至秦、漢所未有，與劉氏且不併立。天子徒召見嘆息，悲傷其意。谷永譏切趙、李，上大怒，使侍御史收永，王商密讁永令去，御史追不及還，上意亦解。其知善言而不能決，決而不能堅持，正與其惡王鳳而不能去，怒王商、王立、王根而不能決罪，同一病根。谷永、杜鄴，史言其為王氏之黨；雖張禹亦為之言；蓋上無誅賞，則下不得不依附權門以自固，黨與成而人主孤立矣。此專制之世之大戒也。王氏之篡國，多士實為其一因，而士之依附王氏，則帝之為淵毆魚也。見漸臺土山，一怒而王音藉稿，諸舅負質，則知帝之世，威權猶非不能振起。且時王氏之於霍氏何如哉？宣帝能除霍氏，而謂王氏不可去也？然則帝之姑息養姦，不可謂非漢亡之由矣。而其荒淫，寵任便嬖，溺於色，廢許后，立微賤之趙氏，使朝無持重之臣，外戚亦無強輔，亦其為王氏驅除難之一端。

成帝雖荒淫，亦頗有善政。[072] 如減天下賦錢算四十，孟康曰：本算百二十，今減四十，為八十。罷六廄技巧官，建始二年 (前 31)。遣使舉三輔、三河、河內、河南、河東。弘農冤獄，鴻嘉元年 (前 20)。皆恤民之政也。使光祿大夫劉向校中祕書，謁者陳農使求遺書於天下，河平三年 (前 26)。詔丞相、御史與中二千石、二千石雜舉可充博士位者，陽朔二年 (前 23)。皆右文之治也。永始四年 (前 13)，以公卿、列侯親屬、近臣，奢侈逸豫。務廣第宅，治園池。多畜奴婢。被服綺縠，設鐘鼓，備女樂。車服、嫁娶、葬埋過制。申敕有司，以漸禁之。尤前世所未能行。蓋承元帝之遺風然也。然空言無施，雖切何補，觀於其時外戚嬖倖之奢縱，而其

[072] 政治：成帝亦多仁政。哀帝。

政事可知矣。

漢代帝王，營葬甚厚。移民以奉陵邑，詒害尤巨。參看第十七章第五節。元帝時，渭陵不復徙民起邑。成帝營初陵，數年後，樂霸陵曲亭南，更營之。將作大匠解萬年與陳湯善，教其求徙初陵，為天下先。鴻嘉二年（前 19），遂徙郡國豪傑貲五百萬以上五千戶於昌陵。昌陵之功，增卑為高，積土為山。發民墳墓，積以萬數。《劉向傳》。卒徒工庸，以巨萬數。至然脂火夜作，取土東山，與穀同賈。《陳湯傳》。五年而功不成。至永始元年（前 16），乃罷之。二年（前 15），徙萬年敦煌郡。然民之受害已深矣。

鴻嘉元年（前 20），帝始為微行。與富平侯張放俱。安世元孫，父臨，尚元帝妹敬武公主。北至甘泉，南至長楊、五柞，鬥雞、走馬長安中。崇聚輕剽小人，以為私客。飲醉吏民之家，亂服共坐，流湎媟慢者積數年，《張放谷永傳》。放驕蹇縱恣。至奴從支屬，並乘權勢為暴虐。求吏妻不得，殺其夫，或恚一人，妄殺其親屬，輒亡入放第不得，而其身所為無論矣。帝雖上迫太后，下用大臣，遷之於外，猶屢召入。其去，常泣涕而遣之。元延二年（前 11），將大誇胡人以多禽獸。秋，命右扶風發民入南山。西自褒斜，東至弘農，南驅漢中，張羅罔罝罘，捕熊、羆、豪豬、虎、豹、狖、玃、狐、兔、麋、鹿，載以檻車，輸長楊射熊館。（長楊，宮名，在盩厔東。）以罔為周阹，縱禽獸其中，令胡人手搏之，自取其獲。上親臨觀焉。是時，農民不得收斂，《揚雄傳》。其荒淫如此。

其時關東又遭大水。陽朔二年（前 23）。於是反者漸起。陽朔三年（前 22），潁川（漢郡，治陽翟，今河南禹縣。）鐵官徒申屠聖等百八十人殺長吏，盜庫兵，自稱將軍，經歷九郡。鴻嘉三年（前 18），廣漢（見第五章第五節。）男子鄭躬等六十餘人攻官寺，篡囚徒，盜庫兵，自稱山君。永始三年（前 14），山陽（漢郡，治昌邑，今山東金鄉縣。）鐵官徒蘇令等二百二十八人攻殺長吏，盜庫兵，自稱將軍，經歷郡國十九。雖旋皆平定，勢已騷然不寧矣。

成帝許皇后，聰慧善史書。自為妃至即位，常寵於上。後宮希得進見。嘗有一男，失之。班倢伃況子，固之祖姑。亦嘗再就館，有男，數月失之。鴻嘉後，上稍隆於內寵。倢伃進侍者李平。平得幸，立為倢伃。上曰「始衛皇后亦從微起」，乃賜平姓曰衛。案衛皇后之禍，可謂酷矣，而成帝不知鑑，可見紈絝子弟之全無心肝也。生於深宮之中，長於阿保之手之人君，乃紈絝子弟之大者也。趙皇后本長安宮人。省中侍使官婢。屬陽阿主家，學歌舞，號曰飛燕。帝微行過陽阿主家作樂，見而說之。召入宮，大幸。有女弟，復召入。俱為倢伃。班倢伃及許皇后皆失寵，希復進見。后姊平剛侯夫人謁等為媚道，咒詛後宮有身者王美人及鳳等。事發覺。太后大怒。下吏考問，謁等誅死，許后廢處昭臺宮。在上林苑中。親屬皆歸故郡。山陽。后弟子平恩侯旦就國。時為鴻嘉三年（前 18）。趙飛燕並譖告班倢伃，考問。倢伃對曰：「妾聞死生有命，富貴在天。修正尚未獲福，為邪欲以何望？使鬼神有知，不受不臣之愬。如其無知，愬之何益？」上善其對，獲免。倢伃恐久見危，求供養太后長信宮。上欲立趙倢伃，太后嫌其所出微，難之。淳于長為侍中，數往來傳語，得太后指，上立封倢伃父臨為成陽侯。諫大夫劉輔言卑賤之女，不可以母天下。繫獄，減死一等，論為鬼薪。月餘，遂立倢伃為皇后。時永始元年（前 15）也。長封為定陵侯。大見信用，貴傾公卿。外交諸侯。賂遺賞賜，亦累巨萬。后既立，寵少衰，而弟絕幸。為昭儀，居昭陽舍。其中庭彤朱，而殿上髹漆，切皆銅沓冒，黃金塗，白玉階，壁帶往往為黃金釭，函藍田璧，明珠、翠羽飾之，自後宮未嘗有焉。姊弟顓寵十餘年，卒皆無子。廢后在昭臺歲餘，還徙長定宮。綏和元年（前 8），上憐許氏，還平恩侯旦及親屬。是歲廢后敗。先是廢后姊孅寡居，與淳于長私通，因為之小妻。長紿之曰：「我能白東宮，復立許后為左皇后。」廢后因孅私賂遺長，數通書記相報謝。長書有悖謾。此據《外戚傳》。《長傳》：許后因孅賂遺長，欲求復為倢伃。長受許后金錢、乘輿服御物前後千餘萬。詐許為白上，立為左皇后。孊每至長定宮，輒與孊書，戲侮許后，嫚易無不言。其說大同小異，要可見紈絝子弟之貪淫欺詐，肆無忌憚也。發覺，天子使賜廢后藥自殺。免長官，遣就國。初，紅陽侯立獨不得為大司馬輔政，自疑為長毀譖，常怨毒長。上知之。及長當就國也，立嗣子融從長請車騎，長以珍寶因融重遺立，立因為長言，於是天子疑焉。事下有司案驗。吏捕融。立令融自殺以滅口。上愈疑其有大姦。遂逮長繫洛陽詔獄，窮治。長具服戲侮長定宮，謀立左皇后。罪至大逆，死獄中。立就國。案許后之廢，王鳳死已四年，而《傳》云咒詛鳳，其辭似有未諦，或誣以鳳未死時事。然必與王氏有關，則無疑矣。太后一怒，而許后以廢，其姊以死；趙后之立，又以淳于長通指長信宮；知元后干政頗甚。班倢伃求供養長信宮，蓋知廢置生殺之權，悉操諸王氏，而求自親，以防擁蔽交構也。然淳于長之死，太后初不能救，則知王氏實無能為，有威柄者，何為濡忍而不用哉？王、許同為外家，許廣漢之於宣帝，可謂有生死肉骨之功，而漢報許后兄弟以死，亦酷矣。立后所出卑微，自今日觀之，誠無甚關係。然在當時，固舉國以為不可，悍然違眾而行之，可謂與習俗大背。人之能不顧習俗者，非大知勇，則愚無知，或沉溺不能自振者耳，所謂材能不及中庸也。故知歷代帝王，多今所謂水平線以下之人矣。

定陶共王以陽朔二年（前 23）薨，子欣嗣立。元延四年（前 9），與中山孝王俱入朝。共王母傅昭儀，有才略，善事人。多以珍寶賂遺趙昭儀及王根。昭儀及根見上無子，亦欲豫自結，為長久計。皆更稱定陶王，勸帝以為嗣。成帝亦自美其材，為加元服而遣之。時年十七矣。明年，徵立為太子。是為哀帝。《孔光傳》：上召丞相翟方進，御史大夫光，右將軍廉褒，後將軍朱博，議中山、定陶王誰可為嗣者？方進、根以為定陶王帝弟之子，《禮》曰：昆弟之子猶子也，為其後者，為之子也，定陶王宜為嗣。褒、博皆如方進、根議。光獨以為禮立嗣以親。中山王先帝之子，帝親弟也，以《尚書》盤庚殷之及王為比，中山王宜為嗣。[073] 上以禮兄弟不相入廟，又皇后、昭儀欲立定陶王，故遂立為太子。光以議不中意，左遷廷尉。綏和二年（前 7），成帝崩。《外戚傳》云：帝素強，無疾病。昏夜平善。鄉晨，傅絝襪欲起，因失衣，不能言。晝漏上十刻而崩。民間歸罪趙昭儀。皇太后詔掖庭令雜與御史、丞相、廷尉治，問皇帝起居發病狀。趙昭儀自殺。案王鳳白遣定陶共王時，史言上謂共王：「我未有子。人命不諱，一朝有他，且不復相見。爾長留侍我矣。」其後不得已於鳳，遣王之國，與相對泣而訣，《元后傳》。一似成帝危在旦夕者。及其崩，則又言其素強無疾病，民間皆歸罪趙昭儀。[074] 一從後人歸咎王氏之辭，一從王氏蔽罪趙氏之語，皆不加別白。信以傳信，疑以傳疑，古人著書，體例固如是。若皆據為信史，則誤矣。宮禁之事，人民何知焉？乃歸罪於昭儀乎？哀帝立，尊趙皇后為皇太后，封太后弟侍中駙馬都尉欽為新成侯。數月，司隸解光奏許美人及故中宮史曹宮，皆嘗御幸成帝，有子，為趙后所殺。《本紀》：元延元年（前 12），昭儀趙氏害後宮皇子，亦據事後之辭書之。於是免新城侯及臨子成陽侯訢，皆為庶人，將家屬徙遼西。議郎耿育上疏言光誣汙先帝。史言哀帝為太子，亦頗得趙太后力，遂不竟其事。此由哀帝非為王氏牽鼻者耳。哀帝崩，元后詔有司：謂趙后殘滅繼嗣，貶為孝成皇后，徙居北宮。後月餘，復下詔廢為庶人，就其園。是日自殺。史言傅太后恩趙太后，趙太后亦歸心，成帝母及王氏皆怨之，可知趙氏之禍所由來矣。

第三節　哀帝縱恣

成帝之為人也，失之於弱，哀帝則頗剛，史稱其「睹孝成世祿去王室，威柄外移，臨朝婁誅大臣，欲強主威，以則武、宣」是也。《本紀

[073] 政體：漢成帝無子，孔光主立帝。

[074] 史事：成帝崩，歸罪趙昭儀之誤。元后干政之甚。

贊》。然欲正人而不能正己，去王氏而以丁、傅之族代之，享國不永，朝無重臣，國政仍入王氏之手，是則可哀也。

哀帝之即位也，尊成帝母為太皇太后，趙皇后為皇太后。帝祖母傅太后、母丁后，皆在國邸，自以定陶共王為稱。有詔問丞相孔光、大司空何武：定陶共皇太后，宜當何居？光素聞傅太后為人剛暴，長於權謀，自帝在襁褓而養長教道，至於成人，帝之立又有力，恐其與政事，不欲令與帝旦夕相近。即議以為定陶太后，宜改築宮。武曰：可居北宮。上從武言。北宮有紫房複道，通未央宮。傅太后果從複道朝夕至帝所。高昌侯董宏上書，言宜立定陶共王后為皇太后。事下有司。左將軍師丹與大司馬王莽共劾奏宏。上新立謙讓，用莽、丹言，免宏為庶人。傅太后大怒，要上必欲稱尊號。於是以太皇太后詔，尊定陶共王為共皇。遂尊傅太后為共皇太后，丁姬為共皇后。建平二年（前 5），郎中令泠褒、黃門郎段猶等，復奏言定陶共皇太后、共皇后皆不宜復引定陶，著國之名，以冠大號。車馬、衣服，宜皆稱皇之意。置吏二千石以下，各共厥職。又宜為共皇立廟京師。上復下其議。有司皆以為宜如褒、猶言。丹議獨異。遂以事策免。數月，上用朱博議，尊傅太后為帝太太后，後又更號皇太太后。稱永信宮。共皇后曰帝太后，稱中安宮。立共王廟於京師。是歲，帝太后崩。起陵共皇之園。傅太后以元壽元年（前 2）崩，合葬渭陵，稱孝元傅皇后焉。傅太后父同產弟四人：曰子孟、中叔、子元、幼君。子孟子喜，至大司馬，封高武侯。中叔子晏，亦大司馬，封孔鄉侯。幼君子商，封汝昌侯。為太后父崇祖侯後。更號崇祖曰汝昌哀侯。太后父蚤卒，母更嫁，為魏郡鄭翁妻，生男惲，前死。以惲子業為陽信侯。追尊惲為陽信節侯。鄭氏、傅氏侯者凡六人，大司馬二人，九卿、二千石六人，侍中、諸曹十餘人。帝太后兩兄：忠、明。明以帝舅封陽安侯。忠蚤死，封忠子滿為平周侯。太后叔父憲、望。望為左將軍。憲為太僕。明為大司馬票騎將軍，輔政。丁氏侯者凡二人，大司馬一人，將軍、九卿、二千石、侍中、諸曹六十餘人。

後傅氏，晏子。哀帝為定陶王時，傅太后欲重親，取以配王者也。杜鄴對策，譏其寵意並於一家，皇甫、三桓，無以盛此，宜矣。

《元后傳》云：哀帝即位，太后詔莽就第，避帝外家。哀帝初優莽，不聽。莽上書，固乞骸骨。《王莽傳》：莽與師丹共劾宏。後日，未央宮置酒，內者令為傅太后張幄坐於太皇太后旁。莽案行，責內者令曰：「定陶太后藩妾，何以得與至尊並？」徹去，更設坐。傅太后聞之，大怒，不肯會。重怨恚莽。莽復乞骸骨。上乃下詔，以莽為特進，朝朔望。又還紅陽侯立京師。帝少而聞知王氏驕盛，心不能善，以初立故，優之。後月餘，司隸校尉解光奏曲陽侯根及成都侯況罪。乃遣根就國，免況為庶人，歸故郡。根及況父商所薦舉為官者皆罷。後二歲，傅太后、丁姬稱尊號。有司奏莽前為大司馬，貶抑尊號之議，虧損孝道；及平阿侯仁臧匿趙昭儀親屬；皆就國。以上據《元后傳》。傅氏子唯喜最賢。哀帝初即位，為衛尉，遷右將軍。莽之乞骸骨，眾庶屬望於喜。傅太后始與政事，喜數諫之，由是傅太后不欲令喜輔政。上乃用師丹代莽。哀帝為太子，丹為太傅，及即位，為左將軍，領尚書事。喜上將軍印綬，以光祿大夫養病。大司空何武、尚書令唐林爭之。上亦自賢之。明年，建平元年（前6）。乃徙丹為大司空，而拜喜為大司馬。丁、傅驕奢，皆疾喜之恭儉。傅太后求稱尊號，喜與孔光、師丹共執正議。傅太后大怒。上不得已，先免師丹，以感動喜。喜終不順。明年，二月，遂策免喜。代以丁明。傅太后又自詔丞相、御史，遣喜就國。時孔鄉侯晏順旨，與京兆尹朱博謀成尊號，繇是代師丹為大司空。傅氏在位者，與博為表裡，共譖毀孔光。遂策免光。博代為丞相。傅太后怨喜不已，使孔鄉侯風丞相，令奏免喜侯。博與御史大夫趙玄議。玄言事已前決，得無不可？已復附從。上知傅太后素嘗怨喜，疑博、玄承指，即召玄詣尚書問狀。玄辭服。減玄死罪三等。削晏戶四分之一。召丞相詣廷尉詔獄。博自殺。時建平二年八月也。平當代為丞相。明年，三月，薨。王嘉代相。又以董賢事敗。

董賢，初以父恭為御史，任為太子舍人。哀帝立，賢隨太子官為郎。二歲餘，賢傳漏在殿下。哀帝望見，說其儀貌。因引上與語。拜為黃門郎。繇是始幸。為駙馬都尉，侍中。出則參乘，入御左右。旬月間賞賜累巨萬。貴震朝廷。常與上臥起。每賜洗沐，不肯出，常留中視醫藥。上以賢難歸，詔令賢妻得通，引籍殿中，止賢廬，若吏妻子居官寺舍。又召賢女弟，以為昭儀。昭儀與妻旦夕上下，並侍左右，賞賜亦各千萬數。賢父為雲中侯，徵為霸陵令。遷光祿大夫。復遷少府。賜爵關內侯，食邑。復徙為衛尉。又以賢妻父為將作大匠，弟為執金吾。詔將作大匠為賢起大第。木土之功，窮極技巧。下至賢家僮僕，皆受上賜。及武庫禁兵，上方珍寶，其選物上第，盡在董氏，而乘輿所服，乃其副也。及至東園祕器，珠襦玉柙，豫以賜賢，無不備具。又令將作為賢起塚義陵旁。《漢書·佞幸傳贊》云：「柔曼之傾意，非獨女德，蓋亦有男色焉？觀籍、閎、鄧、韓之徒，非一，而董賢之寵尤盛。」此所謂男色，與今所謂男色異義。傳言賢性柔和便辟，善為媚以自固，即贊所云柔曼傾意者，皆指性情言之也。然董賢之寵，出乎情理之外，則誠有今所謂男色之嫌焉。賢后敗，縣官斥賣董氏財，凡四十三萬萬。哀帝之溺於嬖倖，可謂甚矣。帝欲侯賢而未有緣，會待詔息夫躬告東平王之事起。

初，傅太后素怨中山孝王母馮太后。孝王薨，綏和元年（前 8）。有一男，嗣為王，未滿歲。有眚病。太后自養視，數禱祠解。哀帝即位，遣中郎謁者張由將醫治中山小王。由素有狂易病。病發，怒去。西歸長安。尚書簿責擅去狀。由恐，誣言中山太后咒詛上及太后。使案驗。馮太后自殺。弟宜鄉侯參，寡弟婦君之，女弟習夫及子當相坐者，或自殺，或伏法。參女弁，為孝王后，有兩女，有司奏免為庶人，與馮氏宗族徙歸故郡。息夫躬者，河內河陽人。（河陽，漢縣，在今河南孟縣西。）少為博士弟子，受《春秋》，通覽記書。傅晏與躬同郡，相友善。躬由是以為援，交遊日廣。先是長安孫寵，亦以遊說顯名。免汝南太守，與躬相結。

俱上書，召待詔。是時哀帝被疾，中山太后既以咒詛自殺。是後無鹽危山有石自立開道。（無鹽，漢縣，見第三章第二節。）躬與寵謀曰：「上亡繼嗣；體久不平，關東諸侯，心爭陰謀。今無鹽山有大石自立，聞邪臣託往事，以為大山石立而先帝龍興。東平王雲（謚煬，宣帝子東平思王宇之子。）以故與其後日夜祠祭咒詛上，欲求非望。而後舅伍宏，反因方術以醫技得幸，出入禁門。察國姦，誅主仇，取封侯之計也。」乃與中郎右師譚共因中常侍宋弘上變事告焉。上惡之。下有司案驗。雲、雲後謁及伍宏等皆坐誅。建中三年 (782)。上擢寵為南陽太守，譚潁川都尉，弘、躬皆光祿大夫、左曹、給事中；定躬、寵章，掇去宋弘，更言因董賢以聞；皆先賜爵關內侯。頃之，欲封賢等，上心憚王嘉，先使傅晏持詔視丞相、御史。嘉與御史大夫賈延上封事。上感其言止。數月，遂下詔封賢為高安侯，寵為方陽侯，躬為宜陵侯，食邑各千戶。賜譚爵關內侯，食邑。建平四年三月。後數月，月食，嘉復奏封事言賢。上寢不說。元壽元年 (前 2)，正月，傅太后薨。因託遺詔，令成帝母皇太后下丞相、御史，益封賢二千戶，及賜孔鄉侯、汝昌侯、陽新侯國、嘉封還詔書。因奏封事，諫上及太后。初，廷尉梁相疑東平獄冤，奏欲傳之長安，更下公卿覆治。尚書令鞫譚、僕射宗伯鳳以為可許。制詔免相等。後數月大赦，嘉奏封事，薦此三人。上不能平。及是，以責問嘉，致之廷尉詔獄。二十餘日，嘉不食，嘔血死。大司馬丁明素重嘉，上遂免明，以董賢代之，而以孔光為相。賢由是權與人主侔矣，而息夫躬亦仍為賢所齮齕以死。

躬既親近，數進見言事，論議無所避。眾畏其口，見之反目。躬上疏歷詆公卿大臣。董賢貴幸日盛，丁、傅害其寵。孔鄉侯晏與躬謀，欲求居位輔政。建平四年 (前 3)，關東民傳行西王母籌，經歷郡國，西入關，至京師。民又會聚祠西王母。或夜持火上屋，擊鼓號呼，相驚恐。是年，匈奴單于烏珠留若鞮。上書願朝五年。其明年，改元元壽。單于當發而病，復遣使言願朝明年。躬言疑有他變。又言往年熒惑守心，大白高而芒光，又角星茀於河鼓，其法為有兵亂，是後訛言行詔籌，經歷郡國，天下騷動，恐必有非常之變。可遣大將軍行邊兵，敕武備，斬一郡守以立威，震四夷，因以厭應變異。於是以傅晏為大司馬衛將軍，丁明為大司馬票騎將軍。是日，日有食之。董賢因此沮躬、晏之策。後數日，收晏衛將軍印綬。而丞相、御史奏躬罪過。下詔免躬、寵官，遣就國。躬歸國，未有第宅，寄居丘亭。姦人以為侯家富，常夜守之。躬邑人河內掾賈惠往過躬，教以咒盜方。以桑東南指枝為匕，畫北斗七星其上。躬夜自被髮立中庭，向北斗，持匕招指祝盜。人有上書言躬懷怨恨，非笑朝廷所進，候星宿，視天子吉凶，與巫同祝詛。上遣侍御史、廷尉監逮躬繫洛陽詔獄。欲掠問。躬仰天大謼，因僵僕。吏就問，云咽已絕，血從鼻耳出。食頃死。黨友謀議相連下獄百餘人。躬母聖，坐祠灶祝詛上，大逆不道。聖棄市。妻充漢，與家屬徙合浦。躬同族親屬，素所厚者，皆免廢錮。案息夫躬實非邪人。[075]雖與董賢俱封，初非因賢而進。觀其歷詆公卿大臣，多所建白，蓋亦欲有所為，而為董賢所厄耳。或疑躬之告東平王為傾危，依附傅晏為不正，然東平王獄果冤曲否，非今日所能知；任用外戚，在當時已成故事，欲得政者，勢不能無所馮藉，亦不足為躬咎也。觀董賢齮齕之之深，則知薰蕕之不同器。仰天絕咽，事屬罕聞，竊疑吏實承賢指殺之也。觀其黨友親屬連坐之多，知董賢與丁、傅相爭之烈。此獄必別有隱情，而無傳於後耳。

哀帝之初即位也，嘗罷樂府；定限田之法；參看第十五章第三節。齊三服官諸官織綺繡難成害女紅之物，皆止無作輸；除任子令及誹謗詆欺法；掖庭宮人年三十以下出嫁之；官奴婢五十以上，免為庶人；禁郡國毋得獻名獸；益吏三百石以下奉；察吏殘賊酷虐者以時退；有司無得舉赦前往事；博士弟子父母死，予寧三年；初陵勿徙郡國民；建平二年（前 5）。皆卓然有元帝之風。其後又嘗一用李尋。李尋者，王根所薦。帝初即位，待

[075]　史事：息夫躬非傾險之人。

詔黃門。勸上毋聽女謁邪臣，少抑外親大臣，拔進英雋，退不任職。遷黃門侍郎。以尋言且有水災，拜為謁者，使護河堤。初，成帝時，齊人甘忠可，詐造《天官曆包元太平》經十二卷。以言漢家逢天地之大終，當更受命於天。天帝使真人赤精子下教我此道。忠可以教重平夏賀良（重平，漢縣，屬渤海，今河北吳橋縣南。）、容丘丁廣世（容丘，漢縣，屬東海，今江蘇邳縣北。）、東郡郭昌等。中壘校尉劉向奏忠可假鬼神，罔上惑眾。下獄治服。未斷，病死。賀良等坐挾學忠可書，以不敬論。後賀良等復私以相教。哀帝初立，司隸校尉解光，亦以明經通災異得幸。白賀良等所挾忠可書。事下奉車都尉劉歆。歆以為不合《五經》，不可施行。而李尋亦好之。光曰：「前歆父向奏忠可下獄，歆安肯通此道？」時郭昌為長安令，勸尋宜助賀良等。尋遂白賀良等，皆待詔黃門。數召見。陳說漢曆中衰，當更受命，成帝不應天命，故絕嗣。今陛下久疾，變異屢數，天所以譴告人也。宜急改元易號，乃得延年益壽，皇子生，災異息矣。得道不行，咎殃且亡。不有洪水將出，災火且起，滌盪民人。哀帝久寢疾，幾其有益。於是制詔丞相、御史：以建平二年（前 5）為太初元將元年（前 5）。號曰陳聖劉太平皇帝。漏刻以百二十為度。後月餘，上疾自若。賀良等復欲妄變政事。大臣爭，以為不可許。賀良等奏言大臣皆不知天命。宜退丞相、御史，以解光、李尋輔政。上以其言毋驗，遂下賀良等吏。下詔：「六月甲子詔書，非赦令也，皆蠲除之。」賀良等皆下獄，伏誅。尋及解光減死一等，徙敦煌郡。案賀良言漢家當更受命，猶之眭孟言漢帝當求索賢人，禪以帝位，蓋皆欲大有所為。哀帝固非其人，然改革之論，如此其盛，終必有起而行之者，而新室遂應運而興矣。

哀帝即位，徵龔勝。勝又薦龔舍及寧壽、侯嘉。壽稱疾不至。勝等皆為諫大夫。舍旋病免。勝數上書求見。言百姓貧，盜賊多，吏不良，風俗薄，災異數見，不可不憂。制度泰奢，刑罰泰深，賦斂泰重。宜以儉約先下。其言祖述王吉、貢禹之意。為大夫二年，遷丞相司直。徙光祿大夫。

以言董賢亂制度，逆上指，見出。鮑宣為諫大夫，言民有七死、七亡，皆公卿守相，貪殘成化所致。責上私養外親幸臣。上以其言徵孔光、何武、師丹、彭宣、傅喜，免孫寵、息夫躬，罷侍中、諸曹、黃門郎數十人。拜宣為司隸。司隸校尉改。後以摧辱宰相，下獄髡鉗。又有郭欽，為丞相司直。以奏董賢左遷。毋將隆為執金吾。上使中黃門發武庫兵，前後十輩，送董賢及上乳母王阿舍。隆奏請收還。上不說。頃之，傅太后使謁者買諸官婢，賤取之，復取執金吾官婢八人，隆奏言賈賤，請更平直，亦左遷。鄭崇者，傅喜為大司馬所薦，擢為尚書僕射。數求見諫諍。上初納用之。久之，上欲封傅太后從弟商，崇諫，太后大怒，卒封商為汝昌侯。崇又以董賢貴寵過度諫，為尚書令趙昌所奏，死獄中。孫寶者，成帝時為益州刺史，劾王音姊子廣漢太守扈商。遷丞相司直。發紅陽侯立罪。哀帝即位，徵為諫大夫。遷司隸。馮太后自殺，寶奏請覆治。傅太后大怒。上順指下寶獄。尚書僕射唐林爭之。上以林朋黨比周，左遷敦煌魚澤障候。大司馬傅喜、光祿大夫龔勝爭之。上乃為言太后，出寶復官。鄭崇下獄，寶上書請治，復免為庶人。蓋婞直之臣，無不為外戚嬖倖所敗者。《王嘉傳》：嘉奏封事，言帝初即位，易帷帳，去繡飾，乘輿席緣，綈繒而已。共皇寢廟，比比當作，憂閔元元，唯用度不足，以義割恩，輒且止息。《孔光傳》言帝初即位，躬行儉約，省減費用，政事由己出，朝廷翕然望至治焉。此實為漢室起衰振敝之機，而卒為外戚嬖倖所敗，惜哉！

第七章　新室始末

第一節　新莽得政

中國之文化，有一大轉變，在乎兩漢之間。自西漢以前，言治者多對社會政治，竭力攻擊。東漢以後，此等議論，漸不復聞。漢、魏之間，玄學起，繼以佛學，乃專求所以適合社會者，而不復思改革社會矣。人與動物之異，在於人能改變其所處之境，動物則但能自變以求與所處之境相合。人既能改造所處之境，故其與接為構者，實以業經改變之境為多，而人與人之相處，關係尤巨。不能改變所處之境，而徒責人以善處，此必不可得之數也。東漢以後，志士仁人，欲輔翼其世，躋世運於隆平，畀斯民以樂利者甚多，其用思不可謂不深，策劃不可謂不密，終於不能行，行之亦無其效者，實由於此。故以社會演進之道言之，自東漢至今二千年，可謂誤入歧途，亦可謂停滯不進也。

先秦之世，仁人志士，以其時之社會組織為不善，而思改正之者甚多，讀《先秦史》第十五章第五節，可見其概。此等見解，旁薄鬱積，匯為洪流，至漢而其勢猶盛，讀第五章第一節，及上章各節，亦可以見其概矣。此等思想，雖因種種阻礙，未之能行，然既旁薄鬱積如此，終必有起而行之者，則新莽其人也。新莽之所行，蓋先秦以來志士仁人之公意，其成其敗，其責皆當由抱此等見解者共負之，非莽一人所能尸其功罪也。新莽之為人也，迂闊而不切於事情，其行之誠不能無失。然苟審於事情，則此等大刀闊斧之舉動，又終不能行矣。故曰：其成其敗，皆非一人之責也。

欲知新莽之改革，必先知莽之為人，及其得政之由。《漢書》本傳言：莽群兄弟皆將軍五侯子，乘時侈靡，以輿馬、聲色、佚遊相高。莽獨孤貧，因折節為恭儉。受《禮經》，師事沛郡陳參。勤身博學，被服如儒生。事母及寡嫂，養孤兄子，行甚敕備。又外交英俊，內事諸父，曲有禮意。永始元年（前 16），封新都侯。遷騎都尉、光祿大夫、侍中。爵位益尊，節操愈謙。散輿馬衣裘，振施賓客，家無所餘。收贍名士，交結將相、卿大夫甚眾。故在位更推薦之，遊者為之談說。虛譽隆洽，傾其諸父矣。綏和元年（前 8），擢為大司馬，年三十八。莽既拔出同列，繼四父而輔政，欲令名譽過前人。遂克己不倦。聘諸賢良，以為掾史。賞賜邑錢，悉以享士。愈為儉約母病，公卿列侯遣夫人問疾，莽妻迎之，衣不曳地，布蔽膝，見之者以為僮使，問，知其夫人，皆驚。凡莽之所行，漢人悉以一偽字抹殺之，其實作偽者必有所圖，所圖既得，未有不露其本相者，莽則始終如一，果何所為而為偽哉？《漢書》言其敢為激發之行，處之不慚恧，此乃班氏父子曲詆新室之辭，平心論之，正覺其精神之誠摯耳。

哀帝時，莽就國，杜門自守。其中子獲殺奴，莽切責獲，令自殺。在國三歲，吏上書冤訟莽者以百數。元壽元年（前 2），日食，賢良周護、宋崇等對策，深訟莽功德。上於是徵莽及平阿侯仁還京師侍太后。哀帝崩，無子。太皇太后即日駕之未央宮，收取璽綬。遣使者馳召莽。詔尚書：諸發兵符節，百官奏事，中黃門、期門兵皆屬莽。莽白「大司馬董賢年少，不合眾心，收印綬。賢即日自殺。」《後漢書．張步傳》：哀帝臨崩，以璽綬付董賢，曰：無妄以與人。王閎白元后請奪之，即帶劍至宣德後闥，舉手叱賢曰：「宮車晏駕，國嗣未立，公受恩深重，當俯伏號泣，何事久持璽綬，以待禍至邪？」賢知閎必死，不敢拒之，乃跪授璽綬。閎，平阿侯譚子也。此時之董賢、丁、傅，豈足以當大任？漢用外戚既久，出膺艱巨者，自非莽莫屬，此固不能為元后咎也。詔有司舉可大司馬者。自大司徒孔光以下舉朝皆舉莽。何武為前將軍，與左將軍公孫祿相善。二人獨謀，以為孝惠、孝昭之世，外戚呂、霍、上官持權，幾危社稷。今孝成、孝哀，比世無嗣，宜令異姓大臣持權，（師古曰：異姓，謂非宗室及外戚)。[076] 親疏相錯。於是武舉公孫祿，祿亦舉武。太后竟自用莽為大司馬。莽風有司劾奏武、祿互相稱舉，皆免。於是議立嗣。使迎中山王子箕子。孝王子。元始二年 (2)，更名衎。九月，即帝位。是為平帝。年九歲。太皇太后臨朝。莽秉政。百官總己以聽。莽白趙氏前害皇子，傅氏驕僭。貶皇太后趙氏為孝成皇后，退居北宮。哀帝皇后傅氏退居桂宮。後俱廢為庶人，就其園。皆自殺。貶傅太后號為定陶共王母，丁太后號丁姬。孔鄉侯傅晏、少府董恭賢父。皆免官爵，徙合浦。丁氏徙歸故郡。後復發共王母及丁姬冢，取帝太后、皇太太后璽綬消滅。徙共王母及丁姬歸定陶，葬共王冢次。事在元始五年 (5)。諸造議者泠褒、段猶等皆徙合浦。免高昌侯宏為庶人。時孔光為大司徒，莽引光女婿甄邯為侍中奉車都尉。諸哀帝外戚，及大臣居位素所不說者，莽皆傅致其罪，為請奏，令郎持與光上之，莽白太后可其奏。紅陽侯立、平阿侯仁皆就國。王舜、王邑為腹心，甄豐、甄邯主擊斷，平晏領機事，劉歆典文章，孫建為爪牙。豐子尋、歆子棻、涿郡崔發、南陽陳崇，皆以材能幸於莽。元始元年，正月，越裳氏重譯獻白雉一，黑雉二。群臣奏言莽功德比周公。賜號為安漢公。初，孔光乞骸骨，徙為帝太傅。至是，以光為太師，王舜為太保，甄豐為少傅，莽為太傅，幹四輔事。令太后下詔：唯封爵以聞，他事安漢公、四輔平決。莽建言宜立諸侯王后，及高祖以來功臣子孫。大者封侯，或賜爵關內侯，食邑。然後及諸在位，各有第序。上尊宗廟，增加禮樂。下惠士民鰥寡，恩澤之政，無所不施。又為致太平之事。如立明堂、辟雍，遣使者觀風俗，還言天下風俗齊同等，見第二節。州牧、二千石及茂材吏初除奏事者，輒引入至近署對安漢公，考故官，問新職，以知其稱否。於是莽人人延問，密緻恩意，厚加贈送，其不合指，顯奏免之，權與人主侔矣。

王莽以平帝為成帝後，不得顧私親，母衛姬及外家，皆不得至京師。拜衛姬為中山孝王后，賜帝舅寶、寶弟玄爵關內侯。莽長子宇，私與衛寶

---

[076] 宗族：非外戚為異姓。

通書記。教衛後上書謝恩，因陳丁、傅舊惡，幾得至京師。莽白太后，下詔益其湯沐邑。宇復教令上書求至京師。與師吳章及婦兄呂寬議其故。章以為莽不可諫，而好鬼神，可為變怪，以驚懼之，章因推類說令歸政於衛氏。宇即使寬夜持血灑莽第門。吏發覺之。莽執宇送獄，飲藥死。宇妻焉懷身，繫獄，須產子已殺之。盡誅衛氏支屬。窮治呂寬之獄。連引郡國豪傑素非議己者。內及敬武公主、宣帝女，為薛宣所尚，事丁、傅。宣子況與呂寬相善。梁王立孝王八世孫。紅陽侯立、平阿侯仁，使者迫守，皆自殺。死者以百數。吳章要斬，磔屍東市門。弟子皆禁錮。見《雲敞傳》。何武、鮑宣、辛通父子，通弟遵、茂等，通，慶忌子。皆死於是獄。案漢既習用外戚，是時之衛氏，自不免有人援引。莽之斥絕之，亦自不得不然。權利之際，戈矛起於庭闈者甚多；世族子弟，尤多無心肝；宇之交通衛寶，蓋亦不過權利之見，《漢書》謂其恐帝長太后見怨者，非也。王氏當是時，勢已騎虎不得下。果慮後禍，何止一衛氏？是時之平帝，必不能至於長大而親政，亦愚人知之矣。《後漢書·申屠剛傳》，言平帝時王莽專政，隔絕馮、衛二族，剛疾之，因對策極言，莽令元后下詔罷歸田里，恐其子孫虛構之辭，如韋孟《諫》詩，非自己出，見《漢書·韋賢傳》。《郅惲傳》言莽時，惲西至長安，上書勸其歸政劉氏，疑亦此類也。

元始四年，二月，莽女立為皇后。采伊尹、周公稱號，尊安漢公曰宰衡。位在諸侯王上。五年，十二月，帝崩。時元帝世絕，而宣帝曾孫有見王五人、列侯四十八人。莽惡其長大，曰：「兄弟不得相為後。」乃選玄孫中最幼廣戚侯子嬰楚孝王囂玄孫。為皇帝，年二歲。太后下詔：令安漢公居攝踐阼，如周公故事。群臣奏請安漢公居攝踐阼，服天子韍冕，背斧依於戶牖之間，南面朝群臣，聽奏事。車服，出入警蹕，民臣稱臣妾，皆如天子之制。郊祀天地，宗祀明堂，共事宗廟，享祭群神，贊曰假皇帝。民臣謂之攝皇帝。自稱曰予。其朝見皇太后、帝太后，皆復臣節。自施政教於其宮家國采，如諸侯禮儀故事。明年，改元曰居攝。居攝元年（6），三月，立嬰為皇太子，號曰孺子。安眾侯劉崇景帝子長沙定王發七世孫。安眾，在今河南鎮平縣東南。起兵攻宛，不得入而敗。群臣曰：「崇等謀逆，以莽權輕也，宜尊重以填海內。」五月，太后詔莽朝見太后稱假皇帝。二年，九月，東郡太守翟義方進子。都試勒車騎，因發奔命，并東平，立嚴鄉侯劉信為天子。東平王雲之子。比至山陽，眾十餘萬。莽遣王邑、孫建等八將擊義，分屯諸關守厄塞。槐里男子趙明、霍鴻等（槐里，漢縣，在今陝西興平縣南。）起兵以和翟義，眾且十萬。莽遣將軍王級等將兵拒之。十二月，邑等破翟義於圉。（漢縣，今河南杞縣南。）義與劉信棄軍庸亡至固始界中。（固始，漢縣，在今河南淮陽縣西北。）捕得義尸，磔陳都市。卒不得信。三年春，邑等還京師，西與王級等合，擊明、鴻，皆破滅。莽並先破益州蠻夷及金城塞外羌功，封侯、伯、子、男及附城，關內侯更名，參看第三節。凡數百人，是歲，廣饒侯劉京等奏符命。十一月，莽奏太后：請共事神祇、宗廟，奏言太皇太后、孝平皇后，皆稱假皇帝。其號令天下，天下奏事毋言攝。以居攝三年（8）為初始元年，漏刻以百二十為度，用應天命。孺子加元服，復子明辟，如周公故事。奏可。梓潼人哀章作銅匱，為兩檢，署其一曰天帝行璽金匱圖，其一署曰赤帝行璽某漢高帝名。傳與黃帝金策書。昏時，衣黃衣，持匱至高廟，以付僕射。[077] 僕射以聞。莽至高廟拜受金匱神嬗。遂即真天子位。定有天下之號曰新。以孺子嬰為定安公。

王莽為有大志之人。欲行其所懷抱，勢不能不得政權，欲得政權，勢不能無替劉氏，欲替劉氏，則排擯外戚，誅鉏異己，皆勢不能免，此不能以小儒君臣之義論也。即以尋常道德繩之，後人之責莽，亦仍有過當者。莽之誅董賢、丁、傅，或出於欲得政權，然謂董賢、丁、傅可無誅焉，得乎？改葬定陶太后等，自今日視之，庸或過當，固非所論於當日也。傅晏雖誅，傅喜固莽所召，董宏雖廢，師丹亦莽所徵，謂其全無是非曲直得乎？孔光之所奏免，呂寬之獄之所牽連，又安知其皆無罪哉？

[077] 宗教：王莽土德。

第二節　新室政治上

新室政治，可分數端：一曰均貧富，二曰興教化，三曰改官制，四曰修庶政，五曰興學術。凡莽之所懷抱者，多未能行，或行之而無其效，雖滋紛擾，究未足以召大亂，其召亂者，皆其均貧富之政，欲求利民，而轉以害之之故也。今略述其事如下：

漢世儒家，所最痛心疾首者，為地權之不均。董仲舒首建限民名田之策；哀帝時，師丹輔政，定其法，而未能行；此為漸進之策。參看第十五章第三節。其急進之策，則收土田為國有而均分之，所謂井田之制也。新莽行急進之策。始建國元年 (9)，詔曰「予前在大麓，始令天下公田口井，遭反虜逆賊且止」，則劉崇、翟義叛前，已行之矣。去剛卯刀錢詔曰：「予前在大麓，至於攝假。」師古曰：大麓者，謂為大司馬宰衡時，妄引舜納於大麓烈風雷雨不迷也。是年，乃更名天下田曰王田，奴婢曰私屬，皆不得賣買。其男口不盈八，而田過一井者，分餘田予九族、鄰里、鄉黨。《王莽傳》文。《食貨志》同，無鄰里二字。故無田今當受田者如制度。敢有非井田聖制，無法惑眾者，投諸四裔，以禦魑魅。《王莽傳》文。《食貨志》云：「犯令法至死。」然下文亦云「非井田、挾五銖錢者為惑眾，投諸四裔，以禦魑魅」。《食貨志》云：制度不定，吏緣為姦，天下謷謷，陷刑者眾。後三歲，始建國四年 (12)。莽知民愁，下詔：「諸食王田及私屬，皆得賣買，勿拘以法。」據《王莽傳》，事由區博之諫，博言：「井田雖聖王法，其廢久矣。周道既衰而民不從。秦知順民之心，可以獲大利也，故滅廬井而置阡陌，遂王諸夏。迄今海內未厭其敝。今欲違民心，追復千載絕跡，雖堯、舜復起，而無百年之漸，弗能行也。」井田之制，必非如莽之政所能復，博之言，固非無見也。《王莽傳》又載地皇二年 (21) 公孫祿之對，謂「明法男張邯、地理侯孫陽造井田，使民棄土業」，蓋井田之行，此二人實主其事也。[078]《王莽傳》：地皇三年（22），廉丹已死，王匡等戰數不利，莽知天下潰畔，事窮計迫，乃議遣風俗大夫司國憲等分行天下。除井田、奴婢、山澤、六管之禁，一似井田之法仍存者，蓋始建國四年（12）之詔，特謂違法者暫勿問，而其法初未除。故其詔云：「諸名食王田者，皆得賣之，勿拘以法，犯私賣買庶人者，且一切勿治」也。

始建國二年（10），始設六管之制，《食貨志》云：莽性躁擾，不能無為，每有所興造，必欲依古得經文。國師公劉歆言：「周有泉府之官，收不仇與欲得，即《易》所謂理財正辭，禁民為非者也。」莽乃下詔曰：「夫《周禮》有賒貸，而《樂語》有五均，（鄧展曰：《樂語》，《樂元語》，河間獻王所傳，道五均事。臣瓚曰：其文云：天子取諸侯之土，以立五均，則市無二賈，四民常均，強者不得困弱，富者不得要貧，則公家有餘，恩及小民矣。案此亦輕重之說。）傳記皆有斡焉。今開賒貸，張五均，設諸斡者，所以齊眾庶，抑并兼也。」遂於長安及五都立五均官，更名長安東、西市令及洛陽、邯鄲、臨菑、宛、成都市長皆為五均司市師。（今本作「司市稱師」，稱字涉下文而衍。）東市稱京，西市稱畿，洛陽稱中。餘四都各用東、西、南、北為稱。皆置交易丞五人，錢府丞一人。工商能采金、銀、銅、連、錫，登龜，取貝者，皆自占司市、錢府，順時氣而取之。又以《周官》稅民，凡田不耕為不殖，出三夫之稅；城郭中宅不樹藝者為不毛，出三夫之布；民浮游無事，出夫布一匹。其不能出布者，冗作縣官衣食之。諸取眾物、鳥獸、魚鼈、百蟲於山林、水澤及畜牧者，嬪婦桑蠶、織紝、紡績、補縫，工匠，醫，巫，卜，祝及它方技，商販，賈人，坐肆列里區謁舍，皆各自占所為於其在所之縣官。除其本，計其利，十一分之，而以其一為貢。敢不自占，占不以實者，盡沒入所采取，而作縣官一歲。諸司市常以四時中月，實定所掌，為物上中下之賈，各自用為其市平，毋拘它所。眾民賣買五穀、布帛、絲綿之物，周於民用而不仇

[078]　史事：王莽行井田之年。

者，均官有以考檢厥實，用其本賈取之，毋令折錢。萬物卬貴過平一錢，則以平賈賣與民，其賈氐賤減平者，聽民自相與市，以防貴庾者。民欲祭祀、喪紀而無用者，錢府以所入工商之貢但賒之。祭祀毋過旬日，喪紀毋過三月。民或乏絕，欲貸以治產業者，均受之，除其費，計所得受息，毋過歲什一。（《王莽傳》曰：收息百，月三。如淳曰：出百錢與民，月收其息三錢也。）羲和魯匡言名山大澤、鹽、鐵、布帛、五均、賒貸，斡在縣官，唯酒酤獨未斡。請法古，令官作酒。羲和置命士，督五均、六斡。郡有數人。皆用富賈。洛陽薛子仲、張長叔、臨菑姓偉等，乘傳求利，交錯天下。因與郡縣通姦，多張空簿。府臧不實，百姓俞病。莽知民苦之，復下詔曰：「夫鹽，食肴之將；酒，百藥之長，嘉會之好；鐵，田農之本；名山大澤，饒衍之臧；五均賒貸，百姓所取平，卬以給澹；鐵布銅冶，通行有無，備民用也。此六者，非編戶齊民，所能家作，必卬於市。雖貴數倍，不得不買。豪民富賈，即要貧弱。先聖知其然也，故斡之。」每一斡為設科條防禁，犯者罪至死。據《王莽傳》，事在天鳳四年 (17)。姦吏猾民並侵，眾庶各不安生。案據莽詔，則所謂六管者，鹽一，酒二，鐵三，名山大澤四，五均賒貸五，鐵布銅冶六。[079] 而《漢書》諸文，或以五均與六管並言，或以山澤與六管對舉，一似其在六管之外者，則古人辭不審諦也。此舉將大業歸諸官營；稅無稅者以貸乏絕；有用之物，保其不折本，以護農、工、商；亦保其不卬於平賈，以衛適市者；可謂體大思精，然其不能行，則亦無待再計也。《王莽傳》：地皇二年 (21)，公孫祿言魯匡設六管以窮工商，莽怒，然頗采其言，左遷匡為五原卒正。六管非匡所獨造，莽厭眾意而出之。三年 (22)，又下書曰：「唯民困乏，雖溥開諸倉，以振贍之，猶恐未足。其且開天下山澤之防。諸能採取山澤之物而順月令者，其恣聽之，勿令出稅，至地皇三十年如故」云。

莽所行最不可解者，為其錢幣之制。居攝二年，五月，以周錢有子母

---

[079]　生計：五均、山澤皆為六管之一。

相權，更造大錢，徑寸二分，重十二銖，文曰大錢五十。又造契刀、錯刀。契刀，其環如大錢，身形如刀，長二寸，文曰契刀五百。錯刀，以黃金錯，其文曰一刀直五千。與五銖凡四品並行。莽即真，以為書劉字有金刀，乃罷錯刀、契刀及五銖錢。《食貨志》。《王莽傳》，事在始建國元年 (9)。並罷剛卯，莫以為佩。更作小錢，徑六分，重一銖，文曰小錢直一。與前大錢五十者為二品並行。欲防民盜鑄，乃禁不得挾銅炭。百姓便安漢五銖錢，以莽錢大小兩行，難知；又數變改不信；皆私以五銖錢市買。訛言大錢當廢，莫肯挾。莽患之。復下書：誅挾五銖錢。言大錢當罷者，比非井田制，投四裔。於是農商失業，食貨俱廢。民人至涕泣於市道。及坐賣買田宅、奴婢、鑄錢，自諸侯卿大夫至於庶民，抵罪者不可勝數。又遣諫大夫五十人分鑄錢於郡國。二年 (10)，以錢幣訖不行，復下書曰：「民以食為命，以貨為資，是以八政以食為首；寶貨皆重，則小用不給，皆輕，則僦載煩費，輕重大小，各有差品，則用便而民樂。」於是造寶貨五品。《王莽傳》。小錢，徑六分，重一銖，文曰小錢直一。次七分，三銖，曰幺錢一十。次八分，五銖，曰幼錢二十。次九分，七銖，曰中錢三十。次一寸，九銖，曰壯錢四十，因前大錢五十，是為錢貨六品：直各如其文，黃金重一斤，直錢萬。朱提銀重八兩為一流，直一千五百八十；(師古曰：朱提，縣名，屬犍為。案在今四川宜賓縣西南。) 它銀一流，值千：是為銀貨二品：元龜岠冉長尺二寸，值二千一百六十，為大貝十朋。公龜九寸，值五百，為壯貝十朋。侯龜七寸以上，值三百，為幺貝十朋。子龜五寸以上，值百，為小貝十朋。是為龜寶四品：大貝四寸八分以上，二枚為一朋，值二百一十六。壯貝三寸六分以上，二枚為一朋，值五十。幺貝二寸四分以上，二枚為一朋，值三十。小貝寸二分以上，二枚為一朋，值十。不盈寸二分，漏度，不得為朋，率枚值錢三：是為貝貨五品：大布、次布、弟布、壯布、中布、差布、厚布、幼布、幺布、小布。小布長寸五分，重十五銖，文曰小布一百。自小布以上，各相長一分，相重一銖，文各為其布名，值各加一百。上至大布，長二寸四分，重一兩，而值千錢矣。是為布貨十品：凡寶貨，五物，六名，二十八品。鑄作錢布，皆用銅，殽以連錫。文質周郭，放漢五銖錢云。百姓憒亂，其貨不行。乃但行小錢值一，與大錢五十，二品並行。龜、貝、布屬且寢。《食貨志》。盜鑄錢者不可禁，乃重其法，一家鑄錢，五家坐之，沒入為奴婢。吏民出入，持布錢以副符傳，不持者，廚傳勿舍，關津苛留；公卿皆持以入宮殿門；欲以重而行之。五年 (13)，以犯挾銅炭者多，除其法。地皇元年 (20)，罷大小錢。更行貨布，長二寸五分廣一寸，直貨錢二十五。貨錢徑一寸，重五銖，枚值一。兩品並行。敢盜鑄錢及偏行布貨，伍人知不發舉，皆沒入為官奴婢。其男子檻車，兒女子步，以鐵鎖琅瑺其頸，傳詣鐘官，以十萬數。到者易其夫婦。愁苦死者什六七。案民之不能無通工易事久矣。公產之制既替，通工易事，久藉貿易以行，未有他法以代之，貿易勢不能廢。不則率天下而路也。不特此也，貿易既興，生之為之者，皆非欲食之用之，而欲持以與人為易，故農工實唯商之馬首是瞻，商業敗壞，農工亦無所適從矣。交易之行，必資錢幣。莽之幣制，蓋無一不與生計學理相背者，安得不商業紊而農工隨之邪？《漢書》所謂食貨俱廢。致禍速亡，莫甚於此矣。

莽於用財，亦有制度。平帝元始三年 (1)，奏車服制度，吏民養生、送終、嫁娶、奴婢、田宅、器械之品。《本紀》天鳳三年 (16)，下吏祿制度。又令用上計時通計天下。即有災害，以什率多少而損其祿。大官膳饈亦然。案生之者眾，必兼食之者寡；為之者疾，必兼用之者舒言之，而後其義始備。否則食用無論如何充餘，必仍見為不足。以必有好奢之人，恣意妄行，而眾人慕效之也。所謂足不足，本難以物言，而多由於欲。縱欲相逐，生之者雖眾，為之者雖疾，亦安能及之？且侈靡之物，苟不許食，不許用，自亦無生之為之者矣。但務生之為之之多，不言食之用之之節，一若生之為之果多，雖無節而不害者，此資本主義之流失，非生計學之真實義也，不逮古說多矣。莽所定製，卓然猶有古義，惜未必能行耳。

生計與教化，為漢儒所欲改革之兩大端。已見第五章第一節。所謂教化者，非曰諄諄命之，亦非曰立一法而強之使行，必先改其所處之境。此在古代，義本明白，西漢論者，亦仍如此，讀《先秦史》第十五章第四節，及本編第六章各節，亦可見之矣。然自宣帝已後，漸有離生活而言教化，以沽名譽者，[080] 黃霸等實開其端，第五章第十二節，亦已略及之。王莽亦坐此弊。平帝元始三年 (3)，莽奏立學官，郡國曰學，縣、道、邑、侯國曰校，校、學置經師一人。鄉曰庠，聚曰序，序、庠置《孝經》師一人。四年 (4)，奏立明堂、辟雍。參看第十九章第一節。遣太僕王惲等八人置副假節，分行天下，覽觀風俗。莽又奏為市無二賈，官無獄訟，邑無盜賊，野無饑民，道不拾遺，男女異路之制。犯者象刑。地皇元年 (20)，以唐尊為太傅。尊曰：「國虛民貧，咎在奢泰。」乃身短衣小袖，乘牧馬柴車，藉稿瓦器，又以歷遺公卿。出見男女不異路者，尊自下車，以象刑赭幡汙染其衣。莽聞而說之。下詔申敕公卿，思與厥齊。封尊為平化侯。皆黃霸之故智也。民本不知矯誣也，或雖欲矯誣而猶有所不敢也，啟之矣。

第三節　新室政治下

《平帝紀》：元始四年 (4)，分京師置前輝光、後丞烈二郡。更公、卿、大夫、八十一元士官名位次，及十二州名分界，郡國所屬，罷置改易，天下多事，吏不能紀。此乃要其終言之，非一時事也。據《王莽傳》：則是年正十二州名分界。翟義等破滅時，已定爵五等，公、侯、伯、子、男，關內侯更名附城。地四等。始建國元年 (9)，置四岳、東嶽太師，南嶽太傅，西嶽國師，北嶽國將。三公、司馬、司徒、司空。九卿、司馬司允，司徒司直，司空司若，位皆孤卿。更名大司農曰羲和，後更為納

---

[080] 政治：離生活而言教化之弊。

言。大理曰作士。太常曰秩宗。大鴻臚曰典樂。少府曰共工。水衡都尉曰予虞。與三公司卿凡九卿，分屬三公。二十七大夫、每一卿置大夫三人。八十一元士，一大夫置元士三人。分主中都官諸職。又改諸官名，如郡太守曰大尹，都尉曰太尉，縣令、長曰宰。及新置諸官。莽所改官制，與實際無甚關係，今不備舉。定漢諸侯王之號皆稱公，四夷僭號者為侯。封王氏齊衰之屬為侯，大功為伯，小功為子，緦麻為男，女皆為任。及黃帝、少昊、顓頊、嚳、堯、舜、禹、皋陶、伊尹之後。侯、伯、子。漢、周之後為賓。公。殷、夏之後曰恪。侯。周公、孔子後已前定。四年(12)，以洛陽為東都，常安長安改。為西都。州從《禹貢》為九。爵從周氏有五。諸侯之員千有八百，附城之數亦如之。公萬戶，方百里。侯、伯戶五千，方七十里。子、男戶二千五百，方五十里。附城食邑九成。大者戶九百，方三十里。降殺以兩，至於一成。授諸侯茅土。使侍中講理大夫孔秉等與州、部眾郡曉知地理圖籍者共校治。天鳳元年(14)，又以《周官》、《王制》之文，置卒正、連率、大尹，職如太守。屬令、屬長，職如都尉。置州牧，其禮如三公。郡監二十五人，位上大夫，各主五郡。(今本誤作「置州牧部監二十五人，見禮如三公，監位上大夫，各主五郡」，從《漢紀》正。)公氏作牧，侯氏卒正，伯氏連率，子氏屬令，男氏屬長，皆世其官。其無爵為尹。西都曰六鄉。分長安城旁地為之，置帥各一人。眾縣曰六尉。分三輔為六尉郡。東都曰六州。置州長各一人。益河南屬縣滿三十，人主五縣。眾縣曰六隊。河東、河內、弘農、河南、潁川、南陽為六隊郡。置大夫，職如太守。屬正職如都尉。更名河南大尹曰保忠信卿。案六隊即六遂。粟米之內曰內郡，其外曰近郡，有鄣徼者曰邊郡。合百二十有五郡。九州之內，縣二千二百有三。公作甸服，是為惟城；諸在侯服，是為惟寧；在采任諸侯，是為惟翰；在賓服，是為惟屏；在揆文教，奮武衛，是為惟垣；在九州之外，是為惟藩；各以其方為稱。總為萬國焉。案設官分職，實為出治之原；體國經野，亦宜與地理相合；莽之加意於此，不可謂非知治本，然其制度，皆慕古而不切實際。授茅土後，以圖簿未定，未授國邑。其後歲復變更，一郡至五易名，而還復其故，吏民不能紀。每下詔書，輒系其故名，則徒滋紛擾，而制度實未定也，更無論其行之矣。

新莽作事之無成，實由其規模之過大。其徒滋紛擾可議，其規模之大，仍足稱道也。《溝洫志》言：莽時徵能治河者以百數。《志》載關並、張戎、韓牧、王橫之議，皆可謂有所見。志又言桓譚為司空掾，典其議。為甄豐言：「凡此數者，必有一是。宜詳考驗，計定然後舉事。費不過數億萬，可以上繼禹功，下除民疾。」此何等策畫乎？《志》又言莽時「但崇空語，無施行者」。[081] 此乃漢人訾謷之辭，莽在位僅十四年，所施行則經緯萬端，以其時則變亂迭起，安能以其一事未及施行而罪之？漢武帝在位五十二年，其時河患甚烈，並空語而無之，班氏何以不之責邪？且亦知崇空語之未足為累乎？凡事考察宜精，研求宜細，一著手，即往往不易補救矣。今世科學家之舉事，無不然者，未聞或以其事前多費而訾之也。舊時議論，拘於近利，有勤於考察研求者，輒以空言詆之，此舉事之所以多敗，並利害亦不能明也。

莽之專制，頗類於秦始皇，其於學術，則與始皇大異，即由其好研求故也。[082] 始皇燔詩書，禁偶語，莽則為學者築舍萬區。又立《樂經》，益博士員。經各五人。徵天下通一藝，教授十一人以上，及有逸禮、古書、《毛詩》、《周官》、《爾雅》、天文、圖讖、鐘律、月令、兵法、史篇、文字，通知其意者，皆詣公車。網羅天下異能之士，至者前後千數，皆令記說廷中，將令正乖繆，一異說云。《平帝紀》：元始五年 (5)，徵天下通知逸經、古記、天文、曆算、鐘律、小學、史篇、方術、本草，及以《五經》、《論語》、《孝經》、《爾雅》教授，在所為駕一封軺，傳遣詣京師。

---

[081]　史事：班氏妄訾新室。

[082]　史事：莽於學術大異始皇。

至者數千人。與此即繫一事。翟義黨王孫慶捕得，莽使大醫、尚方與巧屠共誇剝之，量度五臧，以竹筳導其脈，知所終始，云可以治病。元鳳三年(16)。匈奴寇邊甚，博募有奇技術，可以攻匈奴者，將待以不次之位。言便宜者以萬數。或言能度水不用舟楫，連馬接騎，濟百萬師。或言不持斗糧，服食藥物，三軍不饑。或言能飛，一日千里，可窺匈奴。莽輒試之。取大鳥翮為兩翼，頭與身皆著毛，通引環紐。飛數百步墮。莽知其不可用，苟欲獲其名，皆拜為理軍，賜以車馬。元鳳六年(19)。以上皆見《王莽傳》。夫苟知其不可用，貪其虛名何為？蓋亦千金市駿骨之意，所謂過而廢之，毋寧過而存之也。

莽之病，在於偏重立法，而不計法所以行。雖亦欲行督責之術，而不知社會組織不變，黨類利害相違，弊端終將百出無已，斷非督責之術所能補救也。[083] 本傳言莽意以為制定則天下自平，故銳思於地理，制禮，作樂，講合《六經》之說。公卿旦入暮出，議論連年不決。不暇省獄訟冤結，民之急務。縣宰缺者，數年守兼，一切貪殘日甚。中郎將、繡衣執法在郡國者，並乘權勢，傳相舉奏。又十一公士分布勸農桑，班時令，案諸章，冠蓋相望，交錯道路。召會吏民，逮捕證左。郡縣賦斂，遞相賕賂。白黑紛然。守闕告訴者多。莽自見前顓權以得漢政，故務自攬眾事，有司受成苟免。諸寶物名帑藏錢穀官，皆宦者領之。[084] 吏民上封事書，宦官左右開發，尚書不得知。其畏備臣下如此：又好變改制度，政令煩多。當奉行者，輒質問乃以從事。前後相乘，憒眊不渫。莽常御燈火，至明，猶不能勝。尚書因是為姦寢事。上書待報者，連年不得去。拘繫郡縣者，逢赦而後出。衛卒不交代三歲矣。課計不可理。吏終不得祿，各因官職為姦，受取賕賂，以自共給。天鳳五年(18)，莽下詔曰：「詳考始建國二年(10)胡虜猾夏以來，諸軍吏及緣邊吏大夫以上，為姦利增產致富者，收其家

[083]　史事：王莽行督責之術。用財之節。刑之平。

[084]　職官：為防弊而用宦者，雖王莽亦如此。

所有財產五分之四，以助邊急。」公府士馳傳天下，考覆貪饕。開吏告其將，奴婢告其主。幾以禁姦，姦愈甚。尤備大臣，抑奪下權。朝臣有言其過失者，輒拔擢。孔仁、趙博、費興等，以敢擊大臣，故見信任，擇名官而居之。公卿入宮，吏有常數。太傅平晏從吏過例，掖門僕射苛問不遜，戊曹士收繫僕射。莽大怒。使執法發車騎數百圍太傅府捕士，即時死。大司空士夜過奉常亭，亭長苛之。告以官名。亭長醉，曰：「寧有符傳邪？」士以馬箠擊亭長。亭長斬士亡。郡縣逐之。家上書。莽曰：「亭長奉公，勿逐。」大司空邑斥士以謝。劉攽曰：前云斬士，後云斥士，則非斬也，疑是斫字。案《漢書》於莽，無一佳語。然即如所述，亦見其奉法無私。以康濟天下為懷者，必不計一人之禍福，謂莽以攬權得漢政，因猜防其臣下，淺之乎測丈夫矣。《後漢書．陳元傳》：元上疏，言：「王莽遭漢中衰，專操國柄，以偷天下。況己自喻，不信群臣。奪公輔之任，損宰相之威。以刺舉為明，徼訐為直。至乃陪僕告其君長，子弟變其父兄。罔密法峻，大臣無所措手足。」蓋漢人通常議論如此。《劉昆傳》：王莽世，教授弟子，恆五百餘人。每春秋饗射，常備列典儀，以素木瓠葉為俎豆。桑弧蒿矢，以射菟首。每有行禮，縣宰輒率吏屬而觀之。王莽以昆多聚徒眾，私行大禮，有僭上心，乃繫昆及家屬於外黃獄。此則漢世豪傑大姓，往往私結黨羽，謀為不軌，亦不可不防也。臣主異利，莽蓋未嘗不知，謂其以暗昧致姦欺，亦非情實。蓋莽所行者為革命之事，其利害與官吏根本不能相容，故雖嚴於督責，而卒弗能勝也。勤於立法，而忽目前之務，誠為政之大戒，然欲開非常之原，立百年之計，拘於目前，得乎？莽既御燈火至明矣，猶弗能勝，可奈何？故莽之敗，究由所行之事，與社會情勢不合者居多，其身之失，薄乎云爾。

舉事規模過大，遂致流於奢侈而不自知，亦為莽之一失。始建國四年（12），莽下書，欲以五年二月東巡狩。於是群公奏請募吏民人馬布帛綿。又請內郡國十二買馬，發帛四十五萬匹輸常安。前後毋相須。至者過半。莽下書曰：「文母太后體不安，莽改號元后為新室文母，絕之於漢。其且止侍後。」事未舉而所費已不訾矣。其起九廟，窮極百工之巧，功費數百巨萬，卒徒死者萬數。時在地皇元年 (20)，下江之兵已起。明年，郎陽成脩獻符命，言繼立民母。莽妻，宜春侯王咸女，生四男：宇、獲、安、臨。宇、獲誅死，已見前。安頗荒忽，莽以臨為太子。莽妻以莽數殺其子，涕泣失明。莽令臨居中養焉。莽妻旁侍者原碧，莽幸之，後臨亦通焉。恐事泄，謀共殺莽。臨妻愔，國師公女，能為星。語臨：宮中旦有白衣會。臨喜，以為所謀且成。地皇元年 (20)，莽以符命文，立安為新遷王，臨為統義陽王，出在外第。愈憂恐。會莽妻病因，臨予書曰：上於子孫至嚴。前長孫、中孫，年俱三十而死。今臣臨復適三十。誠恐一旦不保，中室則不知死命所在。莽候妻疾，見其書，大怒。疑臨有惡意。二年，正月，莽妻死，不令得會喪。既葬，收原碧等考問，具服姦謀殺狀。賜臨藥，臨自刺死。莽詔國師公：臨本不知星，事從愔起。愔亦自殺。是月，安病死。初，莽為侯就國時，幸侍者增秩、懷能、開明。懷能生男興。增秩生男匡，女曄。開明生女捷。皆留新都國。以其不明故也。及安疾甚，莽自病無子為安作奏，言興等母雖微賤，屬猶皇子，不可以棄。於是迎興等。封興為功修公，匡為功建公，曄為睦修任，捷為睦逮任。《漢書．王莽傳》所言如此。案臨為太子已久，忽焉而廢，與安俱死旬月間，古雖賤庶孽，亦未聞棄其所生子女，其事種種可疑，恐其中別有變故，為史所不知矣。堯誅丹朱，舜誅商均，其事久遠難明，若莽則誠以為民請命故，致不諒於眾人，孿生骨肉之間，四子咸以強死，亦可哀矣。子貢曰：伯夷、叔齊怨乎？子曰：求仁得仁，又何怨？此莽之所以能行誅於至親而無悔邪？觀此，知國師公之離心亦已久，而誅戮初不之及，亦見其用刑之平恕，而漢人之目為暴虐者，皆誣詆之辭也。又曰：黃帝以百二十女致神仙。莽於是遣中散大夫、謁者各四十五人分行天下，博采鄉里所高有淑女者上名。四年 (23)，進所徵杜陵史氏女為皇后。備和、嬪、美、御。和人三，位視公。嬪人九，視卿。美人二十七，視大夫。御人八十一，視元士。凡百二十人。則已在其敗亡之歲矣。魚游沸鼎之中，燕巢危幕之上，竟漠然不知其所處之境為何若也，哀哉！

《記》曰：「不誠無物。」人之知愚，恆略相等，人未有能欺人者也，況以一人而欲塗飾萬民之耳目乎？《三國志注》引《魏武故事》，載公建安十五年十二月己亥令，於立身始末，詳哉言之，絕無誇張掩飾之語，不獨英雄本色，而如此開誠布公，即所以使天下之人，披心相見，亦即教化之道也。而莽之所行，則適與相反。[085]《漢書．王莽傳》言其欲有所為，微見風采，黨與承其指意而顯奏之，莽稽首涕泣，固推讓焉。此非盡漢人相誣之辭，觀莽之所為，固可信其如此。將立莽女為後也，莽上言：「身亡德，子材下，不宜與眾女並採。」太后下詔曰：「王氏女朕之外家，其勿采。」庶民、諸生、郎吏以上，守闕上書者，日千餘人。公、卿、大夫，或詣廷中，或伏省戶下，咸言：「明詔聖德巍巍如彼，安漢公盛勳堂堂如此。今當立后，獨奈何廢公女？天下安所歸命？願得公女為天下母。」莽遣長史以下分部曉止公卿及諸生，而上書者愈甚。太后不得已，聽公卿采女。莽復白宜博選眾女。公卿爭白：不宜采諸女，以貳正統。莽乃白願見女。吏民以莽不受新野田而上書者，前後四十八萬七千五百七十六人。風俗使者八人還，言天下風俗齊同。詐為郡國造歌謠，頌功德，凡三萬言。此等事將誰欺乎？衛鞅行法十年，秦民初言令不便者，有來言令便，鞅曰「此皆亂化之民也」，盡遷之邊城，蓋唯不藉譸張之人擁戴，乃能不為傾仄之人所覆。「毋教猱升木，如塗塗附」，莽之從政亦舊矣，奈何並此義猶不之知邪？以符命登大位，已又欲絕之，致興大獄，心腹駢誅。《王莽傳》：始建國元年(9)秋，遣五威將王奇等十二人班符命四十二篇於天下。二年(10)，是時爭為符命封侯，其不為者，相戲曰：「獨無天帝除書乎？」司命陳崇白莽曰：「此開姦臣作福之路，而亂天命，宜絕其原。」莽亦厭之。

[085]　史事：教化之道貴真，魏武庶幾，王莽適相反。

遂使尚書大夫趙並驗治。非五威將率所班皆下獄。初，甄豐、劉歆、王舜為莽腹心。唱導在位，褒揚功德。安漢、宰衡之號，及封莽母、兩子、兄子，皆豐等所共謀。而豐、舜、歆亦受其賜。並富貴矣，非復欲令莽居攝也。居攝之萌，出於泉陵侯劉慶、前輝光謝囂、長安令田終術。莽羽翼已成，意欲稱攝。豐等承順其意。莽輒復封舜、歆兩子及豐孫。豐等爵位已盛，心意既滿，又實畏漢宗室、天下豪傑，而疏遠欲進者，並作符命，莽遂據以即真。舜、歆內懼而已。豐素剛強，莽覺其不說，故徙大阿右拂大司空。豐托符命文為更始將軍，與賣餅兒王盛同列。豐父子默默。時子尋為侍中京兆大尹茂德侯。即作符命，言新室當分陝立二伯，以豐為右伯，太傅平晏為左伯。莽即從之。拜豐為右伯。當述職西出，未行，尋復作符命，言故漢氏平帝后黃皇室主為尋之妻。莽以詐立，心疑大臣怨謗，欲震威以懼下。因是發怒曰：「黃皇室主天下母，此何謂也。」收捕尋。尋亡。豐自殺。尋隨方士入華山。歲餘，捕得。辭連國師公歆子棻，棻弟泳，大司空邑弟奇，及歆門人丁隆等。牽引公卿黨親列侯以下，死者數百人。尋手理有天子字，莽解其臂入視之，曰：此一天子也！或曰：一六子也。六者，戮也，明尋父子當戮死也。乃流棻於幽州，放尋於三危，殛隆於羽山，皆驛車載其屍傳致云。《儒林傳》：高相子康，以明《易》為郎。翟義謀舉兵，事未發，康候知東郡有兵，私語門人。門人上書言之。後數月，翟義兵起。莽召問。對受師高康。莽惡之。以為惑眾，斬康。及變生骨肉之間，則仍託符命之文，以黜儲貳。心勞日拙，豈不哀哉？尤可笑者，莽以子宇之變，作書八篇，以戒子孫，大司馬護軍褒言：宜班郡國，令學官以教授。事下群公，請令天下吏能誦公戒者，以著官簿，比《孝經》。夫人之心思，恆好想向反面。人苟不自誇飾，庸或為人所恕，及其自誇飾焉，則人人齒冷矣。故徒黨標榜，未有不招人厭惡者，所謂愛之適以害之也。王安石之變法也，曰：人言不足恤，其光明磊落，豈不遠勝於莽？然頒《三經新義》於學官，猶不免為盛德之累也。而況於莽乎？

第四節　新莽事四夷

新莽之性質，可謂最不宜於用兵，蓋用兵必知彼知己，敏捷以赴事機，而莽則固執成見，不察事勢也。莽之敗，亦可謂時勢為之。蓋當西漢之世，吾國國力方盛。宣、元以降，尤威行萬里，無敢抗顏行者。莽襲強富之資，遂謂可為所欲為，舉宇宙之間，一切如吾意措置之矣。殊不知國家若民族之爭鬥，關涉之方面極多，初非徒計度土地人民，較量兵甲械器，遂可判勝負之數也。一意孤行，內未安而外亦終不能攘，好徑行直遂者，可以鑑矣。

匈奴郅支單于之死也，呼韓邪且喜且懼，竟寧元年 (前 33)，復入朝。願婿漢氏以自親。元帝以後宮良家子王嬙字昭君者賜之。呼韓邪取左伊秩訾之兄呼衍王女二人。長女顓渠閼氏，生二子：長日且莫車，次日囊知牙斯。少女為大閼氏，生四子：長日雕陶莫皋，次日且麋胥，皆長於且莫車，少子咸、樂，皆小於囊知牙斯。他閼氏子十餘人。顓渠閼氏貴，且莫車愛。呼韓邪病且死，遺命立雕陶莫皋，約傳國與弟。於是復株累若鞮、雕陶莫皋。搜諧若鞮、且麋胥。車牙若鞮、且莫車。烏珠留若鞮單于囊知牙斯。相繼立。《漢書》云：匈奴謂孝為若鞮。呼韓邪與漢親密，見漢謚為孝，慕之，故皆為若鞮，《後漢書》但作鞮。匈奴自呼韓邪後，事漢甚謹。烏珠留之立，漢中郎將夏侯藩使匈奴，時王根領尚書事，或說根日：「匈奴有斗入漢地，直張掖郡，生奇材、木箭、竿、就羽。如得之，於邊甚饒。」根為成帝言其利。上直欲從單于求之，為有不得，傷命損威，根乃令藩以己意求之。而藩仍稱詔旨。單于不許。以其狀上聞。時藩已返國，為太原太守。漢乃徙藩濟南，不令當匈奴。是為匈奴有歫漢之語之始。初，文帝後二年遺匈奴書日：「先帝制：長城以北，引弓之民，受命單于。長城以內，冠帶之室，朕亦制之。」是時之政治，為屬人而非屬地，則逃民必當交還。書又云「來者不止，天之道也。朕釋逃虜民，單于無言章尼等」，乃謂捐前事勿復言，非謂後此來者皆不止也。故宣帝所為約束，仍云「長城以南，天子有之，長城以北，單于有之」，而又云：「有犯塞輒以狀聞，有降者不得受。」然自武帝以後，漢屬國實已遠出長城之外，此約束遂不足以盡事情。烏珠留單于時，車師後王句姑、去胡來王唐兜亡降匈奴。漢命匈奴遣還。單于引宣、元時約束曰：「此外國也，得受之。」漢使不許。單于叩頭謝罪，執二虜還付使者。漢乃造設四條：中國人亡入匈奴者，烏孫亡降匈奴者，西域諸國佩中國印綬降匈奴者，烏桓降匈奴者，皆不得受。而收故宣帝所為約束。護烏桓使者因此告烏桓民：「毋得復與匈效皮布稅。」匈奴驅烏桓婦女弱小且千人去。置左地。告烏桓曰：「持馬畜皮布來贖。」烏桓人往贖。匈奴又受留不遣。王莽秉政，令中國不得有二名，因使使者諷單于更名曰知。始建國元年 (9)，莽使五威將奉符命，齎印綬，王侯以下及吏官名更者，外及蠻夷，皆即授新室印綬，因收漢故印綬。東出者至玄菟、樂浪、高句驪、夫餘。南出者逾徼外，歷益州，貶句町王為侯。西出者至西域，盡改其王為侯。北出者至匈奴庭，授單于印，改漢印文「匈奴單于璽」曰「新匈奴單于章」。匈奴以漢制，諸王以下，乃有漢言章，今印去璽加新，與臣下無別，不說。使者見所留烏桓人，命還之。匈奴遂以護送烏桓為名，勒兵朔方塞下。二年 (10)，車師後王須置離謀降匈奴，都護但欽誅之，置離兄狐蘭支舉國亡降匈奴，共寇車師。戊己校尉史陳良、終帶，司馬丞韓玄，右曲候任商，見西域頗背叛，聞匈奴欲大侵，殺戊己校尉刁護，脅略吏士男女二千餘人入匈奴。莽乃大分匈奴之地為十五。誘咸及其子登、助，拜咸為孝單于，助為順單于。三年 (11)，單于遂遣兵入雲中塞。據《匈奴傳》。《王莽傳》：建國二年 (10)，匈奴單于求故璽，莽不與，遂寇邊郡，殺吏民，乃要其終言之。又歷告左右部都尉、諸邊王入塞寇盜。大輩萬餘，中輩數千，少者數百。略吏民畜產，不可勝數。緣邊虛耗。先是莽更名匈奴單于曰降奴伏於。建國二年十二月，見《王莽傳》。及是，乃拜十二部將帥。發郡國勇士、武庫精兵，各有所屯守。轉委輸於邊。《王莽傳》：以趙竝為田禾將軍，發戍卒屯田北假，以助軍糧。議滿三十萬眾，齎三百日糧，同時十道並出，窮追匈奴，內之於丁令，因分其地，立呼韓邪十五子。嚴尤諫，言今既發兵，宜縱先至者，深入霆擊，且以創艾胡虜。莽不聽。咸馳出塞，具以見脅狀白單于，單于更以為於粟置支侯，匈奴賤官也。後助病死，莽以登代助為順單于。是時匈奴數為邊寇，捕得虜生口驗問，皆曰：孝單于咸子角數為寇。四年 (12)，莽會諸蠻夷，斬登於長安市。北邊自宣帝以來，數世不見煙火之警，人民熾盛，牛馬布野。及匈奴構難，邊民死亡、繫獲。又十二部兵，久屯而不出，吏士罷弊。數年之間，北邊空虛，野有暴骨矣。五年 (13)，烏珠留單于死。王昭君女云，為右骨都侯須卜當妻。當用事，而云常欲與中國和親。又素與咸厚善。見咸前後為莽所拜，乃越輿而立咸，案前云咸、樂，其後烏珠留單于立，以樂為左賢王，輿為右賢王，此云越輿而立咸，則樂長於輿，咸小於輿。云咸、樂者次序實倒。但云越輿，蓋樂已前死矣。為烏累若鞮單于。天鳳元年 (14)，云、當遣人至西河虎猛制虜塞下。虎猛，漢縣，故城在今綏遠境內鄂爾多斯左翼前旗。求見昭君兄子和親侯歙。莽使歙及其弟展德侯颯往使。紿言侍子登在，購求陳良、終帶等二十七人燒殺之。於是罷諸將率屯兵，但置游擊都尉。匈奴送歙、颯使者還，知登前死，又內利寇掠，外不失漢故事，而寇虜從左地入不絕。使者問。單于輒曰：「烏桓與匈奴無狀黠民共為寇入塞，譬如中國有盜賊耳。咸初立持國，威信尚淺，不敢有二心。」二年 (15)，莽復遣歙等歸登及諸貴人從者喪。多遺單于金珍。因諭說其改號。號匈奴曰恭奴，單于曰善於。單于貪莽金幣，故曲聽之。然寇盜如故。《王莽傳》云：莽選儒生能顓對者濟南王咸使送登屍。敕令掘單于知墓，棘鞭其屍。又令匈奴卻塞於漠北。責單于馬萬匹，牛三萬頭，羊十萬頭，及稍所掠邊民生口在者，皆遣之。咸到單于庭，陳莽威德，責單于背畔之罪，應敵從橫，單于不能詘，遂致命而還之。案單于之不逆命，固非盡咸之力，然咸亦必一奇士，可見莽所用，人才亦不少矣。三年，六月，遣并州牧宋弘、游擊都尉任明等將兵擊匈奴，至邊，止屯。五年 (18)，咸死，輿立，為呼都而屍道皋若鞮單于。遣大且渠奢與云女弟子俱奉獻。莽遣和親侯歙與奢等俱至制虜塞下，與云、當會。因以兵迫脅，將至長安。拜當為須卜單于，欲出大兵以輔立之。嚴尤諫曰：「當在匈奴，右部兵不侵邊，單于動靜，輒語中國，此方面之大助也。迎置長安，稿街一胡人耳，不如在匈奴有益。」莽不聽。時匈奴寇邊甚，莽大募天下丁男及死罪囚、吏民奴，名曰豬突豕勇，以為鋭卒。一切稅天下吏民訾，三十取一，縑帛皆輸長安。令公卿以下至郡縣黃綬，皆保養軍馬，多少各以秩為差。又博募有奇技術可以攻匈奴者，將待以不次之位。參看第三節。既得當，欲遣尤與廉丹擊匈奴，誅輿而立當以代之。尤素有智略，非莽攻伐四夷，數諫不從，著古名將樂毅、白起不用之意，及言兵事，凡三篇，奏以風諫莽。及當出，廷議，尤固言匈奴可且以為後，先憂山東盜賊。莽大怒，策免尤。地皇二年 (21)，轉天下穀幣詣西河、五原、朔方、漁陽，每一郡以百萬數，欲以擊匈奴。兵調度亦不合，而匈奴愈怒，并入北邊，北邊由是敗壞云。莽之欲攻匈奴，其意始終未變。其調度雖繆，然欲窮追匈奴，內之丁令，則其籌策不可謂不遠。歷代北狄之為患，固皆以其據有漠南北也。莽之計，較之秦始皇之築長城，又遠過之矣。其魄力之大，固亦可驚嘆也。

莽又發高句驪兵，欲以伐胡。不欲行，郡強迫之，皆亡出塞。因犯法為寇。始建國四年 (12)，遼西大尹田譚追擊之，為所殺。州郡歸咎於高句驪侯騶。嚴尤奏言貉人犯法，不從騶起。正有他心，宜命州郡且慰安之。今猥被以大罪，恐其遂畔。夫餘之屬，必有和者。匈奴未克，夫餘、穢貉復起，此大憂也。莽不慰安，穢貉遂反。詔尤擊之。尤誘高句驪侯，至而斬之，傳首長安。莽大說。下書，更名高句驪為下句驪。於是貉人愈犯邊。高句驪，漢縣，見第五章第六節。縣蓋因部族為名，故又有高句驪侯。與夫餘、穢貉，並見第九章第六節。

西域之叛，起於平帝元始中。時車師後王國有新道，出五船北，通玉門關，往來差近。戊己校尉徐普欲開以省道里半，避白龍堆之厄。車師後王姑句不肯，繫之。姑句突出，入匈奴。去胡來王唐兜，國比大種赤水羌，數相寇，不勝，告急都護，都護但欽不以時救，東守玉門關，關又不納，亦亡降匈奴。匈奴受之，使上書言狀。時莽執政，使告單于：西域內屬，不當得受。單于謝罪，執二王以付使者。莽會西域諸國王，斬以示之。始建國二年（10），以甄豐為右伯，當出西域。車師後王須置離憚給使者，欲亡入匈奴。戊己校尉刁護聞之，召驗問。辭服。械致但欽。欽斬之。置離兄狐蘭支將置離眾二千餘人，驅畜產，舉國亡降匈奴。時莽易單于璽，單于怨恨，遂受之。遣兵共擊車師，殺後城長。時刁護病，史陳良、終帶、司馬丞韓玄、右曲候任商殺護。盡脅略吏士男女二千餘人入匈奴。烏累單于和親，莽遣使者多齎金帛賂單于購求。單于盡收四人及手殺刁護者芝音妻子以下二十七人付使者。莽皆燒殺之。和親絕，匈奴大擊北邊，西域亦瓦解。焉耆近匈奴，先叛。殺都護但欽。始建國五年（13）。天鳳三年（16），遣五威將王駿、西域都護李崇將戊己校尉郭欽出西域。焉耆詐降，及姑墨、尉犁、危須襲擊駿，殺之。欽別將後至，焉耆兵未還，欽擊殺其老弱，引兵還。崇收餘士還保龜茲。數年，莽死，崇遂沒。西域因絕。

莽之致太平也，北化匈奴，莽奏云：匈奴單于順制作，去二名。東致海外，（莽奏云：東夷王度大海獻國珍。）南懷黃支。（莽奏云：越裳氏重譯獻白雉，黃支自三萬里貢生犀。越裳氏事已見第一節。黃支國獻犀牛，見《平帝紀》元始二年（2）。參看第九章第四節。）唯西方未有加。乃遣中郎將平憲等多持金幣，誘塞外羌獻鮮水海、允谷、鹽池。莽奏太后，以為西海郡，因正十二州名分界。見第三節。又增法五十條，犯者徙之西海。徙者以千萬數。民始怨矣。元始五年（5）。居攝元年（6），西羌龐恬傅幡等怨莽奪其地，反。攻西海太守程永。永奔走。莽誅永。遣護羌校尉竇況擊之。二年 (7)，春，破之。莽敗，眾羌遂還據西海為寇。據《後書．羌傳》。

莽之貶鉤町王為侯也，其王邯怨恨。牂牁大尹周欽詐殺邯。邯弟承攻殺欽。州郡擊之，不能服。三邊蠻夷愁擾，盡反。復殺益州大尹程隆。莽遣馮茂發巴、蜀、犍為吏士，賦斂取足於民，以擊益州。天鳳元年 (14)。出入三年，疾疫死者什七。巴、蜀騷動。莽徵茂還，誅之。天鳳三年 (16)。更遣廉丹與庸部牧史熊，（師古曰：莽改益州為庸部。）大發天水、隴西騎士，廣漢、巴、蜀、犍為吏民十萬人，轉輸者合二十萬人，擊之。始至，頗斬首數千。莽徵丹、熊，丹、熊願益調度，必克乃還。復大賦斂。就都馮英不肯給。莽於蜀郡廣都縣置就都大尹，（今四川華陽縣。）上言宜罷兵屯田，明設購賞。莽怒，免英官。其後軍糧前後不相及，士卒饑疫，三歲餘，死者數萬。天鳳六年 (19)，更始將軍廉丹擊益州，不克，徵還。後大司馬護軍郭興、庸部牧李曄擊蠻夷若豆等。地皇三年 (22)，大赦天下。唯劉伯升、北狄胡虜逆輿、南僰虜若豆、孟遷不用此書。而越嶲蠻夷任貴，亦殺太守枚根，自立為邛谷王云。

第五節　新莽敗亡

新莽所行之政，擾民如此，自不能免於亂。案新末之起兵者，多借劉氏為名，世因謂人心思漢，其實非也。[086] 莽未即真時，劉崇即已起兵，翟義亦立劉信為天子，皆見前。莽即真後，又有徐鄉侯劉快，（師古曰：膠東恭王子，《王子侯表》作炔。）起兵其國，（今山東黃縣。）敗死。真定劉都等謀舉兵，發覺誅。始建國元年 (9)。又有陵鄉侯劉曾 (師古曰：楚思王子)、扶恩侯劉貴等 (師古曰：不知誰子孫)，聚眾謀反，據始建國二年 (10) 孫建之言，見《王莽傳》。皆無所成。足見人民之於劉於王，無適無莫。隗囂謂依託劉氏者之多，乃由愚人習識姓號，見《後漢書．班彪

[086]　史事：莽末起兵者依託劉氏，非由人心思漢。

傳》。誠不誣也。莽末之亂，自以法禁煩苛，吏不能治盜；莽又不能用兵；遂至星星之火，終於燎原耳。於劉氏何與哉？

天鳳四年（17），臨淮瓜田儀等為盜賊，依阻會稽長洲。（今江蘇吳縣。）琅邪女子呂母亦起。《後漢書．劉盆子傳》：琅邪海曲呂母，子為縣吏，犯小罪，宰論殺之。密聚客，規以報仇，母家素豐。入海中，招合亡命。還攻破海曲，殺宰。復還海中。呂母死，其眾分入赤眉、青犢、銅馬中。（海曲，今山東日照縣。）五年（18），赤眉力子都、樊崇等起琅邪。《後漢書．劉盆子傳》：崇，琅邪人，起於莒。時青、徐大饑，寇賊蜂起，以崇勇猛，皆附之，一歲間至萬餘人。崇同郡人逄安、東海徐宣、謝祿、楊音各起兵，合數萬人，復引從崇。王莽遣廉丹、王匡擊之。崇等欲戰，恐其眾與莽兵亂，乃皆朱其眉，以相識別，由是號曰赤眉。遣使者發郡國兵擊之，不能克。六年（19），力子都等黨眾浸多。莽欲遣嚴尤與廉丹擊匈奴，尤固言匈奴可且以為後，先憂山東盜賊。莽怒，策免尤。時尤為大司馬。地皇元年（20），綠林兵起。見下。二年（21），遣太師犧仲、景尚，更始將軍護軍王黨擊青、徐，不克。是歲，南郡秦豐眾且萬人，平原女子遲昭平，（平原，漢郡，今山東平原縣南。）亦聚眾萬人，在河阻中。時翼平連率田況，（《地理志》：北海郡壽光，莽曰翼平，蓋分北海置翼平郡。壽光，今山東壽光縣。）素果敢。發民年十八以上四萬餘人，授以庫兵，與刻石為約。赤眉聞之，不敢入界。後況自請出界擊賊，所鄉皆破。莽以璽書令況領青、徐二州牧事。況上言：「盜賊始發，其原甚微。非部吏伍人所能禽也。咎在長吏不為意，縣欺其郡，郡欺朝廷，實百言十，實千言百，朝廷忽略，不輒督責，遂至延曼運州。乃遣將率，多發使者，傳相監趣。郡縣力事上官，應塞詰對，共酒食，具資用，以救斷斬，不給復憂盜賊，治官事。將率又不能躬率吏士，戰則為賊所破，吏氣浸傷。徒費百姓。前幸蒙赦令，賊欲解散，或返遮擊，恐入山谷，轉相告語，故郡縣降賊，皆更驚駭，恐見詐滅，因饑饉易動，旬日之間，更十餘萬人，此盜賊所以多之故也。今洛陽以東，米石二千。竊見詔書，欲遣太師、更始將軍。二人爪牙重臣，多從人眾，道上空竭，少則亡以威視遠方。宜急選牧尹以下，明其賞罰。收合離鄉小國亡城郭者，徙其老弱，置大城中。積藏穀食，并力固守。賊來攻城，則不能下，所過無食，勢不得群聚，如此，招之必降，擊之則滅。今空復多出將率，郡縣苦之，反甚於賊。宜盡徵還乘傳諸使者，以休息郡縣。委任臣況以二州盜賊，必平定之。」莽畏惡況，陰為發代。遣使者賜況璽書。使者至，見況，因令代監其兵。況去，齊地遂敗。案《王莽傳》又言：「四方皆以饑寒窮愁，起為盜賊。稍稍群聚。常思歲熟，得歸鄉里。眾雖萬數，但稱巨人、從事、三老、祭酒。不敢略有城邑，轉掠求食，日闋而已。（按據《後書．劉盆子傳》。樊崇初起，亦稱三老，入山。）諸長吏牧守，皆自亂鬥中兵而死，賊非敢欲殺之也。而莽終不諭其故。」觀《後書．光武紀》：劉縯初起兵時，諸家子弟，皆亡逃自匿，及見光武，皆驚曰「謹厚者亦復為之」，乃稍自安，則民非有意叛亂可知也。此亦見謂人心思漢之誣。然《王莽傳》又載莽責七公之言曰：「饑寒犯法，唯有二科：大者群盜，小者偷穴。今乃結謀連黨，以千百數，是逆亂之大者，豈饑寒之謂邪？」其言亦不得謂誤。蓋初雖但求免死，及其勢之既張，則始願所不及者，亦將乘勢而為之矣。此乃事理之自然，況復有有大欲者從而用之邪？恤民當於平時，盜賊已起，必資斬斷。斬斷不行，盜賊肆擾，雖欲恤民，雲胡可得？故莽之敗，不善用兵，實為召禍之媒，非盡用兵之咎也。三年，四月，莽遣太師王匡、更始將軍廉丹東。合將銳士十餘萬人，所過放縱。東方為之語曰：「寧逢赤眉，不逢太師。太師尚可，更始殺我。」卒如田況之言。莽又遣孔仁部豫州，嚴尤、陳茂擊荊州。冬，無鹽索盧恢等舉兵反城。（無鹽，漢縣，見第三章第二節。）廉丹、王匡攻拔之，斬首萬餘級。赤眉別校董憲，眾數萬人，在梁郡。漢梁國，蓋莽改為郡。王匡欲進擊之。廉丹以為新拔城，眾勞，當且休士養威。匡不聽，引兵獨進。丹隨之。合戰成昌，師古曰：地名。

兵敗。匡走，丹戰死。校尉汝云、王隆等二十餘人別鬥，聞之，皆曰：「廉公已死，吾誰為生？」馳奔賊，皆戰死。此可見莽非無扞城之將，徒以用之不善，空仗節死綏，無補於事也。東方之兵既挫，南方之寇復熾。

莽末，南方饑饉，人庶群入野澤，掘鳧茈而食之。更相侵奪。新市人王匡、王鳳為平理諍訟，遂推為渠帥，眾數百人。（新市，在今湖北京山縣境，後漢為縣。）於是諸亡命馬武、王常、成丹等往從之。共攻離鄉聚，藏於綠林中。（山名，在今湖北當陽縣東北。）數月，眾至七八千人。二年（前 47），荊州牧某，發奔命二萬人攻之。匡等迎擊，大破牧軍，殺數千人，盡獲輜重。遂攻拔竟陵，（漢縣，在今湖北天門縣東北。）轉擊雲杜（漢縣，在今湖北沔陽縣西北）、安陸（漢縣，在今湖北安陸縣北）。多略婦女，還入綠林中，至有五萬餘口。三年（前 46），大疾疫，死者且半，乃各分散。王常、成丹西入南郡，號下江兵。王匡、王鳳、馬武及其支黨朱鮪、張卬等北入南陽、號新市兵。皆自稱將軍。平林人陳牧、廖湛復聚眾千餘人，號平林兵以應之（平林，地名，今湖北隨縣）。初，景帝子長沙定王發，生舂陵節侯買。（舂陵，今湖南寧遠縣。）買卒，子戴侯熊渠嗣。熊渠卒，子孝侯仁嗣。仁以舂陵地勢下溼，山林毒氣，上書求減邑內徙。元帝初元四年（前 45），徙封南陽之白水鄉，猶以舂陵為國名。（今湖北棗陽縣。）遂與從弟鉅鹿都尉回及宗族往家焉。回之父曰鬱林太守外，亦買子也。回生南頓令欽。取同郡樊重女，生三男三女：長男縯，次仲，次秀，是為後漢世祖光武皇帝。南陽蔡陽人也（蔡陽，漢縣，在今棗陽縣西南）。熊渠生蒼梧太守利。利生子張。納平林何氏女，生子玄。玄，光武族兄也。以上兼據《後漢書．光武紀》、《劉玄傳》、《城陽恭王傳》及《劉玄傳注》引《帝王紀》。往從陳牧等。光武性勤於稼穡。而兄縯好俠養士。使鄧晨起新野。晨娶光武姊元。光武與李通及通從弟軼起於宛。通後娶光武女弟伯姬，是為寧平公主。縯自發舂陵子弟，合七八千人。部署賓客，自稱柱天都部。使宗室劉嘉等往誘新市、平林兵。遂與王匡、陳牧等合兵而進。至小長安，《注》引《續漢書》曰：淯陽縣有小長安聚。與莽前隊大夫甄阜、屬正梁仁賜戰，大敗。還保棘陽（漢侯國，在今河南新野縣東北）。阜、賜乘勝，南渡潢淳水，臨泚水。新市、平林各欲解去。縯患之。會下江兵五千餘人至宜秋。聚名。縯乃與光武、李通共造王常壁，為說合從之勢。下江從之。縯於是大饗軍士，潛師夜起。遂斬阜、賜。嚴尤、陳茂聞阜、賜軍敗，欲據宛。縯乃陳兵誓眾，焚積聚，破釜甑，鼓行而前。與尤、茂遇育陽下。（漢縣，在今河南南陽縣南。）戰，大破之。尤、茂棄軍走。縯進圍宛。自號柱天大將軍。劉玄號更始將軍。自阜、賜死後，百姓日有降者，眾至十餘萬。諸將會議，立劉氏以從人望。南陽士大夫及王常欲立縯。新市、平林將帥共定策立玄，然後召縯示其議。縯言「恐赤眉復有所立，宜且稱王以號令。若赤眉所立者賢，相率而往從之。若無所立，破莽，降赤眉，然後舉尊號，未晚也。」諸將多曰善。張卬拔劍擊地曰：「疑事無功。今日之議，不得有二。」乃皆從之。立更始為天子。建元曰更始元年（23）。以縯為大司徒，光武為太常偏將軍。三月，光武別與諸將徇昆陽（漢縣，今河南葉縣南）、定陵（漢縣，今河南舞陽縣北）、郾（漢縣，今河南郾城縣南），皆下之。五月，縯拔宛。六月，更始入都之。莽遣大司空王邑馳傳至洛陽，與司徒王尋發眾郡兵百萬，號曰虎牙五威兵，平定山東。得顓封爵。除用徵諸明兵法六十三家術者，各持圖書，受器械，備軍吏，傾府庫以遺邑，多齎珍寶、猛獸，欲視饒富，用怖山東。邑至洛陽，州郡各選精兵，牧守自將，定會者四十二萬人。餘在道不絕。車甲士馬之盛，自古出師，未嘗有也。六月，邑與尋發洛陽。欲至宛，道出潁川，過昆陽，縱兵圍之。嚴尤、陳茂與二公會。尤曰：「稱尊者在宛下，宜亟進，彼破，諸城自定。」不聽。尤又曰：「歸師勿遏，圍城為之闕，可如兵法，使得逸出，以怖宛下。」又不聽。先是光武將數千兵徼尋、邑兵於陽關。（聚名，在今河南禹縣西北。）諸將見尋、邑兵盛，反走。馳入昆陽。皆惶怖，憂念妻孥，欲散歸諸城。光武言：「如欲分散，勢無俱全。今不同心膽，共舉功名，反欲守妻子財物邪？」諸將怒曰：「劉將軍何敢如是？」光武笑而起。會候騎還，言大兵且至城北，軍陳數百里，不見其後。諸將遽相謂曰：「更請劉將軍計之。」光武復為圖畫成敗。諸將皆曰：諾。時城中唯有八九千人。光武乃使王鳳、王常留守，夜自與十三騎出收兵。既至郾、定陵，悉發諸營兵。而諸將貪惜財寶，欲分留收之。光武曰：「今若破敵，珍寶萬倍，大功可成，如為所敗，首領無餘，何財物之有？」眾乃從。光武遂與營部俱進。尋、邑自將萬餘人行陳，敕諸營皆按部毋得動。獨迎與漢兵戰，不利。大兵不敢擅相救。漢兵乘勝殺尋。昆陽中兵出並戰。邑走。軍亂。大風飛瓦，雨如水肉，大眾崩壞號呼，虎豹股慄。士卒奔走，各還歸其郡。邑獨與所將長安勇敢數千人還洛陽。關中聞之震恐，盜賊並起。豪傑殺其牧守，自稱將軍，旬月之間，遍於天下。案觀劉縯諍立更始之言，知新市、平林兵力，尚遠不逮赤眉，安能與新室大兵相抗？而莽之用兵，唯知以多為貴，多而不整，反致一敗塗地。[087] 大兵既折，後路空虛，並關中亦不能安集矣。是皆莽之自敗，非漢之遺孽能敗莽也。昆陽之戰，漢人自詫為奇績。然光武以三千人沖尋、邑兵中堅，度其後繼，必倍於此，城中復有數千人出與合勢，是其兵數實多於尋、邑，何足為奇？尋、邑之敗，敗於大兵之不敢相救，大兵之不敢相救，則尋、邑敕其案部毋得動故也。尋、邑所以有是敕，蓋亦知兵非素習，倉卒烏合之故。用兵專務於多者，可以知所戒矣。

昆陽既敗，衛將軍王涉與大司馬董忠、國師公劉歆謀劫莽東降。事覺，忠伏誅，歆、涉皆自殺。莽召王邑還，以為大司馬。成紀隗崔兄弟，（成紀，今甘肅秦安縣。）共劫大尹李育，以兄子隗囂為大將軍。攻殺雍州牧陳慶，安定卒正王旬，《後書》作安定大尹王向，云平阿侯譚子。並其眾。移書郡縣，數莽罪惡。析人鄧曄、於匡起兵南鄉。（師古曰：析縣鄉名。漢析縣，在今河南內鄉縣西北。攻武關。西拔湖。漢縣，在今河南閿

[087]　兵：昆陽何以敗。

鄉縣東。）莽拜將軍九人，皆以虎為號。將北軍精兵數萬人東。六虎敗，三虎郭欽、陳翠、成重收散卒保京師倉。（師古云：在華陰灌北渭口，案灌水北入渭，見《水經注》。更始遣王匡攻洛陽，申屠建攻武關。）鄧曄開武關。李松將二千餘人至湖。與曄等共攻京師倉，未下。曄以弘農掾王憲為校尉，入左馮翊界，北至頻陽。（漢縣，在今陝西富平縣東北。）李松遣偏將軍韓臣等西至新豐。大姓櫟陽申碭、下邽王大（下邽，漢縣，今陝西渭南縣東北）、斄嚴春（斄，漢縣，今陝西武功縣西南）、茂陵董喜（茂陵，漢縣，今陝西興平縣東北）、藍田王孟、槐里汝臣（槐里，漢縣，今陝西興平縣東南）、盩厔王扶（盩厔，漢縣，今陝西盩厔縣東）、陽陵嚴本（陽陵，漢縣，今陝西咸陽縣東）、杜陵屠門少之屬，（杜陵，漢縣，今陝西長安縣東南。）眾皆數千人，假號稱漢將軍。時李松、鄧曄以為京師小小倉，尚未可下，何況長安城？當須更始大兵到，即引軍至華陰治攻具。（華陰，漢縣，今陝西華陰縣。）而長安旁兵四會城下，聞天水隗氏兵方到，（天水，漢郡，治平襄，在今甘肅通渭縣西南。）皆爭欲先入城，貪立大功、鹵掠之利。莽遣使者分赦城中諸獄囚徒，皆授兵，更始將軍史諶將。度渭橋，皆散走。諶空還。眾兵發掘莽妻子父祖塚，燒其棺槨，及九廟、明堂、辟雍，火照城中。十月朔，兵從宣平門入。王邑、王林、王巡、䨻惲等分將兵距擊北闕下。二日，城中少年朱第、張魚等趨讙並和，燒作室門，斧敬法闥，火及掖庭承明。莽避火宣室前殿，曰：「天生德於予，漢兵其如予何？」三日，之漸臺，欲阻池水。公、卿、大夫、侍中、黃門郎從官尚千餘人隨之。王邑晝夜戰，罷極，士死傷略盡。馳入宮。間關至漸臺。見其子侍中睦解衣冠欲逃，邑叱之令還，父子共守莽。眾兵圍漸臺數百重。臺上亦弓弩與相射。矢盡，短兵接。王邑父子、䨻惲、王巡戰死。王揖、趙博、苗訢、唐尊、王盛、中常侍王參等皆死臺上。商人杜吳殺莽，取其綬。校尉公賓就，故大行治禮，見吳，問綬主所在。曰：「室中西北陬間。」就識斬莽首。軍人分裂莽身支節肌骨，臠分，爭相殺者數十人。而此一代之大革命家，遂以為民請命而成仁矣。莽揚州牧李聖、司命孔仁兵敗山東。聖格死，仁將其眾降。已而嘆曰：「吾聞食人食者死其事。」拔劍自刎死。及曹部監杜普、陳定大尹沈意、九江連率賈萌，皆守郡不降，為漢兵所誅。[088] 賞都大尹王欽及郭欽守京師倉，聞莽死，乃降。更始義之，皆封為侯。太師王匡、國將哀章降洛陽，傳詣宛，斬之。《後漢書．劉玄傳》云：拔洛陽，生縛王匡、哀章，至皆斬之，不云其降。嚴尤、陳茂敗昆陽下，走沛郡譙。（今安徽亳縣。）自稱漢將，召會吏民。尤為稱說王莽篡位，天時所亡，聖漢復興狀。茂伏而涕泣。聞故鐘武侯劉聖（《後漢書．劉玄傳》作劉望。）聚眾汝南，（漢郡，今河南汝南縣東南。）稱尊號，尤、茂降之。以尤為大司馬，茂為丞相。十餘日敗。更始使劉信擊殺之。信，賜之兄子。尤、茂並死。初，申屠建嘗事崔發為《詩》。建至，發降之。後復稱說。（師古曰：妄言符命不順漢。）建令劉賜光武族兄。斬發以徇。案莽之敗，為之盡節者不少，視漢末無一人死難者，翟義非正人，其起兵未必為漢。劉崇等皆漢宗室，不足論也。相去遠矣。知謂人心思漢者，乃班氏父子之私言，非天下之公言也。劉歆莽舊臣，其叛也，其子伊休侯疊，以素謹，歆訖不告，但免侍中中郎將，更為中散大夫，可見其用刑之平。九虎之東也，省中黃金萬斤者為一匱，尚有六十匱：黃門鉤盾臧府、中尚方，處處各有數匱；長樂御府、中御府及都內，平準帑藏錢帛、珠玉、賜物甚眾；莽但賜九虎士人四千錢，可見其用財之謹。以莽之規模弘遠，夫豈出內之吝者？誠其意但求利民，不為一身利害計，故不肯妄費也，亦可哀矣。

公賓就既斬莽首，持詣王憲。憲自稱漢大將軍，城中兵數十萬皆屬焉。舍東宮，妻莽後宮，乘其車服。申屠建至，收斬之。又揚言三輔黠，共殺其主。吏民皇恐，屬縣屯聚。建等不能下，馳白更始。二年，二月，更始到長安，下詔大赦，三輔悉平。

---

[088] 史事：忠於莽者之多。

第八章　後漢之興

第一節　更始劉盆子之敗

新市、平林之兵，本屬饑民，苟以救死，僥倖昆陽一勝，王莽自亡，更始移都長安，遂若漢室復興者。然功業終非可幸致，新市、平林諸將，其無規模大甚，遂至為赤眉所覆，而赤眉之不成氣候，尤甚於新市、平林，於是出定河北之偏師，遂因緣時會，而為海內之真主矣。

《後書》言更始之立也，南面立朝群臣，素懦弱，羞愧流汗，舉手不能言。及入長安，居長樂宮，升前殿，郎吏以次列庭中，更始羞怍，俯首刮席不敢視。諸將後至者，更始問虜掠得幾何？左右侍者，皆宮省久吏，各驚相視。此皆誣罔之談。更始在民間，已能結客為弟報仇，斯蓋豪傑之流，安有懦弱至此之理？劉知幾說，見《史通．曲筆篇》。《鄭興傳》言：更始諸將皆山東人，咸勸留洛陽。興說以山西豪傑，久不撫之，恐百姓離心，盜賊復起，國家之守，轉在函谷。更始曰：「朕西決矣。」即拜興為諫大夫，使安集關西及朔方、涼州。其英斷為何如？

《玄傳》所云，蓋久宦者自謂能知朝廷舊章，而輕視起於草野之主，遂為此誣罔之辭。[089] 不獨更始，即史所傳劉盆子之事，亦不盡可信也。更始之敗，蓋全由為群盜所把持，不能自振。然群盜中亦非無有心人。史稱李松與趙萌說更始：宜悉王諸功臣。朱鮪爭之，以為高祖約，非劉氏不王。更始乃先封宗室，後遂立諸功臣為王。鮪辭曰：「臣非劉宗，不敢干典。」遂讓不受。可謂不苟得矣。乃徙鮪為左大司馬，本大司馬。劉賜為前大司馬，使與李軼、李通、王常等鎮撫關中。以李松為丞相，趙萌為右大司馬，共秉內任。更始納趙萌女為夫人，有寵，遂委政於萌。日夜與婦

[089]　史事：宦人自謂能知舊章，輕視起於草野者。更始劉盆子被誣。劉永奉更始謂自稱帝誣。

人飲讌後庭。群臣欲言事，輒醉不能見。此蓋迫不得有所豫，非荒淫也。史稱萌私忿侍中，引下斬之，更始救請不從，可見其權力之大。於是李軼、朱鮪，擅命山東；王匡、張卬，橫暴三輔。其所授官爵者，皆群小賈豎，或有膳夫、庖人。長安為之語曰：「灶下養，中郎將。爛羊胃，騎都尉。爛羊頭，關內侯。」自是關中離心，四方怨叛。諸將出征，各自專置牧守，州郡交錯，不知所從，而赤眉入關之禍起。

王匡之敗也，赤眉寇東海，（漢郡，今山東郯城縣西南。）掠楚（即彭城）、沛（漢郡，今安徽宿縣）、汝南、潁川，還入陳留。（漢郡，今河南陳留縣東北。）攻拔魯城，（漢郡，今山東曲阜縣。）轉至濮陽。（漢縣，今河北濮陽縣南。）更始都洛陽，遣使降樊崇。崇等聞漢室復興，即留其兵，自將渠帥二十餘人隨使者至洛陽降。更始皆封為列侯。崇等既未有國邑，而留眾稍有離叛，乃遂亡歸其營。將兵入潁川。分其眾為二部：崇與逄安為一部。徐宣、謝祿、楊音為一部。戰雖數勝，而眾疲敝，厭兵，日夜愁泣思東歸。崇等計議：眾東鄉必散，不如西攻長安。更始二年(24)，冬，崇、安自武關，宣等從陸渾關，（漢陸渾縣，在今河南嵩縣東北。）兩道俱入。三年，正月，俱至弘農（漢郡，今河南靈寶縣南）。時平陵人方望，立前孺子劉嬰為天子。方望者，隗囂為上將軍，聘請以為軍師。更始二年(24)，遣使徵囂及崔、義等。義，崔兄。囂將行，望以為更始未可知，固止之。囂不聽。望以書辭謝而去。其書辭旨，斐然可觀，見《後漢書·隗囂傳》。蓋亦知略之士。是時與安林人弓林等於長安中求得嬰，將至臨涇立之。（臨涇，漢縣，今甘肅鎮原縣南。）更始遣李松、蘇茂等擊破，皆斬之。又使蘇茂拒赤眉於弘農，茂軍敗。三月，遣李松會朱鮪與赤眉戰於蓩鄉，（《續漢志》：弘農有蓩鄉。）松等大敗，棄軍走。時王匡、張卬守河東，為鄧禹所破，見第三節。還奔長安。卬與諸將議：「勒兵掠城中，轉攻所在，東歸南陽。事若不集，復入湖池中為盜。」申屠建、廖湛等皆以為然。共入說更始。更始怒，不應。莫敢復言。此亦見更始非懦弱者。時赤眉連戰克勝，眾遂大集。乃分萬人為一營，凡三十營。進至華陰。軍中常有齊巫，鼓舞祠城陽景王以求福助。巫狂言：「景王大怒曰：當為縣官，何故為賊？」有笑巫者輒病。軍中驚動。方望弟陽，怨更始殺其兄，並說崇等：立宗室，扶義西伐。劉盆子者，城陽景王后。祖父憲，元帝時封為式侯。（式，漢縣，未詳所在。）父萌嗣。王莽篡位，國除，因為式人。赤眉過式，掠盆子，及二兄恭、茂，皆在軍中。恭少習《尚書》，略通大義。及隨崇等降，更始即封為式侯。以明經數言事，拜侍中，從更始在長安。盆子與茂留軍中，屬右校卒史劉俠卿，主芻牧牛，號曰牛吏。及崇等欲立帝，求軍中景王后，得七十餘人，唯盆子與茂及西安侯劉孝，最為近屬。乃書札為符，又以兩空札置笥中，於鄭北設壇場祠城陽景王。三人以年次探札。盆子最幼，後探得符。諸將乃皆稱臣拜。盆子時年十五，被髮徒跣，敝衣赭汗。見眾拜，恐畏欲啼。茂謂曰：「善藏符。」盆子即嚙折棄之。復還依俠卿。案盆子列侯之子，兄通《尚書》，著節更始，見下。雖曰少在兵間，流離失教，其野鄙似不至是。且時赤眉非貧弱，豈有求得盆子，令其探符，而猶敝衣徒跣者乎？亦見其言之不詳也。赤眉本烏合求食，是時累戰皆勝，迫近長安，乃有取更始而代之之意。史稱崇雖有勇力，為眾所宗，然不知書數，徐宣故縣獄吏，能通《易經》，遂共推宣為丞相，崇御史大夫，則崇之不堪人主可知。崇等既不堪人主，當時情勢，自以立宗室為宜，欲立宗室，自應於鄉里中求之。盆子年最少，易於操縱，此蓋其所以得符，齊巫狂怒，亦未必非篝火狐鳴類也。更始使王匡、陳牧、成丹、趙萌屯新豐，李松軍掫。《續漢志》新豐有掫城。張卬、廖湛、胡殷、申屠建等與御史大夫隗囂合謀，欲以立秋日貙膢時，共劫更始，俱成前計。更始託病不出。召張卬等，將悉誅之。唯隗囂不至。更始狐疑，使卬等待於外廬。卬與湛、殷疑有變，遂突出。獨申屠建在，更始斬之。卬與湛、殷遂勒兵掠東西市。昏時，燒門入。戰於宮中，更始大敗。明旦，將妻子車騎百餘東奔趙萌於新豐。更始復疑王匡、陳牧、成丹與張卬等同謀，乃並召入。牧、丹先至，即斬之。王匡懼，將兵入長安，與張卬等合。李松還從更始。與趙萌共攻匡、卬於城內。連戰月餘，匡等敗走。更始徙居長信宮。赤眉至高陵，（漢縣，今陝西高陵縣西南。）匡等迎降之。遂共連兵而進。更始城守。使李松出戰。敗，死者二千餘人。赤眉生得松。時松弟泛為城門校尉。赤眉使謂之曰：「開城門，活汝兄。」泛即開門。九月，赤眉入城。更始單騎走。初，劉恭以赤眉立盆子，自繫詔獄。聞更始敗，乃出，步從至高陵。止傳舍。右輔都尉嚴本，恐失更始，為赤眉所誅，將兵在外，號為屯衛，而實囚之。赤眉下書曰：「聖公降者，聖公，更始字。封長沙王。過二十日勿受。」更始遣劉恭請降。赤眉使謝祿往受之。十月，更始遂隨祿肉袒詣長樂宮，上璽綬於盆子。赤眉坐更始置庭中，將殺之。劉恭、謝祿為請，不能得。遂引更始出。劉恭追呼曰：「臣誠力竭，請得先死。」拔劍自刎。樊崇等遽共救止之。乃赦更始，封為畏威侯。劉恭復為固請，竟得封長沙王。更始嘗依謝祿居。劉恭亦擁護之。三輔苦赤眉暴虐，皆憐更始。張卬以為慮，謂謝祿曰：「今諸營長多欲篡聖公者。一旦失之，合兵攻公，自滅之道也。」於是祿使從兵與更始共牧馬於郊下，因令縊殺之。劉恭夜往收藏其屍。後為更始報殺謝祿。觀劉恭之始終不貳，雖謝祿初亦歸心，更始之為人可知。使非為諸將所挾持，其雄略，未必讓光武弟兄也。然則光武之不獲正位，乃正其所由成功耳。

赤眉既入長安，其規模彌不如更始。諸將日會論功，爭言讙呼，拔劍擊柱，不能相一。三輔郡縣營長遣使貢獻，兵士輒剽奪之。又數虜暴吏民。百姓堡壁，由是皆復固守。盆子獨與中黃門共臥起而已。劉恭見赤眉眾亂，知其必敗，自恐兄弟俱禍，密教盆子歸璽綬，習為辭讓之言。建武二年，正月朔，崇等大會。盆子下床，解璽綬，叩頭乞骸骨。崇等皆避席頓首，抱持盆子，帶以璽綬。罷出，各閉營自守。三輔翕然，稱天子聰明。百姓爭還，長安市里且滿。得二十餘日，赤眉貪財物，復出大掠。城中糧食盡，遂收載珍寶，因大縱火燒宮室，引兵而西。眾號百萬。自南山轉掠城邑。入安定、北地。至番須中，（番須，谷名，在今陝西隴縣西北。）逢大雪，阬谷皆滿，士多凍死。乃復還。發掘諸陵，取其寶貨。鄧禹時在長安，見第三節。遣兵擊之郁夷，（漢縣，今甘肅隴縣西。）為所敗。禹乃出，之雲陽。（漢縣，今陝西淳化縣西北。）九月，赤眉復入長安。時漢中賊延岑出散關，（在今陝西寶雞縣西南。）屯杜陵。逄安將十餘萬人擊之。禹以逄安精兵在外，唯盆子與羸弱居城中，自往攻之。謝祿救之。夜戰稿街中，禹兵敗走。延岑及更始將軍李寶合兵數萬人，與逄安戰於杜陵，大敗，死者萬餘人。寶降安。岑收散卒走。寶密使人謂岑曰：「子努力還戰，吾當於內反之。」岑即還挑戰。安等空營擊之。寶從後悉拔赤眉旌幟，更立己旛旗。安等戰疲，還營，見旗幟皆白，大驚，亂走，自投川谷死者十餘萬。逄安與數千人脫歸長安。時三輔大饑，人相食。城郭皆空，白骨蔽野。遺人往往聚為營保，各堅守不下。赤眉擄掠無所得。十二月，乃引而東歸，遂為光武所滅。

第二節　光武定河北自立

更始既立，劉縯被殺。縯本傳云：光武兄弟威名日甚，更始君臣不自安，遂共謀誅伯升。縯字。乃大會諸將，以成其計。更始取伯升寶劍視之。申屠建隨獻玉玦。更始竟不能發。初，李軼諂事更始貴將，光武深疑之，嘗以戒伯升曰：「此人不可覆信。」伯升不受。伯升部將宗人劉稷，數陷陳潰圍，勇冠三軍。時將兵擊魯陽。（漢縣，今河南魯山縣。）聞更始立，怒曰：「本起兵圖大事者，伯升兄弟也，今更始何為者邪？」更始君臣聞而心忌之。以稷為抗威將軍，稷不肯拜。更始乃與諸將陳兵數千人，先收稷，將誅之，伯升固爭。李軼、朱鮪因勸更始並執伯升，即日害之。觀諸將欲誅伯升而更始不發，則知更始本無意於殺伯升，特為諸將所脅耳。光武自父城馳詣宛謝，（父城，漢縣，今河南寶豐縣東。）拜為破虜大將軍，封武信侯。更始將北都洛陽，以光武行司隸校尉，使前整修宮府。至洛陽，乃遣光武以破虜將軍行大司馬事。十月，持節北渡河。《安城孝侯劉賜傳》云：更始欲令親近大將徇河北，未知所使。賜言諸家子獨有文叔可用。（文叔，光武字。）朱鮪等以為不可。更始狐疑。賜深勸之，乃拜光武行大司馬，持節過河。《馮異傳》云：更始數欲使光武徇河北，諸將皆以為不可。是時左丞相曹光，子詡為尚書，父子用事，異勸光武厚結納之。及度河北，詡有力焉。蓋時新市、平林諸將，與南陽劉宗，齮齕殊甚，故光武欲脫身不易如此。然非脫身而出，則為諸將所牽率，亦終於敗滅耳。光武之力求出，蓋以此也。

光武至河北，遇一大敵，時為王昌。《昌傳》云：昌一名郎，邯鄲人。素為卜相，工明星曆。常以為河北有天子氣。時趙繆王子林景帝七世孫。好奇數，任俠於趙、魏間，多通豪俠，而郎與之親善。初，王莽篡位，長安中或自稱成帝子輿者，莽殺之，郎緣是詐稱真子輿。林與趙國大豪李育等立之邯鄲。時更始元年十二月也。《光武本紀》云：進至邯鄲，故趙繆王子林說光武曰：「赤眉今在河東，但決水灌之，百萬之眾，可使為魚。」光武不答，去之真定。（今河北正定縣。）林乃立郎為天子。蓋林等皆河北豪俠，與光武未能相合，故別樹一幟也。郎遣將帥徇下幽、冀，移檄州郡。趙國以北，遼東以西，皆從風而靡。二年，正月，光武北徇薊。郎移檄購光武十萬戶。故廣陽王子劉接，廣陽王名嘉，武帝五世孫。起兵薊中以應郎。光武復南出。時唯信都太守任光，（信都，今河北薊縣。）光，宛人，與光武破王尋、王邑，更始以為信都太守。和成太守邳彤，王莽分鉅鹿為和成郡，居下曲陽。彤為卒正。光武至，彤降，復以為太守。下曲陽，（漢縣，在今河北晉縣西。）堅守不下。光武至信都，謂光曰：「伯卿，光字。今勢力虛弱，欲俱入城頭子路、東平人，姓爰，名曾，字路。與肥城劉詡，起兵盧城頭，故號其兵為城頭子路。寇掠河、濟間，眾至二十餘萬。更始立，曾遣使降。拜曾東萊太守，詡濟南太守，皆行大將軍事。是歲，曾為其將所殺。眾推詡為主。更始封詡助國侯，令罷兵歸本郡。（肥城，漢縣，今山東肥城縣。盧，漢縣，今山東沂水縣西南。）力子都兵中，力子都，東海人。起兵鄉里，鈔擊徐、兗界，眾六七萬。更始立，遣使降。拜子都徐州牧。為其部曲所殺。餘黨復相眾，與餘賊會於檀鄉。其渠帥董次仲，與五校合。建武二年 (26)，為吳漢所破，見下。《後漢書注》云:今兗州瑕丘縣東北有檀鄉。(唐瑕丘縣，在今山東滋陽縣西。) 何如？」光曰：「不可。」光武曰：「卿兵少，何如？」光曰：「可募發奔命，出攻旁縣，若不降者，恣聽掠之，人貪財物，則兵可招而致也。」時彤亦來會。議者多言可因信都兵自送，西還長安。彤言：「明公既西，邯鄲城民，不肯捐父母，背城主，而千里送公，其離散可必也。」乃拜彤為後大將軍，光為左大將軍，從。光多作檄文，曰：「大司馬劉公，將城頭子路、力子都兵百萬眾從東方來，擊諸反虜。」遣騎馳至鉅鹿界中，吏民得檄，傳相告語。光武遂與光等投暮入堂陽界。(堂陽，漢縣，今河北新河縣西。) 使騎各持炬火，彌滿澤中，光炎燭天地，舉城震怖；彤亦先使曉譬吏民；其夜即降。王郎遣將攻信都，信都大姓馬寵等開城內之。光武使任光救信都，光兵於道散降王郎。會更始遣將攻破信都，光武乃使信都都尉李忠還行太守事。收郡中大姓附邯鄲者，誅殺數百人。時昌城人劉植，(昌城，漢縣，今河北深縣西南。) 宋子人耿純，(宋子，漢縣，今河北趙縣北。) 各率宗親子弟，據其城邑，以奉光武。而真定王劉揚，起兵以附王郎，眾十餘萬。光武遣植說揚，揚降。光武因留真定，納郭后。後揚之甥，以此結之也。後揚復造作讖記以惑眾，建武二年 (26)，遣耿純誅之。於是北降下曲陽。眾稍合，樂附者至數萬人。復北擊中山。所過發奔命，移檄邊部，共擊邯鄲。郡縣還復響應。南入趙界，攻王郎大將李育於柏人，(漢縣，見第四章第一節。) 不下。會上谷太守耿況、王莽改上谷為朔調，況為連率，以莽所置，不自安，使子弇詣更始求自固。道謁先武，留署門下吏。薊亂，光武南馳，弇說況使寇恂東約彭寵，各發突騎二千匹，步兵千人，以佐光武。漁陽太守彭寵，宛人。父宏，哀帝時為漁陽太守。王莽居攝，遇害。寵少為郡吏。從王邑東拒漢軍。到洛陽，聞同產弟在漢軍中，懼誅，即與鄉人吳漢亡至漁陽，抵父時吏。更始立，使謁者韓鴻持節徇北州，承制得專拜二千石以下。鴻至薊，以寵、漢並鄉閭故人，相見歡甚，即拜寵偏將軍，行漁陽太守事，漢安樂令。漢說寵從光武，耿況亦使寇恂至，寵乃發兵，與上谷兵合而南。（安樂，今河北順義縣西。）各遣其將吳漢、寇恂等將突騎來。更始亦遣尚書僕射謝躬討郎。光武因大饗士卒，東圍鉅鹿。月餘不下。耿純說光武徑攻邯鄲。五月，拔之。王郎夜亡走，追殺之。收文書，得吏人與郎交關謗毀者數千章。光武不省，會諸將軍燒之，曰：「令反側子自安。」案光武為客軍，而王郎為河北豪傑，其勢實不相敵。光武所以終克郎者，得漁陽、上谷之力實多，[090] 邊兵強而內郡弱，其勢防見於此矣。更始遣立光武為蕭王，令罷兵，與諸將有功者還長安。遣苗曾為幽州牧，韋順為上谷太守，蔡充為漁陽太守。耿弇說光武不可從。願歸幽州，益發精兵，以集大計。光武大悅。遂辭以河北未平，不就徵。拜弇為大將軍，與吳漢北發幽州十郡兵。弇到上谷，收韋順、蔡充斬之。漢亦誅苗曾。於是悉發幽州兵，引而南。

時海內割據者眾，而《後書》所云「別號諸賊銅馬、大彤、高湖、重連、鐵脛、大槍、尤來、上江、青犢、五校、檀鄉、五幡、五樓、富平、獲索等，各領部曲，眾合數百萬人，所在寇掠」者，為害尤巨。蓋此輩皆流寇，略無規模，尚不足語於割據也。光武乃先定之。更始二年 (24)，秋，擊銅馬於鄡，（漢縣，今河北束鹿縣東。）絕其糧道。積月餘日，賊食盡，夜遁去。追至館陶，（漢縣，今山東館陶縣西南。）大破之。受降未盡，而高湖、重連從東南來，與銅馬餘眾合。光武復與大戰於蒲陽，（山名，在今河北完縣西。）悉破降之，封其渠帥為列侯。降者猶不自安。光武知其意，敕令各歸營勒兵，乃自乘輕騎案行部陳。降者更相語曰：「蕭王推赤心置人腹中，安得不投死乎？」由是皆服。悉將降人分配諸將，眾遂數十萬。光武前此，實藉郡縣歸附，發其兵以事征討，至此始自有大

[090]　兵：光武平王郎，多得漁陽上谷之力。涼州之強。

軍矣。赤眉別帥與大肜、青犢十餘萬眾在射犬。（《耿純傳》云：青犢、上江、大肜、鐵脛、五幡。射犬，聚名，在今河南沁陽縣東北。）光武進擊，大破之。眾皆散走。初，光武與謝躬相忌，光武嘗請躬置酒高會，欲因以圖之，不克，見《馬武傳》。雖俱在邯鄲，遂分城而處。躬既而率兵數萬，還屯於鄴。光武南擊青犢，謂躬曰：「我追賊於射犬，必破之。尤來在山陽者，（漢縣，今河南修武縣西北。）必當驚走。以君威力，擊此散虜，必成擒也。」躬曰：善。自率諸將軍擊之。窮寇死戰，其鋒不可當，躬遂大敗。光武因躬在外，使吳漢、岑彭襲其城，殺躬。其眾悉降。於是更始之力，不復及於河北矣。

時赤眉入函谷關攻更始。光武乃遣鄧禹引兵而西，以乘其亂。更始使朱鮪、陳僑、李軼與河南太守武勃屯洛陽。光武將北徇燕、趙，以魏郡、河內，獨不逢兵，城邑完，倉廩實，乃拜寇恂為河內太守，馮異為孟津將軍，統二郡，軍河上，與恂合勢，以拒鮪等。明年，更始三年 (25)，而光武之建武元年 (25) 也。光武北擊尤來、大槍、五幡於元氏。（漢縣，今河北元氏縣西北。）追至右北平，連破之。又戰於順水北。乘勝輕進，反為所敗。賊亦引去。大軍復還，至安次，（漢縣，今河北安次縣西北。）與戰，破之，賊入漁陽。遣吳漢窮追。賊散入遼西、東，或為烏桓、貉人所鈔擊，略盡。於是諸將議上尊號。六月，即帝位於鄗。改為高邑，（今河北柏鄉縣北。）初，李軼與光武首結謀約，加相親愛。及更始立，反共陷伯升。雖知長安已危，欲降，又不自安。馮異遺軼書，說以轉禍為福。軼亦報書，言思成斷金，唯深達蕭王。軼自後不復與異爭鋒。異得北攻天井關，（在山西晉城縣南。）拔上黨兩城，南下成皋以東十三縣。武勃將萬餘人攻討畔者，異度河破斬勃，軼又不救。異見其信效，具以奏聞。光武故宣露軼書，令朱鮪知之。鮪怒，使人刺殺軼。由是城中乖離，多有降者。光武既即位，使吳漢圍鮪於洛陽。九月，赤眉入長安，更始奔高陵。光武封為淮南王。朱鮪等猶堅守不肯下。光武以岑彭嘗為鮪校尉，令往說之。鮪曰：「大司徒被害時，鮪與其謀，又諫更始無遣蕭王北伐，誠自知罪深。」彭還具言。光武曰：「夫建大事者不忌小怨。鮪今若降，官爵可保，況誅罰乎？河水在此，吾不食言。」彭復往告。鮪乃降。十月，光武入洛陽，遂定都焉。

第三節　光武平關中

鄧禹之西也，破更始將樊參、王匡等，遂定河東，渡河入夏陽（漢縣，今陝西韓城縣南）。赤眉入長安。是時三輔連覆敗，赤眉所過殘滅，百姓不知所歸，聞禹乘勝獨克，而師行有紀，皆望風相攜負以迎軍，降者日以千數，眾號百萬。諸將豪傑，皆勸禹徑攻長安。禹曰：「吾眾雖多，能戰者少。前無可仰之積，後無轉饋之資。赤眉新拔長安，財富充實，鋒銳未可當也。夫盜賊群居，無終日之計。上郡、北地、安定，土廣人希，饒穀多畜。吾且休兵北道，就糧養士，以觀其弊。」於是引軍北至栒邑。（漢縣，今陝西栒邑縣東北。）禹所到擊破赤眉別將。諸營保郡邑，皆開門歸附。禹分遣將軍別攻上郡諸縣，更徵兵引谷，歸至大要。（縣名，屬北地。）遣馮愔、宗歆守栒邑。二人爭權相攻。愔遂殺歆。因反擊禹。禹遣使以聞。光武遣尚書宗廣持節降之。

二年（26），春，赤眉西走，禹乃南至長安。與延岑戰於藍田，不克。復就谷雲陽。漢中王劉嘉詣禹降。嘉相李寶，倨慢無禮，禹斬之。（嘉，光武族兄，隨更始征伐。嘗擊延岑，降之，更始以為漢中王，都南鄭。建武二年（26），岑復反，攻漢中，嘉敗走。岑進兵武都，為更始柱功侯李寶所破，而南鄭亦為公孫述將侯丹所取。嘉以寶為相，南攻丹，不克。後遂詣鄧禹於雲陽。）寶弟收寶部曲擊禹，殺將軍耿訢。自馮愔反後，禹威稍損。又乏食，歸附者離散。赤眉還入長安，禹與戰，敗走。至高陵，軍士饑餓者皆食棗菜。帝乃徵禹還，遣馮異代之。禹慚於受任而功不遂，數以饑卒徼戰，輒不利。二年 (26)，春，引歸。與異相遇，要異共攻赤眉，大為所敗，與二十四騎還宜陽。（漢縣，今河南宜陽縣西。）異收散卒，招集諸營保數萬人，破赤眉於崤底，降男女八萬人。餘眾尚十餘萬，東走宜陽。光武聞，自將邀其走路。赤眉忽遇大軍，驚震不知所為，乃遣劉恭乞降。積兵甲宜陽城西，與熊耳山齊焉。令樊崇等各與妻子居洛陽，賜宅人一區，田二頃。其夏，崇、逄安謀反，誅死。楊音與徐宣俱歸鄉里，卒於家。劉恭為更始報殺謝祿，自繫獄，赦不誅。帝憐盆子，以為趙王郎中。後病失明，賜滎陽均輸官地，以為列肆，使食其稅終身焉。[091]

時赤眉雖降，眾寇猶盛。延岑據藍田，王歆據下邽，芳丹據新豐，蔣震據霸陵，（漢縣，今陝西長安縣東。）張邯據長安，公孫守據長陵，（漢縣，今陝西咸陽縣東北。）楊周據谷口，（漢縣，今陝西醴泉縣東北。）呂鮪據陳倉，（漢縣，今陝西寶雞縣東。）角閎據汧、駱，（汧，漢縣，在今陝西隴縣。駱谷，在陝西盩厔縣西南。）蓋延據盩厔，任良據鄠，（漢縣，今陝西鄠縣北。）汝章據槐里，各稱將軍。擁兵多者萬餘，少者數千人。馮異且戰且行，屯軍上林苑中。九月，延岑大破赤眉於杜陵，欲據關中，引張邯、任良共攻異。異擊破之。岑走攻析。異遣兵要擊，又大破之。岑遂自武關走南陽。時百姓饑餓，人相食，軍士悉以果實為糧。詔拜趙匡為右扶風，將兵助異。并送縑穀。異兵食漸盛，乃稍誅擊豪傑不從令者，褒賞降附有功勞者，悉遣其渠帥詣京師，散其眾歸本業。唯呂鮪、張邯、蔣震遣使降蜀，其餘悉平。三年 (27)，延岑自武關出攻南陽。耿弇與戰，破之。岑走與秦豐將合，又為朱祐所破，遂走歸豐。四年 (28)，寇順陽。（漢縣，在今河南淅川縣東。）為鄧禹所破，奔漢中，後歸於公孫述。

東方諸流寇：建武二年，正月，吳漢擊檀鄉於鄴東，大破降之。八月，帝自將征五校，大破之於羛陽，（聚名，在河南內黃縣南。）降之。十一月，銅馬、青犢、尤來餘賊共立孫登為天子於上郡。登將樂玄殺登，

[091] 宮室：列肆之稅。

以其眾五萬餘人降。三年（27），吳漢擊青犢於軹西，（軹，漢縣，在今河南濟源縣東南。）大破降之。四年，四月，吳漢擊五校於箕山，（在今山東濮縣東。）大破之。五年（29），漢擊富平，獲索於平原，（漢郡，在今山東平原縣南。）大破降之。《後書》所謂別號諸賊略盡矣。

第四節　光武平群雄上

割據東方，形勢最強者為劉永。永，梁王立子。更始即位紹封，都睢陽。聞更始政亂，遂據國起兵。招諸豪傑沛人周建等，並署為將帥。攻下濟陰、山陽、沛、楚、淮陽、汝南，凡得二十八城。又使拜西防賊帥佼彊為將軍。（西防，縣名，在今山東單縣。）是時東海人董憲，起兵據其郡，張步亦定齊地，永拜為將軍，與共連兵，遂專據東方。及更始敗，永自稱天子。時建武元年十一月也。二年（26），夏，光武遣蓋延等伐永。初，陳留人蘇茂，為更始討難將軍，與朱鮪守洛陽。鮪既降，茂亦歸命。光武使與延俱攻永。軍中不相能，茂遂反，據廣樂。（城名，在今河南虞城縣西。）蓋延圍睢陽。數月，拔之。永將家屬走虞。（漢縣，在虞城縣西南。）虞人反，殺其母及妻子。永與麾下數十人奔譙。蘇茂、佼彊、周建合軍救永，為延所敗。茂奔還。彊、建從永走保湖陵。（漢縣，今山東魚臺縣東南。）三年（27），春，永使立張步為齊王，董憲為海西王。初，更始遣王閎平阿侯譚子。為琅邪太守，步拒之。閎為檄曉諭吏人，降贛榆等六縣。（贛榆，今江蘇贛榆縣。）收兵數千人。與步戰，不勝。及劉永拜步為將軍，使督青、徐二州，征不從命者。步乃理兵於劇。（漢縣，今山東壽光縣東南。）遣將徇泰山、東萊、城陽、膠東、北海、濟南諸郡，皆下之，拓地寖廣，兵甲日盛。閎懼眾散，乃詣步相見。步令關掌郡事。及是，光武遣伏隆持節使齊，拜步為東萊太守。永聞，乃馳遣立步為齊王。步即殺隆而受永命。吳漢等圍蘇茂於廣樂。周建救茂。戰敗，棄城復還湖陵。而睢陽人反城迎永。吳漢與蓋延等合軍圍之。城中食盡，永與茂、建走酇。（漢縣，今河南永城縣西南。）諸將追急，永將慶吾斬永首降。茂、建奔垂惠，（聚名，今安徽蒙城縣西北。）立永子紆為梁王。佼強還保西防。四年 (28)，秋，遣馬武、王霸圍紆、建於垂惠。蘇茂救之。紆，建亦出兵戰，不克。建兄子誦反，閉城門拒之。建、茂、紆等皆走。建於道死。茂奔下邳，與董憲合。紆奔佼強。《本紀》：垂惠之拔，在五年二月。五年 (29)，遣杜茂攻西防。強與紆奔董憲。龐萌者，山陽人，初亡命在下江兵中。更始立，以為冀州牧。與謝躬共破王郎。躬敗，萌降。與蓋延共擊董憲。詔書獨下延，萌以為延譖己，遂反。襲破延。與董憲連和，屯桃鄉北。（桃鄉，漢縣，今山東汶上縣東北。）帝自將討萌。憲聞，乃與紆等還蘭陵。（漢縣，今山東嶧縣東。）使茂、強助萌。合兵三萬，急圍桃城。帝馳赴師次。親搏戰，大破之。萌、茂、強夜棄輜重逃奔。憲與紆悉其兵數萬人屯昌慮。（漢縣，今山東滕縣東南。）帝親臨攻，又大破之。遣吳漢追擊。強降。茂奔張步。憲及萌入郯城。郯，漢縣，今山東郯城縣西南。漢等攻拔郯。憲、萌走保朐。（漢縣，今江蘇東海縣。）劉紆不知所歸，軍士斬其首降。梁地悉平。吳漢進圍朐。明年，城中穀盡，憲、萌潛出，襲取贛榆。琅邪太守陳俊攻之。憲、萌走澤中。會吳漢下朐城，獲憲妻子。憲乃謝其將士，將數十騎夜去，欲從間道歸降。漢校尉韓湛追斬憲於方與。（漢縣，今山東魚臺縣北。）方與人黔陵亦斬萌。初，劉永死，張步等欲立紆為天子，自為安漢公，置百官。王閎諫曰：「梁王以奉本朝之故，山東頗能歸之。今尊立天子，將疑眾心。」乃止。五年 (29)，秋，遣耿弇討張步。步以其將費邑為濟南王，屯歷下。（今山東歷城縣。）冬，弇破斬邑。進拔臨菑。步以弇兵少遠客；可一舉而取，乃悉將其眾攻弇於臨菑。大敗，還奔劇。帝自幸劇。步退保平壽。（漢縣，今山東平度縣西南。）蘇茂將萬餘人來救之。帝乃遣使告步、茂：能相斬降者，封為列侯。步遂斬茂降。後與妻子俱居洛陽。王閎亦詣劇降。八年 (32)，夏，步將妻子逃奔臨淮，（漢郡，今安徽盱眙縣西。）與弟弘、藍，欲招其故眾，乘船入海。陳俊追斬之。案《張步傳》言永自以更始所立，承制拜步，則永實奉承更始者。更觀王閎諫張步之言，知謂永自稱天子者必誣。蘇茂之叛，蓋亦非徒以與蓋延不協。《龐萌傳》言：光武即位，以為侍中。萌為人遜順，甚見親愛。帝嘗稱曰：「可以託六尺之孤，寄百里之命者，龐萌是也。」及反，帝聞之，大怒。乃自將討萌。與諸將書曰：「吾常以龐萌社稷之臣，將軍得毋笑其言乎？」萌之見親信如此，豈以詔書獨下蓋延而遂自疑？萌殆深自韜晦，欲為謝躬報仇者邪？東漢人作史，不甚敢言更始之長，亦不甚敢著光武叛更始之跡，故其事之真不見。然蛛絲馬跡，猶有可尋。觀於歸心者之多，而更始之為人可見矣。成敗儻來之運，豈得以此定聖公與伯升、文叔之優劣哉。

擅命東南，其力亞於劉永者為李憲。憲，許昌人，王莽時為廬江屬令。莽末，江賊王州公等起，眾十餘萬，攻掠郡縣。莽以憲為偏將軍廬江連率，擊破州公。莽敗，憲據郡自守。更始元年 (23)，自稱淮南王。建武三年 (27)，遂自立為天子。置公卿百官。擁九城眾十餘萬。四年 (28)，秋，光武幸壽春，遣馬成擊憲，圍舒。（漢縣，今安徽廬江縣西。）至六年，正月，拔之。憲亡走。其軍士追斬憲降。憲餘黨淳于陵等聚眾數千，屯濳山。（漢縣，今安徽濳山縣。）揚州牧歐陽歙遣兵攻之，不能克。帝議欲討之。廬江人陳眾為從事，白歙，往說而降之。

其跋扈於荊州者，則有秦豐、田戎等。豐，南郡人，據黎丘，（今湖北宜城縣北。）自稱楚黎王。略有十二縣：董訢起堵鄉。（訢，堵鄉人。建武二年 (26)，反宛，堅鐔徇南陽諸縣，訢棄城，走還堵鄉。見《鐔傳》。堵鄉，即堵陽，漢縣，今河南方城縣東。）許邯起杏。（《注》云：南陽復陽縣有杏聚。復陽，在今河南桐柏縣東。）又更始諸將，各擁兵據南陽諸城。帝遣吳漢伐之。漢軍所過多侵暴。時破虜將軍鄧奉晨兄子。謁歸新野，怒漢掠其鄉里，遂反。擊破漢軍。屯據淯陽，與諸賊合從。二年

(26)，岑彭破杏，降郿。復遣八將軍與彭并力討奉。先擊堵鄉。奉將萬餘人救訢。訢、奉皆南陽精兵，彭等攻之，連月不克。三年 (27)，夏，帝自將南征。至堵陽，奉逃歸清陽。訢降。追奉於小長安。帝率諸將親戰，大破之。奉迫急，乃降，斬之。車駕引還，令彭等三萬餘人南擊豐。豐與其大將蔡宏拒彭等於鄧，（漢縣，今湖北襄陽縣北)。數月不得進。帝怪，以讓彭。彭懼，從川谷間伐木開道，直襲黎丘。豐馳歸救。彭逆擊之，豐敗走。追斬蔡宏。豐相趙京等舉宜城降。（宜城，漢縣，今湖北宜城縣東。）共圍豐於黎丘。時田戎據夷陵。（漢縣，今湖北宜昌縣。）戎，西平人。（西平，漢縣，今河南西平縣西。）與同郡陳義，客夷陵，為群盜。更始元年 (23)，陷夷陵。及是，懼大兵至，欲降。戎妻兄辛臣諫，不聽。四年 (28)，春，戎留辛臣守夷陵，自將兵沿江訢沔，止黎丘。刻期日當降，而辛臣盜戎珍寶，從間道先降於彭。戎疑必賣己，遂不敢降。反與豐合。彭出兵攻戎。數月，大破之。戎亡歸夷陵。彭攻黎丘三歲，斬首九萬餘級。豐餘兵裁千人。又城中食且盡。帝以豐轉弱，十一月，令朱祐代彭守之。使彭與傅俊南擊田戎。大破之。遂拔夷陵。追至秭歸。（漢縣，今湖北秭歸縣。）戎與數十騎亡入蜀。明年，夏，城中窮困，豐乃將母妻子九人降。轞車傳送洛陽，斬之。俊因將兵徇江東，揚州悉定。岑彭之破田戎也，引兵屯津鄉，（漢縣，今湖北江陵縣東。）喻告諸蠻夷，降者奏封其君長。初，彭與交阯牧鄧讓厚善，與讓書，陳國家威德。又遣偏將軍屈充移檄江南，班行詔命。於是讓與江夏太守侯登、武陵太守王堂、長沙相韓福、桂陽太守張隆、零陵太守田翕、蒼梧太守杜穆、交阯太守錫光等，相率遣使貢獻。悉封為列侯。或遣子將兵，助彭征伐。於是江南之珍，始流通焉。《本紀》，見建武十一年 (35)。

拒命於北方者，有彭寵及盧芳。寵助光武平王郎，已見第二節。光武追銅馬北至薊，寵上謁，自負其功，意望甚高，光武接之不能滿，以此懷不平。及即位，吳漢、王梁，寵之所遣，並為三公，而寵獨無所加，愈怏快。是時北州破散，而漁陽差完。有舊鹽鐵官，寵轉以貿穀，積珍寶，益富強。朱浮為幽州牧，守薊，與寵不相能，數譖構之。建武二年(26)，春，詔徵寵。寵意浮賣己，上疏願與浮俱徵。帝不許。益以自疑。遂反。自將二萬人攻浮於薊。分兵徇廣陽、上谷、右北平。秋，帝使鄧隆救薊。寵大破隆軍。明年，春，遂拔右北平、上谷。數遣使以美女、繒彩賂遺匈奴，要結和親，單于使七八千騎往來為遊兵以助寵。又南結張步及富平、獲索諸豪傑，皆與交質連衡。遂攻拔薊城，自立為燕王。五年(29)，春，蒼頭子密等三人斬寵詣闕。其尚書韓立等共立寵子午為王，以子後蘭卿為將軍。國師韓利斬午首，詣祭遵降。夷其宗族。寵之叛也，涿郡太守張豐亦舉兵反，與寵連兵。四年，五月，祭遵討斬之。

盧芳，安定三水人。(三水，漢縣，在今甘肅固原縣北。)居左谷中。(《續漢志》曰：三水縣有左、右谷。)王莽時，詐稱武帝曾孫劉文伯。云曾祖母匈奴谷蠡渾邪王之姊，為武帝皇后，生三子。遭江充之亂，太子誅，皇后坐死。中子次卿亡之長陵，小子回卿逃於左谷。霍將軍立次卿，迎回卿，回卿不出，因居左谷。生子孫卿。孫卿生文伯。莽末，乃與三水屬國羌、胡起兵。更始至長安，徵芳為騎都尉，使鎮撫安定以西。更始敗，三水豪傑共計議：以芳劉氏子孫，宜承宗廟，乃共立芳為上將軍西平王。使使與西羌、匈奴結和親。單于使句林王將數千騎迎芳。芳與兄禽、弟程俱入匈奴，單于遂立芳為漢帝。以程為中郎將，將胡騎還入安定。初，五原人李興、隨昱，朔方人田颯，代郡人石鮪、閔堪，各起兵自稱將軍。建武四年(28)，單于遣無樓且渠王入五原塞，與李興等和親。告興，欲令芳還漢地為帝。五年(29)，李興、閔堪引兵至單于庭迎芳。與俱入塞，都九原縣。(今綏遠五原縣。)掠有五原、朔方、雲中、定襄、雁門五郡，並置守令。與胡通兵，侵苦北邊。芳後以事誅其五原太守李興兄弟。其朔方太守田颯，雲中太守橋扈㦬，舉郡降。光武令領職如故。七年(31)冬。後吳漢、杜茂數擊芳，並不克。事在九年(33)、十年(34)。

十二年 (36)，芳與賈覽共攻雲中，久不下。其將隨昱留守九原，欲脅芳降。芳知羽翼外附，心膂內離，遂棄輜重，與十餘騎亡入匈奴。其眾盡歸隨昱。昱隨使者詣闕。拜為五原太守。十六年 (40)，芳復入居高柳，(漢縣，今山西陽高縣北。) 與閔堪兄林使使請降。乃立芳為代王，堪為代相，林為代太傅。因使和集匈奴。其冬，芳入朝，有詔止令更朝明歲。芳憂恐，復叛。與閔堪、閔林相攻。匈奴迎芳及妻子出塞。芳留匈奴中十餘年，病死。初，安定屬國胡與芳為寇。及芳敗，胡人還鄉里。積苦縣官傜役。其中有駁馬少伯者，素剛壯。二十一年 (45)，遂率種人反叛，與匈奴連和，屯聚青山。(《注》:青山在今慶州。案唐慶州，今甘肅慶陽縣。) 遣將兵長史程訢擊之。少伯降，遷於冀縣 (今甘肅甘谷縣南)。

第五節　光武平群雄下

新室之末，群雄割據者，唯隗囂、公孫述少有規模。囂起兵後，分遣諸將徇隴西、武都、金城、武威、張掖、酒泉、敦煌，皆下之。更始二年 (24)，遣使徵囂及崔、義等。至長安，以囂為右將軍，崔、義皆即舊號。其冬，崔、義謀欲叛歸。囂懼並禍，告之。崔、義誅死。更始感囂忠，以為御史大夫。明年，夏，赤眉入關，三輔擾亂，流聞光武即位河北。囂即說更始:歸政於光武叔父國三老良。更始不聽。更始使使者台囂，囂稱疾不入。因令客王遵、周宗等勒兵自守。更始使執金吾鄧曄將兵圍囂。囂閉門拒守。至昏時，遂潰圍，亡歸天水。述，茂陵人。天鳳中，為導江卒正，導江，蜀郡改。居臨邛。(漢縣，今四川邛崍縣。) 更始立，豪傑各起其縣以應漢。南陽人宗成略漢中。商人王岑，亦起兵於洛縣，(今四川廣漢縣。) 殺莽庸部牧以應成。述使迎成等。成等至成都，擄掠暴橫。述攻破之。二年 (26)，秋，更始遣柱功侯李寶、益州刺史張忠徇蜀漢。述使其弟恢於綿竹擊寶、忠，(綿竹，漢縣，今四川德陽縣北。) 大破之。

於是自立為蜀王。建武元年，四月，遂自立為天子，號成家。越巂任貴殺王莽大尹，據郡降述。述遂使將軍侯丹北守南鄭；任滿下江州，（漢縣，今四川江北縣。）東據扞關；（在今四川奉節縣東。）盡有益州之地。

隗囂素謙恭愛士。更始敗，三輔耆老士大夫皆奔歸囂。囂傾身引接，為布衣交。由此名震西州，聞於山東。馮愔叛，西向天水，囂逆擊，破之。鄧禹承制，命囂為西州大將軍，得專制涼州、朔方事。及赤眉去長安，欲西上隴，囂又遣將軍楊廣逆擊破之。建武三年 (27)，囂乃上書詣闕。光武素聞其風聲，報以殊禮。言稱字，用敵國之儀。述使李育、程烏出陳倉，與呂鮪徇三輔。囂遣兵佐馮異擊走之。其後述數出兵漢中，遣使以大司馬扶安王印綬授囂。囂斬其使，出兵擊之，連破述軍。以故蜀兵不復北出。時關中將帥，數上書言蜀可擊之狀。帝以示囂，因使討蜀。囂乃遣長史上書，盛言三輔單弱，劉文伯在邊，未宜謀蜀。帝知囂欲持兩端，不願天下統一，於是稍黜其禮，正君臣之儀。

初，囂與來歙、馬援相善，故帝數使歙、援奉使往來，勸令入朝。五年 (29)，復遣歙說囂遣子入侍。囂聞劉永、彭寵皆已破滅，乃遣長子恂隨歙詣闕。囂將王元、王捷，常以為天下成敗未可知，不願專心內事。囂心然其計。而延岑、田戎，亦皆為漢兵所敗，亡入蜀。述以岑為大司馬，封汝寧王，戎翼江王。六年 (30)，關東悉平。帝積苦兵間，以囂子內侍，述遠據邊垂，乃謂諸將曰：「且當置此兩子於度外耳。」而述遣田戎與任滿出江關，（在今四川奉節縣東。）欲取荊州諸郡。乃詔囂：當從天水伐蜀。囂復多設支閡。帝知其終不為用，遂西幸長安，遣耿弇等七將軍從隴道伐蜀。囂使王元據隴坻。諸將與囂戰，大敗，各引還。囂因使王元、行巡侵三輔。馮異、祭遵等擊破之。囂乃上疏謝。帝使來歙至汧，賜囂書曰：「今若束手，復遣恂弟歸闕庭者，則爵祿獲全，有浩大之福矣。吾年垂四十，在兵中十歲，厭虛語浮辭。即不欲，勿報。」囂知帝審其詐，遂遣使稱臣於公孫述。明年 (31)，述以囂為朔寧王。遣兵往來，為之援勢。述騎都尉荊邯說述：「發國內精兵，令田戎據江陵，傳檄吳、楚；延岑出漢中，定三輔；如此，海內震搖，冀有大利。」蜀人及其弟光，以為不宜空國千里之外，決成敗於一舉，固爭之。述乃止。延岑、田戎亦數請兵立功，述終不聽。述性苛細，察於小事，敢誅殺，而不見大體。又立其兩子為王，食犍為、廣漢各數縣。群臣多諫，以為成敗未可知，戎士暴露，而遽王皇子，示無大志，傷戰士心。述不聽，唯公孫氏得任事，由此大臣皆怨。秋，囂將步騎三萬侵安定。至陰槃。（縣名，今陝西長武縣西北。）馮異率諸將拒之。囂又令別將下隴，攻祭遵於汧。兵並無利，乃引還。八年 (32)，春，來歙從山道襲得略陽城。（略陽，漢縣，今甘肅秦安縣東。）囂悉大眾圍歙。述亦遣其將李育、田弇助囂。攻略陽，連月不下。帝乃率諸將西征之。數道上隴。囂大將十三人，屬縣十六，眾十餘萬皆降。王元入蜀求救。囂將妻子奔西城從楊廣，（西城，漢縣，今陝西安康縣西北。）而田弇、李育保上邽。詔告囂曰：「若束手自詣，父子相見，保無它也。」囂終不降。於是誅其子恂。使吳漢、岑彭圍西城，耿弇、蓋延圍上邽。李育軍沒。潁川盜賊起，寇沒屬縣，河東守兵亦叛，京師騷動。帝自上邽晨夜東馳。九月，還宮。自征潁川，盜賊皆降。帝敕吳漢曰：「諸郡甲卒，但坐費糧食，若有逃亡，則沮敗眾心，宜悉罷之。」漢等貪并力攻囂，不能遣。糧食日少，吏士疲敝。數月，王元、行巡、周宗將蜀救兵五千餘人至，漢遂退敗。迎囂歸冀。安定、北地、天水、隴西復反為囂。九年 (33)，春，囂死。王元、周宗立囂少子純為王。明年，來歙、耿弇、蓋延等攻破落門。（聚名，在甘肅甘谷縣西。）周宗、行巡等將純降。王元留為蜀將，蜀破，乃降。純徙弘農。十八年 (42)，與賓客數十騎亡入胡。至武威，捕得，誅之。

王元之降蜀也，公孫述以為將軍。建武九年 (33)，述使元與領軍環安拒河池。（漢縣，今甘肅徽縣西。）又遣田戎、任滿下江關，拔夷陵，據荊門。（山名，在今湖北宜都縣西北）。十一年 (35)，岑彭攻破之。述將王政斬滿降，田戎走保江州。彭以其食多，難卒拔，留馮駿守之，十二年，七月，拔之，獲戎。自引兵至墊江。（漢縣，今四川合川縣。）帝與述書，陳言禍福，明丹青之信。述省書嘆息。以示所親太常常少、光祿勳張隆。隆、少皆勸降。述曰：「廢興命也，豈有降天子哉？」左右莫敢復言。來歙急攻王元、環安。安使客刺殺歙。述使延岑、呂鮪及其弟恢悉兵拒廣漢及資中，（漢縣，今四川資陽縣北。）侯丹拒黃石。（灘名，在今四川涪陵縣。）彭使臧宮拒岑等。自還江州。襲擊侯丹，大破之。因倍道兼行，拔武陽。（漢縣，今四川彭山縣東。）使精騎馳廣都，（漢縣，今四川華陽縣東南。）去成都數十里。蜀地震駭。述令客刺殺彭。會吳漢泝江上，並將其軍。十二年(36)，圍武陽。述遣子婿史興救之。漢迎擊，盡殪其眾。進拔廣都。逼成都。述使謝豐、袁吉攻漢，漢破之，斬豐、吉，引還廣都。自是戰於廣都、成都之間，八戰八克。遂軍於郭中。時臧宮已破延岑，降王元，拔綿竹，破涪城，（涪，漢縣，今四川綿陽縣。）斬述弟恢，攻拔繁（漢縣，今四川新繁縣東北。）、郫（漢縣，今四川郫縣），與漢會。述乃悉散金帛，募敢死士五千餘人，以配延岑。遣步兵出吳漢軍後，襲擊破漢。漢墮水，緣馬尾得出。十一月，臧宮軍至咸門。（《注》：成都北面有二門，其西者名咸門。）述自將數萬人攻漢，使延岑拒宮。大戰。岑三合三勝。自旦及日中，軍士不得食，並疲。漢因令壯士突之。述兵大亂。被刺洞胸墮馬。左右輿入城。述以兵屬延岑。其夜死。明旦，岑降。吳漢乃夷述妻子，盡滅公孫氏，并族延岑。遂放兵大掠，焚述宮室。漢前以軍行侵暴，致鄧奉之叛，破蜀又殘虐如此，可謂暴矣。十八年(42)，蜀郡守將史歆反，漢又率劉尚、臧宮討平之。

隴、蜀既平，河西則以竇融故，不煩兵力而自服。融，平陵人。平陵，漢縣，在今陝西咸陽縣西北。七世祖廣國，漢孝文皇后之弟。融，王莽時嘗為軍官。莽敗，降更始大司馬趙萌。萌以為校尉，甚重之。薦融為鉅鹿太守。融見更始新立，東方尚擾，不欲出關。而高祖父嘗為張掖太守，從祖父為護羌校尉，從弟亦為武威太守，累世在河西，知其土俗。獨謂兄弟曰:「天下安危未可知。河西殷富，帶河為固;張掖屬國，精兵萬騎;一旦緩急，杜絕河津，足以自守；此遺種處也。」兄弟皆然之。融於是日往守候萌，辭讓鉅鹿，圖出河西。萌為言更始，乃得為張掖屬國都尉。融大喜。即將家屬而西。既到，撫結雄傑，懷輯羌虜，甚得其歡心。河西翕然歸之。是時酒泉太守梁統、金城太守庫鈞、張掖都尉史苞、酒泉都尉竺曾、敦煌都尉辛彤并州郡英俊，融皆與為厚善。及更始敗，統等乃推融行河西五郡大將軍事。武威太守馬期、張掖太守任仲，並孤立無黨。乃共移書告示之。二人即解印綬去。於是以梁統為武威太守，史苞為張掖太守，竺曾為酒泉太守，建武七年（31），曾以弟報怨殺人去，融以辛彤代之。辛彤為敦煌太守，庫鈞為金城太守。融居屬國，領都尉職如故。置從事監察五郡。河西民俗質樸，融等政亦寬和，上下相親，晏然富殖。修兵馬，習戰射，明烽燧之警。羌、胡犯塞，融輒自將，與諸郡相救，皆如符要。每輒自破之。其後匈奴懲艾，稀復侵寇，而保塞羌、胡，皆震服親附。安定、北地、上郡流人避凶饑者，歸之不絕。時隗囂先稱建武年號，融等從受正朔。囂皆假其將軍印綬。使辯士說河西，與隴、蜀合從。融等召豪傑及諸太守計議，決策東鄉。建武五年（29），夏，遣長史劉鈞奉書獻馬。先是帝聞河西完富，地接隴、蜀，常欲招之，以逼囂、述，亦發使遺融書。遇鈞於道，即與俱還。帝授融涼州牧。隗囂叛，融與五郡太守上疏請師期。初，更始時，先零羌封何諸種殺金城太守，居其郡。隗囂使使賂遺封何，與共結盟，欲發其眾。融與諸郡擊封何，大破之。八年（32），夏，車駕西征。融等與大軍會高平第一。《注》：高平，今原州縣。《郡國志》云：高平有第一城。案今甘肅固原縣。及隴、蜀平，詔融與五郡太守奏事京師，以列侯奉朝請焉。據《梁統傳》。

以上所言，皆新、漢間割據擾亂之較大者。其較小者：則《光武本紀》建武十六年（40）云：「郡國大姓及兵長群盜，處處並起。攻劫在所，殺害長吏。郡縣追討，到則解散，去復屯結。青、徐、幽、冀四州尤甚。冬，十月，遣使者下郡國，聽群盜自相糾擿，五人共斬一人者除其罪。吏雖逗留、迴避、故縱者皆勿問，聽以禽討為效。其牧、守、令、長，坐界內盜賊而不收捕者，又以畏懦捐城委守者，皆不以為負，但取獲賊多少為殿最，唯蔽匿者乃罪之。於是更相追捕，賊並解散。徙其魁帥於他郡，賦田受稟，使安生業。自是牛馬放牧，邑門不閉。」蓋北方實至此而始平也。其南方：則海濱、江淮，多擁兵據土者。建武六年 (30)，以李忠為丹陽太守。忠到郡，招懷降附。其不服者悉誅之。旬月皆平。十七年，七月，妖巫李廣等群起，據皖城。（漢縣，今安徽潛山縣北。）遣馬援、段志討破之。十九年 (43)，妖巫單臣、傅鎮等反，據原武。（漢縣，今河南陽武縣。）臧宮討斬之。又更始敗時，樂浪人王調，殺郡守劉憲，自稱大將軍樂浪太守。建武六年 (30)，光武遣太守王遵將兵擊之。郡人王景等殺調迎遵。牂牁：公孫述時，大姓龍、傅尹、董氏與郡功曹謝暹保境為漢。遣使從番禺江奉貢。益州：太守文齊，固守拒險。述拘其妻子，許以封侯。齊遂不降。聞光武即位，乃間道遣使自聞。越巂：王莽時，郡守枚根，調邛人長貴，以為軍侯。更始二年 (24)，長貴率種人攻殺枚根，自立為邛谷王，領太守事。又降於公孫述。述敗，光武封長貴為邛谷王。建武十四年 (38)，長貴遣使上三年計。即授越巂太守印綬。十九年 (43)，劉尚擊益州夷，路由越巂。長貴聞之，疑尚既定南邊，威法必行，己不得放縱。即聚兵，起營臺，招呼諸君長。多釀毒酒，欲先以勞軍，因襲擊尚。尚知其謀，即分兵先據邛都，遂掩長貴誅之。徙其家屬於成都。長貴，《岑彭傳》作任貴，入蜀時遣使迎降，《前書》亦作任貴。交阯：十六年 (40)，女子徵側及女弟徵貳反。攻沒其郡。九真、日南、合浦蠻夷皆應之。寇略嶺外六十餘城。側自立為王。拜馬援為伏波將軍，督樓船將軍段志等擊之。軍至合浦，志病卒，詔援並將其眾，緣海而進。隨山刊道千餘里。至十九年正月，乃平之。斬徵側、徵貳，傳首洛陽焉。

第九章　後漢盛世

第一節　光武明章之治

凡舊勞於外之主，率能洞達民情，況興於草澤者乎？《後漢書．循吏傳》云：「光武長於民間，頗達情偽。見稼穡艱難，百姓病害。至天下已定，務用安靜。解王莽之繁密，還漢世之輕法。身衣大練，色無重采。耳不聽鄭、衛之音，手不持珠玉之玩。宮房無私愛，左右無偏恩。建武十三年 (37)，異國有獻名馬者，日行千里；又進寶劍，賈兼百金；詔以馬駕鼓車，劍賜騎士。損上林池籞之官，廢馳騁弋獵之事。其以手跡賜方國者，皆一札十行，[092] 細書成文。勤約之風，行於上下。數引公卿郎將，列於禁坐，廣求民瘼，觀納風謠。故能內外匪懈，百姓寬息。自臨宰邦邑者，競能其官。然建武、永平之間，吏事刻深。亟以謠言單辭，轉易守、長，[093] 故朱浮數上諫書，箴切峻政；鍾離意等亦規諷殷勤，以長者為言，而不能得也。」浮、意之言，皆見《後漢書》本傳。又《鄭興傳》：興亦因建武七年三月晦日食，上言今陛下高明，而群臣皇促，宜留思柔克之政。案《續漢書．百官志》言：世祖中興，務從意、省約。並官省職，費減億計。[094]《郡國志》言：其所省者，郡國十，縣、邑、道、侯國四百餘所。《注》引應劭《漢官》曰：「世祖中興，海內人民，可得而數，裁十二三。邊垂蕭條，靡有孑遺。鄣塞破壞，亭隊絕滅。建武二十一年 (45)，始遣中郎馬援謁者分築烽候堡壁，稍興立郡縣，十餘萬戶。或空置太守、令、長，招還人民。上笑曰：今邊無人而設長吏治之，難如《春秋》素王矣，乃建立

[092]　文具：光武一札十行。

[093]　文學：建武以謠言單辭更易守、長。

[094]　職官：光武省官。

三營，屯田殖穀。弛刑謫徒，以充實之。」蓋時海內凋敝已甚，不得不一出於節約也。本紀言帝在兵間久，厭武事，且知天下疲耗，思樂息肩。自隴、蜀平後，非儆急，未嘗復言軍旅。皇太子嘗問攻戰之事。帝曰：「昔衛靈公問陳，孔子不對，此非爾所及。」每旦視朝，日側乃罷。數引公卿郎將，講論經理，夜分乃寐。皇太子諫。帝曰：「我自樂此，不為疲也。」《皇后紀》言：光武中興，斫雕為樸。六宮稱號，唯皇后貴人。貴人金印紫綬，奉不過數十斛。又置美人、宮人、采女三等，並無爵秩。歲時賞賜，充給而已。其愛養元元之心，及其勤勞不怠之風，行過乎儉之意，自有足取者，故能開一代之治也。

其致治之術，實在以吏事責三公，而功臣不用。《賈復傳》言：是時列侯公卿，參議國家大事者，唯商密、鄧禹。固始、李通。膠東賈復。三侯而已。故復等亦能剽甲兵，敦儒學焉。《馬武傳》言：帝雖制御功臣，而每能回容，宥其小失。遠方貢珍甘，必先遍賜列侯，而大官無餘。有功輒增邑賞，不任以吏職。故皆保其福祿，無誅譴者。然《杜詩傳》：詩上疏言：「臣伏睹將帥之情，功臣之望，冀一休足於內郡，然後即戎出命，不敢有恨。誠宜虛缺數郡，以俟振旅之臣。重複厚賞，加於久役之士。」桓譚亦言：「陛下用兵，諸所降下，既無重賞，以相恩誘，或至虜掠，奪其財貨。是以兵長渠帥，各生狐疑，黨輩連結，歲月不解。」則光武於將士，御之未嘗不嚴，且其待之頗薄。所云「高爵厚祿，允答元功」者，特在其功成身退之後而已。然寇、鄧之高勳，耿、賈之鴻烈，分土不過大縣數四，所加特進朝請而已。[095]《朱景王杜馬劉傅堅馬傳贊》。而奉命莫不唯謹，軍旅之事，貴於威克厥愛，信哉！

帝於文吏，督責尤嚴。《申屠剛傳》云：時內外群官，多帝自選舉。加以法理嚴察，職事過苦。尚書群臣，至乃箠撲牽曳於前。群臣莫敢正言。剛每極諫，帝不納。為大司徒者：自鄧禹而後，伏湛坐事策免。侯

[095] 兵：光武不以功臣為郡，用兵又無重賞。

霸以薦閻楊，楊為帝所素嫌，幾至不測。霸薨後，韓歆代之。以直言無隱諱，免歸田里。復遣使宣詔責之。歆及子嬰皆自殺。歐陽歙、戴涉繼之，皆坐事下獄死。其後蔡茂、王況、馮勤雖得薨位，然史稱帝賢勤，欲令以善自終，乃因燕見，從容戒之曰：「朱浮上不忠於君，下陵同列，竟以中傷至今，死生吉凶未可知，豈不惜哉？人臣放逐受誅，雖復追加賞賜賻祭，不足以償不訾之身」云云，則勤之處境亦危矣。其時大司農江馮上言，至欲令司隸校尉督察三公，見《陳元傳》。其遇大臣寡恩如此。[096]《續書・百官志注》引《決錄》云：故事，尚書郎以令史久缺補之。世祖始改用孝廉，以丁邯補焉。邯稱疾不就。詔問實病？羞為郎乎？對曰：「臣實不病，恥以孝廉為令史職耳。」[097]世祖怒，杖之數十。詔問欲為郎不？邯曰：「能殺臣者陛下，不能為郎者臣。」中詔遣出，竟不為郎。其遇群臣之無禮又如此。《五行志》言：建武十六年 (40)，諸郡太守坐度田不實，世祖怒，殺十餘人。皇子諸王招來文章談說之士，有人奏諸王所招待者或真偽，雜受刑罰者子孫，宜可分別。上怒，詔捕諸王客，皆被以苛法，死者甚多。《後漢書・第五倫傳》：倫上疏言：「光武承王莽之餘，頗以嚴猛為政。後代因之，遂成風化。郡國所舉，類多辨職俗吏，殊未有寬博之選，以應上求。」則其用刑之不詳，毒且流於後嗣矣。然猶能稱後漢之治世者，則以其遇臣下雖嚴，而於小民頗寬也。《後書》本紀：建武二十六年 (50)，詔有司增百官奉。千石已上，減於西京。六百石已下，增於舊秩。則帝於小臣，亦頗能禮恤。與前世寬縱大臣、近臣，不恤小臣、遠臣，怠於察吏，聽其虐民者迥異。此其所以能下啟永平，同稱東京之治世歟？

漢世權戚，最稱縱恣。西京陵替，職此之由。以光武之嚴明，似可以斂跡矣。然《酷吏傳》言：董宣為江夏太守，外戚陰氏為郡都尉，宣輕慢

[096]　職官：光武待文臣嚴而寡恩，然權威橫。光武實乃無禮，明帝沿之。

[097]　職官：令史為卑微。

之，坐免。後特徵為洛陽令。時湖陽公主蒼頭白日殺人，因匿主家，吏不能得。及主出行，以奴參乘。宣於夏門亭候之。乃駐車叩馬，以刀畫地，大言數主之失。叱奴下車，因格殺之。主即還宮訴帝。帝大怒。召宣，欲箠殺之。宣叩頭曰：「願乞一言而死。」帝曰：「欲何言？」宣曰：「陛下聖德中興，而縱奴殺良人，將何以理天下乎？臣不須箠，請得自殺。」即以頭擊楹，流血被面。帝令小黃門持之。使宣叩頭謝主。宣不從。強使頓之。宣兩手據地，終不肯俯。主曰：「文叔為白衣時，藏亡匿死，吏不敢至門，今為天子，威不能行一令乎？」帝笑曰：「天子不與白衣同。」因敕強項令出。賜錢三十萬。此事昔時論史者，或轉以為美談，然去舜為天子，皋陶為士，瞽瞍殺人執之之義亦遠矣。昔之持論者，多自托於孔、孟，如此等處，曷嘗能折衷於六藝邪？《蔡茂傳》：茂因宣事上書，言「頃者貴戚椒房之家，數因恩勢，干犯吏禁，殺人不死，傷人不論」，可見壞法者之多。帝之所謂嚴明者安在哉？豈專施諸疏逖乎？然帝之時，權戚之縱恣，究較後世為愈。故《朱浮傳》載浮上疏，言「陛下清明履約，率禮無違，自宗室諸王，外家後親，皆奉遵繩墨，無黨勢之名，至或乘牛車，齊於編人」也。外戚中竇融最稱恭謹，然以子孫縱誕，永平初卒遭譴謫。永平之政，多遵建武，夫固可以參觀也。

光武之所委任者，為明習故事之臣，如伏湛、侯霸、馮勤，皆自尚書登相位是也。亦頗獎飾恬退之士，如卓茂與孔休、蔡勳、劉宣、龔勝、鮑宣六人，同志不仕王莽，名重當時，咸加褒顯，或封其子孫是也。論者因稱光武能獎厲名節，後世卒食其報。其實褒顯不仕莽朝者，不過一姓之私；而漢末所謂名士者，亦徒氣矜之隆，正如畫餅充饑，不可得啖，即微黨錮之禍，其徒咸獲登用，亦未必能收澄清之效也。參看第十四章第五節自明。

《儒林列傳》言：光武愛好經術，未及下車，先訪儒雅。采求闕文，補綴漏逸。先是四方學士，多懷挾圖書，遁逃林藪。自是莫不抱負墳策，雲集京師。於是立《五經》博士，各以家法教授。建武五年 (29)，修起太學。中元元年 (56)，初建三雍。明帝即位，遂親行其禮焉。此事讀史者尤以為美談。然秦、漢而後，所謂辟雍，已與教化無涉。《漢書．禮志》，已有微辭。光武亦非知禮樂之人，其勤於建立，或轉以承新室之後，聞見所習耳。《三國志．袁渙傳》：魏國初建，渙言於太祖曰：「今天下大難已除，文武並用，長久之道也。可大收篇籍，明先聖之教，以易民視聽。」此所謂柔之之術，光武或亦有此志耳。偃武修文，誠為定亂後之亟務，然治以實不以名，與其隆辟雍，曷若興庠序邪？[098] 而後漢右文之主，始終慮不及此，可見其所謂右文者，仍不免徒飾觀聽，與先漢武帝同病也。辟雍之議，發自耿純，而成於桓榮。建武三十年 (54)，純又奏上宜封禪。中元元年 (56)，帝遂東巡岱宗焉。此又於教化何涉？況以當時海內之凋敝，而可為告成功之祭乎？《續漢書．祭祀志》云：建武三十年二月，群臣上言，即位三十年，宜封禪泰山。詔書云：「即位三十年，百姓怨氣滿腹，吾誰欺？欺天乎？曾謂泰山，不如林放？若郡縣遠遣吏上壽，盛稱虛美，必髡，兼令屯田。」自此群臣不敢復言。三十二年，正月，上齊，夜讀《河圖會昌符》，曰：「赤劉之九，會命岱宗。不慎克用，何益於承？誠善用之，姦偽不萌。」感此文，乃詔梁松等案索《河》、《洛》讖文言九世封禪事者。松等列奏乃許焉。夫既能為三十年之詔，豈復有三十二年之求？若謂為圖讖所惑，豈有躬創大業之人，沒於迷信者？光武之信讖，殆亦欲以此愚民耳。[099] 三年之間，而其自相矛盾若此，足見昔時史籍，稱美帝王之言，多不免於虛誣也。

仁民之政，光武確亦有之。如建武五年 (29)，即復三十而一之稅；十六年 (40) 又復五銖錢；二年 (26)、六年 (30)、七年 (31)、十三年 (37)、十四年 (38)，屢詔免嫁妻、賣子及奴婢是也。其不肯用兵匈奴，及卻西域都護之請，亦不失為度德量力。唯罷郡國都尉及輕車、騎士、材

[098] 學校：後漢始終飾辟雍，不興庠序。

[099] 宗教：光武封禪信讖？愚民耳。

官、樓船，建武六年 (30)、七年 (31)。雖有休息之效，而使民兵之制，自茲而廢，則亦未免昧於遠大之識焉。

光武郭皇后，真定恭王名普，景帝七世孫。女郭主之子。更始二年 (24)，春，光武擊王郎，至真定，因納后，已見前。及即位，以為貴人。建武元年 (25)，生皇子強。陰皇后，諱麗華，南陽新野人。初，光武適新野，聞后美，心悅之。後至長安，見執金吾車騎甚盛，因嘆曰：「仕宦當作執金吾，娶妻當得陰麗華。」更始元年，六月，遂納后於宛當成里。即位，為貴人。欲崇以尊位。后以郭氏有子，終不肯當。建武二年 (26)，郭氏立為皇后。強為皇太子。后寵稍衰。十七年 (41)，廢為中山皇太后。時進后中子右翊公輔為中山王，二十年 (44)，徙沛，后為沛太后。立陰貴人為皇后。強戚戚不自安。數因左右及諸王，陳其懇誠，願備蕃國。十九年 (43)，封為東海王。立陰后子莊為太子。中元元年，二月，世祖崩，太子即位，是為顯宗孝明皇帝。時郭后已前卒。建武二十八年 (52)。廣陵思王荊，亦陰后子。詐稱後弟大鴻臚郭況書與強，言「君王無罪，猥被斥廢，而兄弟至有束縛入牢獄者」。勸其舉兵，「雪沈沒之恥，報死母之仇」。強得書惶怖，即執其使，封書上之。顯宗以荊母弟，祕其事。遣荊出止河南宮。時西羌反，荊不得志，冀天下因羌驚動有變，私迎能為星者與謀議。帝聞之，乃徙封荊廣陵王，遣之國。後荊復呼相工，謂曰：「我貌類先帝，先帝三十得天下，我今亦三十，可起兵未？」相者詣吏告之。荊皇恐，自繫獄。帝復加恩，不考極其事，下詔不得臣屬吏人，唯食租如故。使相、中尉謹宿衛之。荊猶不改，使巫祭祀祝詛。有司舉奏，請誅之。荊自殺。永平十年 (67)。楚王英，許美人子。自顯宗為太子時，英常獨歸附太子，太子特親愛之。英少時好遊俠，交通賓客。晚節更喜黃、老學，為浮屠齋戒祭祀。後遂大交通方士。作金龜玉鶴，刻文字以為符瑞。永平十三年 (70)，男子燕廣告英與漁陽王平、顏忠等造作圖書，有逆謀。事下案驗。有司奏英招聚姦猾，造作圖讖，擅相官秩，置諸侯、王、公、將軍、二千石。大逆不道。請誅之。帝以親親，不忍，乃廢英，徙丹陽涇縣。（今安徽涇縣西。）明年，至丹陽，自殺。郭后子濟南安王康，在國不循法度，交通賓客。人上書告其招徠州郡姦猾漁陽顏忠、劉子產等。又多遺其繒帛，案圖書，謀議不軌。有司舉奏之。削五縣。阜陵質王延，本王淮陽。永平中，有上書告延與姬兄謝弇及姊館陶主婿駙馬都尉韓光招姦猾，作圖讖，祠祭祝詛。事下案驗。光、弇被殺。辭所連及，死徙者甚眾。延徙為阜陵王，食二縣。建初中，復有告延與子男魴造逆謀者。貶為阜陵侯，食一縣。使謁者一人監護延國，不得與吏人通。章和元年 (87)，行幸九江，賜延書，與車駕會壽春，乃復為阜陵王，增封四縣，並前為五縣焉。楚獄聯繫者數千人。顯宗怒甚，吏皆皇恐，一切陷入，無敢以情恕者。迫痛自誣死者甚眾，見寒朗及袁安《傳》。《安傳》言帝以安奏，感悟，得出者四百餘家。然《楊終傳》言廣陵、楚、淮陽、濟南之獄，徙者萬數，則感悟釋出者，曾不及十之一耳。

《鍾離意傳》言：明帝性褊察，好以耳目隱發為明。公卿大臣，數被詆毀。近臣尚書以下，至見提拽。嘗以事怒郎藥崧，以杖撞之。崧走入床下。帝怒甚，疾言曰：「郎出郎出。」崧曰：「天子穆穆，諸侯皇皇，未聞人君，自起撞郎。」帝赦之。《左雄傳》：大司農劉據，以職事被譴，召詣尚書，傳呼促步，又加以捶撲。雄上言：「九卿位亞三事，班在大臣。行有佩玉之節，動有庠序之儀。孝明皇帝始有撲罰，皆非古典。」順帝從而改之。其後九卿無復捶撲者。朝廷莫不悚慄。爭為嚴切，以避誅責。唯意獨敢諫爭，數封還詔書。臣下過失，輒救解之。會連有變異，意復上疏，咎群臣以苛刻為俗，吏殺良人，繼踵不絕，感逆和氣，以致天災。以此不得久留，出為魯相。卒官。復遺言上書陳昇平之世，難以急化，宜少寬假。《宋均傳》：均性寬和，不喜文法。常以為吏能弘厚，雖貪汙放縱，猶無所害。至於苛察之人，[100] 身或廉法，而巧黠刻削，毒加百姓，災害流

[100] 政治：苛察者身或廉法，而流毒百姓。

亡，所由而作。及在尚書，恆欲叩頭爭之。以時方嚴切，遂不敢陳。蓋建武刻急之治，至永平，幾於變本加厲矣。

明帝在位十八年崩，子炟立，是為肅宗孝章皇帝。帝少寬容，好儒術。《後書》本紀論曰：「明帝善刑理，法令分明。日晏坐朝，幽枉必達。內外無幸曲之私，在上無矜大之色。斷獄得情，號居前代十二。故後之言事者，莫不先建武、永平之政。而鍾離意、宋均之徒，常以察慧為言。夫豈弘人之度量未優乎？」又云：「魏文帝稱明帝察察，章帝長者。章帝素知人，厭明帝苛切，事從寬厚。感陳寵之義，除慘獄之科。（《寵傳》：肅宗初為尚書。是時承永平故事，吏政尚嚴切。尚書決事，率近於重。寵以帝新即位，宜改前世舊俗。乃上疏。帝敬納寵言，每事務於寬厚。其後遂詔有司，絕鉆鑽諸慘酷之科，解妖惡之禁，除文致之請。讞五十餘事，定著於令。著胎養之令。元和二年 (85) 詔曰：「令云：人有產子者，復勿算三歲。今諸懷妊者，賜胎養穀人三斛，復其夫勿算一歲，著為令。」）平徭簡賦，人賴其慶。」蓋明帝之為人，頗類前漢宣帝，而章帝則頗類元帝也。然外戚之禍，遂萌芽於章帝之時。則甚矣，為人君者之不可以不知法術也。

明帝馬皇后，援之小女。援卒后家失勢，數為權貴所侵侮。后從兄嚴，不勝憂憤。白太夫人，絕婚竇氏，求進女掖庭。由是選入太子宮。顯宗即位，以後為貴人。時後前母姊女賈氏，亦以選入，生肅宗。帝以後無子，命養之。永平三年 (60)，立為皇后。後能誦《易》。好讀《春秋》、《楚辭》。尤善《周官》、董仲舒書。常衣大練，裙不加緣。建初元年 (76)，章帝欲封爵諸舅。太后不聽。明年 (77)，夏，大旱。言事者以為不封外戚之故。有司因此上奏，宜依舊典。帝復重請之。太后卒不許。四年 (79)，天下豐稔，方垂無事，帝遂封三舅廖、防、光為列侯。太后以為恨。廖等不得已，受封爵而退位歸第。是歲，太后崩。八年 (83)，廖子步兵校尉豫，投書怨誹。有司奏免豫，遣廖、防、光就封。[101] 豫隨廖歸國，考擊物故。後詔還廖京師。史言廖性寬緩，不能教勒子孫，而防、光奢侈，好樹黨羽，一似罪專在防、光者。然《第五倫傳》：倫以肅宗初為司空，上疏言：「近代光烈皇后，雖友愛天至，而卒使陰就歸國，徙廢陰興賓客。其後梁、竇之家，互有非法，明帝即位，竟多誅之。自是洛中無復權戚，書記請託，一皆斷絕。而今之議者，復以馬氏為言，竊聞衛尉廖，以布三千匹，城門校尉防，以錢二百萬，私贍三輔衣冠。知與不知，莫不畢給。又聞臘日，亦遺其在洛中者錢各五千。越騎校尉光，臘用羊三百頭，米四百斛，肉五千斤。」則廖亦未嘗不奢侈，好樹黨與也。後馬防為車騎將軍，當出征西羌，倫又上疏，言：「聞防請杜篤為從事中郎，多賜財帛。篤為鄉里所廢，客居美陽。女弟為馬氏妻，恃此交通。在所縣令，苦其不法，收繫論之。今來防所，議者咸致疑怪。況乃以為從事？將恐議及朝廷。今宜為選賢能以輔助之，不可復令防自請人，有損事望。」不見省用。則太后之裁抑外家，亦徒有其名而已。《援傳》言：「帝數加譴敕，所以禁遏甚備。由是權勢稍損，賓客亦衰。」其事蓋在馬后崩後。然猶歷四年，乃遣歸國，則章帝之制馭外戚，不如明帝遠矣。然馬氏究尤為賢者。至竇后，專寵宮闈，而害和帝之母，遂為東京外戚之禍之始焉。

第二節　匈奴分裂降附

前漢之末，北邊形勢，頗為完固。蓋自武帝以來，仍世出兵征討，威棱遠澹，而邊塞之修起，亦非一日之功，故其勢屹然不可犯也。侯應議罷邊備塞吏卒云：「起塞以來，百有餘年，非皆以土垣也。或因山岩石，木柴僵落，谿谷水門，稍稍平之。卒徒作治，功費久遠，不可勝計。」可見前漢邊備，頗為整飭。《漢書．匈奴傳》敘昭帝時事曰「是時漢邊郡烽火候

[101] 史事：馬氏非不縱恣，此見信史之少，蓋徒據傳者書之。

望精明，匈奴為邊寇者少利，希復犯塞」，非偶然也。新莽撫御失宜，四夷俱叛。徒集大兵，不能出塞，而蠻夷入犯，且無以遏之，遂至邊民蕩析離居，障塞破壞，守備空虛，而東漢以凋敝之局承其後，蓋岌岌乎其可危矣。然未幾即轉危為安，抑且威行朔漠，有非前世所敢望者，則匈奴之分裂實為之，不可謂非天幸也。

王莽拜須卜當為單于，欲出兵輔立之，已見前。後當病死。漢兵誅莽，云及大且渠奢亦死。更始二年 (24) 冬，漢遣中郎將歸德侯颯、大司馬護軍陳遵使匈奴，授單于漢舊制璽綬。單于輿驕，謂遵、颯曰：匈奴本與漢為兄弟。孝宣皇帝輔立呼韓邪單于，故稱臣以尊漢。今漢亦大亂，為王莽所篡，匈奴亦出兵擊莽，空其邊境，令天下騷動思漢，莽卒以敗，而漢復興，亦我力也當復尊我。遵與相掌拒，單于終持此言。光武六年 (30)，始與匈奴通好。單于驕倨，自比冒頓。帝待之如初。而匈奴數與盧芳共侵北邊。帝但嚴兵防之。事見蘇竟、郭伋、杜茂、王霸、馬成、張堪等傳。而徙幽、並邊人於常山關、居庸關以東。匈奴遂復轉居塞內。而烏桓、鮮卑，又為所懾服。

烏桓、鮮卑，《後漢書》云：「本東胡，漢初冒頓滅其國，餘類分保此二山，因號焉。」二山當在今蒙古東境。蓋其西上谷之北，為匈奴左方王將，其東松花江畔，則為夫餘矣。烏桓邑落各有小帥，數百千落，自為一部，有勇健能理決鬥訟者，推為大人，無世業相繼。鮮卑習俗與烏桓同。蓋尚如戰國以前之匈奴，未能統一也。烏桓自為冒頓所破，常臣伏匈奴。武帝遣霍去病擊破匈奴左地，因徙烏桓於上谷、漁陽、右北平、遼西、遼東五郡塞外，為漢偵察匈奴動靜。其大人歲一朝見。置護烏桓校尉監領之，使不得與匈奴交通。昭帝時，范明友擊烏桓。烏桓由是寇幽州。見第五章第十六節。宣帝時，乃稍保塞降附。王莽篡位，欲擊匈奴，興十二部軍，使嚴尤領烏桓、丁零兵屯代郡，皆質其妻子於郡縣。烏桓不便水土，求去，莽不肯遣，遂自亡畔，還為鈔盜。諸郡盡殺其質，由是結怨。匈奴因誘其豪帥以為吏，餘皆羈縻屬之。光武初，與匈奴連兵為寇。居止近塞，朝發穹廬，暮至城郭，五郡民庶，家受其辜。鮮卑之禍，則中於遼東。建武十七年 (41)，蔡彤守遼東。招鮮卑大都護偏何，使攻匈奴及赤山烏桓。《烏桓傳》云：赤山在遼東西北數千里。玄菟及樂浪胡夷，亦來內附。然其事已在永平後矣。

匈奴單于輿弟右谷蠡王伊屠知牙斯，王昭君子。以次當為左賢王。單于欲傳其子，遂殺知牙師。烏珠留若鞮單于子比，為右薁鞬日逐王，部領南邊及烏桓。內懷猜懼，庭會稀闊。單于疑之。乃遣兩骨都侯監領比所部兵。建武二十二年 (46)，單于輿死，子左賢王烏達鞮侯立。復死，弟左賢王蒲奴立。比不得立，既懷憤恨，而匈奴中連年旱蝗，赤地數千里，人畜饑疫，死耗大半。單于畏漢乘其敝，乃遣使詣漁陽求和親。於是遣中郎將李茂報命。而比密遣漢人郭衡奉匈奴地圖，二十三年 (47)，詣西河太守求內附。兩骨都侯頗覺其意，白單于欲誅之。二十四年 (48)，八部大人共議，立比為呼韓邪單于。以其大父嘗依漢得安，故欲襲其號。款五原塞，願永為蕃蔽，扞禦北虜。事下公卿。議者皆以為天下初定，中國空虛，夷狄情偽難知，不可許。唯五宮中郎將耿國謂宜如孝宣故事，受令東扞鮮卑，北拒匈奴。帝從其議。遂立比為南單于。此處采《耿弇傳》，謂許其為南單于，與北單于對立也。《南匈奴傳》云：「其冬，比自立為呼韓邪單于。」《本紀》云：「比自立為南單于。」比之自立，實在求附之時，亦不得以南單于自號也。二十五年 (49)，春，遣弟左賢王莫擊北單于弟薁鞬左賢王，生獲之。又破北單于帳下。北單于震怖，卻地千里。二十六年 (50)，遣中郎將段郴、副校尉王郁使南單于。立其庭去五原西部塞八十里。單于乃延迎使者。使者曰：「單于當伏拜受詔。」單于顧望有頃，乃伏稱臣。郴等反命。詔乃聽南單于入居雲中。令中郎將置安集掾史，將弛刑五千人，持兵弩，隨單于所處，參辭訟，察動靜。單于歲盡輒遣奉奏，送侍子入朝，中郎將從事一人將領詣闕。漢遣謁者送前侍子還單于庭，交會道路。冬，復詔單于徙居西河美稷。（漢縣，在今綏遠境內鄂爾多斯左翼前旗。）因使段郴、王郁留西河擁護之，為設官府從事掾史。令西河長史歲將騎二千、弛刑五百人助中郎將衛護單于，冬屯夏罷。自後以為常。於是雲中、五原、朔方、北地、定襄、雁門、上谷、代八部之民，歸於本土。據本紀。《趙憙傳》：二十七年 (51)，拜太尉。時南單于稱臣，烏桓、鮮卑並來入朝，帝令憙典邊事，思為久長。憙上復緣邊諸郡。幽、並二州，由是大定。案徙諸郡民於內地，事見《本紀》建武九年 (33)、十年 (34)、十五年 (39)、二十年 (44)。南單于亦列置諸部王，助為扞戍。使韓氏骨都侯屯北地，右賢王屯朔方，當於骨都侯屯五原，呼衍骨都侯屯雲中，郎氏骨都侯屯定襄，左南將軍屯雁門，栗籍骨都侯屯代郡。皆領部眾，為郡縣偵羅耳目。

二十七年 (51)，北單于遣使詣武威求和親。天子召公卿廷議，不決。皇太子言恐南單于將有二心；北虜降者，且不復來矣。帝然之。告武威太守，勿受其使。二十八年 (52)，北匈奴復遣使詣闕。帝下三府，議酬答之宜。司徒掾班彪謂可頗加賞賜，略與所獻相當。明加曉告以前世呼韓邪、郅支行事。帝從之。《臧宮傳》云：匈奴饑疫，自相分爭。帝以問宮。宮曰：「願得五千騎以立功。」帝笑曰：「常勝之家，難與慮敵。吾方自思之。」二十七年 (51)，宮與馬武上書，言：「福不再來，時或易失，豈宜固守文德，而墮武事？」詔報曰：「百姓人不自保，傳聞恆多失實。誠能舉天下之半，以滅大寇，豈非至願？苟非其人，不如息民。」[102] 自是諸將莫敢復言兵事者。敵不可盡，徒滋勞擾，光武之計，固不可謂非持重也。

匈奴既定，烏桓、鮮卑皆隨之降附，北邊遂獲安寧。建武二十二年 (46)，匈奴亂，烏桓承弱擊破之。匈奴北徙數千里，漠南地空。據《烏桓傳》。本紀同。帝乃以幣帛賂烏桓。[103] 二十五年 (49)，遼西烏桓大人郝旦等

[102] 兵：光武不伐匈奴為名言。

[103] 通商：漢以錢鮮卑，必以求華物，是發出錢以旺商務也。

九百二十二人率眾鄉化，詣闕朝貢。封其渠帥為侯、王、君長者八十一人。皆居塞內，布於緣邊諸郡。令招來種人，給其衣食。遂為漢偵候，助擊匈奴、鮮卑。司徒掾班彪以為宜復置烏桓校尉，從之。置於上谷寧城，（漢寧縣，在今察哈爾宣化縣西北。）開營府，並領鮮卑賞賜質子，歲時互市焉。鮮卑：二十五年（49），始通譯使。其後偏何等詣祭肜求自效。出兵擊北虜，還輒持首級詣遼東受賞賜。三十年（54），鮮卑大人於仇賁、滿頭等率種人詣闕朝貢，慕義內屬。帝封於仇賁為王，滿頭為侯。永平元年（58），鮮卑大人皆來歸附。並詣遼東受賞賜。青、徐二州給錢歲二億七千萬為常。

南匈奴呼韓邪單于薨，弟丘浮尤鞮單于莫，中元元年（56）立。凡《後漢書》言南匈奴單于某年立者，皆其先單于薨之明年。薨，弟伊伐於慮鞮單于汗，中元元年（56）立。薨，單于比之子醢僮屍逐侯鞮單于適，永平二年（59）立。薨，單于莫之子丘除車林鞮單于蘇，永平四年（61）立。數月薨。單于適之弟胡邪屍逐侯鞮單于長，永平六年（63）立。時北匈奴猶盛，數寇邊，朝廷以為憂。會北單于欲合市，遣使求和親。顯宗冀其不復為寇，許之。八年（65），遣越騎司馬鄭眾北使報命。而南部須卜骨都侯等欲畔，密因北使，令遣兵迎之。眾伺侯得，上言宜更置大將，以防二虜交通。由是始置度遼營，屯五原曼柏。（雙縣，在今綏遠境內蒙古烏喇特旗黃河北。）又遣兵屯美稷。北虜復寇鈔邊郡，河西城門晝閉。帝患之。十六年（73），乃大發緣邊兵及羌、胡、南單于、鮮卑兵，使竇固、耿忠出酒泉，耿秉、秦彭出居延，祭肜、吳棠出高闕，來苗、文穆出乎城塞。固、忠至天山。（《注》云：在西州交河縣東北。唐交河縣，在今新疆吐魯番縣西。）擊呼衍王，斬首千餘級。呼衍王走，追至蒲類海。留吏士屯伊吾盧城。（今新疆哈密縣。）耿秉、秦彭絕漠六百餘里，至三木樓山。來苗、文穆至匈奴河水上，虜皆奔走，無所獲。祭肜、吳棠坐不至涿邪山，免為庶人。據《竇融傳》。章帝元和二年（85），時北虜衰耗，黨眾離畔，南部攻其前，丁零寇其後，鮮卑擊其左，西域侵其右，不復自立，乃遠引而去。案前一年，北單于尚遣驅牛馬至武威與漢賈客交易，則此所謂遠引而去者，當謂去武威塞外。單于長薨。是歲，單于汗之子伊屠於閭鞮單于宣立。章和元年 (87)，鮮卑入左地，擊北匈奴，大破之，斬優留單于。案《陳禪傳》禪以安帝永寧元年 (120) 拜遼東太守，使曉慰北匈奴，單于隨使還郡，則北匈奴西徙後，其左地有自號單于者。此優留單于，亦必非北匈奴之大單于也。是歲，單于宣薨，單于長之弟休蘭尸逐侯鞮單于屯屠何立。時北虜大亂，加以饑饉，降者前後而至。南單于將並北庭。會肅宗崩，竇太后臨朝。其年七月，單于上言：「新降虛渠等詣臣自言：去歲三月中發虜庭。北單于創艾南兵，又畏丁令、鮮卑，遁逃遠去，依安候河西。此當係前所謂遠引而去者。今年正月，骨都侯等復共立單于異母兄右賢王為單于。其人以兄弟爭立，並各離散。」求出兵討伐，破北成南，並為一國。且言「今年不往，恐復並一」。太后以示耿秉，秉言可許。會太后兄憲有罪，懼誅，求擊匈奴以贖死。乃拜憲車騎將軍，秉為副。和帝永元元年 (89)，憲與秉各將四千騎，及南匈奴左谷蠡王師子萬騎出朔方雞鹿塞。在窳渾縣北。（漢窳渾縣，在今綏遠境內阿爾坦山之南騰格里湖側。）南單于將萬餘騎出滿夷谷。度遼將軍鄧鴻及緣邊義從羌、胡八千騎，與左賢王安國萬騎出㮶陽塞。（漢㮶陽縣，在今陝西神木縣南。）皆會涿邪山。憲分遣副校尉閻盤，司馬耿夔、耿譚將左谷蠡王師子、右呼衍王須訾等精騎萬餘，與北單于戰於稽落山，大破之。虜眾崩潰，單于遁走。追擊諸部，遂臨私渠北鞮海。降者前後二十餘萬人。憲、秉遂登燕然山，去塞三千餘里。刻石勒功，紀漢威德。遣軍司馬吳汜、梁諷奉金帛遺北單于，宣明國威，而兵隨其後。及單于於西海上。單于將其眾與諷俱還。到私渠海，聞漢軍已入塞，乃遣弟右溫禺鞮王奉貢入侍，隨諷詣闕。憲以單于不身到，奏還其侍弟。詔即五原拜憲為大將軍。明年，憲將兵出鎮涼州。北單于以漢還侍弟，復遣款居延塞，欲入朝見，願請大使。憲上遣班固行中郎將，與梁諷迎之。南單于復上書求並北庭。於是遣左谷蠡王師子將左右部八千騎出雞鹿塞，中郎將耿譚遣從事將護之。至涿邪山，乃留輜重，分為二部，各引輕兵兩道襲之。左部北過西海，至河雲北。右部從匈奴河水西，繞天山，南至甘微河。二軍俱會，夜圍北單于。單于大驚，率精兵千餘人合戰。單于被創，墮馬復上，將輕騎數十遁去。固至私渠海而還。憲以北虜微弱，欲遂滅之。明年，復遣耿夔等將精騎八百直奔北單于庭於金微山。單于與數騎脫亡。去塞五千餘里，自漢出師，所未嘗至也。北單于逃亡，不知所在。此據《南匈奴傳》。《袁安傳》云：遁走烏孫。餘部不知所屬。憲上「立降者左鹿蠡王阿佟為北單于，置中郎將領護，如南單于故事」。事下公卿議。太尉宋由、太常丁鴻、光祿大夫耿秉等十人議可許。司徒袁安、司空任隗，以為宜令南單于反其北庭，無緣復立阿佟，以增國費。宗正劉方、大司農尹睦同安議。事奏，未以時定，安復獨上書事言之。《袁安傳》。而單于弟右谷蠡王於除鞬自立為單于，將眾數千人止蒲類海，遣使款塞。憲上立為北單于。朝廷從之。四年 (92)，遣耿夔即授璽綬。中郎將任尚持節衛護，屯伊吾，如南單于故事。方欲輔歸北庭，會竇憲被誅，五年 (93)，於除鞬自畔還北。帝遣將兵長史王輔以千餘騎與任尚共追誘，將還斬之。破滅其眾。十六年 (104)，北單于遣使詣闕貢獻。願和親，修呼韓邪故約。帝以其舊禮不備，未許。元興元年 (105)，重遣使詣敦煌貢獻。辭以國貧，未能備禮，願請大使，當遣子入侍。時鄧太后臨朝，亦不答其使，但加賜而已。《鮮卑傳》云：永元中，耿夔擊破匈奴，北單于逃走，鮮卑因此轉徙據其地。匈奴餘種留者，尚有十餘萬落，皆自號鮮卑。鮮卑由此轉盛。《宋均傳》：章和二年 (87)，鮮卑擊破北匈奴，而南單于乘此請兵北伐，因欲還歸舊庭。時竇太后臨朝，議欲從之。均族子意上疏曰：「自漢興以來，征伐數矣，其所克獲，曾不補害。今鮮卑奉順，斬獲萬數。中國坐享大功，而百姓不知其勞。漢興功烈，於斯為盛。所以然者，夷虜相攻，無損漢兵也。臣察鮮卑侵伐匈奴，正是利其鈔掠，及歸功聖朝，實由貪得重賞。今若聽南虜還歸北庭，則不得不禁制鮮卑，鮮卑外失暴掠之願，內無功勞之賞，豺狼貪婪，必為邊患。今北虜西遁，請求和親。宜因其歸附，以為外扞。若引兵費賦，以順南虜，則坐失上略，去安即危矣。」會南單于竟不北徙。意策未嘗非是，然其後，漢未能遏鮮卑於方興，聽其坐大，亦一失也。北匈奴破敗後，仍時與漢爭車師，事見下節。

南匈奴單于屯屠何薨，單于宣弟安國，永元五年 (93) 立。安國初為左賢王，而無稱譽。左谷蠡王師子素勇黠多知。前單于宣及屯屠何，皆愛其氣決。故數遣將兵出塞，掩擊北庭。還受賞賜，天子亦加殊異。國中盡敬師子而不附安國。安國由是疾師子，欲殺之。其諸新降胡，舊在塞外，數為師子所驅掠，多怨之。安國因是委計降者，與同謀議。安國既立為單于，師子以次轉為左賢王。覺單于與新降者有謀，乃別居五原界。單于每龍會議事，師子輒稱病不往。行度遼將軍皇甫稜知之，亦擁護不遣。單于懷憤益甚。六年 (94)，春，皇甫稜免，以朱徽行度遼將軍。時單于與中郎將杜崇不相平，乃上書告崇。崇諷西河太守，令斷單于章，無由上聞。崇因與朱徽上言：「安國疏遠故胡，親近新降，欲殺左賢王師子及左臺且渠劉利等。又右部降者，謀共迫脅安國，起兵背叛西河。請上郡、安定，為之儆備。」和帝下公卿議。皆以為宜遣有方略使者之單于庭，與杜崇、朱徽及西河太守，并力觀其動靜。帝從之。徽、崇遂發兵造其庭。安國夜聞漢軍至，大驚，棄帳而去。因舉兵，及將新降者，欲誅師子。師子先知，乃悉將廬落入曼柏城。安國追到城下，門閉不得入。朱徽遣吏曉譬和之。安國不聽，引兵屯五原。崇、徽因發諸郡騎追赴之。急，安國舅骨都侯喜為等慮並被誅，乃格殺安國。單于適之子師子，永元六年 (94) 立，是為亭獨尸逐侯鞮單于。降胡五六百人夜襲師子。安集掾王恬將衛護士與戰，破之。新降胡遂相驚動，十五部二十餘萬人皆反。脅立屯屠何子薁鞬日逐王逢侯為單于。遂殺略吏民，燔燒郵亭廬帳，將車重向朔方，欲度漠北。於是遣行車騎將軍鄧鴻，越騎校尉馮柱及徽，將左右羽林、北軍五校士及郡國積射緣邊兵，烏桓校尉任尚將烏桓、鮮卑合四萬人討之。逢侯遂率眾出塞，漢兵不能追。七年 (95)，帝知徽、崇失胡和，又禁其上書，以致反叛，皆徵，下獄死。以龐奮行度遼將軍。逢侯於塞外分為二部：自領右部，屯涿邪山下，左部屯朔方西北，相去數百里。八年 (96)，冬，左部胡自相疑，畔還入朔方。塞龐奮迎受慰納。之其勝兵四千，人弱小萬餘口悉。降以分處北邊諸部。南單于以其右溫禺犢王烏居戰始與安國同謀，欲考問之。烏居戰將數千人畔。出塞外山谷間，為吏民害。時馮柱將虎牙營留屯五原。奮、柱與諸郡兵擊烏居戰，其眾降。及諸還降者二萬餘人徙安定、北地。柱還。逢侯部眾饑窮，又為鮮卑所擊，無所歸，竄逃去塞者，絡繹不絕。師子薨，單于長之子檀，永元十年 (98) 立，是為萬氏屍逐鞮單于。十二年 (100)，龐奮遷河南尹，以王彪行度遼將軍。南單于歲遣兵擊逢侯，多所虜獲。收還生口，前後以千數。逢侯轉困迫。安帝永初三年 (109)，夏，漢人韓琮隨南單于入朝。既還，說南單于云：「關東水潦，人民饑餓，死盡，可擊也。」單于信其言，遂起兵反畔。四年 (110)，以梁慬行度遼將軍，與遼東太守耿夔，將鮮卑。擊破之。單于降。脫帽徒跣，對雄等拜，陳道死罪。於是赦之，遇待如初。元初四年 (117)，逢侯為鮮卑所破，部眾分散，皆歸北虜。五年 (118)，逢侯將百餘騎亡還，詣朔方塞降，度遼將軍鄧遵奏徙逢侯於潁川郡。案納降最難，北虜雖亡，南虜亦擾攘至此然後安定也。

第三節　後漢定西域

漢時西域諸國，或居天山之麓，或處沙漠之中，往來甚難，不利兼併，故無大國興起。然閱時既久，亦終必有狡焉思啟者，特為漢所臨制耳。臨制之力一衰，則并兼之謀獲逞矣。此事成於東漢之末[104] 見第十二

[104] 四夷：西域諸國互相兼併，始於漢末，其吞併。

章第十節。而西漢之末已啟其機，莎車、于闐之稱霸其選也。

王莽時，西域怨叛，並復役屬匈奴。匈奴斂稅重刻，諸國不堪命。[105] 莎車王延，元帝時嘗為侍子，長於京師，慕樂中國，亦復參其典法。匈奴略有西域，唯延不肯附屬。天鳳五年 (18)，延死，謚忠武王。子康代立。光武初，康率旁國拒匈奴。擁衛故都護吏士妻子千餘口。檄書河西，問中國動靜，自陳思慕漢家。建武五年 (29)，竇融承制立康為漢莎車建功懷德王、西域大都尉。五十五國皆屬焉。九年 (33)，康死，謚宣成王。弟賢代立。十四年 (38)，攻破拘彌、西夜國。皆殺其王，而立其兄康兩子。十四年 (38)，賢與鄯善王安並遣使詣闕貢獻，西域始通。蔥嶺以東諸國皆屬賢。十七年 (41)，賢復遣使奉獻，請都護。天子以問大司空竇融。融以為賢父子兄弟，相約事漢。款誠又至，宜加位號，以鎮安之。帝乃因其使，賜賢西域都護印綬。敦煌太守裴遵上言：「夷狄不可假以大權。又令諸國失望。」詔書收還印綬，更賜賢以漢大將軍印綬。其使不肯易，遵迫奪之。賢由是始恨。而猶詐稱大都護，移書諸國。諸國悉服屬焉，號賢為單于。賢浸以驕橫。重求賦稅。數攻龜茲諸國。諸國愁懼。二十一年 (45)，冬，車師前王、鄯善、焉耆等十八國俱遣子入侍。流涕稽首，願得都護。天子以中國初定，北邊未服，皆還其侍子。厚賞賜之。諸國憂恐。與敦煌太守檄：願留侍子，以示莎車，言都護尋出，冀且息其兵。裴遵以狀聞。許之。二十二年 (46)，賢知都護不至，遂遺鄯善王安書，令絕通漢道。安殺其使。賢大怒。發兵攻鄯善。安迎戰。兵敗，亡入山中。賢殺掠千餘人而去。其冬，賢復攻殺龜茲王，遂兼其國。鄯善、焉耆諸國侍子，久留敦煌，愁思，皆亡歸。鄯善王上書：「願復遣子入侍，更請都護。都護不出，誠迫於匈奴。」天子報曰：「今使者大兵，未能得出。如諸國力不從心，東西南北自在也。」於是鄯善、車師復附匈奴。而賢益橫。媯塞王自以國遠，遂殺賢使者，賢擊滅之，立其國貴人駟鞬。賢

[105] 封建：多滅國而立所欲立之人王，莎車王賢則其例。

又自立其子則羅為龜茲王。賢以則羅年少，乃分龜茲為烏壘國，徙駟鞬為烏壘王。又更以貴人為嫣塞王。數歲，龜茲貴人共殺則羅、駟鞬，而遣使匈奴，更請立王。匈奴立貴人身毒為龜茲王。龜茲由是屬匈奴。賢以大宛貢稅減少，自將諸國兵數萬人攻大宛。大宛王延留迎降。賢因將還國。徙拘彌王橋塞提為大宛王。而康居數攻之。歲餘，橋塞提亡歸。賢復以為拘彌王，而遣延留還大宛，使貢獻如常。又徙于闐王俞林為驪歸王，立其弟位侍為于闐王。歲餘，賢疑諸國欲畔，召位侍及拘彌、姑墨、子合王盡殺之。不復置王，但遣將鎮守其國。以上皆光武建武二十二年 (46) 以後，明帝永平二年 (59) 以前十四年間事也。為所破者，既有八國矣。

莎車將君得在于闐暴虐，百姓患之。永平三年 (60)，其大人都末與其兄弟共殺君得。而大人休莫霸，復與漢人韓融等殺都末兄弟，自立為于闐王。復與拘彌國人攻殺莎車將在皮山者。賢遣其太子、國相將諸國兵二萬人擊休莫霸，敗走。賢復發諸國兵數萬，自將擊休莫霸。霸復破之，斬殺過半。賢脫身走歸國。休莫霸進圍莎車，中流矢死，兵乃退。休莫霸兄子廣德立。匈奴與龜茲諸國共攻莎車，不能下。廣德承莎車之敝，復使攻之。賢連被兵革，乃遣使與廣德和。先是廣德父拘在莎車數歲，於時賢歸其父，而以女妻之，結為昆弟。廣德引兵去。明年，莎車相且運等患賢驕暴，密謀反城降于闐。廣德乃將諸國兵三萬攻莎車。誘賢與盟，執之，而並其國。鎖賢將歸，歲餘殺之。匈奴聞廣德滅莎車，遣五將發焉耆、尉黎、龜茲十五國兵三萬餘人圍于闐。廣德乞降。以其太子為質，約歲給罽絮。匈奴復遣兵將賢質子不居徵立為莎車王。廣德又攻殺之，更立其弟齊黎。其國轉盛，從精絕西北至疏勒十三國皆服從。而鄯善王亦始強盛。自是南道自蔥嶺以東，唯此二國為大。《後漢書 · 西域傳序》云：賢死之後，遂更相攻伐。小宛、精絕、戎盧、且末為鄯善所並；渠勒、皮山為于闐所統；皆悉有其地。郁立、單桓、孤胡、烏貪訾離為車師所滅。後其國皆復立。蓋漢人復通西域後，不容其互相兼併，乃為之興滅繼絕也。

永平中，北虜脅諸國共寇河西，郡縣城門晝閉。十六年 (73)，奉車都尉竇固出擊匈奴，取伊吾盧地，置宜禾都尉以屯田，車師始復內屬。固以班超為假司馬，與從事郭恂俱使西域。超到鄯善，與吏士三十六人攻殺匈奴使者。鄯善王廣納子為質。還奏固。固大喜。上超功效。帝以超為軍司馬，令遂前功。超與所屬三十六人俱至于闐。是時于闐王廣德，新攻破莎車，遂雄張南道，而匈奴遣使監護其國。超誅其巫。巫言神怒，何故欲鄉漢？廣德皇恐，攻殺匈奴使者降。龜茲王建為匈奴所立，倚恃虜威，據有北道。攻破疏勒，殺其王成，自以龜茲左侯兜題為疏勒王。明年，超從間道至疏勒。敕吏田慮先往，劫縛兜題，而自往立其故王兄子忠。於是于闐諸國皆遣子入侍，西域絕六十五載復通焉。是年，詔耿秉、竇固出白山擊車師前後王，降之。始置西域都護、戊己校尉。以耿恭為戊校尉，屯後王都金蒲城。即務塗谷，見第五章第四節。關寵為己校尉，屯前王柳中城。（今新疆鄯善縣魯克察克。）恭至部，移檄烏孫，示漢威德。大昆彌以下皆歡喜，遣使獻名馬，及奉宣帝時所賜公主博具願遣子入侍。恭乃發使賫金帛迎其侍子。明年，三月，匈奴破殺後王安得，而攻金蒲城。恭擊卻之。恭以疏勒城旁有澗水可固，五月，乃引兵據其城。七月，匈奴復來攻恭。於城下擁絕澗水。恭於城中穿井十五丈，不得水。吏士渴乏，笮馬糞汁而飲之。恭整衣服鄉井再拜。有頃，水泉奔出。乃令揚水以示虜。虜以為神明，遂引去。時焉耆、龜茲攻沒都護陳睦，北虜亦圍關寵於柳中。會顯宗崩，救兵不至。車師復畔，與匈奴攻恭。數月，恭才餘數十人。初，關寵上書求救。時肅宗新即位，乃詔公卿會議。司空第五倫以為不宜救。司徒鮑昱議曰：「今使人於危難之地，急而棄之，匈奴如復為寇，陛下將何以使將？」乃遣耿秉屯酒泉，行太守事。遣秦彭與謁者王蒙、皇甫援發張掖、酒泉、敦煌三郡及鄯善兵，合七千餘人。建初元年，正月，會柳中。擊車師，北虜驚走，車師復降。會關寵已歿，蒙等聞之，便欲引兵還。先是恭遣軍吏範羌至敦煌迎兵士冬服，羌因隨軍俱出塞。乃分兵二千人與羌，從山北迎恭。遇大雪丈餘，軍僅能至。遂相隨俱歸。虜兵追之，且戰且行。發疏勒時，尚有二十六人，三月至玉門，唯餘十三人而已。時大旱穀貴。郎楊終上疏請罷事西域，帝從之，不復遣都護。二年 (77)，復罷屯田伊吾。匈奴因遣兵守伊吾地。時龜茲、姑墨數發兵攻疏勒。班超守槃橐城，與疏勒王忠為首尾，士吏單少。拒守歲餘，肅宗恐超單危不能自立，下詔徵超。超發還，疏勒舉國憂恐。至于闐，王侯以下皆號泣，互抱超馬腳不得行。此等蓋皆超請留之辭，不必實。超乃更還疏勒。疏勒兩城，自超去後，復降龜茲，而與尉頭連兵。超捕斬反者，擊破尉頭，疏勒復安。三年 (78)，超率疏勒、康居、于闐、拘彌兵一萬人攻姑墨石城，破之。欲因此遂平諸國。乃上疏請兵。平陵人徐幹上疏，願奮身佐超。五年 (80)，遂以幹為假司馬，將弛刑及義從千人就超。先是莎車以為漢兵未能出，遂降於龜茲，而疏勒都尉番辰亦復畔。超與幹擊番辰，大破之。欲進攻龜茲，以烏孫兵強，宜因其力，上言可遣使招慰。帝納之。八年 (83)，拜超為將兵長史，以徐幹為軍司馬。元和元年 (84)，復遣假司馬和恭等四人將兵八百詣超。超因發疏勒、于闐兵擊莎車。莎車陰通使疏勒王忠，啖以重利，忠遂反從之，西保烏即城。超乃更立其府丞成大為疏勒王，悉發其不反者以攻忠。積半歲，而康居遣精兵救之，超不能下。是時月氏新與康居昏，相親。超乃使使多齎錦帛遺月氏王，令曉示康居。康居王乃罷兵。執忠以歸其國。烏即城遂降於超。後三年，忠說康居王，借兵還據損中。《注》云：「損中未詳。《東觀記》作頓中，《續漢》及華嶠《書》並作損中，本或作植，未知孰是也。」密與龜茲謀，遣使偽降。超斬之。因擊破其眾。南道遂通。明年，超發于闐諸國兵二萬五千人復擊莎車。龜茲王遣大將軍發溫宿、姑墨、尉頭，合五萬人救之。超擊破之。莎車遂降。自是威震西域。初，月氏嘗助漢擊車師有功。是歲，貢奉珍寶、符拔、師子，因求漢公主。超拒還其使。由是怨恨。和帝永元二年 (90)，其副王謝將兵七萬攻超。超堅守不下。鈔掠無所得。使賂龜茲求救。超伏兵遮擊，盡殺之。謝使請罪，願得生歸。超縱遣之。月氏由是大震，歲奉貢獻。是年，竇憲破匈奴。遣副校尉閻槃擊伊吾，破之。車師前後王各遣子奉貢入侍。明年，龜茲、姑墨、溫宿皆降。乃以超為都護，居龜茲。徐幹為長史。復置戊校尉，領兵五百人，居車師前部高昌壁。（在新疆吐魯番縣東。）又置戊部候，居車師後部候城。相去五百里。拜白霸龜茲侍子。為龜茲王，遣司馬姚光送之。超與光共脅龜茲，廢其王尤利多而立白霸。使光將尤利多還詣京師。超居龜茲它干城，徐幹屯疏勒。西域唯焉耆、危須、尉黎、山國，以前殺都護懷二心，其餘悉定。六年 (94)，秋，超遂發龜茲、鄯善等八國兵，合七萬人，及吏士、賈客千四百人討焉耆。焉耆王廣、尉黎王泛詣超，超收，於陳睦故城斬之。更立焉耆左侯元孟為王。於是西域五十餘國，悉皆納質內屬焉。明年，下詔封超為定遠侯。超至永元十四年 (102) 乃還，在西域凡三十一年。

《班超傳》云：超被徵，以戊己校尉任尚為都護。與超交代，尚謂超曰：「君侯在外國三十餘年，而小人猥承君後，任重慮淺，宜有以誨之。」超曰：「塞外吏士，本非孝子順孫。皆以罪過，徙補邊屯。而蠻夷懷鳥獸之心，難養易敗。今君性嚴急。水清無大魚，察政不得下和。宜蕩佚簡易，寬小過，總大綱而已。」超去後，尚私謂所親曰：「我以班君，當有奇策。今所言平平耳。」尚至數年，而西域反亂，以罪被徵，如超所戒。案《李恂傳》言：恂徵拜謁者，使持節領西域副校尉。北匈奴數斷西域車師、伊吾。隴沙以西，（《注》:《廣志》曰：流沙在玉門關外，東西數百里，有三斷，名曰三隴也。）使命不得通。恂設購賞，遂斬虜帥，縣首軍門。自是道路夷清。恂領西域副校尉，不能確知其在何年，然必在和帝之世。則匈奴窺伺西域久矣。諸國從漢，本非心服；漢亦無大兵力，徒恃縱橫捭闔之策以禦之，豈能持久？西域之復叛，亦不盡由任尚之嚴急也。[106] 殤帝延平元年 (106)，梁慬拜西域副校尉。行至河西，會西域諸國反叛，攻任尚於疏勒。尚上書求救。詔慬將河西四郡羌、胡五千騎馳赴之。未至，尚已得解。令徵尚還。以騎都尉段禧為都護，西域長史趙博為騎都尉。禧、博

[106] 四夷：西域之畔，不盡由任尚嚴急。

守它乾城，城小，愷以為不可固，乃譎說龜茲王白霸，欲入共保其城，白霸許之。而吏人並叛其王，與溫宿、姑墨共圍城。愷等出戰，大破之。龜茲乃定。而道路尚隔，檄書不通。公卿議者，以為西域阻遠，數有背叛。吏士屯田，其費無已。安帝永初元年 (107)，遂罷都護，迎愷、禧、博還。北匈奴即復收屬諸國，共為邊寇。元初六年 (119)，敦煌太守曹宗，上遣行長史索班將千餘人屯伊吾以招撫之。於是車師前王及鄯善王來降。數月，北匈奴復率車師後部王共攻沒班等。遂擊走前王，略有北道。鄯善王急，求救於曹宗。宗請出兵擊匈奴，復取西域。班超少子勇上議，以為「府藏未充，師無後繼，不可許。舊敦煌郡有營兵三百人，今宜復之。復置護西域副校尉，居於敦煌，如永元故事。又宜遣西域長史將五百人屯樓蘭。西當焉耆、龜茲經路，南強鄯善、于闐心膽，北扞匈奴，東近敦煌」。鄧太后從勇議，復敦煌營兵，置西域副校尉，羈縻而已。其後北虜連與車師入寇河西，朝廷不能禁。議者因欲閉玉門、陽關，以絕其患。延光二年 (123)，敦煌太守張璫上書，以為「北虜呼衍王，常展轉蒲類、秦海之間，(藩類海，今巴里坤湖。秦海，《注》曰：大秦國在西海西，故日秦海也。大誤。丁謙《西域傳考證》云：當指烏魯木齊西北阿雅爾泊。) 專制西域，共為寇鈔。今以酒泉屬國吏士二千餘人，集崑崙塞，(《注》:《前書》敦煌郡廣至有崑崙障。廣至故城，在今瓜州常樂縣東。案唐常樂縣，在今甘肅安西縣西。) 先擊呼衍王，絕其根本；因發鄯善兵五千人，脅車師後部；此上計也。若不能出兵，可置軍司馬，將士五百人，四郡供其犂牛穀食，出據柳中，此中計也。如又不能，則宜棄交河城，收鄯善等悉使入塞，此下計也」。朝廷下其議。尚書陳忠上疏曰：「今北虜已破車師，勢必南攻鄯善。棄而不救，則諸國從矣。若然，則虜財賄益增，膽勢益殖。威臨南羌，與之交連。如此，河西四郡危矣。河西既危，不得不救，則百倍之役興，不貲之費發矣。」帝納之。乃以班勇為西域長史。將弛刑士五百人，西屯柳中。明年，正月，至樓蘭。開示恩信。龜茲王白英率姑墨、溫宿降。因發其兵，到車師前王庭，擊走匈奴伊蠡王。前部復通。還屯田柳中。四年 (125)，秋，勇發敦煌、張掖、酒泉六千騎，及鄯善、疏勒、車師前部兵擊後部，大破之。捕得其王軍就及匈奴持節使者，將至索班沒處斬之。順帝永建元年 (126)，勇率後部故王子加特奴、八滑等發精兵擊北虜呼衍王，破之。上立加特奴為後王，八滑為後部親漢侯。又使別校誅斬東且彌王，立其種人為王。於是車師六國悉平。其冬，勇發諸國兵擊匈奴呼衍王。呼衍王亡走。捕得單于從兄，勇使加特奴手斬之，以結車師、匈奴之隙。北單于自將萬騎入後部。勇使司馬曹俊馳救之，單于引去。於是呼衍王徙居枯梧河上。是後車師無復虜跡，城郭皆安。唯焉耆王元孟與尉黎、危須不降。二年 (127)，勇上請攻元孟。遣敦煌太守張朗將河西四郡兵三千人配勇。因發諸國兵四萬餘人，分為兩道擊之。朗先有罪，欲徼功自贖，先期至。元孟降。勇以後期徵，下獄免。於是龜茲、疏勒、于闐、莎車等十七國皆來服從，而烏孫與蔥嶺以西遂絕。六年 (131)，復令伊吾開設屯田，如永元時事，置司馬一人。案自漠南北入西域，其勢甚易。班勇上議，謂「北虜遣責諸國，備其逋租，高其價值，嚴以期會。若西域望絕，屈就北虜，因其租入之饒，兵馬之眾，以擾動緣邊，是為富仇讎之財，增暴夷之勢。河西城門，必復晝閉。中國之費，不止千億」。則後漢之事車師，殊不能與前漢之通烏孫連類而並譏之矣。中葉以後，西北有羌患而無匈奴之憂，未始非安、順間綏定之效也。班氏父子之功，亦偉矣哉！

第四節　漢與西南洋交通

世界之交通，塞於陸而通於海。亞洲之東方與西方，中間以重山及沙漠，故其阻隔尤甚。[107] 張騫之通西域，史家稱為鑿空，可見漢朝是時，與天山南路，尚絕無往還。然邛竹杖、蜀布，業經身毒以至大夏者？《史

[107] 四夷：古與西南交通。

記．大宛列傳》言：武帝使張騫發問使出駹、冉、徙、邛、僰，以求大夏。其北方閉氐、筰，南方閉巂、昆明，終莫得通。然傳聞其西可千餘里有乘象國，名日滇越，而蜀賈姦出物者或至焉。參看第五章第四節。此乘象國，當在今緬甸境。邛竹杖、蜀布之入身毒，疑自此途。昆明之屬無君長，善寇盜，輒殺略漢使，此固漢使之所畏，而非商賈之所畏也。然則自蜀通印、緬海口之道，其開通，固早於自秦、隴通西北之道矣。至交、廣之域，則海道交通尤暢。《貨殖列傳》言：番禺為珠璣、犀、玳瑁、果、布之湊。珠璣、犀、玳瑁、果品等，為南海所饒，固不俟論。布疑即木棉所織。趙佗遺漢白璧一雙，翠鳥千，犀角十，紫貝五百，桂蠹一器，生翠四十雙，孔雀二雙，固亦海外之珍奇，非陸梁之土產也。

《漢書．地理志》言：「自日南障塞徐聞（漢縣，今廣東海康縣）、合浦（漢縣，今廣東合浦縣東北。）船行。可五月，有都元國。又船行。可四月，有邑盧沒國。又船行。可二十餘日，有諶離國。步行。可十餘日，有夫甘都盧國。自夫甘都盧國船行。可二月餘，有黃支國。民俗略與珠崖相類。其州廣大，戶口多，多異物。自武帝以來皆獻見。有譯長屬黃門，與應募者俱入海，市明珠、璧流離、奇石、異物。齎黃金雜繒而往。所至國皆稟食為耦，蠻夷賈船轉送致之。亦利交易，剽殺人。又苦逢風波溺死。不者，數年來還，大珠至圍二寸以下。自黃支船行。可八月，到皮宗。船行。可二月，到日南象林界云。黃支之南，有己程不國。漢之譯使，自此還矣。」都元，日本藤田豐八謂即《通典》之都昆或都軍，在今馬來半島。邑盧沒，即《新唐書．南蠻傳》之拘蔞密，在緬甸緣岸。諶離，即賈耽《入四夷道里》中之驃國悉利城。夫甘都盧，即緬之蒲甘城。黃支，即《西域記》達羅茶毗之都建志補羅。據馮承鈞《中國南洋交通史》。其說當大致不誤。據此，先漢譯使，已至印度矣。《後漢書．西南夷列傳》云：永元九年（97），徼外蠻及撣國王雍由調遣重譯奉國珍寶。《紀》云：永昌徼外蠻夷及撣國重譯奉貢。永寧元年（120），撣國王雍由調復遣使者詣闕朝賀。獻樂及幻人。能變化，吐火，自支解，易牛馬頭。又善跳丸，數乃至千。自言我海西人。海西即大秦也，撣國西南通大秦。《紀》云：永昌徼外撣國遣使貢獻。案其事亦見《陳禪傳》。禪言撣國越流沙，逾縣度，撣國之來，未必由此，蓋指海西人言之也。《順帝紀》：永建六年 (131)，日南徼外葉調國、撣國遣使貢獻。葉調，馮承鈞謂即爪哇。撣，《東觀記》作擅。《後漢書．和帝紀》及《西南夷列傳注》。今暹羅人自號其國日泰，其種族之名則日暹。說者謂泰即氐，暹即蜀，亦日賨日叟，亦即撣也。暹羅之稱，由暹與羅斛合併而得。羅斛即古之獠，今之犵狫云。案後漢時之哀牢夷，本系越族，而文明程度頗高。見第六節。可見漢世西南夷，近海者開通，在內地者閉塞，撣國殆亦在今緬甸境，而由海道與西南諸國交通者也。

《史記．大宛列傳》言：「張騫身所至者，大宛、大月氏、大夏、康居，而傳聞其旁大國五六。」下文除此諸國外，又述烏孫、奄蔡、安息、條支、犁軒、身毒，凡六國，蓋即其所傳聞。奄蔡臨大澤無涯，蓋即黑海。條支在安息西數千里，臨西海，蓋即波斯灣。犁軒，或云即亞歷山大城，或云指敘利亞，未能定，要必大秦重鎮，而大秦之即羅馬，則似無可疑也。《大宛列傳》又言：「騫之使烏孫，分遣副使使大宛、康居、大月氏、大夏、安息、身毒、于闐、扜罙及諸旁國，後頗與其人俱來。」又云：「漢使至安息，安息王令將二萬騎迎於東界。東界去王都數千里，行比至，所過數十城，人民相屬甚多。漢使還，而後發使隨漢使來，觀漢廣大，以大鳥卵及黎軒善眩人獻於漢。及宛西小國驩潛大益，宛東姑師、扜罙、蘇薤之屬，皆隨漢使獻見天子。伐宛之後，漢發使十餘輩至宛西諸外國求奇物。」此先漢之世與西域陸路交通情形也。《大宛列傳》云：「安息長老傳聞條支有弱水、西王母而未嘗見。」[108]《漢書．西域傳》同。又云：「自條支乘水西行，可百餘日，近日所入云。」《後漢書．西域傳》云：「或云大秦國西有弱水、流沙，近西王母所居處，幾於日所入也。《漢

[108] 四夷：古以極西境為弱水、西王母。

書》云：從條支西行二百餘日，近日所入，則與今異矣。前世漢使皆自烏弋以還，莫有至條支者也。」蓋漢時流俗，習以流沙、西王母為極西之地，隨所知之極西，則以為更在其表，此可見漢初通西域時，尚未知有大秦也。[109]《後書》云：「大秦國一名犁鞬。以在海西，亦云海西國。」犁鞬即犁軒，《漢書》作犁軒，並無大秦之名，而《後書》忽有之，似非即大秦之都，特屬於大秦而已。《後書》又云：「自安息西行，三千四百里至阿蠻國。從阿蠻西行，三千六百里至斯賓國。從斯賓南行，渡河，又西南至於羅國，九百六十里。安息西界極矣。自此南乘海，乃通大秦。和帝永元九年（97），都護班超遣甘英使大秦。抵條支，臨大海欲度。安息西界船人謂英曰：海水廣大，往來者逢善風，三月乃得渡。若遷遲風，亦有二歲者。故入海人皆齎三歲糧。海中善使人思土戀慕，數有死亡者。英聞之，乃還。」此即總敘所云「班超遣掾甘英窮臨西海而還」者，其為《史記》所云條支臨西海之西海可知也。《後書》又云：「大秦王嘗欲通使於漢，而安息欲以漢繒采與之交市，故遮閡不得自達。至桓帝延熹九年（166），大秦王安敦（Marcus Aurelius Antoninus），生於西元百二十一年，歿於百八十年，約自後漢安帝建光元年（121）至靈帝光和三年（180）。遣使自日南徼外獻象牙、犀角、玳瑁，始乃一通焉。」蓋陸路之隔閡如此。然漢張掖有驪軒縣。《說文・革部》靬下云：武威有麗靬縣。嚴可均云：「《兩漢志》，驪軒屬張掖，《晉志》屬武威。此亦云武威者？《武紀》：元鼎六年（前111），分武威、酒泉地，置張掖、敦煌郡。許或據未分時圖籍。不則校者依《字林》改也。」案許無據未分時圖籍理。謂後人以《字林》改《說文》，亦近億測。蓋《許書》說解，原係裒錄舊文，此所據者，尚係元鼎六年（前111）以前之舊說也。然則犁軒人之東來舊矣。[110] 合邛竹杖、蜀布之事觀之，可見國家信使之往還，實遠較民間之交通為後也。《爾雅・釋獸》：

[109]　四夷：漢初通西域時，未知有大秦，則犁軒非大秦都。

[110]　四夷：犁軒人東來甚早。

贄，有力。《注》云：「出西海大秦國。有養者。似狗，多力，獷惡。」大秦之獸，中華至有養者，可見來者非少。《後書》又言：遠國蒙奇、兜勒皆來歸服，遣使貢獻。其事亦見《和帝紀》永元九年 (97)。兩國皆無地理、事蹟，無由考其所在，然亦必在安息之表也。

《後書．天竺傳》云：「和帝時，數遣使貢獻，及西域反畔，乃絕。至桓帝延熹二年 (159)、四年 (161)，頻從日南徼外來獻。」則西域未絕時，印度亦自陸路通中國也。其佛教入中國事，別見第二十章第七節。

第五節　後漢平西羌

王莽之開西海郡也，築五縣邊海，亭燧相望。莽敗，諸羌還據西海為寇。更始、赤眉之際，羌遂放縱，寇金城、隴西。隗囂不能討，乃就慰納。因發其眾，與漢相距。囂死，以司徒掾班彪言，復置護羌校尉。建武九年 (33)。以牛邯為之。邯卒而職省。建武十年 (34)，先零豪與諸種相結，復寇金城、隴西，遣中郎將來歙等擊破之。十一年 (35)，先零種復寇臨洮。隴西太守馬援破降之。後悉歸服。徙置天水、隴西、扶風三郡。是為漢徙羌人入塞之始。《援傳》云：自王莽末，西羌寇邊，遂入居塞內。金城屬縣，多為虜有。是時朝臣以金城、破羌以西，（破羌，漢縣，在今碾伯縣西。）塗遠多寇，議欲棄之。援上言：「破羌以西，城多完牢，易可依固。其田土肥壤，灌溉流通。如令羌在湟中，則為害不休，不可棄也。」帝然之。詔武威太守：令悉還金城客民，歸者三千餘口。使各反舊邑。援奏為置長吏，繕城郭，起塢候。開道水田，勸以耕牧。郡中樂業。蓋棄地之議，後漢初年已有倡之者矣。

爰劍玄孫研之後為研種，已見第五章第五節。研十三世孫燒當，復豪健，其子孫更以燒當為種號。自燒當至玄孫滇良，世居河北大允谷，（《水經注》：河水入塞，又東徑允川，歷大、小榆穀。丁謙《西羌傳考證》云：

允川即大允谷所出之水，在今青海巴燕縣西北。大允谷在西寧縣境。大、小榆穀在黃河之南循化縣境。）種小人貧。而先零、卑湳，並皆強富。數侵犯之。滇良父子，（據《後書・羌傳》：[111] 燒當種世系可考者：滇良子滇吾、滇岸。滇吾子東吾、迷吾、號吾。東吾子東號。迷吾子迷唐。東號子麻奴、犀苦。而據《晉書》載記，則姚弋仲之先填虞，為燒當七世孫。漢中元末，寇擾西州，為馬武所敗，徙出塞。虞九世孫遷那，率種人內附，處於南安之赤亭。遷那玄孫柯回，則弋仲之父也。）積見陵易，憤怒，而素有恩信於種中。於是即會附落，及諸雜種，掩擊先零、卑湳，大破之。奪居其地大榆中。由是始強。子滇吾立。附落轉盛，常雄諸羌。每欲侵邊者，滇吾轉教以方略，為其渠帥。明帝永平元年（58），遣中郎將竇固、捕虜將軍馬武等擊滇吾於西邯，（《馬武傳注》：「《水經注》曰：邯川城左右有水，自此出，南經邯亭，注於河。蓋以此水分流，謂之東、西邯也。在今廓州化隂縣東。」《西羌傳注》云：「邯，水名。邯分流左右，在今廓州。」案唐廓州治廣威，在今巴燕縣境，黃河北岸。）大破之。滇吾遠引去。餘悉散降。徙七千口置三輔。以謁者竇林領護羌校尉，居狄道。（漢縣，今甘肅臨洮縣西南。）林為諸羌所信，滇岸遂詣林降。明年，滇吾復降。滇吾子東吾，以父降漢，入居塞內，謹願自守，而諸弟迷吾等數為寇盜。肅宗建初元年（76），拜吳棠領護羌校尉，居安夷。（漢縣，在今西寧縣東。）二年（77），迷吾叛。棠不能制。坐徵免。傅育代為校尉，居臨羌。（漢縣，今西寧縣西。）迷吾與封養種豪布橋等寇隴西、漢陽，遣馬防、耿恭討破之。迷吾降。防乃築索西城，（《注》：「故城在今洮州。」唐洮州，在今甘肅臨潭縣西。）徙隴西南部都尉戍之。悉復諸亭候。元和三年（86），迷吾復與弟號吾諸雜種反畔。章和元年（87），傅育擊之，戰死。張紆代為校尉。迷吾入金城塞。紆遣從事司馬防敗之。迷吾降。紆設兵大會，施毒酒中。羌飲醉，伏兵起，殺酋豪八百餘人。斬迷吾等五人

[111] 四夷：羌燒當種世系。

頭，以祭育塚。迷吾子迷唐及其種人，鄉塞號哭。與諸種解仇交質，寇隴西塞。太守寇紆與戰白石，（縣名，今甘肅導河縣西南。）迷唐不利，引還大、小榆穀。北招屬國諸胡，會集附落，種眾熾盛，張紆不能討。和帝永元元年 (89)，紆坐徵。鄧訓代為校尉。稍以賞賂離間之。由是諸種少解。號吾降。此據《西羌傳》。《鄧訓傳》作迷吾。訓遣兵擊迷唐。迷唐去大、小榆穀，徙居頗岩谷。四年 (92)，訓卒，聶尚代為校尉。欲以文德服之。招迷唐還居大、小榆穀。迷唐復叛。五年 (93)，尚坐徵免。貫友代為校尉。遣譯使構離諸種，誘以財貨。由是解散。乃夾逢留大河築城鄔，作大航，造河橋，渡河擊迷唐。迷唐乃率部落遠依賜支河曲。見第五章第五節。八年 (96)，友病卒。史充代為校尉。發湟中羌、胡出塞。羌迎敗充兵。明年，充坐徵。吳祉代為校尉。其秋，迷唐率八千人寇隴西，殺數百人。乘勝深入，脅塞內諸種羌，共為寇盜，眾羌復悉與相應。遣劉尚、趙代討之。迷唐懼，引去。明年，尚、代並坐畏懦徵，下獄免。謁者王信領尚營屯枹罕耿譚領代營屯白石。譚設購賞諸種頗來內附。迷唐恐，乃請降。信、譚遂受降罷兵。遣迷唐詣闕。其餘種人，不滿二千，饑窘不立，入居金城。和帝令迷唐將其種人還大、小榆穀。迷唐以為漢作河橋，兵來無常，故地不可復居。辭以種人饑餓，不肯遠出。吳祉等乃多賜迷唐金帛，令糴穀市畜，促使出塞。種人更懷猜驚。十二年 (100)，遂復背叛。脅將湟中諸胡，寇鈔而去，信、譚、祉皆坐徵。周鮪代為校尉。明年，迷唐復還賜支河曲。初，累姐種附漢，迷唐怨之，遂擊殺其酋豪。由是與諸種為仇，黨援益疏。其秋，迷唐復將兵向塞。周鮪合諸郡兵，屬國羌、胡三萬人出塞。至允川，與迷唐戰，羌眾折傷，種人瓦解。降者六千餘口。分徙漢陽、安定、隴西。迷唐遂弱，種眾不滿千人，遠逾賜支河首，依發羌居。後病死，有一子來降，時西海及大、小榆穀左右，無復羌寇。隃麋相曹鳳上言（隃麋，後漢侯國，在今陝西汧陽縣東。）:「自建武以來，犯法者常從燒當種起。以其居大、小榆穀，土地肥美，又近塞內諸種，易以為非。南得鐘存，以廣其眾。北阻大河，因以為固。又有西海魚鹽之利。緣山濱水，以廣田畜。故能強大，常雄諸種。宜及此時，建復西海郡縣，規固二榆，廣設屯田。」於是拜鳳為金城西部都尉，將徙士屯龍耆。（《注》;「龍耆，即龍支也，今鄯州縣。」案唐龍支，在今青海樂都縣南。）後金城長史上官鴻上開置歸義、建威屯田二十七部；護羌校尉侯霸復上置東西邯屯田五部，增留逢二部。帝皆從之。列屯夾河，合三十四部。其功垂立。至永初中，諸羌叛，乃罷。《和帝紀》：永元十四年，二月，繕修故西海郡，徙金城西部都尉以戍之。

第六節　後漢開拓西南

交州開為郡縣後，其地之人民，一時未能與華同化，而與西南洋頗有交往，珍奇之品頗多，官其地者率多貪暴，遂至激而生變，其後終以是喪安南焉。在後漢之初，則有徵側及其妹徵貳之變。徵側者，麊泠縣洛將之女。（麊泠，《晉書．地理志》作糜泠，在今越南北境。）嫁為朱鳶人詩索妻。（朱鳶，漢縣，《晉志》作朱鳶，在今越南河內東南。）甚雄勇。交阯太守蘇定以法繩之，側忿，故反。時在光武建武十六年二月。九真、日南、合浦蠻裡皆應之。凡略六十五城。自立為王。《馬援傳注》引《越志》云：都麊泠。光武詔長沙、合浦、交阯具車船，修道橋，通鄣谿，儲糧穀。十八年（42），遣馬援、段志發長沙、桂陽、零陵、蒼梧兵萬餘人討之。至合浦，志病卒。援並將其兵，緣海而進。隨山勘道千餘里。明年，四月，破交阯。斬徵側、徵貳等，餘皆降散。進擊九真賊都陽等，破降之。嶺表悉平。光武此役，用兵蓋極謹慎；馬援亦良將；然至二十年秋振旅，軍吏死者猶十四五焉，可見用兵南方之不易也。

後漢時南方諸國，通貢獻若內屬者頗多。有極野蠻者，如烏滸人是。《後漢書．南蠻傳》云：「《禮記》稱南方曰蠻，雕題交阯。其俗男女同川而浴，故曰交阯。其西有噉人國。生首子，輒解而食之，謂之宜弟。味旨則以遺其君，君喜而賞其父。取妻美則讓其兄。今烏滸人是也。」《注》引萬震《南州異物志》曰：「烏滸，地名也。在廣州之南，交州之北。恆出道閒，伺候行旅，輒出擊之。利得人食之，不貪其財貨。並以其肉為肴葅。又取其髑髏破之以飲酒。以人掌趾為珍異，以食老也。」《傳》云：靈帝建寧三年 (170)，鬱林太守谷永以恩信招降烏滸人十餘萬內屬。皆受冠帶。開置七縣。光和元年 (178)，交阯、合浦、烏滸蠻反叛。招誘九真、日南，合數萬人，攻沒郡縣。四年 (181)，刺史朱儁擊破之。案其事亦見本紀。本紀建寧三年 (170)《注》引《廣州記》曰：「其俗食人。以鼻飲水，口中進噉如故。」有較文明者，如撣國是。《後書・西南夷列傳》曰：「哀牢夷者：其先有婦人名沙一，居於牢山。嘗捕魚水中，觸沈木，若有感，因懷妊。十月，產子男十人。後沈木化為龍，出水上。沙一忽聞龍語曰：若為我生子，今悉何在？九子見龍驚走。獨小子不能去，背龍而坐。龍因舐之。其母鳥語，謂背為九，謂坐為隆，因名子曰九隆。及後長大，諸兄以九隆能為父所舐而黠，遂共推以為王。後牢山下有一夫一婦，復生十女子。九隆兄弟，皆娶以為妻。後漸相滋長。種人皆刻畫其身，象龍文，衣著尾。」《注》：自此以上，並見《風俗通》也。又云：「哀牢人皆穿鼻儋耳。其渠帥自謂王者，耳皆下肩三寸，庶人則至肩而已。」觀其傳說及其習俗，其為越族之臨水而居者可知也。然《傳》又云：「土地沃美，宜五穀、蠶桑。知染采、文繡、罽、㲪、帛疊、蘭干、細布，織成文章如綾錦。有梧桐木華，績以為布。幅廣五尺，潔白不受垢汙。出銅、鐵、鉛、錫、金、銀、光珠、虎魄、水精、瑠璃、軻蟲、蚌珠、孔雀、翡翠、犀、象、猩猩、貊獸。」觀其物產多南方珍品，而知其文明來自海表也。《傳》又云：「九隆死，世世相繼。《注》：《哀牢傳》曰：九隆代代相繼，名號不可得而數。至於禁高，乃可記知。禁高死，子吸代。吸死，子建非代。建非死，子哀牢代。哀牢死，子桑藕代。桑藕死，子柳承代。柳承死，子柳貌代。柳貌死，子扈栗代。乃分置小王，往往邑居，散在谿谷。絕域荒外，山川阻深，生人以來，未嘗交通中國。建武二十三年(47)，其王賢栗遣兵乘箄船南下江、漢，擊附塞夷鹿茤。(《注》:其種今見在。)鹿茤人弱，為所擒獲。於是震雷疾雨，南風飄起，水為逆流，翻湧二百餘里，箄船沉沒，哀牢之眾，溺死數千人。賢栗復遣其六王將萬人以攻鹿爹。鹿茤王與戰，殺其六王。哀牢耆老共埋六王。夜，虎復出其屍而食之。餘眾驚怖引去。賢栗皇恐，謂其耆老曰:『我曹入邊塞，自古有之。今攻鹿茤，輒被天誅。中國其有聖人乎?天祐助之，何其明也?』此事蓋中國人所附會。二十七年(51)，賢栗等遂率種人詣越巂太守鄭鴻降，求內屬。光武封賢栗等為君長。自是歲來朝貢。永平十二年(69)，哀牢王柳貌遣子率種人內屬。其稱邑王者七十七人。顯宗以其地置哀牢、博南二縣。(哀牢，今雲南保山縣東。博南，今雲南永平縣東。)割益州郡西部都尉所領六縣，合為永昌郡。始通博南山，度蘭倉水。行者苦之，歌曰:『漢德廣，開不賓。度博南，越蘭津。度蘭倉，為它人。』」一時雖不免勞費，然雲南西境，自此遂為中國之地矣。

永平中，益州刺史梁國朱輔，好立功名。在州數歲。宣示漢德，威懷遠夷。自汶山以西，前世所不至，正朔所未加，白狼、槃木、唐菆等百餘國，舉種奉貢。輔上其樂詩，皆夷人本語。今其詩猶存於《後漢書‧西南夷列傳》中，而章懷並錄《東觀記》所載夷言，以為注焉。《明帝紀》:永平十七年(74)，西南夷哀牢、儋耳、樵僥、槃木、白狼、動黏諸種，前後慕義貢獻。輔卒後，遂絕。順帝後，種暠為益州刺史。在職三年，宣恩遠夷，開曉殊俗。岷山雜落，皆懷服漢德。其白狼、槃木、唐菆、邛、僰諸國，復舉種鄉化。《暠傳》。

漢時，中國良吏，能化導南夷者不少。《馬援傳》言:援征交阯，所過輒為郡縣治城郭。穿渠灌溉，以利其民。條奏越律與漢律駁者十餘事，與越人申明舊制，以約束之，自後駱越奉行馬將軍故事。《循吏傳》云:

含洭（今廣東英德縣西）、湞陽（英德縣東）、曲江（今廣東曲江縣西）三縣，越之故地。武帝平之，內屬桂陽。民居深山，濱溪谷，習其風土，不出田租。去郡遠者，或且千里。吏事往來，輒發民乘船，名曰傳役。每一吏出，傜及數家，百姓苦之。颯乃鑿山通道，五百餘里。列亭傳，置郵驛。於是役省勞息，姦吏杜絕。流民稍還，漸成聚邑。使輸租賦，同之平民。又云：許荊，和帝時稍遷桂陽太守。郡濱南州，風俗脆薄，不識學義。荊為設喪紀、婚姻制度，使知禮禁。《南蠻傳》云：凡交阯所統，雖置郡縣，而言語各異，重譯乃通。人如禽獸，長幼無別。項髻徒跣，以布貫頭而著之。《續漢書・郡國志注》引《博物誌》曰：日南有野女，群行不見夫。[112] 其狀晶且白，裸袒無衣襦。後頗徙中國罪人，使雜居其間，乃稍知言語，漸見禮化。光武中興，錫光為交阯，任延守九真，於是教其耕稼，製為冠履；初設媒娉，始知姻娶；建立學校，道之禮義。《循吏傳》曰：九真俗以射獵為業，不知牛耕，民常告糴交阯，每致困乏。延乃令鑄作田器，教之墾闢。田疇歲歲開廣，百姓充給。又駱越之民，無嫁娶禮法。各因淫好，無適對匹。不識父子之姓，夫婦之道，延乃移書屬縣：各使男年二十至五十，女年十五至四十，皆以年齒相配。其貧無禮聘，令長吏以下，各省俸祿，以振助之。此安能給？故知史多溢美之辭。同時相娶者二千餘人。其產子者始知種姓，咸曰：使我有是子者任君也。多名子為任。此辭亦必不實。初，平帝時，漢中錫光為交阯太守。教道民夷，漸以禮義。化聲侔於延。王莽末，閉境拒守。建武初，遣使貢獻。封鹽水侯。領南華風，始於二守焉。《西南夷列傳》云：肅宗元和中，蜀郡王追為益州太守，政化尤異。始興起學校，漸遷其俗。又云：桓帝時牂牁尹珍，自以生於荒裔，不知禮義，乃從汝南許慎、應奉受經書、圖緯。學成，還鄉里教授。於是南域始有學焉。鑿渾沌之七竅者，不必為渾沌之利，此義非當時之人所知。勤勤懇懇，俾夷為華，要不可謂非一時豪傑之士也。

---

[112] 社會：「日南有野女，群行不見夫」，蓋女子自為群。

第七節　後漢時東北諸族

漢世東北諸族：日夫餘，曰高句驪，曰沃沮，曰濊貉，皆古之貉人。曰挹婁，即古之肅慎，後世之女真。曰三韓，其種族蓋與倭相雜。曰倭，即今之日本也。夫餘在玄菟北千里。南與濊句驪、東與挹婁、西與鮮卑接。北有弱水，地方二千里。於東夷之域，最為平敞。蓋今吉林西境。弱水，今松花江也。高句驪在遼東之東千里。南與朝鮮、濊貉，東與沃沮，北與夫餘接。地方二千里。多大山深谷，人隨而為居。蓋跨鴨綠江上游兩岸，今遼寧東南境，朝鮮平安道北境也。東沃沮，在高句驪蓋馬大山之東。東濱大海。北與挹婁、夫餘，南與濊貉接。其地東西狹，南北長，折方可千里。土肥美，背山鄉海。蓋在今咸鏡道境。蓋馬大山，蓋平安、咸鏡兩道間之山也。北沃沮，一名置溝婁。去南沃沮八百餘里。界南接挹婁。蓋在今咸鏡道北境。濊，北與高句驪、沃沮，南與辰韓接。東窮大海。西至樂浪。今江原道之地。挹婁，在夫餘東北千餘里。東濱大海。南與北沃沮接。不知其北所極。在今吉林東境，包括俄領緣海州。三韓：馬韓在西。北與樂浪、南與倭接。為今忠清道地。辰韓在東，弁辰在辰韓之南，皆今慶尚道地也。

《後漢書》述夫餘緣起云：初，北夷索離國王出行，其侍兒於後妊身。王還，欲殺之。侍兒曰：前見天上有氣，大如雞子，來降我，因以有身。王囚之。後遂生男。王令置於豕牢，豕以口氣噓之，不死。復徙於馬蘭，馬亦如之。王以為神，乃聽母收養。名曰東明。東明長而善射，王忌其猛，復欲殺之。東明奔走。南至掩淲水，以弓擊水，魚鱉皆聚浮水上，東明乘之得度。因至夫餘而王之焉。《後書》此文，本於《魏略》，見《三國志·夫餘傳注》引。索離作藁離，掩淲水作施掩水。《後書》注云：索或作槖。疑索為藁之誤，槖又之訛。此與《魏書》所述高句麗始祖朱蒙緣起，明系一事。《魏書》云：高句麗者，出於夫餘。自言先祖朱蒙。朱蒙母河伯女。為夫餘王閉於室中。為日所照。引身避之，日景又逐。既而有孕。生一卵，大如五升。夫餘王棄之與犬，犬不食。棄之與豕，豕又不食。棄之於路，牛馬避之。後棄之野，眾鳥以毛茹之。夫餘王割剖之，不能破。遂還其母。其母以物裹之，置於暖處。有一男，破殼而出。及其長也，字之曰朱蒙。其俗言朱蒙者善射也。夫餘人以朱蒙非人所生，將有異志，請除之。王不聽。命之養馬。朱蒙每私試，知有善惡。駿者減食令瘦，駑者善養令肥。夫餘王以肥者自乘，以瘦者給朱蒙。後狩於田，以朱蒙善射，限之一矢。朱蒙雖矢少，殪獸甚多。夫餘之臣，又謀殺之。朱蒙母陰知，告朱蒙曰：國將害汝。以汝才略，宜遠適異方。朱蒙乃與烏引、烏違等二人棄夫餘東南走。中道，遇一大水。欲濟無梁。夫餘人追之甚急。朱蒙告水曰：我是日子，河伯外孫。今日逃走，追兵垂及，如何得濟？於是魚鱉並浮，為之成橋。朱蒙得渡，魚鱉乃解。追騎不得渡。朱蒙遂至普述水，遇見三人：其一人著麻衣，一人著衲衣，一人著水藻衣。與朱蒙至紇升骨城，遂居焉。號曰高句麗，因以為氏焉。《魏書》謂句麗出於夫餘，乃因夫餘在塞外，建國較早云然。原其部落，固不得云有先後也。此事又與《博物誌》所載徐偃王事相類，已見《先秦史》第十章第一節。契之生，固由簡狄吞玄鳥卵；見《先秦史》第八章第二節。即《生民》之詩，所謂「不坼不副」者，疑亦如《魏書》所言朱蒙卵生，夫餘王割剖之不能破；貉本東南部族，播遷而至東北，似無足疑。《後書．高句驪傳》云「東夷相傳，以為夫餘別種，故言語法則多同」；《濊傳》云：「耆老自謂與句驪同種，言語法俗，大抵相類」；《沃沮傳》云「言語，飲食，居處，衣服，有似句驪」；可見此族蔓延之廣。《挹婁傳》云「人形似夫餘，而言語各異」，則知其確為異族。知挹婁即古肅慎者？《傳》言其弓長四尺，力如弩。矢用楛，長一尺八寸。青石為鏃。鏃皆施毒，中人即死砮肅慎在古代，固曾以楛矢石砮為貢也。亦見《先秦史》第十章第一節。《韓傳》云：馬韓，「其南界近倭，亦有紋身者」。弁辰，「其國近倭，故頗有紋身者」。近倭者紋身，遠倭者則否，知韓自為大陸民族，特與倭相雜耳。[113]倭男子皆黥面紋身。衣橫幅，結束相連。女人被髮屈紒，衣如單被，貫頭而著之。並丹朱坋身，如中國之用粉也。與朱崖、儋耳相近，故其法俗多同。其為越族無疑矣。

諸國文化，高低不等。貉族皆能勤稼穡，祭天及鬼神。有城郭宮室。或冠弁衣錦，器用俎豆。《漢書》《地理志》。及《後漢書》，《東夷傳論》。皆稱其風俗醕厚，歸功於箕子之教。此亦未必然。要之南方開化早，北方開化遲，貉本東南之民，故其法俗，與挹婁、韓、倭迥乎不同耳。馬韓無城郭。作土室，形如塚，開戶鄉上。不貴金、銀、錦、罽。不知騎乘牛馬。唯重纓珠，以綴衣為飾，及縣頸垂耳。挹婁亦穴居。冬以豕膏塗身。夏則裸袒，以尺布蔽其前後。臭穢不潔。作廁於中，圜之而居。東夷飲食皆用俎豆，唯此獨無。法俗最無綱紀。則皆不足觀矣。

夫餘至後漢始通中國，而其建國則遠在西漢之世。[114]《漢書．王莽傳》：莽篡位，使五威將四出。東出者至玄菟、樂浪、高句驪、夫餘。及高句驪亡出塞，州郡歸咎於高句驪侯騶，嚴尤言被以大罪，恐其遂畔，夫餘之屬，必有和者。參看第七章第四節。則當先漢之末，業已嶄然見頭角矣。光武建武二十五年（49），夫餘王始遣使奉貢。光武厚報答之。於是使命歲通。其後雖間或犯塞，然大體服從。順帝永和元年（136），其王曾來朝京師，挹婁自漢興以後，臣屬夫餘，故未嘗自通於漢云。

高句驪本玄菟屬縣。玄菟初治沃沮，昭帝時徙治高句驪。自單單大嶺以東，沃沮、濊貉，悉屬樂浪。後以境土廣遠，復分嶺東七縣置樂浪東部都尉。已見第五章第六節。故夫餘為塞外之地，句驪、沃沮、濊，則皆在邦域之中也。高句驪凡有五族：有涓奴部、絕奴部、順奴部、灌奴部、桂婁部。本涓奴部為主，稍微弱，後桂婁部代之。王莽時事，已見第六章第四節。建武八年（32），高句驪遣使朝貢。光武復其王號。二十五

[113]　四夷：韓為大陸民族，特與倭雜。

[114]　四夷：夫餘西漢時已建國。

年 (49)，春，句驪寇右北平、漁陽、上谷、太原。遼東太守祭肜以恩信招之，皆復款塞。後句驪王宮，生而開目能視，國人懷之。及長，勇壯。數犯邊境。安帝永初五年 (111)，宮遣使貢獻。求屬玄菟。元初五年 (118)，復與濊貉寇玄菟，攻華麗城 (華麗，漢縣，屬樂浪郡)。建光元年 (121)，幽州刺史馮煥，玄菟太守姚光，遼東太守蔡諷等將兵出塞擊之。宮遣嗣子遂成詐降，據險厄以遮大軍，而潛遣三千人攻玄菟、遼東，焚城郭，殺傷二千餘人。於是發廣陽、漁陽、右北平、涿郡屬國三千餘騎同救之。而貉人已去。夏，復與遼東鮮卑八千餘人攻遼隊，(漢縣，今遼寧海城縣西。) 殺掠吏民。蔡諷等追擊於新昌，(漢縣，今海城縣東。) 戰沒。秋，宮遂率馬韓、濊貉數千騎圍玄菟。夫餘王遣子尉仇臺將二萬餘人與州郡并力討破之。是歲，宮死，子遂成立。姚光上言：欲因其喪擊之。尚書陳忠謂宜遣弔問，因責讓前罪，赦不加誅，取其後善。安帝從之。明年，遂成詣玄菟降。遂成死，子伯固立。其後濊貉率服，東垂少事。順帝陽嘉元年 (132)，置玄菟郡屯田六部。質、桓之間，復犯遼東西安平。(漢縣，在今遼寧遼陽縣東。) 殺帶方令。(帶方縣，在今朝鮮平壤西南。) 掠得樂浪太守妻子。建寧二年 (169)，玄菟太守耿臨討之，斬首數百級。伯固降伏，乞屬玄菟云。

三韓：《後書》云：馬韓最大，共立其種為辰王，都目支國，盡王三韓之地。其諸國王，先皆是馬韓種人焉。又云：初，朝鮮王準為衛滿所破，乃將其餘眾數千人走入海。攻馬韓，破之。自立為韓王。準後滅絕，馬韓人復自立為辰王。案自三韓以前，辰為一統之國，[115] 已見第五章第六節。馬韓最大，故其種皆稱王，而箕氏亡後，辰王之位，亦仍為馬韓所據也。《後書》又云：辰韓耆老，自言秦之亡人，避苦役適韓國。馬韓割東界地與之。其名國為邦，弓為弧，賊為寇，行酒為行觴，相呼為徒，有似秦語，故或名之為秦韓。辰韓僅諸小別邑各有渠帥，蓋皆不足稱王。然有城郭屋

[115] 四夷：三韓以前，辰為一統之國。

室。知乘駕牛馬。國出鐵，濊、倭、馬韓，並從市之。凡諸貿易，皆以鐵為貨。與馬韓之無城郭，作土室，不知騎乘，唯重纓珠者大異矣。弁辰與辰韓雜居，言語風俗有異，而城郭、衣服皆同。甚矣，文明之易於傳播也。建武二十年（44），韓人廉斯人蘇馬諟等詣樂浪貢獻。光武封蘇馬諟為漢廉斯邑君。使屬樂浪郡，四時朝謁。

《後漢書·倭傳》云：倭凡百餘國。自武帝滅朝鮮，使驛當作譯。通於漢者三十許國。國皆稱王。其大倭王居邪馬臺國。建武中元二年（57），倭奴國奉貢朝賀。使人自稱大夫。倭國之極南界也。光武賜以印綬。《本紀》：東夷倭奴國王遣使奉獻。安帝永初元年（107），倭國王帥升等獻生口百六十人，願請見。《本紀》：倭國遣使奉獻。案《後書》記倭事，略同《國志》，而不如《國志》之詳。《國志》述自帶方至倭道里云：從郡至倭：帶方，後漢末公孫康改為郡。循海岸水行，歷韓國，乍南乍東，到其北岸狗邪韓國，七千餘里。始度一海，千餘里，至對馬國。又南，渡一海，千餘里，命曰瀚海，至一大國。又渡一海，千餘里，至末盧國。東南陸行，五百里到伊都國。東南至奴國百里。東行至不彌國百里。南至投馬國，水行二十日。南至邪馬臺國，女王之所都，女王見第十二章第十節。水行十日，陸行一月。日本木宮泰彥《中日交通史》謂：狗邪韓即迦羅。對馬即今對馬。一大，當依《北史》作一支，今一岐。末盧今肥前之松浦，伊都今築前之怡土。奴即築前之儺。不彌，築前之宇彌。投馬，築後之三瀦。又其國博士內藤氏之說云：北宋本《通典》有倭面土國王師升。日本古本《後漢書》有倭面土國王師升、倭面國王師升。異稱《日本傳》引《通典》有倭面土地王師升。蓋本作倭面土國王，後省稱倭面國王，又省為倭國王，或誤為倭面土地王。倭面土當讀為ヤマ卜，即大和國，邪馬臺亦即此三字之異譯也。據陳捷譯本。商務印書館本。日本天明四年（1784），築前那珂人掘地，得一石室。上覆巨石，下以小石為柱。中有金印一，蛇紐，方寸，文曰漢委奴國王。黃遵憲嘗於博覽會中親見之。見遵憲所著《日本國志·鄰交志》。案《國志》又云：自女王國以北，其戶數道裡可略載。其餘旁國，絕遠，不可得詳。次有斯馬國。次有己百支國。次有伊邪國。次有都支國。次有彌奴國。次有好古都國。次有不呼國。次有姐奴國。次有對蘇國。次有蘇奴國。次有呼邑國。次有華奴蘇奴國。次有鬼國。次有為吾國。次有鬼奴國。次有祁馬國。次有躬臣國。次有巴利國。次有支唯國。次有烏奴國。次有奴國。此女王境界所盡。其南有狗奴國，男子為王。建武、中元之時，倭之極南界，雖不可知，似不能逮女王時。三國時可詳知者，尚僅限於女王國以北，則倭奴或即邪馬臺之大酋，亦未可知。即謂不然，而帥升與後來之女王，必即其大酋，則無疑矣。日本史家，每讕言受封於我者，為彼之小酋，只見其褊淺耳。《國志》云：舊百餘國，漢時有朝見者。今使譯所通三十國。則三十國之通實三國時事，疑後漢尚未逮此。[116] 而《後書》云：自武帝滅朝鮮，使驛通於漢者三十許國，一似自武帝時即然者，措辭似亦未審也。

[116] 四夷：倭使所通卅國，似三國時事，史所舉名或即逮州。

第十章　後漢衰亂

第一節　後漢外戚宦官之禍上

後漢外戚之禍，始自章帝時。帝后竇氏，融之曾孫。父勳，尚東海恭王女沘陽公主。永平中，融年老，子孫縱誕，多不法，勳坐事死洛陽獄。建初二年 (77)，後與女弟俱入掖庭。明年，立為皇后。妹為貴人。后寵幸殊特，專固後宮。宋貴人者，昌八世孫，父楊，楊之姑，明德馬后之外祖母也。楊二女，永平末，選入太子宮，甚有寵。肅宗即位，並為貴人。建初三年 (78)，大貴人生慶。明年，立為皇太子。梁貴人者，竦女。竦，統子。少失母，為伯母舞陰公主所養。舞陰公主，光武女，下嫁統子松。建初二年 (77)，亦與中姊俱選入掖庭，為貴人。四年 (79)，生肇，后養為己子。后誣宋貴人欲作蠱道咒詛。七年 (82)，帝遂廢慶為清河王而立肇。出貴人姊妹置丙舍，使小黃門蔡倫考實之。皆承風旨，傅致其事。乃載送暴室。二貴人同時飲藥自殺。后欲專名外家，而忌梁氏。八年 (83)，乃作飛書陷竦，死獄中。家屬徙九真。辭語連舞陰公主，坐徙新城，(漢新成縣，《後漢》作新城，在今河南洛陽縣南。) 使者護守。貴人姊妹以憂卒。宮省事密，莫有知和帝梁氏生者。章和二年，正月，章帝崩。肇即位，是為和帝。案章帝即位，年僅十九，建初四年 (79)，年二十四耳，中宮無子，理宜待之，何必亟亟立慶為太子？[117] 則知帝乃好色之徒，燕溺而不能持正，宜其肇後漢宮闈之禍也。

和帝即位，年十歲。尊皇后曰皇太后。太后臨朝。兄憲，以侍中內幹機事，出宣詔命。弟篤，肅宗遺詔以為虎賁中郎將。篤弟景、瓌，並中常

[117]　史事：章帝立慶為太子，蓋出好色。

侍。憲以前太尉鄧彪，仁厚委隨，以為太傅，令百官總己以聽。屯騎校尉桓郁，累世帝師，而性和退自守，令授經禁中。內外協附，莫生疑異。憲性果急。睚眦之怨，莫不報復。謁者韓紆，嘗考勛獄，憲遂令客斬紆子，以首祭勛塚。齊殤王子都鄉侯暢，殤王名石，武王演孫，哀王章子。來弔國憂，得幸太后。憲懼其見幸，分宮省之權，遣客刺殺暢於屯衛之中。何敞辟太尉宋由府，請獨奏案，由許焉。二府皆遣主者隨之。推舉具得事實。太后怒，閉憲於內宮。憲懼誅，求擊匈奴以贖死。於是有永元元年 (89) 北伐之役。既克，詔即五原拜憲為大將軍。是時篤為衛尉，景、瓌皆侍中、奉車、駙馬都尉。四家競修第宅，窮極工匠。明年，憲將兵出鎮梁州。以侍中鄧疊行征西將軍事為副。又明年，遣耿夔等擊北虜於金微山。既平匈奴，威名大盛。尚書僕射郅壽、樂恢，並以忤意，相繼自殺。何敞拜為尚書，以切諫，出為濟南太傅。雖司徒袁安，司空任隗，並不之附，且數舉劾，並及其黨，不能正也。篤進位特進，得舉吏，見禮依三公。景為執金吾。瓌光祿勳。權貴顯赫，傾動京都。雖俱驕縱，而景為尤甚。奴客緹騎，依倚形勢，侵陵小民，強奪財貨，篡取罪人，妻略婦女，商賈閉塞，如避寇仇。太后聞之，使謁者策免景官，以特進就朝位。瓌少好經書，節約自修。出為魏郡，遷潁川太守。竇氏父子兄弟，並居列位，充滿朝廷。憲既負重勞，陵肆滋甚。其年，封鄧疊為穰侯。疊與其弟步兵校尉磊，及母元，又憲女婿射聲校尉郭舉，舉父長樂少府璜，皆相交結。元、舉並出入禁中。舉得幸太后。遂共圖為殺害。帝陰知其謀，乃與中常侍鄭眾定議誅之。以憲在外，慮其懼禍為亂，忍而未發。會憲及鄧疊班師還京師。司徒丁鴻因日食上封事。帝以鴻行太尉，兼衛尉。幸北宮。詔執金吾、五校尉勒兵屯衛南北宮。閉城門。收捕疊、磊、璜、舉，皆下獄誅。家屬徙合浦。收憲大將軍印綬，更封為冠軍侯。及篤、景瓌皆遣就國。帝以太后故，不欲名誅憲，為選嚴能相督察之。憲、篤、景到國，皆迫令自殺。宗族賓客，以憲為官者，皆免歸本郡。瓌以素自修，不被逼迫。明年，坐稟假貧人，徙封羅侯，不得臣吏人。初，竇后之譖梁氏，憲等豫有謀焉。永元十年 (98)，梁棠竦子。兄弟徙九真還，路由長沙，逼瓌令自殺。鄭眾以功遷大長秋，由是常與議事，中官用權，自眾始焉。十四年 (102)，封為鄛侯，食邑千五百戶。

和帝陰皇后，光烈皇后兄識之曾孫。永元四年 (92)，選入掖庭。以先后近屬，得為貴人。有殊寵。八年 (96)，立為皇后。是年，和熹鄧皇后入宮，愛寵稍衰，數有恚恨。十四年 (102)，以巫蠱廢。鄧后立。后禹之孫，父訓，母陰氏，光烈皇后從弟女也。元興元年 (105)，帝崩。《后紀》云：長子平原王有疾，而諸皇子夭歿，前後十數，後生者輒隱祕，養於民間。殤帝名隆。生始百日，後乃迎立之。[118] 尊皇后為皇太后。太后臨朝。明年，延平元年 (105)。八月，殤帝崩。太后與兄車騎將軍騭定策禁中，迎立清河孝王慶之子祐，是為恭宗孝安皇帝。年十三。太后猶臨朝。明年，永初元年，十一月，司空周章密謀廢立，策免，自殺。《章傳》云：是時中常侍鄭眾、蔡倫等皆秉勢執政，章數進直言。初，和帝崩，鄧太后以皇子勝有痼疾，不可奉承宗廟，貪殤帝孩抱，養為己子，故立之。以勝為平原王。及殤帝崩，群臣以勝疾非痼，意咸歸之。太后以前既不立，恐后為怨，乃立安帝。章以眾心不附，遂密謀閉宮門，誅鄧騭兄弟及鄭眾、蔡倫，劫尚書，廢太后於南宮，封帝為遠國王，而立平原王。事覺，勝策免，章自殺。說與《后紀》絕異。《續漢書．五行志》：永初二年 (108) 漢陽、河陽失火條，略與《章傳》同。其元興元年 (105) 郡國四冬雷一條，則又同《后紀》。蓋史故有此兩文，司馬氏、范氏皆兼采之也。《后紀》云：皇子後生者輒隱祕，養於民間，似其數不在少；而《五行志》云：和帝崩，有皇子二人，一勝，一即殤帝，則又似僅此二子者。其說既不符會，而殤帝既迎自民間，所生母又無考，其究為安帝之子與否，又可疑也。《清河王傳》云：鄧太后以殤帝襁抱，遠慮不虞，留慶長子祐與適母耿姬居清河

[118] 史事：鄧后立殤帝、安帝。

邸，至秋，帝崩，遂立祐為嗣，為和帝嗣。則排勝之計，太后慮之夙矣。

《鄧后紀》云：后六歲能史書，十二通《詩》、《論語》。諸兄每讀經傳，輒下意難問。志在典籍，不問居家之事，家人號曰諸生。自入宮掖，從曹大家受經書。兼天文、算數。晝省王政，夜則誦讀。其人蓋頗知學問，故所為究異於常人。紀言其臨朝時，以鬼神難徵，淫祀無福，乃詔有司，罷諸祠官不合典禮者。又詔赦除建武以來諸犯妖惡，及馬、竇家屬所被禁錮者，皆復之為平民。減大官、導官、尚方、內者服御、珍膳，靡麗難成之物。自非供陵廟，稻粱米不得導擇。朝夕一肉飯而已。舊大官、湯官經用，歲且二萬萬，太后敕止日殺，有珍費，自是裁數千萬。及郡國所貢，皆減其過半。悉斥賣上林鷹犬。其蜀漢扣器，九帶佩刀，並不復調。止畫工三十九種。又御府、尚方、織室錦繡、冰紈、綺縠、金、銀、珠、玉、犀、象、玳瑁、雕鏤、玩弄之物，皆絕不作。離宮別館，儲峙米糒薪炭，悉令省之。又詔諸園貴人：其宮人有宗室同族，若羸老不任使者，令園監實核上名。自御北宮增喜觀閱問之。恣其去留。即日免遣者五六百人。殤帝康陵方中祕藏，及諸工作，事事減約，十分居一。舊事，歲終當饗遣衛士，大儺逐疫，太后以陰陽不和，軍旅數興，詔饗會勿設戲作樂，減逐疫侲子之半，悉罷象橐駞之屬，豐年復故。自後臨朝，水旱十載，四夷外侵，盜賊內起，每聞民饑，或達旦不寐，而躬自減徹，以救災阨，故天下復平，歲還豐穰。其辭誠不免溢美，然較諸淫侈之主，則自賢矣。嘗學問者，究與恆人不同也。

後兄弟五人：騭、京、悝、弘、閶。唯京先後臨朝卒。騭，延平元年 (106) 拜車騎將軍。悝虎賁中郎將。弘、閶皆侍中。安帝立，悝遷城門校尉。弘虎賁中郎將。自和帝崩後，騭兄弟常居禁中。騭謙遜，不欲久在內，連求還第。歲餘，太后乃許之。騭後征羌無功，徵還，仍迎拜為大將軍。永初四年 (110)，母新野君薨。騭等並乞身行服。服闋，詔諭騭還朝輔政。騭等固讓。於是並奉朝請，有大議，乃詣朝堂與公卿參謀。元初二年 (115)，弘卒。五年 (118)，悝、閶相繼並卒。建光元年 (121)，太后崩。帝少號聰敏，及長，多不德。而乳母王聖，見太后久不歸政，慮有廢置，常與中黃門李閏，候伺左右。及太后崩，宮人先有受罰者，誣告悝、弘、閶先從尚書鄧訪取廢帝故事，謀立平原王得。平原王勝無嗣，鄧太后立樂安夷王寵子得為平原王。寵，章帝子千乘貞王伉之子也。帝聞，追怒。令有司奏悝等大逆無道。廢京子珍，悝子廣宗，弘子廣德、甫德，閶子忠，皆為庶人。騭以不與謀，但免特進，遣就國。宗族皆免官歸故郡。沒入騭等貲財田宅。徙鄧訪及家屬於遠郡。郡縣逼迫，廣宗及忠皆自殺。又徙封騭為羅侯。本上蔡侯。騭與子鳳並不食而死。騭從弟河南尹豹，度遼將軍舞陽侯遵，將作大匠暢皆自殺。唯廣德兄弟以母閻后戚屬，得留京師。案鄧氏在東京外戚中，猶稱謹敕，然鄧后專權固政大久，故卒不免身後之禍也。《杜根傳》：永初元年（107），舉孝廉，為郎中。根以安帝年長，宜親政事，乃與同時郎上書直諫。太后大怒。收執根等令盛以縑囊，於殿上撲殺之。執法者以根知名，私語行事人，使不加力。既而載出城外，根得蘇。太后使人檢視。根遂詐死。三日，目中生蛆。因得逃竄。為宜城山中酒家保，積十五年。及鄧氏誅，左右皆言根等之忠。帝謂根已死，乃下詔布告天下，錄其子孫，根方歸鄉里。徵詣公車，拜侍御史。初，平原郡吏成翊世亦諫太后歸政，坐抵罪。與根俱徵，擢為尚書郎。《宦者傳》曰：「中興之初，宦官悉用閹人，不複雜調他士。至永平中，始置員數，中常侍四人，小黃門十人。和帝即阼幼弱，而竇憲兄弟專總權威，內外臣僚，莫由親接，所與居者，唯閹宦而已。[119]故鄭眾得專謀禁中，終除大憝。遂享分土之封，超登公卿之位。於是中官始盛焉。自明帝以後，迄乎延平，委用漸大。而其員稍增，中常侍至有十人，小黃門二十人。改以金璫右貂，兼領卿署之職。鄧后以女主臨政。朝臣國議，無由參斷帷幄。稱制下令，不出房闈之間，不得不委用刑人，寄之國命。手握王爵，口含天憲，非復掖庭永巷之職，閨牖房闥之任也。其後孫程定立順之功，曹騰參建桓

[119]　職官：後漢之任閹人。

之策，續以五侯合謀，梁冀受鉞，跡因公正，恩固主心，故中外服從，上下屏氣，漢之綱紀大亂矣。」然則宦官之禍，雖曰詒謀之不臧，後嗣之昏亂，鄧后亦不能辭其責也。後從兄康，為越騎校尉。以後久臨朝政，宗門盛滿，數上書長樂宮諫諍：宜崇公室，自損私權。言甚切至。太后不從。康心懷畏懼。永寧元年 (120)，遂謝病不朝。太后使內侍者問之。時宮人出入，多能有所毀譽。其中耆宿，皆稱中大人。所使者乃康家先婢，亦自通中大人。康聞，詬之曰：「汝我家出，亦敢爾邪？」婢怨恚，還說康詐疾而言不遜。太后大怒，遂免康官，遣歸國，絕屬籍。此事見本傳，亦見後《紀》。可見后之暱於近習矣。

鄧太后崩，安帝始親政。後兄閻顯及弟景、耀、晏，並為卿校，典禁兵。舅耿寶，弇弟舒之孫。監羽林左騎，位至大將軍。李閏封雍鄉侯。又小黃門江京，以讒諂進，初迎帝於邸，以功封都鄉侯。閏、京並遷中常侍。京兼大長秋。與中常侍樊豐、黃門令劉安、鉤盾令陳達及王聖、聖女伯榮，搧動內外，競為侈虐。耿寶、閻顯更相阿黨。司徒楊震上疏，不省。延光二年 (123)，震代劉愷為太尉。時詔遣使大為阿母修第。樊豐及侍中周廣、謝惲等，更相搧動，傾搖朝廷。震復上疏。豐、惲等見震連切諫不從，無所顧忌。遂詐作詔書，調發司農錢穀，大匠見徒、材木，各起家舍。園池廬觀，役費無數。震因地震，復上疏。三年 (124)，春，東巡岱宗。樊豐等因乘輿在外，競修第宅。震部掾高舒召大匠令史考校之。得豐等所詐下詔書，具奏，須行還上之。豐等聞，惶怖，遂共譖震：「鄧氏故吏，有恚恨之心。」及車駕行還，便時太學，夜遣使者策收震太尉印綬。於是柴門絕賓客。豐等復惡之。乃請耿寶奏震大臣不服罪，懷恚望。有詔遣歸本郡。行至城西夕陽亭，飲鴆而卒。時年七十餘。弘農太守移良，承樊豐等旨，遣吏於陝縣留停震喪，露棺道側，謫震諸子代郵行書。道路皆為隕涕。時帝數遣黃門、常侍及中使伯榮往來甘陵。陳忠上疏，言「使者所過，威權翕赫，震動郡縣。王侯二千石，至為伯榮獨拜車下。長吏惶怖譴責，或邪諂自媚。發民修道，繕理亭傳，多設儲跱，徵役無度。老弱相隨，動有萬計。賂遺僕從，人數百匹。頓踣呼嗟，莫不叩心」。其暴橫如此。《翟酺傳》：安帝始親政事，追感祖母宋貴人，悉封其家。又耿寶及閻顯等，並用威權。酺上疏諫曰：「今自初政已來，日月未久，費用賞賜，已不可算。斂天下之財，積無功之家。帑藏單盡，民物凋傷。卒有不虞，復當重賦百姓。怨叛既生，危亂可待也。」鄧后雖好專權，頗存節儉，至是則遺規蕩然矣。

閻后專房妒忌。帝幸宮人李氏，生子保，遂鴆殺李氏。永寧元年(120)，保立為皇太子。延光三年(124)，太子驚病不安，避幸王聖舍。太子乳母王男、廚監邴吉等，以為聖舍新繕修，犯土禁，不可久御。與聖及其女永、江京、樊豐，互相是非。聖、永遂誣譖男、吉，皆幽囚死。太子思男等，數為嘆息。京、豐懼有後害，構讒太子及東宮官屬。帝怒。召公卿以下會議廢立。耿寶等承旨，皆以為當廢。遂廢為濟陰王。見《來歙傳》。四年(125)春，后從帝幸章陵。帝道疾，崩於葉。后、顯及江京、樊豐謀。偽云帝疾甚，徙御臥車驅馳還宮，乃發喪。尊皇后曰皇太后。太后臨朝。以顯為車騎將軍、儀同三司。太后與顯等定策禁中，迎立濟北惠王壽章帝子。子北鄉侯懿。顯風有司，奏耿寶及其黨與中常侍樊豐，虎賁中郎將謝惲，惲弟侍中篤，篤弟大將軍長史宓，侍中周廣，阿母野王君王聖，聖女永，永婿黃門侍郎樊嚴等，更相阿黨，互作威福，探刺禁省，更為唱和，皆大不道。豐、惲、廣皆下獄死。家屬徙比景。(漢縣，屬日南郡，在今越南南境。)宓、嚴減死髡鉗。貶寶為則亭侯，遣就國，自殺。王聖母子徙雁門。於是景為衛尉，耀城門校尉，晏執金吾。兄弟權要，威福自由。少帝立二百餘日而疾篤。初，崔瑗辟閻顯府，知顯將敗，因長史陳禪，欲共說顯，白太后收江京等，廢少帝，引立濟陰王。禪猶豫未敢從。及是，京語顯曰：「北鄉侯病不解，國嗣宜時有定。前不用濟陰王，今若立之，後必當怨。何不早徵諸王子，簡所置乎？」顯以為然。及少帝薨，京白太后，徵濟北、河間王子。濟北、河間，皆章帝子封國。未至。中黃門孫程等十九人謀，夜入章臺門，斬江京、劉安、陳達。脅李閏，迎立濟陰王。是為順帝。閻顯時在禁中，憂迫不知所為。小黃門樊登勸顯發兵。以太后詔召越騎校尉馮詩，虎賁中郎將閻崇屯朔平門，以禦程等。顯以詩所將眾少，使與登迎吏士於左掖門外。詩因格殺登，歸營屯守。景還外府收兵。至盛德門，程傳召諸尚書使收景。尚書郭鎮率直宿羽林出南止車門，逢景，禽之，送廷尉獄，即夜死。旦日，會侍御史收顯、耀、晏，並下獄誅。家屬徙比景。遷太后於離宮，明年崩。程等十九人皆封侯。孫程、王康、王國、黃龍、彭愷、孟叔、李建、王成、張賢、史泛、馬國、王道、李元、楊佗、陳予、趙封、李剛、魏猛、苗光。拜程騎都尉。時司徒李郃，亦與少府陶範、步兵校尉趙直謀立順帝，會孫程事先成，後亦錄陰謀功封侯，固辭不受。

時中常侍張防，特用權勢。虞詡為司隸校尉，每請託受取，輒案之而屢寢不報。詡不勝憤，乃自繫廷尉，奏言不忍與防同朝。防流涕訴帝。詡坐論輸左校。防必欲害之，二日之中，傳考四獄。孫程、張賢等乞見。請急收防送獄，以塞天變。時防立在帝後，程乃叱防曰：「姦臣張防，何不下殿？」防不得已，趨就東箱。程曰：「陛下急收防，無令從阿母求請。」阿母，宋娥也。帝問諸尚書。尚書賈朗，素與防善，證詡之罪。帝疑焉。謂程曰：「且出，吾方思之。」於是詡子顗，與門生百餘人，舉幡候中常侍高梵車，叩頭流血，訴言枉狀。梵乃入言之。防坐徙邊。賈朗等六人，或死或黜。即日赦出詡。程復上書陳詡有大功，語甚切激。帝感悟。復徵拜議郎。數日遷尚書僕射。然程亦以呵叱左右免官，因遣十九侯悉就國。觀此，知順帝之漫無別白矣。詡薦議郎左雄，拜為尚書，再遷尚書令。上疏言「俗浸凋敝，巧偽滋萌。下飾其詐，上肆其殘。典城百里，轉動無常。各懷一切，莫慮長久。謂殺害不辜為威風，聚斂整辨為賢能。以理己安民為劣弱，以奉法循理為不化。髡鉗之戮，生於睚眥。覆尸之禍，成於喜怒。視民如寇仇，稅之如豺虎。監司項背相望，與同疾疢，見非不舉，聞惡不察。觀政於亭傳，責成於期月。言善不稱德，論功不據實。虛誕者獲譽，拘檢者離毀。或因罪而引高，或色斯以求名；州宰不覆，競共辟召；踴躍升騰，超等逾匹。或考奏捕案，亡不受罪；會赦行賂，復見洗滌。朱紫同色，清濁不分。故使姦滑枉濫，輕忽去就。拜除如流，缺動百數。鄉官部吏，職斯祿薄，車馬衣服，一出於民。廉者取足，貪者充家。特選橫調，紛紛不絕。送迎煩費，損政傷民。和氣未洽，災眚不消，咎皆在此」。可見當時吏治之壞。史言雄所言皆明達政體，而宦官擅權，終不能用。陽嘉二年 (133)，李固對策，言「今之進者，唯財與力。伏聞詔書：務求寬博，疾惡嚴暴。而今長吏多殺伐、致聲名者，必加遷賞；其存寬和，無黨援者，輒見斥逐。又詔書所以禁侍中、尚書、中臣子弟不得為吏察孝廉者，以其秉威權、容請託故也。[120] 而中常侍在日月之側，聲勢振天下，子弟祿仕，曾無限極。雖外託謙默，不干州郡，而諂偽之徒，望風選舉。今可設為常禁，同之中臣。又宜罷退宦官，去其權重。裁置常侍二人，方直有德者，省事左右；小黃門五人，才智閑雅者，給事殿中」。帝覽其對，多所納用。即時出阿母還舍。諸常侍悉叩頭請罪。朝廷肅然。以固為議郎。而阿母、宦者疾固言直，因詐飛章，以陷其罪。事從中下。大司農黃向等請之於大將軍梁商。又僕射黃瓊，救明固事。久乃得拜議郎。太尉王龔，深疾宦官專權，上書極言其狀，請加放斥。諸黃門恐懼，各使賓客誣奏龔罪。帝令亟自實。前掾李固，時為大將軍梁商從事中郎，奏記於商。商言之於帝，事乃得釋。漢安元年 (142)，遣杜喬、周舉、郭遵、馮羨、欒巴、張綱、周栩、劉班等八人分行州郡，班宣風化，舉實臧否。多所劾奏，其中並是宦者親屬，輒為請乞，帝遂令勿考。李固為大司農，與廷尉吳雄上疏，帝乃更下免八使所舉刺史二千石。襄楷言宦官至順帝而益繁熾，信不誣也。

---

[120] 選舉：順帝時禁中臣子弟不得察孝廉，中常侍則否。養子許為後。

第二節　後漢外戚宦官之禍下

順帝梁皇后，統曾孫商之女。以陽嘉元年 (132) 立。三年 (134)，以商為大將軍，固稱疾不起。四年 (135)，使太常桓焉奉策就第即拜，商乃詣闕受命。商自以戚屬居大位，每存謙柔。虛己進賢，檢御門族，未嘗以權盛干法。而性慎弱，無威斷。頗溺於內豎。以小黃門曹節等用事於中，遂遣子冀、不疑與為交友。然宦者忌商寵任，反欲害之。永和四年 (139)，中常侍張逵、蘧政，內者令石光，尚方令傅福，冗從僕射杜永連謀，共譖商及中常侍曹騰、孟賁，云欲徵諸王子，圖議廢立。請收商等案罪。帝曰：「大將軍父子我所親，騰、賁我所愛，必無是。但汝曹共妒之耳。」逵等知言不用，懼。遂出，矯詔收縛騰、賁於省中。帝聞，震怒。敕宦者李歙急呼騰、賁釋之。收逵等悉伏誅。順帝時宦官之橫，亦可見已。六年 (141)，商卒。未葬，即拜冀大將軍，不疑河南尹。冀少為貴戚，逸游自恣，多不法。漢安元年 (142)，遣八使徇行風俗，餘人受命之部，張綱獨埋其車輪於洛陽都亭，曰：「豺狼當道，安問狐狸？」遂奏冀、不疑無君之心十五事。帝知綱言直，終不忍用。

建康元年，七月，帝崩。虞貴人子炳立，是為沖帝。年二歲。詔冀與太傅趙峻、太尉李固參錄尚書事。明年，永嘉元年。正月，帝崩。初，清河孝王慶卒，子愍王虎威嗣。無子。鄧太后立樂安夷王寵子延平為清河王，是為恭王。卒，子蒜嗣。及是，徵至京師。李固以其年長有德，欲立之。冀不從。乃立樂安夷王之孫瓚。父渤海孝王鴻。是為質帝。年八歲。太后以比遭不造，委任宰輔。固所匡正，每輒從用。黃門宦者，一皆斥遣。天下咸望遂平。而梁冀猜專，每相忌疾。初，順帝時，諸所除官，多不以次，及固任事，奏免百餘人。此等既怨，又希望冀旨，遂共作飛章，虛誣固罪。書奏，冀以白太后，使下其事。太后不聽，得免。帝少而聰慧。知冀驕橫。嘗朝群臣，目冀曰：「此跋扈將軍也。」冀聞，深惡之。遂令左右進鴆，加煑餅。帝即日崩。時本初元年閏六月。李固伏屍號哭，推舉侍豎。冀慮事泄，大惡之。因議立嗣。固與司徒胡廣、司空趙戒及大鴻臚杜喬，皆以清河王明德著聞，又屬最尊親，欲立之。初，中常侍曹騰謁蒜，蒜不為禮，宦者由此惡之。騰等夜往說冀。明日，重會公卿。冀意氣凶凶，而言辭激切。自胡廣、趙戒以下，莫不懾憚之。皆曰：「唯大將軍令。」獨固與喬堅守本議。冀厲聲曰：「罷會。」固復以書勸。冀愈激怒。乃說太后，先策免固。竟立蠡吾侯志，祖父河間孝王開，章帝子。父蠡吾侯翼。是為桓帝。時年十五。建和元年 (147)，甘陵人劉文與南梁《梁冀傳》作魏郡。妖賊劉鮪謀立蒜，事覺，誅。有司因劾奏蒜。坐貶為尉氏侯，徙桂陽。自殺。冀因諷有司，劾固與文、鮪等交通，殺之。益封冀萬三千戶。增大將軍府舉高第茂才，官屬倍於三公。又封不疑為潁陽侯，不疑弟蒙西平侯，冀子胤襄邑侯，各萬戶。和平元年 (150)，重增冀封萬戶，並前所襲合三萬戶。妻孫壽為襄城君。兼食陽翟租，歲入五千萬。加賜赤紱，比長公主。壽性鉗忌，能制御冀，冀甚寵憚之。冀愛監奴秦宮，官至太倉令。得出入壽所。壽因與私焉。宮內外兼寵。刺史二千石皆謁辭之。冀用壽言，多斥奪諸梁在位者。外以謙讓，而實崇孫氏。宗親冒名而為侍中、卿、校、郡守、長吏者千餘人。皆貪叨凶淫。各遣私客，籍屬縣富人，被以它罪，閉獄掠考，使出錢自贖。貲物少者，至於死徙。其四方調發，歲時貢獻，皆先輸上第於冀，乘輿乃其次焉。吏人齎貨求官請罪者，道路相望。冀又遣客出塞，交通外國，廣求異物。因行道路，發取妓女御者。而使人復乘勢橫暴，妻略婦女，歐擊吏卒，所在怨毒。冀乃大起第舍。壽亦對街為宅。殫極土木，互相誇競。又多拓林苑，禁同王家。西至弘農，東界滎陽，南極魯陽，見第八章第二節。北達河、淇。周旋封域，殆將千里。又起菟苑於河南城西，經亙數十里。發屬縣卒徒，繕修樓觀，數年乃成，移檄所在，調發生菟，刻其毛以為識。人有犯者，罪至刑死。又起別第於城西，以納姦亡。或取良人為奴婢，至數千人，名曰自賣人。[121]元嘉元年 (151)，帝以冀有援立之功，欲崇殊典，乃大會公卿，共議其禮。於是有司奏冀入朝不趨，劍履上殿，謁贊不名，禮儀比蕭何。悉以定陶、陽成餘戶增封，為四縣，比鄧禹。賞賜金錢、奴婢、采帛、車馬、衣服、甲第比霍光。每朝會，與三公絕席。十日一入，平尚書奏事。宣布天下，為萬世法。冀猶以所奏禮薄，意不說。專擅威柄，凶恣日積。機事大小，莫不咨決之。官衛近侍，並所親樹，禁省起居，纖微必知。百官遷召，皆先到冀門，牋檄謝恩，然後敢詣尚書。下邳吳樹為宛令，誅殺冀客為民害者數十人。後為荊州刺史，辭冀，冀為設酒，因鴆之，樹出死車上。遼東太守侯猛，初拜不謁冀，託以他事要斬之。郎中汝南袁著，詣闕上書，言大將軍宜遵縣車之禮。冀密遣掩捕。著乃變易姓名。後託病偽死，結蒲為人，市棺殯送。冀廉問，知其詐，陰求得，笞殺之。隱蔽其事。學生桂陽劉常，當世名儒，素善著，冀召補令史以辱之。太原郝潔、胡武，皆危言高論，與著友善。先是潔等連名，奏記三府，薦海內高士，而不詣冀，冀追怒之，又疑為著黨，勑中都官移檄捕前奏記者，並殺之。遂誅武家，死者六十餘人。潔初逃亡。知不得免，因輿櫬奏書冀門。書入，仰藥而死。家乃得全。冀諸忍忌，皆此類也。不疑好經書，善待士，冀陰疾之，因中常侍白帝，轉為光祿勳。不疑恥兄弟有隙，遂讓位歸第，與弟蒙閉門自守。冀不欲令與賓客交通，陰使人變服至門，記往來者。南郡太守馬融，江夏太守田明，初除過謁不疑，冀諷州郡，以他事陷之，皆髡笞徙朔方。融自刺不殊。明遂死於路。永興二年 (154)，封不疑子馬為潁陰侯，胤子桃為城父侯。冀一門：前後七封侯，三皇后，六貴人，二大將軍，夫人、女食邑稱君者七人，尚公主三人，其餘卿、將、尹、校五十七人。在位二十餘年，窮極滿盛。威行內外，百僚側目，莫敢違命。天子恭己，不得有所親豫，恆不平，恐言泄，不敢謀之。後梁氏，順烈皇后女弟也。藉姊兄蔭勢，恣極奢靡。宮幄雕麗，服御珍華，巧飾制度，

[121] 階級：梁冀取良人為奴婢，名自賣人，蓋誣其自賣也。

兼倍前世。及皇太后崩，和平元年 (150)。恩愛稍衰。後既無子，潛懷怨忌。宮人孕育，鮮得全者。帝雖迫畏冀，不敢譴怒，然見御轉希。延熹二年 (159)，後以憂恚崩。帝因如廁，獨呼小黃門史唐衡，問左右與外舍不相得者誰乎？衡對曰：「單超、中常侍。左悺，小黃門史。前詣河南尹不疑，禮敬小簡，不疑收其兄弟送洛陽獄，二人詣門謝，乃得解。徐璜、具瑗，皆中常侍。常私忿疾外舍放橫，口不敢道。」初，掖庭人鄧香妻宣生女猛。香卒，宣更適梁紀。梁紀者，冀妻壽之舅也。壽引進猛入掖庭。見幸，為貴人。冀因欲认猛為其女以自固，乃易猛姓為梁。時猛姊婿邴尊為議郎。冀恐尊沮敗宣意，乃結刺客，於郾城刺殺尊。又欲殺宣。宣馳白帝。帝大怒。乃與超等五人定議。帝囓超臂出血為盟。使尚書令尹勳持節勒丞郎以下，皆操兵守省閤。斂諸符節送省中。使黃門令具瑗將左右廄騶、虎賁、羽林都候，劍戟士合千餘人，與司隸校尉張彪共圍冀第。使光祿勳袁盱持節收冀大將軍印綬。徙封比景都鄉侯。冀及妻壽即日皆自殺。悉收諸梁及孫氏中外宗親送詔獄。無長少皆棄市。不疑、蒙先卒。它所連及，公卿、列校、刺史、二千石，死者數十人。故吏、賓客，免黜者三百餘人。朝廷為空。唯尹勳、袁盱及廷尉邯鄲義在焉。是時事卒從中發，使者交馳，公卿失其度，官府市裡鼎沸，數日乃定。百姓莫不稱慶。收冀財貨，縣官斥賣，合三十餘萬萬。以充王府用，減天下稅租之半。散其苑囿，以業窮民。錄誅冀功，封尹勳以下數十人。單超、徐璜、具瑗、左悺、唐衡同日封，世謂之五侯。又封小黃門劉普、趙忠等八人為鄉侯。

梁冀之驕橫，固前此外戚所無，而桓帝時之宦官，亦非順帝時比矣。順帝所封十九侯：王康、王國、彭愷、王成、趙封、魏猛六人早卒。黃龍、楊佗、孟叔、李建、張賢、史泛、王道、李元、李剛九人，與阿母山陽君宋娥，更相貨賂，求高官增邑，又誣罔中常侍曹騰、孟賁等，發覺，遣就國，減租四分之一。宋娥奪爵歸田舍。唯馬國、陳予、苗光保全封邑。初，帝見廢，監太子家小黃門籍建，傅高梵，長秋長趙熹，丞良賀，藥長夏珍，皆以無過獲罪。及帝即位，並擢為中常侍。建後封東鄉侯。其中唯梵坐臧罪，而賀清儉退厚，位至大長秋。陽嘉中，詔九卿舉武猛，賀獨無所薦。帝引問其故。對曰：「昔衛鞅因景監以見，有識者知其不終。得臣舉者，匪榮伊辱。」而孫程、張賢、孟叔、馬國等，亦能為虞詡訟罪。則知順帝時宦官，尚非盡惡人也。桓帝時則不然。黃瓊疾篤上疏，言「黃門協邪，群輩相黨。自冀興盛，腹背相親。朝夕圖謀，共構姦宄。臨冀當誅，無可設巧，復記其惡，以要爵賞」。則當時宦官，本冀黨類，復以私怨相圖，而帝引為心腹，設更傾仄，豈不殆哉？五侯唯單超於受封之明年即死，而四侯轉橫。皆競起第宅，樓觀壯麗，窮極伎巧。金銀罽毦，施於犬馬。多取良人美女，以為姬妾，皆珍飾華侈，擬則宮人。其僕從皆乘牛車，而從列騎。[122] 又養其疏屬，或乞嗣異姓，或買蒼頭為子，並以傳國襲封。順帝陽嘉四年 (135)，詔宦官養子，悉聽得為後襲封爵，定著於令。見《本紀》及《宦者孫程傳》。兄弟姻戚，皆宰州臨郡，辜較百姓，與盜賊無異。延熹七年 (164)，衡、璜皆死。明年，司隸校尉韓演奏悺及其兄太僕南鄉侯稱罪惡，皆自殺。又奏瑗兄沛相恭臧罪。徵詣廷尉。瑗詣獄謝，上還東武侯印綬。詔貶為都鄉侯。侯覽者，桓帝初為中常侍。以佞猾進，倚勢貪放，受納貨遺，以巨萬計。延熹中，連歲征伐，府帑空虛，乃假百官俸祿，王侯租稅，覽亦上縑五千匹，賜爵關內侯。又托以與議誅梁冀功，進封高鄉侯。小黃門段珪，家在濟陰，見第八章第四節。與覽並立田業，近濟北界。僕從賓客，侵犯百姓，劫掠行旅。濟北相滕延，一切收捕，殺數十人，陳屍路衢。覽、珪大怨，以事訴帝。延坐多殺無辜，徵詣廷尉免。覽等得此，愈放縱。覽兄參，為益州刺史。民有豐富者，輒誣以大逆，皆誅滅之，沒入財物，前後累億計，太尉楊秉奏參，檻車徵，於道自殺。京兆尹袁逢於旅舍閱參車，三百餘兩，皆金銀錦帛珍玩，不可勝數。覽坐免。旋覆覆官。建寧二年 (169)，喪母還家大起塋塚。督郵張儉，因舉奏覽

[122] 交通：四侯僕從皆乘牛車，從列騎。

貪侈奢縱，前後請奪人宅三百八十一所，田百一十八頃，起立第宅十有六區，皆有高樓池苑，堂閣相望飾以綺畫丹漆之屬製度重深僭類宮省；又豫作壽塚，石槨雙闕，高廡百尺，破人居室，發掘墳墓，虜奪良人，妻略婦女，及諸罪釁，請誅之。而覽伺候遮截，章竟不上。儉遂破覽塚宅，藉沒資財，具言罪狀。又奏覽母生時交通賓客，干亂郡國。復不得御。覽遂誣儉為鉤黨，及故長樂少府李膺、太僕杜密等，皆夷滅之，遂代曹節領長樂太僕。熹平元年(172)，有司舉奏覽專權驕奢，策收印綬，自殺。

梁冀被誅，黃瓊首居公位，時太尉胡廣、司徒韓縯、司空孫朗皆坐阿附免廢。拜瓊為太尉。舉奏州郡貪汙，至死徙者十餘人，海內翕然望之。尋而五侯擅權，傾動內外，自度力不能匡，乃稱疾不起。時又立掖庭民女亳氏為皇后，數月間，后家封者四人，賞賜鉅萬。白馬令李雲，露布上書，移副三府。帝震怒，下有司逮雲，送黃門北寺獄，使中常侍管霸與御史、廷尉雜考之。弘農五官掾杜眾上書，願與雲同日死。帝愈怒，遂並下廷尉。大鴻臚陳蕃，太常楊秉，洛陽市長沐茂，郎中上官資並上疏請雲。詔切責蕃、秉，免歸田里。茂、資貶秩二等。管霸奏雲等事，詭言曰：「李雲野澤愚儒，杜眾郡中小吏，出於狂戇，不足加罪。」帝恚曰：「帝欲不諦，雲書曰：孔子曰：帝者諦也。今官位錯亂，小人諂進，財貨公行，政化日損，尺一拜用，不經御省，是帝欲不諦乎？是何等語？而常侍欲原之邪？」顧使小黃門可其奏。雲、眾皆死獄中。其愎諫如此。延熹五年(162)，冬，楊秉為太尉。六年(163)，周景為司空。是時宦官方熾，任人及子弟為官，布滿天下，競為貪淫。秉、景奏諸姦猾，自將軍、牧、守以下五十餘人，或死或免。連及侯覽、具瑗，皆坐黜。八年(165)，陳蕃代秉為太尉。中常侍蘇康、管霸等復被任。大司農劉祐，廷尉馮緄，河南尹李膺，皆以忤旨抵罪。蕃因朝會，固理膺等。帝不聽。時小黃門趙津，南陽大猾張氾等奉事中宮，乘勢犯法。二郡太守劉瓆、成縉考案其罪。雖經赦令，並竟考殺。成縉、劉瓆事《後書》附《陳蕃傳》，又見《襄楷傳注》引

《東觀記》。王允時為璜吏，岑晊為縉功曹，並見其傳。宦官怨恚。有司承旨，遂奏璜、縉罪當棄市。又山陽太守翟超，沒入中常侍侯覽財產，東海相黃浮，誅殺下邳令徐宣。徐璜兄子。並坐髡鉗，輸作左校。蕃與司徒劉矩、司空劉茂諫請。帝不說。有司劾奏之。矩、茂不敢復言。蕃獨上疏。帝愈怒，竟無所納。初，李膺與馮緄、劉祐得罪輸作。司隸校尉應奉上疏理膺等，乃悉免其刑。膺再遷，復拜司隸校尉。時張讓桓帝時為小黃門。弟朔為野王令，貪殘無道，至乃殺孕婦。聞膺厲威嚴，懼罪，逃還京師。因匿讓舍，藏合柱中。膺知其狀，率將吏卒，破柱取朔，付洛陽獄。受辭畢，即殺之。讓訴冤於帝。詔膺入殿，御親臨軒，詰以不先請便加誅辟之意。膺對特乞留五日，剋殄元惡，退就鼎鑊。帝無復言，遣出之。自此諸黃門常侍皆鞠躬屏氣，休沐不敢復出宮省。是時朝廷日亂，綱紀頹弛，膺獨持風裁，以聲名自高。士有被其容接者，名為登龍門。及遭黨事，當考實膺等。案經三府，陳蕃不肯平署。帝愈怒。遂下膺等於黃門北寺獄。膺等頗引宦官子弟。宦官多懼，請帝以天時宜赦。於是大赦天下。膺免歸田里。蕃因上疏極諫。帝諱其言切，托以辟召非人，策免之。時又有兗州刺史第五種、冀州刺史朱穆、沛相荀昱、廣陵太守荀曇、河東太守史弼、彭城令魏朗、揚州刺史陳翔、大山太守范康，皆以治宦官親黨獲罪。甚至如趙岐，徒以與從兄襲貶議唐衡兄玹，玹為京兆尹，遂收岐家屬宗親，陷以重法，盡殺之。岐逃難四方，藏安丘（漢縣，今山東安丘縣西南。）孫嵩複壁中數年，諸唐死滅，因赦乃出。宦官之專橫，可謂極矣。

梁冀既誅，桓帝立鄧香女為皇后。帝多內幸，博采宮女，數至五六千人，及驅役從使，復兼倍於此。荀淑對策，譏其「冬夏衣服，朝夕稟糧，耗費縑帛，空竭府藏。空賦不辜之民，以供無用之女」。陳蕃亦言「采女數千，食肉衣綺，脂油粉黛，不可勝計」。帝之惡德，可謂多矣。鄧后恃尊驕忌。與帝所幸郭貴人，更相譖訴。延熹八年（165），詔廢后送暴室，以憂死。桓思竇皇后立。章德竇皇后從祖弟之孫女也。御見甚希。帝所寵唯采女田聖等。永康元年（167），冬，帝寢疾。遂以聖等九女皆為貴人。十一月，帝崩。無嗣。后為皇太后，太后臨朝。后與父城門校尉武定策禁中，立解瀆亭侯宏，曾祖河間孝王，祖淑，父萇，世封解瀆亭侯。是為靈帝。年十二。以武為大將軍。陳蕃為太傅，與武及司徒胡廣參錄尚書事。太后素忍忌，積怒田聖等，桓帝梓宮尚在前殿，遂殺聖。又欲盡誅諸貴人，中常侍蘇康、管霸苦諫，乃止。初，桓帝欲立聖為后，陳蕃以田氏卑微，竇族良家，爭之甚固，帝不得已，乃立竇后，故後委用於蕃。與武同心盡力。徵用名賢，共參政事。而帝乳母趙嬈，旦夕在太后側。中常侍曹節、王甫等，與共交構。諂事太后。太后信之。蕃、武共謀誅之。武於是引同志尹勳為尚書令，劉瑜為侍中，馮述為屯騎校尉。又徵天下名士廢黜者，前司隸李膺、宗正劉猛、太僕杜密、廬江太守朱寓等，列於朝廷。請前越巂太守荀昱為從事中郎，辟潁川陳寔為屬，共定計策。五月，日食，蕃說武斥罷宦官，太后不肯。時中常侍管霸，頗有才略，專制省內。武先白誅霸及蘇康等，竟死。復數白誅曹節等。太后冘豫未忍，故事久不發。至八月，大白出西方。劉瑜素善天官，惡之。與武、蕃書，言宜速斷大計。於是以朱寓為司隸校尉，劉祐為河南尹，虞祁為洛陽令。武乃奏免黃門令魏彪，以所親小黃門山冰代之。使冰奏素狡猾尤無狀者長樂尚書鄭颯送北寺獄。令冰與尹勳、侍御史祝瑨雜考颯。辭連曹節、王甫。勳、冰即奏收節等，使劉瑜內奏。時武出宿歸府。典中書者先以告長樂五官史朱瑀。瑀盜發武奏，罵曰：「中官放縱者，自可誅耳，我曹何罪，用當盡見族滅？」因呼曰：「陳蕃、竇武奏白太后廢帝，為大逆。」乃夜召素所親壯健者長樂從官史共普、張亮等十七人，喢血共盟誅武等。曹節聞之，驚起。白帝曰：「外間切切，請出御德陽前殿。」令帝拔劍踴躍。趙嬈等擁衛左右。取棨信閉諸禁門。召尚書官屬，脅以白刃，使作詔板。拜王甫為黃門令持節至北寺獄收尹勳、山冰。冰疑不受詔。甫格殺之。遂害勳，出鄭颯。還，共劫太后，奪璽書。令中謁者守南宮，閉門絕複道。使鄭颯持節，及侍御史、謁者捕收武等。武不受詔。馳入步兵營，與兄子紹共射殺使者，召會北軍五校士數千人屯都亭下。令軍士曰：「黃門常侍反，盡力者封侯重賞。」詔以少府周靖行車騎將軍，加節，與護匈奴中郎將張奐率五營士討武。夜漏盡，王甫將虎賁、羽林、廄騶都候、劍戟士合千餘人，出屯朱雀掖門，與奐等合。明旦，悉軍闕下，與武對陳。甫兵漸盛。使其士大呼武軍曰：「竇武反，汝皆禁兵，當宿衛宮省，何故隨反者乎？先降有賞。」營府素畏服中官，於是武軍稍稍歸甫。自旦至食時，兵降略盡。武、紹走，諸軍追圍之，皆自殺。梟首洛陽都亭。收捕宗親、賓客、姻屬悉誅之，及劉瑜、馮述，皆夷其族。徙武家屬日南。遷太后於雲臺。陳蕃聞難作，將官屬、諸生八十餘人，並拔刃，突入承明門。攘臂呼曰：「大將軍忠以衛國，黃門反逆，何云竇氏不道邪？」王甫時出，與蕃相迕。讓蕃曰：「先帝新棄天下，山陵未成，竇武何功，兄弟父子，一門三侯？又多取掖庭宮人，作樂飲燕。旬月之間，貲財億計。大臣若此，是為道邪？」遂令收蕃。蕃拔劍叱甫。甫兵不敢近。乃益人，圍之數十重。遂執蕃送黃門北寺獄。黃門從官騶蹋蹴蕃曰：「死老魅，復能損我曹員數，奪我曹稟假不？」即日害之。徙其家屬於比景。宗族、門生、故吏皆斥免禁錮。曹節遷長樂衛尉，封育陽侯，增邑三千戶，甫遷中常侍，黃門令如故。瑀封都鄉侯，千五百戶。普亮等五人各三百戶。餘十一人皆為關內侯，歲食租二千斛。張奐新徵，奐時督幽、并、涼三州，擊匈奴、烏桓、鮮卑、東羌。不知本謀，深病為節所賣，固讓封爵。明年，上疏請改葬武、蕃，徙還家屬。薦王暢、李膺。司隸校尉王寓，出於宦官，欲借寵公卿，以求薦舉，奐獨拒之。遂陷以黨罪，禁錮。案後來袁紹說何進，謂五營士生長京師，服畏中人，而竇氏反用其鋒，遂叛走歸黃門，自取破滅，《三國志・紹傳注》引《九州春秋》。此武之所以敗也。《武傳》稱其清身疾惡，禮賂不通，妻子衣食，裁足而已。得兩宮賞賜，悉散與太學諸生，及載肴糧於路，匄施貧民。兄子紹為虎賁中郎將，性疏簡奢侈，武數切厲，獨不覺悟，乃上書求退紹位。[123] 此固不免矯激，然矯激者必重惜名譽，豈有多取宮人，作樂燕飲，旬月之間，貲財億計者邪？此宦官誣罔之辭，而讀史者或以之議武，過矣。

竇氏雖誅，靈帝猶以太后有援立之功，建寧四年，十月朔，率群臣朝於南宮，親饋上壽。黃門令董萌，因此數為太后訴怨。帝深納之，供養資奉，有加於前。曹節、王甫疾萌附助太后，誣以謗訕永樂宮，靈帝母所居。萌坐下獄死。熹平元年 (172)，太后母卒於比景，后感疾而崩。宦者積怨竇氏，遂以衣車載后屍，置城南市舍數日。曹節、王甫欲用貴人禮殯。帝曰：「太后親立朕躬，統承大業。《詩》云：無德不報，無言不酬，豈宜以貴人禮終乎？」於是發喪成禮。及將葬，節等復欲別葬太后，而以馮貴人配。太尉李咸、廷尉陽球力爭，乃已。於是有何人書朱雀闕，言天下大亂，曹節、王甫幽殺太后，侯覽多殺黨人，公卿皆尸祿，無有忠言者。詔司隸校尉劉猛逐捕。猛以誹書言直，不肯急捕，月餘，主名不立。猛坐左轉為諫議大夫。以御史中丞段熲代猛。乃四出逐捕，及太學遊生繫者千餘人。節等怨猛不已，使熲以他事奏猛抵罪，輸左校。節遂與王甫等誣奏桓帝弟渤海王悝謀反，誅之。悝本襲封蠡吾侯。後改封，以奉渤海孝王祀。桓帝延熹八年 (165)，以謀為不道，貶為癭陶王。因王甫求復國，許謝錢五千萬。帝臨崩，遺詔立為渤海王。悝知非甫功，不肯還謝錢。甫怒，陰求其過。初，迎立靈帝，道路流言：悝恨不得立，欲鈔徵書。而中常侍鄭颯，中黃門董騰，並任俠剽輕，數與悝交通。王甫伺察，以為有姦。密告司隸校尉段熲。熹平元年 (172)，遂收颯送北寺獄。迫責悝，悝自殺。妃妾十一人，子女七十人，伎女二十四人，皆死獄中。傅相以下，以輔道王不忠，悉伏誅。其恣毒如此。以功封者十二人。甫封冠軍侯。節亦增邑四千六百戶，並前七千六百戶。父兄子弟，皆為公、卿、列校、牧、守、令、長，布滿天下。光和二年 (179)，陽球為司隸校尉，奏收甫

[123] 史事：王甫言竇武奢侈之誣。云陽球奴事甫父子亦誣。

及中常侍淳于登、袁赦、封，中黃門劉毅，小黃門龐訓、朱禹、齊盛等及子弟為守令者，姦猾縱恣，罪合滅族。太尉段熲，諂附佞幸，宜並誅戮。於是悉收甫、熲等送洛陽獄，及甫子永樂少府萌、沛相吉。球自臨考甫等，五毒備極。萌謂球曰：「父子既當伏誅，少以楚毒假借老父。」球曰：「若罪惡無狀，死不滅責，乃欲球假借邪？」萌乃罵曰：「爾前事吾父子如奴，奴敢反汝主乎？」案陽球《後漢書》列《酷吏傳》，其為人剛決尚氣，安有奴事甫父子之理？此蓋明知必死，乃為是誣詞耳。球使以土窒萌口，箠樸交至，父子悉死杖下。熲亦自殺。乃僵磔甫屍於夏城門，大署榜曰賊臣王甫。盡沒入財產。妻子皆徙比景。《楊震傳》：曾孫彪，為京兆尹，王甫使門生於郡界辜榷官財物七千餘萬。彪發其姦，言之司隸。司隸校尉陽球因此奏誅甫。天下莫不愜心。時順帝虞貴人葬，百官會喪還。曹節見磔甫屍道次，慨然抆淚。入白帝，言陽球故酷暴吏，不宜使在司隸。帝乃徙球為衛尉。時連有災異。郎中梁人審忠上書請誅朱瑀，不報。初，侍中劉儵，與竇武同謀俱死。儵弟郃為司徒，與永樂少府陳球相結，謀誅宦官。球勸郃徙陽球為司隸。尚書劉納，以正直忤宦官，出為步兵校尉，亦深勸郃。陳球小妻，程璜之女。璜用事宮中，所謂程大人也。節等頗得聞知，乃重賂於璜，且脅之。璜懼迫，以球謀告節。節因誣郃等與藩國交通，謀為不軌。郃與陳球、陽球、劉納皆下獄死。節遂領尚書令，四年 (181)，卒。後瑀亦病卒。而張讓、趙忠及夏惲、郭勝、孫璋、畢嵐、栗嵩、段珪、高望、張恭、韓悝、宋典十二人，復封侯貴寵。

第三節　後漢羌亂

禍莫大於縱弛。後漢政治之寬縱，蓋自章帝以來。鄧后女主，雖知詩書，頗存儉德，而督責之術，非其所知。降羌隱患，遂以決裂，幾至不可收拾焉。羌兵不若匈奴之強，眾不逮鮮卑之盛，而患轉甚於匈奴、鮮卑者，以其居塞內故也。故東漢羌亂，實晉代五胡之亂之先聲也。

安置降種，使居塞內，俾夷為華，盛事也。然同化非旦夕可幾，而吏民或乘戰勝之威，加之刻虐，則激而思變矣。班彪之請立護羌校尉也，曰：「今涼州部皆有降羌。羌、胡被髮左衽，而與漢人雜處。習俗既異，言語不通。數為小吏黠民，所見侵奪。窮恚無聊，故致反叛。蠻夷寇亂，皆為此也。」可謂知其本矣。然則歷代降夷之亂，雖謂其過多在漢人可也。[124] 安帝永初元年（107），夏，遣騎都尉王弘發金城、隴西、漢陽羌數百千騎征西域。弘迫促發遣，群羌懼遠屯不還，行到酒泉，多有散叛。諸郡各發兵徼遮，或覆其廬落。勒姐、當煎大豪東岸等愈驚，遂同時奔潰。東號子麻奴，初隨父降，居安定，因此與種人俱西出塞。先零別種滇零，與鐘羌諸種，大為寇掠，斷隴道。時羌歸附既久，無復器甲；[125] 或持竹竿木枝，以代戈矛；或負板案以為楯；或執銅鏡以象兵；而郡縣畏懦不能制。遣車騎將軍鄧騭、征西校尉任尚討之，敗績。明年，冬，滇零遂自稱天子於北地。招集武都、參狼、上郡、西河諸雜種，眾遂大盛。東犯趙、魏，南入益州，寇鈔三輔，斷隴道。湟中諸縣，粟石萬錢。百姓死亡，不可勝數。時左校令龐參，坐法輸作若盧，使其子俊上書，言「百姓力屈，不復堪命。萬里運糧，遠就羌戎，不若總兵養眾，以待其疲。車騎宜且振旅，留征西使督涼州士民，轉居三輔。休傜役以助其時，止煩賦以益其財。令男得耕種，女得織纴。然後畜精銳，乘懈沮，出其不意，攻其不備」。鄧太后納其言。即擢參於徒中，召拜謁者，使西督三輔諸軍屯，而徵鄧騭還，留任尚屯漢陽，為諸軍節度。三年（109），復遣騎都尉任仁督諸郡屯兵救三輔。仁每戰不利。四年（110），以軍營久出無功，有廢農桑，詔任尚將吏兵還屯長安。龐參奏記鄧騭，言宜徙邊郡不能自存者，入居諸陵，田戍故縣，孤城絕郡，以權徙之。騭及公卿，以國用不足，欲從參議。郎

[124] 四夷：降夷之亂，其過多在漢人。
[125] 兵：羌無器甲。

中虞詡說太尉李脩曰：「涼州既棄，即以三輔為塞；三輔為塞，則園陵單外；此不可之甚者也。喭曰：關西出將，關東出相。觀其習兵壯勇，實過餘州。今羌、胡所以不敢入據三輔，為心腹之害者，以涼州在後故也。其土人所以推鋒執銳，無反顧之心者，為臣屬於漢故也。若棄其境域，徙其人庶，安土重遷，必生異志。如使豪雄相聚，席捲而東，雖賁、育為卒，大公為將，猶恐不足當御。議者喻以補衣猶有所完，鄧騭言：譬若衣敗，一以相補，猶有所完。若不如此，將兩無所保。詡恐其疽食侵淫而無限極。棄之非計。」脩曰：「微子之言，幾敗國事。計當安出？」詡曰：「今涼土擾動，人情不安，竊憂卒然有非常之變。誠宜令四府九卿，各辟彼州數人。其牧、守、令、長子弟，皆除為冗官。外以勸厲，答其功勤內以拘致，防其邪計。」脩善其言。更集四府。皆從詡議。於是辟西州豪傑為掾屬，拜牧、守、長吏子弟為郎，以安慰之。案羌亂情形，詳見王符《潛夫論‧勸將》、《救邊》、《邊議》、《實邊》諸篇。《救邊篇》言：「前羌始反，公卿師尹，咸欲捐棄涼州，卻保三輔，朝廷不聽，後羌遂侵，論者多恨不從或議。」此篇作於羌亂既起九年之後，猶有持是論者，可見公卿之怯耎。然《龐參傳》謂騭及公卿，欲從參議，以眾多不同而止，可見持是論者實不多也。是時羌既轉盛，而二千石令長，多內郡人，並無戰守意，爭上徙郡縣，以避寇難。是年，三月，既徙金城郡居襄武。（縣名，屬隴西，在今甘肅隴西縣西南。）明年，春，任尚坐無功徵免。羌遂入寇河東，至河內。使北軍中候朱寵將五營士屯孟津。詔魏郡、趙國、常山、中山繕作塢候六百一十六所。復移隴西徙襄武，安定徙美陽，縣屬右扶風，（今陝西武功縣東南。）北地徙池陽，縣屬左馮翊，（今陝西涇陽縣西北。）上郡徙衙。縣屬左馮翊，（今陝西白水縣東北。）蓋已幾棄涼州矣。《潛夫論‧實邊篇》言：「民之於徙，甚於伏法。[126] 伏法不過家一人死耳。諸亡失財貨，奪土遠移，不習風俗，不便水土，類多滅門，少能還者。邊民謹

---

[126]　移民：王符言遷者多滅門。

頓，尤惡內留。太守、令、長，畏惡軍事，至遣吏兵，發民禾稼，發徹屋室，夷其營壁，破其生業。強劫驅掠，與其內入。捐棄羸弱，使死其處。當此之時，萬民怨痛，泣血叫號，誠愁鬼神而感天心。民既奪土失業，又遭蝗旱饑遣，逐道東走，流離分散。幽、冀、兗、豫、荊、揚、蜀、漢，饑餓死亡，復失大半。邊地遂以兵荒，至今無人。」棄地之禍，可謂烈矣。其秋，漢陽人杜琦及弟季貢、同郡王信等，與羌通謀，聚眾入上邦。（漢縣，今甘肅天水縣西南。）漢陽太守趙博遣客刺殺琦。侍御史唐喜領諸郡兵討斬信。杜季貢亡從滇零。六年（112），滇零死，子零昌代立。年幼，同種狼莫，為其計策。以杜季貢為將軍，別居丁奚城。（在今寧夏靈武縣境。）元初元年（114），遣兵屯河內。通谷衝要三十三所，皆作塢壁，設鳴鼓。零昌遣兵寇雍城。又號多與當煎、勒姐大豪共脅諸種，分兵鈔掠武都、漢中。巴郡板楯蠻救之。號多退走，斷隴道，與零昌通謀。龐參為校尉，以恩信招誘。二年（115），春，號多詣參降。參始還居令居，通河西道。而零昌種復寇益州。秋，蜀人陳省、羅橫應募刺殺零昌黨呂叔都。又使屯騎校尉左雄屯三輔。左馮翊司馬鈞行征西將軍，與龐參分道擊零昌，不克。以馬賢代領校尉。後遣任尚為中郎將，代班雄屯三輔。懷令虞詡說尚曰：「兵法：弱不攻強，走不逐飛，自然之勢也。今虜皆馬騎，以步追之，勢不相及，所以曠而無功。三州屯兵，二十餘萬，棄農桑，疲苦徭役，勞費日滋。為使君計：莫如罷諸郡兵，各令出錢數千，二十人共市一馬。以萬騎之眾，逐數千之虜，追尾掩截，其道自窮。」尚上用其計。四年（117），尚遣當闐種榆鬼等五人刺殺杜季貢。復募效功種號封刺殺零昌。與校尉馬賢破狼莫於北地。五年（118），度遼將軍鄧遵募上郡全無種羌雕何等刺殺狼莫。任尚與遵爭功；又詐增首級，受賕枉法，臧千萬以上；征棄市。自零昌、狼莫死後，諸羌瓦解，三輔、益州，無復寇儆。延光三年（124），隴西郡始還狄道。順帝永建元年（126），涼州無事。四年（129），尚書僕射虞詡上復三郡。使謁者郭璜督促徙者，各歸舊縣。繕城郭，置候驛。既而激河浚渠，為屯田，省內郡費歲一億計。初，當煎種大豪忍良結麻奴寇湟中、金城，南還湟中，建光元年 (121)。馬賢追破之。麻奴詣漢陽降。弟犀苦立。延光元年 (122)。賢以犀苦兄弟數背叛，因繫質於令居。是冬，賢坐徵免，韓皓代為校尉。明年，犀苦詣皓自言，求歸故地。皓復不遣。因轉湟中屯田置兩河間，以逼群羌。皓復坐徵，馬續代為校尉。兩河間羌以屯田近之，恐必見圖，乃解仇詛盟，各自儆備。續欲先示恩信，上移屯田還湟中，羌意乃安。陽嘉元年 (132)，以湟中地廣，更增置屯田五部，並為十部。二年 (133)，夏，復置隴西南部都尉，如舊制。治臨洮。羌事至此小定。永和元年 (136)，馬續遷度遼將軍，復以賢代為校尉。四年 (139)，賢徵，以來機為并州刺史，劉秉為涼州刺史。機等天性虐刻，到州之日，多所擾發。五年 (140)，夏，且凍、傅難等遂反叛。攻金城。與西塞及湟中雜種羌、胡大寇三輔，殺害長吏。機秉並坐徵。發京師近郡及諸州兵討之。拜馬賢為征西將軍，以騎都尉耿叔副，將十萬人屯漢陽。又於扶風、漢陽、隴道作塢壁三百所，置屯兵以保聚百姓。六年 (141)，馬賢及二子皆戰歿。東西羌遂大合。復徙安定居扶風，北地居馮翊。漢安元年 (142)，以趙沖為護羌校尉。建康元年 (144)，戰歿。沖雖死，而前後多所斬獲，羌由是衰耗。沖帝永嘉元年 (135)，張貢代為校尉，稍以恩信招誘，隴右復平。

桓帝延熹二年 (159)，羌亂復起。燒當、燒何、當煎、勒姐等八種寇隴西、金城塞。時段熲為護羌校尉，擊破之。追討，南渡河，破之羅亭。《本紀》。《注》:《東觀記》曰：追到積石山，即與羅亭相近，在今鄯州也。唐鄯州，今青海樂都縣。明年，春，餘羌復與燒何大豪寇張掖。熲追至河首積石山，出塞二千餘里。《本紀》。《注》：積石山，在今鄯州龍支縣南。龍支，見第九章第四節。冬，勒姐、零吾種圍允街。（漢縣，在今甘肅永登縣南。）熲擊破之。四年，六月，零吾羌與先零諸種並叛，寇三輔。冬，上郡沈氐、隴西牢姐、烏吾諸種共寇并、涼二州。熲將湟中義從討之。涼州刺史郭閎貪共其功，稽固潁軍，使不得進。義從役久，皆悉反叛。郭閎歸罪於潁。潁坐徵下獄，輸作左校。以胡閎為校尉。閎無威略，羌遂陸梁。覆沒營塢，唐突諸郡。大山太守皇甫規上疏求自效。冬，三公舉規為中郎將，持節監關西兵。討零吾等，破之。先零諸種慕規威信，相勸降者十餘方。明年，規因發其騎兵，共討隴右。東羌遣使乞降。涼州復通。先是安定太守孫儁，受取狼藉。屬國都尉李翕，督軍御史張稟，多殺降羌。涼州刺史郭閎，漢陽太守趙熹，並老弱不堪任職。而皆倚恃權貴，不遵法度。規到州界，悉條奏其罪，或免或誅。羌人聞之，翕然反善。沈氐大豪滇昌、饑恬等十餘萬口復詣規降。規出身數年，持節為將，擁眾立功，還督鄉里，（規，安定朝那人。朝那，漢縣，見第四章第三節。）既無他私惠，而多所舉奏，又惡絕宦官，不與交通，於是中外並怨。遂共誣規貨賂群羌，令其文降。天子璽書誚讓相屬。規懼不免，上書自訟。其冬，徵還，拜議郎。論功當封，而中常侍徐璜、左悺欲從求貨，數遣賓客，就問功狀。規終不答。璜等忿怒，陷以前事，下之於吏。官屬欲賦斂請謝，規誓而不聽。遂以餘寇不絕，坐繫廷尉，論輸左校。諸公及太學生張鳳等三百餘人詣闕訟之，會赦歸家。六年（163），冬，復以段潁為護羌校尉乘驛之職。明年，羌封僇、良多、滇那等酋豪三百五十五人率三千落詣潁降。當煎、勒姐等，猶自屯結。冬，潁將萬餘人擊破之。八年（165），春，破勒姐種。夏，進軍擊當煎種，破之湟中。潁遂窮追，自春及秋，無日不戰。虜遂饑困敗散。永康元年（167），當煎諸種復反，欲攻武威，潁復破之。西羌於此弭定。桓帝詔問，欲潁移兵東討。潁因上言：「東種所餘，三萬餘落。居近塞內，路無險折。久亂並、涼，累侵三輔。西河、上郡，已各內徙。安定、北地，復至單危。自雲中、五原西至漢陽，二千餘里，匈奴、種羌，並擅其地，是為癰疽伏疾，留滯脅下。今若以騎五千，步萬人，車三千兩，三冬二夏，足以破之。無慮用費為錢五十四億。如此，可令群羌破盡，匈奴長服。內徙郡縣，得反本土。」帝許之，悉聽如所上。靈帝建寧元年 (168)，春，熲破先零諸種於高平。見第八章第四節。夏，追羌至徑陽。(漢縣，今甘肅平涼縣西。) 餘寇四千落，悉散漢陽山谷間。(漢陽，前漢天水郡改名。治冀，今甘肅甘谷縣。) 時張奐上言:「東羌雖破，餘種難盡。熲性輕果，慮負敗難常。宜且以恩降，可無後悔。」詔書下熲。熲復上言:「昔先零作寇，趙充國徙令居內;煎當亂邊，馬援遷之三輔;始服終叛，至今為鯁。今旁郡戶口單少，數為羌所創毒，而欲令降徒，與之雜居，是猶種枳棘於良田，養虺蛇於室內也。故臣欲絕其本根，不使能殖。每奉詔書，軍不內御，願卒斯言，一以任臣。」二年 (169)，詔遣謁者馮禪說降漢陽散羌。熲以春農，百姓布野，羌雖暫除，而縣官無廩，必當復為盜賊，不如乘虛放兵，勢必殄滅。夏，熲自進營，破之凡亭山。瓦亭山之訛，在今甘肅固原縣南。羌東奔射虎谷。(在今甘肅天水縣西。) 熲規一舉滅之，不欲復令散走，遣千人於西縣結木為柵遮之。(西縣，在今天水縣西南。) 而縱兵擊破之。東羌悉平。

羌亂凡分三次:段熲言永初中諸羌反叛，十有四年，用二百四十億。永和之末，復經七年，用八十餘億。是第一次自永初元年 (107) 至永寧元年 (120)，第二次自永和四年 (139) 至漢安元年 (142) 也。《後書·羌傳》述羌亂用費，即本於此。而第一次誤作十二年，第二次亦誤云十餘年。其第三次，自延熹二年 (159) 至建寧二年 (169)，凡十一年。合計三十有二年。《潛夫論》言羌始叛時，「計謀未善，黨與未成，人眾未合，兵器未備」;《邊議》。及百姓「暴被殃禍，亡失財貨，則人懷奮怒，各欲報仇」;《實邊》。其勢實極易平。然竟蔓延如此之廣，經歷如此之久者?《潛夫論》又云:「乃者邊害，振如雷霆，赫如日月，而談者皆諱之，陶陶閒澹，臥委天聽。羌獨往來，深入多殺。已乃陸陸，相將詣闕，諧辭禮謝。退坐朝堂，轉相顧望，日晏時移，議無所定，已且須後。少得小安，則恬然棄忘。旬月之間，虜復為害，乃復怔忪如前。」《救邊》。王氏至謂:「今公卿苟以己不被傷，故競割國家之地以與敵，殺主上之民以餧寇。今諸言邊可不救者，誠宜以其身若子弟補邊太守、令、長、丞、尉，然後是非之情乃定。」《邊議》。語雖憤激，當時泄沓情形，則可見矣。王氏又言：「今吏從軍敗沒死公事者以十萬數，上不聞弔唁嗟嘆之榮名，下又無祿賞之厚實。節士無所勸慕，庸夫無所貪利。士民貧困，器械不簡習，將恩不素結，卒然有急，則吏以暴發虐其士，士以所拙遇敵巧。此為吏驅怨以御仇，士卒縛手以待寇也。」《勸將》。皇甫規論羌事疏曰：「每唯賢等，馬賢。擁眾四年，未有成功，縣師之費，且百億計。出於平民，回入姦吏。故江湖之民，群為盜賊。青、徐荒饑，襁負流散。夫羌戎潰叛，不由承平。皆由邊將失於綏御。乘常守安，則加侵暴。苟競小利，則致大害。勝則虛張首級，敗則隱匿不言。軍士勞怨，困於猾吏。進不得快戰以要功，退不得溫飽以全命。餓死溝渠，暴骨中原。是以安不能久，敗則經年。」《後書》亦言「諸將多斷盜牢稟，私自潤入。皆以珍寶，賂上左右。上下放縱，不恤軍事。士卒不得其死者，白骨相望於野」。且如段熲，《後書》以為良將。然計其功勳云：凡百八十戰，斬三萬八千六百餘級，而軍士死者僅四百餘人，則無此理。本規三歲之費，用五十四億，其後實用四十四億，歲凡十有四億，亦反較永初、永和所費為鉅也。王信之死，漢軍收金、銀、采帛一億以上。賊眾如此，官軍以對照而可知。將帥如此，賊安得不大縱，民安得不重困哉？吾嘗謂後漢羌亂，與清川、楚教匪之役最相似，信不誣也。

第四節　黨錮之禍

上刑賞貿亂，則下務立名以為高。上肆其虐，下務其名以相角，意氣所激，不顧一切以徇之，而天下事不可為矣。歷代之黨禍是也。然後漢黨禍，本起於小人之依附權勢，互相譏評。《後書．黨錮傳》云：「初，桓帝為蠡吾侯，受學於甘陵周福。（甘陵，漢厝縣。後漢安帝更名。移清河國治焉。在今山東清平縣南。或云：在今河北清河縣東南。）及即帝位，擢福為尚書。時同郡河南尹房植，有名當朝。鄉人為之謠曰：天下規矩房伯武，因師獲印周仲進。二家賓客，互相譏揣。遂各樹朋徒，漸成尤隙。由是甘陵有南北部。」此特食客之好事昔為之耳，無與大局也。後「汝南太守宗資，任功曹范滂。南陽太守成瑨，亦委功曹岑晊。二郡又為謠曰：汝南太守范孟博，南陽宗資主畫諾。南陽太守岑公孝，弘農成瑨但坐嘯。因此流言，轉入太學。諸生三萬餘人，郭林宗、泰。賈偉節彪。為其冠。與李膺、陳蕃、王暢更相褒重。學中語曰：天下模楷李元禮，不畏強禦陳仲舉，天下俊秀王叔茂。又渤海公族進階、扶風魏齊卿，並危言深論，不隱豪強。自公卿以下，莫不屣履到門」。於是意氣之爭，與權利之爭相雜，居首善之區，而承之以好交結之貴遊，務聲華之遊士，而所牽引者大矣。時河內張成，善說風角，推占當赦，遂教子殺人。李膺為河南尹，督促收捕。既而逢宥獲免。膺愈懷憤疾，竟案殺之。初，成以方伎交通宦官，帝亦頗誶其占。成弟子牢修，因上書誣告膺等養太學游士，交結諸郡生徒，更相驅馳，共為部黨，誹訕朝廷，疑亂風俗。於是天子震怒。班下郡國，逮捕黨人。布告天下，使同忿疾。遂收執膺等。其辭所連及，陳寔之徒，二百餘人。或有遁逃不獲，皆縣金購募。使者四出，相望於道。時為延熹九年 (166)。明年，尚書霍諝、城門校尉竇武並表為請。帝意稍解。乃皆赦歸田里，禁錮終身。而黨人之名，猶書王府。夫上之人挾其威力，以與爭名者角，而欲止之，未有能勝者也。於是海內希風之流，遂共相標榜。指天下名士，為之稱號：上曰三君，君者，言一世之所宗也。次曰八俊，俊者，言人之英也。次曰八顧，顧者，言能以德行引人者也。次曰八及，及者，言，其能道人追宗者也。次曰八廚。廚者，言能以財救人者也。初，山陽太守翟超，請張儉為東部督郵，時中常侍侯覽，家在防東，（後漢縣，屬山陽。在今山東金鄉縣西南。）殘暴百姓，所為不軌。儉舉劾覽及其母罪惡，請誅之，覽遏絕章表，並不得通，參看第二節。《范康傳》

云：儉殺常侍侯覽母，誤。由是結仇。鄉人朱并，素性佞邪，為儉所棄，並懷怨恚，遂上書告儉與同鄉二十四人，別相署號，共為部黨，圖危社稷。靈帝詔刊章捕儉等。大長秋曹節，因此諷有司奏捕前黨。故司空虞放，太僕杜密，長樂少府李膺，司隸校尉朱寓，潁川太守巴肅，沛相荀昱，河內太守魏朗，山陽太守翟超，任城相劉儒，太尉范滂等百餘人，皆死獄中。餘或先歿不及，或亡命獲免。自此諸為怨隙者，因相陷害，睚眥之忿，濫入黨中；又州郡承旨，或有未嘗交關，亦離禍毒；其死徙廢禁者，六七百人。時為建寧二年(169)。熹平五年(176)，永昌太守曹鸞上書大訟黨人，言甚方切。帝省奏大怒，即詔司隸、益州，檻車收鸞，送槐里獄，掠殺之。於是又詔州郡，更考黨人。門生故吏，父子兄弟，其在位者，免官禁錮，爰及五屬。(《注》：謂斬衰、齊衰、大功、小功、緦麻也。)光和二年(179)，上祿長和海(上祿在今甘肅成縣西南。)上言：「禮，從祖兄弟，別居異財，恩義已輕，服屬疏末。而今黨人，錮及五族。既乖典訓之文，有繆經常之法。」帝覽而悟之。黨錮自從祖以下，皆得解釋。中平元年(184)，黃巾賊起。中常侍呂強言於帝曰：「黨錮久積，人情多怨。若久不赦宥，輕與張角合謀，為變滋大，悔之無救。」帝懼其言，乃大赦黨人。誅徙之家，皆歸故郡。案鉤黨之徒，品類非一。有通經之士，如劉淑。有遊俠之徒。如何顒。有挺身徇節者，如李膺、巴肅、范滂。亦有遁逃奔走，累及他人者。如張儉。又如成瑨委任岑晊、張牧，殺張汎及其宗族賓客二百餘人，瑨徵下獄死，晊、牧顧遁逃亡匿，則殊有愧於烈士之風矣。有本無意於交結，邂逅遇之，不得免焉者。如夏馥，不交時宦，特以聲名為中官所憚，遂與范滂、張儉等同被誣陷。亦有本係魁首，以處世巧滑，轉得脫然無累者。如郭泰。傳言其雖善人倫，而不為危言核論，故宦官擅政而不能傷也。及黨事起，知名之士，多被其害，唯林宗及汝南袁閎得免焉。並有本無關係，欲依附以為榮者。如皇甫規。傳言黨事大起，天下名賢，多見染逮。規雖為名將，素譽不高。自以西州豪傑，恥不得豫。乃上言：臣前薦故大司農張奐，是附黨也。又臣昔論輸左校時，太學生張鳳等上書訟臣，是臣為黨人所附也。臣宜坐之。形形色色，非可一概而論。其人激於意氣，所為不免過當，任之亦未足以為治。且互相標榜，本係惡習。當時之士，所以趨之若鶩者，一則務於立名，一亦以漢世選舉，競尚聲華，合黨連群，實為終南捷徑耳。參看第十八章第四節自明。然桓、靈信任宦官，誅夷士類，延及無辜，前後歷二十餘年，則自為虐政，不以黨人之無足取而末減也。

第五節　靈帝荒淫

後漢國事，大壞於桓、靈。《後漢書·桓帝紀論》曰：「前史稱桓帝好音樂，善琴笙。飾芳林而考濯龍之宮，設華蓋以祠浮圖、老子，（見第二十章第六、第七節。）斯將所謂聽於神乎？」蓋亦淫侈之君。五邪嗣虐，流毒四方，正為是也。然桓帝之荒淫，實遠不如靈帝之甚。

靈帝好微行，遊幸外苑。造畢圭靈琨苑。見《楊震傳》。後宮采女，數千餘人。衣食之費，日數百金。每郡國貢獻，先輸中署，名為導行費。《宦者呂強傳》。熹平四年 (175)，改平準為中準，使宦者為令，列於內署。自是諸署悉以閹人為令。《本紀》: 熹平四年 (175)。光和元年 (178)，開西邸賣官。自關內侯、虎賁、羽林入錢各有差。《本紀》。《注》引《山陽公載紀》曰：時賣官：二千石二千萬。四百石四百萬。其以德次應選者半之或三分之一。於西園立庫貯之。私令左右賣公卿。公千萬，卿五百萬。中平四年 (187)，賣關內侯，假金印紫綬，傳世，人錢五百萬。皆見《本紀》。《崔駰傳》: 靈帝時，開鴻都門，榜賣官爵。公卿、州郡，下至黃綬各有差。其富者則先入錢，貧者到官而後倍輸。或因常侍阿保，別自通達。是時段熲、樊陵、張溫等，雖有功勤名譽，然皆先輸貨財，而後登公位。崔烈時因傅母入錢五百萬，得為司徒。及拜日，天子臨軒，百僚畢會。帝顧謂親幸者曰：「悔不小靳，可至千萬。」程夫人於旁應曰：「崔公冀州名士，豈肯買官？賴我得是，反不知姝邪？」光和四年 (181)，初置騄驥廄丞，領受郡國調馬。豪右辜榷，馬一匹至二百萬。《本紀》。其時外戚貴幸之家，及中官公族，造起館舍，凡有萬數。喪葬逾制，奢麗過禮。《呂強傳》。皆上之化也。

帝好學，自造《皇羲篇》五十章。因引諸生能為文賦者。本頗以經學相招，後諸為尺牘及工書鳥篆者，皆加引召。遂至數千人。侍中祭酒樂松、賈護，多引無行趣勢之徒，並待制鴻都門下。喜陳方俗閭里小事。帝甚悅之，待以不次之位。光和元年 (178)，遂置鴻都門學。其諸生皆敕州郡三公舉用辟召。或出為刺史太守，入為尚書侍中，乃有封侯賜爵者，士君子皆恥與為列。《蔡邕傳》。楊賜對策，至比諸驩兜、共工，更相薦說焉。《楊震傳》。又市賈小民，為宣陵孝子者數十人。悉除為郎中、太子舍人。以蔡邕言，乃改為丞尉。亦見《邕傳》。

帝好胡服、胡帳、胡床、胡坐、胡飯、胡箜篌、胡笛、胡舞。[127]京都貴戚，皆競為之。於西園駕四白驢，躬自操轡，驅馳周旋，以為大樂。公卿貴戚，轉相仿效。至乘輜軿，以為騎從。互相侵奪，賈與馬齊。數遊戲於西園中。令後宮采女為客舍主人，身為商賈服，行至舍，采女下酒食，因共飲食，以為戲樂。《續漢書．五行志》。亦見《後漢書．靈帝紀》光和四年 (181)。

中平二年 (185)，南宮災。張讓、趙忠等說帝，令斂天下田畝稅十錢，以修宮室。發太原、河東、狄道諸郡材木及文石。每州郡部送至京師，黃門、常侍輒令譴呵不中者，因強折賤買，十分顧一。因復貨之於宦官。復不為即受，材木遂至腐積，宮室連年不成。刺史、太守復增私調，百姓呼嗟。凡詔所徵求，皆令西園騶密約敕，號曰中使。恐動州郡，多受賕賂。刺史、二千石及茂才、孝廉遷除，皆責助軍、修宮錢。大郡至

[127] 四夷：靈帝好胡事物。

二三千萬，餘各有差。當之官者，皆先至西園諧價，然後得去。有錢不畢者，或至自殺。其守清者，乞不之官，皆迫遣之。時鉅鹿太守河內司馬直新除，以有清名，減責三百萬。辭疾，不聽。行至孟津，上書極陳當世之失，古今禍敗之戒，即吞藥自殺。書奏，帝為暫絕修宮錢。又造萬金堂於西園，引司農金錢、繒帛，仞積其中。又還河間買田宅，起第觀。明年，遂使鉤盾令宋典繕修南宮玉堂。又使掖庭令畢嵐鑄銅人四，列於蒼龍、玄武闕。又鑄四鐘，皆受二千斛，縣於玉堂及雲臺殿前。又鑄天祿蝦蟆，吐水於平門外橋東，轉水入宮。又作翻車、渴烏，[128]施於橋西，用灑南北郊路。（《注》：翻車，設機車以引水。渴烏，為曲筒，以氣引水上也。）帝本侯家，宿貧，每嘆桓帝不能作家居，故聚為私藏，復藏寄小黃門、常侍錢各數千萬。常云：「張常侍是我父，趙常侍是我母（張讓、趙忠）。」宦官得志，無所憚畏，並起第宅，擬則宮室焉。《宦者張讓趙忠傳》。案靈帝即位，年僅十二，安能憶為侯時之貧？此宦官欲自聚斂，而委過於君也。根柢之深固如此，非用兵力，固不能剷除矣。

第六節　後漢中葉後外患

自北匈奴亡後，南匈奴及烏桓，居皆近塞，而鮮卑徙居北匈奴故地，勢漸張。明、章、和三世，烏桓保塞無事，鮮卑則或降或畔，然患亦未甚。安帝永初以後，烏桓、鮮卑，始多反畔。遼西鮮卑其至鞬尤強。自永寧至陽嘉，迄為邊患。其至鞬死，寇盜乃稍希。南匈奴單于檀薨，弟烏稽屍逐鞮單于拔，安帝延光三年（124）立四年（125）薨。弟去特若尸逐就單于休利，順帝永建三年（128）立。永和五年（140），左部句龍王、吾斯、車紐等叛，立車紐為單于東引烏桓，西收羌戎，及諸胡數萬人，寇掠并、涼、幽、冀四州。中國至徙西河治離石，（漢縣，今山西離石縣。）

[128]　工業：靈帝作翻車、渴烏。

上郡治夏陽，（漢縣，今陝西韓城縣南。）朔方治五原以避之。中郎將陳龜，以單于不能制下，逼迫之。單于及其弟左賢王皆自殺。兜樓儲先在京師，立之，是為呼蘭尸逐就單于。車紐降。中郎將馬寔募刺殺吾斯，擊其餘黨，平之。兜樓儲立五年薨，伊陵尸逐就單于居車兒，桓帝建和元年 (147) 立。延熹元年 (158)，南單于諸部並畔。遂與烏桓、鮮卑寇緣邊九郡。以張奐為北中郎將討之。諸部悉降。單于居車兒薨，子屠特若尸逐就單于某，（《注》云：凡言某者，史失其名。又云：某即是其名。蓋並存兩說。）熹平元年 (172) 立。時鮮卑有檀石槐者，勇健有智略，部落畏服。乃施法禁，平曲直，無敢犯者。遂推以為大人。立庭於彈汗山歠仇水上，去高柳北三百餘里。（高柳，漢縣，見第八章第四節。）兵馬甚盛。東西部大人皆歸焉。因南抄緣邊，北拒丁零，東卻夫餘，西擊烏孫，盡據匈奴故地。東西萬四千餘里。網羅山川、水澤、鹽池。乃自分其地為三部：從右北平東至遼東，接夫餘、濊貉二十餘邑為東部。從右北平以西至上谷十餘邑為中部。從上谷以西至敦煌、烏孫二十餘邑為西部。各置大人主領之。靈帝立，幽、并、涼三州緣邊諸郡，無歲不被寇鈔，殺掠不可勝數。熹平三年 (174) 冬，夏育遷護烏桓校尉。六年 (173)，秋，請徵幽州諸郡兵出塞擊之。一冬二春，必能破滅。朝廷未許。先是護羌校尉田晏坐事論刑被原，欲立功自效。乃請中常侍王甫，求得為將。甫因此議遣兵與育并力討賊。帝乃拜晏為破鮮卑中郎將，大臣多有不同。乃召百官議朝堂。議郎蔡邕言其不可。帝不從。遂遣育出高柳，晏出雲中，匈奴中郎將臧旻率南單于出雁門。各將萬騎，出塞二千餘里。檀石槐命三部大人各率眾逆戰，育等大敗，喪其節傳輜重，各將數千騎奔還，死者十七八。三將檻車徵下獄，贖為庶人。案蔡邕之議，謂「自匈奴遁逃，鮮卑強盛，據其故地，稱兵十萬。才力勁健，意智益生。加以關塞不嚴，禁網多漏。精金良鐵，皆為賊有。漢人逋逃，為之謀主。兵利馬疾，過於匈奴」。蓋是時之鮮卑，業已統一漠北，代匈奴而興矣。然其部落程度究淺，結合不固。

光和中，檀石槐死，子和連代立。才力不及父，性貪淫，斷法不平，眾畔者半。出攻北地，廉人善弩射者射中之，即死。（廉，漢縣，今甘肅固原縣東北。）其子騫曼年小，兄子魁頭立。後騫曼長大，與之爭國，眾遂離散焉。烏桓大人：靈帝初，上谷有難樓，九千餘落，遼西有丘力居，五千餘落；皆自稱王。又遼東蘇僕延，眾千餘落，自稱峭王。右北平烏延，眾八百餘落，自稱汗魯王。並勇健而多計策。中平四年 (187)，前中山太守張純畔，入丘力居眾中，自號彌天安定王。遂為諸郡烏桓元帥。寇掠青、徐、幽、冀四州。五年 (188)，以劉虞為幽州牧。虞購募斬純首，北州乃定。匈奴單于某，以擊檀石槐之年薨。子呼徵，光和元年 (178) 立。二年 (179)，中郎將張脩與單于不相能，脩擅斬之，更立右賢王羌渠。脩以擅殺，檻車徵詣廷尉抵罪。張純畔，詔發南匈奴兵配劉虞討之。單于遣左賢王將騎詣幽州。國人恐單于發兵無已，五年 (182)，右部醯落與休著各胡白馬銅等十餘萬人反，攻殺單于。子持至尸逐侯單于於扶羅，中平五年 (188) 立。國人殺其父者遂畔，共立須卜骨都侯為單于。於扶羅詣闕自訟。會靈帝崩，天下大亂。單于將數千騎與白波賊合，見第七節。寇河內諸郡。時民皆保聚，鈔掠無利，而兵遂挫傷。復欲歸國，國人不受，乃止河東。須卜骨都侯為單于一年而死。南庭遂虛其位，以老王行國事焉。

西域：《後漢書》云：「自陽嘉以後，朝威稍損，諸國驕放，轉相陵伐。元嘉二年 (152)，長史王敬為于闐所沒；永興元年 (153)，車師後王復反攻屯營；雖有降首，曾莫懲革，自此浸以疏慢矣。」蓋其失馭，亦在桓、靈之世也。順帝永建四年 (129)，于闐王放前殺拘彌王興，自立其子為拘彌王，而遣使者貢獻於漢。敦煌太守徐由上求討之。帝赦于闐罪，令歸拘彌國。放前不肯。陽嘉元年 (132)，徐由遣疏勒王臣槃發二萬人擊于闐破之。更立興宗人成國為拘彌王而還。桓帝元嘉元年 (151)，長史趙評在于闐病癰死。評子迎喪，道經拘彌。成國與于闐王建素有隙，乃語評子云：「于闐王令胡醫持毒藥著創中，故致死耳。」評子信之。還入塞，以告敦煌太守馬達。明年，以王敬代為長史。達令敬隱核其事。敬先過拘彌，成國復說云：「于闐人欲以我為王。今可因此罪誅建，于闐必服矣。」敬貪立功名，且受成國之說，前到于闐，設供具請建，殺之。于闐侯將輸僰等會兵攻殺敬。輸僰欲自立，國人殺之，而立建子安國。馬達聞之，欲將諸郡兵出塞擊于闐。桓帝不聽，徵達還，而以宋亮為敦煌太守。亮到，開募于闐，令自斬輸僰。時輸僰死已經月，乃斷死人頭送敦煌，而不言其狀。亮後知其詐，而竟不能出兵。于闐恃此遂驕。靈帝熹平四年 (175)，安國攻拘彌，大破之，殺其王，死者甚眾。戊己校尉、西域長史各發兵輔立拘彌侍子定興為王，人眾裁千口耳。

車師之勢，與北匈奴甚逼。順帝陽嘉三年 (134)，車師後部司馬率加特奴等千五百人掩擊北匈奴於閶吾陸谷。壞其廬落，斬數百級。獲單于母、季母及婦女數百人，牛、羊十餘萬頭，車千餘兩，兵器、什物甚眾。四年 (135)，春，北匈奴呼衍王率兵侵後部。帝以車師六國，接近北虜，為西域蔽扞，乃令敦煌太守發諸國兵及玉門關候、伊吾司馬合六千三百騎救之。掩擊北虜於勒山，漢軍不利。秋，呼衍王復將二千人攻後部，破之。桓帝元嘉元年 (151)，呼衍王將三千餘騎寇伊吾。伊吾司馬毛愷遣吏兵五百人於蒲類海東與戰，悉為所沒。呼衍王遂攻伊吾屯城。夏，遣敦煌太守司馬達將敦煌、酒泉、張掖屬國吏士四千餘人救之。至蒲類海，呼衍王引去。永興元年 (153)，後部王阿羅多與戊部候嚴皓不相得，反畔。攻圍漢屯田且固城，殺傷吏士。後部候炭遮領餘人叛阿羅多，詣漢吏降。阿羅多迫急，將其母、妻子，從百餘騎亡走北匈奴中。敦煌太守宋亮上立後部故王軍就質子卑君為後部王。後阿羅多復從匈奴中還，與卑君爭國，頗收其國人。戊校尉閻詳慮其招引北虜，將亂西域，乃開信告示，許復為王。阿羅多乃詣詳降。於是收奪所賜卑君印綬，更立阿羅多為王。仍將卑君還敦煌，以後部三百帳別役屬之，食其稅。

安帝元初中，疏勒王安國以舅臣磐有罪，徙於月氏。月氏王親愛之。

後安國死，無子，母持國政，與國人共立臣磐弟子遺腹為疏勒王。臣磐聞之，請月氏王日：「安國無子，種人微弱。若立母氏，我乃遺腹叔父也。我當為王。」月氏乃遣兵送還。疏勒國人素敬愛臣磐，又畏憚月氏，即共奪遺腹印綬，迎臣磐，立為王。後莎車連畔于闐，屬疏勒，疏勒以強，與龜茲、于闐為敵國。順帝永建二年 (127)，臣磐遣使奉獻。帝拜臣磐為漢大都尉。五年 (130)，臣磐遣侍子與大宛、莎車使俱詣闕貢獻。陽嘉二年 (133)，臣磐復獻師子、封牛。至靈帝建寧元年 (168)，疏勒王漢大都尉疏勒王仍膺漢大都尉之號，而佚其名。本疏勒王下或有與字，非是。於獵中為其季父和得所射殺。和得自立為王。三年 (170)，涼州刺史孟佗遣從事任涉將敦煌兵五百人，與戊己司馬曹寬，西域長史張晏將焉耆、龜茲、車師前後部合三萬餘人討疏勒。攻楨中城，四十餘日，不能下，引去。其後疏勒王連相殺害，朝廷亦不能禁。

以上皆諸國疏慢之由也。後漢再定西域，未設都護，故其威嚴不逮前漢，蓋屯田校尉秩卑而無威，敦煌太守勢遠而不及，不如中西域而立幕府者之便於制馭也。班超久居西域，信使幾通大秦，班勇繼立大功，蔥嶺以西遂絕，職是故也。然漢通西域，本為扞禦匈奴。車師之守既堅，呼衍王終難得志，已足扞河西而休邊氓矣。自此以西，於中國本無大利害，勞師務遠，實為非計。則後漢之於西域，或轉較前漢為得策也。[129]

第七節　後漢中葉後內亂

後漢自鄧后以女主御宇，朝政不綱，吏治廢弛，伏莽之禍，即已潛滋。歲月浸淫，終不能絕。至靈帝之世，遂一發而不可收拾矣。所謂履霜堅冰，其所由來者漸也。安帝永初三年，七月，海賊張伯路等寇掠緣海九郡。遣侍御史龐雄督州郡兵討破之。伯路等乞降。尋復屯聚。明年，伯路

[129] 四夷：後漢於西域視前漢為得策。

復與渤海、平原劇賊劉文河、周文光等攻厭次，（後漢縣，在今山東陽信縣東南。）轉入高唐，（漢縣，今山東禹城縣西南。）黨眾浸盛。遣御史中丞王宗發幽、冀諸郡兵，徵法雄為幽州刺史，并力討之。至五年（111）乃平。時百姓流亡，盜賊並起。郡縣更相飾匿，莫肯糾發。尚書陳忠上疏曰：「臣竊見元年（107）以來，盜賊連發。攻亭劫掠，多所傷殺。夫穿窬不禁，則致強盜；強盜不斷，則為攻盜；攻盜成群，必生大姦。故亡逃之科，憲令所急，至於通行飲食，罪致大辟。而頃者以來，莫以為憂。州郡督錄怠慢，長吏防禦不肅。皆欲採獲虛名，諱以盜賊為負。雖有發覺，不務清澄。至有逞威濫怒，無辜僵僕。或有跼蹐比伍，轉相賦斂。或隨吏追赴，周章道路。是以盜發之家，不敢申告；鄰舍比里，共相壓迮。或出私財，以償所亡。其大章著不可掩者，乃肯發露。陵遲之漸，遂且成俗。寇攘誅咎，皆由於此。前年勃海張伯路，可為至戒。」讀此，可知盜賊之所由來矣。

順帝陽嘉元年，二月，海賊曾旌等寇會稽，殺句章（見第五章第七節）、鄞（漢縣，今浙江奉化縣東）、鄮（漢縣，今浙江鄞縣東）三縣長。攻會稽東部都尉。三月，揚州六郡妖賊章河等寇四十九縣，殺傷長吏。三年，三月，益州盜賊劫質令長，殺列侯。永和二年，七月，九真、交阯二郡兵反。八月，江夏盜賊殺邾長。（邾，漢縣，見第三章第三節。）三年，四月，九江賊蔡伯流寇郡界及廣陵，殺江都長。（江都，漢縣，今江蘇江都縣西南。）閏月，蔡伯流等率眾詣徐州刺史應奉降。五月，吳郡丞羊珍反，攻郡府。太守王衡破斬之。永和中，荊州盜賊起，彌年不定。以李固為刺史，固到，遣吏勞問境內，赦寇盜前釁，與之更始。於是賊帥夏密等，斂其魁黨，六百餘人，自縛歸首。固皆原之，遣還，使自相招集。半歲間，餘類悉降。州內清平。漢安元年（142），廣陵盜賊張嬰等寇郡縣，積十餘年，是歲，詣太守張綱降。建康元年（144），三月，南郡、江夏盜賊寇掠城邑，州郡討平之。八月，揚、徐盜賊范容、周生等寇掠城邑，遣御史中丞馮緄本紀誤作赦，此依《滕撫傳》。督州郡兵討之。九月，揚州刺史尹耀、九江太守鄧顯討范容等於歷陽，（秦縣，今安徽和縣。）軍敗，為賊所殺。十一月，九江盜賊徐鳳、馬勉等復寇郡縣。鳳稱無上將軍，依《滕撫傳》。《本紀》：徐鳳、馬勉等稱無上將軍，疑有奪字。十二月，九江賊黃虎等攻合肥。沖帝永嘉元年，正月，張嬰等復反，攻殺堂邑（漢縣，今江蘇六合縣北）、江都長。徐鳳攻殺曲陽、後漢侯國，（今江蘇東海縣西南。東城長。見第三章第四節。）三月，馬勉稱皇帝。九江都尉滕撫討馬勉、范容、周生，大破斬之。四月，丹陽賊陸宮等圍城，燒亭寺。（丹陽，漢郡，治宛陵，今安徽宣城縣。）太守江漢擊破之。五月，下邳人謝安應募擊徐鳳等，斬之。七月，廬江盜賊攻潯陽、盱眙。滕撫遣司馬王章擊破之。十一月，中郎將滕撫撫時拜中郎將，督揚、徐二州事。擊張嬰，破之。歷陽賊華孟自稱黑帝，攻殺九江太守楊岑，滕撫率諸將擊破斬之。於是東南悉平，振旅而還。時天下饑饉，帑藏空虛。每出征伐，常減公卿奉祿，假王侯租賦。前後所遣將帥，宦官輒陷以折耗軍資，往往抵罪。撫性方直，不交權勢，宦官懷忿，及論功賞，當封，太尉胡廣時錄尚書事，承旨奏黜撫，天下怨之。據《馮緄滕撫傳》。宦官之禍漢，可謂深矣。

桓帝建和二年，十月，長平陳景自號黃帝子，（長平，漢縣，在今河南西華縣東北。黃帝子，依商務印書館百衲本，今本或作皇。）署置官屬；又南頓管伯，亦稱真人；（南頓，漢縣，在今河南項城縣北。）并圖舉兵，悉伏誅。和平元年，十二月，扶風妖賊裴優自稱皇帝，伏誅。永興二年，閏九月，蜀郡李伯詐稱宗室當立，為太初皇帝，伏誅。十一月，泰山、琅邪賊公孫舉等反叛，殺長吏。永壽二年，七月，中郎將段熲討破斬之。（據《熲傳》，賊首尚有東郭竇。）延熹三年，九月，泰山、琅邪賊勞丙等復叛，寇掠百姓。遣御史中丞趙某持節督州郡討之。四年，十月，南陽黃武與襄城惠得（襄城，秦縣，見第三章第二節）、昆陽樂季言相署托皆伏誅。五年，四月，長沙賊起，寇桂陽、蒼梧。五月，長沙、零陵賊起，攻桂陽、蒼梧、南海、交阯。遣御史中丞盛脩督州郡討之，不能克。豫章艾縣人六百餘，（艾縣，在今江西修水縣西。）應募而不得賞直，遂反。八月，焚燒長沙郡縣，寇益陽，（漢縣，今湖南益陽縣。）殺令。又遣謁者馬睦，督荊州刺史劉度擊之。軍敗。乃擢右校令度尚為荊州刺史。尚躬率部曲，與同勞逸。廣募雜種諸蠻夷，明設購賞。進擊，大破之。桂陽宿賊渠帥卜陽、潘鴻等徙入山谷。尚窮追入南海，破平之。出兵三年，群寇悉定。六年，七月，桂陽盜賊李研等寇郡界。太尉楊秉表陳球為零陵太守。球到，設方略，期月間，賊虜消散。而荊州兵朱蓋等征戍久，財賞不贍，忿恚，八年，五月，復作亂。與桂陽賊胡蘭攻沒郡縣，轉寇零陵。陳球固守。復以度尚為中郎將，與長沙太守抗徐等擊破斬之。九月，渤海妖賊蓋登等稱太上皇帝，皆伏誅。九年，正月，沛國戴異得黃金印，無文字。遂與廣陵人龍尚等共祭，並作符誓，稱太上皇。伏誅。永康元年，五月，廬江賊起，寇郡界。靈帝建寧三年 (170)，冬，濟南賊起，攻東平陵。（漢縣，在今山東歷城縣東。）熹平元年，十一月，會稽妖賊許昭起兵句章，自稱大將軍，立其父生為越王，寇郡縣。遣揚州刺史臧旻，丹陽太守陳夤討破之。三年，十一月，破平之，獲昭父子。斬生。兼據《本紀》及《臧洪傳》。至中平元年 (184)，而黃巾起矣。

初，鉅鹿張角，自稱大賢良師。奉事黃、老道。見第二十章第六節。畜養弟子，跪拜首過，符水咒說以療病，病者頗愈，百姓信嚮之。角因遣弟子八人，使於四方，轉相誑惑。十餘年間，眾徒數十萬。青、徐、幽、冀、荊、揚、兗、豫八州之人，莫不畢應。遂置三十六方。方猶將軍號也。大方萬餘人，小方六七千。各立渠帥。訛言蒼天已死，黃天當立。歲在甲子，天下大吉。以白土書京城寺門及州郡官府，皆作甲子字。中平元年 (184)，大方馬元義等先收荊、揚數萬人，期會發於鄴。元義數往來京師，以中常侍封諝、徐奉等為內應。約以三月五日，內外俱起。未及作亂，角弟子濟南唐周上書告之。[130]於是車裂元義於洛陽。角等知事已露，晨夜馳敕諸方，一時俱起。皆著黃巾為標幟。時人謂之黃巾，亦名為蛾賊。《注》：喻賊眾多。角稱天公將軍，角弟寶稱地公將軍，寶弟梁稱人公將軍。所在燔燒官府，劫略聚邑。州郡失據，吏多逃亡。旬日之間，天下響應，京師震動。《後漢書·皇甫嵩傳》。拜盧植為北中郎將，持節，以護烏桓中郎將宗員副，將北軍五校士，發天下諸郡兵徵之。連戰破賊。角等走保廣宗。（後漢縣，今河北威縣東。）植築圍鑿塹，造作雲梯，垂當拔之。帝遣小黃門左豐詣軍觀賊形勢。或勸植以賂送豐，植不肯。豐還，言於帝曰：「廣宗賊易破耳，盧中郎固壘息軍，以待天誅。」帝怒，遂檻車徵植。拜董卓為東中郎將，代植。敗於下曲陽。（漢縣，今河北晉縣西。）時皇甫嵩為左中郎將，持節，與右中郎將朱俊共發五校、三河騎士，及募精勇，合四萬餘人，共討潁川黃巾。後又遣騎都尉曹操將兵往，大破之。乘勝進討汝南、陳國黃巾，三郡悉平。進擊東郡，詔嵩討角。嵩與角弟梁戰於廣宗，斬梁。角先以病死，乃剖棺戮屍，傳首京師。嵩復與鉅鹿太守郭典攻角弟寶於下曲陽，斬之。時選拜王允為豫州刺史，討擊黃巾別帥，大破之。與嵩、俊等受降數十萬。南陽黃巾張曼成起兵，稱神上使，眾數萬，殺郡守褚貢。後太守秦頡擊殺曼成。賊更以趙弘為帥，眾浸盛，遂十餘萬。據宛城。俊與荊州刺史徐璆及秦頡合兵圍弘。自六月至八月，不拔。有司奏欲徵俊，司空張溫上疏，帝乃止。俊因急擊弘，斬之。賊帥韓忠復據宛。俊破之，忠降。秦頡積忿忠，殺之。餘眾懼不自安，復以孫夏為帥，還屯宛中。俊急攻之，夏走。賊遂解散。案張角似本無大略，徒以托妄誘惑；又起兵未久即死；其徒黨亦無能用其眾者；故旋即摧破。然《三國志·張燕傳注》引《九州春秋》曰：「張角之反也，黑山、白波、黃龍、左校、牛角、五鹿、羝根、苦蝤、劉石、平漢、大洪、司隸、緣城、羅

[130] 史事：黃巾之亂，中常侍與通聲氣。盧植不克，董卓敗績，角先病死，乃平。俱起者眾，久之不平。公孫贊欲擁黑山之眾，青州兵出黃巾，遭赦不侮，簡別流人。

市、雷公、浮雲、飛燕、白爵、楊鳳、于毒等各起兵，大者二三萬，小者不減數千。靈帝不能討。乃遣使拜楊風為黑山校尉，領諸山賊。得舉孝廉計吏。後遂彌漫，不可複數。」《注》又引《典略》曰：「黑山、黃巾諸帥，本非冠蓋，自相號字，謂騎白馬者為張白騎，謂輕捷者為張飛燕，謂聲大者為張雷公，其饒須者則自稱於羝根，其眼大者自稱李大目。」又引張璠《漢記》云：「又有左校、郭大賢、左髭丈八三部也。」《後書．朱俊傳》末敘述諸寇，略同此注，而又小有異同。則黃巾雖平，與黃巾並起者，初未能平矣。且所破黃巾，亦僅大股。其餘黨蔓衍，及以黃巾自號者，實不可勝數。《後漢書．靈帝紀》：中平五年，二月，黃巾餘賊郭大等起於西河白波谷，（在今山西汾城縣東南。）是白波賊實黃巾也。八月，汝南葛陂（在今河南新蔡縣北。）黃巾攻沒郡縣。六月，益州黃巾馬相攻殺刺史郗儉。十月，青、徐黃巾復起，寇郡縣。《獻帝紀》：初平二年，十一月，青州黃巾寇泰山，太守應劭擊破之。轉寇渤海，公孫瓚與戰於東光，（侯國，今河北東光縣東。）復大破之。三年，四月，青州黃巾擊殺兗州刺史劉岱於東平。（今山東東平縣。）東郡太守曹操大破黃巾於壽張，降之。建安十二年，十月，黃巾賊殺濟南王贇。《三國志．夏侯淵傳》，有濟南、樂安黃巾徐和、司馬俱等，攻城殺長吏。《何夔傳》：夔遷長廣太守，長廣，在今山東萊陽縣境。郡濱山海，黃巾未平，豪傑多背叛，袁譚就加以官位。《蜀志．先主傳》：曹公與袁紹相拒於官渡，汝南黃巾劉辟等叛曹公應紹。《魏志．于禁傳》云：從征黃巾劉辟、黃邵等。《吳志．大史慈傳》：孔融為北海相，以黃巾寇暴，出屯都昌，（漢縣，在今山東昌邑縣西。）為管亥所圍。《張昭傳注》引《吳書》，言權每出征，留昭鎮守，領幕府事。後黃巾賊起，昭討平之。《朱治傳》言治佐定東南，禽截黃巾餘類陳敗、萬秉等。則黃巾餘黨，實歷時甚久，蔓延且及吳、蜀，而中原無論矣。《後漢書．楊震傳》：張角等執左道，稱大賢，以誑耀百姓。天下襁負歸之。賜時在司徒，召掾劉陶告曰：「張角等遭赦不悔，而稍益滋蔓。今若下州郡捕討，恐更騷擾，速成其患。且欲切敕刺史二千石：簡別流人，各護歸本郡，以孤弱其黨，然後誅其渠帥，可不勞而定，何如？」陶對曰：「此孫子所謂不戰而屈人之兵，廟勝之漸也。」賜遂上書言之。會去位，事留中。《劉陶傳》：陶與奉車都尉樂松、議郎袁貢連名上疏曰：「今張角支黨，不可勝計。前司徒楊賜奏下詔書，切敕州郡，護送流民。會賜去位，不復捕錄。雖會赦令，而謀不解散，四方私言：云角等竊入京師，覘視朝政；鳥聲獸心，私共鳴呼。州郡忌諱，不欲聞之，但更相告語，莫肯公文。宜下明詔：重募角等，賞以國土。有敢迴避，與之同罪。」帝殊不悟，方詔陶次《春秋條例》。明年，張角反亂。然則致亂之原，實由人民之流離失所，護送流民，購募魁首，已不足云曲突徙薪之計，猶不失為先聲奪人之圖，而在下者諱不肯言，在上者漫不加察，遂至一朝橫決，莫之能禦，泄沓壅蔽之禍，可勝嘆哉？王允之受降也，於賊中得張讓賓客書疏，與黃巾交通，允具發其姦，以狀聞。靈帝責怒讓，竟不能罪之。而讓懷挾忿怒，以事中允。明年，遂傳下獄。會赦還復刺史，旬日間，復以它罪被捕。大將軍何進、太尉袁隗、司徒楊賜共上疏請之，乃得以減死論。是冬大赦，而允獨不在宥。三公咸復為言。至明年，乃得解釋。是時宦者橫暴，睚眦觸死。允懼不免，乃變易名姓，轉側河南、陳留間。綱紀若此，復何言哉？

後漢之世，涼州喪亂久，其民風氣本強悍，又習於兵，而國家控制之力，有所不及，故靈帝末年，海內雲擾，他方皆旋告戡定，唯涼州則歷久不能平。中平元年（184），冬，北地先零羌及枹罕、河關群盜反叛。（後漢北地郡，治富平。在今寧夏靈武縣西南。枹罕縣今甘肅導河縣。河關縣在今導河縣西。）共立義從胡北宮伯玉、李文侯為將軍。殺護羌校尉伶征。伯玉等乃劫致金城人邊章、韓遂，使專任軍政。章本名允，遂本名約，見《後書・董卓傳注》引《獻帝春秋》。共殺金城太守陳懿，（後漢金城郡，治允吾，在今甘肅皋蘭縣西北。）攻燒州郡。明年，春，將數萬騎入寇三輔，侵逼園陵。託誅宦官為名。時徵發廣，司徒崔烈以為宜棄涼州。詔會公卿百官。議郎傅燮執不可，乃已。以車騎將軍皇甫嵩討之，中郎將董卓為副。初，嵩討張角，路由鄴，見中常侍趙忠舍宅踰制，乃奏沒入之。又中常侍張讓，私求錢五千萬，嵩不與。二人由此為憾，奏嵩連戰無功，所費者多。其秋徵還。而邊章、韓遂等大盛。時賊所署將帥，多段熲時吏，曉習戰陳，識知山川，見《劉陶傳》。以司空張溫為車騎將軍，假節。執金吾袁滂為副，拜董卓為破虜將軍，與蕩寇將軍周慎，並統於溫，並諸郡兵步騎合十餘萬，屯美陽以衛園陵。（美陽，漢縣，今陝西武功縣西南。）章、遂亦進兵美陽。十一月，卓與右扶風鮑鴻等並兵破之。章、遂走榆中。（漢縣，今甘肅榆中縣西北。）溫遣周慎將三萬人追討，不克。三年（186），冬，徵溫還京師。韓遂乃殺邊章及伯玉、文侯。《三國志．魏武帝紀》建安二十年（215）《注》引《典略》謂章病卒。擁兵十餘萬，進圍隴西。（今甘肅臨洮縣東北。）太守李相如反，與遂連和。漢陽王國，自號合眾將軍，與遂合。涼州刺史耿鄙率六郡兵討國、遂，漢陽太守傅燮，以邊兵多勇，而新合之眾，上下未知，勸止之。不從。行至狄道，果有反者，害鄙。賊遂進圍漢陽。燮戰歿。鄙司馬扶風馬騰《三國志．馬超傳注》引《典略》曰：騰字壽成，馬援後也。桓帝時，其父字子碩，嘗為天水蘭干尉。後失官，因留隴西，與羌錯居。家貧無妻，遂娶羌女，生騰。騰少貧無產業，常從鄣山中斫材木負販詣城市以自供給。騰為人長八尺餘，身體洪大，面鼻雄異，而性賢厚，人多敬之。靈帝末，涼州刺史耿鄙信任姦吏，民王國等及氐、羌反叛，州郡募發民中有勇力者欲討之。騰在募中，州郡異之，署為軍行事，典領部眾，討賊有功，拜軍司馬。擁兵反叛，共推王國為主。寇掠三輔。五年（188），圍陳倉。（漢縣，今陝西寶雞縣東。）復拜皇甫嵩為左將軍，董卓為前將軍，各率二萬人拒之。嵩以陳倉守固，不進。國圍陳倉，自冬迄春，八十餘日，不能拔。疲敝，解去。嵩進擊，大破之。國走死。此據《皇甫嵩傳》。《董卓傳》云：

韓遂等共廢國。韓遂等劫故信都令漢陽閻忠，使督統諸部。忠感恚病死。遂等稍爭權利，更相殺害，其諸部曲，並各分乖，一時不能為大害，然涼州一隅，遂同化外，而西征諸將，且倒戈而為中樞之患矣。

第十一章　後漢亂亡

第一節　何進之敗

靈帝崇信宦官。士大夫如蔡邕，邕以災異被詔問，對言乳母趙嬈、永樂門史霍玉及程大人等，為曹節所竊見，事遂漏露。初，邕與司徒劉郃素不相平，叔父衛尉質又與將作大匠楊球有隙，球即中常侍程璜女夫也，璜遂使人飛章言邕、質數以私事請託於郃，郃不聽，邕含隱切，志欲相中。於是下邕、質洛陽獄，劾棄市。中常侍呂強愍邕無罪，請之。有詔減死一等，與家屬徙朔方，不得以赦令除。楊球使客追路刺邕，客感其義，皆莫為用。球又賂其部主，使加毒害，所賂者反以其情戒邕，故每得免焉。邕前在東觀，與盧植、韓說等撰補《後漢記》。會遭事流離，不及得成，因上書自陳，奏其所著《十意》。帝嘉其才高。會明年大赦，乃宥邕歸本郡。將還就路，五原太守王智餞之。酒酣，智起舞，屬邕，邕不為報。智者，中常侍王甫弟也，素貴驕，慚於賓客，詬邕曰：「徒敢輕我？」邕拂衣而去。智銜之。密告邕怨於囚放，謗訕朝廷。內寵惡之。邕慮卒不免，乃亡命江海，積十二年，靈帝崩，董卓為司空，聞邕名高，乃辟之。宦官中之賢者如呂強等，強上疏論采女眾多，縱情土木，外戚、中官奢僭之害，又言多蓄私藏及選舉專任尚書之非，語極切直。黃巾起後，帝問強所宜施行。強欲先誅左右貪濁者，大赦黨人，料簡刺史、二千石能否。帝納之。乃先赦黨人。中常侍趙忠、夏惲等共構強。帝使中黃門持兵召強，強自殺。皆為所陷。張角叛後，劉陶、張鈞仍以言宦官見殺。陶為諫議大夫，上疏陳八事，大較言天下大亂，皆由宦官。宦官事急，共讒陶曰：「州郡不上，陶何由知？疑陶與賊通情。」於是收陶下黃門北寺獄，掠按日急，陶閉氣而死。鈞為郎中，上書言「張角所以能興兵作亂，萬民所以樂附之者，皆由十常侍多放父兄子弟，婚親賓客，典據州郡，辜榷財利，侵掠百姓。宜斬十常侍，縣頭南郊，以謝百姓。又遣使者布告天下，可不須師旅而大寇自消」，帝怒曰：「此真狂子也，十常侍固當有一人善者否？」鈞復重上，猶如前章。輒寢不報。詔使廷尉、侍御史考為張角道者。御史承張讓等旨，遂誣奏鈞學黃巾道，收掠死獄中。時又有陳耽者，為司徒。光和五年 (182)，詔公卿以謠言舉刺史、二千石為民蠹害者。太尉許馘、司空張濟，承望內官，受取貨賂，其宦者子弟、賓客，雖貪汙穢濁，皆不敢問，而虛糾邊遠小郡清修有惠化者二十六人。吏民詣闕陳訴。耽與議郎曹操言之。帝以讓馘、濟。諸坐謠言徵者，悉拜議郎。宦官怨之。遂誣陷耽，死獄中。亦見《劉陶傳》。張鈞事見《宦者張讓傳》。將帥中如傅燮、燮為護軍司馬，與皇甫嵩俱討張角。燮素疾中官，既行，因上疏言天下之禍，不由於外，皆興於內。宦者趙忠見而忿惡。及破張角，燮功多，當封，忠訴譖之，帝猶識燮言，得不加罪，竟亦不封。頃之，忠為車騎將軍。詔忠論討黃巾之功。執金吾甄舉等謂忠曰：「今將軍親當重任，宜進賢理屈，以副眾心。」忠納其言，遣弟致殷勤，燮正色拒之。忠愈懷恨，遂出為漢陽太守。盧植、皇甫嵩等，亦皆以不事宦官遭挫折。甚至如王允，業已得宦官交通黃巾之跡，而反以獲罪。其時握兵者，蓋勳、劉虞、袁紹等謀誅宦官而未成。勳拜討虜校尉，與劉虞、袁紹同典禁兵。勳謂虞、紹曰：吾仍見上，上甚聰明，但擁蔽於左右耳。若共并力誅嬖倖，然後徵拔英俊，以興漢室，功遂身退，不亦快乎？虞、紹亦素有謀，因相連結。未及發，而司隸校尉張溫舉勳為京兆尹。帝方欲延接勳，而蹇碩等心憚之，並勸從溫奏，遂拜京兆尹。張玄又以勸張溫。玄，霸孫。中平二年 (185)，溫出征涼州賊。玄要說溫曰：「聞中貴人公卿以下，當出祖道於平樂觀，若於中坐酒酣，鳴金鼓，整行陳，召軍正，執有罪者誅之，引兵還屯都亭，以次翦除中官，解天下之倒縣，報海內之怨毒，然後顯用隱逸忠正之士，則邊章之徒，宛轉股掌之上矣。」溫聞，大震，不能對。閻忠則竟說皇甫嵩徵兵以誅宦官，然後南面稱制。事在嵩平黃巾後，見《嵩傳》。溫、嵩皆無大略，不敢行，然海內之絕望於朝廷，則可見矣。顧慮名義者，莫敢為非常之舉，而暴戾恣睢者，乃乘之而起。

靈帝母孝仁董皇后，竇氏誅之明年，迎至京師。竇太后崩，始與朝政。使帝賣官求貨，自納金錢，盈滿堂室。中平五年（188），以后兄子衛尉修侯重為驃騎將軍，領兵千餘人。《徐璆傳》：遷荊州刺史。時董太后姊子張忠為南陽太守，因勢放濫，臧罪數億。璆臨當之郡，太后遣中常侍以忠屬璆。璆對曰：「巨身為國，不敢聞命。」太后怒，遽徵忠為司隸校尉，以相威臨。璆到州，舉奏忠臧餘一億，使冠軍縣上簿詣大司農，以彰暴其事。又奏五郡太守及屬縣有臧汙者，悉征案罪。威風大行。中平元年（184），與朱俊擊黃巾於宛，破之。張忠怨璆，與諸閹宦構造無端，璆遂以罪征。靈帝宋皇后無寵，後宮幸姬，眾共譖毀。初，中常侍王甫枉誅渤海王悝及妃宋氏。妃即後之姑也，甫恐后怨之，乃與太中大夫程阿共構言皇后挾左道祝詛，帝信之。光和元年（178），遂策收璽綬。後自致暴室，以憂死。父兄及弟並被誅。靈思何皇后，家本屠者，以選入掖庭，生皇子辯，養於史道人家，[131] 號曰史侯。（《注》引《獻帝春秋》曰：靈帝數失子，不敢正名，養道人史子眇家，號曰史侯。）拜后為貴人。光和三年（180），立為皇后。四年（181），王美人生皇子協。后酖殺美人。帝大怒，欲廢后。諸宦官固請得止。董太后自養協，號曰董侯。中平元年（184），張角起，以後兄進為大將軍，率左右羽林五營士屯都亭，修理器械，以鎮京師。張角別黨馬元義謀起洛陽，進發其姦，以功封慎侯。四年（187），滎陽數千人群起攻燒郡縣，殺中牟縣令。（今河南中牟縣東。）詔使進弟河南尹苗出擊之，平定而還。拜為車騎將軍，封濟陽侯。五年（188），天下滋亂，望氣者以為京師當有大兵，兩宮流血。大將軍司馬許

[131] 宗教：史道人。

涼、假司馬伍宕說進曰：「大公《六韜》有天子將兵事，可以威厭四方。」進以為然，入言之於帝。於是乃詔進大發四方兵，講武於平樂觀。天子親出臨軍。詔使進悉領兵屯於觀下。是時置西園八校尉：以小黃門蹇碩為上軍校尉，虎賁中郎將袁紹為中軍校尉，屯騎都尉鮑鴻為下軍校尉，議郎曹操為典軍校尉，趙融為助軍校尉，淳于瓊為佐軍校尉，又有左右校尉。帝以蹇碩壯健而有武略，特親任之，以為元帥，督司隸校尉以下，雖大將軍亦領屬焉。碩雖擅兵於中，而猶畏忌於進，乃與諸常侍共說帝，遣進西擊邊章、韓遂。帝從之。進陰知其謀，乃上遣袁紹東擊徐、兗二州，須紹還即戎事，以稽行期。初，群臣請立太子，帝以辯輕佻無威儀，不可為人主，然皇后有寵，且進又居重權，故久不決。六年 (189)，帝疾篤，屬協於蹇碩。帝崩，碩時在內，欲先誅進而立協。及進從外入，碩司馬潘隱與進有舊，迎而目之。進驚，馳從儳道歸營，引兵入屯百郡邸。因稱疾不入。碩謀不行。皇子辯乃即位。何太后臨朝。進與太傅袁隗輔政，錄尚書事。進素知中官天下所疾，兼忿蹇碩圖己，陰規誅之。袁紹亦素有謀，因進親客張津勸之。進然其言。又以袁氏累世寵貴，海內所歸，而紹素善養士，能得豪傑用，其從弟虎賁中郎將術，亦尚氣俠，故並厚待之。因復博徵智謀之士龐紀、何顒、荀攸等，與同腹心。蹇碩疑不自安，與中常侍趙忠書曰：「大將軍兄弟，秉國專朝，今與天下黨人謀誅先帝左右，掃滅我曹。但以碩典禁兵，故且沉吟。今宜共閉上合，急捕誅之。」中常侍郭勝，進同郡人也，太后及進之貴幸，勝有力焉，故勝親信何氏。遂共趙忠等議，不從碩計，而以其書示進。進乃使黃門令收碩誅之，因領其屯兵。董重與進權勢相害。董後每欲參干政事，太后輒相禁塞。董後忿恚，詈言曰：「汝今輈張，怙汝兄邪？當敕驃騎斷何進頭來。」太后聞，以告進。進與三公及弟車騎將軍苗奏蕃後故事不得留京師，請遷宮本國。奏可。進遂舉兵圍驃騎府收重，重自殺。董後憂怖，疾病，暴崩。袁紹復說進，且言不宜輕出入宮省。進甚然之。乃稱疾不入陪喪，又不送山陵。遂與紹定籌策，而以其計白太后。太后不聽。進難違太后意，且欲誅其放縱者。紹以為今不悉廢，後必為患。而太后母舞陽君及苗，數受諸宦官賂遺，知進欲誅之，數白太后，為其障蔽。又言大將軍專殺左右，擅權以弱社稷。太后疑，以為然。中官在省闥者或數十年，封侯貴寵，膠固內外，進新當重任，素敬憚之，雖外收大名，而內不能斷，故事久不決。紹等又為劃策，多召四方猛將及諸豪傑，使並引兵鄉京城，以脅太后。進然之。主簿陳琳入諫曰：「大兵集會，強者為雄，功必不成，只為亂階。」不聽。遂西召前將軍董卓屯關中上林苑。又使府掾泰山王匡東發其郡強弩。並召東郡太守橋瑁屯成皋。使武猛都尉丁原燒孟津，火照城中。皆以誅宦官為言。太后猶不從。苗謂進曰：「始共從南陽來，俱以貧賤，依省內以致富貴。國家之事，亦何容易？覆水不收，宜深思之，且與省內和也。」進意更狐疑。紹懼進變計，乃脅之曰：「交構已成，形勢已露，事留變生，將軍復欲何待，而不早決之乎？」進於是以紹為司隸校尉，假節，專命擊斷。從事中郎王允為河南尹。紹使洛陽方略武吏司察宦者，而促董卓等使馳驛上欲進兵平樂觀。太后乃恐，悉罷中常侍、小黃門，使還里舍，唯留進素所私人，以守省中。諸常侍、小黃門皆詣進謝罪，唯所措置。袁紹勸進便於此決之，至於再三，進不許。紹又為書告州郡，詐宣進意，使案捕中官親屬。進謀積日，頗泄。中官懼而思變。張讓子婦，太后之妹也。讓鄉子婦叩頭曰：「老臣得罪，當與新婦俱歸私門。唯受恩累世，今當遠離宮殿，情懷戀戀，願復一入直，得暫奉望太后陛下顏色，然後退就溝壑，死不恨矣。」子婦言於舞陽君，入白太后，乃詔諸常侍皆復入直。八月，進入長樂白太后：請盡誅諸常侍以下，選三署郎入守宦官廬。張讓等使人潛聽，具聞其語。乃率常侍段珪、畢嵐等數十人持兵竊自側闥入，伏省中。及進出，因詐以太后詔召進入。尚方監渠穆拔劍斬進於嘉德殿前。讓、珪等為詔，以故太尉樊陵為司隸校尉，少府許相為河南尹。尚書得詔版，疑之，曰：「請大將軍出共議。」中黃門以進頭擲與尚書，曰：「何進謀反，已伏誅矣。」進部曲將吳匡、張璋，素所親幸，聞進被害，欲將兵入宮。宮閤閉，袁術與匡共斫攻之。中黃門持兵守閤。會日暮，術因燒南宮九龍門及東西宮，欲以脅出讓等。讓等入白太后，言大將軍兵反，燒宮，攻尚書闥。因將太后、天子及陳留王，少帝即位，封協為渤海王，徙封陳留王。又劫省內官屬從複道走北宮。尚書盧植執戈於閣道窗下仰數段珪。珪等懼，乃釋太后。太后投閣得免。袁紹與叔父隗矯詔召樊陵、許相，斬之。苗、紹乃引兵屯朱雀闕下。捕得趙忠等，斬之。吳匡素怨苗不與進同心，而又疑其與宦官同謀，乃令軍中曰：「殺大將軍者即車騎也，士吏能為報仇乎？」進素有仁恩，士卒皆流涕曰：「願致死。」匡遂引兵與董卓弟奉車都尉旻攻殺苗，棄其屍於苑中。紹遂閉北宮門，勒兵捕宦者，無少長，皆殺之。紹因進兵排宮，或上端門屋，以攻省內。張讓、段珪等困迫，遂將帝與陳留王數十人步出谷門，奔小平津。（在今河南孟津縣。）公卿並出平樂觀，無得從者。唯尚書盧植夜馳河上。王允遣河南中部掾閔貢隨植後。貢至，手劍斬數人。餘皆投河而死。明日，公卿百官乃奉迎天子還宮。

董卓，中平五年 (188) 以前將軍擊韓遂等。六年 (189)，徵為少府，不肯就。上書言「所將湟中異從及秦、胡兵皆詣臣曰：牢直不畢，稟賜斷絕，妻子饑凍。牽挽臣車，使不得行」。朝廷不能制，頗以為慮。及靈帝寢疾，璽書拜卓為并州牧，令以兵屬皇甫嵩。卓復上書，言「掌戎十年，士卒大小，相狎彌久，戀臣畜養之恩，為臣奮一旦之命，乞將之北州，效力邊垂」。於是駐兵河東，以觀時變。及何進召卓，侍御史鄭泰諫進曰「董卓強忍寡義，志欲無厭，若借之朝政，授以大事，將恣凶欲，必危朝廷」，不聽。卓得召，即時就道，未至而進敗。聞少帝在北芒，（山名，洛陽東北。）因往奉迎。帝見卓將兵卒至，恐怖涕泣。卓與言，不能辭對。與陳留王語，遂及禍亂之事。卓以王為賢，且為董太后所養，卓自以與太后同族，有廢立意。初，卓之入也，步騎不過三千。尋而何進及弟苗先所領部曲，皆歸於卓。卓又使呂布殺執金吾丁原而並其眾。布九原人，以驍武給并州刺史丁原，為騎都尉，屯河內，以布為主簿。卓兵士大盛，乃諷朝廷，策免司空劉弘而代之。遂脅太后策廢少帝為弘農王，而立陳留王，是為獻帝。遷太后於永安宮，因進鴆弒。卓遷太尉，領前將軍事，更封郿侯。尋進相國。入朝不趨，劍履上殿。是時洛中貴戚，室第相望，金帛財產，家家殷積。卓縱放兵士，突其廬舍，淫略婦女，剽虜資物，謂之搜牢。人情崩恐，不保朝夕。及何后葬，開文陵，卓悉取藏中珍物。又姦亂公主，妻略宮人。虐刑濫罰，睚眦必死。群僚內外，莫能自固。卓嘗遣軍至陽城，見第三章第一節。時人會於社下，悉令就斬之，駕其車重，載其婦女，以頭繫車轅，歌呼而還。又廢五銖錢，更鑄小錢。悉取洛陽及長安銅人、鐘虡、飛廉、銅馬之屬，以充鑄焉。故貨賤物貴，穀石數萬。卓雖忍性矯隋，擢用群士，幽滯多所顯拔，所親愛並不處顯職，但將校而已，亦無益矣。

第二節　董卓之亂

《三國志．孫堅傳》言：張溫討邊章、韓遂，表請堅與參軍事，屯長安。溫以詔書召卓，卓良久乃詣溫，溫責讓卓，卓對應不順，堅時在坐，前耳語溫：「宜以召不時至，陳軍法斬之。」溫不能用。《後漢書．皇甫嵩傳》，謂卓拜為并州牧，詔使以兵委嵩，卓不從，嵩從子酈勸嵩討之，嵩亦不聽。意若深惜之者。然時溫、嵩兵力，皆未必能制卓。孫堅再請，溫曰：「君且還，卓將疑人」，其憚之如是，安能陳兵誅之？且時涼州將帥之跋扈久矣，亦非殺一董卓所可定也。及卓既入洛陽，擁強兵，有異志，則為安定京師計，誠不得不與之一決。何進先遣騎都尉鮑信募兵，適至，勸袁紹及其初至疲勞襲之，紹不敢發，則誠可惜也。內莫能與之抗，而兵遂起於外。

董卓之欲廢立也，袁紹爭之，與卓言語不協，遂奔冀州。侍中伍瓊等陰為紹說卓曰：「袁氏樹恩四世，紹高祖父安生京、敞。京生彭、湯。湯生平、成、逢、隗。安、敞、湯、逢、隗皆為三公。紹，成子，術，逢子。《後漢書．紹傳注》引袁山松書曰：紹，逢之孽子，出後成。《三國志．紹傳注》引華嶠書曰：紹，術異母兄。門生故吏，遍於天下。今急購之，勢必為變。收豪傑以聚徒眾，英雄因之而起，山東非公之有也。不如赦之，拜一郡守。紹喜於免罪，必無患矣。」卓以為然，乃遣授紹渤海太守。後漢渤海治南皮，（今河北南皮縣。）初平元年（190），紹以渤海起兵。後將軍袁術，卓將廢立，以術為後將軍，術畏禍，奔南陽。冀州牧韓馥，豫州刺史孔伷，兗州刺史劉岱，陳留太守張邈，廣陵太守張超，河內太守王匡，山陽太守袁遺，東郡太守橋瑁，濟北相鮑信同時俱起，眾各數萬。約盟，遙推紹為盟主。先是卓表曹操為驍騎校尉，欲與計事，操乃變易姓名，間行東歸，散家財合義兵，起兵於己吾。中平六年十二月。（己吾，後漢縣，今河南寧陵縣西南。）及是，眾推操行奮武將軍。卓乃酖殺弘農王，遷天子西都。盡徙洛陽人數百萬口於長安，步騎驅蹙，更相蹈藉，饑餓寇掠，積屍盈路。卓自屯留畢圭苑中，悉燒宮廟、官府、居家，二百里內，無復孑遺。又使呂布發諸帝陵及公卿已下塚墓，收其珍寶。是時袁紹屯河內，張邈、劉岱、橋瑁、袁遺屯酸棗，（漢縣，今河南延津縣北。）袁術屯南陽，孔伷屯潁川，韓馥在鄴。卓兵強，紹等莫敢先進。曹操曰：「舉義兵以誅暴亂，大眾已合，諸君何疑？鄉使董卓聞山東兵起，倚王室之重，據二周之險，東鄉以臨天下，雖以無道行之，猶足為患。今焚燒宮室，劫遷天子，海內震動，不知所歸，此天亡之時也，一戰而天下定矣，不可失也。」遂引兵西，將據成皋。張邈遣將衛茲分兵隨操。到滎陽汴水，遇卓將徐榮，與戰，不利，夜遁去。榮見操所將兵少，力戰盡日，謂酸棗未易攻也，亦引兵還。操到酸棗，諸軍兵十餘萬，日置酒高會，不圖進取。操責讓之。因為謀曰：「諸君聽吾計：使渤海引河內之眾，臨孟津；酸棗諸將守成皋，據敖倉，塞轘轅、大谷，見下。全制其險；使袁將軍率南陽之軍軍丹、析，入武關，以震三輔；皆高壘深壁，勿與戰。益為疑兵，示天下形勢。以順誅逆，可立定也。今兵以義動，持疑而不進，失天下之望，竊為諸君恥之。」邈等不能用。初，長沙賊區星自稱將軍，眾萬餘人，攻圍城邑。以孫堅為長沙太守，克破星等。周朝、郭石亦帥徒眾起於零、桂，與星相應，遂越竟尋討，三郡肅然。《三國志．吳志》本傳。《後漢書．靈帝紀》：中平四年，十月，零陵人觀鵠自稱平天將軍，寇桂陽，長沙太守孫堅擊斬之。州郡討卓，堅亦舉兵。荊州刺史王叡素遇堅無禮，堅過殺之。比至南陽，眾數萬人。太守張咨聞軍至，晏然自若。堅以牛酒禮咨，咨明日亦答詣堅，堅斬之。郡中震慄，無求不獲。前到魯陽，見第八章第二節。與袁術相見。術表堅行破虜將軍，領豫州刺史。遂治兵於魯陽。卓先遣將徐榮、李蒙四出擄掠。榮遇堅於梁，（漢縣，今河南臨汝縣東。）與戰，破堅，生禽潁川太守李旻，烹之。卓所得義兵士卒，皆以布纏裹，倒立於地，熱膏灌殺之。《後漢書．卓傳》。《三國志．卓傳注》引《獻帝紀》曰：卓獲山東兵，以豬膏塗布十餘匹，用纏其身，然後燒之，先從足起。獲袁紹豫州從事李延，煮殺之。卓所愛胡恃寵放縱，為司隸校尉劉謙所殺。卓大怒曰：我愛狗尚不欲令人呵之，而況人乎？乃召司隸都官撾殺之。《續漢書．五行志》：靈帝中平中，京都為《董逃》之歌，《注》引《風俗通》曰：卓以《董逃》之歌，主為己發，大禁絕之，死者千數。王匡屯兵河陽津，將以圖卓。卓遣疑兵挑戰，而潛使銳卒從小平津過津北，破之，死者略盡。《魏志注》引謝承書曰：匡敗，走還泰山。收集勁勇，得數千人。欲與張邈合。匡先殺執金吾胡母班，班親屬與太祖並勢共殺匡。明年，孫堅收合散卒，進屯梁縣之陽人。（聚名。）卓遣將胡軫、呂布攻之。布與軫不相能，軍自驚恐，士卒散亂。堅追擊之，軫、布敗走。卓遣將李傕詣堅求和，堅拒絕不受。進軍大谷，（《後漢書注》：大谷口，在故嵩陽西北八十五里，北出對洛陽故城。案嵩陽，隋縣，唐改為登封，即今河南登封縣。）距洛九十里。卓自出與堅戰於諸陵墓間，卓敗走，卻屯澠池，見第三章第一節。聚兵於陝。堅進洛陽宣陽城門，更擊呂布，布復破走。堅乃掃除宗廟，平塞諸陵。分兵出函谷關，至新安、澠池間，以截卓後。卓乃使東中郎將董越屯澠池，中郎將段煨屯華陰，中郎將牛輔屯安邑，其餘中郎將、校尉，布在諸縣，以禦山東。卓諷朝廷，拜為太師，位在諸侯王上。乃引還長安。以弟旻為左將軍，封鄠侯，兄子璜為侍中中軍校尉，皆典兵事。於是宗族內外，並居列位。其子孫雖髫齔，男皆封侯，女為邑君。數與百官置酒宴會，淫樂縱恣。乃結壘於長安城東以自居。又築塢於郿，（漢縣，今陝西郿縣東北。）高厚七丈，號曰萬歲塢。積穀為三十年儲。自云事成雄踞天下，不成守此足以畢老。常至郿行塢，公卿已下祖道於橫門外，卓施帳幔飲設，誘降北地反者數百人，於坐中殺之。先斷其舌，次斬手足，次鑿其眼目，以鑊煮之。未及得死，偃轉杯案間。會者戰慄，亡失匕箸，而卓飲食自若。諸將有言語蹉跌，便戮於前。又稍誅關中舊族，陷以叛逆。時太史望氣，言當有大臣戮死者。卓乃使人誣告太尉張溫與袁術交通，遂笞溫於市殺之，以塞天變。溫時與司徒王允、司空荀爽陰謀誅卓，未及發而見害。爽病薨。

初，卓留洛陽，朝政大小，悉委之於允。允矯情屈意，每相承附，卓亦推心，不生乖疑。允密與司隸校尉黃琬、尚書鄭泰等謀誅卓。乃上護羌校尉楊瓚行左將軍事，執金吾士孫瑞為南陽太守，並將兵出武關道，以討袁術為名，實欲分路征卓，而後拔天子還洛陽。卓疑而留之。允乃引內瑞為僕射，瓚為尚書。初平三年（192），允與瑞、瓚復結前謀。初，呂布斬丁原首詣卓，卓以為騎都尉，甚愛信之，誓為父子。稍遷至中郎將。卓自以遇人無禮，恐人謀己，行止常以布自衛。然卓性剛而褊，忿不思難。嘗小失意，拔手戟擲布，布拳捷避之，由是陰怨卓。卓常使布守中閤，布與卓侍婢私通，恐事發覺，心不自安。允先以布鄉里壯健，允，太原祁人；布，五原九原人。厚接納之。乃潛結布，使為內應。四月，帝疾新癒，大會未央殿。允與瑞密表其事。使瑞自書詔以授布。令騎都尉李肅與布同心勇士十餘人，偽著衛士服，於北掖門內以待卓。卓入門，肅以戟刺之，衷甲不入，傷臂墮車。顧大呼曰：「呂布何在？」布曰：「有詔討賊臣。」卓大罵曰：「庸狗敢如是邪！」布應聲持矛刺卓，趣兵斬之。士卒皆稱萬歲。百姓歌舞於道。長安中士女，賣其珠玉衣裝，市酒肉相慶者，填滿街肆。使皇甫嵩攻卓弟旻於郿塢。殺其母、妻、男女，盡滅其族。塢中珍藏，有金二三萬斤，銀八九萬斤，錦綺繢縠，紈素奇玩，積如丘山。

第三節　李傕郭汜之亂

董卓之入關也，留河南尹朱儁守洛陽。儁與山東諸將通謀為內應。既而懼為卓所襲，乃棄官奔荊州。卓以弘農楊懿為河南尹，守洛陽。儁聞，復進兵還洛。懿走。儁以河南殘破，無所資，乃東屯中牟。移書州郡，請師討卓。徐州刺史陶謙遣精兵三千餘。州郡稍有所給。謙乃上儁行車騎將軍。初，卓以牛輔子婿，素所親信，使以兵屯陝。輔分遣其校尉李傕、郭汜、張濟將步騎數萬擊破儁於中牟。因掠陳留、潁川諸縣，殺略男女，所過無復遺類。呂布乃使李肅以詔命至陝討輔等，輔等逆與肅戰，肅敗走弘農。布誅殺之。其後牛輔營中無故大驚，輔懼，乃齎金寶逾城走。左右利其貨，斬輔，送首長安，傕、汜等以王允、呂布殺董卓，故忿怒并州人，并州人在其軍者，男女數百人，皆誅殺之。牛輔既敗，眾無所依，欲各散去。傕等恐，乃先遣使詣長安，求乞赦免。允初議赦卓部曲，呂布亦數勸之。既而疑曰：「此輩無罪，從其主耳。今若名為惡逆，而特赦之，適足使其自疑，非所以安之之道也。」呂布又欲以卓財物班賜公卿將校，允又不從。而素輕布，以劍客遇之。布亦負其功勞，多自誇伐。既失意望，漸不相平。允性剛棱疾惡。初懼董卓豺狼，故折節圖之。卓既殲滅，自謂無復患難。及在際會，每乏溫潤之色。仗正持重，不循權宜之計。是以群下不甚附之。董卓將校及在位者多涼州人，允議罷其軍。或說允曰：「涼州人素憚袁氏，而畏關東，一旦解兵，必人人自危，可以皇甫義真嵩字。為將軍，就領其眾，因使留陝，以安撫之，而徐與關東通謀，以觀其變。」允曰：「不然。關東舉義兵者，皆吾徒耳。今若距險屯陝，雖安涼州，而疑關東之心，甚不可也。」時百姓訛言當悉誅涼州人，遂轉相恐動。其在關中者，皆擁兵自守。及傕等求赦，允以為一歲不可再赦，不許之。傕等憂懼，不知所為。武威人賈詡，時在傕軍，說之曰：「聞長安中議欲盡誅涼州人。諸君若棄軍單行，則一亭長能束君矣。不如相率而西，以攻長安，為董公報仇。事濟，奉國家以正天下，若其不濟，走未後也。」傕等然之。各相謂曰：「京師不赦我，我當以死決之。若攻長安剋，則得天下矣，不剋，則鈔三輔婦女財物，西歸鄉里，尚可延命。」眾以為然。於是共結盟。率軍數千，晨夜西行。允聞之，乃遣卓故將胡軫、徐榮擊之於新豐。榮戰死。軫以眾降。傕隨收兵，比至長安，已十餘萬。與卓故部曲樊稠、李蒙等合。（《注》引袁宏記曰：蒙為傕所殺。）圍長安城。城峻不可攻。守之八日。呂布軍有叟兵內反，引傕眾得入。城潰。放兵擄掠，死者萬餘人。呂布戰敗出奔。初，允以同郡宋翼為左馮翊，王宏為右扶風。是時三輔民庶熾盛，兵穀富實。李傕等欲即殺允，懼二郡為患，乃先徵翼、宏。宏遣使謂翼曰：「郭汜、李傕，以我二人在外，故未危王公。今日就徵，明日俱族。計將安出？」翼曰：「雖禍福難量，然王命所不得避也。」宏曰：「義兵鼎沸，在於董卓，況其黨與乎？若舉兵共討君側惡人，山東必應之，此轉禍為福之計也。」翼不從。宏不能獨立，遂俱就徵。下廷尉。傕乃收允，及翼、宏並殺之。傕遷車騎將軍，開府，領司隸校尉，假節。汜後將軍。稠右將軍。張濟為鎮東將軍。傕、汜、稠共秉朝政，濟出屯弘農。初，卓之入關，要韓遂、馬騰共謀山東。遂、騰見天下方亂，亦欲倚卓起兵。興平元年（194），馬騰從隴右來朝，進屯霸橋。時騰私有求於傕，不獲，而怒，遂與侍中馬宇，右中郎將劉範，焉子。前涼州刺史种邵，中郎將杜禀合兵攻傕。連日不決。韓遂聞之，乃率眾來，欲和騰、傕。已而復與騰合。傕使兄子利共郭汜、樊稠與騰、遂戰於長平觀下，（《注》引《前書．音義》曰：長平，坂名也。在池陽南，有長平觀，去長安五十里。）遂、騰敗，斬首萬餘級。种邵、劉範等皆死。（《注》引《獻帝紀》曰：杜禀督右扶風，吏民為騰守槐里，傕令樊稠及利數萬人攻圍槐里。夜梯城，城陷，斬禀，梟首。槐里，見第七章第五節。）遂、騰走還涼州。稠等追之。韓遂使人語稠曰：「天下反覆未可知，相與州里，今雖小違，要當大同，欲共一言。」乃駢馬，交臂相加，笑語良久。軍還，利告傕曰：「樊、韓駢馬笑語，不知其辭，而意愛甚密。」於是傕、稠始相猜疑，猶加稠及郭汜開府，與三公合為六府，皆參選舉。時長安中盜賊不禁，白日擄掠，傕、汜、稠乃參分城內，各備其界，猶不能制。而其子弟縱橫，侵暴百姓。是時穀一斛五十萬，豆、麥二十萬，人相食啖，白骨委積，臭穢滿路。明年，春，傕因會刺殺樊稠於坐。由是諸將各相疑忌。傕、汜遂復治兵相攻。安西將軍楊定者，故卓部曲將也。懼傕忍害，乃與汜合，謀迎天子幸其營。傕知其計。即使兄子暹將數千人圍宮，以車三乘迎天子、皇后。帝遂幸傕營。亂兵入殿，掠宮人什物。傕又徙御府金帛，乘輿器服，而放火燒宮殿、官府、居人悉盡。帝使太尉楊彪與司空張喜等十餘人和傕、汜，汜不從。遂質留公卿，引兵攻傕，矢及帝前。傕復移帝幸其北塢。自為大司馬。與郭汜相攻連月，死者以萬數。張濟自陝來，和解二人，仍欲遷帝權幸弘農。帝亦思舊京，因遣使敦請傕求東歸，十反乃許。車駕即日發邁。李傕出屯曹陽。見第三章第一節。以張濟為驃騎將軍，復還屯陝。遷郭汜車騎將軍，楊定後將軍，楊奉興義將軍。奉，傕將，故白波帥，時將兵救傕者。白波者，靈帝末，黃巾餘黨郭太等起西河白波谷，轉寇太原，遂破河東，百姓流轉三輔，號為白波賊，眾十餘萬，見《後漢書．董卓傳》。（白波谷，在今山西汾城縣東南。）又以故牛輔部曲董承為安集將軍。（《注》引《蜀志》曰：承，獻帝舅也。裴松之《注》

曰：承，靈帝母太后之姪。）汜等並侍送乘輿。汜復欲脅帝幸郿。定、奉、承不聽。汜恐變生，乃棄軍還就李傕，車駕進至華陰。寧輯將軍段煨乃具服御及公卿以下資儲，請帝幸其營。初，楊定與煨有隙，遂誣煨欲反，乃攻其營，十餘日不下，而煨猶奉給御膳，稟贍百官，終無二意。《注》引《典略》曰：煨在華陰，特修農事。蓋唐韓建之儔，諸將中之佼佼者也。李傕、郭汜既悔令天子東，乃來救段煨，因欲劫帝而西。楊定為汜所遮，亡奔荊州，而張濟與楊奉、董承不相平，乃反，合傕、汜。共追乘輿，大戰於弘農東澗，承、奉軍敗。百官士卒，死者不可勝數。皆棄其婦女輜重。御物符策典籍，略無所遺。天子遂露次曹陽。承、奉乃譎傕等與連和，而密遣間使至河東，招故白波帥李樂、韓暹、胡才，及南匈奴右賢王去卑。並帥其眾數千騎來。與承、奉共擊傕等，大破之，斬首數千級。乘輿乃得進。董承、李樂擁衛左右。胡才、楊奉、韓暹、去卑為後距。傕等復來戰，奉等大敗，死者甚於東澗。自東澗兵相連綴，四十里中，方得至陝。乃結營自守。時殘破之餘，虎賁、羽林，不滿百人，皆有離心。承、奉等夜乃潛議過河。使李樂先度，具舟船，舉火為應。帝步出營，臨河欲濟，岸高十餘丈，乃以絹縋而下。餘人或匍匐岸側，或從上自投下，死亡傷殘，不復相知。爭赴船者，不可禁制，董承以戈擊披之，斷手指於舟中者可掬。同濟唯皇后、宋貴人、楊彪、董承及後父執金吾伏完等數十人。其宮女皆為傕兵所掠奪。凍溺死者甚眾。既到大陽，（漢縣，今山西平陸縣東北。）止於民家。然後幸李樂營。百官饑餓。河內太守張楊使數千人負米貢饟。帝乃御牛車。因都安邑。河東太守王邑奉獻綿帛，悉賦公卿以下，封邑為列侯。拜胡才徵東將軍，張楊為安國將軍，皆假節，開府。其壘壁群豎，競求拜職，刻印不給，至乃以錐畫之。或齎酒肉就天子燕飲。又遣太僕韓融至弘農與傕、汜等連和。傕乃放遣公卿百官，頗歸宮人婦女，及乘輿器服。初，帝入關，三輔戶口尚數十萬。自傕、汜相攻，天子東歸後，長安城空四十餘日。強者四散，羸者相食。二三年間，關中無復人跡。建安元年（196），春，諸將爭權，韓暹遂攻董承。承奔張楊。楊乃使承先繕修洛宮。七月，帝還至洛陽。張楊還野王。（漢縣，今河南沁陽縣。）楊奉亦出屯梁。乃以張楊為大司馬，楊奉為車騎將軍，韓暹為大將軍，領司隸校尉，皆假節鉞。暹與董承並留宿衛。暹矜功恣睢，干亂政事，董承患之，遂潛召曹操於兖。

第四節　東諸侯相攻

董卓西遷，東諸侯既莫能追討，遂競圖據地以自肥，合從連衡，互相兼併，而擾亂之局成焉。初，光和中，涼州賊起，發幽州突騎三千人，假涿令令支公孫瓚都督行事使將之。軍到薊中，漁陽張純，誘遼西烏丸丘力居等叛，劫略薊中，自號將軍，略吏民，攻右北平、遼西屬國諸城，所至殘破。瓚將所領追討有功，遷騎都尉中郎將，封都亭侯。進屯屬國，與胡相攻擊，五六年。丘力居等鈔略青、徐、幽、薊，四州被其害，瓚不能禦。朝議以宗正劉虞，昔為幽州刺史，恩信流著，乃以虞為幽州牧。中平五年（188）。虞到，遣使至胡中，告以利害，責使送純首。丘力居等聞虞至，喜，各遣譯自歸。瓚害虞有功，乃陰使人徼殺胡使。胡知其情，間行詣虞。虞上罷諸屯兵，但留瓚將步騎萬人屯右北平。純乃棄妻子逃入鮮卑，為其客王政所殺，送首詣虞。虞以功即拜太尉，封襄賁侯。會董卓至洛陽，遷虞大司馬，瓚奮武將軍，封薊侯。初平二年（191），袁紹與韓馥推虞為帝。[132] 此蓋亦謀挾天子以令諸侯，獻帝為董卓所立，而東諸侯以討卓為名，固可以不之仞也。然虞雖專一州，聲威實非紹之敵，苟如其意，則冒天下之不韙，徒為紹驅除耳，故虞卒不肯受。《三國志·武帝紀》云：紹與馥謀立虞，太祖拒之，蓋亦以立虞則權全出於紹也。要之是謀當出於紹，即韓馥殆亦為紹所挾耳。董卓之將廢少帝也，以袁術為後將

[132] 史事：袁紹欲立劉虞。虞欲迎獻帝不成。韓馥、袁術、公孫瓚等之向背。獻帝嘗召呂布。

軍。術畏卓之禍，出奔南陽。會孫堅殺張咨，術得據其郡。南陽戶口數百萬，而術奢淫肆欲，徵斂無度，百姓苦之。時詔書以劉表為荊州刺史。江南宗賊大盛，宗同賨。而術阻兵魯陽，表不得至。乃單馬入宜城，見第八章第四節。請南郡人蒯越，襄陽人蔡瑁，與共謀劃。使越遣人誘宗賊帥斬之，而襲取其眾。唯江夏賊張虎、陳坐擁兵據襄陽城。表使越與龐季往譬之，乃降。江南悉平。諸守令聞表威名，多解印綬去。表遂理兵襄陽，以觀時變。後漢荊州刺史，本治漢壽，故城在今湖南常德縣東。今移治襄陽，則去中原近，而於南陽尤逼矣。孫堅客軍孤寄，術雖表為豫州刺史，力實未能定豫，其必與術合以謀表者勢也。劉虞之拒袁紹、韓馥也，選掾右北平田疇、從事鮮於銀間行奉使長安。獻帝既思東歸，見疇等，大悅。時虞子和為侍中，遣潛從武關出，告虞將兵來迎。道由南陽，術質和，使報虞遣兵俱西。虞使數千騎就和。瓚固止之，虞不從。瓚亦遣從弟越將千騎詣術以自結。陰勸術執和，奪其兵。初，義兵之起也，州郡蜂起，莫不以袁氏為名。韓馥見人情歸紹，恐將圖己，常遣從事守紹門，不聽發兵。橋瑁乃詐作三公移書，傳驛州郡，說董卓罪惡，天子危逼，企望義兵，以釋國難，馥方聽紹舉兵，猶深疑於紹，每貶節軍糧，欲使離散。初平二年(191)，馥將麴義反畔。馥與戰，失利。紹既恨馥，乃與義相結。紹客逢紀說紹：密要公孫瓚，將兵南下，馥必駭懼，並遣辯士，為陳禍福，必可因據其位。紹然之，以書與瓚。瓚遂引兵而至，外託討卓，陰謀襲馥。紹乃使外甥陳留高幹及潁川荀諶等說馥，舉冀州以讓紹，紹遂領冀州牧。馥去依張邈。後紹遣使詣邈，有所計議，馥謂見圖構，自殺。時初平二年七月。案韓馥初與袁紹共推劉虞，已又以橋瑁移書，聽紹舉兵，則似已陰結長安，紹是時當亦陽示願勤王，故能得其許而舉兵。然紹與董卓，勢不兩立，故終不肯奉獻帝，乃誘麴義結公孫瓚以傾馥。瓚故與劉虞相害，而虞遙戴長安，紹、瓚本可合以攻虞，然瓚淺躁無謀，亡馥而未得所欲，遽與紹相攻，於是禍復起於幽、冀之間。袁術本與瓚合，孫堅與術相依，劉表之勢，則與孫堅、袁術相害，而紹與表相結，術與瓚相結之形成矣。堅屯陽城，紹使周昂奪其處，術遣公孫越與堅攻昂，不勝，越為流矢所中死。瓚遂出軍屯槃河，（《後書·袁紹傳注》云：故河道在今德州昌平縣界，入滄州樂陵縣，今名枯槃河。樂陵，今山東樂陵縣。）將以報紹。紹懼，以所佩渤海太守印綬授瓚從弟範，遣之郡，欲以結援。範遂以渤海兵助瓚，破青、徐黃巾，兵益盛，進軍界橋。《後書·袁紹傳注》引《九州春秋》曰：還屯廣宗界橋，今貝州宗城縣東有古界城，此城近枯漳水，則界橋蓋當在此之側也。案唐宗城縣，在今河北威縣東。以嚴綱為冀州，田楷為青州，單經為兗州，置諸郡縣。紹軍廣川，後漢王國，今河北棗強縣。令麴義先登，與瓚戰，生禽綱。瓚軍敗，走渤海，與範俱還薊。紹遣將攻圍固安，（今河北固安縣。）不下，退軍南還。瓚將步騎三萬人追擊於巨馬水，大破其眾。乘勝而南，攻下郡縣，遂至平原，見第八章第三節。遣田楷據有齊地。時為初平三年正月。先是袁術使孫堅擊劉表，表遣黃祖逆於樊、鄧之間，堅擊破之，遂圍襄陽。單馬行峴山，在襄陽南。為祖軍士所射殺。是歲，魏武帝亦據兗州，而陶謙牧徐州，適掎其後。於是兗曹與冀袁合，徐州陶謙與公孫瓚、袁術合，合從連衡之局益廣。

曹操說東諸侯進取，不能用，乃詣揚州募兵。刺史陳溫、丹陽太守周昕與兵四千餘人。還到龍亢，（漢縣，今安徽懷遠縣西北。）士卒多叛。至銍（漢縣，今安徽宿縣西南）、建平，（漢侯國，今河南永城縣西。）復收兵，得四千餘人，進屯河內。劉岱與橋瑁相惡，岱殺瑁，以王肱領東郡太守。初平二年（191），秋，黑山賊于毒、白繞、眭固等十餘萬眾略魏郡、見第八章第二節。東郡，王肱不能禦。操引兵入東郡，擊白繞於濮陽，見第三章第二節。破之。袁紹因表操為東郡太守，治東武陽。（今山東朝城縣西。）三年，春，操軍頓丘。（漢縣，今河北清豐縣西南。）毒等攻東武陽。操引兵西入山，攻毒等本屯。毒聞之，棄武陽還。操要擊眭固，又擊匈奴於夫羅於內黃，（漢縣，今河南內黃縣西北。）皆大破之。

夏，青州黃巾眾百萬入兗州，劉岱欲擊之，濟北相鮑信諫，不從，果為所殺。信乃與州吏迎操領兗州牧。擊黃巾於壽張東，(壽張，後漢縣，今山東東平縣西南。) 信力戰鬥死，僅而破之。追至濟北，乞降。冬，受降卒三十餘萬，男女百萬餘口。收其精銳者，號為青州兵。於是操亦得一州，且有強兵矣。初，徐州黃巾起，以陶謙為徐州刺史，擊黃巾，破走之。李傕、郭汜作亂關中，四方斷絕，謙每遣使間行奉貢。詔遷為徐州牧。是時徐方百姓殷盛，穀實甚豐，流民多歸之，而謙信用非所，刑政不理，由斯漸亂。然襲豐厚之資，地與兗州相逼，自不免相猜忌。蜀漢先主劉備，涿郡涿縣人，漢景帝子中山靖王勝之後。靈帝末，黃巾起，州郡各舉義兵，備率其屬從校尉鄒靖討賊，有功，除安喜尉。(安喜，後漢縣，今河北定縣東。) 後為公孫瓚別部司馬，使助田楷以拒袁紹，試守平原令，領平原相。於是瓚使劉備屯高唐，(漢縣，今山東禹城縣西南。) 單經屯平原，陶謙屯發干漢縣，(今山東堂邑縣西南。) 以逼紹。操與紹會擊，皆破之。四年 (193)，春，劉表斷袁術糧道。術引軍入陳留，屯封丘，漢縣，今河南封邱縣。黑山餘賊及於夫羅佐之，為操所破，走九江，(漢郡，後漢治陰陵，今安徽定遠縣西北。) 殺陳溫，據其地。夏，下邳闕宣聚眾數千，自稱天子。謙與共舉兵，取泰山漢郡，治博，今山東泰安縣東南。華、漢縣，後漢併入費縣，今山東費縣東北。(費，今山東費縣西北。) 略任城。(今山東濟寧縣。) 秋，操攻謙，下十餘城。至彭城，大戰，謙兵敗走，死者萬數，泗水為之不流。謙退守郯。(漢縣，今山東郯城縣西南。) 操以糧少，引軍還。興平元年 (194)，夏，使荀彧、程昱守鄄城，漢縣，今河北濮陽縣東。復東伐，略定琅邪 (漢郡，治開陽，今山東臨沂縣北)、東海諸縣。(東海，漢郡，治郯。) 謙恐，欲走歸丹陽。(漢郡，治宛陵，今安徽宣城縣。) 而張邈叛迎呂布之事起。

《三國志・魏武帝紀》云：「太祖父嵩，去官後還譙董卓之亂，避難琅邪，為陶謙所害，[133] 故太祖志在復仇，東伐。」案曹嵩之死，舊有兩說：《後漢書・陶謙傳》云：「嵩避難琅邪，時謙別將守陰平，士卒利嵩財寶，遂襲殺之。」此與《國志・魏武紀》所云，系屬一說。一云為謙所害，一云為謙別將士卒所殺者？約束不嚴，咎在主帥，魏武東征，蓋以此為口實，《國志》依其辭而錄之，故不復別白也。《後書・應劭傳》曰：「拜泰山太守。興平元年 (194)，曹嵩及子德從琅邪入泰山，劭遣兵迎之。未到，而陶謙怨操數擊之，使輕騎追嵩及德，並殺之於郡界。」此說出於《世語》，見《三國志・魏武紀注》。《注》又引韋曜《吳書》，謂太祖迎嵩，輜重百餘兩，謙遣都尉張闓將騎二百衛送，闓於泰山華、費間殺嵩取財物，因奔淮南。說雖小異，俱謂殺嵩者為謙所遣兵。案發干之屯，泰山華、費之略，皆謙先侵操而操乃報之，則謂謙怨操數擊之，乃使騎追殺嵩者，顯與事實不合。《國志・陶謙傳注》引《吳書》，謂操以嵩被殺，欲伐謙而畏其強，乃表令州郡一時罷兵。謙被詔，上書距命，操乃進攻彭城。裴氏謂此時天子在長安，曹公尚未秉政，罷兵之詔，不得由曹氏出，其說是也。此等舉舉大端，尚不能知，可見江表傳聞，語多失實。蓋以曹氏聲言嵩為陶謙所害，又以當日徐、兗構兵，實在泰山華、費之境，遂億度而為之辭。其實曹嵩之死，當如《後書・謙傳》之說也。董卓之亂，未及於譙，而嵩須避難者？以操起兵討卓也。其所避當為今山東諸城縣東南之琅邪山，而非在今臨沂縣境之琅邪郡。漢陰平縣，在今江蘇沭陽縣東北，其地距琅邪山頗近，故謙別將守此者士卒得殺嵩。部曲縱恣，主帥固難辭咎，然亦止於約束不嚴而已，究與躬自發令者有別。然則陶謙攻兗，固為無名之師，曹操攻徐，實亦利其土地，特以漢人重報仇，借死父以為口實耳。徐方殷富，利盡東海，使操能兼據之，則北距青、冀，南控揚、豫，形勢益利便矣。而不圖呂布之乘機而起，徐方未定，兗土先危也。呂布之敗於長安也，出武關詣袁術。術惡其反覆，拒而不受。北詣袁紹。紹與布擊張燕於常山，

---

[133] 史事：曹嵩之死。

見第六節。破燕軍。布求益兵，將士鈔掠，紹患忌之。布覺其意，從紹求去。紹恐還為己害，遣壯士夜掩殺布，不獲。事露，布走河內，與張楊合。初，操與張邈，首舉義兵。汴水之戰，邈遣衛茲將兵隨操。袁紹既為盟主，有驕矜色，邈正議責紹，紹使操殺邈，操不聽，邈知之，益德操。操之征陶謙，敕家曰：「我若不還，往依孟卓。」邈字。後還見邈，垂泣相對，其親如此。布之從張楊也，過邈臨別，把手共誓。紹聞之，大恨，邈畏操終為紹擊己也，心不自安。操復征謙，邈弟超與操將陳宮等共謀叛操。宮說邈迎呂布牧兗州，邈從之。操初使宮將兵留屯東郡，遂以其眾東迎布。據濮陽，郡縣皆應。唯鄄城、范（漢縣，今山東范縣東南）、東阿漢縣（今山東陽谷縣東北阿城鎮），不動。布軍降者，言陳宮欲自將取東阿，使泛嶷取範。荀彧謂程昱曰：「今兗州反，唯有此三城，宮等以重兵臨之，非有以深結其心，三城必動。君民之望也，歸而說之，殆可。」昱，東阿人。昱乃歸。過範，說其令靳允。時允母、弟、妻、子，為布所執。時泛嶷已在縣，允乃見嶷，伏兵刺殺之，歸勒兵守。昱又遣別騎絕倉亭津，在今朝城縣東北。陳宮至，不得渡。昱至東阿，東阿令棗祗已率厲吏民，拒城堅守。又兗州從事薛悌，與昱協謀。卒完三城。操引軍還。布到，攻鄄城，不能下，西屯濮陽。操曰：「布一旦得一州，不能據東平，（漢郡，治無鹽，今山東東平縣。）斷亢父（秦縣，今山東濟寧縣南）、泰山之道，乘險要我，而乃屯濮陽，吾知其無能為也。」遂進軍攻之。布出兵戰。先以騎犯青州兵，青州兵奔，操陳亂，馳突火出，墜馬，燒左手掌，司馬樓異扶操上馬，遂引去。未至營止。諸將未與操相見，皆怖。操乃自力勞軍，令軍中促為攻具，進復攻之。與布相守百餘日，蝗蟲起，百姓大餓，布糧食亦盡，各引去。九月，操還鄄城。布到乘氏，（漢縣，今山東巨野縣西南。）為其縣人李進所破。東屯山陽。見第六章第二節。先是劉備與田楷俱救陶謙，備遂去楷歸謙，謙表備為豫州刺史，屯小沛。（即沛縣，對沛郡稱小沛。）沛郡治今宿遷。謙死，別駕糜竺帥州人迎備，備遂領徐州。二年 (195)，操攻拔定陶，分兵平諸縣。布東奔備。張貌從，使弟超將家屬保雍丘。(漢縣，今河南杞縣。) 八月，操圍雍丘。十二月，雍丘潰，超自殺，夷邈三族。邈詣袁術請救，為其眾所殺。兗州平。案兗州之亡，曹操事勢實甚危急。[134]《程昱傳》言操之攻濮陽而引去也，袁紹使人說操連和，欲操遣家居鄴，操新失兗州，軍食盡，將許之，以昱諫而止。蓋紹是時，欲一舉而臣操矣。《荀彧傳》言操聞陶謙死，欲遂取徐州，還乃定布，以彧諫而止。操是時之力，安能留兵距布，更取徐州？蓋欲棄兗而奔徐也。布之所以能扼操者？操是時恃青州兵以為強，青州兵雖百戰悍賊，然其剽銳，究尚非布精甲之比。布之見禽於操也，請曰：「明公所患，不過於布，今已服矣。明公將步，令布將騎，天下不足定也。」其騎兵之精銳可知。《武帝紀》譏布不能據亢父、泰山之險，乃事後附會之辭，非情實。布兵多騎，騎兵利平地，焉用扼險？濮陽之戰，操勢幾危，此則騎兵馳突之效也。操之所以終獲濟者，以是時兩軍皆饑，而操能勒兵以收熟麥，約食蓄穀，一舉而乘布之敝耳。見《荀彧傳》。然使袁紹果有雄心，乘曹、呂相持之時，行卞莊刺虎之計，則操必危。又使徐州非新遭破壞，而劉備據之，更圖取兗，則操亦必危。所幸者，袁紹多陰謀而無壯志，雖使臧洪據青州，取東郡，而仍不欲遽與操啟釁，洪欲請兵以救張超，卒不之許。而劉備之救陶謙也，不過自有兵千餘人，及幽州、烏丸雜胡騎，又略得饑民數千人；既到，謙亦不過益以丹陽兵四千；及據徐州，陳登欲為合步騎十萬，則未及措手，而袁術已來攻，遂使操得以其間平定兗土，而兩虎相爭之禍，轉中於徐、揚之間耳。事之成敗，固亦有天倖存於其間也。《任峻傳注》引《魏武故事》載令曰：棗祇天性忠能。始共舉義兵，周旋征討。後袁紹在冀州，亦貪祇欲得之，祇深附託於孤。使領東阿令，呂布之亂，兗州皆叛，唯范、東阿完在，由祇以兵據城之力也。後大軍糧乏，得東阿以繼，祇之助也。亦可見是時用兵形勢。

---

[134] 史事：曹操失兗州時之危。以充州比關中、河內之誣。

第五節　曹操平定北方上

自董卓廢立，李傕、郭汜繼之作亂，漢朝政令，不出國門，東方諸侯，競欲力征經營矣。既未能改玉改步，其勢不得無所尊奉。於斯時也，非別戴一君，以距董卓之所立，則將奉以號令焉。由前之說，袁紹以之，而其事未成。由後之說，懷是計者亦不乏，而卒成之者魏武，此則半由人力，半亦由於事機也。

獻帝以興平二年十二月至安邑。其明年為建安元年，七月，還洛陽。是時居京師者為韓暹、董承，而二人不和。《後漢書．獻帝紀》：建安二年，二月，暹攻承。楊奉屯梁，（漢縣，今河南臨汝縣東。）張楊居河內，皆不能匡正王室，董承乃召曹操。《三國志．呂布傳注》引《英雄記》，言天子在河東，有手筆版書召布來迎，布軍無積蓄，不能自致。案其時雄踞河北者，唯袁紹為強，然夙與長安不合；劉虞、袁術，或遠不相及，或為中朝所畏憚；荊、揚則勢稍遠矣。欲求輔佐，自在兗、徐。呂布雖反覆，然本有誅董卓之功，與傕、汜為敵，流離顛沛之中，更思倚布，亦事勢應爾也。布又不能自致，則勤王之勳，勢不得不留待魏武矣。

獻帝至安邑之月，曹操定兗州。先二月，天子拜操兗州牧。東略陳地。明年，正月，袁術所置陳相袁嗣降，西行之道始開。初，操之領兗州，遣使詣張楊，欲假塗西至長安，楊不聽。時袁紹以董昭領魏郡太守，紹受讒，將致罪於昭，昭欲詣獻帝，至河內，為所留。昭說楊，楊乃通操上事，並表薦之。昭為操作書與長安諸將，各隨輕重致殷勤。楊亦遣使詣操。操遺楊犬馬金帛，遂與西方往來。天子在安邑，昭從河內往，拜議郎。及是，操將迎天子，諸將或疑，荀彧、程昱勸之，乃遣曹洪將兵西迎。董承與袁術將萇奴拒險，洪不得進。汝南、見第七章第五節。潁川見第三章第二節。黃巾何儀、劉辟、黃邵、何曼等，眾各數萬。初應袁術，又附孫堅。二月，操進軍討破之，斬辟、邵等，儀及其眾皆降。天子拜操建德將軍。操兵在許，遣使詣河東。時董昭已從河內往安邑，拜議郎。昭以楊奉兵馬最強，而少黨援，作操書與奉。言「群凶猾夏，四海未寧，神器至重，本在維輔，誠非一人所能獨建。心腹四肢，實相恃賴。將軍當為內主，吾為外援。今吾有糧，將軍有兵，有無相通，足以相濟。死生契闊，相與共之」。奉得書喜悅。語諸將軍，共表操為鎮東將軍，襲父爵費亭侯。六月。七月，操至洛陽。假節鉞，錄尚書事。董昭說操，言諸將人殊意異，未必服從。唯有移駕幸許。操曰：「楊奉近在梁，聞其兵精，得無為累？」昭曰：「奉少黨援，將獨委質。宜時遣使，厚遺答謝，以安其意。說京都無糧，欲車駕暫幸魯陽，魯陽近許，轉運稍易，可無縣乏之憂。奉為人勇而寡慮，必不見疑。比使往來，足以定計，何能為累？」操曰：「善。」九月，車駕自轘轅而東。奉自梁欲要之，不及。十月，操征奉，奉南奔袁術，遂攻其梁屯，拔之。先是操奏韓暹、張楊之罪，暹懼誅，單騎奔楊奉，奉與俱要遮車駕，不及，又同奔袁術，遂縱暴揚、徐間。明年，劉備誘奉斬之。暹懼，走還并州，道為人所殺。胡才、李樂留河東。才為怨家所害。樂自病死。張濟饑餓，出至南陽，攻穰，（漢縣，今河南鄧縣東南。）戰死。郭汜為其將伍習所殺。三年（198），使謁者僕射裴茂詔關中諸將段煨等討李傕，夷三族。於是自初平以來干亂政事者略盡矣。唯董承為車騎將軍，開府。案諸將中承最後亡者，以其初結張楊，後結曹操，得外援也。然承亦牛輔部曲，豈能終與魏武一心，故其後復有與劉備同謀之事焉。

曹操之入洛，幾於不勞而定，然袁紹虎視河北；劉表坐鎮荊、襄；劉備、呂布、袁術縱橫徐、揚之境；張濟之死也，從子繡領其眾，屯宛，復與劉表聲勢相倚；四方之難，正未息也。車駕之出轘而東也，以操為大將軍，封武平侯。十月，以袁紹為太尉。紹恥班在操下，不肯受。操乃固辭，以大將軍讓紹。天子拜操司空，行車騎將軍。是歲，操用棗祇、韓浩等議，始興屯田。自遭荒亂，率乏糧穀。諸軍並起，無終歲之計。饑則寇略，飽則棄餘。瓦解流離，無敵自破者，不可勝數。是歲募民屯田許下，得穀百萬斛。於是州郡例置田官，所在積穀，征伐四方，無轉運之勞，戡定之基立矣。參看第十六章第一節。

劉備之領徐州也，袁術攻之。備拒之盱眙、見第三章第二節。淮陰。(漢縣，今江蘇淮陰縣東南。)操表備為鎮東將軍，封宜城亭侯。術欲引呂布擊備，與布書，送米二十萬斛，言非唯此止，當駱驛復致。布大悅，勒兵襲下邳，虜備妻子。備轉軍海西，(漢縣，今江蘇東海縣南。)求和於布。布恚術運糧不復至，還備妻子，具車馬迎備，以為豫州刺史。布自號徐州牧。備遣關羽守下邳，自還小沛。術懼布為己害，為子求婚，布復許之。術遣將紀靈等步騎三萬攻備。備求救於布。諸將謂布曰：「將軍常欲殺劉備，今可假手於術。」布曰：「不然，若破備，則北連泰山，吾為在術圍中，不得不救也。」便率步騎千餘馳往。靈等聞布至，皆斂兵而止。布屯沛城外，遣人招備，並請靈等，與共饗飲，各罷。備復合兵，得萬餘人。布惡之，自出兵攻備。備敗，走歸曹操。操厚遇之，以為豫州牧。將至沛，收散卒，給其軍糧，益與兵，使東擊布。時建安元年 (196) 也。二年，正月，操南征，軍淯水。今白河。張繡降。操納濟妻，繡恨之。操聞，密有殺繡之計。計漏，繡掩襲操，操敗還。繡奔穰，與劉表合。袁術少見讖書，言代漢者當塗高，自云名字應之，又以袁氏出陳為舜後，以黃代赤，德運之次，遂有僭逆之謀。沛相下邳陳珪，故太尉球弟子也。術與珪俱公族子孫，少共交遊。書與珪，且脅致其中子應，圖必致之。珪答書，以死拒。興平二年 (195)，冬，天子敗於曹陽，術會群下，欲僭號。主簿閻象諫，術不悅。時孫策已據江東，聞術欲僭號，與書諫，術不納，策遂絕之。建安二年 (196)，春，術遂僭號，自稱仲家。使韓胤以僭號議告布，並求迎婦。陳珪恐徐、揚合從，往說布，布亦怨術初不己受也，女已在塗，追還絕昏，械送韓胤，梟首許市。珪欲使子登詣操，布不肯遣。會使者至，拜布左將軍，布大喜，即聽登往。登見操，因陳布勇而無計，輕於去就，宜早圖之。操即增珪秩中二千石，拜登廣陵太守。臨別，執登手曰：「東方之事，便以相付。」令登陰合部眾，以為內應。術與韓暹、楊奉等連勢，遣大將張勳攻布。布用珪策，遣人說暹、奉與己并力，軍資所有，悉許暹、奉。暹、奉從之。勳大破敗。九月，術侵陳，操東征之。術聞操自來，棄軍走，渡淮。時南陽、章陵即舂陵，後漢改縣。諸縣復叛為繡，操遣曹洪擊之，不利。還屯葉，見第三章第四節。數為繡、表所侵。十一月，操南征，至宛。拔湖陽（漢縣，今河南沘源縣南）、舞陰。（漢縣，今河南泌陽縣西北。）三年，正月，還許。三月，圍繡於穰。五月，劉表遣兵救繡，以絕軍後。操引還，到安眾，（漢縣，今河南鎮平縣東南。）繡、表合兵東追，操設奇兵大破之。呂布復為袁術，遣高順攻劉備於沛，破之。操遣夏侯惇救備，為順所敗，九月，操東征布。十月，屠彭城。進至下邳。布自將騎逆擊，大破之。追至城下。遺布書，為陳禍福。布欲降。陳宮等自以負罪，深沮其計。布遣人求救於術，術不能救，出戰，又敗，乃還固守。攻之不下。時操連戰，士卒罷，欲還。荀攸、郭嘉說曰：「呂布勇而無謀，今三戰皆北，其銳氣衰矣。三軍以將為主，主衰則軍無奮意。夫陳宮有智而遲。今及布氣之未復，宮謀之未定，進急攻之，布可拔也。」遂決泗、沂水以灌城。月餘，布將侯成、宋憲、魏續等執陳宮、高順，舉城降。布與其麾下登白門樓，兵圍急，乃下降。於是縊殺布與宮、順等，皆梟首送許，然後葬之。《三國志．呂布傳注》引《英雄記》曰：建安元年六月夜半時，布將河內郝萌反，入布所治下邳府，大呼攻閤。布牽婦科頭袒衣，從溷上排壁出，詣都督高順營。萌將曹性反。萌與對戰。萌刺傷性，性斫萌一臂。順斫萌首。床輿性送詣布。布問性：萌受袁術謀，謀者悉誰？性言陳宮同謀。時宮在坐上，面赤，旁人悉覺之，布以宮大將，不問也。又言曹操之攻下邳，布欲令陳宮、高順守城，自將騎斷太祖糧道。布妻謂曰：「宮、順素不和，將軍一出，宮、順必不同心共城守也。如有蹉跌，將軍當如何自立乎？願將軍計之，無為宮等所誤也。」又引《魏氏春秋》曰：陳宮謂布曰：「曹公遠來，勢不能久。若將軍以步騎出屯，為勢於外，宮將餘眾閉守於內，若向將軍，宮引兵而攻其背，若來攻城，將軍為救於外，不過旬日，軍食必盡，擊之可破。」布然之。布妻曰：「昔曹氏待公臺宮字。如赤子，猶舍而來，今將軍厚公臺不過於曹公，而欲委金城，捐妻子，孤軍遠出，若一旦有變，妾豈得為將軍妻哉？」布乃止。又引《英雄記》曰：「順為人清白，有威嚴。不飲酒，不受饋遺。所將七百餘兵，號為千人，鎧甲鬥具，皆精練齊整，每所攻擊，無不破者，名為陷陳營。順每諫布，言凡破家亡國，非無忠臣明智者也，但患不見用耳。將軍舉動，不肯詳思，輒喜言誤，誤不可數也。布知其忠，然不能用。布從郝萌反後，更疏順，以魏續有內外之親，悉奪順所將兵以與續。及當攻戰，故令順將續所領兵。順亦終無恨意。」合觀諸說，陳宮蓋傾危之士。[135] 操攻下邳，本欲退兵，以荀攸、郭嘉之言乃復進，知其兵力非甚有餘。如得忠誠之將如高順者以守於內，而布躬自率兵犄角於外，操之能克與否，殊未可知，而卒以陳宮難信，而又卒不能去其權，遂以不果，則宮以其反覆之性，幾敗曹公，而卒又以之敗布也。宮與曹公構釁之由不可知，然曹公之待人，大致尚偏於厚。觀第十二章第一節所言可知，則宮與曹公之構隙，疑其咎不在曹公矣，一舉而危曹公，敗呂布，殺張邈，毒流兗、徐，覃及揚域者五年，甚矣，傾危之士之不可與處也。

初，泰山臧霸，從陶謙擊破黃巾，拜騎都尉，遂收兵於徐州，與孫觀、吳敦、尹禮、昌豨各聚眾，霸為帥，屯於開陽。（漢縣，今山東臨沂縣北。）呂布之破劉備也，霸等悉從布。既禽布，霸自匿。操募索得霸，悅之。使霸招敦、禮、觀、觀兄康。以霸為琅琊相，敦利城（漢縣，今山東臨沂縣東）、禮東莞（漢縣，今山東沂水縣）、觀北海（後漢北海郡治劇，今山東壽光縣）、康城陽太守。見第三章第二節。割青、徐二州委霸。後操與袁紹相拒，霸數以精兵入青州，故操得專事紹，不以東方為念

[135] 史事：陳宮之傾危。

焉。張楊素與呂布善。操之圍布，楊欲救之，不能，乃出兵東市，胡三省曰：在野王縣。遙為之勢。四年，二月，其將楊醜殺楊以應操。楊將眭固殺醜，以其眾屬袁紹，屯射犬。四月，操進軍臨河，使史渙、曹仁破斬固，操濟河，圍射犬，降之。於是自河以南略平，袁、曹構兵之機迫矣。

第六節　曹操平定北方下

《三國志．荀彧傳》，載彧諫魏武勿取徐州，以兗州比漢高之關中，光武之河內，讀史者亟稱之，此不察情實之談也。漢高與項羽，始終相持於滎陽、成皋之間，關中距前敵甚遠，自可倚為根本。光武之據河內，勢已異是，然其時兵力，猶足自立。若魏武失兗州之時，則強敵在前，饑軍不立，而狡焉思啟者，且環伺於其旁，救死不贍，安敢望削平海宇哉？知往史所載謀臣碩畫，多事後附會之辭，非其實矣。魏武一生，所遭危機有二：一為張邈、陳宮以兗州叛迎呂布之時，一則都許之後，袁紹挾四州之勢以相臨。雖其機權勇決，自有制勝之方，然其成敗亦閒不容發，非有必克之道也。

《三國志．袁紹傳》云：「初，天子之立非紹意，及在河東，紹遣郭圖使焉，圖還，說紹迎天子都鄴，紹不從。」《注》引《獻帝傳》云：沮授說紹，而郭圖、淳于瓊沮之，《後書．紹傳》用其說，然亦云「帝立既非紹意，竟不能從」，則當曹操迎獻帝以前，袁紹迄未有承順之意。蓋其時漢室威靈已替，天子僅亦守府，挾以為資，實亦無足重輕也。迎獻帝都鄴之說，《國志》謂出郭圖，《獻帝傳》謂出沮授，疑當以《國志》為得實，緣後來傳河北事者，率多美授而歸罪於圖也。《志》又云：太祖迎天子都許，收河南地，關中皆附，紹悔，欲令太祖徙天子都鄄城以自密近，太祖拒之。《後書》云：律安元年（196），曹操迎天子都許，乃下詔書於紹，責以地廣兵多，而專自樹黨，不聞勤王之師，而但擅相討伐。紹上書自辯，乃以紹為太尉，封鄴侯。時操自為大將軍，紹恥為之下，表辭不受；操大懼，乃讓位於紹。二年（197），使孔融持節拜紹大將軍，錫弓矢、節鉞、虎賁百人，兼督冀、青、幽、并四州，然後受之。則當都許之初，袁、曹似幾至決裂，旋復斂兵而止者，蓋由朝以四州之地界紹。其時許都草創，操固無力攻紹；河北未定，紹亦不能專志河南；故遂各守疆埸，為後圖也。

袁紹以初平三年（192）敗公孫瓚於界橋。瓚又遣兵至龍湊挑戰，紹復擊破之。瓚遂還幽州，不敢復出。四年（193），初，天子遣太僕趙岐和解關東，使各罷兵，瓚因此以書譬紹，紹於是引軍南還。時魏郡兵反，與黑山賊于毒等共覆鄴城，殺郡守。紹討破之，斬毒。遂尋山北行，進擊諸賊，屠其屯壘。與黑山賊張燕及四營屠各、雁門烏桓戰於常山，連十餘日，燕兵死傷多，紹軍亦疲，遂各退。《後漢書．朱俊傳》云：自黃巾賊後，復有黑山、黃龍、白波、左校、郭大賢、於氐根、青牛角、張白騎、劉石、左髭丈八、平漢、大計、司隸、掾哉、雷公、浮雲、飛燕、白雀、揚鳳、于毒、五鹿、李大目、白繞、畦固、苦唒之徒，並起山谷間，不可勝數。其大聲者稱雷公，騎白馬者為張白騎，輕便者號飛燕，多髭者號於氐根，大眼者為大目。如此稱號，各有所因。大者二三萬，小者六七千。賊帥常山人張燕，輕勇趫捷，故軍中號曰飛燕。善得士卒心。乃與中山、常山、趙郡、上黨、河內諸山谷寇賊，更相交通，眾至百萬，號曰黑山賊。河北諸郡縣，並被其害。朝廷不能討。燕乃遣使至京師，奏書乞降。遂拜平燕中郎將，使領河北諸山谷事。歲得舉孝廉計吏。燕後漸寇河內，逼近京師。於是出俊為河內太守，將家兵擊卻之。其後諸賊多為袁紹所定，事在紹傳。《紹傳》云：紹出軍入朝歌鹿腸山蒼岩谷口討于毒，圍攻五日，破之，斬毒及其眾萬餘級。紹遂尋山北行，進擊諸賊左髭丈八等，皆斬之。又擊劉石、青牛角、黃龍、左校、郭大賢、李大目、於氐根等，復斬數萬級，皆屠其屯壘，遂與黑山賊張燕及四營屠各、雁門烏桓戰於常山。燕精兵數萬，騎數千匹。連戰十餘日，燕兵死傷雖多，紹軍亦疲，遂各退。《三國志·燕傳》云：真定人。本姓褚。黃巾起，燕合聚少年為群盜，在山澤間。轉攻還真定，眾萬餘人。博陵張牛角亦起，自號將兵從事，與燕合。燕推牛角為帥，俱攻癭陶。牛角為飛矢所中，被創，且死，令眾奉燕，故改姓張。張牛角當即青牛角也。朝歌，漢縣，在今河南淇縣東北。癭陶，亦漢縣，在今河北寧晉縣西南。《後書·朱俊傳》之文，略本《九州春秋》、《典略》、張璠《漢紀》，見《國志·張燕傳注》。青牛角，《九州春秋》但作牛角。苦哂作苦蝤。大計作大洪。椽哉作緣城。又有羅市，《後書》無其名。雷公，《典略》作張雷公。《九州春秋》又云：靈帝拜揚鳳為黑山校尉，領諸山賊，得舉孝廉計吏，與《國志》云張燕者異。麴義自恃有功，驕縱不軌，紹召殺之而並其眾。先是劉虞稍節公孫瓚稟假，瓚怒，屢違節度，築京於薊城以備虞。是年，冬，虞舉兵襲瓚，大敗，奔居庸。（漢縣，今察哈爾延慶縣東。）瓚攻拔居庸，生獲虞。會董卓死，天子遣使者段訓增虞邑，督六州，瓚遷前將軍，封易侯。瓚誣虞欲稱尊號，脅訓斬虞。上訓為幽州刺史。瓚徙鎮易。漢縣，今河北雄縣西北。虞從事鮮於輔等率州兵欲報瓚，以燕國閻柔素有恩信，共推柔為烏丸司馬。柔招誘烏丸、鮮卑，得胡、漢數萬人，與瓚所置漁陽太守鄒丹戰於潞北，大破之，斬丹。袁紹又遣麴義及虞子和和逃術還北，為紹所留。將兵與輔合擊瓚，瓚軍數敗，乃走還易京固守。為圍塹十重。於塹裡築京，皆高五六丈，為樓其上。中塹為京，特高十丈，自居焉。積穀三百萬斛。瓚曰：「昔謂天下事可指麾而定，今日視之，非我所決，不如休兵，力田蓄穀。兵法百樓不攻，今吾樓櫓千重，食盡此穀，足知天下之事矣。」欲以此弊紹。紹遣將攻之，連年不能拔。建安四年（199），紹悉軍圍之。瓚遣子求救於黑山賊。復欲自將突騎直出，傍西南山，擁黑山之眾，陸梁冀州，橫斷紹後。長史關靖說瓚，謂將士皆已土崩瓦解，舍之而去，易京之危可立待。瓚遂止。救至，欲內外擊紹，遣人與子書刻期，紹候者得其書，紹設伏擊，大破之，復還守。紹為道地，突壞其樓，稍至中京。瓚自知必敗，盡殺其妻子，乃自殺。於是河北略定。紹遂出長子譚為青州，中子熙為幽州，甥高幹為并州。簡精卒十萬，騎萬匹，欲以攻許矣。

袁術自敗於陳，稍困，將歸帝號於紹。袁譚自青州遣迎之。術欲從下邳北過，操遣劉備、朱靈要之，術復走還壽春。至江亭，憤慨結病，嘔血死。時建安四年六月也。八月，曹操進軍黎陽。漢縣，今河南浚縣東北。使臧霸等入青州，破齊（漢郡，治臨菑）、北海、東安（漢縣，今山東沂水縣南）。留於禁屯河上。九月，操還許。分兵守官渡。（城名，在今河南中牟縣東北。）袁紹遣人招張繡。繡從賈詡計，十一月，率眾降操。十二月，操軍官渡。劉備未出時，董承辭受帝衣帶中密詔誅操，備與同謀。至下邳，遂殺徐州刺史車冑，留關羽守下邳，而身還小沛。東海昌霸反，郡縣多叛操為備。備眾數萬人，遣孫乾與袁紹連和。操遣劉岱、王忠擊之，不克。五年（200），春，正月，董承等謀泄，皆伏誅。操自將東擊備，破之。備走奔紹。獲其妻子。攻下邳，關羽降。昌狶叛為備，又攻破之。二月，紹遣郭圖、淳于瓊、顏良等攻東郡太守劉延於白馬。津名，見第三章第四節。紹引兵至黎陽，將渡河。四月，操北救延。荀攸說操曰：「今兵少不敵，分其勢乃可。公到延津，在今河南延津縣北。若將渡兵向其後者，紹必西應之，然後輕兵襲白馬，掩其不備，顏良可禽也。」操從之。紹聞兵渡，即分兵西應之。操乃引軍兼行趣白馬。未至十餘里，良大驚，來逆戰。使張遼、關羽前登，擊破斬良。遂解白馬圍。徙其民循河而西。紹渡河追操。軍至延津南，操擊斬其騎將文醜。良、醜皆紹名將也，再戰悉禽，紹軍大震。操還軍官渡。紹進保陽武。見第二章第三節。關羽亡歸劉備。八月，紹連營稍前，依沙埶為屯，東西數十里。操亦分營與相當。合戰，不利。紹復進臨官渡，起土山道地。操亦於內作之以相應。紹射營中，矢如雨下，行者皆蒙楯，眾大懼。時操糧少，與荀彧書，議欲還許。彧以為「紹悉眾聚官渡，欲與公決勝敗，公以至弱當至強，若不能制，必為所乘，是天下之大機也」。操乃止。汝南降賊劉辟等叛應紹，略許下。

紹使劉備助辟，操使曹仁擊破之，備走，遂破辟屯。袁紹運穀車數千乘至，操用荀攸計，遣徐晃、史渙邀擊，大破之，盡燒其車。十月，紹遣車運穀，使淳于瓊等將兵萬餘人送之。紹謀臣許攸貪財，紹不能足，奔操，說操擊瓊等。左右疑之。荀攸、賈詡勸操。操乃留曹洪守，自將步騎五千人往。大破瓊等，皆斬之。紹聞操擊瓊，使張郃、高覽攻曹洪。郃等聞瓊敗，遂降。紹眾大潰。紹及子譚棄軍走渡河。追之，不及。冀州諸軍多舉城邑降者。六年，四月，揚兵河上。擊紹倉亭軍，見第四節。破之。紹歸，復收散卒，攻定諸叛郡縣，然其勢已不能復振矣。

袁、曹成敗，[136] 往史議論甚多，然多事後附會之辭，不足信也。《魏武帝本紀》云：劉備舉兵，公將東征，諸將皆曰：「與公爭天下者袁紹也，今紹方來而棄之東，紹乘人後，若何？」公曰：「夫劉備，人傑也。今不擊，必為後患。袁紹雖有大志，而見事遲，必不動也。」郭嘉亦勸公。《嘉傳》無此事。遂東擊備，破之。公還官渡，紹卒不出。《紹傳》云：太祖東征備，田豐說紹襲太祖後，紹辭以子疾，不許。豐舉杖擊地曰：「夫遭難遇之機，而以嬰兒之病失其會，惜哉！」此即附會之辭。夫兵有輕進逐利，有持重後進。許下距河北遠，多遣兵則行遲，勢不相及，少遣兵則徒遭挫折，無益於事，此紹之所以不肯輕進，操亦度其如此，故敢自將而東，非真能決其見事之遲也。袁紹既招張繡於前，復有劉辟應之於後，又嘗遣使招誘豫州諸郡，諸郡多受其命，唯陽安不動。（陽安，漢縣，在今河南確山縣東北，蓋是時暫立為郡。）陽安都尉李通，操之信臣也，紹以為征南將軍，事雖不成，然時通急錄戶調，朗陵長趙儼，憂民心之變，言之荀彧，彧以白操，操遂下令：綿絹悉以還民。見《李通趙儼傳》。則紹謀犄操之後，不為不力。其不肯遣大兵往援者，此本牽制之師，猶操之用臧霸，亦僅欲紓東顧之憂，不能仗之以攻冀州也。且劉辟舉兵而使劉備為之應，其所遣亦不為不重矣。曹操之攻淳于瓊也，紹聞之曰：「就彼破瓊，

[136] 史事：袁曹成敗。荀彧之劃。

吾攻拔其營，彼固無所歸矣。」其計亦未為誤。然張郃謂曹公營固，攻之必不拔，其後果然，則操之出兵，本據必甚堅固。以相持久疲敝之餘，而猶如此，況欲以輕兵襲許乎？紹之計，蓋欲一舉而大潰操兵，使其不能復振。其將南下也，田豐說紹曰：「曹公善用兵，變化無方，眾雖少，未可輕也。不如以久持之。將軍據山河之固，擁四州之眾，外結英雄，內修農戰；然後簡其精銳，分為奇兵，乘虛迭出，以擾河南；救右則擊其左，救左則擊其右；使敵疲於奔命，民不得安業，我未勞而彼已困，不及二年，可坐克也。今釋廟勝之策，而決成敗於一戰，若不如志，悔無及也。」及兵既交，沮授又曰：「北兵數眾，而果勁不及南，南谷虛少，而貨財不及北。南利在於急戰，北利在於緩搏。宜徐持久，曠以日月。」豐之策紹未能從，授之計則不可謂未見用。紹與操相持逾二時。所以不獲速決者，固由操之善守，亦由紹不急攻。不然，勝負之機，本不待決諸半年外也。《紹傳》云「太祖與紹相持日久，百姓疲乏，多叛應紹」，此即紹持久之效。操與荀彧書欲還許，蓋其勢實已不支。《彧傳》云「欲還許以引紹」，夫以相持日久，糧盡勢竭之餘，安能復引人深入？一舉足，則敵以全力躡其後，勢如山崩瓦解矣。彧所謂「若不能制，必為所乘」也。《彧傳》載彧報操之辭曰：「畫地而守之，扼其喉而不得進，已半年矣，情見勢竭，必將有變，此用奇之時，不可失也。」此亦以勢處於無可如何，而教之以涉險耳。許攸來自敵軍，進襲淳于瓊之策，而操遽自將以行，雖曰智勇過人，其道亦甚危矣，非處甚窘之勢，安肯冒昧出此哉？故曰：袁、曹成敗之機，實間不容髮也。

《魏志．荀彧傳》載彧策曹操有四勝，曰：「紹貌外寬而內忌，任人而疑其心，公明達不拘，唯才所宜，此度勝也。紹遲重少決，失在後機，公能斷大事，應變無方，此謀勝也。紹御軍寬緩，法令不立，士卒雖眾，其實難用，公法令既明，賞罰必行，士卒雖寡，皆爭致死，此武勝也。紹憑世資，從容飾智，以收名譽，故士之寡能好問者多歸之，公以至仁待人，推誠心不為虛美，行己謹儉，而與有功者無所吝惜，故天下忠正效實之士，咸願為用，此德勝也。」《郭嘉傳注》引《傅子》，載嘉謂操有十勝，紹有十敗，與此大同小異，其為後人附會，亦顯然可見。然此說亦頗足考袁、曹為人之異同也。[137]

劉備之敗於曹仁也，還紹軍，欲離紹，乃說紹南連劉表。紹遣備將本兵復至汝南，與賊龔都等合，眾數千人。操遣蔡陽擊之，不利。操南征備。備聞操自行，走奔劉表。都等皆散。時操以糧少，不足與河北相支，欲因紹新破，以其間討擊劉表。荀彧曰：「今紹敗，其眾離心，宜乘其困遂定之，而背兗、豫，遠師江、漢，若紹收其餘燼，承虛以出人後，則公事去矣。」《注》引《彧別傳》載操表曰：「昔袁紹侵入郊甸，戰於官渡。時兵少糧盡，圖欲還許，書與彧議，彧不聽臣，建宜住之便，恢進討之規，更起臣心，易其愚慮，遂摧大逆，復取其眾，此彧睹勝敗之機，略不世出也。及紹破敗，臣糧亦盡，以為河北未易圖也，欲南討劉表，彧復止臣，陳其得失。臣用反旆，遂吞凶族，克平四州。向使臣退於官渡，紹必鼓行而前，有傾覆之功，無克捷之勢。後若南征，委棄兗、豫，利既難要，將失本據。彧之二策，以亡為存，以禍致福，謀殊功異，臣所不及也。」則此二策確出於彧，且與當時形勢，大有關係。操從之。七年(202)，復進軍官渡。紹自軍破後，發病嘔血，五月死。紹愛少子尚，欲以為後，而未顯。審配、逢紀，與辛評、郭圖爭權。配、紀與尚比，評、圖與譚比。眾以譚長，欲立之。配等恐譚立而評等為己害，緣紹素意，乃奉尚代紹位。譚至，不得立，自號車騎將軍。由是譚、尚有隙。九月，操攻譚、尚。譚軍黎陽。尚少與譚兵，而使逢紀從譚。譚求益兵。配等議不與。譚怒，殺紀。操渡河攻譚，譚告急於尚。尚欲分兵益譚，恐譚遂奪其眾，乃使審配守鄴，自將兵助譚。大戰城下，譚、尚敗，走入城守。八年(203)，春，三月，攻其郭，乃出戰。擊，大破之。譚、尚夜遁。四月，進軍鄴。五

[137] 政治、學術：袁紹用好問之人，曹操得實效之士。明帝任法。

月，還許，留賈信屯黎陽。八月，操征劉表，軍西平（漢縣，今河南西平縣西）。《郭嘉傳》：從討譚、尚於黎陽，連戰數克。諸將欲乘勝遂攻之。嘉曰：「急之則相持，緩之而後爭心生，不如南向荊州，若征劉表者，以待其變，變成而後擊之，可一舉定也。」太祖曰「善」，乃南征。操之去鄴而南也，譚、尚遂舉兵相攻。譚敗，奔平原。尚攻之急。譚遣辛毗乞降請救。《辛毗傳注》引《英雄記》曰：郭圖說譚曰：「今將軍國小兵少，糧匱勢弱，顯甫之來，久則不敵。愚以為可呼曹公，來擊顯甫，曹公至，必先攻鄴。顯甫還救，將軍引兵而西，自鄴以北，皆可虜得。若顯甫軍破，其兵奔亡，又司斂取，以拒曹公。曹公遠僑而來，糧饟不繼，必目逃去。比此之際，趙國以北，皆我之有，亦足與曹公為敵矣。不然不諧。」譚始不納，後遂從之。諸將皆疑。荀攸言：「兄弟遘惡，勢不兩全。若有所並則力專，力專則難圖也。及其亂而取之，天下定矣，此時不可失也。」操乃引軍還。十月，到黎陽。為子整與譚結昏。尚聞操北，乃釋平原還鄴。其將呂曠、呂翔叛尚，屯陽平。率其眾降。九年，正月，操濟河。二月，尚復攻譚，留蘇由、審配守鄴。由欲為內應，謀泄，與配戰城中，敗，出奔操。操攻鄴，為土山道地。武安長尹楷屯毛城，在今河南涉縣西。通上黨糧道。四月，操留曹洪攻鄴，自將擊楷，破之。尚將沮鵠守邯鄲，又擊拔之。五月，毀土山道地。作圍塹，決漳水灌城。城中餓死者過半。七月，尚還救鄴。操逆擊，破走之。遂圍其營。尚夜遁，保祁山。《袁紹傳》云：尚還走濫口。其將馬延、張顗等臨陳降，眾大潰。尚走中山。八月，審配兄子榮夜開所守城東門內兵。生禽配，斬之。天子以操領冀州牧。操讓還兗州。操之圍鄴也，譚略取甘陵（後漢縣，今山東清平縣南）、安平（今河北冀縣）、渤海（後漢治南皮，今河北南皮縣）、河間（今河北獻縣）。尚敗，還中山。譚攻之。尚奔故安，（漢縣，今河北易縣東南。）從熙。譚遂並其眾。操遺譚書，責以負約，與之絕婚。女還然後進軍。譚懼，拔平原，走保南皮。見第三章第三節。十年，正月，攻拔之，斬譚及郭圖等，冀州平。是月，袁熙大將焦觸、張南等叛，攻熙、尚。熙、尚奔三郡烏丸，觸等舉其縣降。初，袁紹與公孫瓚爭冀州，張燕遣將助瓚，與紹戰，為紹所敗，人眾稍散。鮮於輔將其眾奉王命，以為建忠將軍，督幽州六郡。操與紹相拒於官渡，閻柔遣使詣操受事，遷護烏丸校尉，而輔身詣操，拜左度遼將軍，遣還鎮撫本州。將定冀州，燕遣使求佐王師，拜平北將軍，率眾詣鄴。故安趙犢、霍奴等殺幽州刺史、涿郡太守。三郡烏丸攻輔於獷平。（漢縣，今河北密雲縣東北。）八月，操征之，斬犢等。乃渡潞河救獷平。烏丸奔走出塞。操之拔鄴，高幹降，以為并州刺史。聞操討烏丸，以州叛。十一年，正月，操征幹。幹走入匈奴求救。單于不受。幹走荊州。上洛都尉王琰捕斬之(上洛，漢縣，今陝西商縣)。《杜畿傳》：高幹反，時河東太守王邑被徵，河東人衛固、范先，外以請邑為名，內實與幹通謀。太祖謂荀彧曰：「關西諸將，恃險與馬，征必為亂。張晟寇殽、澠間，南通劉表，固等因之，吾恐其為害深。河東被山帶河，四鄰多變，當今天下之要地也。君為我舉蕭何、寇恂以鎮之。」彧曰：「杜畿其人也。」遂拜畿為河東太守。固等使兵數千人絕陝津。畿詭道從郖津度。范先欲殺畿以威眾。固曰「殺之無損，徒有惡名，且制之在我」，遂奉之。畿以固為都督，行丞事，領功曹。將校吏兵三千餘人，皆范先督之。固欲大發兵，畿患之。說固曰：「今大發兵，眾必擾，不如徐以貲募兵。」固以為然，從之。又喻固等曰：「人情顧家，諸將掾史，可分遣休息，急緩召之不難。」固等惡逆眾心，又從之。於是善人在外，陰為己援，惡人分散，各還其家。畿知諸縣多附己，因出單將數十騎赴張辟拒守。固等與幹、晟共攻之，不下。會大兵至，幹、晟敗，固等伏誅。是時天下郡縣皆殘破，河東最先定，少耗減。畿治之，崇寬惠，與民無為。韓遂、馬超之叛也，弘農、馮翊多舉縣邑以應之。河東雖與賊接，民無異心。太祖西征，至蒲阪，與賊夾渭為軍，軍食一仰河東。及賊破，餘畜二十餘萬斛。《梁習傳》曰：並土新附，習以別部司馬領并州刺史。時承高幹荒亂之餘，胡狄在界，張雄跋扈。吏民亡叛，入其部落。兵家擁眾，作為寇害，更相搧動，往往棋跱。習到官，誘諭招納，皆禮召其豪右，稍稍薦舉，使詣幕府。豪右已盡，乃次發諸丁強，以為義從。又因大軍出征，分請以為勇力。吏兵已去之後，稍移其家，前後送鄴，凡數萬口。其不從命者，興兵致討，斬首千數，降附者萬計。單于恭順，名王稽顙。部曲服事供職，同於編戶。邊境肅清。百姓布野，勤勞農桑。令行禁止。案喪亂之際，戡定雖賴兵力，其後撫綏生聚，則無不藉良吏者，觀此二事可知也。十二年 (207)，操北征三郡烏丸。五月，至無終。（漢縣，今河北玉田縣。）初，田疇為劉虞奉使還，未至，虞已為公孫瓚所害。疇乃入徐無山中，（山在今玉田縣北。）營深險平敞地而居。百姓歸之者，數年間至五千餘家。疇為立約束。北邊翕然，服其威信。操北征烏丸，先使辟疇，隨軍次無終。時方夏水雨，而濱海灣下，濘滯不通，虜亦遮守險要，軍不得進。操患之，以問疇。疇言「舊北平郡治在平岡，道出盧龍，（在今河北遷安縣北。）達於柳城。當在今凌南、興城之間。自建武以來，陷壞斷絕，垂二百載，而尚有微徑可從。今虜以大軍當由無終，不得進而退，懈弛無備。若默回軍，從盧龍口，越白檀之險，（白檀，漢縣，在今熱河承德縣西。）出空虛之地，路近而便，掩其不備，蹋頓之首，可不戰而禽也」。操曰：「善。」令疇將其眾為鄉導，引軍出盧龍塞。塞外道絕不通。乃塹山湮谷，五百餘里，東指柳城。未至二百里，虜乃知之。尚、熙與蹋頓、遼西單于樓班、右北平單于能臣抵之等將數萬騎逆軍。八月，縱兵擊之，虜眾大崩。斬蹋頓及名王以下。胡、漢降者二十餘萬口。遼東單于速僕丸，及遼西、北平諸豪，棄其種人，與尚、熙奔遼東。初，遼東太守公孫康恃遠不服，及操破烏丸，或說操遂征之，尚兄弟可禽也。操曰：「吾方使康斬送尚、熙首，不煩兵矣。」九月，操引兵自柳城還，康即斬尚、熙及速僕丸等，傳其首。諸將或問：「公還而康斬送尚、熙，何也？」操曰：「彼素畏尚等，吾急之則并力，緩之則自相圖，其勢然也。」案患莫大於養癰。三郡烏丸，種類繁熾，又數受袁氏恩，內利鈔掠，使尚、熙獲用其眾，其為患，必不止如後漢初之盧芳而已。曹操大舉征之，雖曰乘危以僥倖，《武帝紀注》引《曹瞞傳》操自道語。然烏丸自此遂不能為大患，其用兵亦云神矣。[138] 參看第十二章第十節。

是時海內之患，以幽、并、青、冀、兗、徐為急，及是略已平定，關中操任鍾繇撫之，涼州鸞遠，諸將皆無大略，非可急圖，亦不虞其為大患也，故烏丸平，操遂南征荊州。

第七節　孫氏據江東

孫堅之死也，兄子賁，將大眾就袁術，術復表賁為豫州刺史。堅長子策，渡江居江都。徐州牧陶謙深忌策。策舅吳景，時為丹陽太守，策乃載母徙曲阿，（秦縣，今江蘇丹陽縣。）與呂範、孫河俱就景。因緣召募，得數百人。興平元年（194），從術。術甚奇之。以堅部曲還策。術初許策為九江太守，已而更用丹陽陳紀。後術欲攻徐州，從廬江太守陸康求米，（廬江，漢郡，在今安徽廬江縣西。）康不與。術大怒，遣策攻康，謂曰：「今若得康，廬江真卿有也。」策攻康，拔之。術復用其故吏劉勳為太守，策益失望。先是劉繇為揚州刺史，州舊治壽春，壽春術已據之，繇乃渡江治曲阿。時吳景尚在丹陽，策從兄賁，又為丹陽都尉，繇至，皆迫逐之。景、賁退舍歷陽。繇遣樊能、于麋、陳橫屯江津，張英屯當利口（在今安徽和縣東南。）以距術。術自用故吏琅邪惠衢為揚州刺史。更以景為督軍中郎將，與賁共將兵擊英等，連年不克。漢命加繇為牧，策乃說術，乞助景等平定江東。術表策為折衝校尉，行殄寇將軍。兵財千餘，騎數十匹，賓客願從者數百人。比至歷陽，眾五六千。渡江轉鬥，所向皆破。劉繇奔丹徒。將奔會稽，許劭曰：「會稽富實，策之所貪；且窮在海隅，不可往

[138] 史事：曹操征烏丸用兵之神。

也。不如豫章，北連豫壤，西接荊州。若收合吏民，遣使貢獻，與曹兗州相聞，雖有袁公路隔在其間，其人豺狼，不能久也。足下受王命，孟德、景升，必相救濟。」繇從之。據《三國志·劉繇傳注》引袁宏《漢紀》。訴江南保豫章。尋病卒。吳人嚴白虎等眾各萬餘人，處處屯聚。吳景等欲先擊破虎等，乃至會稽。策曰：「虎等群盜，非有大志，此成禽耳。」遂引兵渡浙江。會稽太守王朗舉兵與戰，敗績。浮海至東冶。見第五章第七節。策又追擊，朗乃詣策。策攻破虎等。盡更置長吏。自領會稽太守。復以吳景為丹陽太守。以孫賁為豫章太守。時豫章太守為華歆，知策善用兵，乃幅巾相迎。分豫章為廬陵郡，（治高昌，在今江西吉安縣境。）以賁弟輔為太守。丹陽朱治為吳郡太守。時袁術僭號，策以書責而絕之。曹操表策為討逆將軍，封為吳侯。後術死，長史楊弘、大將張勳等將其眾欲就策，劉勳要擊，悉虜之。策聞之，偽與勳好盟。時豫章上繚（在今建昌縣南。）宗民萬餘家在江東，策勸勳攻取之。勳既行，策輕軍晨夜襲拔廬江。勳眾盡降。勳獨與麾下數百人歸曹操。是時袁紹方強，而策並江東，操力未能逞，且欲撫之，乃以弟女配策小弟匡，又為子章取賁女，皆禮辟策弟權、翊，又命揚州刺史嚴象舉權茂才。建安五年（200），策為故吳郡太守許貢客所殺。《三國志·孫策傳》云：「曹公與袁紹相拒於官渡，策陰欲襲許迎漢帝，[139]密治兵，部署諸將，未發，為貢客所殺。」《魏武帝紀》亦云：「孫策聞公與紹相持，乃謀襲許，未發，為刺客所殺。」《策傳注》引《江表傳》則云：「廣陵太守陳登，治射陽。（漢縣，在今江蘇淮安縣東南。）登即瑀之從兄子也。策前西征，登陰復遣間使以印綬與嚴白虎餘黨，圖為後害，以報瑀見破之辱。策歸，復討登。軍到丹徒，須待運糧。策性好獵。將步騎數出。策驅馳逐鹿，所乘馬精駿，從騎絕不能及。初，吳郡太守許貢上表於漢帝曰：孫策驍雄，與項籍相似。宜加貴寵，召還京邑。若放於外，必作世患。策候吏得貢表，以示策。策請貢相見，以責讓貢。貢辭無

[139]　史事：孫策謀襲許之誣。

表。策即令武士絞殺之。貢奴客潛民間，欲為貢報仇。獵日，卒有三人，即貢客也。策問爾等何人？答云是韓當兵，在此射鹿耳。策曰：當兵吾皆識之，未嘗見汝等。因射一人，應弦而倒。餘二人怖急，便舉弓射策，中頰。後騎尋至，皆刺殺之。」案策兵雖強，豈足與中國爭衡？漢室是時，威靈已替，挾一獻帝，豈足以號召天下？曹公之克成大業，亦以其法嚴令行，用兵如神耳，非真藉漢天子之虛名也。以策之望輕資淺，挾一漢帝，侷促吳、越，此義帝之居郴耳，何足有為？裴松之謂淮、泗之間，所在可都，試問策之眾，視陶謙、袁術、劉備、呂布何如？諸雄相次覆亡，何有於策？況策徒輕剽，實無大略，又安知挾天子以令諸侯也。然則《江表傳》之言，為得其實矣。《吳志・呂範傳》曰：下邳陳瑀，自號吳郡太守，住海西，與強族嚴白虎交通。策自將討虎，別遣範與徐逸攻瑀於海西，梟其大將陳牧。《策傳注》引《江表傳》，則謂建安二年（197）夏，詔以策為騎都尉，襲爵烏程侯，領會稽太守。又詔與平東將軍領徐州牧溫侯布，及行吳郡太守安東將軍陳瑀同討袁術，則瑀稱吳郡太守，實出朝命，非由自號。《傳》又云：瑀陰圖襲策，遣使持印，與諸險縣大帥，使為內應，伺策軍發，欲攻取諸郡。策覺之，遣呂範、徐逸攻破瑀。案策之渡江，本為袁術。此時漢朝雖有討術之命，實權宜用之，非信其心也。苟有機會，乘間圖之，夫固未為非計？《張邈傳注》引《九州春秋》，言陳登甚得江、淮間歡心，有吞滅江南之志。孫策遣軍攻登，再敗。登遷為東城太守，孫權遂跨有江外。太祖每臨大江而嘆，恨不早用陳元龍計，元龍，登字。而令封豕養其爪牙。元龍父子，初間呂布、袁術之交，卒定揚、徐之境，瑀或亦志平江表者。即謂其未可知，而登之志皎然而才可用則信矣。拒敵再克，其效已見。呂布亡而忽視東南，使長才不竟其用，豈不惜哉？此魏武慮事之一疏也。

孫策之將死也，呼權佩以印綬。曹操表權為討虜將軍，領會稽太守，屯吳，使丞之郡行文書事。是時唯有會稽、吳郡、丹陽、豫章、廬陵，然深險之地，猶未盡從。權乃分部諸將，鎮撫山越，討不從命。建安八年（203），權西伐黃祖，破其舟軍，惟城未克，而山寇復動。還過豫章，使呂範平鄱陽（漢縣，今江西鄱陽縣東）、會稽，程普討樂安，（今江西德興縣東，吳立為縣。）太史慈領海昏，（漢縣，今江西永修縣。）韓當、周泰、呂蒙等為劇縣令、長。九年（204），權弟丹陽太守翊為左右所害，以從兄瑜代翊。十年（205），權使賀齊討上饒，分為建平縣。（上饒，漢縣，今江西上饒縣西北。建平，今福建建陽縣。）十二年（207），西征黃祖，虜其人民而還。十三年（208）春，權復征黃祖，屠其城。祖挺身亡走，騎士馮則追梟其首。虜其男女數萬口。是歲，使賀齊討黟（漢黝縣，今安徽黟縣）、歙，（漢縣，今安徽歙縣。）分歙為始新（在今浙江淳安縣西）、新定（今浙江遂安縣）、犁陽（今安徽休寧縣東南）、休陽縣，（後避孫休諱，改為海陽，在休寧縣東。）以六縣為新都郡。此時權所務者，西征江夏，內平山越以撫定諸縣。《賀齊等傳評》曰「山越好為叛亂，難安易動，是以孫權不皇外御，卑辭魏氏」，則當赤壁戰後，權猶不能不以山越為患也，況於即位之初？況於孫策之世邪？亦足見謂策欲襲許之誣矣。然赤壁一戰，權竟能與劉備協力以破曹公，則全由江、淮輕剽之性為之，此可以覘南北古今風氣之不同矣。

第八節　赤壁之戰

曹操以建安元年（196）入洛陽，遷獻帝都許，自此至十二年（207），凡一紀，東平呂布，摧袁術，走劉備，北破袁紹，西撫關中，當時所謂中原之地略定，然天下卒成三分之局者，則以赤壁一戰，犯兵家之忌，為權、備所乘；其後又以北方尚未大定；且以當時形勢，舉中國之眾，與吳、蜀爭衡，勢亦有所未便；遂至廓清掃蕩，虛願徒存。使赤壁一戰而操更獲勝，則順流而下，江東指日可定，劉備自無立足之地，益州更不能負固矣。故赤壁一戰，實當時事勢轉變之大關鍵也。

《蜀志．諸葛亮傳》載亮初見先主時之言曰：「今操已擁百萬之眾，挾天子以令諸侯，此誠不可與爭鋒。孫權據有江東，已歷三世，國險而民附，賢能為之用。此可與為援而不可圖也。荊州北據漢、沔，利盡南海，東連吳會，西通巴、蜀，此用武之國，而其主不能守，此殆天所以資將軍，將軍豈有意乎？益州險塞，沃野千里，天府之土，高祖因之，以成帝業。劉璋闇弱，張魯在北，民殷國富，而不知存恤，智慧之士，思得明君。將軍既帝室之胄，信義著於四海，總攬英雄，思賢如渴。若跨有荊、益，保其岩阻，西和諸戎，南撫夷越，外結好孫權，內修政理；天下有變，則命一上將，將荊州之軍，以向宛、洛，將軍身率益州之眾，以出秦川，百姓孰敢不簞食壺漿，以迎將軍者乎？誠如是，則霸業可成，漢室可興矣。」此文以與後來情事，大相符合，人或疑之。然跨據荊、益，連結吳會，可與北方抗衡，當時事勢固爾，不容謂亮見不及此。《三國志》所載當時謀臣策劃，可疑者甚多，此顧無足深疑也。此亦可見三國之分立，實時勢使然，而非出於偶然矣。

李榷、郭汜之入長安也，欲連劉表為援，以表為荊州牧。天子都許，表雖遣使貢獻，然北與袁紹相結。張濟入荊州界，攻穰城，為流矢所中，死，表使人納其眾。長沙桓階，說太守張羨，舉長沙及旁三郡以拒表，遣使詣曹操。表圍之連年，不下。羨病死，長沙復立其子懌。表遂攻並懌。南收零、桂，北據漢川，地方數千里，帶甲十餘萬。曹操與袁紹相持於官渡，紹遣人求助，表許之而不至，亦不佐操，欲保江、漢間，觀天下變。從事中郎韓嵩、別駕劉先說表舉州附操。大將蒯越亦勸表。表狐疑，乃遣嵩詣操，以觀虛實。嵩還，深陳操威德，說表遣子入質。表疑嵩反為操，大怒。欲殺嵩。考殺嵩隨行者，知嵩無他意，乃止。先主之奔表，表自郊迎，以上賓禮待之。益其兵，使屯新野。（漢縣，今河南新野縣南。）建安十三年七月，操南征表。八月，表卒。二子：琦，琮。表初以琦貌類於己，甚愛之。後為琮娶其後妻蔡氏之姪，蔡氏遂愛琮而惡琦。毀譽之言，日聞於表。表寵耽後妻，每信任焉。又妻弟蔡瑁，及外甥張允，並得幸於表，又睦於琮。琦不自寧，與諸葛亮謀自安之術。亮曰：「君不見申生在內而危，重耳居外而安乎？」琦意感悟，陰規出計。會江夏太守黃祖為孫權所殺，琦遂求代其任，及表病甚，琦歸省疾，允等遏於戶外，使不得見，琦流涕而去。遂以琮為嗣。琮以侯印授琦。琦怒，投之地，將因奔喪作難。會曹操軍至新野。琦走江南。操軍到襄陽，琮舉州請降。劉備屯樊，不知操卒至，至宛，乃聞之，遂將其眾去。過襄陽，諸葛亮說備攻琮，荊州可有。案當時即得襄陽，其何能守？此說疑不實。備曰：「吾不忍也。」乃駐馬呼琮，琮懼不能起。琮左右及荊州人多歸備。比到當陽，(漢縣，今湖北當陽縣東。) 眾十餘萬，輜重數千兩，日行十餘里。別遣關羽乘船數百艘，使會江陵。操以江陵有軍實，恐備據之，乃釋輜重，輕軍到襄陽。聞備已過，操將精騎五千急追之，一日一夜行三百餘里，及於當陽之長阪。備棄妻子，與諸葛亮、張飛、趙雲等數十騎走。斜趣漢津，適與羽船會，得濟沔。遇琦眾萬餘人，與俱到夏口。操以表大將文聘為江夏太守，備表琦為荊州刺史。明年卒。

《三國志．孫權傳》云：判州牧劉表死，魯肅乞奉命弔表二子，且以觀變。肅未到而曹公已臨其境，表子琮舉眾以降。劉備欲南濟江，肅與相見。因傳權旨，為陳成敗。備進住夏口，使諸葛亮詣權。《肅傳》曰：劉表死，肅進說曰：「夫荊楚與國鄰接，水流順北，外帶江、漢，內阻山陵，有金城之固。沃野萬里，士民殷富。若據而有之，此帝王之資也。今表新亡，二子素不輯睦，軍中諸將，各有彼此。加劉備天下梟雄，與操有隙，寄寓於表，表惡其能而不能用也。若備與彼協心，上下齊同，則宜撫同，與結盟好。如有離違，宜別圖之，以濟大事。肅請得奉命弔表二子，並慰勞其軍中用事者，及說備：使撫表眾，同心一意，共治曹操。備必喜而從命。如其克諧，天下可定也。今不速往，恐為操所先。」權即遣肅行，到夏口，聞曹公已向荊州，晨夜兼道。比至南郡，治江陵。而表子琮已降，備皇遽奔走，欲南渡江，肅徑迎之。到當陽長阪，與備會。宣騰權旨，及陳江東強固，勸備與權并力。備甚歡悅。時諸葛亮與備相隨。肅謂亮曰：「我子瑜友也。」亮兄瑾，字子瑜，事權。即共定交。備遂到夏口，遣亮使權，肅亦反命。會權得曹公欲東之問，與諸將議，皆勸權迎之，而肅獨不言。權起更衣，肅追於宇下。權知其意，執肅手曰：「卿欲何言？」肅對曰：「向察眾人之議，專欲誤將軍，不足與圖大事。今肅可迎操耳，如將軍不可也。何以言之？今肅迎操，操當以肅還付鄉黨，品其名位，猶不失下曹從事，乘犢車，從吏卒，交遊士林，累官故不失州郡也。將軍迎操，欲安所歸？願早定大計，莫用眾人之議也。」權嘆息曰：「諸人持議，甚失孤望。今卿廓開大計，正與孤同。此天以卿賜我也。」時周瑜受使至鄱陽，肅勸追召瑜還。遂任瑜以行事，以肅為贊軍校尉，助畫方略。《喻傳》曰：曹公入荊州，劉琮舉眾降，曹公得其水軍船步兵數十萬。將士聞之，皆恐懼。延見群下，問以計策。議者咸曰：「曹公豺虎也，然託名漢相，挾天子以征四方，動以朝廷為辭，今日拒之，事更不順。且將軍大勢，可以拒操者長江也。今操得荊州，奄有其地，劉表治水軍，蒙衝鬥艦，乃以千數，操悉浮以沿江，兼有步兵，水陸俱下，此為長江之險，已與我共之矣。而勢力眾寡，又不可論。愚謂大計不如迎之。」瑜曰：「操雖託名漢相，其實漢賊也。將軍以神武雄才，兼杖父兄之烈，割據江東，地方數千里，兵精足用，英雄樂業，尚當橫行天下，為漢家除殘去穢，況操自送死，而可迎之邪？請為將軍籌之。今使北土已安，操無內憂，能曠日持久，來爭疆場；又能與我校勝負於船楫，可乎？今北土未安，加馬超、韓遂，尚在關西，為操後患。且舍鞍馬，杖舟楫，與吳、越爭衡，本非中國所長。又今盛寒，馬無藁草。驅中國士眾，遠涉江湖之間，不習水土，必生疾病。此數者，用兵之患也，而操皆冒行之。將軍禽操，宜在今日。瑜請得精兵三萬人，進住夏口，保為將軍破之。」權曰：「老賊欲廢漢自立久矣，徒忌二袁、呂布、劉表與孤耳。今數雄已滅，唯孤尚存。孤與老賊，勢不兩立。君言當擊，甚與孤合，此天以君授孤也。」觀此，知拒操之議，實出於瑜、肅二人。《瑜傳注》引《江表傳》：曹公新破袁紹，兵威日盛。建安七年 (202)，下書責權質任子。權召群臣會議。張昭、秦松等猶豫不能決。權意不欲遣質。乃獨將瑜詣母前定議。瑜曰：「將軍承父兄餘資，兼六郡之眾，兵精糧多，將士用命。鑄山為銅，煑海為鹽，境內富饒，人不思亂。泛舟舉帆，朝發夕到。士風勁勇，所向無敵。有何逼迫，而欲送質？質一入，不得不與曹氏相首尾，與相首尾，則命召不得不往，便見制於人也。極不過一侯印，僕從十餘人，車數乘，馬數匹，豈與南面稱孤同哉？不如勿遣，徐觀其變。若曹氏能率義以正天下，將軍事之未晚。若圖為暴亂，兵猶火也，不戢將自焚。將軍韜勇抗威，以待天命，何送質之有？」權母曰：公瑾瑜字。議是也。遂不送質。瑜之議，與魯肅肅可迎操，將軍不可之對，用意正同。足見拒操為權與瑜、肅等素定之計。[140] 故赤壁戰前，曹操以大兵臨之，江東群臣，多挾迎降之議，而權等數人，決策不疑如此。不特此也，權之立，魯肅還葬祖母，東城劉子揚與肅友善，遺書勸肅北行，肅東城人。瑜謂肅曰：「吾聞先哲祕論，承運代劉氏者，必興於東南，足下不須以子揚之言介意。」因薦肅。權與語，甚說之，眾賓罷退，獨引肅還，合榻對飲。肅曰：「昔高帝區區，欲事義帝而不獲者，以項羽為害也。今之曹操，猶昔項羽，將軍何由得為桓、文乎？肅竊料之，漢室不可復興，曹操不可卒除，為將軍計，唯有鼎足江東，以觀天下之釁，因北方多務，剿除黃祖，進伐劉表，竟長江所極，據而有之，然後建號帝王，以圖天下，此高帝之業也。」其後權與陸遜論瑜、肅曰「公瑾昔邀子敬來東，致達於孤，孤與燕語，便及大略，帝王之業」，蓋即指此。權稱尊號，臨壇顧謂公卿曰：「昔魯子敬嘗道此，可謂明於事勢矣。」然則權之欲廢漢自立久矣，顧以此誣魏武，豈不悖哉？《張

[140] 史事：抗操為權、瑜、肅素定之計。

昭傳注》引《江表傳》曰：權既即尊位，請會百官，歸功周瑜。昭舉笏欲褒贊功德。未及言。權曰：「如張公之計，今已乞食矣。」昭大慚，伏地流汗。昭忠謇亮直，有大臣節，權敬重之，然所以不相昭者，蓋以昔駁周瑜、魯肅等議為非也。裴松之謂：「鼎峙之計，本非昭志。曹公杖順而起，功以義立。冀以清一諸華，拓平荊、郢。大定之機，在於此會。若使昭議獲從，則六合為一，豈有兵連禍結，遂為戰國之弊哉？雖無功於孫氏，有大當於天下矣。昔竇融歸漢，與國升降。張魯降魏，賞延於世。況權舉全吳，望風順服。寵靈之厚，其可測量哉？然則昭為人謀，豈不忠且正乎？」今案赤壁之戰，曹操雖犯兵家之忌，然在權、備，亦為幸勝，使其不捷，其為後禍，寧可測量。《先主傳》評曰「折而不撓，終不為下者，揆彼之量，必不容己，非唯競禍，且以避害。」蓋始佐公孫瓚而救陶謙，繼藉操之力以戡呂布，而反合於董承，操與備之釁則深矣。若權，操安知為何如人？乃曰：「其所以不能廢漢者，徒忌二袁、呂布、劉表與孤」，又曰「孤與老賊，勢不兩立」，此豈當時情實？然則權之決策拒操，可謂狼子野心，而周瑜、魯肅，亦皆可謂為好亂之士也。徒以二三剽輕之徒，同懷行險僥倖之計，遂肇六十年分裂之禍，豈不哀哉。可見地方風氣之關係於治亂者大也。

《魏志．賈詡傳》曰：太祖破荊州，欲順江東下。詡諫曰：「明公昔破袁氏，今收漢南，威名遠著，軍勢既大，若乘舊楚之饒，以饗吏士，撫安百姓，使安土樂業，則可不勞眾而江東稽服矣。」太祖不從，軍遂無利。案諸葛亮告孫權曰：「曹操之眾，遠來疲弊。聞追豫州，輕騎一日一夜行三百餘里，此所謂強弩之末，勢不能穿魯縞者也。故兵法忌之，曰必蹶上將軍。且北方之人，不習水戰。又荊州之民附操者，逼兵勢耳，非心服也。今將軍誠能命猛將，統兵數萬，與豫州協規同力，破操軍必矣。」此與周瑜所道，皆確為操軍可乘之隙，賈詡所以不主速進者蓋以此。然亮言豫州軍雖敗於長阪，今戰士還者及關羽水軍，精甲萬人，劉琦合江夏戰士，亦不下萬人，而《孫權傳》言周瑜、程普為左右督，各領萬人，與備俱進，則權、備之兵，各不過二萬人耳，其寡可謂已甚，此操所以不之忌歟？時操軍已有疾病。遇於赤壁，（今湖北嘉魚縣東北。）初一交戰，操軍敗退，引次江北。瑜等在南岸。瑜部將黃蓋曰：「今寇眾我寡，難與持久。然觀操軍，方連船艦，首尾相接，可燒而走也。」乃取蒙衝鬥艦數十艘，實以薪草，膏油灌其中，裹以帷幕。上建牙旗。先書報操，欺以欲降。又預備走舸，各繫大船後。因引次俱前。操軍吏士，皆引頸觀望，指言蓋降。蓋放諸船，同時發火。時風盛猛，悉延燒岸上營落。頃之，煙炎漲天，人馬燒溺死者甚眾。軍遂敗退，還保南郡。備與瑜等，復共追操。操留曹仁等守江陵城，逕自北歸。瑜與程普又進取之。權拜瑜偏將軍，領南郡太守，屯據江陵。而先主南征武陵、長沙、桂陽、零陵，四郡皆降。廬江雷緒，率部曲數萬口稽顙。劉琦病死，群下推先主為荊州牧，治公安。鼎足之形漸成矣。《魏志・程昱傳》曰：劉備奔吳，案備僅遣諸葛亮詣權，身實未嘗奔吳，此《國志》措辭不審。論者以為孫權必殺備。昱料之曰：「孫權新在位，未為海內所憚。曹公無敵於天下，初舉荊州，威震江表，權雖有謀，不能獨當也。劉備有英名；關羽、張飛，皆萬人之敵也；權必資之以禦我。難解勢分，備資以成，又不可得而殺也。」其料事可謂審矣。然其癥結，仍由於操軍之不能久留。故周瑜逆料操不能持久，諸葛亮亦謂操軍破必北還也。然則海宇不能統一，仍由亂勢熾而非一時可了耳。

第九節　劉備入蜀

赤壁戰後，曹操圖南，改道揚州，荊州僅遣將守禦。上流形勝之地，既為孫、劉所同利；益州天府，尤其所共覬覦，於是劉備入益州，與孫權爭荊州之事起。而曹操亦於此時，南定漢中，備又北爭之，於是關羽取襄陽，孫權乘其後以取荊州之事又起矣。

曹操之於東南，初所任者為劉馥。馥，相人，避亂揚州。建安初，說袁術將戚寄、秦翊俱詣操。操悅之，闢為司徒掾。後孫策所置廬江太守李述攻殺揚州刺史嚴象。廬江梅乾、雷緒、陳蘭等聚眾數萬，在江、淮間，郡縣殘破。操方有袁紹之難，遂表馥為揚州刺史。馥既受命，單馬造合肥空城，（今安徽合肥縣北。）建立州治。南懷緒等，皆安集之。流民越江山而歸者以萬數。於是廣屯田，為戰守備。其後孫權率十萬眾攻圍合肥城百餘日，卒不能破，以馥豫為之儲也。馥以建安十三年（208）卒。《魏志．武帝紀》：是年十二月，孫權為備攻合肥。公自江陵征備，至巴丘，遣張憙救合肥，權聞憙至，乃走。敘在赤壁戰前。《吳志．孫權傳》則敘於赤壁戰後，云權自率眾圍合肥，使張昭攻九江之當塗。昭兵不利。權攻城逾月不能下。曹公自荊州還，遣張喜將騎赴合肥。未至，權退。《魏志注》引孫盛《異同評》云：《吳志》為是。要之是時權不過牽制之兵而已，其所重實在上流，故救至而即退也。操自赤壁還，十四年三月，軍至譙。作輕舟，治水軍。七月，自渦入淮。出肥水，軍合肥。置揚州郡縣長吏，開芍陂屯田。（在今壽縣南。）十二月，軍還譙。十六年（211），權徙治秣陵。（漢縣，在今首都東南。）明年，城石頭。（在今首都西。）改秣陵為建業。聞曹公將來侵，作濡須塢。夾濡須水口立塢。濡須水，出巢湖，至無為縣入江。是歲，操征孫權。十八年，正月，進軍濡須口。權與相拒月餘。操望權軍，嘆其整肅，乃退。初，操恐江濱郡縣，為權所略，征令內移。民轉相驚。自廬江、九江、蘄春（漢縣，今湖北蘄春縣西北）、廣陵戶十餘萬，皆東渡江。江西遂虛。合肥以南，唯有皖城（皖，漢縣，今安徽潛山縣）。操遣朱光為廬江太守，屯皖，大開稻田。呂蒙曰：「皖田肥美，若一收熟，彼眾必增。如是數歲，操態見矣。宜早除之。」乃具陳其狀。十九年五月，權征皖城。閏月，克之。獲朱光。拜呂蒙廬江太守。七月，操征孫權。十月，自合肥還。使張遼、樂進、李典等將千餘人屯合肥。二十年（215），權攻合肥，為遼等所敗。二十一年十月，操征孫權。二十二年正月，軍居巢。二月，進軍屯江西郝谿。在居巢東，濡須之西。權在濡須口築城拒守，遂逼攻之，權退走。三月，操引軍還。留夏侯惇、曹仁、張遼等屯居巢。權令都尉徐詳詣操請降。操報使脩好，誓重結婚。《張遼傳》：孫權復稱藩，遼還屯雍丘。緣江之爭，至此而息。

靈帝時，太常劉焉建議，言刺史太守，貨賂為官，割剝百姓，以致離叛，可選清名重臣，以為牧伯，鎮安方夏。會益州刺史郤儉，賦斂煩擾，謠言遠聞；而并州殺刺史張益，梁州殺刺史耿鄙；焉謀得施，出為監軍使者，領益州牧。時為中平五年（188），是時涼州逆賊馬相、趙祇等，於綿竹縣（今四川德陽縣。）自號黃巾，殺綿竹令，前破洛縣。（今四川廣漢縣。）攻益州，殺儉。又到蜀郡犍為。旬月之間，破壞三郡。馬相自稱天子，眾至十餘萬人。遣兵破巴郡，殺郡守趙部。州從事賈龍，素領兵數百人，在犍為東界。攝斂吏民，得千餘人，攻相等。數日破走。州界清靜。龍乃選吏卒迎焉。焉徙治綿竹。漢益州刺史本治洛縣。撫納離叛，務行寬惠，陰圖異計。張魯者，沛國豐人。祖父陵，客蜀，學道鵠鳴山中，造作道書，以惑百姓。從受道者出五斗米，故世號米賊。陵死，子衡行其道。衡死，魯復行之。此據《三國志．魯傳》，其記事不必實，參看第二十章第六節。焉以魯為督義司馬，與別部司馬張脩擊漢中太守蘇固。魯遂襲脩，殺之，奪其眾。焉上書，言米賊斷道，不得復通。又托他事，殺州中豪強十餘人，以立威刑。犍為太守任岐及賈龍由此反，攻焉。焉擊殺岐、龍。焉意漸盛，造作乘輿車具千餘乘。時焉子範為左中郎將，誕治書御史，璋奉車都尉，皆從獻帝在長安，唯小子別部司馬瑁素隨焉。獻帝使璋曉諭焉，焉留璋不遣。馬騰與範謀誅李傕，焉遣叟兵五千助之。戰敗，範見殺，收誕行刑。議郎河南龐羲，與焉通家，乃募將焉諸孫入蜀。時焉被天火燒城，車具蕩盡，延及民家，焉徙治成都。既痛其子，又感襖災，興平元年（105），癰疽發背而卒。州大吏趙韙等貪璋溫仁，共上璋為益州刺史。詔書因以為監軍使者，領益州牧。以韙為征東中郎將。先是荊州牧劉表，表焉僭擬乘輿器服。韙以此遂屯兵朐䏰（漢縣，今四川雲陽縣西。）備表。據《後漢書．焉傳》。《三國志．焉傳注》引《英雄記》曰：焉死，子璋代為刺史，會長安拜潁川扈瑁為刺史，入漢中。荊州別駕劉闔，璋將沈彌、婁發、甘寧反。擊璋，不勝，走入荊州。璋使趙韙進攻荊州，屯朐䏰。初，南陽、三輔民數萬戶，流入益州，焉悉收以為眾，名曰東州兵。璋性柔寬，無威略，東州人侵暴為民患，不能禁制，舊士頗有離怨。趙韙之在巴中，甚得眾心，璋委之以權。韙因人情不輯，乃陰結州中大姓，建安五年（200），還共擊璋。蜀郡、廣漢、犍為皆反應。東州人畏見誅滅，乃同心并力，為璋死戰。遂破反者。進攻韙於江州，（漢縣，今四川江北縣。）斬之。張魯以璋闇懦，不復承順。璋怒，殺魯母及弟，而遣其將龐羲等攻魯，數為所破。魯部曲多在巴土，故以羲為巴郡太守。魯因襲取之，遂雄於巴、漢。漢力不能征，遂寵魯為鎮民中郎將，領漢寧太守，通貢獻而已。十三年，曹操自將征荊州，璋遣使致敬。操加璋振威將軍，兄瑁平寇將軍。瑁狂疾物故。璋復遣別駕張松詣操。操時已定荊州，走先主，不復存錄松，松以此怨。會操軍不利於赤壁，兼以疫死。松遂疵毀操，勸璋自絕。因說璋曰：「劉豫州使君之肺腑，可與交通。」璋皆然之。遣法正連好先主。尋又令正及孟達送兵數千，助先主守禦。後松復說璋曰：「今川中諸將龐羲、李異等，《二牧傳注》引《英雄記》，李異乃趙韙將，殺韙者。皆恃功驕豪，欲有外意。不得豫州，則敵攻其外，民攻其內，必敗之道也。」璋又從之。遣法正迎先主。璋主簿黃權，陳其利害，從事王累，自倒縣於州門以諫，璋一無所納。敕在所供奉先主，先主入境如歸。先主至江州，北由墊江水詣涪。（漢縣，今四川綿陽縣。）是歲，建安十六年（211）也。璋往就與會。先主所將將士，更相之適，歡飲百餘日。璋資給先主，使討張魯，然後分別。以上據《二牧傳》。《先主傳》云：璋聞曹公將遣鍾繇等討張魯，內懷恐懼。張松說璋曰：「劉豫州使君之宗室，而曹公之深仇也，善用兵。若使之討魯，魯必破。魯破則益州強，曹公雖來，無能為也。」璋然之，遣法正將四千人迎先主。其說與《二牧傳》又異。案曹公征荊州時，璋已遣使致敬，此時豈有割據之心？其所以迎備入蜀，似當以《二牧傳》所言為是。蓋自焉牧益州以來，與土著迄未能和協，[141]璋是時所患者，實在蜀中諸將，而無端而召先主，將為群下所疑，故以討張魯為名；抑張魯既下，即以漢中處備，既不慮益州之域，莫能兩大，又可相為輔車，以懾蜀中諸將，在璋未嘗不自謂得計，而惜乎上下乖離，欲用人而反為人所用也。趙韙巴西人，棄官隨焉入蜀。張魯雖豐人，然三世客蜀，已同土著矣。龐羲初為璋親信，《志》云：後與璋情好攜隙，蓋亦與土著合。故張松憂其民攻於內。先主入蜀，諫者黃權閬中人，王累廣漢人，皆土著。贊之者唯張松蜀郡人，見《先主傳》。法正郿人，璋初所遣致敬於曹公者陰溥，則河內人也。先主之圍成都也，《志》云：城中尚有精兵三萬人，穀帛支二年，吏民咸欲死戰，璋言父子在州二十餘年，無恩德以加百姓，攻戰三年，肌膏草野者，以璋故也，何心能安？遂開城出降。夫誠恤百姓，何不早為備下，乃為三年之戰乎？蓋亦度上下乖離，無與同心守禦者耳。用客兵已不易，況益之以本兵之乖離乎？據其地而不能和其民者，可以鑑矣。

赤壁戰後，先主表劉琦為荊州刺史。琦病死，群下推先主為荊州牧，治公安。權稍畏之，進妹固好。先主至京見權。(京城，今江蘇鎮江縣。)周瑜上疏曰：「劉備以梟雄之姿，而有關羽、張飛熊虎之將，必非久屈為人用者。愚謂大計，宜徙備置吳，盛為築宮室，多其美女、玩好，以娛其耳目；分此二人，各置一方，使如瑜者，得挾以攻戰；大事可定也。今猥割土地，以資業之；聚此三人，俱在疆場；恐蛟龍得雲雨，終非池中物也。」權以曹公在北方，當廣攬英雄；又恐備難卒制，故不納。瑜乃詣京見權，乞「與奮威孫靜子瑜，為奮威將軍。靜，堅弟。俱進取蜀。得蜀

[141]　史事：劉璋召先主之由，與土著不和。

而並張魯，因留奮威固守其地，好與馬超結援，瑜還，與將軍據襄陽以蹙操，北方可圖也」。權許之。瑜還江陵為行裝，道病卒。以魯肅代瑜領兵。《肅傳》云：備詣京見權，求都督荊州，唯肅勸權借之，共拒曹公。《呂範傳》云：劉備詣京見權，範密請留備。《肅傳注》引《漢晉春秋》曰：呂範勸留備。肅曰：「不可。將軍雖神武命世，然曹公威力實重，初臨荊州，恩信未洽，宜以借備，使撫安之，多操之敵，而自為樹黨，計之上也。」權即從之。蓋是時權之力，實未足以控制上流，故其計如此。《呂蒙傳》謂權與陸遜論周瑜、魯肅及蒙，謂「肅勸吾借玄德地，是其一短」，乃事後之辭，當時情勢，固未必爾也。曹公待關羽不為不厚，而羽卒奔先主於袁軍，覊備於吳，分置羽、飛，挾以攻戰，安能得其死力？且難保無他變。瑜之此計，雖雄而未免冒險，宜乎孫權不之許。然權之力雖未足以下備，備是時，亦必不敢顯與權敵，置備而先取益州，益州既下，則長江全入於吳，備雖雄，亦無能為矣，此瑜之計所以為雄，惜乎瑜死而莫之能行也。《先主傳》云：權遣使云欲共取蜀。或以為宜報聽許，吳終不能越荊有蜀，蜀地可為己有。荊州主簿殷觀進曰：「若為吳先驅，進未能克蜀，退為吳所乘，即事去矣。今但可然贊其伐蜀，而自說新據諸郡，未可興動，吳必不敢越我而獨取蜀。如此，進退之計，可以收吳、蜀之利。」先主從之，權果輟計。蓋周瑜既死，無能奮身獨取蜀者，故又欲藉先主為前驅，成則可以有蜀，不成亦可以借此以弊先主也。其計未嘗不狡。然先主更事多矣，豈能入其彀中哉？固不若周瑜之所為，一決之於實力也。《魯肅傳》云：周瑜、甘寧並勸權取蜀，權以咨備。備內欲自規，乃偽報曰：備與璋託為宗室，冀馮英靈，以匡漢朝。今璋得罪左右，備獨竦懼，非所敢聞，願加寬貸。若不獲請，備當放發，歸於山林。此即所謂然贊權伐蜀而自說未可動者，特其措辭少異耳。

蜀地險塞，易守難攻。周瑜之心雖雄，然即天假以年，能否長驅直入，亦未可知也。先主所以取之易者，則以璋先開門揖之，所謂國必自伐而後人伐之也。法正之迎先主也，因陳益州可取之策。先主留諸葛亮、關羽等據荊州，將步卒數萬人入益州。至涪，璋自出迎。相見甚歡。張松令法正白先主，及謀臣龐統進說，便可於會所襲璋。先主曰：「此大事也，不可倉卒。」《龐統傳》：先主曰：初入他國，恩信未著，此不可也。璋推先主行大司馬，領司隸校尉。先主亦推璋持鎮西大將軍，領益州牧。璋增先主兵，使擊張魯。又令督白水軍。（白水，漢縣，今四川昭化縣西北。）先主並軍三萬餘人，車甲器械資貨甚盛。是歲，璋還成都。先主北到葭萌，（漢縣，蜀漢改為漢壽，在今昭化東南。）未即討魯，厚樹恩德，以收眾心。明年，曹公征孫權，權呼先主自救。此蓋先主託辭。先主乃從璋求萬兵及資寶，欲以東行。璋但許兵四千，其餘皆給半。張松書與先主及法正曰：「今大事垂可立，如何釋此去乎？」松兄廣漢太守肅懼禍及己，白璋發其謀。於是璋收斬松，嫌隙始構矣。璋敕關戍諸將：文書勿復關通先主。統復說曰：「陰選精兵，晝夜兼道，徑襲成都。璋既不武，又素無預備，大軍卒至，一舉便定，此上計也。楊懷、高沛，璋之名將。各杖強兵，據守關頭。聞數有箋諫璋，使發遣將軍還荊州。將軍未至，遣與相聞，說荊州有急，欲還救之。並使裝束，外作歸形。此二子既服將軍威名，又喜將軍之去，計必乘輕騎來見，將軍因此執之，進取其兵，乃向成都，此中計也。退還白帝，（城名，在今四川奉節縣東。）連引荊州，徐還圖之，此下計也。若沉吟不去，將致大困，不可久矣。」先主然其中計。即斬懷、沛，使黃忠、卓膺勒兵向璋。先主逕至關中，質諸將並士卒妻子，引兵與忠、膺等進。到涪，據其城。璋遣劉璝、冷苞、張任、鄧賢等拒先主於涪，皆破敗，退保綿竹。璋復遣李嚴督綿竹諸軍。嚴率眾降先主。先主軍益強。分遣諸將平下屬縣。諸葛亮、張飛、趙雲等將兵泝流定白帝、江州、江陽（漢縣，今四川瀘縣）。先主進軍圍洛。璋子循守城，被攻且一年。十九年（214），夏，洛城破。進圍成都。數十日，璋出降。遷於公安。孫權取荊州，以璋為益州牧，駐秭歸。璋卒，雍闓據益州反，附於吳，權復以璋子闡為益州刺史，處交、益界首。諸葛亮平南土，闡還吳，為御史中丞。先主復領益州牧。

孫權以備已得益州，令諸葛瑾從備求荊州諸郡。備不許，曰：「吾方圖涼州。涼州定，乃盡以荊州與吳耳。」權曰：「此假而不反，而欲以虛辭引歲。」遂置南三郡長吏。關羽盡逐之。權大怒。乃遣呂蒙督鮮於丹、徐忠、孫規等兵二萬取長沙、零陵、桂陽三郡。使魯肅以萬人屯巴丘，（山名，在今湖南岳陽縣西南。）以禦關羽。權住陸口，（今湖北嘉魚縣西南陸溪口。）為諸軍節度。蒙到，二郡皆服。唯零陵太守郝普未下。先主引兵五萬下公安。使關羽將兵三萬至益陽。（漢縣，今湖南益陽縣西。）權乃召蒙等，使還助肅。蒙使人誘普，普降。盡得三郡將守。因引軍還，與孫皎、潘璋並魯肅兵並進，拒羽於益陽。未戰，會曹公入漢中，備使使求和。權令諸葛瑾報，更尋盟好。遂分荊州長沙、江夏、桂陽以東屬權，南郡、零陵、武陵以西屬備。先主引軍還江州。

第十節　曹操平關隴漢中

曹操有事山東，以關右為憂，乃表鍾繇以侍中守司隸校尉，持節督關中諸軍，委之以後事。《荀彧傳》：太祖恐紹侵擾關中，亂羌、胡，南誘蜀漢。彧曰：關中將帥以十數，莫能相一，唯韓遂、馬超最強。彼見山東方爭，必各擁眾自保。今若撫以恩德，遣使連和相持，雖不能久安，比公安定山東，足以不動。鍾繇可屬以西事，則公無憂矣。繇至長安，移書騰、遂等，為陳禍福。騰、遂各遣子入侍。袁尚拒操於黎陽，遣所置河東太守郭援、并州刺史高幹及匈奴單于取平陽。（漢縣，今山西臨汾縣南。）發使西，與關西諸將合從。繇遣張既說騰等。騰遣子超將兵萬餘人與繇會。擊幹、援，大破之。斬援首。幹及單于皆降。後幹復舉并州反。河內張晟眾萬餘人，無所屬，寇崤、澠間。（三崤山，在今河南洛寧縣西北。西接陝縣，東接澠池。澠阪，在澠池縣西北。）河東衛固、弘農張琰各起兵以應之。操以既為議郎，參繇軍事。使西征諸將。騰等皆引兵會。擊晟等，破之。斬琰、固首。幹奔荊州。操將征荊州，復遣既喻騰等，令釋部曲求還。騰已許之，而更猶豫。既恐為變，乃移諸縣，促儲偫，二千石郊迎。騰不得已，發東。操表騰為衛尉。子超為將軍，統其眾。以上據《魏志·張既傳》。《蜀志·馬超傳》云：騰與韓遂不和，求還京畿，徵為衛尉。以超為偏將軍，領騰部曲。《注》引《典略》云：騰與韓遂結為異姓兄弟，始甚相親，後以部曲相侵，更為仇敵。騰攻遂，遂走，合眾還攻騰，殺騰妻子，連兵不解。建安之初，國家綱紀殆弛，乃使司隸校尉鍾繇、涼州牧韋瑞和解之。征騰還槐里，轉拜為前將軍，假節，封槐里侯。北備胡寇，東備白騎，待士進賢，矜救民命，三輔甚安愛之。十五年 (210)，徵為衛尉。騰自見年老，遂入宿衛，超拜偏將軍，領騰營。又拜超弟體為奉車都尉，休弟鐵騎都尉。徙其家屬皆詣鄴。唯超獨留。案是時馬騰年老，已有悔禍之心，而超棄其老父，置闔族之生命於不顧，可謂好亂性成矣。此皆其習於羌俗為之也。槐里，見第七章第五節。十六年三月，遣鍾繇討張魯。夏侯淵等出河東與繇會，《衛凱傳注》引《魏書》云：是時關西諸將，外雖懷附，內未可信。鍾繇求以三千兵入關，外托討張魯，內以脅取質任。太祖使荀彧問凱。凱以為西方諸將，皆豎夫崛起，無雄天下意，苟安樂目前而已。今國家厚加爵號，得其所志，非有大故，不憂為變也，宜為後圖。若以兵入關中，當討張魯，魯在深山，道徑不通，彼必疑之。一相驚動，地險眾強，殆難為慮。彧以覬議呈太祖。太祖初善之，而以繇自典其任，遂從繇議。兵始進而關右大叛，太祖親征，僅乃平之，死者萬計。太祖悔不從覬議，由是益重覬。《高柔傳》云：太祖欲遣鍾繇等討張魯，柔諫，以為今猥遣大兵，西有韓遂、馬超，謂為己舉，將相搧動作逆。宜先招集三輔。三輔苟平，漢中可傳檄而定也。蓋時以孤軍入關，冀以虛聲脅服諸將，實為涉險之策也。繇入關，馬超與韓遂、楊秋、李堪、成宜等果叛。《超傳注》引《典略》云：超與侯選、程銀、李堪、張橫、梁興、成宜、馬玩、楊秋、韓遂等凡十部俱反。其眾十萬。遣曹仁討之。超等屯潼關。在今潼關東南。操敕諸將：關西兵精悍，堅壁勿與戰。七月，操西征。與超等夾關而軍。操急持之，而潛遣徐晃、朱靈等夜渡蒲阪津，（在今山西永濟縣西。）據河西為營。操自潼關北渡。循河為甬道而南。賊退拒渭口。操乃多設疑兵，潛以舟載兵入渭為浮橋。夜，分兵結營於渭南。賊夜攻營，伏兵擊破之。超等屯渭南，遣信求割河以西請和。操不許。九月，進軍渡渭。超等數挑戰，又不許。固請割地，求送任子。操用賈詡計，偽許之。韓遂請與操相見。操與遂父同歲孝廉，又與遂同時儕輩，於是交馬語，移時，不及軍事，但說京都舊故，拊手歡笑。既罷，超等問遂：操何言？遂曰：「無所言也。」超等疑之。他日，操又與遂書，多所點竄，如遂改定者。超等愈疑。操乃與剋日會戰。先以輕兵挑之。戰良久，乃縱虎騎夾擊，大破之。斬成宜、李堪等。遂、超等走涼州。楊秋奔安定。關中平。諸將或問操曰：「初賊守潼關，渭北道缺，不從河東擊馮翊，而反守潼關，引日而後北渡，何也？」操曰：「賊守潼關，若吾入河東，賊必引守諸津，則西河未可渡。吾故盛兵向潼關，賊悉眾南守，西河之備虛，故二將得擅取西河，然後引軍北渡，賊不能與我爭西河者，以有二將之軍也。連車樹柵，為甬道而南，既為不可勝，且以示弱。渡渭為堅壘，虜至不出，所以驕之也。故賊不為營壘，而求割地。吾順言許之，所以從其意，使自安而不為備。因畜士卒之力，一旦擊之，所謂疾雷不及掩耳。兵之變化，固非一道也。」始賊每一部到，操輒有喜色。賊破之後，諸將問其故。操答曰：「關中長遠，若賊各依險阻，征之，不一二年，不可定也。今皆來集，其眾雖多，莫相歸服。軍無適主，一舉可滅。為功差易，吾是以喜。」案此役也，自關以西，雖未能一舉大定，然其後涼州之平，未嘗大煩兵力，誘而殲之之功，究不可誣也。操之用兵，誠可謂神矣。十月，軍自長安北征楊秋。圍安定。秋降。復其爵位，使留撫其民人。十二月，自安定還，留夏侯淵屯長安。十七年正月，操還鄴。馬超餘眾梁興等屯藍田，使夏侯淵擊平之。馬騰坐夷三族。

馬超之戰敗渭南也，走保諸戎。操追至安定，而蘇伯反河間，將引軍東還。涼州別駕楊阜言於操曰：「超有信、布之勇，甚得羌、胡心，西州畏之。若大軍還，不嚴為之備，隴上諸郡，非國家之有也。」操善之，而軍還倉卒，為備不周。超率諸戎渠帥，以擊隴上郡縣。隴上郡縣皆應之。唯冀城奉州郡以固守。超盡兼隴右之眾，而張魯又遣大將楊昂助之。凡萬餘人，攻城。阜率國士大夫及宗族子弟勝兵者千餘人。使從弟岳於城上作偃月營，與超接戰。自正月至八月，救兵不至。刺史韋康端子及太守有降超之計。阜諫，不聽，卒開門迎超。超入，拘岳。使楊昂殺刺史、太守。夏侯淵救康，未到，康敗。超來逆戰，軍不利。汧氐反，淵引軍還。楊阜外兄姜敘屯歷城。（在今西和縣北，天水縣南。）阜與定計，並結安定梁寬、南安趙衢等。十八年九月，阜與敘起兵於鹵城。（在今甘肅天水、伏羌兩縣間。）超自將攻之不能下。衢、寬等閉冀城，討超妻子。超奔張魯。紀在十九年正月。還圍祁山。敘等急，求救。夏侯淵救之，超走。後降劉備。韓遂徙金城入氐王千萬部落。在顯親。（後漢侯國，在今甘肅天水縣西北。）淵欲襲取之，遂走。追至略陽。淵以長離諸羌長離水，（在今甘肅秦安縣。）多在遂軍，攻之。遂救長離。淵大破其軍。遂走西平。（後漢郡，今青海西寧縣。）進圍興國，（城名，在秦安縣東北。）千萬逃奔馬超，餘眾降。初，枹罕宋建，（枹罕，漢縣，今甘肅臨夏縣。）因涼州亂，自號河首平漢王。改元置百官。三十餘年。遣淵自興國討之。十月，屠枹罕，斬建。涼州平，操遂西征張魯。

二十年三月，曹操至陳倉，將自武都入氐。氐人塞道，先遣張郃、朱靈等攻破之。四月，操自陳倉出散關，至河池。見第八章第四節。氐王竇茂眾萬餘人，恃險不服。五月，操攻屠之。西平、金城諸將麴演、蔣石等共斬韓遂首。《武帝紀注》引《典略》曰：遂字文約。始與同郡邊章，俱著名西州。宋揚、北宮玉等反，舉章、遂為主。章尋病卒。遂為揚等所劫，不得已，遂阻兵為亂，積三十二年。至是乃死，年七十餘矣。又《張既傳注》引《典略》曰：韓遂在湟中，其婿閻行，欲殺遂以降，夜攻遂，不下。遂嘆息曰：「丈夫困厄，禍起婚姻乎？」謂成公英曰：「今親戚離叛，人眾轉少，當從羌中西南詣蜀耳。」英曰：「興軍數十年，今雖罷敗，何有棄其門而依於人乎？」遂曰：「吾年老矣，子欲何施？」英曰：「曹公不能遠來，獨夏侯爾。夏侯之眾，不足以追我，又不能久留。且息肩於羌中，以須其去。招呼故人，綏會羌、胡，猶可以有為也。」遂從其計。時隨從者男女尚數千人。遂宿有恩於羌，羌衛護之。及夏侯淵還，使閻行留後，乃合羌、胡數萬將攻行。行欲走，會遂死。又引《魏略》曰：成公英，金城人也。中平末，隨韓約為腹心。建安中，約從華陰破走還湟中，部黨散去，唯英獨從。閻行，金城人也。少有健名。始為小將，隨韓約。建安十四年(209)，為約使詣太祖。太祖厚遇之，表拜犍為太守。行因請令其父入宿衛。西還見約，宣太祖教云：「謝文約。卿始起兵時，自有所逼，我所具明也。當早來共匡輔國朝。」行因謂約曰：「行亦為將軍。興軍以來，三十餘年，民兵疲瘁，所處又狹，宜早自附。是以前在鄴，自啟當令老父詣京師。誠謂將軍亦宜遣一子，以示丹赤。」約曰：「且可復觀望。」後遂遣其子與行父母俱東。會約西討張猛，留行守舊營。而馬超等結反謀，舉約為都督。行諫約，不欲令與超合。約謂行曰：「今諸將不謀而同，似有天數。」乃東詣華陰。及太祖與約交馬語，行在其後。太祖望謂行曰：「當念作孝子。」及超等破走，行隨約還金城。太祖聞行前意，故但誅約子孫在京師者。乃手書與行曰：「觀文約所為，使人笑來。吾前後與之書，無所不說，如此何可復忍？卿父諫議，自平安也。雖然，牢獄之中，非養親之處；且又官家亦不能久為人養老也。」約聞行父獨在，欲使並遇害，以一其心，乃強以少女妻行。行不獲已。太祖果疑行。會約使行則領西平郡，遂勒其部曲，與約相攻擊。行不勝。乃將家人東詣太祖。太祖表拜列侯。

案觀閻行所宣魏武帝敕，知遂之叛實出迫脅，非其本懷。然七十之年，甘棄其子，與馬超共叛，及其敗逋欲入蜀，成公英猶加諫阻，一日擁兵，難於棄去如此，此亂萌之所以不可啟歟？遂亦幸而為諸將所殺耳，不然，招合羌、胡，勢固仍可自擅於遠也。七月，操至陽平。（關名，在今陝西沔縣西北。）魯欲舉漢中降。其弟衛不肯，與楊昂等率數萬人拒守。攻之不能拔。操乃偽退，襲破之。魯聞陽平已陷，將稽顙。功曹閻圃曰：「今以迫往，功必輕。」不如依杜、灌、赴樸、胡相拒，然後委質，功必多。乃奔南山入巴中。左右欲悉燒寶貨倉庫。魯曰「本欲歸命國家，而意未達。今之走，避銳鋒，非有惡意。寶貨倉庫，國家之有」。遂封藏而去。操入南鄭，甚嘉之。又以魯本有善意，遣人慰喻，魯盡將家出。操逆拜魯鎮南將軍。待以客禮，封閬中侯，邑萬戶，封魯五子及閻圃等皆為列侯。

第十一節　劉備取漢中

《三國志．劉曄傳》曰：太祖征張魯，既至漢中，山峻難登，軍食頗乏。太祖曰：此妖妄之國耳，何能為有無？吾軍少食，不如速還。便自引歸，令曄督後諸軍，使以次出。曄策魯可克，加糧道不繼，雖出軍猶不能皆全。馳白太祖：不如致攻。遂進兵。漢中平。曄進曰：「今舉漢中，蜀人望風，破膽失守。推此而前，蜀可傳檄而定。劉備人傑也，有度而遲；得蜀日淺蜀人未附也。若小緩之，諸葛亮明於治而為相，關羽、張飛勇冠三軍而為將，蜀民既定，據險守要，則不可犯矣。今不取，必為後憂。」太祖不從。《注》引《傅子》曰：居七日，蜀降者說蜀中一日數十驚，備雖斬之，而不能安也。太祖乃問曄曰：「今尚可擊否？」曄曰：「今已小定，未可擊也。」《晉書．宣帝紀》亦曰：從討張魯，言於魏武曰：「劉備以詐力虜劉璋，蜀人未附，而遠征江陵，此機不可失也。今若曜威漢中，益州震動，進兵臨之，勢必瓦解。」魏武曰：「人苦無足。既得隴右，復欲得蜀？」言竟不從。此皆附會之辭。攻取漢中，謀之積年，見山險而輕退；劉曄之謀，既已見拒，聞降人之言而又欲動；魏武之用兵，有如是其輕率者乎？《和洽傳》言：太祖克張魯，洽陳便宜，以時拔軍徙民，可省置守之費。太祖未納。其後竟徙民棄漢中。《張既傳》亦云：張魯既降，既說太祖拔漢中民數萬戶以實長安及三輔。雖取漢中，而力不足以守之，或為當時情實耳。

然劉備當是時，力亦未足以爭漢中。《蜀志・黃權傳》曰：曹公破張魯，魯走入巴中，權進曰：「若失漢中，則三巴不振，（謂巴郡及劉璋所置巴東、巴西二郡。巴郡治江州。巴西，在今四川閬中縣西。巴東，在今四川奉節縣東北。）此為割蜀之股臂也。」於是先主以權為護軍，率諸將迎魯。魯已還南鄭，北降曹公。是先主當時，欲迎張魯且未得，更無論出兵以爭漢中矣。是歲十二月，曹操自南鄭還。留夏侯淵屯漢中。張郃別督諸軍，降巴西、巴東二郡，進軍宕渠。（後漢郡，今四川渠縣東北。）先主令張飛進破郃等。郃還南鄭，先主亦還成都。

二十二年 (217)，法正說先主曰：「曹操一舉而降張魯，定漢中，不因此勢以圖巴、蜀，而留夏侯淵、張郃屯守，身遽北還，此非其智不逮而力不足也，必將內有憂逼故耳。今策淵、郃才略，不勝國之將帥，舉眾往討，必可克之。克之日，廣農積穀，觀釁伺隙。上可以傾覆寇敵，尊獎王室，中可以蠶食雍涼，廣拓境土；下可以固守要害，為持久之計，此蓋天以與我，時不可失也。」先主善其策，進兵漢中。遣張飛、馬超、吳蘭等屯下辯。操遣曹洪拒之。二十三 (218) 年，洪破吳蘭，飛、超走。陰平氐強端斬吳蘭，傳其首。先主次陽平關，與淵、郃等相拒。七月，曹操西征。九月，至長安。二十四年 (219) 春，備自陽平南渡沔水，緣山稍前。於定軍山勢作營。（定軍山，在今陝西沔縣東南。）淵將兵來爭，備命黃忠攻破之，斬淵及操所署益州刺史趙顒等。三月，操自長安出斜谷，遂至陽平。備斂眾拒險，積月不拔，亡者日多。五月，操引軍還長安，使曹真至武都迎曹洪等，還屯陳倉。備遂有漢中。初，孟達副法正迎備，蜀平，以為宜都太守。（三國時郡，治夷道，在今湖北宜都縣西北。）是年，命達北攻房陵。（漢末郡，今湖北房縣。）房陵太守蒯祺為達兵所害。達將進攻上庸，（漢縣，是時置郡，今湖北竹山縣。）備陰恐達難獨任，遣養子劉封自漢中乘沔水下統達軍，與達會上庸。上庸太守申耽降。秋，群下上備為漢中王。還治成都。拔魏延為都督，鎮漢中。

關中之平，以徐奕為雍州刺史，後以張既代之。曹操自到漢中，引出諸軍，令既之武都，徙氐五萬餘落，出居扶風、天水界。是時武威顏俊張掖和鸞、酒泉黃華、西平麴演等並舉兵反。自號將軍，更相攻擊。俊遣使送母及子詣操為質求助。操問既。既曰：「俊等外假國威，內生傲悖，計定勢足，後即反耳。今方事定蜀，且宜兩存而鬥之，猶卞莊子之刺虎，坐收其斃也。」操曰：「善。」歲餘，鸞殺俊，武威王祕又殺鸞。文帝即王位，初置涼州，以安定太守鄒岐為刺史。張掖張進，執太守杜通，舉兵拒岐。黃華、麴演各逐故太守，舉兵以應之。時以金城太守蘇則為護羌校尉。武威三種胡並寇鈔，道路斷絕。武威太守毌丘興告急於則。時雍、涼諸豪，皆驅略羌、胡，以從進等。郡人咸以為進不可當。將軍郝昭、魏平，先是各屯守金城，亦受詔不得西度。則曰：「今賊雖盛，然皆新合，或者脅從，未必同心，因釁擊之，善惡必離。若待大軍，曠日持久，善人無歸，必合於惡。」昭等從之，乃發兵救武威。降其三種胡。與興擊進於張掖。演聞之，將步騎三千迎則，辭來助軍，而實欲為變。則誘與相見，因斬之，出以徇軍，其黨皆散走。則遂與諸軍圍張掖，破之，斬進及其支黨。眾皆降。華懼，出所執乞降。以上據《三國志・張既》、《蘇則傳》。又河西之平，毌丘興亦甚有功，見《毌丘儉傳注》引《魏名臣奏》。初，敦煌太守馬艾卒官，府又無丞，功曹張恭，素有學行，郡人推行長史事，恩信甚著。乃遣子就詣太祖請太守。至酒泉，為黃華所拘執。恭攻酒泉，別遣迎太守尹奉。《閻溫傳》。於是河西五郡皆平。時張既亦遣兵為蘇則聲勢，故則得以有功。涼州盧水胡反，河西大擾。乃召鄒岐，以既代之。遣護軍夏侯儒、將軍費曜等繼其後。既破胡於顯美。（漢縣，今甘肅永昌縣東。）酒泉蘇衡反，與羌豪鄰戴及丁令胡攻邊縣，既與儒擊破之。衡及鄰戴等皆降。遂上疏請與儒治左城，築障塞，置烽候邸閣以備胡。西羌恐，率眾二萬餘落降。其後西平麴光等殺其郡守，既檄告諭諸羌：「為光等所詿誤者原之。能斬賊帥送首者，當加封賞。」於是光部黨斬送光首，其餘咸安堵如故焉。

第十二節　孫權取荊州

命將將荊州之兵，以向宛、洛，而身率益州之眾，以出秦川，此諸葛亮初見劉備時為備所畫之策也。當備取漢中時，固未足以語此，然逐利之兵，亦宜同時並出，首尾相應，故劉備之兵未還，關羽之師已起矣。

備之西取益州也，拜關羽董督荊州事，而曹操以曹仁行徵南將軍，假節，屯樊，（城名，在襄陽北，與襄陽隔漢相對。）鎮荊州。建安二十三年，冬十月，宛守將侯音等反，執南陽太守，與羽連和。據《武帝紀注》引《曹瞞傳》。二十四年正月，仁屠宛，斬音。羽攻仁於樊。操遣于禁助仁。秋，大霖雨，漢水泛溢，禁所督七軍皆沒，禁降羽。羽又斬將軍龐德。《羽傳》云：梁、郟（漢縣，今河南郟縣）、陸渾（漢縣，今河南嵩縣東北。）群盜，或遙受羽印號，為之支黨。羽威震華夏。曹公議徙許都以避其鋭。司馬宣王、蔣濟以為關羽得志，孫權必不願也，可遣人勸權躡其後，許割江南以封權，則樊圍自解。曹公從之。《蔣濟傳》亦載此語，謂太祖以漢帝在許近賊，欲徙都。《晉書・宣帝紀》亦曰：漢帝都許昌，魏武以為近賊，欲遷河北，以諫而止。案羽軍威即盛，安能遠懾許、洛？操即畏怯，亦何至狼狽若此。《滿寵傳》言羽遣別將已在郟下，自許以南，百姓擾攘，在郟下者，蓋即受羽印號之群盜。操以禦羽徵調頗廣，據《溫恢》及《張遼傳》，是時曾召兗州裴潛豫州呂貢及遼之兵，以救曹仁。軍行所至，閭閻騷然，或以此耳。《諸葛亮傳注》引張儼《默記》云：備出兵陽平，禽夏侯淵，羽圍襄陽，將降曹仁，生獲于禁。當時北邊，大小憂懼孟德身出南陽，樂進、徐晃等為救，圍不即解，故蔣子通濟字。言彼時有徙許渡河之計，會國家襲取南郡，羽乃解軍。則遷都之說，或江外傳聞不審之辭耳。

周瑜勸孫權取劉備，權不敢發，魯肅則主與備和，已見第九節。《肅傳》云：與羽鄰界，數生狐疑。疆埸紛錯，肅常以歡好撫之。建安二十二年 (217)，肅卒，呂蒙西屯陸口。《蒙傳》云：魯肅等以為曹公尚存，禍難始構，宜相輔協，與之同仇。蒙密陳計策曰：「今征虜守南郡，(孫皎，靜子。) 潘璋住白帝，蔣欽將遊兵萬人循江上下，應敵所在，蒙為國家前據襄陽，如此，何憂於操？何賴於羽？且羽君臣矜其詐力，所在反覆，不可以腹心待也。今羽所以未便東向者，以至尊聖明，蒙等尚存也。不於強壯時圖之，一旦僵仆，欲復陳力，其可得邪？」權深納其策。又與論取徐州。蒙對曰：「今操遠在河北，新破諸袁，撫集幽、冀，未暇東顧。徐土守兵，聞不足言。往自可克。然地勢陸通，驍騎所騁。至尊今日得徐州，操後旬必來爭，雖以七八萬人守之，猶當懷憂。不如取羽，全據長江，形勢益張。」權尤以此言為當。《全琮傳》言關羽圍樊、襄陽，琮上疏，陳羽可討之計。《是儀傳》言呂蒙圖襲關羽，權以問儀，儀善其計，勸權聽之。則吳人議論，自有和羽取羽兩派。魯肅在時，和羽之論得勝，呂蒙代肅，取羽之論復張耳。此乃其素定之計，謂由曹操之勸，亦未必然矣。《魏武紀》云：權使上書，以討關羽自效。

時滿寵汝南太守。助曹仁固守，曹操自陽平引出漢中諸軍，復遣徐晃助仁屯宛。羽圍仁於樊，又圍將軍呂常於襄陽。晃所將多新卒，以羽難與爭鋒，遂前至陽陵陂屯。復遣將軍徐商、呂建等詣晃。令曰：「須兵馬集至，乃俱前。」賊屯偃城。晃到，詭道作都塹，示欲截其後，賊燒屯走。

晃得偃城，兩面連營稍前。去賊圍三丈所，未攻，太祖前後遣殷署、朱蓋等凡十二營詣晃。賊圍頭有屯，又別屯四塚。陽陵陂、偃城、四塚皆近樊。晃揚聲當攻圍頭屯，而密攻四塚。羽見四塚欲壞，自將步騎五千出戰。晃擊之，退走。遂追陷，與俱入圍，破之，或自投沔水死。太祖令曰：「賊圍塹鹿角十重，將軍致戰全勝，遂陷賊圍，多斬首虜。吾用兵三十餘年，及所聞古之善用兵者，未有長驅徑入敵圍者也。」蓋攻者不足，守者有餘，羽頓兵堅城，銳氣久挫，而晃又以操敕，厚集其力，故能一舉而破之也。《桓階傳》曰：曹仁為關羽所圍，太祖遣徐晃救之，不解。太祖欲自南征。以問群下。群下皆謂王不亟行，今敗矣。階獨曰：「大王以仁等為足以料事勢不也？」曰：「能。」「大王恐二人遺力邪？」曰：「不。」「然則何為自往？」曰：「吾恐虜眾多而晃等勢不便耳。」階曰：「今仁等處重圍之中，而守死無貳者？誠以大王遠為之勢也。夫居萬死之地，必有死爭之心。內懷死爭，外有強救，大王案六軍以示餘力，何憂於敗，而欲自往？」太祖善其言，駐軍於摩陂（在河南郟縣東南）。

關羽之討樊，留兵將備公安、南郡。呂蒙上疏曰：「羽討樊而多留備兵，必恐蒙圖其後故也。蒙常有病，乞分士眾還建業，以治疾為名。羽聞之，必撤備兵，盡赴襄陽。大軍浮江，晝夜馳上，襲其空虛，則南郡可下而羽可禽也。」遂稱病篤。權乃露檄召蒙還，陰與圖計。羽果信之，稍撤兵以赴樊。蒙至都，權問誰可代卿者？蒙對曰：「陸遜意思深長，才堪負重，而未有遠名，非羽所忌，無復是過。若用之，當令外自韜隱，內察形便，然後可克。」權乃召遜，拜偏將軍右都督代蒙。遜至陸口，書與羽。羽覽遜書，有謙下自託之意，意大安，無復所嫌。遜具啟形狀，陳其可禽之要。權乃潛軍而上，使遜與呂蒙為前部。蒙至尋陽，（漢縣，今湖北黃梅縣北。）盡伏其精兵中，使白衣搖櫓，作商賈人服，晝夜兼行。至羽所置江邊屯候，盡收縛之，是故羽不聞知。遂到南郡。南郡太守麋芳在江陵，將軍傅士仁屯公安，素皆嫌羽輕己。羽之出軍，芳、仁共給軍資，不悉相救，羽言還當治之，芳、仁咸懷懼不安。於是權陰誘芳、仁，芳、仁遣使迎權。時權遣使於曹操辭以遣兵西上，欲掩取羽江陵、公安累重。羽失二城，必自奔走。樊軍之圍，不救自解。乞密不漏，令羽有備。操詰群臣。群臣咸言宜當密之。董昭曰：「軍事尚權，期於合宜。宜應權以密而內露之。羽聞權上，若還自護，圍則速解，便獲其利。可使兩賊，相對銜持，坐待其弊。祕而不露，使權得志，非計之上。又圍中將吏，不知有救，計糧怖懼。儻有他意，為難不小。露之為便。且羽為人強梁，自恃二城守固，必不速退。」操曰：「善。」即敕徐晃，以權書射著圍裡及羽屯中。圍裡聞之，志氣百倍。羽果猶豫。及二郡既失，及引軍退還。蒙入南郡，盡得羽及將士家屬，皆撫慰。約令軍中，不得干歷人家，有所求取。旦暮使親近存恤耆老，問所不足。疾病者給醫藥，饑寒者賜衣糧。羽還在道路，數使人與蒙相聞，蒙輒厚遇其使。周遊城中，家家致問，或手書示信。羽人還，私相參訊，咸知家門無恙，見待過於平時，故羽吏士無鬥心。會權尋至，羽還當陽，自知孤窮，西保麥城。（在今當剛縣東南。）權使誘之。羽偽降，立幡旗為像人於城上，因遁走。兵皆解散，尚十餘騎。權先使朱然、潘璋斷其徑路。十二月，璋司馬馬忠獲羽及其子平、都督趙累等於章鄉。（在今當陽縣東北。）此據《吳志・孫權傳》。《呂蒙傳》作漳鄉。《蜀志・羽傳》則云：權遣將逆擊羽，斬羽及子平於臨沮。（漢臨沮縣，故城在今當陽縣西北。蓋一以縣名、一以鄉名言之。）以蒙為南郡太守。陸遜先領宜都太守，別取宜都。備宜都太守樊友委郡走。諸城長吏及蠻夷君長皆降。時十一月。荊州遂定。

羽之圍襄、樊也，連呼劉封、孟達，令發兵自助。封、達辭以山郡初附，未可動搖，不承羽命。會羽覆敗，劉備恨之。又封與達忿爭不和。達既懼罪，又忿恚封，遂率所領降魏。魏文帝合房陵、上庸、西城三郡，（西城，漢縣，是時置郡，今陝西安康縣。）以達領新城太守。遣夏侯尚、徐晃與達共襲封。初，申耽之降也，先主使領上庸太守如故。以耽弟儀為西城太守。及是，申儀叛封。封破，走還成都。申耽降魏。魏徙之南陽。諸葛亮慮封剛猛，易世之後，終難制御，勸備因此除之。於是賜封死。

關羽之敗，蓋由其剛而自矜。劉備當日，力豈足取許、洛，所以令羽進兵，亦以方圖漢中，用為牽制之計耳。曹公既悉引出漢中之兵，初計可謂已遂。襄、樊不下，外援踵至，雖微孫權之謀，亦宜退兵以全其鋒。計不出此，反信陸遜之言，撤後備以赴襄、樊，至曹操宣露權書，猶猶豫不能退，豈非強梁貪功之念，有以誤之歟？《三國志》言羽善待卒伍，而驕於士大夫。夫羽之不遽退者，亦以南郡、公安非可卒下，而不圖芳、仁之叛於後也。董昭欲使兩賊銜持，坐待其弊。羽之走也，曹仁會諸將議。咸曰：「今因羽危懼，必可追禽也。」趙儼曰：「權邀羽連兵之難，欲掩制其後，顧羽還救，恐我乘其兩疲，故順辭求效，乘釁因變，以觀利鈍耳。今羽已孤迸，更宜存之。以為權害。若深入追北，權則改虞於彼，將生患於我矣。王必以此為深慮。」仁乃解嚴。然則羽之一敗塗地，非徒曹操所不及料，即孫權，亦未必能豫計其敗若此之速也。史稱羽與張飛皆萬人敵，羽自隨劉備，常別將一軍，其才自有可取，而終以驕矜敗，可不鑑哉？然孫權於是役，則可謂僥倖矣。權既與操和，操遂表權為荊州牧。

第十二章　三國始末

第一節　三國分立

魏武帝威望之隆，蓋自平袁紹始。建安十三年（208），漢罷三公官，置丞相、御史大夫。六月，以操為丞相。十六年（211），命操世子丕為五官中郎將，置官屬，為丞相副。十七年（212），割河南之蕩陰（今河南湯陰縣西南）、朝歌（今河南淇縣東北）、林慮（今河南林縣），東郡之衛國（今山東觀城縣西）、頓丘（今河北清豐縣西南）、東武陽（見第十一章第四節）、發干（今山東堂邑縣西南），鉅鹿之癭陶（見第十一章第六節）、曲周（今河北曲周縣東北）、南和，（今河北南和縣。）廣平之任城，（今山東濟寧縣。）趙之襄國（見第三章第一節）、邯鄲、易陽，（今河北永年縣西。）以益魏郡。十八年五月，封操為魏公。十月，分魏郡為東西部，置都尉。十九年三月，天子使魏公位在諸侯王上。十一月，皇后伏氏坐昔與父故屯騎校尉完書，云帝以董承被誅，怨恨操，辭甚醜惡，發聞，后廢黜死，兄弟皆伏法。[142]《注》引《曹瞞傳》曰：公遣華歆勒兵入宮收後。後閉戶匿壁中。歆壞戶發壁牽後出。帝時與御史大夫郗慮坐。後被髮徒跣，過執帝手，曰：「不能復相活邪？」帝曰：「我亦不知命在何時也。」帝謂慮曰：「郗公，天下寧有是乎？」遂將後殺之。完及宗族死者數百人。此乃野言。《後漢書．后紀》，完以建安十四年（209）卒，而《曹瞞傳》謂其死於是時，其不足信，概可知矣。二十年（215），立操中女為皇后。命操承制封拜諸侯、守、相。二十一年五月，進操爵為魏王。命王女為公主，食湯沐邑。二十二年（217），命王冕十有二旒，乘金根車，駕六馬，設五

[142]　史事：曹操殺伏後事誣。

時副車。以五官中郎將丕為魏太子。二十三年正月，京兆韋禕、與少府耿紀、丞相司直韋晃、大醫令吉本、本子邈、邈弟穆等結謀，燒丞相長史王必營。必與潁川典農中郎將嚴匡討斬之。二十四年十月，操南征關羽。二十五年正月，卒於洛陽。年六十六。子丕嗣為丞相魏王。十月，受漢禪，是為魏文帝。案自後漢至南北朝，強臣篡奪相繼，其事實始於魏文。魏文之基業，皆詒於魏武，世因以魏武為司馬宣王之倫，此大誤也。魏武果欲篡奪，何時不可自為？豈必待諸其子？《三國志注》引《魏武故事》載操建安十五年十二月己亥令，自言初欲秋夏讀書，冬春射獵，以待時之清。後徵為校尉，遷典軍校尉，乃更欲為國家討賊立功，題墓道言漢征西將軍曹侯之墓。遭董卓之難，乃興義兵。合兵能多得，然常自損，恐兵多意盛，與強敵爭，更為禍始。其後破黃巾，討二袁、劉表，皆意望已過。可謂言言肺腑。其述不欲代漢之志云：「或者見孤強盛，又性不信天命之事，恐私心相評，言有不遜之志，[143]妄相忖度，每用耿耿。齊桓、晉文，所以垂稱至今日者，以其兵勢廣大，猶能奉事周室也。《論語》云：三分天下有其二，以服事殷，周之德，可謂至德矣，夫能以大事小也。昔樂毅走趙，趙王欲與之圖燕，樂毅伏而垂泣，對曰：臣事昭王，猶事大王。臣若獲戾，放在他國，沒世然後已，不忍謀趙之徒隸，況燕後嗣乎？胡亥之殺蒙恬也，恬曰：自吾先人，及至子孫，積信於秦三世矣。今臣將兵三十餘萬，其勢足以背叛，然自知必死而守義者，不敢辱先人之教，以忘先王也。孤每讀此二人書，未嘗不愴然流涕也。孤祖父以至孤身，皆當親重之任，可謂見信者矣。以及子植兄弟，過於三世矣。孤非徒對諸君說此也，常以語妻妾，皆令深知此意。孤謂之言：顧我萬年之後，汝曹皆當出嫁，欲令傳道我心，使他人皆知之。孤此言皆肝鬲之要也。所以勤勤懇懇敘心腹者，見周公有金縢之書以自明，恐人不信之故。然欲孤便爾委捐所典兵眾，以還執事，歸就武平侯國，實不可也。何者？誠恐己離兵為人所禍

[143] 史事：曹操之為人。三國時史事不可信者多。

也。既為子孫計，又己敗則國家傾危，是以不得慕虛名而處實禍。前朝恩封三子為侯，固辭不受，今更欲受之，非欲復以為榮，欲以為外援，為萬安計」云云。自古英雄之自道，有如是其坦率誠摯者乎？身敗則國家傾危，有能謂其言不然者乎？《注》又引《魏略》，言建安二十四年 (219)，孫權上書稱臣，稱說天命。《魏氏春秋》曰：夏侯惇謂王曰：「天下咸知漢祚已盡，異代方起。自古已來，能除民害，為百姓所歸者，即民主也。今殿下即戎三十餘年，功德著於黎庶，為天下所依歸。應天順民，復何疑哉？」王曰：「施於有政，是亦為政，若天命在吾，吾為周文王矣。」與此可以參觀。又引《曹瞞傳》及《世語》，並云：桓階勸王正位，夏侯惇以為宜先滅蜀，蜀亡則吳服，二方既定，然後遵舜、禹之軌，王從之。及至王薨，惇追恨前言，發病卒。夫建安二十四年 (219)，即關羽圍襄、樊，孫權取江陵之歲也。吳、蜀方強，可卒定乎？其為野言，又不問可知矣。《三國志．荀彧傳》云：建安十七年 (212)，董昭等謂太祖宜進爵國公，九錫備物，以彰殊勳。密以咨彧。彧以為太祖本興義兵，以匡朝寧國，秉忠貞之誠，守退讓之實，君子愛人以德，不宜如此。太祖由是心不能平。會征孫權，表請彧勞軍於譙。因輒留彧，以侍中光祿大夫持節參丞相軍事。太祖軍至濡須，彧留壽春，以憂薨。明年，太祖遂為魏公矣。此又誣罔之談。《郭嘉傳》言：嘉死，太祖臨其喪，哀甚。謂荀攸等曰：「諸君年皆孤輩也。唯奉孝最少，天下事竟，欲以後事屬之，而中年夭折，命也夫！」此為天下得人之盛心也。禪讓之志，唯公實無愧焉，而謂其不平於荀彧，有是理乎？朝代革易之際，漢與魏、晉，實為古今一大升降。王莽之代漢，意本欲以拯救天下。魏武則功成不居，誠無愧孔子所謂至德。司馬懿、蕭道成之流，則徒為一身權位富貴之計，不足道矣。《武紀注》又引《魏書》言其行軍用師，大較依孫、吳之法，而因事設奇，譎敵制勝，變化如神。自作兵書十餘萬言。諸將征伐，皆以新書從事。臨事又手為節度。從令者克捷，違教者負敗。與虜對陳，意思安閒，如不欲戰然，及至決機乘勝，氣勢盈溢，故每戰必克，軍無幸勝。知人善察，難眩以偽。拔于禁、樂進於行陳之間，取張遼、徐晃於亡虜之內，皆佐命立功，列為名將。其餘拔出細微，登為牧守者，不可勝數。是以創造大業，文武並施。御軍三十餘年，手不捨書。晝則講武策，夜則思經傳。登高必賦。及造新詩，被之管弦，皆成樂章。才力絕人，手射飛鳥，躬禽猛獸。常於南皮射雉，一日獲三十六頭。及造作宮室，繕製器械，無不為之法則，皆盡其意。雅性節儉，不好華麗。後宮衣不錦繡，侍御履不二采。帷帳屏風，壞則補納。茵褥取溫，無有緣飾。攻城拔邑，得靡麗之物，則悉以賜有功。勳勞宜賞，不吝千金。無功望施，分豪不與。四方獻御，與群下共之。常以送終之制，襲稱之數，繁而無益，俗又過之，故豫自制終亡衣服，四篋而已。《傅子》曰：太祖愍嫁娶之奢僭。公女適人，皆以皂帳。從婢不過十人。其略不世出，而又躬行儉德如此，豈流俗之士所能知哉？競為野言，緣以造謗，宜矣。《三國志注》又引《曹瞞傳》，謂太祖為人，佻易無威重。好音樂，倡優在側，嘗以日達夕。持法峻刻，諸將有計劃勝己者，隨以法誅之，及故人舊怨，亦皆無餘。其所刑殺，輒對之垂涕嗟痛之，然終無所活。其言與《魏略》適相反。然不足信也。史所載魏武猜忌殘酷之事頗多，如《魏志》崔琰、邊讓、孔融、禰衡等皆是也。然細思之，諸人實未必無取死之道。史之所傳，蓋不盡實。《曹瞞傳》為吳人所作，其傳聞不審，而又有意造謗，自更無論矣。《吳志·諸葛瑾傳》載孫權論操之語，亦僅云「殺伐小為過差」，他無貶辭也。

魏文帝稱尊號，或傳聞漢帝見害，先主乃發喪制服，追謚曰孝愍皇帝。明年四月，即位。是為蜀漢昭烈帝。《蜀志·費詩傳》曰：群臣議欲推漢中王稱尊號，詩上疏曰：「殿下以曹操父子，逼主篡位，故乃羈旅萬里，糾合士眾，將以討賊。今大敵未克，而先自立，恐人心疑惑。昔高祖與楚約，先破秦者王，及屠咸陽，獲子嬰，猶懷推讓。況今殿下未出門庭，便欲自立邪？愚臣誠為殿下不取也。」由是忤旨左遷。又《劉巴傳注》

引《零陵先賢傳》曰：是時中夏人情未一，聞備在蜀，四方延頸，而備銳意欲即真，巴以為如此，示天下不廣，且欲緩之。與主簿雍茂諫備。備以他事殺茂。由是遠人不復至矣。此亦野言。《傳》稱先主稱尊號，昭告於皇天上帝、后土神祇，凡諸文誥策命，皆巴所作，此豈不欲其即真者邪？以此推之，知三國時史事，不可信者甚多也。孫權是時尚稱藩於魏。魏封為吳王，領荊州牧，加九錫。其明年，乃改年拒魏。至魏篡漢後十年魏明帝太和三年 (229)，蜀後主建興七年。乃稱帝。詳見第二節及第八節。

第二節　三國初年和戰

三國分立之後，首之以吳、蜀之交兵，是為猇亭之役。《魏志·劉曄傳》言：黃初元年 (220)，詔問群臣：「今料劉備，當為關羽出報吳不？」眾議咸云：「蜀小國耳，名將唯羽，羽死軍破，國內憂懼，無緣復出。」曄獨曰：「蜀雖狹弱，而備之謀，欲以威武自強，勢必用眾，以示其有餘。」《蜀志·趙雲傳注》引《雲別傳》曰：先主欲討孫權。雲諫曰：「國賊是曹操，非孫權也。且先滅魏則吳自服。當因眾心，早圖關中，居河、渭上流，以討凶逆。不應置魏，先與吳戰。兵勢一交，不得卒解也。」先主不聽。《秦宓傳》：先主將東征吳，宓陳天時，必無其利，坐下獄幽閉，然後貸出。《法正傳》言先主敗後，諸葛亮嘆曰：「法孝直正字。若在，則能制主上，令不東行；就復東行，必不傾危矣。」則先主是時，征吳之志頗決。竊意是時蜀之力實未足以攻魏，而魏亦無力以事荊州，故先主欲乘是機，先與吳爭也。然是役實為忿兵，又失地利；其致敗也固宜。

蜀漢先主章武元年 (221)，魏文帝黃初二年也。七月，先主帥諸軍伐吳。黃權諫曰：「吳人悍戰；又水軍順流，進易退難；臣請為先驅以嘗寇，陛下宜為後鎮。」先主不從。以權為鎮北將軍，督江北軍，以防魏師。孫權遺書請和，不許。權乃以陸遜為督，督朱然、潘璋等五萬人，屯巫（漢縣，今四川巫山縣東)、秭歸以拒之。張飛率兵萬人，當自閬中會江州。見第八章第五節。臨發，其帳下將張達、范彊殺飛，持其首順流奔孫權。將軍吳班、馮習自巫攻破吳兵。先主軍次秭歸。吳班、陳式水軍屯夷陵，(漢縣，今湖北宜昌縣。) 夾江東西岸。以金錦、爵賞，誘動諸夷。武陵、五谿蠻夷五谿謂雄、樠、無、酉、辰，見《水經·沅水注》。遣使請兵。明年二月，先主自秭歸率諸將進軍。緣截山嶺，於夷道、猇亭 (在今宜都縣北。) 駐營。自佷山 (漢縣，今湖北長楊縣。) 通武陵。遣侍中馬良安慰五谿蠻夷，咸相率響應。黃權督江北諸軍，與吳軍相拒於夷陵道。六月，陸遜大破先主軍於猇亭。先主還秭歸，收合離散。遂棄船舫，由步道還魚復。(漢縣，今四川奉節縣西北。) 改魚復曰永安。吳遣將軍李異、劉阿等踵躡先主軍，屯駐南山。八月，收兵還巫。步騭自交州受代還，會先主東下，武陵蠻夷蠢動，孫權命騭上益陽。先主既敗，零、桂諸郡，猶相驚擾，處處阻兵。騭周旋征討，皆平之。黃權道隔絕不得還，降於魏。先主疾不豫。明年魏黃初四年 (223)。四月，殂於永安宮。五月，太子禪襲位於成都，是為後主，時年十七。案猇亭之役，於蜀所損實多。蓋自經此役，則蜀不能復窺荊州，而侷促一隅之勢成矣。趙雲諫先主，謂兵勢一交，不得卒解，可見雲雖不欲征吳，亦未料其遽至大敗也。先主之敗，實失之於驕與忿。《吳志·陸遜傳》：遜上疏言：「臣初嫌之水陸俱進，今反舍船就步，處處結營。察其布置，必無他變。」諸將並曰：「攻備當在初，今乃令入五六百里，相銜持經七八月，其諸要害，皆已固守，擊之必無利矣。」遜曰：「備是猾虜，更嘗事多。其軍始集，思慮精專，未可干也。今住已久，不得我便，兵疲意沮計不復生。犄角此寇，正在今日。」乃先攻一營，不利，諸將皆曰：「空殺兵耳。」遜曰：「吾已曉破之之術。」乃敕各持一把茅，以火攻之。一爾勢成，通率諸軍，同時進攻。備軍遂土崩瓦解。蓋頓兵久則銳氣挫，故卒至為吳所乘也。夫既親率大兵而來，則宜猛進決之於一戰，否則何必自行？是所謂進退失據者。豈其忿不思難，而又年老氣衰，致有此失與？

孫權之攻關羽也，遣使上書於曹操，乞以討羽自效。及定荊州，操表權為驃騎將軍，假節，領荊州牧。建安二十五年四月，權自公安都鄂，改名武昌。（今湖北武昌縣。）使稱藩，及遣于禁等還。及先主來伐，又遣都尉趙咨使魏。文帝欲封權子登。權以登年幼，上書辭封。重遣西曹掾沈珩陳謝，並獻方物。魏封權為吳王，以大將軍使持節督交州，領荊州牧事，加九錫。時魏以荊、揚江表八郡為荊州，荊州江北諸郡為郢州，及權復叛，乃復郢州為荊州。《魏志．劉曄傳注》引《傅子》曰：孫權遣使求降，帝以問曄。曄對曰：「權無故求降，必內有急。宜大興師，徑襲其內。蜀攻其外，我襲其內，吳之亡不出旬月矣。吳亡則蜀孤。若割吳半，蜀固不能久存，況蜀得其外，我得其內乎？」帝曰：「人稱臣降而伐之，疑天下欲來者心。孤何不且受吳降，而襲蜀之後乎？」對曰：「蜀遠吳近。又聞中國伐之，便還軍，不能止也。今備已怒，故興兵擊吳。聞我伐吳，知吳必亡，必喜而進，與我爭割吳地，必不改計，抑怒救吳也。」帝不聽，遂受吳降。案自赤壁戰後，魏武自將攻吳，非止一次，而卒不能克，非有遺力，力自不足也。吳此時雖有蜀難，下流豈得全無備禦？豈易一舉而取之？《傅子》之辭，又為不審矣。黃初三年 (222)，蜀章武二年，吳黃武元年。魏欲遣侍中辛毗尚書桓階往與盟誓，並徵侍子。權辭讓不受。九月，魏乃命曹休、張遼、臧霸出洞口，（在今安徽和縣西南。）曹仁出濡須，曹真、夏侯尚、張郃、徐晃圍南郡。權遣呂範等督五軍以舟軍拒休等。諸葛瑾、潘璋、楊粲救南郡，朱桓以濡須督拒仁。時揚、越蠻夷，多未平集，內難未弭，故權卑辭上書，求自改厲。文帝報書，仍責任子。權遂改年，臨江拒守。猶與魏文帝相往來，至後年乃絕。十月，文帝自許昌南征，諸軍並進。至明年三月，乃皆退。先是吳戲口守將晉宗殺將王直，以眾叛如魏。魏以為蘄春太守。（蘄春，漢縣，魏置郡，今湖北蘄春縣西北。）數犯邊境。六月，權令將軍賀齊督麋芳、劉邵等襲虜宗。黃初五年 (224) 蜀後主建興二年，吳黃武三年。八月，魏文帝為水軍，親御龍舟，幸壽春。九月，遂至廣陵。望大江，曰：「彼有人焉，未可圖也。」乃還。明年三月，又為舟師東征。十月，至廣陵故城。臨江觀兵。戎卒十餘萬，旌旗數百里。是歲大寒，水道冰，舟不得入江，乃引還。又明年五月，魏文帝殂。七月，權征江夏，圍石陽，城名，在今湖北黃陂縣西。不克。諸葛瑾、張霸等攻襄陽。魏司馬懿破之，斬霸。曹休又破其別將於尋陽。是歲，蜀諸葛亮亦出屯漢中矣。

吳與魏暫合而旋離，與蜀則暫離而復合，此用兵形勢使然也。《吳志·陸遜傳》云：劉備既住白帝，徐盛、潘璋、宋謙等各競表言，備必可禽，乞復攻之。權以問遜。遜與朱然、駱統，以為曹丕大合士眾，外托助國討備，內實有姦心。謹決計輒還。無幾，魏軍果出，三方受敵。蓋吳之所虞，究在於魏也。戰於猇亭之歲，十一月，權使鄭泉聘於白帝，備遣宗瑋報命。明年，先主殂，後主立，諸葛亮秉政，使鄧芝聘吳，吳亦遣張溫報聘。《蜀志·鄧芝傳》云：亮慮權聞先主殂殞，恐有異計，未知所如。芝見亮曰：「今主上幼弱，初在位，宜遣大使，重申吳好。」亮乃遣芝修好於權。權果狐疑，不時見芝。芝乃自表請見。曰：「臣今來，亦欲為吳，非但為蜀也。」權乃見之。語芝曰：「孤誠願與蜀和親，然恐蜀主幼弱，國小勢逼，為魏所乘，不自保全，以此猶豫耳。」芝對曰：「吳、蜀二國，四州之地。大王命世之英，諸葛亮亦一時之桀也。蜀有重險之固，吳有三江之阻，合此二長，共為唇齒，進可并兼天下，退可鼎足而立，此理之自然也。大王今若委質於魏，魏必上望大王之入朝，下求太子之內侍，若不從命，則奉辭伐叛；蜀必順流，見可而進；如此，江南之地，非復大王之有也。」權默然良久曰：「君言是也。」遂自絕魏，與蜀連和。芝之所言，非徒遊說之辭，實亦當時形勢，宜其能見聽也。及權稱帝，蜀遣陳震慶權踐位，權乃與蜀約盟，交分天下。[144]「豫、青、徐、幽屬吳，兗、冀、并、涼屬蜀。其司州之土，以函谷關為界。戮力一心，同討魏賊。若有害漢，

[144] 政體：吳蜀結好，二帝並稱。

則吳伐之；若有害吳，則漢伐之。各守分土，無相侵犯。」《諸葛亮傳》注引《漢晉春秋》曰：孫權稱尊號，其群臣以並尊二帝來告。議者咸以為交之無益，而名體弗順，宜顯明正義，絕其盟好。亮曰：「權有僭逆之心久矣。國家所以略其釁情者，求犄角之援也。今若加顯絕，讎我必深，便當移兵東戍，與之角力，須並其土，乃議中原。彼賢才尚多，將相輯穆，未可一朝定也。頓兵相持，坐而須老，使北賊得計，非算之上者。今議者咸以權利在鼎足，不能并力；且志望已滿，無上進之情；推此皆似是而非也。何者？其志力不侔，故限江自保。權之不能越江，猶魏賊之不能渡漢，非力有餘而利不取也。若大軍致討，彼上當分裂其地，以為後規；下當略民廣境，示武於內；非端坐者也。就其不動，而睦於我，我之北伐，無東顧之憂；河南之眾，不得盡西；此之為利，亦已深矣。」此說於三國和戰形勢，可謂言之瞭然。權之使張溫至蜀也，謂溫曰：「卿不宜遠出，恐諸葛孔明不知吾所以與曹氏通意，故屈卿行。」溫對曰：「諸葛亮達見計數，必知神慮屈申之宜。」《蜀志．宗預傳》言：諸葛亮卒，吳慮魏或承衰取蜀，增巴丘守兵萬人，一欲以為救援，二欲以事分割。蜀聞之，亦益永安之守，以防非常。蓋和戰之宜，明者咸能洞見之，故亮與權皆有以相信也。其後蜀亦守其遺策不變。至吳赤烏七年 (244)，魏正始五年，蜀延熙七年。亮卒已十歲矣。步騭、朱然等上疏，云「自蜀還者，咸言欲背盟，與魏交通。多作舟船，繕治城郭。又蔣琬守漢中，聞司馬懿南向，不出兵乘虛以犄角之，反委漢中，還近成都。事已彰灼，無所復疑，宜為之備」。權仍決其不然。蓋事勢所繫，自有不容違逆者在也。

第三節　諸葛亮伐魏

蜀漢先主之病篤也，召諸葛亮於成都，屬以後事。謂亮曰：「君才十倍曹丕，必能安國，終定大事。若嗣子可輔，輔之；如其不才，君可自取。」又為詔敕後主曰：「汝與丞相從事，事之如父。」建興元年 (223)，魏黃初四年。封亮武鄉侯。開府治事。頃之，又領益州牧。政事無巨細，咸決於亮。南中諸郡，並皆叛亂。亮以新遭大喪，故未便加兵。且遣使聘吳，因結和親，遂為與國。三年 (225)，魏黃初六年。亮率眾南征。其秋，悉平。軍資所出，國以富饒。乃治戎講武，以俟大舉。

五年 (227) 魏明帝太和元年。春，亮率諸軍北駐漢中。是歲十二月，孟達反魏為蜀。魏司馬懿時督荊豫，屯宛。明年魏太和二年。正月，討斬之。亮揚聲由斜谷道取郿。（漢縣，今陝西郿縣東北。）使趙雲、鄧芝為疑軍，據箕谷。（在今陝西褒城縣西北。）亮身率諸軍攻祁山。（在今甘肅西和縣西北。）戎陳整齊，賞罰肅而號令明。南安（後漢郡，治獂道，今甘肅隴西縣東北）、天水（漢郡，後漢改曰漢陽，魏復曰天水，治平襄，今甘肅通渭縣西南）、安定（漢郡，後漢治臨涇，今甘肅鎮原縣南。）三郡，叛魏應亮。關中響震。魏明帝西鎮長安。遣大將軍曹真都督關右。真軍郿。命張郃拒亮。亮使馬謖督諸軍在前。與郃戰於街亭，（前漢街泉縣，後漢省。《續書・郡國志》：略陽西有街泉亭，即街亭。在今甘肅秦安縣西北。）敗績。高詳屯列柳城，亦為魏雍州刺史郭淮所破。趙雲、鄧芝亦失利，以斂眾固守，得不大敗。亮拔西縣（今甘肅天水縣西南。）千餘家，還於漢中。戮謖以謝眾。上疏請自貶。於是以亮為右將軍，行丞相事，所總統如前。《蜀志・亮傳注》引《亮集》云：建興元年 (223)，魏司徒華歆，司空王朗，尚書令陳群，大史令許芝，謁者僕射諸葛璋，各有書與亮，陳天命人事，欲使舉國稱藩，則魏是時蓋以蜀為無能為，雖曰其不可遽取，亦不意其能出兵，故無備而幾至大敗，而馬謖違亮節度，以致失機，亮雖能厲兵講武，使民忘其敗，《亮傳注》引《漢晉春秋》語。然是後魏亦有備，得志非易矣。故街亭之役，於蜀所損甚大也。馬謖亦奇才，舉事一不當，遽遭誅戮，雖曰明罰敕法，亦以所損過大，不得不然與？《謖本傳》言：謖好論軍計。亮以為參軍。每引見談論，自晝達夜。軍出時，有宿將魏延、吳一等，論者皆言宜令為先鋒，而亮違眾，拔謖統大眾在前。此亦必非偶然，不能以其一敗而貶之也。

是冬，亮聞孫權破曹休，魏兵東下，關中虛弱，《本傳注》引《漢晉春秋》。復出散關，見第八章第一節。圍陳倉。曹真遣將軍費曜拒之。亮糧盡而還。魏將王雙率騎追亮。亮與戰，敗之，斬雙。七年 (229)，魏太和三年。亮遣陳式攻武都、陰平 (漢道，今甘肅文縣西北)。郭淮率眾欲擊式。亮自出，至建威，(城名，今甘肅成縣西北。) 淮退還。遂平二郡。詔復亮丞相。八年 (230)，魏太和四年。曹真以蜀連出侵邊境，宜遂伐之，數道併入，可大克也。魏明帝從其計。真以八月發長安，從子午道南入。(子午谷，北口曰子，在今陝西長安縣南百里。南口曰午，在今陝西洋縣東百六十里。) 司馬懿泝漢水，當會南鄭。諸軍或從斜谷道，或從武威入 (武威，漢縣，今甘肅鎮番縣北)。此據《魏志．真傳》。《蜀志．後主傳》云：魏使司馬懿出西城，張郃由子午，曹真由斜谷，欲攻漢中。丞相亮待之於城固赤阪。(西城，漢縣，後漢末為郡，見第十一章第十二節。城固，漢縣，今陝西城固縣西北。) 會大霖雨，三十餘日。或棧道斷絕。九月，詔真等班師。《陳群傳》云：曹真表欲數道伐蜀，從斜谷入。群以為「太祖昔到陽平攻張魯，多收豆麥，以益軍糧，魯未下而食猶乏。今既無所因；且斜谷阻險，難以進退，轉運必見鈔截；多留兵守要，則損戰士；不可不熟慮也」。帝從群議。真復表從子午道，群又言其不便。則是役，即不遇霖雨，真亦未能必有功也。九年 (231)，魏太和五年。亮復出祁山，以木牛運。招鮮卑軻比能。比能等至故北地石城以應亮。據《亮傳注》引《漢晉春秋》。案其事亦見《魏志．牽招傳》。漢北地郡，治馬領，在今甘肅環縣東南。後漢徙治富平，在今寧夏靈武縣西南。於是曹真有疾，魏明帝使司馬懿西屯長安。遇於上邽之東。(上邽，漢縣，今甘肅天水縣西南。) 懿斂兵依險，軍不得交，糧盡還軍。與魏將張郃交戰，射殺郃。十年 (232)，魏太和六年。亮休士勸農於黃沙。(城名，在今陝西沔縣東北。）作流馬、木牛畢。教兵講武。十一年 (233)，魏青龍元年。亮使諸軍運米，集於斜谷。治斜谷邸閣。十二年 (234) 魏青龍二年。春，亮悉士眾由斜谷出。以流馬運。據武功五丈原。（武功，漢縣，在今陝西郿縣東，原在今郿縣西南，接岐山縣界。）與司馬懿對於渭南。亮每患糧不繼，使己志不伸，是以分兵屯田，為久住之基。耕者雜於渭濱居民之間，而百姓安堵，軍無私焉。相持百餘日。八月，亮疾病，卒於軍。初，魏延以部曲隨先主入蜀，數有戰功，遷牙門將軍。先主為漢中王，遷治成都，當得重將，以鎮漢川，眾論以為必在張飛，飛亦以心自許，先主乃拔延為督漢中，鎮遠將軍，領漢中太守，一軍盡驚。建興五年 (227)，諸葛亮駐漢中，更以延為督前部，領丞相司馬，涼州刺史。八年 (230)，使延西入羌中。魏後將軍費瑤、雍州刺史郭淮與延戰於陽谿，延大破淮等。遷為前軍師征西大將軍，假節，進封南鄭侯。延每隨亮出，輒欲請兵萬人，與亮異道會於潼關，如韓信故事。亮制而不許。延常謂亮為怯，嘆恨己才用之不盡。《延傳注》引《魏略》日：夏侯楙為安西將軍，鎮長安。亮於南鄭與群下計議。延日：「聞夏侯楙少主壻也，怯而無謀。今假延精兵五千，直從褒中出循秦嶺而東，當子午而北。不過十日，可到長安。楙聞延奄至，必乘舡逃走。長安中唯有御史、京兆、太守耳。橫門、邸閣與散民之粟，足周食也。比東方相合聚，尚二十許日。而公從斜谷來，必足以達。如此，則一舉而咸陽以西可定矣。」亮以為此縣危，不如安從坦道，可以平取隴右。十全必克而無虞，故不用延計。案楙，夏侯惇中子。尚太祖女清河公主。文帝少與親。及即位，以為安西將軍，持節，承夏侯淵處，都督關中。楙性無武略，而好治生。至太和二年 (228)，明帝西征，人有白楙者，遂召還為尚書。見《惇傳注》引《魏略》。而楊儀為丞相參軍，署府事，遷長史。亮數出軍，儀常規畫分部，籌度糧穀。不稽思慮，斯須便了。軍戎節度，取辦於儀。延性矜高，當時皆避下之，唯儀不假借延，延以為至忿，有如水火。是歲亮出，延為前鋒。亮病，密與儀及司馬費禕、護軍姜維等作身歿之後退軍節度。令延斷後，姜維次之。若延或不從命，軍便自發。亮卒，祕不發喪。儀令禕往揣延意指。延曰：「丞相雖亡，吾自見在。府親官屬，便可將喪還葬，吾自當率諸軍擊賊。云何以一人死廢天下之事邪？且魏延何人，當為楊儀所部勒，作斷後將乎？」因與禕共作行留部分。令禕手書與己連名，告下諸將。禕紿延曰：「當為君還解楊長史。長史文吏，稀更軍事，必不違命也。」禕出門，馳馬而去。延尋悔，追之，已不及矣。延遣人覘儀等。遂欲案亮成規，諸營相次引軍還。延大怒。儳儀未發，率所領徑先南歸。所過燒絕閣道。儀等槎山通道，晝夜兼行，亦繼延後。延先至，據南谷口，遣軍逆擊儀等。儀等令何平在前禦延。平叱延先登曰：「公亡身尚未寒，汝輩何敢乃爾？」延士眾知曲在延，莫為用命，軍皆散。延獨與其子數人逃亡，奔漢中。儀遣馬岱追斬之。儀領軍還，又誅討延，自以為功勳至大，宜當代亮秉政。而亮平生密指，以儀性狷狹，意在蔣琬。琬遂為尚書令，益州刺史。儀至，拜為中軍師，無所統領，從容而已。初，儀為先主尚書，琬為尚書郎。後雖俱為丞相參軍長史，儀每從行，當其勞劇。自謂年官先琬，才能逾之，於是怨憤形於聲色。時人畏其言語不節，莫敢從也。為後軍師，費禕往慰省之。儀對禕恨望前後云云。又語禕曰：「往者丞相亡歿之際，吾若舉軍以就魏氏，處世寧當落度如此邪？令人追悔，不可復及。」禕密表其言。十三年(235)，魏青龍三年。廢儀為民，徙漢嘉郡。(漢青衣縣，後漢改曰漢嘉，蜀置郡，今四川雅安縣。)儀至徙所，復上書誹謗，辭指激切。遂下郡收儀。儀自殺。案《延傳》言原延意不北降魏而南還者，但欲除殺儀等。[145]平日諸將素不同，冀時論必當以代亮。本指如此，不便背叛。《注》引《魏略》曰：諸葛亮病，令延攝行己事，密持喪去。延遂匿之。行至褒口，乃發喪。亮長史楊儀宿與延不和。見延攝行軍事，懼為所害。乃張言延欲與眾北附，遂率其眾攻延。延本無此心，不戰軍走。追而殺之。裴松之謂此

[145] 史事：魏延、楊儀之事。

蓋敵國傳聞之言，不得與本傳爭審。案謂延持喪還而楊儀突攻之，自非實錄。然延嚄唶宿將，果使整眾攻儀，豈有不戰自潰之理，則儀必出不意攻延。謂以何平之叱，延眾知曲在延而遂散，則必非其實也。然則退軍節度，果出諸葛亮遺命與否，亦難言之矣。《蔣琬傳》言：亮密表後主曰：「臣若不幸，後事宜以付琬。」此即《儀傳》所謂亮生平密指在琬者，恐亦莫須有之辭。琬之遽躋權要，殆以其有雅量而處內，而儀則鋒芒畢露，為時人所忌耳。儀若當國，必無以逾於蔣琬。然亮死後，蔣琬、費禕，才力皆不足以圖中原，使延猶在，當不至此，其才究可惜也。[146]

陳壽論諸葛亮，謂其「才於治戎為長，奇謀為短，理民之幹，優於將略」，此非由衷之言。[147] 用兵善於出奇者，宜莫如魏武。然所與對敵者，袁紹而外，皆無大略；且皆非有深根固柢，如魏之非力戰不可克也。魏延異道俱會之謀，不取似若可惜。然褒斜、子午，易出難繼，咸陽以西即可定，魏舉大兵以爭之，而隴右諸郡犄其後，蜀果能守之歟，此亮所以不欲涉險邪？《亮傳注》引張儼《默記》，論亮與司馬懿優劣曰：「孔明提步卒數萬，長驅祁山，慨然有飲馬河、洛之志。仲達據十倍之地，據牢城，擁精銳，務自保全而已。若此人不亡，終其意志，則勝負之勢已決。」此非虛言。《注》又引《漢晉春秋》，言賈詡、魏平數請戰，曰：「公畏蜀如虎，奈天下笑何？」宣王病之。表固請戰。使衛尉辛毗持節以制之。姜維謂亮曰：「辛佐治杖節而到，賊不復出矣。」亮曰：「彼本無戰情，所以固請戰者，以示武於其眾耳。將在軍，君命有所不受，苟能制吾，豈千里而請戰邪？」《魏志．明帝紀》，於是年特書詔宣王但堅壁拒守，以挫其鋒，丞祚固有深意也。亮論孫權，謂其志力不侔，故限江自保，而亮能蹈涉中原，抗衡上國，用兵不戢，屢耀其武，其才固未易幾矣。

[146] 史事：或竟以其賊魏延而見徙也。
[147] 史事：謂諸葛亮短於用兵之非。

第四節　魏氏衰亂

魏文帝頗有學問。嗣王位後，嘗令除池籞之禁，輕關津之稅，皆復什一。見《紀》延康元年（220）《注》引《魏書》庚戌令。又命宦人為官者，不得過諸署令，為金策著令，藏之石室。黃初三年九月，詔曰：「夫婦人與政，亂之本也，自今以後，群臣不得奏事太后。後族之家，不得當輔政之任。[148] 又不得橫受茅土之爵。以此詔傳後世。若有背違，天下共誅之。」皆可謂善革前代之弊者。然性本矯偽。《辛毗傳注》引《世語》曰：毗女憲英，聰明有才鑑。初，文帝與陳思王爭為太子，既而文帝得立，抱毗頸而喜曰：「辛君，知我喜不？」毗以告憲英。憲英嘆曰：「太子代君主宗廟社稷者也，代君不可以不戚，主國不可以不懼，宜戚而喜，何以能久？魏其不昌乎？」《吳志．孫權傳》建安二十五年（220）《注》引《江表傳》曰：是歲魏文帝遣使求雀頭香、大貝、明珠、象牙、犀角、玳瑁、孔雀、翡翠、鬥鴨、長鳴雞。[149] 群臣奏曰：「荊、揚二州，貢有常典，魏所求珍玩之物，非禮也。宜勿與。」權曰：「彼在諒暗之中，而所求若此，寧可與言禮哉？」具以與之。此二事，可見文帝之為人。其獲繼嗣，徒以矯情得之而已。又多猜忌。篡位後荒於游畋，[150] 戴陵以諫不宜數行弋獵，減死罪一等，見《本紀》黃初元年（220）。鮑勳停車上疏，帝手毀其表，而竟行獵，見本傳。崔琰、王朗等諫，各見本傳。棧潛諫見《高堂隆傳》。好營宮室，黃初元年（220），即營洛陽宮。四年（223），又築南巡臺於宛，五年（224），穿天淵池。六年（225），又築東巡臺。皆見紀。實開明帝奢侈之原。其妄行殺戮，最殘虐者，魏文為太子時，鮑勳為中庶子，守正不撓，太子不能悅。後為魏郡西部都尉。太子郭夫人弟為曲周縣吏，斷盜官布，罪應棄市，太子數手書為之請，勳不敢擅縱，具列上，太子恚

---

[148] 史事：魏文帝抑後族。

[149] 四夷：魏文求南物於吳。明帝以馬易。

[150] 四夷：魏文之惡劣。

望滋甚。篡位後竟殺之。高柔為廷尉，固執不從。乃召柔詣臺，遣使至廷尉考竟勳。勳死，乃遣柔還寺。勳父信，有大功於太祖，鍾繇華歆等表言之，竟不見聽也。《蘇則傳》載帝行獵，槎桎拔失鹿，大怒，踞床拔刀，悉收督吏欲斬之。《高柔傳》謂其時有妖言，輒殺而賞告者。皆可見其暴虐。《于禁傳》：禁自吳還，文帝令謁高陵，豫於陵屋畫關羽戰克，龐德憤怒，禁降伏之狀。禁見，慚恚發病死。亦豈君人之道也。亦開明帝外任法而內縱情之漸。故魏之大壞自明帝，啟之者實文帝也。

武帝二十五子，而與文帝同母者四人。卞后生。曰任城威王彰、陳思王植、蕭懷王熊、燕王宇。武帝亦能任法，顧繼嗣不早定。初愛鄧哀王沖，數對群臣稱述，有欲傳後意，而沖早卒。建安十三年 (208)。陳思王以才見異，丁儀、丁廙、楊脩等為之羽翼。武帝狐疑，幾為太子者數矣。而植任性而行，不自雕勵。文帝御之以術，矯情自飾，宮人左右，並為之說，故遂定為嗣。自武帝已重諸侯科禁。賓客交通，至同妖惡。見《趙王乾傳》。又以楊脩頗有才策，而又袁氏之甥也，於是以罪誅脩。《楊俊傳》：初，臨菑侯與俊善。太祖適嗣未定，密訪群司。俊雖並論文帝、臨菑侯才分所長，不適有所據當，然稱臨菑侯猶美。文帝嘗以恨之。黃初二年 (221)，車駕至宛，以市不豐樂，發怒收俊。尚書僕射司馬宣王、常侍王象、荀緯請俊，叩頭流血。帝不許，俊曰：「吾知罪矣。」遂自殺。眾冤痛之。案臨菑侯陳思王初封，俊時為南陽太守。然仍不能杜覬覦。武帝之殂，任城王時為鄢陵侯。從長安來赴，問賈逵：時逵典喪事。先王璽綬所在。逵正色曰：「太子在鄴，國有儲君，先王璽綬，非君侯所宜問也。」蓋武帝諸子罕知兵，唯任城數從征伐，嘗北征烏丸，武帝東歸，又以行越騎將軍留長安，性氣粗猛，故不覺情見乎詞也。黃初四年 (223)，諸侯王朝京都，任城王暴薨，疑非良死。陳思王及楚王彪，欲同路東歸。監國使者不聽。《陳思王傳》注引《魏略》。陳思王初以監國謁者希旨奏其罪貶爵為侯。後雖復封，然時法制峻迫，寮屬皆賈豎下材；兵人給其殘老，大數不過二百人；王以前過，事事復減半。《武文世王公傳注》引《袁子》曰：魏興，承大亂之後，民人損減，不可以則古始。於是封建侯王，皆使寄地，空名而無其實。王國使有老兵百餘人。雖有王侯之號，而乃儕於匹夫。縣隔千里之外，無朝聘之儀。鄰國無會同之制。諸侯游獵，不得過三十里。又為設防輔監國之官以伺察之。王侯皆思為布衣而不能得。明帝時，王上疏求自試。又求存問親戚。其疏有云：「婚媾不通，兄弟乖絕。吉凶之問塞，慶弔之禮廢。」所求者「沛然垂詔，使諸國慶問，四節得展；妃妾之家，膏沐之遺，歲得再通」；亦可哀矣。而終不見聽。遂汲汲發疾薨。明帝時，高堂隆上疏言：宜防鷹揚之臣於蕭牆之內。可選諸王，使君國典兵，往往棋跱。曹爽秉政時，宗室曹冏上書，言「今之州牧郡守，古之方伯諸侯。皆跨有千里之土，兼軍武之任。或比國數人，或兄弟並據。而宗室子弟，曾無一人間廁其間，與相維持。非所以強幹弱枝，備萬一之虞也。今之用賢，或超為名都之主，或為偏師之帥。而宗室有文者必限小縣之宰，有武者必置百人之上。泉竭則流涸，根朽則葉枯」。《武文世王公傳注》引《魏氏春秋》。蓋積重者難返，至明帝以後，勢已無可如何矣。然其原，亦文帝為之也。

文帝在位七年而殂，子明帝叡立。《本紀注》引《魏書》，謂其「料簡功能，真偽不能相貿。務絕浮華譖毀之端。吏民士庶上書，一月之中，至數十百封，覽省究竟，意無厭倦」。蓋承武、文任法之後，又其才力尚優，故能如此。然任法最戒縱情，而帝淫侈多欲，不能自克，雖知術數，亦何益哉？《注》又引《世語》曰：帝與朝士素不接。即位之後，群下想聞風采。居數日，獨見侍中劉曄，語盡日。眾人側聽。曄既出，問何如？曄曰：「秦始皇、漢孝武之儔，才具微不及耳。」蓋譏其有二君之侈暴，而無其雄略也。亦可謂婉而彰矣。

明帝好土木。太和六年 (232)，治許昌宮。青龍三年 (235)，又大營宮室於洛。其奢侈，略見《注》所引《魏略》。是歲，洛陽崇華殿災，帝又更營之。以郡國有九龍見，改曰九龍殿。見《高堂隆傳》。景初元年(237)，徙長安諸鐘簴、駱駝、銅人、承露盤。盤折。銅人重不可致，留於霸城。（謂霸陵縣城，在陝西長安縣東。）大發銅，鑄作銅人二，號曰翁仲，列坐於司馬門外。又鑄黃龍鳳皇各一。鳳高三丈餘，置內殿前。起土山於芳林園西北陬。使公卿群僚，皆負土成山。樹松、竹、雜木、善草於其上。捕山禽雜獸置其中。《本紀注》引《魏略》。司徒掾董尋上書，譏其三公、九卿、侍中、尚書穿方舉土，面目垢黑，沾體塗足，衣冠了鳥焉。同上引《漢晉春秋》。《高堂隆傳》云：青龍中，大治殿舍，西取長安大鐘。隆上疏，亦言其使公、卿、大夫，與廝徒並供事役。帝又欲平北芒，（即北邙山，在河南洛陽縣東北。）令於其上作臺觀則見孟津，見《辛毗傳》。其侈欲如此。帝愛女淑，未期而夭，立廟洛陽，葬於南陵，見《楊阜傳》。臣下諫者甚多，皆不見聽。如鐘毓、王肅、陳群、徐宣、衛臻、和洽、高柔、孫禮、辛毗、楊阜、高堂隆、王基、毌丘儉等，皆見本傳。高堂隆言：今宮室所以充廣，實由宮人猥多之故。《本紀注》引《魏略》，言帝錄奪士女。[151] 前已嫁為吏民妻者，還以配士。既聽以生口自贖，又簡選其有姿色者，內之掖庭。太子舍人張茂上書，謂「富者傾家盡產，貧者舉假貸貰，貴買生口，以贖其妻。宮廷非員無錄之女，椒房母后之家，賞賜橫興，內外交引，其費半軍」。高堂隆疏，亦謂「宮人之用，與興戎軍國之費略齊。將吏俸祿，稍見折減。方之平昔，五分居一。諸受休者，又絕廩賜。不應輸者，今皆出半」。《高柔傳》云：時制遭大喪者百日後皆給役。以疾辭者，致遭罪責。使以馬易珠璣、翹翠、玳瑁於吳。見《吳志·孫權傳》嘉禾四年 (235)。田豫破吳通公孫淵之船，讒者言其器仗、珠、金甚放散，皆不納官，則功不見列。蓋亦後宮之所耗也。帝又好獵，殺禁地鹿者，身死，財產沒官。有能覺告者，厚加賞賜。宜陽典農劉龜竊於禁內射兔，其功曹張京詣校事言之。帝匿京名，收龜付獄。高柔上

[151] 婚姻：魏明帝錄士女以配士。

疏言：「群鹿犯暴，殘賊生苗，處處為害，所傷不貲。民雖障防，力不能禦。至如滎陽左右，週數百里，歲略不收。」又言「禁地廣輪且千餘里，無慮其中有虎大小六百頭，狼五百頭，狐萬頭」。見《高柔傳》及《注》引《魏名臣奏》。可謂壞宮室以為汙池，棄田以為苑囿矣。用法殊酷。臨時行刑，多不下吏。見《王肅傳》。楊阜議政治之不便於民者，以為「舍賢而任所私，此忘治之甚者也。廣開宮館，高為臺榭，以妨民務，此害農之甚者也。百工不敦其器，而競作奇巧，以合上欲，此傷本之甚者也。文俗之吏，為政不通治體，苟好煩苛，此亂民之甚者也」。可謂極盡當時之弊。《吳志．諸葛瑾傳》載孫權與瑾論明帝之辭曰：「近得伯言表，伯言陸遜字。以為曹丕已死，毒亂之民，當望旌瓦解，而更靜然。聞皆選用忠良，寬刑罰，布恩惠，薄賦省役，以悅民心，其患更深於操時。孤以為不然。操之所行，其唯殺伐，小為過差；及離間人骨肉，以為酷耳。至於御將，自古少有。比之於操，萬不及也。今叡之不如丕，猶丕之不如操也。其所以務崇小惠，必以其父新死，自度衰微，恐困苦之民，一朝崩沮，故強屈曲，以求民心，欲以自安住耳。寧是興隆之漸邪？聞任陳長文、群字。曹子丹輩，真字。或文人諸生，或宗室戚臣，寧能御雄才虎將，以制天下乎？夫威柄不專，則其事乖錯。如昔張耳、陳餘，非不敦睦，至於秉勢，自還相賊，乃事理使然也。又長文之徒，昔所以能守善者，以操笮其頭，畏操威嚴，故竭心盡意，不敢為非耳。逮丕繼業，年已長大。承操之後，以恩情加之，用能感義。今叡幼弱，隨人東西。此曹等輩，必當因此弄巧行態，阿黨比周，各助所附。如此之日，姦讒並起，更相陷怼，轉成嫌貳。自爾以往，群下爭利，主幼不御。其為敗也，焉得久乎？所以知其然者，自古至今，安有四五人把持刑柄，而不離刺轉相蹄囓者也？強當陵弱，弱當求援，此亂亡之道也。子瑜，卿但側耳聽之。伯言常長於計校，恐此一事小短也。」此言於魏氏衰亂之由，可謂洞若觀火。明帝在位十三年崩，《志》云年三十六。《注》云：「魏武以建安九年八月定鄴，文帝始納甄后，明帝應以十年生，計至此年正月，整三十四年耳。」然則其即位時，年止二十二也。性非天縱，所謂料簡功能，務絕浮華譖毀者，蓋特察察之明，並不能計國家之遠患而絕其萌蘖。加以侈欲無度，本實先撥，枝葉復何所附麗？《諸葛瑾傳注》云：「明帝一時明主，政自己出，孫權此論，竟為無徵，而史載之者？將以主幼國疑，威柄不一，亂亡之形，有如權言，宜其存錄，以為鑑戒。或當以雖失之於明帝，而事著於齊王，不敢顯斥，表之微辭。」殊不知齊王時之亂，皆隱伏於明帝之時，權之所言，正不能謂其無驗也。

魏氏亦多宮闈之禍，文帝母武宣卞皇后，本倡家。文帝納甄后，本袁紹中子熙妻。生明帝。後郭后有寵，賜甄后死。將立郭后，中郎棧潛諫：不當使賤人暴貴，不從。明帝立，痛甄后之事，後遂暴崩。明帝為王時，納河內虞氏為妃。即位，絀還鄴宮，而立明悼毛皇后。后父嘉，本典虞車工，卒暴富貴。明帝令朝臣會其家飲宴。其容止舉動甚蚩騃，語輒自謂侯身，時人以為笑。後後寵弛。景初元年（237），賜死。及疾困，乃立明元郭皇后為后，亦以河右反叛而沒入宮者也。其後三主幼弱，廢立之事，皆假其名以行。孫盛謂：「魏自武王，暨於烈祖，三後之升，起自幽賤，本既卑矣，何以長世？」此固昔人等級之見。然宗姓既疏，而又外無強輔，則權臣之篡竊彌易矣，此亦魏氏傾危之一因也。

第五節　魏平遼東

明帝政治雖亂，遼東公孫氏，自漢末據土自立，卻至帝時而平。則以席中原富強之資，非偏方之所能御也。公孫度本遼東襄平人。同郡徐榮，為董卓中郎將，薦為遼東太守。誅滅名豪大姓，郡中震慄。東伐高句麗，西擊烏丸，威行海外。初平元年（190），度知中國擾攘，語所親吏曰：「漢祚將絕，當與諸卿圖王耳。」分遼東郡為遼西、中遼郡，置太守。淵亡，二郡復合為一。越海收東萊諸縣，（後漢東萊郡，治黃，今山東黃縣東南。）置營州刺史。自立為遼東侯平州牧。曹操表為武威將軍，封永寧鄉侯。度曰：「我王遼東，何永寧也？」藏印綬武庫。度死，子康嗣位。以永寧鄉侯封弟恭。是歲建安九年 (204) 也。十二年 (207)，袁尚等奔遼東，康斬送尚首，封康襄平侯，拜左將軍。康死，子晃、淵等皆小，眾立恭為遼東太守。魏文帝踐阼，遣使即拜恭為車騎將軍，假節，封平郭侯。追贈康大司馬。初，恭病陰消，為閹人，劣弱不能治國。太和二年 (228)，淵脅奪恭位。遣使表狀。劉曄請因其新立，有黨有仇，先其不意，以兵臨之。明帝不聽。拜淵揚烈將軍遼東太守。淵顧遣使南通孫權。

太和三年 (229)，吳黃龍元年。權使校尉張剛、管篤之遼東。六年 (232)，吳嘉禾元年。又遣將軍周賀、校尉裴潛往。魏將田豫要擊，斬賀於成山。（在今山東榮成縣東。）十月，淵使稱藩於權，並獻貂馬。明年，權使太常張彌、執金吾許晏、將軍賀達將兵萬人，金寶珍貨，九錫備物，乘海授淵。淵斬彌等，送其首於魏，沒其兵資。權大怒，欲自征淵。尚書僕射薛綜等切諫，乃止。至景初三年 (239)，淵既為魏所滅，權猶遣使者羊衜、鄭胄，將軍孫怡之遼東，擊魏守將張持、高慮等，虜得男女焉。案魏明帝之以馬求易珠璣等於吳也，見上節。權曰：「此皆孤所不用，而可得馬，何苦而不聽其交易？」[152]《吳志．陸瑁傳》載瑁諫權親征之辭曰：「淵東夷小醜，屏在海隅，國家所為不愛貨寶，遠以加之者，誠欲誘納愚弄，以規其馬耳。」陸遜亦謂「遠惜遼東眾之與馬，捐江東萬安之本業所不惜」，蓋時江東實乏馬也。然縣遠之援，既不足恃，而淵又不能專心事魏，遂至進退失據矣。

淵既斬送彌、晏等首，明帝拜淵大司馬，封樂浪公，持節領郡如故。使者至，淵設甲兵，為軍陳，出見使者。又數對國中賓客出惡言。景初元年 (237)，乃遣幽州刺史毌丘儉等齎璽書征淵。淵遂發兵，逆於遼隧，

[152] 史事：孫權通公孫淵以求馬。

(漢縣，後漢廢，公孫度復置，在今遼寧海城縣西。)與儉等戰。儉等不利而還。淵遂自立為燕王，置百官有司。遣使者持節假鮮卑單于璽，封拜邊民。誘呼鮮卑，侵擾北方。二年 (238) 春，遣太尉司馬懿征淵。六月，軍至遼東。淵遣將軍卑衍、楊祚等步騎數萬屯遼隧，圍塹二十餘里。懿軍至，令衍逆戰。懿遣將軍胡遵等擊破之。懿令軍穿圍引兵東南向，而急東北即趨襄平。衍等恐襄平無守，夜走。諸軍進至首山。(在今遼陽縣西南。)淵復遣衍等迎軍殊死戰。復擊，大破之。遂進軍造城下，為圍塹。會霖雨三十餘日，遼水暴長，運船自遼口徑至城下。雨霽，起土山，修櫓，為發石連弩射城中。淵窘急。糧盡，人相食，死者甚多。將軍楊祚等降。八月，淵眾潰，與其子脩將數百騎突圍東南走。大兵急擊之，斬淵父子。遼東、帶方、樂浪、玄菟悉平。始度以中平六年 (189) 據遼東，至淵三世，凡五十年而滅。

第六節　司馬氏專魏政

《三國志．魏明帝紀》云：景初二年，十二月，乙丑，帝寢疾，不豫。以燕王宇為大將軍。甲申，免。以武衛將軍曹爽代之。三年，春，正月，丁亥，太尉宣王還至河內。帝驛馬召到，引入臥內，執其手，謂曰：「吾疾甚，以後事屬君。君其與爽輔少子。吾得見君，無所恨。」宣王頓首流涕。即日，帝崩於嘉福殿。劉放、孫資《傳》云：帝寢疾，欲以燕王宇為大將軍，及領軍將軍夏侯獻、武衛將軍曹爽、屯騎將軍曹肇、驍騎將軍秦朗共輔政。宇性恭良，陳誠固辭。帝引見放、資入臥內，問曰：「燕王正爾為？」放、資對曰：「燕王實自知不堪大任故耳。」帝曰：「曹爽可代宇不？」放、資因贊成之。又深陳宜速召太尉司馬宣王，以綱維皇室。帝納其言。即以黃紙授放作詔。放、資既出，帝意復變，詔止宣王勿使來。尋更見放、資曰：「我自召太尉，而曹肇等反使吾止之，幾敗吾事。」命更為詔。帝獨召爽與放、資俱受詔命。遂免宇、獻、肇、朗官。太尉亦至，登床受詔，然後帝崩，《本紀注》引《漢晉春秋》略同。《漢晉春秋》曰：帝以燕王宇為大將軍，使與領軍將軍夏侯獻、武衛將軍曹爽、屯騎校尉曹肇、驍騎將軍秦朗等對輔政。中書監劉放，令孫資久專權寵，為朗等素所不善，陰圖間之。而宇常在帝側，故未得有言。甲申，帝氣微。宇下殿呼曹肇有所議，未還，而帝少間，唯曹爽獨在。放知之，呼資與謀。資曰：「不可動也。」放曰：「俱入鼎鑊，何不可之有？」乃突前見帝，垂泣曰：「陛下氣微。若有不諱，將以天下付誰？」帝曰：卿不聞用燕王邪？放曰：「陛下忘先帝詔敕，藩王不得輔政？且陛下方病，而曹肇、秦朗等，便與才人侍疾者言戲；燕王擁兵南面，不聽臣等入；此即豎刁、趙高也。今皇太子幼弱，未能統政。外有強暴之寇，內有勞怨之民。陛下不遠慮存亡，而近系恩舊。委祖宗之業，付二三凡士。寢疾數日，外內擁隔，社稷危殆，而己不知，此臣等所以痛心也。」帝得放言，大怒，曰：「誰可任者？」放、資乃舉爽代宇。又白：宜詔司馬宣王使相參。帝從之。放、資出，曹肇入，泣涕固諫。帝使肇敕停。肇出戶，放、資趨而往，復說止帝。帝又從其言。放曰：「宜為手詔。」帝曰：「我困篤不能。」放即上床執帝手強作之。遂齎出，大言曰：「有詔免燕王宇等官，不得停省中。」於是宇、肇、獻、朗相與泣而歸第。放、資《傳注》引《世語》則曰：放、資久典機任，獻、肇心內不平。放、資懼，故勸帝召宣王。帝作手詔，令給使闢邪至，以授宣王。宣王在汲，（漢縣，在今河南汲縣西南。）獻等先詔令於軹關（在今河南濟源縣西北。）西還長安。《明帝紀注》引《魏略》亦云：燕王為帝晝計，以為關中事重，宜便道遣宣王從河內西還，事已施行。闢邪又至，宣王疑有變。呼闢邪具問，乃乘追鋒車馳至京師。帝問放、資：「誰可與太尉對者？」放曰：「曹爽。」帝曰：「堪其事不？」爽在左右，流汗不能對。放躡其足，耳之曰：「臣以死奉社稷。」曹肇弟纂為大將軍司馬。燕王頗失指。肇出，纂見，驚曰：「上不安，云何悉共出？宜還。」已暮，放、資宣詔：宮門不得復內肇等。罷燕王。肇明日至門，不得入。懼，詣廷尉。以處事失宜免。帝謂獻曰：「吾已差，便出。」獻流涕而出，亦免。雖樹置先後，所言不同，要之為黨爽、懿而排宇等。《注》又引《資別傳》，謂帝詔資，圖萬年後計，使親人廣據職勢，而資無所適對。松之謂資之《別傳》，出自其家，欲以是言，掩其大失。案明帝無祿，財餘三十；加以荒淫悖戾，焉知豫慮身後？《資傳》之妄，灼然可見矣。《燕王宇傳》云：明帝少與宇同止，常愛異之。景初二年 (238) 夏，徵詣京都。十二月，明帝疾篤，拜宇為大將軍，屬以後事。受署四日，宇深固讓，帝意亦變，遂免宇官。宇之免在甲申，則其受署當在辛巳，距帝不豫，已旬有六日矣。措置如此，豈似能豫慮萬年之後者邪？曹爽功名之士，固難保其不與放、資比而排燕王。然爽真子，少以宗室謹重，明帝在東宮，甚親愛之；及即位，為散騎侍郎，累遷城門校尉，加散騎常侍，轉武衛將軍，亦皆親要之職；況亦本在五人之內，非如宣王迄受外任，未與心腹也。曹爽任事後，放、資各以年老遜位，及爽敗，資即復起為侍中，可知放、資之黨宣王，必深於其黨爽也。[153] 放、資當文帝初，即為中書監、令，掌機密。明帝即位，尤見寵任。帝嘗欲用辛毗，而為所隔，蓋亦蔽賢固寵之流。文、明二帝之寵任放、資，正猶漢宣、元之仍用弘恭、石顯，特漢時國本較固，傾危未在目前，魏則非其倫耳。開國承家，小人勿用，信矣。

明帝既崩，齊王芳立，年八歲。見《注》引《魏氏春秋》，又云：秦王九歲。《三國志．本紀》云：明帝無子，養王及秦王詢，宮省事祕，莫有知其所由來者，《注》引《魏氏春秋》曰：或云任城王楷子（案楷，彰子。此亦所謂莫須有之辭也）。曹爽為大將軍，司馬懿為太尉，輔政。二月，轉懿為太傅，持節統兵都督諸軍事如故。《爽傳》云：外以名號尊之，內欲令尚書奏事，先來由己，得制其輕重也。傳又云：爽弟羲為中領軍，訓武衛將軍，彥散騎常侍侍講。其餘諸弟，皆以列侯侍從，出入禁闥。南陽

[153] 史事：劉放、孫資黨司馬宣王深其黨爽。諸葛誕、鄧颺非浮華。爽等所以敗。

何晏、鄧颺、李勝，沛國丁謐，東平畢軌，咸有聲名，進趨於時，明帝以其浮華，皆抑黜之，及爽秉政，乃復進敘，任為腹心。以晏、颺、謐為尚書，晏典選舉，軌司隸校尉，勝河南尹，諸事希復由宣王。宣王稱疾避爽。嘉平元年，正月，車駕朝高平陵。明帝陵。爽兄弟皆從。宣王部勒兵馬，先據武庫。遂出屯洛水浮橋。奏爽「內則僭擬，外專威權。破壞諸營，盡據禁兵。群官要職，皆置所親。殿中宿衛，歷世舊人，皆復斥出，欲置新人，以樹私計。外既如此，又以黃門張當為都監，專共交關，看察至尊，候伺神器，離間二宮，傷害骨肉。太尉臣濟、蔣濟尚書令臣孚等，司馬孚。皆以爽為有無君之心，兄弟不宜典兵宿衛，奏永寧宮。皇太后令敕臣如奏施行。臣輒敕主者及黃門令罷爽、羲、訓吏兵，以侯就第，不得逗留，以稽車駕。敢有稽留，便以軍法從事」。大司農沛國桓範聞兵起，不應太后召，矯詔開平昌門，拔取劍戟，略將門候南奔爽。說爽使車駕幸許昌，招外兵。爽兄弟猶豫未決。侍中許允、尚書陳泰說爽使早自歸罪。爽於是遣允、泰詣宣王，歸罪請死。遂免爽兄弟，以侯還第。初，張當私以所擇才人張何等與爽，疑其有姦，收當治罪。當陳與晏等陰謀反逆，並先習兵，須三月中欲發。於是收晏等下獄。令公卿朝臣廷議。收爽、羲、訓、晏、颺、謐、軌、勝、範、當等，皆夷三族。史所言司馬氏誅曹爽事如此。案桓範謂曹羲曰：「當今日，卿門戶，求貧賤，復可得乎？且匹夫持質一人，尚慾望活，今卿與天子相隨，令於天下，誰敢不應者？」此豈爽等所不知？所以遲疑不決者？《注》引《世語》曰：宣王使許允、陳泰解語爽。蔣濟亦與書達宣王之旨。又使爽所信殿中校尹大目謂爽「唯免官而已」，以洛水為誓。爽信之，罷兵。《濟傳》云：濟隨宣王屯洛水浮橋，誅曹爽等，進封都鄉侯，邑七百戶。濟上疏固辭，曰：「封寵慶賞，必加有功。今論謀則臣不先知，語戰則非臣所率。」《注》又引《世語》，言濟書與曹爽，言宣王旨，唯免官而已，爽遂誅滅，濟痛其言之失信，發病卒。景王之討文欽也，欽中子俶，小字鴦，夜攻其軍，軍中震擾。《毌丘儉傳注》引《魏氏春秋》。景王驚而目出。見《晉書・本紀》。《毌丘儉傳注》引《魏末傳》曰：殿中人姓尹，字大目，小為曹氏家奴，常侍在帝側。大將軍將俱行。大目知大將軍一目已突出，啟云：「文欽本是明公腹心，但為人所誤耳。又天子鄉里。大目昔為文欽所信，乞得追解語之，令還與公復好。」大將軍聽遣。大目單身往。乘大馬，被鎧冑，追文欽。遙相與語。大目心實欲曹氏安，繆言：「君侯何若若，不可復忍數日中也？」欲使欽解其旨。欽殊不悟，乃更厲聲罵大目：「汝先帝家人，不念報恩，而反與司馬師作逆，不顧上天，天不佑汝。」乃張弓傅矢，欲射大目。大目涕泣曰：「世事敗矣，善自努力也。」然則當時居間使爽罷兵者，悉非司馬氏之人，此爽所以信之不疑邪？爽等頗務文治，見下。疆埸之吏，未必有何腹心，臨危徵召，大兵聚會，強者為雄，陳琳諫何進語，見《後漢書》本傳。豈能進退由己？何進之召董卓，董承之召魏武，前車可鑑矣，此爽所以不用桓範之謀歟？爽與羲、訓並握兵權，李勝尹河南，畢軌為司隸，亦非無事權者。宣王臥病十年，一朝蹶起，爽等就第，安知不更有所圖？而不虞張當之誣，疾雷不及掩耳也。司馬氏之所以得天下者，事多深祕不可知，以當時情事推校，或當如此歟？

《三國志》言曹爽等罪狀云：晏等專政，共分割洛陽、野王典農部桑田數百頃，及壞湯沐邑，以為產業。承勢竊取官物，因緣求欲州郡，有司望風，莫敢忤旨。爽飲食車服，擬於乘輿。尚方珍玩，充牣其家。妻妾盈後庭。又私取先帝才人七八人，及將吏師工鼓吹良家子女三十三人，皆以為伎樂。詐作詔書，發才人五十七人送鄴臺，使先帝倢伃教習為技。擅取大樂樂器，武庫禁兵。作窟室，綺疏四周，數與晏等會其中，縱酒作樂。此等荒淫之事，誠未敢保其必無，然亦不至若此其甚。況當時風氣，荒淫者必不止此數人，觀晉初之何曾等可知也。至謂爽等為浮華，則其事見於《董昭》及《諸葛誕傳》。《昭傳》言：昭上疏陳末流之弊，帝於是發切詔，斥免諸葛誕、鄧颺等。《誕傳》云：入為吏部郎，人有所屬託，輒顯其言而承用之，後有當否，則公議其得失，以為褒貶。自是群僚莫不慎其所舉。累遷御史中丞，尚書。與夏侯玄、鄧颺等相善。收名朝廷，京都翕然。言事者以誕等修浮華，合虛譽，漸不可長，免誕官。世豈有修浮華而能慎於選舉者乎？然則明帝之絀誕、颺等，其事究若何，殆不可知也。誕之敗也，麾下數百人坐不降見斬，皆曰「為諸葛公死，不恨」，見本傳。《注》引干寶《晉紀》曰：數百人拱手為列，每斬一人，輒降之，竟不變至盡，時人比之田橫。浮華者能若是乎？爽等與司馬懿相持十年，不幸而敗，其非恆人可知。然終於敗者何也？《蔣濟傳》謂丁謐、鄧颺等輕改法度，濟上疏諍其無益於治，適足傷民。《王凌傳注》引《漢晉春秋》，言凌謀立楚王彪，見下。使至洛陽語其子廣。廣曰：「凡舉大事，應本人情。今曹爽以驕奢失民。何平叔晏字。虛而不治。丁、畢、桓、鄧，雖並有宿望，皆專競於世。加變易朝典，政令數改。所存雖高，而事不下接。民習於舊，眾莫之從。故雖勢傾四海，聲震天下，同日斬戮，名士減半，而百姓安之，莫之或哀，失民故也。今懿情雖難量，事未有逆。而擢用賢能，廣樹勝己。修先朝之政令，副眾心之所求。爽之所以為惡者，彼莫不必改。夙夜匪懈，以恤民為先。父子兄弟，並握兵要。未易亡也。」裴松之以為如此言之類，皆前史所不載，而獨出習氏，且制言法體，不似於昔，疑悉鑿齒所自造。案習氏之言，於司馬氏誠有虛美。然謂爽等因好改革而失人心，則其言必有所本。非常之原，黎民懼焉。豈唯黎民，雖士大夫，能深鑑當世之弊，不狃於積習，而有遠大之圖者，蓋亦寡矣。觀史所載何晏奏戒之語，見《齊王本紀》正始七年（246）。夏侯玄論治之言，見本傳。皆卓然不同於流俗。度其所為，必有大過人者，而惜乎史之不盡傳也。然因違眾心故，遂為敗亡之本矣，豈不哀哉？然文欽與郭淮書，稱昭伯爽字。及其親黨，皆一時之俊，《毌丘儉傳注》。則信不誣也。

誅曹爽後二年，而王凌之變起。凌，允兄子。歷刺兗、青、揚、豫。與吳戰，數有功。正始初，督揚州。凌外甥令狐愚為兗州刺史，屯平附，謀迎立武帝子楚王彪，都許昌。誅爽之年，愚使與彪相問往來，而愚病死。嘉平三年 (251)，凌遣將軍楊弘以廢立事告兗州刺史黃華。華、弘連名，以白司馬懿。懿將中軍乘水道討凌。掩至百尺。堰名。《水經注》：沙水過陳縣東南，注於潁水，水次有大堰，即古百尺堰。(按陳縣，今河南淮陽縣。) 凌自知勢窮，乘船單出迎懿。懿遣送還京都。至項，(漢縣，今河南項城縣東北。) 飲藥死。懿遂至壽春，窮治其事。彪賜死。諸相連者悉夷三族。悉錄魏諸王公置於鄴，命有司監察，不得交關。見《晉書·本紀》。

是年，七月，懿卒。子師為撫軍大將軍，錄尚書事。四年正月，以師為大將軍。六年 (254)，即高貴鄉公正元元年 (254) 也。二月，中書令李豐與皇后父光祿大夫張緝等謀誅師，以夏侯玄代之。玄，尚子，尚，淵從子。爽之姑子。時為太常。玄以爽抑絀，內不得意。豐雖宿為師所親待，然私心在玄。遂結緝謀，欲以玄輔政。豐陰令弟兗州刺史翼求入朝，欲使將兵入，并力起。會翼求朝不聽。是月，當拜貴人。豐等欲因御臨軒，諸門有陛兵誅師，以玄代之，以緝為驃騎將軍。豐密語黃門監蘇鑠、永寧署令樂敦、冗從僕射劉賢等曰：「卿諸人居內，多有不法。大將軍嚴毅，累以為言。張當可以為誡。」鑠等皆許以從命。師微聞其謀。請豐相見，豐不知而往，即殺之。事下有司。收玄、緝、鑠、敦、賢等送廷尉。豐、玄、緝、敦、賢等皆夷三族。三月，廢皇后張氏。九月，師以永寧太后令廢帝。師欲立武帝子彭城王據。太后以彭城王先帝諸父，於昭穆之序為不次，乃立文帝孫東海定王霖子高貴鄉公髦為明帝嗣。據《晉書·本紀》。

高貴鄉公正元二年正月，鎮東將軍毌丘儉、揚州刺史文欽反。儉與夏侯玄、李豐厚善。欽，曹爽之邑人也。《儉傳注》引《魏書》云：爽厚養待之。矯太后詔罪狀師。迫脅淮南將守諸別屯者及吏民入壽春城。分老弱守城。儉、欽自將五六萬眾渡淮，西至項。儉堅守，欽在外為遊兵。時師新割目瘤，創甚。或以可遣太尉孚往。唯傅嘏、王肅勸其自行。嘏曰：「淮、楚兵勁，而儉等負力遠鬥，其鋒未易當也。若諸將戰有利鈍，大勢一失，則公事去矣。」師乃蹶然起。據《三國志．傅嘏傳》及《注》引《漢晉春秋》。統中軍步騎十餘萬，倍道兼行。召三方兵，大會於陳、許之郊。據《晉書．本紀》。別使諸葛誕督豫州諸軍擬壽春，胡遵督青、徐諸軍出於譙、宋之間，絕其歸路。使監軍王基督前鋒諸軍據南頓。（漢縣，在今項城縣北。）以待之。《基傳》：毌丘儉、文欽作亂，以基為行監軍，假節，統許昌軍。適與景王會於許昌。景王曰：「君籌儉等何如？」基曰：「淮南之逆，非吏民思亂也，儉等誑脅迫懼，畏目下之戮，是以尚群聚耳。若大兵臨逼，必土崩瓦解。儉、欽之首，不終朝而縣於軍門矣。」景王曰：「善。」乃令基居軍前。議者咸以儉、欽慓悍，難與爭鋒。詔基停駐。基以為「儉等舉軍足以深入，而久不進者，是其詐偽已露，眾心疑沮也。今不張示威形，以副民望，而停軍高壘，有似畏懦，非用兵之勢也。若或虜略民人；又州郡兵家，為賊所得者，更懷離心；儉等所迫脅者，自顧罪重，不敢復還；此為錯兵無用之地，而成姦宄之源。吳寇因之，則淮南非國家之有。譙、沛、汝、豫，危而不安。此計之大失也。軍宜速進據南頓。南頓有大邸閣，計足軍人四十日糧，保堅城，因積穀，先人有奪人之心，此平賊之要也」。基屢請，乃聽進據㶏水。既至，復言曰：「兵聞拙速，未睹工遲之久。方今外有強寇，內有叛臣，若不時決，則事之深淺，未可測也。議者多欲將軍持重，將軍持重是也，停軍不進非也。持重非不行之謂也，進而不可犯耳。今據堅城，保壁壘，以積實資虜，縣運軍糧，甚非計也。」景王欲須諸軍集到，猶尚未許。基曰：「將在軍，君令有所不受。彼得則利，我得亦利，是為爭城，南頓是也。」遂輒進據南頓。儉等從項亦欲往爭，發十餘里，聞基先到，復還保項。㶏水，今溵水，為北汝水下游，俗稱沙河。自許昌東南經郾城、西華、商水諸縣入潁。令諸軍皆堅壁勿與戰。儉、欽進不得鬥，退恐壽春見襲，不得歸，計窮不知所為。淮南將士，家皆在北，眾心沮散，降者相屬。唯淮南新附農民為之用。師遣兗州刺史鄧艾督泰山諸軍萬餘人之樂嘉，示弱以誘之。昭尋自洙至。欽不知，果夜來，欲襲艾等。會明，見大軍兵馬盛，乃引還。師縱驍騎追擊，大破之。欽遁走。是日，儉聞欽戰敗，恐懼夜走。眾潰。比至慎縣，（漢縣，今安徽潁上縣西北。）左右兵人稍棄儉去。儉藏水邊草中，為人所射殺。傳首京都。儉子甸，為治書侍御史，先時知儉謀，將家屬逃走新安靈山上，別攻下之。夷儉三族。欽亡入吳。師死於許昌。弟昭為大將軍，錄尚書事。

諸葛誕本與夏侯玄、鄧颺等相善，為明帝所免，已見前。正始初，玄等並任職，復以誕為御史中丞尚書。出為揚州刺史。司馬懿伐王凌，以誕為鎮東將軍，假節，都督揚州諸軍事。諸葛恪興東關，遣誕督諸軍討之，與戰，不利。時毌丘儉為鎮南將軍，領豫州刺史。乃令儉、誕對換。儉、欽反，遣使詣誕，誕斬其使。儉、欽之破也，誕先至壽春。壽春中十餘萬口，聞儉、欽敗，恐誅，悉破城門出，流進山澤，或散走入吳。以誕久在淮南，乃復以為鎮東大將軍，都督揚州。轉為征東大將軍。傾帑藏振施，以結眾心。厚養親附及揚州輕俠者數千人為死士。甘露二年五月，徵為司空。誕遂反。召會諸將，自出攻揚州刺史樂琳，殺之。斂淮南及淮北郡縣屯田口十餘萬、官兵、揚州新附勝兵者四五萬人，聚穀足一年食，閉城自守。遣長史吳綱將小子靚至吳請救。吳人大喜。遣將全懌、全端、唐咨、王祚等率三萬眾，密與文欽俱來應誕。議者請速伐之。昭曰：「誕以毌丘儉輕捷傾覆，今必外連吳寇，此為變大而遲。吾當與四方同力，以全勝制之。」六月，奉帝及太后東征。徵兵青、徐、荊、豫，分取關中遊軍，皆會淮北。師次於項，進軍丘頭。據《晉書．本紀》。《三國志．誕傳》云：軍凡二十六萬。使鎮南將軍王基、安東將軍陳騫等圍壽春。表裡再重，塹壘甚峻。又使監軍石苞、兗州刺史州泰等簡銳卒為遊軍備外寇。欽等數出犯圍，逆擊走之。吳將朱異再以大眾來迎誕等。泰等逆與戰，每摧其鋒。孫綝以異戰不進，怒而殺之。城中食轉少，外救不至。石苞、王基並請攻之。昭曰：「損遊軍之力，外寇卒至，表裡受敵，此危道也。但堅守三面。若賊陸道而來，軍糧必少，吾以遊兵輕騎絕其轉輸，可不戰而破。外賊破，欽等必成擒矣。」據《晉書·本紀》。將軍蔣班、焦彝，皆誕爪牙計事者也。言於誕曰：「朱異等以大眾來而不能進，孫綝殺異而歸江東，外以發兵為名，而內實坐須成敗，其歸可見矣。今宜及眾心尚固，士卒思用，并力決死，攻其一面，雖不能盡克，猶有可全者。」文欽曰：「江東乘戰勝之威久矣，未有難北方者也。況公今舉十餘萬之眾內附，而欽與全端等，皆同居死地。父兄子弟，俱在江表。就孫綝不欲，主上及其親戚，豈肯聽乎？且中國無歲無事，軍民並疲。今守我一年，勢力已困。異圖生心，變故將起。以往準今，可計日而望也。」班、彝固勸之。欽怒，而誕欲殺班。二人懼，且知誕之必敗也，十一月，逾城而降。《諸葛誕傳注》引《漢晉春秋》。全懌琮子，琮孫權之昏親重臣也。琮權時尚公主。琮孫靜，從子端、翩、緝等皆將兵來救誕。懌兄子輝、儀留建業，與其家內爭訟，攜其母將部曲數十家渡江歸魏。鍾會建策，密為輝、儀作書，使輝、儀所親信齎入城告懌等。說吳中怒懌等不能拔壽春，欲盡誅諸將家，故逃來歸命。懌等恐懼，遂將所領開東城門出降。《鍾會傳》。城中震懼，不知所為。三年正月，誕、欽、咨等大為攻具，晝夜五六日攻南圍，欲決圍而出。圍上諸軍臨高，以發石車、火箭逆燒，破其攻具。弩矢及石雨下。死傷者蔽地，血流盈塹。復還入城。城中食轉竭，降出者數萬口。欽欲盡出北方人省食，與吳人堅守，誕不聽，由是爭恨。欽素與誕有隙，徒以計合，事急愈相疑。欽見誕計事，誕遂殺欽。欽子鴦、虎逾城出。昭使將兵數百騎馳巡城，呼語城內云：「文欽之子，猶不見殺，其餘何懼？」城內喜且擾。又日饑困。昭乃自臨圍，四面進兵，同時鼓噪登城。城內無敢動者。誕窘急，單乘馬，將其麾下突小城門出。昭司馬胡奮部兵逆擊，斬誕。傳首，夷三族。唐咨、王祚及諸裨將皆面縛降。吳兵萬眾，器仗軍實山積。案司馬氏專魏政後，揚州凡三起兵抗之。王淩意在廢立。毌丘儉，據《三國志注》載其表辭，謂師罪宜加大辟，然懿有大功，依《春秋》十世宥之之義，議廢師以侯就第，而舉昭以代師，且舉司馬孚為保傅，司馬望為中領軍，則已無絕其根株之意。至諸葛誕，則徒欲連吳自守，無意進取，可見司馬氏之不易除。然儉擁江、淮輕銳，頓重兵以俟中朝之變，誕則進可以戰，退可以守，其勢皆未可輕，故師、昭必竭全力以搏之也。誕死，魏將無復能與司馬氏抗者，而篡國之勢成矣。

高貴鄉公即位時，即減乘輿服御，後宮用度。罷尚方御府百工技巧靡麗無用之物。遣使持節分適四方，觀風俗，勞士民，察冤枉失職者。此蓋司馬氏收攬人心之政，非帝所自為。然史稱帝好學夙成，詳載其甘露元年 (265) 幸太學與諸儒講論事，時帝年僅十六，則或係有為之主，勝於文帝、明帝，亦未可知，而惜乎其不遇時也。五年五月，帝見威權日去，不勝其忿。乃召侍中王沈、尚書王經、散騎常侍王業謂曰：「司馬昭之心，路人所知也。吾不能坐受廢辱，今日當與卿自出討之。」王經曰：「昔魯昭公不忍季氏，敗走失國，為天下笑。今權在其門，為日久矣。朝廷四方，皆為之致死，不顧逆順之理，非一日也。且宿衛空闕，兵甲寡弱，陛下何所資用，而一旦如此，無乃欲除疾而更深之邪？禍殆不測，宜見重詳。」帝乃出懷中版令投地曰：「行之決矣。正使死，何所懼？況不必死邪？」於是入白太后。沈、業奔告文王。文王為之備。帝遂帥僮僕數百，鼓噪而出。文王弟屯騎校尉伷入，遇帝於東止車門。左右呵之。伷眾奔走。中護軍賈充又逆帝，戰於南闕下。帝自用劍。眾欲退。太子舍人成濟問充曰：「事急矣，當云何？」充曰：「畜養汝等，正為今日，今日之事，無所問也。」濟即前刺帝，刃出於背。以上見《注》引《漢晉春秋》。裴松之謂習鑿齒書雖最後出，然述此事差有次第，故先載習語，以其餘所言微異者次其後，然所載《世語》、《晉紀》、《魏氏春秋》、《魏本傳》，實與習氏書無甚異同也。高貴鄉公既死，昭乃以太后令誣其圖為弒逆，以王禮葬之，而迎立燕王宇子常道鄉公奐。夷成濟三族。殺王經。

第七節　蜀魏之亡

蜀諸葛亮死後，以左將軍吳一為車騎將軍，假節，督漢中。以蔣琬為尚書令，總統國事。明年蜀建興十三年 (235)，魏青龍三年。四月，進琬位大將軍。延熙元年 (238)，魏明帝景初二年。魏有遼東之役，詔琬出屯漢中，須吳舉動，東西犄角，以乘其釁。明年，進琬位大司馬。四年 (241) 魏齊王芳正始二年。琬以為昔諸葛亮數窺秦川，道險運艱，竟不能克，不若乘水東下。乃多作舟船，欲由漢、沔襲魏興 (魏郡，今陝西安康縣西北)、上庸。會舊疾連動，未得時行。而眾論咸謂如不克捷，還路甚難，非長策也。於是遣尚書令費禕，中監軍姜維等喻指。琬上疏言：「吳期二三，連不克果。輒與費禕等議：以涼州胡塞之要，進退有資，賊之所惜。且羌、胡乃心，思漢如渴。又昔偏軍入羌，郭淮破走。算其長短，以為事首，宜以姜維為涼州刺史。若維征行，銜持河右，臣當帥軍為維鎮繼。今涪水陸四通，唯急是應。若東北有虞，赴之不難。」五年 (242)，魏正始三年。姜維督偏軍自漢中還屯涪縣。六年 (243) 魏正始四年。十月，琬自漢中還住涪。先是費禕代琬為尚書令，及是遷大將軍，錄尚書事。以姜維為涼州刺史。七年 (244)，魏正始五年。魏鄧颺等為曹爽謀，欲令爽立威名於天下，勸使伐蜀。爽從其言。西至長安，大發卒六七萬人，從駱谷入。(駱谷，在今陝西盩厔縣西南。) 蜀使王平拒興勢圍。興勢山，(在今陝西洋縣北。) 費禕督諸軍赴救。因山為固，兵不得進。爽乃引軍還。蔣琬固讓州職，費禕復領益州牧。九年 (246)，魏正始七年。十一月，蔣琬卒。十年 (247)，魏正始八年。隴西、南安、金城、西平諸羌叛魏，南招蜀兵，涼州名胡白虎、文治無戴應之。十一年 (248)，魏正始九年。姜維迎逆安撫，居之繁縣。(今四川新繁縣東北。) 兼據《魏志・郭淮》、《蜀志・後主傳》。是為姜維出涼州之始。十一年 (248)，魏正始九年。費禕出屯漢中。十二年，魏嘉平元年 (249)。魏殺曹爽等，右將軍夏侯霸降蜀。秋，姜維出攻雍州，不克。初，維依麴山築二城，（麴山，在今甘肅岷縣東南。）使句安、李歆守之。聚羌、胡質任等，攻逼諸郡。魏陳泰代郭淮為雍州刺史，進兵圍之。維往救。泰告淮絕其後，維懼而還。安等遂皆降魏。十三年 (250)，魏嘉平二年。維復出西平，不克而還。十四年 (251) 魏嘉平三年。夏，費禕還成都。冬，復北駐漢壽。十六年 (253)，魏嘉平五年。為魏降人所殺。

姜維自以練西方風俗，兼負其材武，欲誘諸羌、胡，以為羽翼，謂自隴以西，可斷而有也。每欲興軍大舉，費禕常裁制不從，與其兵不過萬人。禕卒，夏，維率數萬人圍南安。魏陳泰解圍。維糧盡還。明年，魏正元元年 (254)。加督中外軍事。魏狄道長李簡降。維因簡之資，復出隴西，據《蜀志．張嶷傳》。多所降下。十八年 (255)，魏正元二年。復與夏侯霸等俱出狄道。時陳泰督雍、涼，王經為雍州刺史。維大破經於洮西。經眾死者數萬人，退保狄道。維圍之。陳泰解圍。維卻住鐘題。（在今甘肅成縣西北。）十九年 (256) 魏甘露元年。春，就遷維為大將軍。更整勒戎馬，與鎮西大將軍胡濟期會上邽。濟失誓不至。時魏以鄧艾為安西將軍，假節，領護東羌校尉。與維戰於段谷，（今甘肅天水縣東南。）大破之。星散流離，死者甚眾。眾庶由是怨讟，而隴以西亦騷動不寧。維謝過引負，求自貶削，為後將軍，行大將軍事。魏以艾為鎮西將軍，都督隴右諸軍事。二十年 (257)，魏甘露二年。諸葛誕反，魏分關中兵東下。維欲乘虛向關中，復率數萬人出駱谷。魏大將軍司馬望拒之。鄧艾亦自隴右至。維數挑戰，望、艾不應。景曜元年 (258)，魏甘露三年。維聞誕破敗，乃還成都。復拜大將軍。初，先主留魏延鎮漢中，皆實兵諸圍，以禦外敵。敵若來攻，使不得入。及興勢之役，王平捍禦曹爽，皆承此制。維建議：以為「錯守諸圍，適可禦敵，不獲大利。不若使聞敵至，諸圍皆斂兵聚谷，退就漢、樂二城，蜀時以沔陽為漢城，成固為樂城，見《華陽國志》。使敵不得入平。且重關鎮守以捍之。有事之日，令遊軍並進，以伺其虛。敵攻關不克，野無散谷，千里縣糧，自然疲乏。引退之日，然後諸城並出，與遊軍并力搏之，此殄敵之術」。於是令督漢中胡濟卻住漢壽，監軍王含守樂城。護軍蔣斌守漢城。又於西安、建威（在甘肅成縣西北）、武街（今成縣治）、石門（在四川平武縣東南）、建昌、臨遠，皆立圍守。五年（262），維眾出漢侯和（在舊洮州南洮水之南。）為鄧艾所破，還住沓中。（在舊洮州西南。）自諸葛亮死後，蔣琬、費禕相繼秉政，身雖在外，慶賞威刑，皆遙先諮斷，然後乃行。董允為侍中，專獻納之任。後主漸長大，愛宦人黃皓。皓便僻佞慧，欲自容入。允常上則正色匡主，下則數責於皓。皓畏允，不敢為非。終允之世，位不過黃門丞。延熙七年（244），允以侍中守尚書令，為大將軍禕副貳。九年（246），卒。呂乂代為尚書令。陳祇為侍中，與皓互相表裡，皓始豫政事。十四年（251），乂卒，祇又以侍中守尚書令。姜維雖班在祇上，常率眾在外，希親朝政。祇上承主指，下接閹宦，深見信愛，權重於維。景耀元年（258），卒。《後主傳》於是年書宦人黃皓始專政，蓋又非徒預政矣。董厥代為尚書令。遷大將軍，平臺事。而樊建代焉。後為侍中，守尚書令。四年（261），魏景元二年。諸葛亮子瞻與厥並平尚書事。史言自瞻、厥、建統事，姜維常征伐在外，黃皓竊弄威柄，咸共將護，無能匡矯。《維傳》云：維本羈旅託國，累年攻戰，功績不立，而宦官黃皓等，弄權於內。右大將軍閻宇，與皓協比，而皓陰欲廢維樹宇，維亦疑之，故自危懼，不復還成都。《諸葛亮傳注》引孫盛《異同記》曰：瞻、厥、宇以維好戰無功，國內疲弊，宜表後主，召還為益州刺史，奪其兵權。蜀長老猶有瞻表以閻宇代維故事。諸葛瞻之為人，雖難詳知，似不至與黃皓比。《譙周傳》云：於時軍旅數出，百姓彫瘁，周與尚書令陳祇論其利害，退而書之，謂之《仇國論》。周端人，必非與陳祇比者。又《張翼傳》云：延熙十八年（255），與姜維俱還成都。維議復出軍，唯翼廷爭，以為國小民勞，不宜黷武。則當時以用兵為不宜者，自有其人。黃皓、閻宇乘此機而排維則有之，謂不宜用兵之論，專為排維而發則非也。進戰退守，各有是非；抑戰亦視其如何戰，守亦視其如何守；不能但執戰守二字，以為功罪也。姜維用兵，固功績未立，然諸葛亮伐魏，亦曷嘗有大功？段谷之役固喪敗，亦何以過於街亭乎？仍歲征戰，百姓雕瘁誠有之，謂其足以亡國亦過也。蜀之亡，蓋亡於內外乖午，政權不一耳。

晉至司馬昭時，篡魏之勢已成。然欲圖篡奪，必先謀立功，此伐蜀之役所由興也。《晉書·文帝紀》載昭伐蜀之謀云：「略計取吳，作戰船，通水道，當用千餘萬功，此十萬人百數十日事也。又南土下溼，必生疾疫。計蜀戰士九萬，居守成都及備他郡，不下四萬。然則餘眾不過五萬。今絆姜維於沓中，使不得東顧。直指駱谷，出其空虛之地，以襲漢中。彼若嬰城守險，兵勢必散，首尾離絕。舉大眾以屠城，散銳卒以略野。劍閣不暇守險，關頭不能自存。以劉禪之暗，而邊城外破，士女內震，其亡可知也。」於是徵四方之兵十八萬以伐蜀。

魏陳留王景元三年（262），蜀漢後主之景耀五年（262）也。冬，以鍾會為鎮西將軍，假節，都督關中諸軍事。昭敕青、徐、兗、豫、荊、揚諸州，並使作船。又令唐咨作浮海大船，外為將伐吳者。四年（263），蜀炎興元年。秋，使鄧艾、諸葛緒各統諸軍三萬餘人。艾趨甘松（今四川松潘縣西北）、沓中，連綴維。緒趨武街、橋頭，（今甘肅文縣。）絕維歸路。會統十餘萬眾，從斜谷、駱谷入。蜀令諸圍皆不得戰，退還漢、樂二城。會分兵圍漢、樂。使護軍胡烈等行前，攻破關城。會長驅而前。時蜀遣廖化詣沓中為維援，張翼、董厥詣陽安關口，即陽平關。以為諸圍外助。維自沓中還，至陰平，見第三節。集合士眾，欲赴關城，未到，聞其已破，退趨白水，與翼、厥合，保劍閣以拒會。鄧艾上言：「從陰平趣涪，劍閣之守必還赴涪，則會方軌而進；不還，則應涪之兵寡矣。」艾與諸葛緒共行。緒以本受節度邀姜維，西行非本詔，遂向白水與會合。會欲專軍勢，密白緒畏懦不進，檻車徵還。軍悉屬會。進攻劍閣，不克。十月，艾自陰平道行無人之地七百餘里，鑿山通道而進。至江油，（戍名，今四川江油縣東。）蜀守將馬邈降。諸葛瞻到涪，盤桓未進。尚書郎黃崇權子。屢勸瞻宜速行據險，無令敵得入平地。瞻猶豫未納。艾長驅而前。瞻卻。戰於綿竹，大敗。瞻、崇皆死。艾進軍到洛。蜀本謂敵不便至，不作城守調度。及聞艾已入陰平，百姓擾擾，皆進山野，不可禁制。後主使群臣會議。或以為宜奔吳。或以為宜奔南。唯譙周以為「自古以來，無寄他國為天子者。今若入吳，固當臣服。且政理不殊，則大能吞小。由此言之，魏能並吳，吳不能並魏。再辱之恥，何與一辱？若欲奔南，則當早為之計。今大敵已近，禍敗將及，群小之心，無一可保，恐發足之日，其變不測。南方遠夷之地，平常無所供為，猶數反叛。自丞相亮南征，兵勢逼之，窮乃幸從。是後供出官賦，取以給兵，以為愁怨。今以窮迫，欲往依恃，恐必復反叛。北兵之來，非但取蜀，必因勢衰，及時追赴。勢窮乃服，其禍必深」。乃降於艾。艾承制拜禪行驃騎將軍。太子奉車，諸王駙馬都尉。蜀群司各隨高下，拜為王官，或領艾官屬。《晉書．文帝紀》：鄧艾以為蜀未有釁，屢陳異議，帝患之，使主簿師纂為艾司馬喻旨，艾乃聽命。隴西太守牽弘等領蜀中諸郡。維等初聞瞻破，或聞後主欲固守成都，或聞欲東入吳，或聞欲南入建寧。蜀郡，今雲南曲靖縣西。於是引軍由廣漢郪道郪，（漢縣，今四川三臺縣南。）以審虛實。尋後主敕維等降會，乃詣會於軍前，將士咸怒，拔刀斫石焉。

鍾會禁檢士眾，不得鈔略。虛己誘納，以接蜀之群司。與姜維情好歡甚。而鄧艾深自矜伐。謂蜀士大夫曰：「諸君賴遭某，故得有今日耳。如遇吳漢之徒，已殄滅矣。」又曰：「姜維自一時雄兒也，與某相值，故窮耳。」有識者笑之。艾言於司馬昭曰：「兵有先聲而後實者。今因平蜀之勢以乘吳，吳人震恐，席捲之時也。然大舉之後，將士疲勞，不可便用。且徐緩之。留隴右兵二萬人，蜀兵二萬人。煮鹽興冶，為軍農要用。並作舟船，豫順流之事。然後發使，告以利害。吳必歸化，可不征而定也。今宜厚劉禪以致孫休，安士民以來遠人。若便送禪於京都，吳以為流徙，則於向化之心不勸。宜權停留，須來年秋冬。比爾，吳亦足平。以為可封禪為扶風王，錫其資財，供其左右。郡有董卓塢，為之官舍。爵其子為公侯，食郡內縣。以顯歸命之寵。開廣陵、城陽以待吳人。則畏威懷德，望風而從矣。」昭使監軍衛瓘喻艾：「事當須報，不宜輒行。」艾言「承制拜假，以安初附，謂合權宜。若待國命，往復道途，延引日月。《春秋》之義，大夫出疆，有可以安社稷，利國家，專之可也。今吳未賓，勢與蜀連，不可拘常，以失事機。兵法：進不求名，退不避罪。終不自嫌，以損於國」。鍾會、胡烈、師纂等皆白艾所作悖逆，變釁以結。詔書檻車徵艾。昭奉魏主西征，次於長安。時魏諸王侯悉在鄴城，命從事中郎山濤行軍司事鎮於鄴。遣護軍賈充督諸軍據漢中。《晉書．文帝紀》。敕鍾會進軍成都。監軍衛瓘在會前行，以昭手筆令宣喻艾軍，皆釋仗。遂收艾入檻車。會尋至，獨統大眾，遂謀反。欲使姜維等皆將蜀兵出斜谷，會自將大眾隨其後，既至長安，令騎士從陸道，步兵從水道順流浮渭入河。以為五日可到孟津，與騎會洛陽，一旦天下可定也。會得詔書，云：「恐鄧艾或不就徵，今遣賈充將步騎萬人徑入斜谷，屯樂城，吾自將十萬屯長安。相見在近。」會得書，驚，呼所親語之曰：「但取鄧艾，相國知我能獨辦之。今來大重，必覺我異矣。便當速發。事成可得天下；不成，退保蜀漢，不失作劉備也。」會以五年正月十五日至。其明日，悉請護軍、郡守、牙門騎督以上及蜀之故宮，為太后發喪於蜀朝堂。明元郭皇后，以景元四年十二月崩。矯太后遺詔，使會起兵廢昭，更使所親信代領諸軍。所請群官，悉閉著益州諸曹屋中。城門、宮門皆閉，嚴兵圍守。會帳下督丘建，本屬胡烈，烈薦之昭，會請以自隨，任愛之。建愍烈獨坐。啟會：使聽內一親兵，出取飲食。諸牙門隨例各內一人。烈紿語親兵及疏與其子曰：「丘建密說消息：會已作大坑，白棓數千。欲悉呼外兵入，人賜白帢，拜為散騎，以次棓殺坑中。」諸牙門親兵亦咸說此語。一夜傳相告皆遍。或謂會：「可盡殺牙門騎督以上。」會猶豫未決。十八日，日中，烈軍兵與烈兒名淵。雷鼓出門。諸軍兵不期皆鼓譟出會。無督促之者，而爭先赴城。時方給與姜維鎧仗。會驚，謂維曰：「兵來似欲作惡，當云何？」維曰：「但當擊之耳。」會遣兵悉殺所閉諸牙門、郡守。內人共舉機以柱門。兵斫門，不能破。斯須，門外倚梯登城，或燒城屋，蟻附亂進，矢下如雨。牙門、郡守各緣屋出，與其卒兵相得。姜維率會左右戰，手殺五六人。眾既格斬維，爭赴殺會。將士死者數百人。艾本營將士追出艾檻車，迎還。衛瓘遣田續等討艾。遇於綿竹西，斬之。子忠，與艾俱死。餘子在洛陽者悉誅。徙艾妻子及孫於西域。及泰始元年 (265)，乃因大赦得還，聽使立後。《晉書．衛瓘傳》云：鄧艾、鍾會之伐蜀也，瓘以本官持節監會、艾軍事，行鎮軍司，給兵千人。蜀既平。艾輒承制封拜。會陰懷異志，因艾專擅，密與瓘俱奏其狀。詔使檻車徵之。會遣瓘先收艾。會以瓘兵少，欲令艾殺瓘，因加艾罪。瓘知欲危己，然不可得而距。乃夜至成都。檄艾所統諸將：稱詔收艾，其餘一無所問。若來赴官軍，爵賞如先。敢有不出，誅及三族。比至雞鳴，悉來赴瓘。唯艾帳內在焉。平旦開門，瓘乘使者車徑入。至成都殿前，艾臥未起，父子俱被執。艾諸將圖欲劫艾，整仗趨瓘營。瓘輕出迎之。偽作表章，將申明艾事。諸將信之而止。俄而會至，乃悉請諸將胡烈等，因執之，囚益州解舍。遂發兵反。於是士卒思歸，內多騷動，人情憂懼。會留瓘謀議。乃書版云「欲殺胡烈等」，舉以示瓘。瓘不許，因相疑貳。瓘如廁，見胡烈，故給使使宣語三軍，言會反。會逼瓘定議，經宿不眠。各橫刀膝上。在外諸軍，已潛欲攻會，瓘既不出，未敢先發。會使瓘慰勞諸軍。瓘心欲去，且堅其意，曰：「卿三軍主，宜自行。」會曰：「卿監司，且先行，吾當後出。」瓘便下殿。會悔遣之，使呼瓘。瓘辭眩疾動，詐僕地。比出閣，數十信追之。瓘至外解，服鹽湯，大吐。瓘素羸，便似團篤。會遣所親人及醫視之，皆言不起。會由是無所憚。及暮，門閉，瓘作檄宣告諸軍。諸軍並已唱義。陵旦，共攻會，會率左右距戰，諸將擊敗之。唯帳下數百人隨會繞殿而走，盡殺之。瓘於是部分諸將，群情肅然。鄧艾本營將士復追破檻車，出艾，還向成都。瓘自以與會共陷艾，懼為變，又欲專誅會之功，乃遣護軍田續至綿竹，夜襲艾於三造亭，斬艾及其子忠。初，艾之入江由也，以續不進，將斬之，既而赦焉。及瓘遣續，謂之曰：「可以報江由之辱矣。」案此所述鍾會死事，不如《三國志》之可信，蓋有瓘事後邀功之語。唯言瓘所以殺鄧艾，則當得其實也。按鍾會之叛，實為魏諸將中思扶王室之最後者。[154]《三國志・會傳》云：文王欲遣會伐蜀，西曹屬邵悌求見，言不若使餘人行。文王笑曰：「我寧當復不知此邪？敗軍之將，不可以語勇；亡國之大夫，不可與圖存；心膽已破故也。若蜀已破，遺民震恐，不足與圖事。中國將士，各自思歸，不肯與同也。若作惡，只自族滅耳。」及會白鄧艾不軌，文王將西，悌復曰：「鍾會所統，五六倍於鄧艾，但可敕令取艾，不足自行。」文王曰：「卿忘前時所言邪？而更云可不須行乎？」此乃事後附會之辭，非情實。觀會白艾叛時司馬昭之張皇可知。聞艾叛而猶如此，況於會乎？《姜維傳注》引《漢晉春秋》：言會陰懷異圖，維見而知其心，謂可構成擾亂，以圖克復也，乃詭說之，由是情好歡甚。此亦附會之談。維與會甫為敵國，維即知人，豈能一見而知其有叛心？縱知之，豈能即說之以叛？蓋會為繇子，本魏世臣，固有扶翼魏室之心。會佐司馬氏，迄當帷幄之任，而伐蜀之役，忽膺專閫，未必非其自請而行，而其所以自詭伐蜀，乃正欲得所藉手以扶魏也。既欲扶魏而鋤晉，自不能專任北兵；不能專任北兵，自不能不有取於姜維矣。《注》又引《華陽國志》曰：維教會誅北來諸將。諸將既死，徐欲殺會，盡坑魏兵，還復蜀祚。密書與後主曰：「願陛下忍數日之辱。臣欲使社稷危而復安，日月幽而復明。」孫盛《晉陽秋》曰：盛以永和初從安西將軍平蜀，見諸故老，及姜維既降之後，密與劉禪表疏，說欲偽服事鍾會，因殺之以復蜀土。會事不捷，遂至泯滅。蜀人於今傷之。此所傳雖不

[154] 史事：鍾會欲扶魏。姜維心存漢室。

必盡實，維當日能否密與後主表疏，事殊可疑。然維乘會叛，別有所圖，則理有可信。裴松之言：若令魏將皆死，兵在維手，殺會復蜀不難，此誠可乘之機也。維，天水冀人。（冀今甘肅甘谷縣。）仕本郡，參軍事。建興六年 (228)，諸葛亮軍向祁山。時天水太守適出案行。維及功曹梁緒、主簿尹賞主記梁虔等從行。太守聞蜀軍垂至，而諸縣響應，疑維等皆有異心，於是夜亡保上邽。維等覺太守去，追遲，至城門，城門已閉，不納。維等相率還冀，冀亦不入維等。維等乃俱詣諸葛亮。蓋涼州降下晚，其民多不服魏，此太守之所以疑維等。然以維之才，果其盡忠於魏，豈不能為楊阜，而遽詣諸葛亮？則亮與張裔、蔣琬書，稱其心存漢室，誠不誣也。郤正著論論維曰：「姜伯約維字。據上將之重，處群臣之右。宅舍弊薄，資財無餘。側室無妾媵之褻，後庭無聲樂之娛。衣服取供，輿馬取備。飲食節制，不奢不約。官給費用，隨手消盡。察其所以然者，非以激貪厲濁，抑情自割也，直謂如是為足，不在多求。凡人之談，常譽成毀敗，扶高抑下。咸以姜維投厝無所，身死宗滅，以是貶削，不復料擿，異乎《春秋》褒貶之義矣。如姜維之樂學不倦，清素節約，自一時之儀表也。」可謂知言矣。

魏景元四年 (263)，吳景帝休永安六年 (263) 也。十月，蜀以魏見伐告。吳使大將軍丁奉向壽春，將軍留平別詣施績於南郡，議兵所向，將軍丁封、孫異如沔中，皆救蜀。後主降魏聞至，然後罷。時蜀建寧太守霍弋，巴東領軍羅憲，各保全一方。明年，吳鎮軍陸抗、撫軍步協、征西將軍留平、建平太守盛曼建平，吳所立郡，今四川巫山縣。圍憲。凡六月。魏荊州刺史胡烈救憲，抗等引還。魏以憲為武陵太守，巴東監軍。據《霍峻傳注》引《襄陽記》。

劉禪降後，司馬昭以相國總百揆。還自長安，進爵為王。明年八月，昭卒，太子炎嗣相國晉王位。十二月，遂廢魏而自立，是為晉武帝。

第八節　孫吳盛衰

孫權為人，頗有知略。孫策之將終也，呼權佩以印綬，謂曰「舉江東之眾，決機於兩陳之間，與天下爭衡，卿不如我；舉賢任能，各盡其心，以保江東，我不如卿」；此非虛言，觀權所任，呂蒙、陸遜等，皆望輕資淺之人；即赤壁之役，專聽周瑜、魯肅，與中國相抗，亦為危道；而能行之不疑，可見其知人之明。堅凡四子：長策，次權，次翊，次匡。《三國志．翊傳》稱其驍悍果烈，有兄策風。《注》引《典略》云：翊名儼。性似策。策臨卒，張昭等謂策當以兵屬儼，而策呼權，佩以印綬。蓋深知江東草創，能守土者，在知略不在勇悍，不徒以序舉也。當權初立之時，基業未定。史稱寄寓之士，以安危去就為意，未有君臣之固。張昭、周瑜等謂權可與共成大業，故委心而服事焉。《張紘傳》云：曹公欲令紘輔權內附，出紘為會稽東部都尉。《張昭傳》言：策創業，命昭為長史撫軍中郎將。文武之事，一以委昭。昭每得北方士大夫書，專歸美於昭。蓋是時中原猶未知權為何如人也。其創業亦云不易矣。然權之為人，究偏於輕俠。故雖能驅策武士，而不能任用文臣。張昭以嚴見憚，以高見外，不處宰相，又不登師保。虞翻疏直，卒放交州。張溫以聲名大盛，亦致廢絀。信任呂一，至於太子數諫而不納，大臣莫敢言。後以朱據見誣，乃誅之。見《權傳》赤烏元年 (238) 及《據傳》。據與秦博俱為中書，見《顧雍傳》。據事又見步騭、潘濬、是儀等《傳》。專藉威刑劫制，而無學焉而後臣之之風，此其所以雖承中國喪亂，獲保江東，而其為治之規模，卒無足觀，亦無以裕後也。

權長子登。魏黃初二年 (221)，權為吳王，立為太子。太和三年 (229)，權黃龍元年。權稱尊號，立為皇太子。是歲，權遷都建業。徵陸遜輔登鎮武昌，領宮府留事。魏正始二年 (241)，權赤烏四年。卒。明年，立子和為太子，霸為魯王。和以母王有寵見愛。後王夫人與全公主隙，權女，全琮妻。譖之。夫人憂死。和寵稍損。魯王覬覦。侍御賓客，造為二端。仇黨離貳，滋延大臣，舉國中分。嘉平二年(250)，權赤烏十三年。和廢處故鄣。(秦鄣郡，漢廢為故鄣縣，在今浙江長興縣西南。)霸賜死。立子亮為太子。亮，權少子也。權春秋高而亮最少，故尤留意。全公主嘗譖太子和子母，心不自安。因倚權意，欲豫自結。數稱述全尚女，公主尚之從祖母。遂立全氏為妃。三年(251)，權大元元年。亮母潘氏立為皇后。冬，權寢疾。先是陸遜卒，以諸葛恪為大將軍，假節駐武昌，代遜領荊州事。及是，徵恪，以大將軍領太子太傅。中書令孫弘領少傅。明年四月，權疾困。召恪、弘及太常滕胤、將軍呂據、侍中孫峻，靜曾孫。屬以後事。權薨，太子即尊號。以恪為帝太傅。胤為衛將軍，領尚書事。弘素與恪不平，懼為恪所治。祕權死問，欲矯詔除恪。峻以告恪。恪請弘諮事，於坐中誅之。乃發喪制服焉。

吳之於魏也與蜀異。蜀地褊小，諸葛亮知其不足自守，故言漢賊不兩立，王業不偏安，仍歲出兵，以攻為守。蔣琬、費褘、姜維，亦仍斯志。吳則據地較廣。北方之兵，不利水戰，進取較難。大帝在位雖久，自取荊州之後，稍已衰遲；魏自武帝崩殂，文帝、明帝繼立，其才更無足圖混一者；故雖仍歲交兵，迄無大舉也。魏明帝太和二年(228)，孫權黃武七年。吳鄱陽太守周魴偽叛，以誘魏揚州牧曹休。明帝因之，使司馬懿下漢水，休督諸軍向尋陽，賈逵向東關。即濡須塢。會冬水淺，大船不得行，乃詔懿駐軍。見賈逵、張郃《傳》。權至皖口。(在今安徽懷寧縣西。)使陸遜督諸將，大破休於石亭。(今安徽潛山縣東北。)是役也，全琮與朱桓為左右督。桓議斷夾石掛車道，(在今安徽桐城縣北。)則彼眾可盡而休可虜。因此乘勝長驅，以規許、洛。權先與陸遜議，遜以為不可，故計不施行。據《魏志・賈逵傳》，時明帝詔逵與休合兵，逵已疾行據夾石，時魏兵頗盛，吳即用朱桓計，亦未必能有大功也。是歲，曹休卒。滿寵代督揚州。青龍元年(233)，吳嘉禾二年。寵疏言「合肥城南臨江湖，北遠壽春。賊攻圍之，得據水為勢。官軍救之，當先破賊大輩，然後圍乃得解。宜移城內之兵其西三十里。有奇險可依，更立城以固守。此為引賊平地而犄其歸路，於計為便」。詔報聽。權向合肥新城，遣全琮攻六安，（後漢侯國，治六，今安徽六安縣北。）皆不克。明年五月，權遣陸遜、諸葛瑾屯江夏、沔口，孫韶、張承等向廣陵、睢陽。權率大眾圍合肥新城。寵欲拔新城，致賊壽春。明帝不聽。七月，自率水軍東征。未至壽春，權退還。孫韶亦罷。景初元年 (237)，吳嘉禾六年。權遣朱然圍江夏，全琮襲六安，皆不克。廢帝正始二年 (241)，吳赤烏四年。四月，權遣全琮略淮南，諸葛恪攻六安，朱然圍樊，諸葛瑾取祖中。[155]（在今湖北南漳縣西），其地在當時為沔南沃壤，見《吳志・朱然傳注》引《襄陽記》。五月，魏司馬懿救樊。六月，吳軍還。零陵太守殷札言於權曰：「曹氏喪誅累見，幼童莅事，宜約蜀乘時大舉。若循前輕舉，則不足大用，易於屢退。民疲威消，時往力竭，非出兵之策也。」權弗能用。《權傳注》引《漢晉春秋》。四年 (243)，吳赤烏六年。諸葛恪復攻六安。五年 (244)、吳赤烏七年。七年 (246)，吳赤烏九年。朱然再攻柤中。袁淮言於曹爽曰：「吳、楚常為中國患者，以陸鈔不利則入水，攻之道遠，中國之長技，無所用之也。孫權自十數年以來，大田江北，繕治甲兵，精其守禦，數出盜竊，敢遠其水，陸次平土，此中國所願聞也。夫用兵者當以飽待饑，以逸擊勞。師不欲久，行不欲遠。守少則固，力專則強。當今宜捐淮、漢以南，退卻避之。若賊能入居中央，來略邊境，則隨其所短，中國之長技得用矣。若不敢來，則邊境得安，無鈔盜之憂矣。襄陽孤在漢南，賊循漢而上，則斷而不通，一戰而勝，則不攻而自服，故置之無益於國，亡之不足為辱。自江夏已東，淮南諸郡，三後已來，其所亡幾何？若徙之淮北，則民人安樂，何鳴吠之驚乎？」不從。《魏志・齊王紀注》引《漢晉春秋》。嘉平二年 (250)，吳赤烏十三年。都督荊、豫王昶奏「孫權流放良臣，適庶分爭，

---

[155] 史事：殷札、諸葛恪之策略。

可乘釁而制吳、蜀。白帝、夷陵之間，黔、巫、秭歸、房陵，皆在江北，民夷與新城郡接，可襲取也」。乃遣新城太守州泰襲巫、秭歸、房陵，荊州刺史王基詣夷陵，昶詣江陵，吳使陸凱拒之。皆引還。明年，吳大元元年 (251)。王基、陳泰攻吳，破之。降者數千口。置南郡之夷陵，以居降附、又明年而權卒。

孫權既卒，論者議欲伐吳。而三征獻策各不同。征南大將軍王昶，征東大將軍胡遵，鎮南將軍毌丘儉，皆表請征吳。詔訪尚書傅嘏。嘏言唯進軍大佃，最差完牢。可令三方一時前守，奪其肥壤。時不從。初，孫權遷都建業，築東興堤遏湖水。後征淮南，敗以內船。由是廢不復修。權卒之歲，十月，諸葛恪會眾於東興，更作大堤。即東關。左右結山，俠築兩城，各留千人，使全端、留略守之。是月，魏詔王昶攻南郡，毌丘儉攻武昌，胡遵、諸葛誕以步騎七萬圍東興。恪興軍四萬，晨夜赴敵。大破之。魏軍死者數萬，資器山積。加荊、揚州牧，都督中外諸軍事。明年春，魏嘉平五年 (253)，吳建興二年。恪復欲出軍。諸大臣以為數出罷勞，同辭諫恪。恪不聽。著論以諭眾意曰：「昔秦但得關西耳，尚以併吞六國。今賊皆得秦、趙、韓、魏、燕、齊九州之地，比古之秦，土地數倍。[156] 以吳與蜀比古六國，不能半之。今所以能敵之，但以操時兵眾，於今適盡，而後生者未悉長大，正是賊衰少未盛之時。加司馬懿先誅王淩，續自隕斃，其子幼弱，而專彼大任。雖有知計之士，未得施用。當今伐之，是其厄會。自本已來，務在產育。今者賊民，歲月繁滋，但以尚小，未可得用耳。若復十數年後，其眾必倍於今。而國家勁兵之地，皆已空盡，唯有此見眾，可以定事。若不早用之，端坐使老，複數十年，略當損半。而見子弟，數不足言。若賊眾一倍，而我兵損半，雖復使伊、管圖之，未可如何。」眾莫敢復難。二月，大發州郡二十萬眾以伐魏。恪意欲曜威淮南，驅略民人。而諸將或難之，曰：「今引軍深入，疆埸之民，必相率遠

[156] 戶口：諸葛論魏之強弱與人口之關係。科出亡叛。三國人口數。

遁，恐兵勞而功少。不如止圍新城。新城困，救必至，至而圖之，乃可大獲。」恪從其計。還圍新城。攻守連月，城不拔。士卒疲勞，因暑飲，水泄下流，腫病者大半，死傷塗地。魏遣司馬孚拒之。七月，恪引軍還。士卒傷病，流曳道路，或頓僕阬壑，或見略獲，而恪晏然自若。出住江渚一月，圖起田於尋陽。詔召相銜，徐乃還師。愈治威嚴，多所罪責。又改易宿衛，用其親近。復敕兵嚴，欲向青、徐。孫峻因民之多怨，眾之所嫌，構恪欲為變。與亮謀，置酒請恪，伏兵殺恪於殿堂。瑾之死，恪已自封侯。弟融襲爵，攝兵駐公安。遣孫壹靜孫。等攻之。融飲藥死。一督夏口。以峻為丞相大將軍，督中外諸軍事。案恪之欲大舉，即殷札之旨。觀其諭眾之論，可謂意思深長。《恪傳注》引《漢晉春秋》，言恪使司馬李衡說姜維同舉，曰：「今敵政在私門，外內猜隔。兵挫於外，而民怨於內。自曹操以來，彼之亡形，未有如今者也。若大舉伐之，使吳攻其東，漢入其西。彼救西則東虛，重東則西輕。以練實之軍，乘虛輕之敵，破之必矣。」此即亟肄以疲，多方以誤之策。初欲驅略淮南，意蓋即在於此。惜乎其誤聽諸將之計，頓兵堅城之下，違天時，失地利，轉遭挫折，遂致隕身也。自是以後，吳亦宵小當國，僅圖自保，無復能圖大舉者矣。

孫峻素無重名，驕矜險害，多所刑殺，百姓囂然。諸葛恪，故太子和妃張之舅也。恪有徙都意，使治武昌宮。民間或言欲迎和。峻素媚事全主，全主遂勸峻奪和璽綬，徙之新都。吳都，見第十一章第七節。遣使賜死。正元元年 (254) 吳五鳳元年。秋，故太子登子吳侯英謀殺峻。覺，英自殺。《登傳注》引吳歷曰：孫和以無罪見殺，眾庶皆懷憤嘆。前司馬桓慮，因此招合將吏，欲共殺峻立英。事覺，皆自殺。英實不知。二年 (255) 吳五鳳二年。秋，魏使來聘。將軍孫儀等欲因會殺峻。事泄，儀等自殺。死者數十人，並及公主魯育。朱據妻。初，全主譖害王夫人，欲廢太子立魯王。朱據甘露妻公主魯育，不聽。由是有隙。至是，全主因言朱主與儀同謀。峻殺朱主。甘露元年 (256)，吳太平元年。文欽說峻征魏。峻使欽與呂據、劉纂、朱異、唐咨自江都入淮、泗，以圖青、徐。九月，峻卒，以後事付從弟綝。為侍中武衛將軍，領中外諸軍事。召還呂據等。據與諸督將連名共表薦滕胤為丞相。時大司馬呂岱卒，綝以胤為大司馬，代岱駐武昌。據引兵還。使人報胤，欲共廢綝。綝聞之，遣從兄慮三嗣主傳作憲。將兵逆據於江都。使兵攻圍胤，夷三族。據自殺，獲之。據、胤，皆孫壹之妹夫也。壹弟封又知據、胤謀，自殺。綝遣朱異潛襲壹。壹將胤妻奔魏。慮與誅諸葛恪之謀，峻厚之，綝遇慮薄於峻時，慮怒，與將軍王惇謀殺綝。綝殺惇。慮服藥死。二年 (257)，吳太平二年。四月，亮始親政事。綝所表奏，多見難問。又料兵子弟年十八已下，十五已上，得三千餘人，選大將子弟為之將帥，日於苑中習焉。五月，魏諸葛誕請降。遣文欽、唐咨、全端、全懌等帥三萬人救之。突圍入城。朱異帥三萬人為欽勢。異敗退。綝大發卒出屯鑊里。復遣異帥五萬人攻魏輜重，敗歸。綝授兵三萬人，使異死戰。異不從。綝斬之。綝既不能拔出誕，而喪敗士眾，自戮名將，莫不怨之。綝還建業，稱疾不朝。使弟據入宿衛，恩、干、闓分屯諸營，欲以專朝自固。亮知朱主為全主所害，問朱主死意。全主懼曰：「我實不知，皆據二子熊、損所白。」亮乃推朱主見殺本末，責熊、損不匡正孫峻，命丁奉殺熊、損。損妻，峻妹也。綝益忌亮。亮與公主魯班、太常全尚、將軍劉承議誅綝。亮妃，綝從姊女也。以其謀告綝。綝率眾夜襲尚，遣弟恩殺承。遂圍宮，黜亮為會稽王，徵立權第六子琅邪王休。徙尚於零陵。遷公主於豫章。綝為丞相荊州牧。恩御史大夫衛將軍，據右將軍，皆縣侯。干雜號將軍，亭侯。闓亦封亭侯。綝一門五侯，皆典禁兵，權傾人主，自吳國朝臣，未嘗有也。休與張布休為王時，布為左右將督，素見信愛。時為輔義將軍。及丁奉謀。十二月臘，百寮朝賀。詔武士縛綝。即日伏誅。闓乘船欲北降，追殺之。夷三族。景元元年 (260)，吳永安三年。會稽郡謠言亮當還為天子。而亮宮人告亮使巫禱祠，有惡言。黜為侯官侯，（侯官，後漢縣，今福建閩侯縣。）遣之國，道自殺。張布頗專權。休鋭意典籍，欲畢覽百家之言。與博士祭酒韋曜、盛沖講論道藝。曜、沖素皆切直，布恐人侍發其陰失，妄飾說以拒遏之。休竟如布意，廢其講業。休居會稽，太守濮陽興深與相結，以為丞相，與布相表裡。蜀亡之歲五月，交阯郡吏呂興等反。殺太守孫諝。使使如魏請太守及兵。明年七月，休薨。謚日景帝。初，孫和之死也，嫡妃張氏亦自殺。何姬日：「若皆從死，誰當養孤？」遂拊育和子皓及其三弟。孫休立，封皓為烏程侯。（烏程，秦縣，今浙江吳興縣南。）是時蜀初亡，而交阯攜叛，國內震懼，貪得長君。左典軍萬彧，昔為烏程令，與皓相善，乃勸興、布。於是興、布廢休太子而立皓。貶太后為景皇后。封為豫章王。彧譖興、布追悔前事。十一月朔，入朝，皓因收興、布徙廣州。道追殺之。夷三族。明年晉武帝泰始元年（265），吳甘露元年。七月，逼殺景后。送休四子於吳小城。又追殺其大者二人。

第九節　孫吳之亡

吳自大帝死後，權戚紛爭，綱紀蕩然。孫皓立，復益之以淫虐，其勢乃不可支矣。皓即位之歲，司馬昭為魏相國。遣吳降將徐紹、孫彧致書於皓，陳事勢利害，求結歡弭兵。明年，晉武帝泰始元年（265），吳甘露元年。三月，皓遣使隨紹、彧報書。紹行到濡須，召還殺之，徙其家屬建安，（吳郡，今福建建甌縣。）始有白紹稱美中國者故也。九月，從西陵督步闡請，徙都武昌。使至洛，遇司馬昭死，乃遣還。是歲，晉武帝受魏禪。明年，晉泰始二年（266），吳寶鼎元年。正月，遣大鴻臚張儼、五官中郎將丁忠弔祭司馬昭。及還，儼道病死。忠說皓日：「北方守戰之具不設，弋陽可襲而取」漢縣，魏改郡，今河南潢川縣西。皓遂與晉絕。十月，永安山賊施但等聚眾數千人，（永安，吳縣，今浙江武康縣西。）劫皓庶弟永安侯謙出烏程。比至建業，眾萬餘人。丁固、諸葛靚敗之，獲謙。謙自殺。十二月，皓還都建業。泰始三年，吳寶鼎二年。六月，起昭明宮。《三國志》作顯明宮，係避晉諱，見《注》引《太康三年地記》。二千石以下，皆自入山督攝伐木。又破壞諸營，大開園囿。起土山樓觀，窮極技巧。功役之費，以億萬計。《皓傳注》引《江表傳》。《三國志．華覈傳》曰，制度弘廣，飾以珠玉，所費甚多。盛夏興工，晨守並廢。十二月，皓移居之。四年(268)，吳寶鼎三年。九月，皓出東關。丁奉至合肥。是歲，遣交州刺史劉俊前部督修則等擊交阯。為晉將毛炅等所破，皆死。兵散。還合浦。(漢郡，治徐聞。後漢徙治合浦，今廣東合浦縣東北。)五年(269)，吳建衡元年。遣監軍虞汜、威南將軍薛珝、蒼梧太守陶璜由荊州，監軍李勖、督軍徐存從建安海道，皆就合浦擊交阯。是歲，晉以羊祜督荊州。六年(270)，吳建衡二年。李勖以建安道不通利，殺道將馮斐，引軍還。為殿中列將何定所白。勖及徐存家屬皆伏誅。《注》引《江表傳》曰：定，汝南人，本孫權給使也。後出補吏。定佞邪僭媚。自表先帝舊人，求還內侍。皓以為樓下都尉，典知酤糴事。專為威福。而皓信任，委以眾事。定為子求少府李勖女，不許。定挾忿，譖勖於皓，皓尺口誅之，焚其屍。孫匡孫秀(匡，權弟)。為前將軍夏口督。皓意不能平。九月，遣何定將五千人至夏口獵。秀驚，奔晉。七年，吳建衡三年(271)。正月，皓舉大眾出華里。(在今首都西南。)皓母及妃妾皆行。東觀令華覈等固爭，乃還。《注》引《江表傳》曰：初，丹陽刁玄使蜀，得司馬徽與劉廙論運命曆數事，玄詐增其文，以誑國人，曰：「黃旗紫蓋，見於東南。終有天下者，荊、揚之君乎？」又得國中降人，言壽春下有童謠曰：「吳天子當上。」皓聞之，喜，曰：「此天命也。」即，載其母妻子及後宮數千人，從牛渚陸道西上。云青蓋入洛陽，以順天命。行遇大雪。道途陷壞。兵士被甲持仗，百人共引一車。寒凍殆死。人不堪苦，皆曰：「遇敵便當倒戈耳。」皓聞之，乃還。牛渚，(山名，在今安徽當塗縣西北。)其突出山中處，名採石磯。汜璜破交阯，禽殺晉所置守將。九真、日南皆還屬。初，步騭在孫權之世，久督西陵。及卒，魏正始九年 (248)，吳赤烏十一年。子協嗣統所領。協卒，弟闡繼業為西陵督。八年 (272)，吳鳳皇元年。召為繞帳督。自以失職，又懼有讒禍，於是據城降晉。樂鄉都督陸抗抗，遜子。(樂鄉，城名。今湖北松滋縣東。) 聞之，部分諸軍，剋日攻闡。晉使羊祜出江陵，荊州刺史楊肇迎闡。巴東監軍徐胤攻建平。抗以江陵城固，赴西陵敗肇兵。祜等皆引還。抗遂陷西陵城，誅闡及同計數十人，皆夷三族。是歲，右丞相萬彧被譴，憂死。徙其子弟於廬陵。《注》引《江表傳》曰：初，皓遊華里，彧與丁奉、留平密謀曰：此行不急。若至華里不歸，社稷事重，不得不自還。語頗泄，皓聞知，以彧等舊臣，且以計忍，而陰銜之。後因會，以毒酒飲彧。傳酒人私減之。又飲留平。平覺之，服他藥以解，得不死。彧自殺。平憂懣，月餘亦死。何定姦穢發聞，伏誅。《注》引《江表傳》曰：定使諸將各上好犬，皆千里遠求，一犬至直數千匹。御犬率具纓，直錢一萬。一犬一兵，養以捕兔供廚，所獲無幾。吳人皆歸罪於定。而皓以為忠勤，賜爵列侯。九年 (273)，吳鳳皇二年。皓愛妾或使人至市，劫奪百姓財物。司市中郎將陳聲，素皓幸臣也，恃皓寵遇，繩之以法。妾以愬皓。皓大怒。假他事燒鋸，斷聲頭，投其身於四望之下。《賀邵傳》云：中宮內豎，分布州郡，擅興事役，競造姦利，則其惡尚不止於是。或雲中宮當作中官，恐不然也。十年 (274)，吳鳳皇三年。會稽妖言章安侯奮當為天子。臨海太守奚熙臨海，(吳郡，治章安。今浙江臨海縣東南。) 與會稽太守郭誕書，非論國政。誕但白熙書，不白妖言。送赴建安作船。遣三郡督何植收熙。熙發兵自衛，斷絕海道。熙部曲殺熙，送首建業，夷三族。奮，權弟。《奮傳》云：建衡二年 (270)，孫皓左夫人王氏卒。皓哀唸過甚，朝夕哭臨，數月不出。由是民間或謂皓死。訛言奮與上虞侯奉當有立者。奮母仲姬，墓在豫章，豫章太守張俊疑其或然，掃除墳塋。皓聞之，車裂俊，夷三族。《注》引《江表傳》曰：奮以此見疑。本在章安，徙還吳城禁錮。使男女不得通婚。

或年三十、四十，不得嫁娶。奮上表，乞自比禽獸，使男女自相配偶。皓大怒。遣察戰齎藥賜奮。奮不受藥，叩頭千下，曰：「老臣自將兒子，治生求活，無豫國事，乞丐餘年。」皓不聽。父子皆飲藥死。奉，策孫，亦誅死，見《策傳》。又《孫和何姬傳注》引《江表傳》曰：皓以張布女為美人，有寵。皓問曰：「汝父所在？」答曰：「賊以殺之。」皓大怒，棒殺之。後思其顏色。使巧工刻木作美人形象，恆置座側。問左右：「布復有女否？」答曰：「布大女適故衛尉馮朝子純。」即奪純妻入宮。大有寵，拜為左夫人。晝夜與夫人房宴，不聽朝政。使尚方以金作華燧步搖假髻以千數，令宮人著以相撲。朝成夕敗，輒出更作。工匠因緣偷盜，府藏為空。會夫人死，皓哀愍思念，葬於苑中。大作塚。使工匠刻柏作木人內塚中，以為兵衛。以金銀珍玩之物送葬，不可稱計。已葬之後，皓治喪於內，半年不出。國人見葬大奢麗，皆謂皓已死，所葬者是也。皓舅子何都，顏狀似皓，雲都代立。臨海太守奚熙信訛言，舉兵欲還誅都。都叔父信時為備海督，擊殺熙，夷三族。訛言乃息，而人心猶疑。案《何姬傳》云：吳末昏亂，何氏驕僭，子弟橫放，百姓患之，故民間訛言皓久死，立者何氏子云。訛言非一，可見人心之不安也。七月，遣使者二十五人分至州郡，科出亡叛。陸抗卒。抗自建衡二年（270），都督信陵、西陵、夷道、樂鄉、公安諸軍事。（信陵，吳縣，在今湖北秭歸縣東。）疾病，上疏曰：「西陵、建平，國之蕃表。既處下流，受敵二境。若敵泛舟順流，舳艫千里，星奔電邁，俄然行至，非可恃援他部，以救倒縣也。此乃社稷安危之機，非徒封疆侵陵小害也。臣父遜昔在西垂，陳言以為西陵國之西門，雖云易守，亦復易失。若有不守，非但失一部，則荊州非吳有也。如其有虞，當傾國爭之。臣往在西陵，得涉遜跡。前乞精兵三萬。而至者循常，未肯差赴。自步闡以後，益更損耗。今臣所統千里，受敵四處。外禦強對，內懷百蠻。而上下見兵，財有數萬。羸弊日久，難以待變。臣愚以為諸王幼沖，未統國事，無用兵馬。又黃門豎官，開立占募，兵民怨役，逋逃入占。乞特詔簡閱，一切料出，以補疆埸受敵常處。使臣所部，足滿八萬。省息眾務，信其賞罰。雖韓、白復生，無所展巧。若兵不增，此制不改，而欲克諧大事，此臣之所深慼也。」讀此疏，可知皓時兵備之空虛矣。咸寧元年 (275)，吳郡言「掘地得銀，長一尺，廣三分，刻上有年月字」。於是大赦，改年天冊。二年 (276)，吳郡言「臨平湖（在浙江杭縣東北。）自漢末草穢壅塞，今更開通。長老相傳：此湖塞，天下亂；此湖開，天下平。又於湖邊得石函。中有小石，青白色，長四寸，廣二寸餘，刻上作皇帝字」。於是大赦，改年天璽。會稽太守車浚、湘東太守張詠湘東，（吳郡，治酃，今湖南衡陽縣。）不出算緡，就在所斬之，徇首諸郡。《注》引《江表傳》曰：浚在公清忠，值郡荒旱，民無資糧，表求振貸。皓謂浚欲樹私恩，遣人梟首。又尚書熊睦，見皓酷虐，微有所諫。皓使人以刀環撞殺之，身無完肌。八月，京下督孫楷降晉。楷，韶子。韶伯父河，本姓俞氏。孫策愛之，賜姓為孫，列之屬籍。後為將軍，屯京城。孫權殺吳郡太守盛憲。憲故孝廉媯覽、戴員亡匿山中。孫翊為丹陽，皆禮致之。覽為大都督，督兵。員為郡丞。翊為左右邊鴻所殺。河馳赴，責怒覽、員。覽、員殺河。韶統河部曲。後為廣陵太守，鎮北將軍，數十年。赤烏四年 (241) 卒，子越嗣。楷，越兄，代越為京下督。初，水安賊施但劫皓弟謙襲建業，或白楷二端，不即赴討。皓數遣詰楷。楷常惶怖。是年徵楷為宮下鎮驃騎將軍，遂將妻子親兵數百人歸晉。鄱陽言歷陽山石文理成字，又吳興陽羨山有空石，長十餘丈，名曰石室。在所表為大瑞。乃遣兼司徒董朝、兼太常周處至陽羨縣，（今江蘇宜興縣。）封禪國山。在宜興西南。又改元為天紀。初，騶子張俶多所譖白，累遷為司直中郎將，封侯，甚見寵愛。是歲，姦情發聞，伏誅。《注》引《江表傳》云：俶表立彈曲二十人，專糾司不法。於是愛惡相攻，互相謗告。彈曲承言，收繫囹圄。聽訟失理，獄以賄成。人民窮困，無所措手足。俶奢淫無厭，取小妻三十餘人。擅殺無辜。眾姦並發，父子俱見車裂。晉以王渾督揚州。四年 (278)，吳天紀二年。羊祜卒，以杜預督荊州。五年 (279)，吳天紀三年。合浦太守部曲郭馬反。自號都督交、廣二州諸軍事。八月，以丞相張悌領廣州牧，從東道，徐陵督陶濬從西道討馬。徐陵，即京城。而晉軍旋至矣。

晉武帝雖藉父祖餘業篡魏，然性實因循，故久未以吳為事。時朝議亦多不欲伐吳。而羊祜、杜預、王濬等咸欲滅吳以為功。朝臣中唯張華贊之。是冬，乃使琅玡王伷出塗中，（伷，懿子。塗水，今滁河。）王渾及揚州刺史周浚向牛渚，王戎出武昌，胡奮出夏口，杜預出江陵，王濬、唐彬以巴、蜀之卒浮江而下。皓使張悌督沈瑩、丹陽太守。諸葛靚副軍師。率眾三萬渡江逆之。至牛渚。瑩曰：「晉治水軍於蜀久矣。今傾國大舉，萬里齊力，必悉益州之眾，浮江而下。我上流諸軍，無有戒備。名將皆死，幼少當任。恐邊江諸城，盡莫能禦。晉之水軍，必至於此矣。宜畜眾力，待來一戰。若勝之日，江西自清。上方雖壞，可還取之。今渡江逆戰，勝不可保。若或摧喪，則大事去矣。」悌曰：「吳之將亡，賢愚所知。蜀兵來此，眾心必駭。懼不可復整。今宜渡江，決戰力爭。若其敗喪，同死社稷。若其克勝，則北敵奔走，兵勢萬倍，便當乘威西上，逆之中道，不憂不破也。若如子計，恐行散盡，相與坐待敵到，君臣俱降，無復一人死難者，不亦辱乎？」遂渡江戰。吳軍大敗。《皓傳注》引《襄陽記》。悌、瑩皆死。陶濬至武昌，聞北軍大出，停駐不前。初，皓每宴會群臣，無不咸令沉醉。置黃門郎十人，特不與酒，侍立終日，為司過之吏。宴罷之後，各奏其闕失。迕視之咎，謬言之愆，罔有不舉。大者即加威刑，小者輒以為罪。《韋曜傳》云：時有愆過，或誤犯皓諱，輒見收縛，至於誅戮。後宮數千，而採擇無已。《皓滕夫人傳》云：後宮數千，佩皇后璽紱者多矣。《注》引《江表傳》曰：皓又使黃門備行州郡，科取將吏家女。其二千石大臣子女，皆當歲歲言名。年十五六一簡閱。簡閱不中，乃得出嫁。後宮千數，而採擇無已。《陸凱傳》：凱上疏言：「昔先帝時，後宮列女，及諸織絡，數不滿百。伏聞織絡及諸徒坐，乃有千數。」又激水入宮，宮人有不合意者，輒殺流之。或剝人之面，或鑿人之眼。《陸抗傳》載抗疏曰：「已死之刑，固無所識。至乃焚爍流漂，棄之水濱。」案皓所枉殺者，如張紘之孫尚，及王蕃、樓玄、賀邵、韋曜等，均見各本傳。岑昬險諛貴幸，致位九列。好興功役，眾所患苦。《華覈傳》：核上疏曰：「都下諸官，各自下調。不計民力，輒與近期。長吏畏罪，晝夜催民。委舍田事，皇赴會日。定送到部，或蘊積不用。而徒使百姓消力失時。到秋收月，督其限入。如有逋縣，則籍沒財物。」是以上下離心，莫為皓盡力。太康元年吳天紀四年 (280)。三月，殿中親近數百人叩頭請皓殺岑昬。皓惶憒從之。陶濬從武昌還，即引見，問水軍消息。對曰：「蜀船皆小。今得二萬兵，乘大船戰，自足擊之。」於是合眾，授濬節鉞。明日，當發，其夜，眾悉遁走。王濬克丹陽。吳人於江險磧要害之處，並以鐵鏁橫截之。又作鐵椎，長丈餘，暗置江中，以逆距船。濬乃作大筏數十，亦方百餘步。縛草為人，被甲持丈。令善水者以筏先行。筏遇鐵椎，椎輒著筏去。又作火炬，長十餘丈，大數十圍，灌以麻油，在船前。遇鏁，然炬燒之。須臾，融液斷絕。於是船無所礙。克西陵、荊門 (山名，在湖北宜都縣西北)、夷道、樂鄉、夏口、武昌，無相支抗。皓遣游擊將軍張象率舟軍萬人禦濬，象軍望旗而降。濬順流將至。伷、渾皆臨近境，皓分遣使，奉書於濬、伷、渾。濬先到，受皓之降。舉家西遷，封為歸命侯，五年 (284) 死於洛陽。其江陵為杜預所克，自沅、湘以至交、廣，皆望風歸命焉。

第十節　三國時四裔情形

匈奴單于於扶羅，以漢獻帝興平元年 (194) 死，弟呼廚泉立。數為鮮卑所鈔。建安二十一年 (216)，來朝。曹操因留於鄴，使右賢王去卑監其國。《晉書 · 匈奴傳》云：魏武帝始分其眾為五部，部立其中貴者為帥，《劉元海載記》：以豹為左部帥，其餘部帥，皆以劉氏為之。選漢人為司馬以監督之。魏末，復改帥為都尉。《劉元海載記》云：太康中改署都尉。案《三國志·明帝紀》：太和五年(231)，復置護匈奴中郎將。其左部都尉所統可萬餘落，居於太原(故泫氏縣。今山西高平縣。)右部都尉可六千餘落，居祁縣。(今山西祁縣。)南部都尉可三千餘落，居蒲子縣。(今山西隰縣。)北部都尉可四千餘落，居新興縣。(今山西忻縣。)中部都尉可四千餘落，居大陵縣。(今山西平陸縣。)左部帥豹，於扶羅子，呼廚泉以為左賢王，即劉淵之父也。《三國志·鄧艾傳》云：嘉平中，并州右賢王劉豹並為一部。艾上言：「自單于在外，莫能牽制長卑。誘而致之，使來入侍，由是羌夷失統，合散無主，以單于在內，萬里順軌。今單于之尊日疏，外士之威浸重，則胡虜不可不深備也。聞劉豹部有叛胡，可因叛割為二國，以分其勢。去卑功顯前朝，而子不繼業，宜加其子顯號，使居雁門。離國弱寇，追錄舊勳，此禦邊長計也。」蓋左部獨強之勢，已稍顯矣。

烏桓丘力居，獻帝初平中死，子樓班年少，從子蹋頓有武略，代立。總攝三王，據《三國志·烏丸傳》。《後漢書》作總攝三郡。蓋指上谷之難樓，遼東之蘇僕延，右北平之烏延。部眾皆從其教令。袁紹與公孫瓚連戰不決，蹋頓遣使詣紹求和親，助紹擊瓚，破之。紹矯制，賜蹋頓、難樓、蘇僕延、烏延等皆以單于印綬。後難樓、蘇僕延率其部落，奉樓班為單于，然蹋頓猶秉計策。廣陽人閻柔，少沒烏桓、鮮卑中，為其種人所歸信，柔乃因鮮卑眾殺烏桓校尉邢舉而代之。袁紹因寵慰柔，以安北邊。及紹子尚敗奔蹋頓，時幽、冀吏民奔烏桓者十餘萬戶，尚欲憑其兵力，復圖中國。會曹操平河北，閻柔帥鮮卑、烏桓歸附。操即以柔為校尉。建安十二年(207)，曹操自征烏桓，大破蹋頓於柳城，斬之。袁尚與樓班、烏延等皆走遼東，公孫康並斬送之。其餘遺迸皆降。及幽州、并州柔所統烏桓萬餘落，悉徙其族居中國，帥從其侯王大人種眾與征伐。由是三郡烏桓，為天下名騎。《三國·蜀志·先主傳》：與田楷救陶謙時，自有兵千餘人，及幽州烏丸雜胡騎，則用烏丸為騎兵，由來已久。明帝景初元年 (237) 秋，遣幽州刺史毌丘儉率眾軍討遼東。右北平烏丸單于寇婁敦，遼西烏丸都督率眾王護留葉，昔隨袁尚奔遼西，聞儉軍至，率眾五千餘人降。寇婁敦遣弟阿羅獎等詣闕朝貢。封其渠帥三十餘為王，賜輿馬、繒采各有差。《三國志．烏丸傳注》引《魏略》。

鮮卑魁頭死，弟步度根立。眾稍衰弱。中兄扶羅韓，亦別擁眾數萬，為大人。軻比能本小種鮮卑，以勇健，斷法平端，不貪財物，眾推以為大人。部落近塞。自袁紹據河北，中國人多亡叛歸之，教作兵器鎧楯，頗學文字，故其勒御部眾，擬則中國。太祖定幽州，步度根與軻比能等因閻柔上貢獻。建安二十三年 (218)，代郡、上谷烏丸無臣氏等叛，據《本紀》。《鮮卑傳》作能臣氏。比能復助為寇，太祖以鄢陵侯彰為驍騎將軍，北征，大破之。比能走出塞。《彰傳》云：比能將數萬騎觀望強弱，見彰力戰，所鄉皆破，乃請服，北方悉平。《裴潛傳》云：代郡大亂，以潛為太守。烏丸王及其大人凡三人，各自稱單于，專制郡事，前太守莫能治正，太祖欲授潛精兵，以鎮討之。潛辭曰：「代郡戶口殷眾，士馬控弦，動有萬數。單于自知放橫日久，內不自安。今多將兵往，必懼而拒境，少將則不見憚，宜以計謀圖之，不可以兵威追也。」遂單車之郡。單于驚喜。潛撫之以靜。單于以下，脫帽稽顙，悉還前後所略婦女器械財物。潛案誅郡中大吏與單于為表裡者單溫、郭端等十餘人。北邊大震，百姓歸心。在代三年，還為丞相理曹掾，太祖褒稱治代之功，潛曰：「潛於百姓雖寬，於諸胡為峻。今繼者必以潛為治過嚴，而事加寬惠。彼素驕恣，過寬必弛，既弛又將攝之以法，此訟爭所由生也。以勢料之，代必復叛。」於是太祖深悔還潛之速。後數十日，單于反問至，乃遣鄢陵侯彰為驍騎將軍征之。《本紀》：建安二十一年 (216)，代郡烏桓行單于普富盧與其侯王來朝，蓋潛在郡時也。後復通貢獻。能臣氏等之叛也，求屬扶羅韓，扶羅韓將萬餘騎迎之。到桑乾，（漢縣，今山西山陰縣。）氏等議以為扶羅韓部威禁寬緩，恐不見濟，更遣人呼軻比能。比能即將萬餘騎到。當共盟誓，比能即於會上殺扶羅韓。扶羅韓子泄歸泥及部眾悉屬比能。比能自以殺歸泥父，特又善遇之。步度根由是怨比能。延康中，比能遣使獻馬，文帝立為歸義王。文帝踐阼，田豫為烏丸校尉，持節，並護鮮卑，屯昌平。（漢縣，今河北昌平縣東南。）步度根遣使獻馬。帝拜為王。素利、彌加、厥機在遼西、右北平、漁陽塞外，道遠，初不為邊患，然其種眾多於比能。建安中，因閻柔上貢獻，通市，太祖皆表寵以為王。厥機死，又立其子沙末汗為親魏王。[157] 文帝立素利、彌加為歸義王。比能與素利、步度根更相攻擊，田豫和合，使不得相侵。步度根部眾稍寡弱，將其眾萬餘落依太原雁門郡。使人招呼泄歸泥，歸泥將其部落逃歸步度根。比能追之，弗及。黃初五年（224），步度根詣闕貢獻。厚加賞賜。是後一心守邊，不為寇害。是年，比能復擊素利，豫帥輕騎徑進掎其後，由是懷貳。帝復使豫招納安慰。《豫傳》：文帝初，北狄強盛，侵擾邊塞，乃使豫持節護烏桓校尉牽招、解雋，並護鮮卑。自高柳以東，濊貊以西，鮮卑數十部，比能、彌加、素利割地統御，各有分界。乃共要誓，皆不得以馬與中國市。豫以戎狄為一，非中國之利，乃先構離之，使自為仇敵，互相攻伐。素利違盟，出馬千匹與官，為比能所攻，求救於豫。豫恐遂相兼併，為害滋深，單將銳卒，深入虜庭。胡人眾多，鈔軍前後，斷絕歸路。豫從他道引去。胡追豫到馬城，圍之數十里。豫出虜不意，追討二十餘里，殭屍蔽地。又烏丸王骨進，桀黠不恭，豫因出塞案行，斬進，以進弟代。自是胡人破膽，威震沙漠，馬城，（漢縣，在今察哈爾懷安縣北。）比能眾遂強盛，控弦十餘萬騎，餘部大人皆敬憚之，然猶未能及檀石槐也。六年（225），并州刺史梁習討比能，大破之。明帝即位，務綏和戎狄，以息征伐，兩部羈縻而已。太和二年（228），田豫遣譯詣比能女婿郁築鞬部，為鞬所殺。其秋，豫將西部鮮卑蒲頭、泄歸泥出塞討郁築鞬，大破之。還至馬城，比能自將

[157]　四夷：鮮卑沙末汗。

三萬騎圍豫七日。上谷太守閻志，柔之弟也，素為鮮卑所信，志往解喻，即解圍去。後幽州刺史王雄並領校尉，撫以恩信，比能數款塞，詣州奉貢獻。《明帝紀》：太和五年 (231)，鮮卑附義王軻比能率其種人及丁零大人兒禪詣幽州貢名馬。《蜀志・諸葛亮傳》：亮以建興九年 (231) 出祁山，注引《漢晉春秋》云：亮圍祁山，招鮮卑軻比能，比能等至故北地石城以應亮。建興九年 (231)，即太和五年，則比能之服，非誠服也。至青龍元年 (233)，比能誘步度根使叛并州，與結和親。自勒萬騎迎其累重於陘北。并州刺史畢軌遣將軍蘇尚、董弼等擊之。比能遣子將騎與尚等會戰於樓煩，(漢縣，在今雁門關北。) 臨陳害尚、弼。於是步度根將泄歸泥及部眾悉保比能，寇鈔并州，殺略吏民。帝遣驍騎將軍秦朗征之。歸泥叛比能，將其部眾降。拜歸義王。居并州如故。步度根為比能所殺。三年 (235)，王雄遣勇士韓龍刺殺比能，更立其弟。素利以太和二年 (228) 死，子小，以弟成律歸為王，代攝其眾。案自後漢之世，匈奴分裂敗亡以來，烏丸、鮮卑之眾，實遠較匈奴為盛，特皆不能統一，故尚不為大患也。

後漢之於西域，中葉以後，朝威稍損，已見第十章第六節。然往還迄未嘗絕，至三國之世而猶然。《魏志・四夷傳》云：「魏興，西域雖不能盡至，其大國龜茲、于闐、康居、烏孫、疏勒、月氏、鄯善、車師之屬，無歲不奉朝貢，略如漢氏故事。」其見於帝紀者：文帝黃初元年 (220)，焉耆、于闐王皆各遣使奉獻。三年 (222)，鄯善、龜茲、于闐王各遣使奉獻。明帝太和元年 (227)，焉耆王遣子入侍。三年 (229)，大月氏王波調遣使奉獻，以調為親魏大月氏王。齊王景初三年二月，西域重譯獻火浣布。詔大將軍、太尉臨試，以示百寮。陳留王咸熙二年，康居、大宛獻名馬，皆其事。然《晉書・宣帝紀》載正始元年 (240)，焉耆、危須來獻，而志無其事，知帝紀所載，尚不完具也。《崔林傳》：遷大鴻臚。龜茲王遣侍子來朝，朝廷嘉其遠至，褒賞其王甚厚。餘國各遣子來朝，間使連屬。林恐所遣或非真的，權取疏屬賈胡，因通使命，利得印綬，而道路護送，所損滋多。乃移書敦煌喻旨，並錄前世待遇諸國豐約故事，使有恆常。亦見是時來者之多也。魏涼州刺史領戊己校尉，護西域，如漢故事。見《晉書．地理志》。《三國志．徐邈傳》：邈為涼州刺史，西域流通，荒戎入貢，皆邈勳也。《蜀志．後主傳》：建興五年（227），丞相亮出屯漢中。《注》引《諸葛亮集》載後主詔曰「涼州諸國王，各遣月支、康居胡侯支富、康植等二十餘人詣受節度」，則西胡之居涼州者不少矣。故姜維欲用之也。《魏志．四夷傳注》引《魏略．西戎傳》曰：西域諸國，漢初開其道，時有三十六，後分為五十餘。從建武以來，更相吞滅，於今有二十。據其所載：則且志、當係且末之誤。小宛、精絕、樓蘭，並屬鄯善。鄯善，本樓蘭改名，而此云樓蘭並屬鄯善者，此所謂國，皆指城邑而言，非如今所謂國者，兼該四竟之內，此時鄯善或已遷治，其故治仍名樓蘭也。戎盧、扜彌、渠勒、皮穴（《漢書》皮山），並屬于闐。罽賓、大夏、高附、天竺，並屬大月氏。尉梨、危須、山王（《漢書》山國），並屬焉耆。姑墨、溫宿、尉頭，並屬龜茲。楨中（《後書．班超傳》損中城，《注》作頓中）、莎車、竭石（今喀什噶爾）、渠沙（《北史》：渠莎，居故莎車城）、西夜、依耐、滿犂（《漢書》蒲犂）、億若（漢德若）、榆令（前後《書》皆無此國）、捐毒、休脩（《漢書》休循）、琴國（前後《書》皆無），並屬疏勒。東西且彌（《後書》無西且彌）、單桓、畢陸（漢卑陸）、蒲陸（蒲類）、烏貪（前後《書》烏貪訾離），並屬車師後部。王治於賴城，魏賜其王一多雜守魏侍中，號大都尉，受魏玉印。《臧洪傳注》引謝承書載洪父旻對袁逢之問，謂西域三十六國，後分為五十五，稍散至百餘國。《後書．洪傳注》引同。蓋其分者以人口漸繁，拓地漸廣，建城邑亦漸多；其合，則以中國既衰，匈奴亦弱，莫能干與其事，狡焉思啟者，因得遂其吞併之計也。《西戎傳》又言：「從玉門關入西域，前有二道，今有三道。」其南道與《漢書》南道同。中道即《漢書》北道。其北別有新道，從玉門關西北出，轉西與中道合龜茲。更轉西北，即入烏孫、康居云。又云：「凡西域所出，有前史已具詳，今故略說南道。」其南道，自罽賓經大夏、高附、天竺至臨兒，即佛所生國。轉東南入盤越。盤越，一名漢越王，在天竺東南數千里，與益部相近，蜀人賈似至焉。此國當在今緬甸、阿薩密之間，則中國西南行，陸道亦抵印、緬間，與水道幾相遇矣。《西戎傳》又云：「前世繆以為條支在大秦西，今其實在東。前世又以為強於安息，今更役屬之，號為安息西界。前世又繆以弱水在條支西，今弱水在大秦西。前世又繆以為從條支西行二百餘日近日所入，今從大秦西近日所入。大秦國，一號犁靬，在安息、條支西，大海之西。從安息界安谷城，乘船直截海西，遇風利二月到，風遲或一歲，無風或三歲。其國在海西，故俗謂之海西。有河出其國。西又有大海。海西有遲散城，從國下，直北至烏丹城。西南又渡一河，乘船一日乃過。西南又渡一河，一日乃過。凡有大都三。卻從安谷城陸道直北行，之海北，復直西行，之海西，復直南行，經烏遲散城，渡一河，乘船一日乃過。周圍繞海，凡當渡大海六日乃到其國。常欲通使於中國，而安息圖其利，不能得過。大秦道既從海北陸通，又循海而南，與交阯七郡外夷北又有水道通永昌，故永昌出異物。前世但論有水道，不知有陸道，今其略如此。大秦西有海水，海水西有河水，河水西南北行有大山。西有赤水。赤水西有白玉山。白玉山有西王母。西王母西有修流沙。流沙西有大夏國、堅沙國、屬繇國、月氏國。四國西有黑水。所傳聞西之極矣。」案安息、大秦間之海，必即紅海無疑。此即甘英之所臨。當時僅知有渡海而西之道，尚未知此所云繞海之道也。弱水、赤水、黑水、白玉山、流沙、西王母等，乃自古相傳以為極西之地，隨所至輒以為更在其表，已見第九章第四節。大夏、月氏，必不得在大秦之西，而此云流沙、西王母在大秦之西，大夏、月氏更在流沙、西王母之西者？一說以流沙、西王母在大夏、月氏之東，一說又推而致之大秦之西，為此說者，本不知大夏、月氏之所在，既推流沙、西王母於大秦之表，又采舊說，以流沙、西王母在大夏、月氏之裡者，緄而一之，致有此顛倒錯亂之語也。《梁書．諸夷傳》云：孫權黃武五年 (226)，有大秦賈人字秦論，來到交趾。交趾太守吳邈遣送詣權。權問方土謠俗，論具以事對。時諸葛恪討丹陽，獲黝、歙短人，論見之曰：「大秦希見此人。」權以男女各十人，差吏會稽劉咸送論。咸於道物故，論乃徑還本國。此則歐人之白海道來者也。其自新疆向西北諸國：《魏略》云：大宛、安息、條支、烏弋無增損。唯云：烏弋一名排持。（持，北宋本作特。）烏孫、康居亦無增損。烏伊別國在康居北。又有柳國，又有岩國，又有奄蔡國，一名阿蘭，皆與康居同俗，西與大秦，東南與康居接。故時羈屬康居，今不屬也。案岩國，《後漢書》作嚴國，云在奄蔡北，屬康居。

自昭帝棄真番、臨屯，光武復罷東部都尉，漢室在東北之威靈，頗為失墜，至漢、魏間乃復一振，則公孫度、毌丘儉為之也。高句麗王伯固死，有二子：長子拔奇，小子伊夷模。拔奇不肖，國人共立伊夷模為王。自伯固時數寇遼東，又受亡胡五百餘家。建安中，公孫康出軍擊之，破其國，焚燒邑落。拔奇怨為兄而不得立，與涓奴加各將下戶三萬餘口詣康降。還住沸流水。降胡亦叛伊夷模。伊夷模更作新國。當在丸都山上，見下。其後復擊玄菟。玄菟與遼東合擊，大破之。伊夷模無子，淫灌奴部，生子名位宮。伊夷模死，立以為王。句麗呼相似為位。其曾祖宮，生能開目視，位宮生墮地亦能開目視人，故名之曰位宮。位宮有勇力，便鞍馬，善獵射。司馬懿討公孫淵，位宮遣主簿、大加將數千人助軍。正始三年 (242)，寇西安平。（在今遼寧蓋平縣東南。）五年 (244)，幽州刺史毌丘儉督諸軍步騎萬人出玄菟，從諸道討之。位宮將步騎二萬人進軍沸流水上。大戰梁口，宮連破走。儉遂束馬縣車，以登丸都。屠句麗所都，斬獲首虜以千數。宮單將妻子逃竄。儉引軍還。六年 (245)，復征之。宮遂奔買溝。儉遣玄菟太守王頎追之。過沃沮千有餘里，至肅慎氏南界，刻石紀功，刊丸都之山，銘不耐之城，諸所誅納，八千餘口云。右據《三國志．毌丘儉傳》。其《沃沮傳》云：毌丘儉討句麗，句麗王宮奔沃沮，遂進師擊之，沃沮邑落皆破之。宮奔北沃沮。北沃沮一名置溝婁，去南沃沮八百餘里，與挹婁接。王頎別遣追討宮，盡其東界。問其耆老：海東復有人否？耆老言：國人嘗乘船捕魚，遭風見吹，數十日，東得一島，上有人，言語不相曉。其俗常以七月取童女沈海。又言有一國，亦在海中，純女無男。又說得一布衣，從海中浮出，其身如中國人衣，其兩袖長三丈。又得一破船，隨波出在海岸邊。有一人，項中復有面。生得之，與語不相通。不食而死。其域皆在沃沮東大海中。買溝，疑置溝婁之脫誤，其地當在朝鮮咸鏡道北境也。《濊傳》云：自單單大領以西屬樂浪，自領以東七縣，都尉主之，皆以濊為民。後省都尉，封其渠帥為侯，今不耐濊皆其種也。漢末皆屬句麗。此位宮所由奔之也。又云：正始六年 (245)，樂浪太守劉茂、帶方太守弓遵以領東濊屬句麗，興師伐之。不耐侯等舉邑降。其八年 (247)，詣闕朝貢。詔更拜不耐濊王。居處雜在民間，四時詣郡朝謁。二郡有軍徵賦調，供給役使，遇之如民。劉茂、弓遵之師，蓋與毌丘儉並出，是年可謂大舉矣。然其後卒亡於三韓。

《韓傳》云：韓有三種：一曰馬韓，二曰辰韓，三曰弁韓。辰韓者，古之辰國也。馬韓在西，凡五十餘國，大國萬餘家，小國數千家，總十餘萬戶。辰韓始有六國，稍分為十二。弁辰亦十二國。弁辰、辰韓，合二十四國。大國四五千家，小國六七百家，總四五萬戶。其十二國屬辰王。辰王常用馬韓人作之，世世相繼，辰王不得自立為王。《注》引《魏略》曰：明其為流移之人，故為馬韓所制。「其十二國屬辰王」，「辰王不得自立為王」之辰王，蓋指辰韓之王，「辰王常用馬韓人作之」之辰王，則指三韓之共主，《國志》此文，疑有奪誤，故其辭不別白也。韓，漢時屬樂浪郡，四時朝謁。桓、靈之末，韓、濊強盛，郡縣不能制，民多流入韓國。建安中，公孫康分屯有縣 (即臨屯) 以南荒地為帶方郡。(漢江以北之地。帶方，漢縣，在錦江流域。) 遣公孫模、張敞等收集遺民，興兵伐韓、濊，舊民稍出。是後倭、韓遂屬帶方。景初中，明帝密遣帶方太守劉昕、樂浪太守鮮於嗣越海定二郡。諸韓國臣智、加賜邑君印綬。其次與邑長。部從事吳林以樂浪本統韓國，分割辰韓八國，以與樂浪。吏譯轉有異同，臣智激韓忿攻帶方郡崎離營。時太守弓遵、樂浪太守劉茂興兵伐之。遵戰死。二郡遂滅。

夫餘本屬玄菟，公孫度雄張海東，夫餘王尉仇臺更屬遼東。時句麗、鮮卑強，度以夫餘在二虜之間，妻以宗女。尉仇臺死，簡位居立。無適子。有孽子麻余。位居死，諸加共立麻余，牛加兄子名位居，為大使，輕財善施，國人附之。歲歲遣使詣京都貢獻。毌丘儉討句麗，遣王頎詣夫餘。位居遣大加郊迎，供軍糧。季父牛加有二心，位居殺季父父子，籍沒財物，遣使薄斂送官。

《倭傳》云：其國本亦以男為王。住七八十年，倭國亂，相攻伐，歷年，乃共立一女子為王，名日卑彌呼。事鬼道，能惑眾。年已長大，無夫婿，有男弟佐治國。《後漢書》云：桓、靈間，倭國大亂，更相攻伐，歷年無主。有一女子，名日卑彌呼。年長不嫁，事鬼神道，能以妖惑眾，於是共立為王。案光武中元二年（57），倭奴國奉貢朝賀。中元二年（57），下距桓帝建和元年（147）九十年，靈帝建寧元年（168）百十一年，《國志》所謂住七八十年者，蓋即自中元二年（57）起計也。景初二年六月，倭女王遣大夫難升米等詣郡，求詣天子朝獻。太守劉夏遣吏將送詣京。詔封為親魏倭王。以難升米為率善中郎將，次使牛利為率善校尉，賜物答其貢直，又別有特賜。正始元年（240），太守弓遵遣建中校尉梯儁等奉詔書印綬詣倭國，拜假倭王，並齎詔賜以物。倭王因使上表，答謝詔恩。其四年（243），倭王復遣使大夫伊聲耆掖邪狗等八人上獻。掖邪狗等一拜率善中郎將。《本紀》：四年十二月，倭國女王卑彌呼遣使奉獻。其六年（245），詔賜倭難升米黃幢，付郡假授。其八年（247），太守王頎到官，倭女王卑彌呼與狗奴國男王卑彌弓素不和，遣倭載斯烏越等詣郡說相攻擊狀。遣塞曹掾史張政等因齎詔書黃幢，拜假難升米，為檄告喻之。卑彌呼已死，更立男王，國中不服，更相誅殺，當時殺千餘人。復立卑彌呼宗女一與年十三為王，國中遂定。政等以檄告喻一與。一與遣倭大夫率善中郎將掖邪狗等二十人送政等還，因詣臺上獻。案男弟佐治，乃社會學家所謂舅權之遺俗。卑彌呼死，復立一與，則當時倭女王必不止一人。豈倭真嵎夷之東徙者，亦有齊地巫兒之俗與？

魏文帝黃初元年（220），濊貊、夫餘來朝，見《三國志·本紀》。《注》引《典論·自敘》云：建安十年（205），始定冀州，濊貊貢良弓。《齊王紀》：正始七年二月，幽州刺史毌丘儉討高句麗，五月，討濊貊皆破之。韓那奚等數十國各率種落降。《陳留王紀》：景元二年七月，樂浪外夷韓、濊各率其屬來貢。則漢、魏之際，艮維諸國，猶有陸讋水栗之概也。此等聲威，晉初猶未盡墜，至鮮卑據東北，而形勢乃一變。

呂思勉的秦漢史・政治卷

作　　者：呂思勉
發 行 人：黃振庭
出 版 者：複刻文化事業有限公司
發 行 者：複刻文化事業有限公司
E-mail：sonbookservice@gmail.com
粉 絲 頁：https://www.facebook.com/sonbookss/
網　　址：https://sonbook.net/
地　　址：台北市中正區重慶南路一段六十一號八樓 815 室
Rm. 815, 8F., No.61, Sec. 1, Chongqing S. Rd., Zhongzheng Dist., Taipei City 100, Taiwan
電　　話：(02)2370-3310
傳　　真：(02)2388-1990
印　　刷：京峯數位服務有限公司
律師顧問：廣華律師事務所 張珮琦律師
定　　價：599 元
發行日期：2023 年 12 月第一版
◎本書以 POD 印製

國家圖書館出版品預行編目資料

呂思勉的秦漢史・政治卷 / 呂思勉著 . -- 第一版 . -- 臺北市：複刻文化事業有限公司 , 2023.12
面；　公分
POD 版
ISBN 978-626-7403-18-1(平裝)
1.CST: 秦漢史
621.9　112018629

電子書購買

臉書

爽讀 APP